W0192634

Tim Bouverie

Mit Hitler reden

Der Weg vom Appeasement zum Zweiten Weltkrieg

Aus dem Englischen von Karin Hielscher

ROWOHLT

Die Originalausgabe erschien 2019 unter dem Titel
«Appeasing Hitler: Chamberlain, Churchill and the Road
to War» bei The Bodley Head, London.

Deutsche Erstausgabe
Veröffentlicht im Rowohlt Verlag, Hamburg, Februar 2021
Copyright © 2021 by Rowohlt Verlag GmbH, Hamburg
«Appeasing Hitler: Chamberlain, Churchill and the Road
to War» Copyright © 2019 by Tim Bouverie
Karten Peter Palm, Berlin
Satz Freight Text bei Pinkuin Satz und Datentechnik, Berlin
Druck und Bindung CPI books GmbH, Leck, Germany
ISBN 978-3-498-00142-1

Die Rowohlt Verlage haben sich zu einer nachhaltigen Buch-
produktion verpflichtet. Gemeinsam mit unseren Partnern
und Lieferanten setzen wir uns für eine klimaneutrale Buch-
produktion ein, die den Erwerb von Klimazertifikaten zur
Kompensation des CO_2-Ausstoßes einschließt.
www.klimaneutralerverlag.de

MIX
Papier aus verantwor-
tungsvollen Quellen
FSC
www.fsc.org
FSC® C083411

Für meine Eltern mit Liebe und Dankbarkeit

Inhaltsverzeichnis

**Deutschland:
Territoriale Zugewinne
und Grenzverschiebungen**
März 1935 bis März 1939

SCHWEDEN

DÄNEMARK

□ Kopenhagen

Fünen   *Seeland*

Bornholm

NORDSEE

Helgoland

Rügen

● Flensburg

Lolland

● Kiel

Nord-Ostsee-Kanal

● Rostock

Lübeck ●

● Hamburg

Stettin ●

● Bremen

Elbe

Oder

NIEDERLANDE

Weser

Ems

Hannover ●

Potsdam ●

□ Berlin

● Münster

● Magdeburg

● Dessau

● Düsseldorf

Kassel ●

● Göttingen

BELGIEN

● Köln

● Aachen

Rhein

DEUTSCHES REICH

● Weimar

● Leipzig

Dresden ●

● Aussig

● Frankfurt

LUXEMBURG

Mainz ●

● Plauen

● Karlsbad

□ Prag

Main

*Sudeten-
land*

● Pilsen

● Saarbrücken

● Heidelberg

● Nürnberg

Moldau

● Budweis

● Straßburg

● Stuttgart

Donau

● Regensburg

Augsburg ●

Inn

● Linz

FRANKREICH

● Freiburg

● Konstanz

● München

● Salzburg

Basel ●

ÖSTERREICH
Ostmark (1938)

SCHWEIZ

ITALIEN

OSTSEE

LITAUEN

Memel

FREIE STADT
DANZIG

Tilsit

Königsberg

Danzig

Ostpreußen

Polnischer Korridor

Bromberg · Thorn

Weichsel

Bug

Posen

POLEN

☒ Warschau

Lodz

Warthe

Breslau ○

Oppeln ○

Beuthen ○ Kattowitz

Oberschlesien

· Krakau

önig-
rätz

Troppau ○

Olsagebiet
1938 an Polen

TSCHECHOSLOWAKEI

· Brünn

Košice
(Kaschau)

Karpaten-
Ukraine

· Chust

Donau

Bratislava
(Pressburg)

Wien ☒

Nov. 1938
an Ungarn

Donau

Theiß

☒ Budapest

Graz

UNGARN

RUMÄNIEN

JUGOSLAWIEN

N
W O
S

0   100 km

Deutschland, in den
Grenzen von 1933

Saarland, angegliedert
im März 1935

Rheinland, remilitarisiert
im März 1936

Österreich, *Anschluss*
im März 1938

Sudetenland, annektiert
im September 1938

Protektorat Böhmen und
Mähren, entstanden nach
der Invasion der Tschecho-
Slowakischen Republik
im März 1939

Schutzzone an der Grenze
zur Slowakei ab März 1939

Memelgebiet, annektiert
im März 1939

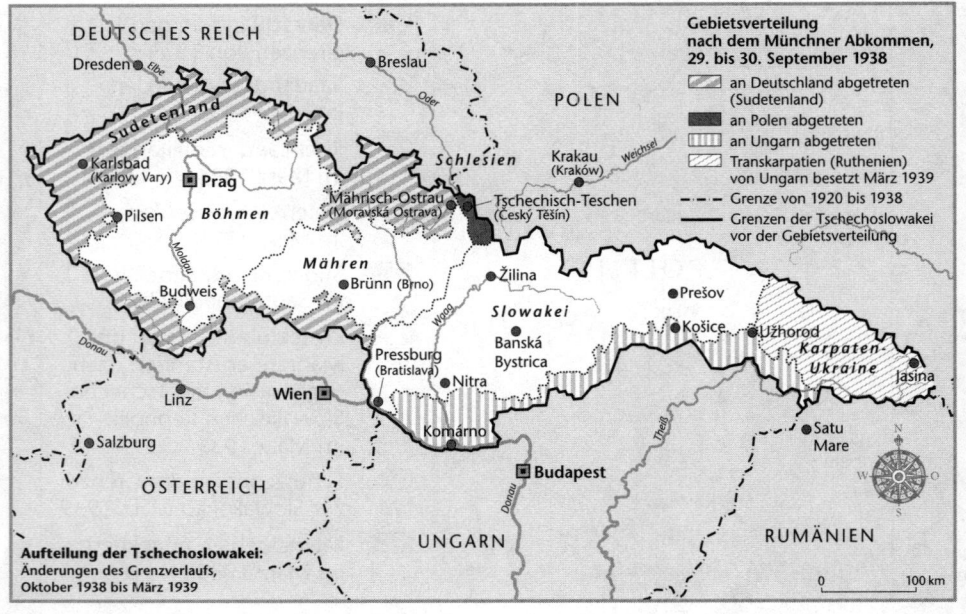

**Gebietsverteilung
nach dem Münchner Abkommen,
29. bis 30. September 1938**

- an Deutschland abgetreten (Sudetenland)
- an Polen abgetreten
- an Ungarn abgetreten
- Transkarpatien (Ruthenien) von Ungarn besetzt März 1939
- Grenze von 1920 bis 1938
- Grenzen der Tschechoslowakei vor der Gebietsverteilung

DEUTSCHES REICH

Dresden · Elbe

· Breslau

POLEN

Sudetenland

· Karlsbad (Karlovy Vary)

□ **Prag**

Schlesien

Krakau (Kraków)

Weichsel

· Pilsen   *Böhmen*

Mährisch-Ostrau (Moravská Ostrava)

Tschechisch-Teschen (Český Těšín)

Oder

Mähren

· Brünn (Brno)

· Žilina

Moldau

· Budweis

Slowakei

· Prešov

· Košice

· Užhorod

Karpaten-Ukraine

· Jasina

Donau

Waag

Banská Bystrica

Pressburg (Bratislava)

· Nitra

· Linz

□ **Wien**

Komárno

· Salzburg

Theiß

· Satu Mare

ÖSTERREICH

Donau

□ **Budapest**

RUMÄNIEN

UNGARN

Aufteilung der Tschechoslowakei:
Änderungen des Grenzverlaufs,
Oktober 1938 bis März 1939

N
W · O
S

0   100 km

VORWORT ZUR DEUTSCHEN AUSGABE

Dieses Buch handelt nicht vom Dritten Reich, dieser dunklen Ära in der deutschen Vergangenheit, die aufgrund ihrer entscheidenden Bedeutung für die Weltgeschichte dem deutschen wie dem internationalen Publikum überaus vertraut ist. Vielmehr geht dieses Buch der Frage nach, wie die westlichen Demokratien auf die Bedrohung durch das nationalsozialistische Deutschland reagierten und wie sie, obwohl alle Fakten dagegen sprachen, weiterhin glauben konnten, dass Adolf Hitler ein Mann war, mit dem sie «von Politiker zu Politiker» nach den üblichen Regeln zusammenarbeiten könnten.

Die britische Reaktion auf Hitlers Machtübernahme ähnelte in vielerlei Hinsicht der eines beträchtlichen Teils der deutschen Bevölkerung. In der Überzeugung, dass der Versailler Vertrag übermäßig harte Strafen verhängt hatte – eine Einschätzung, die von deutschen Politikern in den 1920er Jahren pausenlos propagiert worden war –, gab es praktisch einen Konsens darüber, dass Deutschland eine Reihe von «legitimen» Ansprüchen zu Missständen vorbrachte, die behoben werden sollten. Darüber hinaus zeigten sich die kapitalistischen Gesellschaften der westlichen Welt zunächst erfreut darüber, dass sich nun mit NS-Deutschland eine verlässliche antikommunistische Barriere in der Mitte Europas aufzutun schien. Außerdem war die Vorstellung eines weiteren gesamteuropäischen Krieges, nur 20 Jahre nach dem «Krieg zur Beendigung aller Kriege», zu schrecklich, als dass die meisten überhaupt darüber nachdenken mochten. In diesem Sinne wollten die britischen Appeasement-Politiker Hitler glauben. Sie wollten glauben, dass in *Mein Kampf* lediglich die morbiden Tiraden eines jungen Hitzkopfs zu lesen waren, dass der neue deutsche

Führer, wie er behauptete, ein Mann des Friedens war und dass seine Forderung nach der Übergabe des zur Tschechoslowakei gehörenden Sudetenlandes nun wirklich die «letzte» dieser Art sein würde.

Es gab jedoch eine Reihe unangenehmer und zunehmend schwer zu ignorierender Fakten, die diesen Wunschvorstellungen zuwiderliefen: Wenn *Mein Kampf* tatsächlich längst überholt war, warum musste die deutsche Jugend das Buch dann lesen? Wozu sollte die massive, illegale Aufrüstung Deutschlands dienen? Und hatte Hitler nicht bereits vor der Tschechoslowakei eine Reihe anderer angeblich «letzter» Forderungen gestellt, die mit der Androhung von Gewalt einhergingen? Hier tat sich ein Widerspruch auf zwischen den Antworten auf diese (und viele weitere) Fragen und einer Geisteshaltung der politischen Klasse, die sich aus der Kombination von ideologischen Vorannahmen und Wunschdenken – eben vor allem aus Antikommunismus und Friedenssehnsucht – ergab. Dieses Dilemma, mit dem die demokratischen Politiker während der gesamten Dekade der 1930er Jahre gerungen haben, suche ich auf den folgenden Seiten zu erkunden und zu erklären.

Dieses Buch will dabei die historische Genese der entscheidenden Ereignisse in den Blick nehmen: Basierend auf einer Vielzahl von Archivrecherchen ist es als chronologische Erzählung aufgebaut, um sich vor den Vorurteilen der Rückschau zu schützen und zu versuchen, dem Leser die Geschehnisse, Krisen und Notlagen des Jahrzehnts so zu vermitteln, wie sie sich den Zeitgenossen dargestellt haben. Ich bin mir jedoch der Tatsache bewusst, dass sich seit Beginn meiner Recherchen zu diesem Buch im Sommer 2015 das aktuelle Weltgeschehen in Teilen so entwickelt hat, dass sich manche zu der Frage veranlasst sehen, ob wir Gefahr laufen, die Fehler der 1930er Jahre zu wiederholen. Auch wenn ich glaube, dass die Welt sich in einem weitaus besseren Zustand befindet als in jenem katastrophalen Jahrzehnt, ist doch schwer zu ignorieren, dass die Geschichte der 1930er Jahre in den heutigen Entwicklungen anzuklingen scheint. Ein

Wiederaufleben von Nationalismus und Isolationismus, Angriffe auf die liberalen Werte, einschließlich der Freiheit und Pluralität der Medien, die Zerschlagung und Verunglimpfung multinationaler Institutionen, die Politik der geschürten Unzufriedenheit, der Verschwörungstheorien und der Spaltung, der Niedergang der «Wahrheit» – das sind die Themen, die in den 1930er Jahren in die moralische Verkommenheit, in die Diktatur und die Zerstörung führten. Und das sind die Themen, die in den letzten fünf Jahren unverkennbar einen neuerlichen Aufschwung erlebt haben. Ihnen zu begegnen ist in erster Linie Aufgabe der Politik. Doch auch wenn sich in der Weltgeschichte allzu oft zeigt, dass wir Menschen aus der Historie nichts lernen, können wir dennoch nur mit Hilfe eines tieferen Verständnisses der Vergangenheit versuchen, eine Wiederholung zu vermeiden. Das jedenfalls ist die fortwährende Hoffnung der Historiker, mich eingeschlossen.

Tim Bouverie, London im Oktober 2020

«Nie wieder Krieg!»

Was konnte angesichts des Ersten Weltkriegs verständlicher sein als der Wunsch, einen zweiten Weltkrieg zu verhindern? Es verwundert daher kaum, dass es sich bei diesem Wunsch seinerzeit um ein weltumspannendes Phänomen handelte. Mehr als 16,5 Millionen Menschen waren während des Ersten Weltkriegs getötet worden. In Großbritannien beklagte man 723 000 Todesfälle, das Britische Empire zählte weitere 230 000 Verluste, für Frankreich beziffert man die Zahl auf 1,7 Millionen, für Russland auf 1,8 Millionen, für Deutschland auf über 2 Millionen. Allein am ersten Tag der Schlacht an der Somme verloren 20 000 britische Soldaten ihr Leben. Bis heute werden im Beinhaus von Douaumont die Gebeine von rund 130 000 französischen und deutschen Soldaten aufbewahrt, die sterblichen Überreste von lediglich einem Sechstel der Gefallenen der 302 Tage dauernden Schlacht um Verdun. Unter den Überlebenden des Ersten Weltkriegs fand sich kaum jemand, der nicht zumindest seelische Narben davontrug, weil Vater, Ehemann, Sohn, Bruder, Cousin, Verlobter oder Freund getötet oder versehrt worden war. Als alles vorbei war, feierten noch nicht einmal die Gewinner das Ende als einen ruhmreichen Sieg. Dementsprechend war es auch kein Arc de Triomphe, der am 19. Juni 1919 als Ehrenmal von Whitehall in London enthüllt wurde, sondern ein Kenotaph, ein Symbol des Verlusts. Jedes Jahr am Tag des Waffenstillstands beteiligten sich Tausende Briten am stillen Trauerdefilee entlang dieses Kenotaphs, während auf der gesamten Insel in Schulen und Gemeinden, genau wie auf dem europäischen Festland auch, in Gedenkveranstaltungen an Freunde und Kollegen erinnert wurde. Die Losung dieser Zusammenkünfte hieß dabei über Jahre hinweg so konsequent wie entschieden: «Nie wieder Krieg!»

Dennoch kam es zu einem weiteren militärischen Konflikt. Trotz aller guten Absichten und Anstrengungen, die auf Beschwichtigung wie Abschreckung gezielt hatten, fanden sich Briten und Franzosen keine 21 Jahre nach dem Krieg, der alle Kriege hatte beenden sollen, in einem neuen Krieg wieder – mit demselben Kriegsgegner. Dieses Buch will zu einem besseren Verständnis der Entwicklungen, die zu diesem Ergebnis führten, einen Beitrag leisten.

Die Debatte über die Appeasement-Politik – den Versuch vonseiten Großbritanniens und Frankreichs, einen Krieg zu verhindern, indem man den diversen deutschen und italienischen Lamenti während der 1930er Jahre mit «maßvollen» Zugeständnissen zu begegnen versuchte – ist dabei als ausgesprochen langlebig und kontrovers zu charakterisieren. Während die einen in der Appeasement-Politik die «moralische wie objektive Katastrophe» sehen, die für den Konflikt mit den historisch höchsten Zahlen an Todesopfern verantwortlich ist, wurde sie von anderen als «eine noble Idee, die auf «christlichen Werten, Mut und gesundem Menschenverstand basiert»,[1] beschrieben. Zwischen diesen beiden Extremen lassen sich Hunderte von nuancierten Positionen finden, die sich in zahlreiche Unterargumente ausdifferenzieren und allerhand historische Kontroversen bedingen. Geschichte ist selten eindeutig, trotzdem werden von Politikern und Experten insbesondere in Großbritannien und den USA immer wieder gern die sogenannten Lehren aus der Geschichte bemüht, wenn es darum geht, Interventionen im Ausland zu legitimieren – in Korea, in der Golfregion, auf Kuba, in Vietnam, auf den Falklandinseln, im Kosovo und (bereits zweimal) im Irak. Gleichzeitig wird im Gegenzug jeder Versuch, eine Einigung mit einem früheren Gegenspieler zu finden, unweigerlich mit dem berüchtigten Münchner Abkommen von 1938 verglichen. Als ich mit der intensiveren Forschungsarbeit für dieses Buch im Frühjahr 2016 begann, hatten konservative Kreise in den USA in einer Kampagne gerade das Schreckgespenst von Neville Chamberlain gegen Präsident Obamas Atomabkommen mit dem Iran in Stellung gebracht. Inzwischen zirkuliert das Konzept des Appeasements in gänzlich anderen

Zusammenhängen: etwa dort, wo der Westen nach einer Antwort auf die schwierige Frage sucht, wie mit der russischen Politik des Revanchismus und der Aggression umzugehen sei. Es scheint daher an der Zeit und ein berechtigtes Anliegen zu sein, in einer Neuerörterung des Appeasements herauszuarbeiten, wie diese Politik im Original konzipiert und umgesetzt wurde.

Selbstverständlich gibt es bereits ein beträchtliches Arsenal an Sekundärliteratur zu diesem Thema – auch wenn Anzahl und Aktualität der Veröffentlichungen oft überschätzt werden. Tatsächlich verhält es sich so, dass sich Publikationen über den Zweiten Weltkrieg in den letzten 20 Jahren zwar geradezu vervielfacht haben, die Vorgeschichte und die Ursachen dieser Katastrophe aber eher vernachlässigt wurden. Außerdem stellt man fest, dass es zwar viele exzellente Veröffentlichungen zur Appeasement-Politik gibt, die meisten sich jedoch entweder auf ein bestimmtes Ereignis, etwa das Münchner Abkommen, oder eine bestimmte Person, hier insbesondere Neville Chamberlain, fokussieren. Im Gegensatz dazu geht es mir darum, mit diesem Beitrag den gesamten historischen Zeitabschnitt zwischen Hitlers Ernennung zum Reichskanzler und der Beendigung des Sitzkriegs, auch *Drôle de Guerre* genannt, in den Blick zu nehmen und zu zeigen, wie sich das politische Konzept «Appeasement» entwickelt hat und wie sich die politischen Haltungen dazu mit der Zeit geändert haben. Außerdem war es mir wichtig, den Forschungsfokus breiter auszurichten und ein weiter gestreutes Personenfeld zu erfassen als lediglich die Hauptakteure. Der Wunsch, einen Krieg zu vermeiden, auch wenn man dafür einen Modus Vivendi mit den diktatorisch regierten Staaten Deutschland und Italien finden musste, wurde weit über die Grenzen der Regierung hinaus geteilt. Ich habe deswegen das Handeln von einigen weniger bekannten Personen, insbesondere das der sogenannten Amateurdiplomaten, in meine Forschungen mit einbezogen – wobei Chamberlain, Halifax, Churchill, Daladier und Roosevelt selbstverständlich auch in dieser Darstellung in ihrer zentralen Rolle für die Geschichte gewürdigt werden. Prinzipiell habe ich mich dafür entschieden, die Form einer narrativen Darstellung zu wählen, die die Unwägbarkeiten, die unmittelbare Dramatik und die Dilemmata der untersuchten Zeit erfasst. Der Leser wird so auf der Basis einer Auswertung von Tagebüchern, Briefen, Zeitungsartikeln und diplomatischer Korrespondenz entlang einer sich erzählend entfaltenden Chronologie – zu der Analyse und Einordnung des Geschehenen durchweg ihren Beitrag liefern – durch diese turbulenten Jahre geleitet. Um dies zu leisten, habe ich mehr als 40 Sammlungen privater Unterlagen und Korrespondenzen ausgewertet und dabei unveröffentlichtes Material entdecken können, das ich in den Text habe einfließen lassen, wann immer das möglich war, ohne den Erzählfluss zu beeinträchtigen. Im Text selber habe ich diese Funde nicht gesondert hervorgehoben, aber jeweils den unveröffentlichten Quellen den Vorzug vor bereits veröffentlichtem Material gegeben und zahlreich und ausführlich aus diesen Dokumenten zitiert.

Eine Veröffentlichung zu internationalen Beziehungen thematisiert ihren Gegenstand selbstverständlich aus internationaler Perspektive. Nichtsdestoweniger ist dies ein Buch über Politik, Gesellschaft und Diplomatie in Großbritannien. Denn auch wenn es heute in Vergessenheit geraten sein mag: In den 1930er Jahren war Großbritannien nominell noch immer das mächtigste Land der Welt – stolzer Dreh- und Angelpunkt eines Empires, dessen Fläche ein Viertel des Erdballs ausmachte. Es war nicht zu übersehen, dass Amerika die kommende Großmacht sein würde, aber die USA hatten sich infolge des Ersten Weltkriegs auf eine Position des Isolationismus zurückgezogen. Und Frankreich, das als einzige andere Nation in der Lage gewesen wäre, die deutschen Ambitionen zu beschränken, hatte sich entschieden, in Bezug auf diplomatische wie militärische Initiativen den Briten die Führungsrolle zu überlassen. Obwohl die Briten es vorgezogen hätten, nicht zu intensiv in die problematische Situation auf dem Kontinent involviert zu werden, fanden sie sich daher in einer gänzlich anderen Rolle wieder: als die eine politische Kraft, die sowohl faktisch als auch in der Wahrnehmung der Welt über die diplomatische Kompetenz, die moralische Autorität und die militärische

Erfahrung verfügte, um Hitlers Streben nach der Vorherrschaft in Europa etwas entgegenzusetzen.

Die in Frage stehenden Entscheidungen, die nicht nur die Entwicklung Großbritanniens, sondern die Geschichte der ganzen Welt beeinflussen sollten, wurden dort von einer bemerkenswert übersichtlichen Anzahl von Personen getroffen. Die folgenden Ausführungen könnten zunächst den Eindruck erwecken, sie seien im Geist der ultimativen Ehrenrettung einer historischen Perspektive der «Geschichte großer Männer» geschrieben. Diese Männer (und es waren tatsächlich nahezu ausschließlich Männer) handelten jedoch keineswegs in einem gesellschaftlichen Vakuum. Großbritanniens politische Führungsmannschaft war sich ihres Handlungsspielraums ob der realen Rahmenbedingungen wie der vermeintlichen Zwänge in politischer, finanzieller, militärischer und diplomatischer Hinsicht äußerst bewusst. Und sie hatten die öffentliche Meinung bei allen ihren Überlegungen mit im Blick, auch wenn es sich dabei, in einer Ära, in der Meinungsumfragen noch in den Kinderschuhen steckten, noch um ein recht amorphes Gebilde handelte. Ignorieren konnte man die öffentliche Meinung jedenfalls nicht; ganz im Gegenteil wurde sie – so wie sie sich in Leserbriefen an die Medien oder direkter noch in Briefen an und Gesprächen mit den parlamentarischen Vertretern darstellte – von der britischen politischen Elite überaus ernst genommen. Bis weit in die 1930er Jahre hinein waren sich die demokratisch gewählten britischen wie französischen Führungspersönlichkeiten sicher, dass die Bevölkerung weder in Großbritannien noch in Frankreich eine Politik unterstützen würde, die einen neuen Krieg riskierte, und handelte entsprechend. Was aber würde geschehen, wenn ein Krieg unvermeidlich würde? Was, wenn Hitlers Machthunger sich als unersättlich erweisen würde? Und wenn das Bedürfnis, einen Krieg zu vermeiden, diesen nur umso wahrscheinlicher werden ließ?

PROLOG

Der Sturm bricht los

Am Abend des 1. September 1939, einem Freitag, begab sich der ehemalige Marineminister Alfred Duff Cooper mit seiner Frau in das Restaurant des Savoy Hotel in London. Wie üblich zu solch einem Anlass im Smoking gekleidet, wollte Cooper dort drei andere Konservative treffen. Ein Tag voller Sonnenschein war in einen angenehm warmen Abend übergegangen, und in den prachtvollen Art-déco-Räumlichkeiten des berühmten Restaurants deutete nichts auf eine Krise hin. Als Letzte ankommend, standen die Coopers dort jedoch plötzlich im Dunkeln – Resultat einer eilig erlassenen Verdunklungsmaßnahme. Nirgends war ein Taxi zu bekommen, und das Paar begann sich Sorgen zu machen, wie es nach Hause gelangen sollte, als Hugh Grosvenor, 2. Duke of Westminster, Spitzname ‹Bendor›, in seinem Rolls-Royce neben ihnen hielt und anbot, sie mitzunehmen. Erleichtert willigten die Coopers ein, bereuten aber sofort, in den Wagen gestiegen zu sein, als der Duke unverzüglich eine Hetztirade gegen Juden anstimmte, die seiner Meinung nach schuld am kommenden Krieg seien. Eingedenk der Tatsache, dass er und seine Frau sich als Gäste im Wagen des Dukes befanden, bemühte sich Cooper, sein bekanntermaßen stürmisches Temperament zu zügeln und dazu nichts zu sagen. Als sich der Duke jedoch hocherfreut zeigte, dass man Deutschland noch nicht den Krieg erklärt habe, und das damit begründete, Großbritannien und Hitler-Deutschland seien doch eigentlich «beste Freunde», konnte Cooper nicht mehr an sich halten. Er explodierte und ließ es sich nicht nehmen, «Seiner Gnaden» ins Gesicht zu sagen, er hoffe, Hitler werde bald herausfinden, dass es sich bei Großbritannien um seinen unbarmherzigsten und unerbittlichsten Feind handele, woraufhin die Coopers, da man gerade am Verkehrsknotenpunkt Victoria entlangfuhr, schleunigst ausstiegen.

21

Am nächsten Tag konnte sich Cooper nur amüsieren, als ihm zugetragen wurde, der Duke of Westminster mache überall mit einer Einschätzung von sich reden: Sollte Großbritannien doch wieder Krieg führen, seien daran «die Juden und Duff Cooper» schuld.[1]

Zwölf Stunden zuvor hatten 1,5 Millionen deutsche Soldaten von Norden, Süden und Westen und mit Unterstützung von 2000 Flugzeugen und mehr als 2500 Panzern Polen angegriffen. Die Bomber der Luftwaffe waren inzwischen dabei, polnische Flugplätze und Städte zu zerstören, während die deutschen Panzerdivisionen mit einem temporeichen Vorstoß bereits tief in polnisches Staatsgebiet vorgedrungen waren. In London waren sich Öffentlichkeit wie Politik sicher, dass man sich an der unmittelbaren Schwelle zum Kriegseintritt befand. Schließlich hatte sich Großbritannien nur sechs Tage zuvor in einer Übereinkunft mit Polen dazu verpflichtet, dem Land unverzüglich zu Hilfe zu kommen, sollte es angegriffen werden. «Wir sitzen nun im selben Boot», hatte Schatzkanzler Sir John Simon dem polnischen Botschafter noch an diesem Morgen versichert und weiterhin gegenüber dem Grafen Raczyński beteuert: «Ein Versprechen, das England seinen Freunden gegeben hat, wird es niemals brechen.»[2]

Ebenfalls noch am selben Tag erntete Premierminister Neville Chamberlain im Unterhaus zustimmende Rufe, als er seine Faust auf das Rednerpult schlug und erklärte: «Die Verantwortung für diese schreckliche Katastrophe liegt einzig und allein bei einem Mann: dem deutschen Kanzler. Ohne zu zögern, hat er die ganze Welt ins Unglück gestürzt, nur um seine unsinnigen Ambitionen zu befriedigen.» Doch während er Chamberlain noch reden hörte, konnte der konservative Parlamentsabgeordnete Edward Louis Spears nicht umhin, daran zu denken, wie der Premier sich nur ein Jahr zuvor gerühmt hatte, mit dem Münchner Abkommen «den Frieden für unsere Zeit» gesichert zu haben. Nichtsdestoweniger wirkte Chamberlain nun entschlossen, ja geradezu kampflustig. Das Kabinett hatte am Morgen bereits die generelle Mobilmachung beschlossen, und der britische Botschafter in Berlin hatte dem deutschen Außenminister eine Mitteilung überbracht: Wenn die deutsche Regierung nicht bereit sei, die feindlichen Handlungen einzustellen und ihre Truppen abzuziehen, dann werde «die Regierung Seiner Majestät ohne Zögern ihre Verpflichtungen gegenüber Polen erfüllen».[3] Unübersehbar hatte die britische Regierung es jedoch versäumt, dieses Quasi-Ultimatum mit einer Frist zu versehen.

Am nächsten Tag, Samstag, dem 2. September, wandelte sich die sommerliche Wärme in drückende Schwüle. Während die Parlamentarier, die es nicht gewohnt waren, über das Wochenende in der Stadt bleiben zu müssen, noch nach Zerstreuung suchten, marschierten dunkle Wolken am Horizont auf, unzweifelhaft braute sich dort ein Sturm zusammen. Indessen schritten die Vorbereitungen auf die Bombenangriffe voran, die man erwartete, sobald Großbritannien eine Kriegserklärung verlautbaren würde: Nachdem bereits am Tag zuvor die Kinder aufs Land evakuiert worden waren, folgten nun die Frauen; man brachte die Alten Meister aus der Nationalgalerie in Sicherheit und türmte Sandsäcke vor den Regierungsgebäuden auf, während über allem eine Armada von Sperrballonen den Himmel bevölkerte. In einer vergeblichen Geste, die auf illusorischen Hoffnungen aufbaute, sandte der Duke of Windsor, der vormalige König Edward VIII., ein Telegramm an Hitler und drängte ihn, «alles in seinen Kräften Stehende für den Frieden zu tun».[4]

Am Nachmittag bildeten sich im gesamten Bezirk Whitehall Menschenansammlungen, die beobachteten, wie die Minister des Kabinetts in Downing Street ankamen und die Abgeordneten in Richtung Parlamentsgebäude hasteten. Die Stimmung, so notierte es Konteradmiral Tufton Beamish, konservativer Abgeordneter und Repräsentant des Wahlkreises Lewes, war eine völlig andere als bei der britischen Kriegserklärung zu Beginn des Ersten Weltkriegs 25 Jahre zuvor. «Damals war Whitehall erfüllt vom begeisterten Jubel der Massen, niemand dachte an die Millionen von Menschen, die getötet werden würden, an die Kriegsdienstverpflichtungen, die Trauer, die erbärmlichen, chaotischen Zustände ... Diesmal sehe ich bedrückte Mienen, desillusionierte Blicke und grimmige Entschlossenheit.»[5]

Den Abgeordneten im Parlament fiel es deutlich schwerer, Ruhe zu bewahren. Mit Befremden hatten sie konstatiert, dass es Chamberlains Erklärung vom Vorabend an Präzision fehlte, und versammelten sich nun um 14:45 Uhr in der Erwartung im Unterhaus, dass augenblicklich bekanntgegeben werde, Großbritannien befände sich im Krieg. Stattdessen erhob sich Sir John Simon und erklärte, der Premierminister sei aufgehalten worden und würde später am Abend eine Erklärung abgeben. Besorgniserregende Gerüchte begannen zu kursieren: Der italienische Diktator Benito Mussolini habe eine internationale Konferenz vorgeschlagen und das Kabinett erwäge, an der Zusammenkunft teilzunehmen; die Labour Party hätte sich geweigert, einer Koalition beizutreten; die Franzosen seien dabei umzufallen.

Um die Zeit zu überbrücken und die blankliegenden Nerven zu beruhigen, begaben sich viele Abgeordnete in den Rauchersalon des Unterhauses. «Die Menge an Alkohol, die getrunken wurde, war unglaublich!», berichtete der ehemalige Kabinettsstaatssekretär Lord Hankey.[6] «Ein immenses Stimmengewirr» war einem Abgeordneten der Konservativen vor allem in Erinnerung geblieben und dass «jeder eine nagende Besorgnis verspürte, was unsere Garantie gegenüber Polen betraf».[7] «Wir fürchteten, die Ehre Großbritanniens könnte sich vor unseren Augen in Luft auflösen», hielt ein anderer Augenzeuge fest.[8] Schließlich hörte man es zum Sitzungsbeginn klingeln und die Abgeordneten, die «sich inzwischen Mut angetrunken hatten», drängten sich in der Erwartung, die ausstehende Kriegserklärung zu hören, wieder in den Plenarsaal.[9] Die Atmosphäre war vergleichbar mit der «eines Gerichtssaals, der auf das Urteil der Jury wartet».[10]

Um 19:42 Uhr betrat Chamberlain, von seinen Anhängern angefeuert, den Saal. Keine zwei Minuten später stand er am Platz, bereit, seine Rede zu beginnen. Die Abgeordneten beugten sich erwartungsvoll vor. «Alle warteten wir gespannt darauf, dass jetzt die Ankündigung folgen würde, dass der Krieg erklärt worden war», schrieb Louis Spears.[11] Aber das geschah nicht. Der Premier klang erschöpft, als er über die jüngsten Gespräche der Regierung mit Deutschland sprach, dann bestätigte er die Gerüchte über einen italienischen Vorschlag für eine Fünf-Mächte-Konferenz zur Lösung des deutsch-polnischen Konflikts. Natürlich sei es unmöglich, dies in Betracht zu ziehen, so erklärte er, während sich Polen «einer Invasion ausgesetzt» sah. Wenn die deutsche Regierung jedoch bereit wäre «zuzustimmen, ihre Streitkräfte zurückzuziehen, dann wäre die Regierung Seiner Majestät bereit, die Situation als die gleiche zu betrachten, wie sie sich vor dem Überschreiten der polnischen Grenze durch die deutschen Streitkräfte dargestellt hat». Die britische Regierung sei sogar bereit, sich selbst an den anschließenden Verhandlungen zu beteiligen.[12]

Die Mitglieder der Kammer waren entsetzt. Die Polen erlebten seit über 36 Stunden die schrecklichsten Bombardements, und die britische Regierung spielte noch immer auf Zeit. Schlimmer noch, viele Abgeordnete kamen zu dem Schluss, dass der Premierminister sich aktiv um einen schäbigen Kompromiss – ein zweites Münchner Abkommen – bemühte. «Die Abgeordneten saßen da, als ob sie zu Stein verwandelt worden wären», erinnerte sich Spears. Der Schock war so groß, dass für einen Moment nicht mehr zu hören war als das Knarren eines Stuhls – der Premierminister, der sich setzte.[13] Nicht ein einziges «Hört, Hört!» hatte es zum Abschluss von Chamberlains Erklärung gegeben.

Als der amtierende Labour-Vorsitzende Arthur Greenwood aufstand, um zu antworten, brach im Saal die Hölle los. Die Abgeordneten auf seiner Seite jubelten ihm zu, wie es zu erwarten war, außergewöhnlich war allerdings der tosende Zuspruch, der von der konservativen Seite des Hauses kam. «Sprich für England», rief der ehemalige Kolonialminister Leo Amery.[14] Erstaunt schwankte Greenwood fast, stellte sich jedoch der Situation und erklärte, dass «jede Minute an Verzögerung» bedeute, «unsere nationalen Interessen zu gefährden, die Grundlagen unserer nationalen Ehre». Es möge gute Gründe für das Zögern des Premierministers geben (er wusste, welche Probleme die Regierung damit hatte, die Franzosen zu überzeugen, einem Zeitrahmen für ein Ultimatum zuzustimmen), aber so könne es nicht weitergehen.

In dem Moment, in dem wir ein Nachgeben signalisieren, weiß die Diktatur, dass wir geschlagen sind. Wir sind nicht geschlagen. Wir werden nicht geschlagen werden. Wir sind nicht zu schlagen, aber eine Verzögerung birgt Gefahren, und ich hoffe, dass der Premierminister … uns, wenn das Parlament morgen Mittag wieder zusammentritt, sagen kann, wie die endgültige Entscheidung aussieht.[15]

Als Greenwood sich wieder setzte, folgte ein Aufruhr. Die normalerweise strikt regierungstreuen Tory-Hinterbänkler schwenkten ihre Sitzungspapiere und jubelten dem Labour-Anführer zu, bis sie heiser waren. «Alle, die sterben wollten, hatten ihr Cäsar-Zitat zur Hand», notierte der Staatssekretär im Außenministerium Henry ‹Chips› Channon. Es herrschte eine Stimmung, die an «eine Neuauflage der alten München-Wut» erinnerte.[16] Ein pazifistischer Labour-Abgeordneter versuchte, einen seiner weniger pazifistisch eingestellten Kollegen zu schlagen. Chamberlain erblasste. Nun, das sei ihm nicht zu verübeln, dachte der Abgeordnete von National Labour Harold Nicolson. «Hier waren sie, die glühendsten Anhänger des P[remierminister]s, und jubelten seinem Gegner zu, so laut sie nur konnten. In der ersten Reihe sahen sie aus, als wäre ihnen ins Gesicht geschlagen worden.»[17]

Ein Mann blieb schweigend auf seinem Platz unterhalb der Galerie sitzen.

Wie kaum ein anderer hatte Winston Churchill das Recht, sich bestätigt zu fühlen durch diese neuerliche von NS-Deutschland ausgehende Gefahr. In der schwersten politischen Schlacht seines Lebens hatte er sich seit 1932 lautstark und mitunter verzweifelt für Aufrüstung und eine entschlossene Haltung gegen die deutsche Aggression eingesetzt. Jetzt, in diesem äußerst kritischen Moment, schwieg er. Sein Dilemma bestand darin, dass er am Vortag zugestimmt hatte, dem Kriegskabinett beizutreten, und sich in gewisser Weise bereits als Mitglied der Regierung betrachtete. Andererseits hatte er seitdem nichts mehr von Chamberlain gehört, und es schien nun, als ob Großbritannien in Bezug auf das den

Polen gegebene Versprechen ins Schwanken geriet. Hin- und hergerissen lud er einige gleichgesinnte Parlamentarier zu einem Treffen noch am gleichen Abend für 22:30 Uhr in seine Wohnung ein. Dort zogen Anthony Eden, Bob Boothby, Brendan Bracken, Duff Cooper und Duncan Sandys einen regelrechten Aufstand in Erwägung. Boothby war der Ansicht, dass Chamberlain die Unterstützung der konservativen Partei für immer verloren hatte und dass es Churchills Pflicht sei, am nächsten Tag ins Unterhaus zu gehen und die Macht für sich zu beanspruchen.

Nun brach das Unwetter mit voller Wucht herein. Ein Donnerschlag wie ein Kanonendonner war zu hören, und der Regen peitschte gegen die gotischen Fenster, als zwölf Mitglieder des Kabinetts in Sir John Simons Büro im Palast von Westminster eine Meuterei anzettelten. Das Kabinett hatte am frühen Nachmittag vereinbart, dass der italienische Vorschlag einer Konferenz abgelehnt und Deutschland unabhängig von der Entscheidung der Franzosen ein spätestens um Mitternacht auslaufendes Ultimatum gestellt werden sollte. Nun waren zwölf Regierungsvertreter – über die Hälfte des Kabinetts – der Meinung, dass der Premierminister diese Entscheidung zurückgenommen hatte, und weigerten sich, die Räumlichkeiten des Schatzkanzlers zu verlassen, bis Chamberlain zugestimmt hatte, eine weitere Kabinettssitzung abzuhalten. So etwas hatte es noch nicht gegeben, erinnerte sich der Landwirtschaftsminister Sir Reginald Dorman-Smith: «Wir traten in einen Streik.»[18]

Schließlich, nach vielen Telefonaten mit Paris und einem Treffen mit dem französischen Botschafter, berief Chamberlain ein weiteres Treffen für 22:30 Uhr ein. Müde und zerknautscht machten sich die Aufständler auf den Weg durch die sintflutartigen Regenfälle zur Downing Street Nr. 10, wo sie erstaunt feststellten, dass der Außenminister, Lord Halifax, Zeit gefunden hatte, sich zum Abendessen umzuziehen. In kühlem Ton entschuldigte sich Chamberlain beim Kabinett für das Missverständnis und erläuterte die Probleme, die er mit den Franzosen hatte, die sich weigerten, ein Ultimatum zu stellen, bevor sie ihre Mobilmachung abgeschlossen und ihre Frauen und Kinder evakuiert hatten. Er sei jedoch bereit, sich der Ansicht seiner Kollegen anzuschließen: Es sollte ein britisches Ultimatum gestellt werden, und dessen Frist sollte ablaufen, bevor die Abgeordneten am nächsten Tag um zwölf Uhr wieder zusammenkommen würden. Der Botschafter Seiner Majestät in Berlin solle angewiesen werden, den deutschen Außenminister am nächsten Morgen um neun Uhr zu konsultieren und ein Ultimatum zu stellen, das um elf Uhr britischer Sommerzeit enden werde. Ob jemand etwas einzuwenden habe, fragte er. Keine Antwort. «Richtig, meine Herren», fasste Chamberlain zusammen, «das bedeutet Krieg.» «Kaum hatte er das gesagt», erinnerte sich Dorman-Smith später, «gab es einen gewaltigen Donnerschlag, und ein greller Blitz leuchtete den ganzen Kabinettssaal taghell aus. Es war der ohrenbetäubendste Donnerschlag, den ich je in meinem Leben gehört habe. Das hat das Gebäude regelrecht zum Beben gebracht.»[19]

Elf Stunden später ging Chamberlain mit seiner Ansprache an die Nation auf Sendung.

KAPITEL 1

Das Experiment «Hitler»

Ich habe den Eindruck, dass die Personen, die die Politik der
Regierung Hitler bestimmen, nicht normal sind. Die meisten
von uns haben inzwischen den Eindruck, dass wir uns in einem
Land aufhalten, in dem Fanatiker, Hooligans und Exzentriker
die Oberhand gewonnen haben.

Der britische Botschafter zu Berlin an den britischen
Außenminister, 30. Juni 1933[1]

Das Eis auf der Themse bereitete den Ruderern der Universität von
Oxford Probleme. In Yorkshire hatte der Frost zwar die Einsatzfreude der
East Holderness Foxhounds kaum bremsen können, aber trotzdem verhindert, dass sie wie gewohnt Fährte aufnehmen konnten. Der Hurling-
ham Club gab bekannt, dass ein neues Polokomitee gefunden sei, und die
Popularität des Profifußballs machte sich nachteilig im Amateurbereich
bemerkbar. In den «Home News», noch hinter den Sportseiten der *Times*,
berichtete ein Sonderkorrespondent über die dringende Notwendigkeit,
die Räumlichkeiten des Grafschaftsarchivs von Buckinghamshire gegen
Einbruch abzusichern. Und es gab eine herzerwärmende Geschichte über
eine Anzahl von Seren und Bakterien, die einem Arzt aus dem Koffer-
raum seines Wagens gestohlen worden waren, die aber nun wieder mit
ihrem Besitzer vereint waren. Der Aufmacher auf der Seite «Empire- und
Auslandsnachrichten» befasste sich mit dem Wechselkurs in Neuseeland.
Erst auf Seite zehn, neben einer Kolumne über die neueste französische
Kabinettskrise, fand sich die Nachricht, dass der Präsident der deutschen
Republik, der 85-jährige Feldmarschall Paul von Hindenburg, den Vorsitzenden der Nationalsozialistischen Deutschen Arbeiterpartei, Adolf Hitler, empfangen und ihn gebeten hatte, die Kanzlerschaft zu übernehmen.[2]

Die Ernennung Hitlers am 30. Januar 1933 stieß auf mehr Interesse, als es das anachronistische Layout der *Times* vermuten ließ, aber hohe Wellen schlug die Nachricht nicht. Seit dem Ende des Ersten Weltkriegs hatten sich deutsche Kanzler im Durchschnitt knapp ein Jahr im Amt halten können, und die deutsche Wirtschaft litt nach wie vor unter der Weltwirtschaftskrise: Die Arbeitslosenquote lag bei 24 Prozent. Mit ihrem Durchbruch bei der Wahl von 1930 und ihren exorbitanten Gewinnen im Juli 1932 hatten die Nationalsozialisten eine gewisse Bestürzung hervorgerufen, aber als sie später im selben Jahr wieder an Stimmen verloren, vermuteten viele, dass ihre Popularität bereits ihren Höhepunkt erreicht hatte. Sie fühlten sich in dieser Ansicht bestärkt, als Hitler gezwungen war, eine Koalitionsregierung zu bilden und den katholisch-konservativen Franz von Papen, der zuvor selbst schon Kanzler gewesen war, als Vizekanzler zu akzeptieren. Ganz so, wie die im Kabinett zahlenmäßig stärker vertretenen Konservativen glaubten, dass sie Hitler kontrollieren könnten, besänftigte ihre Anwesenheit die Befürchtungen des Auslands. «Hitler ist deutscher Kanzler geworden», räsonierte der britische konservative Abgeordnete Cuthbert Headlam, «aber nicht allein – er hat von Papen als Vizekanzler und zahlreiche Vertreter der Deutschnationalen Volkspartei in seinem Kabinett – ich kann mir nicht vorstellen, dass er viel Handlungsspielraum haben wird.» *[3]

Hitlers Auftreten versetzte die friedliebenden Demokraten ebenfalls nicht gerade in Angst und Schrecken. Der *Daily Telegraph* fragte sich, wie dieser Mann «mit dem lächerlich kleinen Schnurrbart», der so wenig inspirierend aussah, auf die deutsche Bevölkerung eine derartige Anziehungskraft ausüben konnte.[4]

Der den Liberalen nahestehende *News Chronicle* spottete über den Triumph des «österreichischen Anstreichers», während sich der Labour-

---

* Realiter waren Alfred Hugenberg (Wirtschaftsminister) und Franz Gürtner (Justizminister) die einzigen DNVP-Vertreter in diesem Kabinett; auf die anderen fünf nicht von der NSDAP besetzten Posten waren parteilose Politiker berufen worden.

nahe *Daily Herald* über den «untersetzten kleinen Österreicher mit schlaffem Händedruck, verschlagenen braunen Augen und Charlie-Chaplin-Schnurrbart» lustig machte. «Nichts», so der *Herald* weiter, «deutet in der politischen Laufbahn Adolf Hitlers, eines kleinen Mannes, der die Nervenstärke eines Mädchens und die Eitelkeit eines Schlagerstars besitzt, darauf hin, dass er dem Schicksal seiner unmittelbaren Vorgänger entkommen kann.»[5]

Am Vortag hatte die *Times* anlässlich des Scheiterns der 55 Tage währenden Kanzlerschaft des Generals Kurt von Schleicher konzediert, dass eine Regierung Hitler als «die am wenigsten gefährliche Lösung eines mit Gefahren behafteten Problems» angesehen werden müsse.[6] Die Entschlossenheit, mit der sich der NSDAP-Vorsitzende zur Abschaffung des Versailler Vertrages geäußert hätte, habe zwar im Ausland Besorgnis hervorgerufen, aber, so das Blatt weiter, «wolle man Fairness gegenüber den Nazis walten lassen, müsse man zugeben, dass sie zu einer möglichen deutschen Weigerung, den vertraglich geregelten Verpflichtungen nachzukommen, wenig mehr gesagt hätten ... als die deutschen Parteien, die sich im Wahlkampf zur Verfassung bekannt hatten».[7]

Nicht anders kommentierten dies die Zeitungen *Economist* und *Spectator*, während der Labour-nahe *New Statesman* sogar zuversichtlich in die Zukunft blickte: «Wir sollten nicht erwarten, dass Ankündigungen wie die Vernichtung der Juden oder die Entmachtung der Großfinanz in die Tat umgesetzt werden», kommentierte das Magazin am 3. Februar 1933. Es werde zweifellos einen Angriff auf die Kommunisten geben; aber wenn der politische Druck zu extrem werde, werde er entschlossenen Widerstand hervorrufen und möglicherweise sogar zu einer «vereinigten marxistischen Front» führen, sodass sich die Nationalsozialisten und ihre Verbündeten am Ende mehr eingebrockt haben könnten, als sie erwartet hätten.[8] Wie sich herausstellte, traf die Einschätzung der imperialistisch eingestellten *Morning Post* die tatsächlichen Verhältnisse weitaus besser: Dort argumentierte man, die jüngste Wende in der deutschen Politik sei kein gutes Zeichen für den inneren Frieden, und sagte voraus, die neue

Regierung werde wahrscheinlich «eine Lösung für innenpolitische Probleme in außenpolitischen Abenteuern suchen».[9]

In Frankreich fielen, wie es noch mehrfach in den folgenden sechs Jahren passieren sollte, große Ereignisse in Deutschland mit einer innenpolitischen Krise zusammen. Am 28. Januar, dem Tag, an dem in Berlin Schleicher zurücktrat, entzogen die Sozialisten Premierminister Joseph Paul-Boncour ihre Unterstützung: Er hatte versucht, den französischen Haushalt zu «retten», indem er eine Erhöhung aller direkten Steuern um fünf Prozent vorgeschlagen hatte.[*] Paul-Boncour trat zurück, und der Radikal-Sozialist und vormalige Kriegsminister Édouard Daladier wurde zum ersten Mal Premierminister.[**] Der Aufstieg Hitlers blieb dennoch nicht unbemerkt. «Deutschland zeigt jetzt sein wahres Gesicht», kommentierte *Le Journal des Débats*, während der einflussreiche *Paris-Soir* meinte, Deutschland habe einen Schritt hin zur Wiedereinführung der Monarchie und einer «kompromisslosen Außenpolitik» gemacht.[10] Doch während einige französische Zeitungen (insbesondere aus dem linken Spektrum) alarmiert waren, fielen viele Reaktionen weniger eindeutig aus. Vergleichbar mit der Reaktion der Öffentlichkeit in Großbritannien, gab es diejenigen, die dazu tendierten, den «gewöhnlichen Demagogen» und «Anstreicher» zu unterschätzen, während die französische Rechte zwischen den typischen antipreußischen Ressentiments und der Bewunderung für Hitlers antikommunistische Politik hin- und hergerissen war. *L'Ami du Peuple* dagegen richtete das Augenmerk auf Hitlers «unerbittlichen Hass auf Frankreich». Da die Zeitung im Besitz des extrem wohlhabenden Parfümeurs François Coty war, seines Zeichens

---

[*] Das französische Defizit lag bei 100 Millionen Pfund (damaliger Wechselkurs) und stieg um 250 000 Pfund pro Tag. Das Land, so die *Times* am 30. Januar 1933, lebe «von der Hand in den Mund».

[**] Die 1901 gegründete Radikal-Sozialistische Partei ging aus der französischen republikanischen Tradition einer radikalen Ablehnung der Monarchie hervor. Ursprünglich eine linke Partei, rückte sie nach der Gründung der Sozialistischen Partei ab 1905 in die politische Mitte. Vier der acht Premierminister Frankreichs zwischen 1933 und 1939 waren Radikal-Sozialisten.

Gründer einer der französischen faschistischen Ligen, vergaß man dabei jedoch nicht, auch zu erwähnen, dass die Nationalsozialisten gerade dabei waren, der menschlichen Zivilisation einen großen Dienst zu erweisen, indem sie die furchtbare Bedrohung durch den Bolschewismus ausmerzten.[11] Ähnliche Ansichten, wenn auch weniger extrem, äußerten die Kommentatoren von *L'Echo de Paris*, *Le Petit Journal* und *La Croix*.

Der französische Botschafter in Berlin, André François-Poncet, und sein britischer Amtskollege, Sir Horace Rumbold, hatten Hitler Ende 1932 für politisch gescheitert erklärt. Nun, da ihre Prognosen sich als falsch erwiesen hatten, reagierten sie hilflos. «Das Hitler-Experiment musste wohl irgendwann gemacht werden», schrieb Rumbold an seinen Sohn, «und wir werden nun sehen, was es hervorzubringen vermag.»[12] François-Poncet war der gleichen Meinung. «Frankreich hat keinen Grund, anders als gelassen zu reagieren», beruhigte er Paris am 1. Februar 1933. Man solle zunächst das Handeln der neuen Machthaber im Reich abwarten.[13] Lange musste man darauf nicht warten.

Hitler hielt kaum eine Woche inne, dann zeigte er der Welt, dass Verfolgung und Gewalt, wie sie schon seinen Weg zur Macht geprägt hatten, auch Markenzeichen seiner Herrschaft werden sollten. Da er keine Mehrheit im Reichstag hatte, überredete er Hindenburg zu Neuwahlen, woraufhin die Nationalsozialisten, nun mit der Macht des Staates auf ihrer Seite, eine Welle von Gewalt und Terror ins Rollen brachten: Braun gekleidete Sturmtruppen verwüsteten Parteibüros von KPD und SPD, stürmten Wahlkampfversammlungen und schlugen politische Gegner zusammen. Die deutsche Presse wurde mundtot gemacht, aber die diversen Auslandskorrespondenten berichteten mit zunehmendem Entsetzen über die tägliche Zahl an Morden, Schlägereien und anderen Ausdrucksformen politischer Unterdrückung. Am 27. Februar 1933, sechs Tage vor dem Wahltag, wurde der Reichstag in Brand gesetzt. Ein niederländischer Kommunist wurde vor Ort verhaftet, und die Nationalsozialisten erklärten, die Brandstiftung habe der Auftakt zu einer bolschewistischen Revolution sein sollen. Der geeignete Vorwand war gefunden, damit Hitler eine Diktatur errichten konnte. Die bürgerlichen Freiheiten wurden ausgesetzt, Kommunisten und andere politische Gegner massenhaft verhaftet. Der neu gewählte Reichstag stimmte dann am 23. März mit dem Erlass des Ermächtigungsgesetzes seiner eigenen Entmachtung zu und gewährte Hitler die Macht, per Dekret zu regieren. Noch im selben Monat wurde eine verfallene Sprengstofffabrik nördlich des mittelalterlichen Städtchens Dachau in ein Lager für in «Schutzhaft» genommene politische Gefangene umgewandelt.

Und dann waren da noch die Juden.

Hitler zufolge weder Deutsche noch gleichwertige Menschen, sollten die Juden für die Mehrheit der Probleme in Deutschland verantwortlich sein. Seit Beginn der nationalsozialistischen Machtübernahme hatte die SA leichtes Spiel mit ihnen, konnte jüdisches Eigentum zerstören und tätliche Angriffe bis hin zum Mord ungestraft begehen. Mit dem Boykott jüdischer Geschäfte und Unternehmen am 1. April 1933 fand die erste landesweit koordinierte Verfolgungsaktion der Nationalsozialisten statt. Die internationalen Reaktionen fielen empört aus. Vierzigtausend Menschen protestierten im Londoner Hyde Park, weitere Demonstrationen fanden in Manchester, Leeds und Glasgow sowie in New York statt. Der *Scotsman* nannte es eine «Hochwassermarke des Hasses»[14], und Lord Reading, ehemaliger britischer Außenminister und erst der zweite nominell die jüdische Religion praktizierende Politiker, der jemals ins Kabinett berufen worden war, trat als Präsident der Deutsch-Britischen Vereinigung zurück.[*] Joseph Goebbels, der klein gewachsene Propagandaminister der Nationalsozialisten, beendete den Boykott schon nach einem Tag wieder, das änderte jedoch nichts daran, dass Juden und andere «Unerwünschte» weiter systematisch aus allen Bereichen des öffentlichen Lebens in

---

[*] Herbert Samuel, 1909–1910 Chancellor of the Duchy of Lancaster, also Minister ohne Geschäftsbereich, später Postminister und Innenminister, war das erste Kabinettsmitglied jüdischer Religionszugehörigkeit. Allerdings war bekannt, dass Samuel persönlich eine atheistische Einstellung pflegte.

Deutschland verbannt wurden. Für die überwiegende Mehrheit war es nicht möglich, eine andere Beschäftigung zu finden, und Tausende sahen keine Alternative als den Gang ins Exil. Auch vor Menschen von internationalem Ruf machte die Aktion nicht halt, wie der britische Botschafter notierte: Der Komponist Arnold Schönberg, die Dirigenten Bruno Walter und Otto Klemperer sowie der Physiker Albert Einstein waren von der «Säuberung» betroffen. Selbst an dem 1847 verstorbenen Mendelssohn musste die nationalsozialistische Revolution ein Exempel statuieren und ließ sein Porträt aus dem Saal der Berliner Philharmonie entfernen.

Selbstverständlich gab es auch diejenigen, die sich entschieden, den Berichten von den Gräueltaten nicht zu glauben, die sowohl in verschiedenen Zeitungen als auch in Büchern wie etwa dem im August 1933 erschienenen *Braunbuch über Reichstagsbrand und Hitlerterror* veröffentlicht wurden. Lord Beaverbrook, Inhaber der Massenblätter *Daily Express* und *Evening Standard*, besuchte im März 1933 Berlin und kehrte mit der Überzeugung zurück, dass «die Geschichten über die Verfolgung der Juden übertrieben sind».[15] So lautete vorhersehbarerweise auch die Devise der deutschen Regierung und ihres Umfeldes, die man an alle Besucher ausgab – auch wenn die meisten sich gar nicht dafür interessierten oder nicht mutig genug waren nachzufragen. «Alle Berichte, die im Ausland kursieren, sind Humbug und Lügen», schrieb der glühende NS-Anhänger Oberst Ernst Heyne am 1. April 1933 an Sir Ian Hamilton, britischer General im Ersten Weltkrieg. «Kein Land, da bin ich mir sicher», schreibt Heyne, «wäre dieser Meute [den Juden] gegenüber so tolerant gewesen wie wir.» Heyne bat Hamilton im Weiteren, dass er alles ihm Mögliche in seinem Freundeskreis tun solle, «um zu verhindern, dass sich die Stimmung aufgrund einer solchen antideutschen Pressekampagne weiter anheizt».[16] Hamilton antwortete erst im Oktober, aber als er es tat, spornte er Heyne an und beglückwünschte ihn zu seiner «neuen Nazi-Uniform mit den beeindruckend geschnittenen Hosen und Gamaschen». «Jeder ist jetzt begeistert von Ihren Leuten in Deutschland und fragt sich, was Ihr als nächstes tun werdet. Was mich betrifft, so wissen

Sie, dass ich ein wahrer Freund Ihres Landes bin, und ich bin ziemlich sicher, dass Sie auf lange Sicht erreichen werden, was Sie wollen.»[17] Ein paar Wochen später erklärte er noch eindringlicher in einem Brief an eine weitere deutsche Pressevertreterin: «Ich bin ein Bewunderer des großen Adolf Hitler und habe mein Bestes getan, ihn auch in schwierigen Zeiten zu unterstützen.»[18]

Hamilton war weder ein Faschist noch ein notorischer Antisemit. Allerdings hatte er sich geweigert, einen Brief zu unterschreiben, in dem die Verfolgung der deutschen Juden verurteilt wurde. Als Begründung hatte er gegenüber der Journalistin und Autorin Rebecca West vorgebracht, dass er sich bereits in zu vielen öffentlichen Angelegenheiten engagiere, und darauf verwiesen, dass er schon zweimal ausgewählt worden sei, eine Gruppe von jüdischen Kriegsveteranen anlässlich des Defilees am Tag des Waffenstillstands am Londoner Gedenk-Kenotaph anzuführen, und keine «antijüdischen Vorurteile» habe.[19] Als Hitler an die Macht kam, war Hamilton 80 Jahre alt und hatte als eine der führenden Persönlichkeiten der Royal British Legion die letzten 15 Jahre damit verbracht, Kriegsdenkmäler zu enthüllen und ehemaligen Soldaten zu helfen. Er glaubte leidenschaftlich an die Notwendigkeit, vormalige Feinde zu versöhnen – nicht zuletzt durch die Verbände der ehemaligen Soldaten – und war 1928 zusammen mit Lord Reading Gründungsmitglied der Deutsch-Britischen Vereinigung. Insbesondere hatte ihn lange das Szenario beschäftigt, dass Deutschland bei einem Zusammenbruch an den Bolschewismus fallen könne, was er als «ein Unglück von existenzbedrohendem Ausmaß für Europa» eingeschätzt hatte.[20] Aus all diesen Gründen war er nicht bereit, die Verfahrensweise der Nationalsozialisten in Bezug auf die Juden zu verurteilen, sondern wurde im Gegenteil ein prominenter Fürsprecher des Regimes. Hamiltons Haltung war nicht untypisch für seine Klasse. Obwohl die meisten Mitglieder der gesellschaftspolitischen Elite Großbritanniens die Juden-Hetze der Nationalsozialisten geschmacklos fanden oder sie ihnen sogar zuwider war, gab es doch bei einigen eine Tendenz, Ausreden dafür zu finden. «Wir alle verurteilen die Torheit und

Gewalt dieser Angriffe auf Juden in Deutschland», schrieb der Bischof von Gloucester Mitte 1933 in seiner Diözesanzeitschrift, aber es sei dennoch wichtig, daran zu erinnern, dass «für die Gewalt der russischen Kommunisten, vor allem zu Beginn, insbesondere viele Juden verantwortlich waren.» Viele Juden hätten das ihre dazu beigetragen, «die Gewalt der sozialistischen Gemeinschaften zu inspirieren». Er wollte auch nicht unerwähnt lassen, dass die Juden «kein allzu angenehmes Element in Deutschland sind, insbesondere nicht im Berliner Großstadtleben».[21]

Nichtsdestotrotz reagierten weite Teile der Bevölkerung mit Abscheu auf die Pogrome der Nationalsozialisten, sodass Außenminister Sir John Simon Alfred Rosenberg, der sich als «Botschafter» der NS-Ideologie im Ausland betätigte, deutlich machte: «Deutschland hat in zwei Monaten die Sympathie verspielt, die es hier im Laufe von zehn Jahren aufgebaut hat.»[22] Simon wies Sir Horace Rumbold an, diesen Punkt Hitler gegenüber zu wiederholen, darüber hinaus war die britische Regierung machtlos. Bei der Premiere der Filmversion von *The Scarlet Pimpernel* im folgenden Jahr mochte man daher dem Lamento der fiktiven Figur des «Prince of Wales» nur zustimmen, als er klagte: «Ein Land, das verrückt geworden ist, hat das Recht, innerhalb seiner eigenen Mauern jeden Schrecken zu verbreiten.»[23] Es stellte sich zudem die viel dringendere Frage, welche Politik das neue Deutschland außerhalb seiner Grenzen verfolgen wollte.

Schon lange bevor Hitler an die Macht kam, hatte man sich von der Idee verabschiedet, dass der Versailler Vertrag den europäischen Frieden garantiere. Tatsächlich hatten wichtige politische Akteure bereits vor der Unterzeichnung des Dokuments gewarnt, dass es zu einer Katastrophe führen werde. «Man könne Deutschland seiner Kolonien berauben, die Armee auf eine Polizeitruppe reduzieren und die Marine auf das Niveau eines fünftklassigen Staates herunterschrauben», schrieb der britische Premierminister David Lloyd George im sogenannten Fontainebleau-

Memorandum vom März 1919, aber «wenn sie sich im Frieden von 1919 ungerecht behandelt fühlen, werden [die Deutschen] Mittel finden, um an den Siegern Vergeltung zu üben».[24] Leider konnten weder Lloyd George noch der amerikanische Präsident Woodrow Wilson (der für die größte Nachsicht eintrat) den französischen Premierminister Georges Clemenceau davon abhalten, Deutschland harte Bedingungen aufzuerlegen. In den zwanziger Jahren wurde daher nach Möglichkeiten gesucht, die Fehler, die man mit dem Versailler Vertrag gemacht hatte, auszugleichen.

1925 wurde mit dem Vertrag von Locarno die Westgrenze Deutschlands besiegelt – diesmal mit den Deutschen als freiwilligen Unterzeichnern –, und im folgenden Jahr wurde Deutschland in den Völkerbund aufgenommen. Der Briand-Kellog-Pakt von 1928 verbot den Krieg als Mittel zur Beilegung internationaler Streitigkeiten, während die Pläne von Dawes und Young die deutschen Reparationen neu anpassten und reduzierten, bis sie 1932 in der Konferenz in Lausanne ganz gestrichen wurden. Nichts davon, trotz der Friedensnobelpreise, die den verschiedenen Architekten einer Weltfriedensordnung verliehen wurden, reichte aus. Nur die Abschaffung der Kriegswaffen selbst, so hatte man den Eindruck, konnte den Frieden garantieren. Deshalb wurde am 2. Februar 1932 in Genf mit großem Trara eine Weltabrüstungskonferenz eröffnet. «Wenn alle Nationen sich darin einig sind, auf den Besitz und den Einsatz von Waffen zu verzichten, die einen erfolgreichen Angriff ermöglichen», schrieb Präsident Franklin D. Roosevelt in einer Botschaft an seine Kollegen, «werden die Verteidigungsanlagen infolgedessen unüberwindbar, und die Grenzen und die Unabhängigkeit jeder Nation sind gesichert.»[25] Leider waren die Verhandlungen auf der Abrüstungskonferenz zum Zeitpunkt von Roosevelts Botschaft bereits festgefahren. Man konnte sich darüber nicht einig werden, was eine «defensive» Waffe im Gegensatz zu einer «offensiven» Waffe sein sollte. Außerdem forderten die Deutschen eine Gleichstellung mit ihren Nachbarn in der Frage der Rüstungsmöglichkeiten – etwas, was die Franzosen nie zulassen würden. Die Franzosen wurden nicht müde zu betonen, dass Frankreich in den letzten sechzig Jahren zwei deutsche Invasionen hatte erleben müssen und die Folge der zweiten Invasion ein wirtschaftliches Ausbluten gewesen sei. Deswegen seien die Franzosen in Versailles so fest entschlossen gewesen, Deutschland für das, was es Frankreich angetan hatte, bezahlen zu lassen, und die Deutschen so weit zu schwächen, dass sie möglichst nie wieder in der Lage sein sollten, die französische Sicherheit zu gefährden. Aus diesem Grund waren die Franzosen im Gegensatz zu anderen Kriegsparteien in den 1920er Jahren schwer bewaffnet geblieben und verfügten 1933 über die mächtigste Armee der Welt. Diese Furcht speiste sich dabei nicht bloß aus Paranoia. Selbst als Deutschland große Teile seines Territoriums zugunsten anderer Nationen abgegeben hatte, zählte das Land noch immer eine Bevölkerung von etwa 65 Millionen Einwohnern im Vergleich zu 40 Millionen Franzosen. Das Deuxième Bureau (der französische Geheimdienst) hatte bereits vor Hitlers Machtübernahme substanzielle Beweise für eine illegale deutsche Aufrüstung gesammelt, und die Generalstabschefs erinnerten die Politiker unablässig daran, dass Frankreich «magere Jahre» bevorstanden, in denen sich aufgrund der niedrigen Geburtenrate während des Ersten Weltkriegs die Zahl der Wehrpflichtigen halbieren werde.

Die Aufgabe, zwischen der französischen und der deutschen Position zu vermitteln, fiel den Briten zu, die größtenteils mit den Deutschen sympathisierten und zunehmend verärgert über die Franzosen waren. Zum Teil handelte es sich dabei um eine Wiederbelebung traditioneller nationaler Vorurteile. Vor 1914 hatten viele Briten das Gefühl verspürt, mehr mit den Deutschen gemeinsam zu haben als mit den Franzosen. Ein Gefühl, das sogar mit dem Ersten Weltkrieg nicht ganz verloren ging. Wie Robert Graves in *Goodbye to All That* schrieb, hatte sich ein gewisses «antifranzösisches Gefühl unter den meisten ehemaligen Soldaten beinah zu einer Obsession entwickelt». So schwor etwa der Dichter Edmund Blunden (der sowohl an der Somme als auch bei Passendale in der Dritten Flandernschlacht gekämpft hatte), dass er nie wieder an einem Krieg teilnehmen würde – «außer gegen die Franzosen. Wenn es jemals einen

Krieg mit ihnen gibt, werde ich unversehens dabei sein: wie ein Schuss, so schnell.»[26] In offiziellen Kreisen wurde dieses antifranzösische Gefühl durch den Wunsch befeuert, Deutschland an ein Rüstungsabkommen zu binden, bevor es zu spät war, und die britische Regierung war gezwungen, die Alternative in Betracht zu ziehen: eine massive Aufrüstung. So bezeichnete der Premierminister Ramsay MacDonald Frankreich im Februar 1930 als das «Friedensproblem Europas». J. L. Garvin, der mit Mussolini sympathisierende Herausgeber des *Observer*, kritisierte die ehemaligen britischen Verbündeten dafür, dass sie eine «künstliche Dominanz» bewahren wollten, und selbst der frankophile Ständige Unterstaatssekretär des Außenministeriums, Sir Robert Vansittart, meinte, die Franzosen seien in der Ausgestaltung ihrer Beziehungen zu den Deutschen «unangemessen nachtragend».[27] Daran änderte sich zunächst auch nichts, als Hitler auf der Bühne der internationalen Politik erschien. «Ich habe nicht den Eindruck, dass der Hitlerismus unsere Bevölkerung pro-französisch hat werden lassen», schrieb der ehemalige stellvertretende Kabinettssekretär Thomas Jones, «aber er hat die Menschen nachdenklich gemacht. Sie stellen das Deutschland entgegengebrachte Vertrauen in Frage, das seit dem Ende des Krieges stetig gewachsen ist.»[28]

Ein Mann, dessen Vertrauen stark erschüttert war, war der britische Botschafter Sir Horace Rumbold. Mit seinem leicht verhangenen Blick, seinem perfekt frisierten kleinen Schnurrbart und seinem stoisch neutralen Gesichtsausdruck erschien Rumbold als der ultimative Eton-Absolvent und als so «englisch wie Eier und Speck».[29] Der ehemalige Außenminister Lord Curzon hatte ihn für «nicht wach genug für Berlin» gehalten, aber hinter dem harmlosen Äußeren verbarg sich ein alles durchdringender Geist, sodass Vansittart später zugeben musste, «seine Warnungen waren klarer als alles, was wir danach geliefert bekamen».[30] Erschrocken über die Rücksichtslosigkeit, mit der Hitler seine Diktatur errichtet hatte, sah der Botschafter von Anfang an, dass die Ideologie, die der nationalsozialistischen Innenpolitik zugrunde lag, auf die internationale Ebene übertragen werden könnte. Die wahre Natur der Außenpolitik, die man von Hitler zu erwarten hatte, erschloss sich Rumbold dann bei der Analyse von Hitlers autobiographischem Manifest *Mein Kampf*. In einer meisterhaften 5000 Worte starken Zusammenfassung, geschrieben im April 1933 – nur drei Monate nach Hitlers Machtübernahme –, legte Rumbold Hitlers Sozialdarwinismus offen:

> Er beginnt mit Behauptungen, dass der Mensch ein kämpfendes Tier sei. Deshalb sei die Nation, so schließt er, eine Kampfeinheit, eine Gemeinschaft von Kämpfern. Jeder lebende Organismus, der aufhört zu kämpfen, hört auf zu existieren, ist, so behauptet er, zum Aussterben verurteilt. Ein Land oder eine Rasse, die aufhört zu kämpfen, ist ebenfalls zum Scheitern verurteilt. Die Kampfkraft einer Rasse hängt von ihrer Reinheit ab. Daraus ergibt sich die Notwendigkeit, sie von allem Fremden zu befreien. Die jüdische Rasse ist aufgrund ihrer Universalität zwangsläufig pazifistisch und internationalistisch eingestellt. Pazifismus ist die tödlichste Sünde, denn Pazifismus bedeutet die Kapitulation der Rasse im Kampf um ihre Existenz. ... Die deutsche Rasse, wäre sie rechtzeitig geeint worden, würde heute die Welt beherrschen. Das neue Reich muss alle verstreuten deutschen Elemente in ganz Europa versammeln. Eine Rasse, die besiegt worden ist, kann gerettet werden, indem man ihr Selbstwertgefühl wiederherstellt. Vor allem muss die Armee wieder an ihre eigene Unbesiegbarkeit glauben. Um die deutsche Nation wiederherzustellen, «ist es nur notwendig, die Menschen davon zu überzeugen, dass das Wiedererlangen der Freiheit durch Waffengewalt eine reale Möglichkeit ist».

Rumbold hob die Bedeutung hervor, die Hitler dem Aufbau eines mächtigen Militärs beimaß – denn: «Deutschlands verlorene Provinzen können nicht durch feierliche Appelle an den Himmel gewonnen werden, ... sondern nur durch Waffengewalt». Und er wies darauf hin, dass Hitler die Parole ausgegeben habe, Deutschland dürfe den Fehler des letzten Krieges, alle Feinde auf einmal bekämpfen zu wollen, nicht wiederholen, sondern müsse sich einen nach dem anderen vornehmen. Es sei selbstverständlich ungewiss, inwieweit Hitler diese Ideen tatsächlich umsetzen wolle, aber Rumbold warnte davor, sich Hoffnungen auf einen radikalen Wechsel in Hitlers Anschauungen zu machen. Hitler möge von Zeit zu Zeit demonstrativ seine friedlichen Absichten deklarieren, das tue er aber nur, um die Außenwelt «in einem Gefühl der Sicherheit zu wiegen». Letztendlich war Rumbold überzeugt, dass dort nun entschieden eine Politik verfolgt werde, deren Ziel es sei, «Deutschlands Vorbereitungen zu einem Punkt zu bringen, von dem aus es eine solide Basis erreichen könne, bevor sich die Gegner einmischen könnten».[31] Die Nachbarstaaten Deutschlands, so warnte er, müssten wachsam sein. Als Rumbolds «Mein-Kampf-Depesche» im Außenministerium weitergegeben wurde, sorgte das für solches Aufsehen, das sie zu MacDonald gelangte, der sie wiederum an das Kabinett weiterleitete. Dies war nicht die einzige Warnung, die Großbritanniens politische Spitze erreichte. Am 10. Mai 1933 schickte Brigadier A. C. Temperley, einer der britischen Delegierten bei der Abrüstungskonferenz, dem Außenministerium ein Memorandum, in dem die Regierung aufgefordert wurde, die Abrüstung aufzugeben und Deutschland wegen seines illegal aufgestellten Militärs an den Pranger zu stellen. Es wäre Wahnsinn, so Temperley, wenn die ehemaligen Alliierten in einer Zeit, in der sich Deutschland in einem «Delirium des wiedererwachenden Nationalismus und des unverhohlenen und gefährlichsten Militarismus» befinde, eine weitere Abrüstung in Betracht zögen. Die gesamte deutsche Nation würde von einer positiven Haltung zu einem Krieg durchdrungen und angebliche Programme zur Förderung der Disziplin, wie etwa der Verteidigungssport, seien nur Tarnung für eine intensive militärische Ausbildung. Die Deutschen, schrieb Temperley, besäßen bereits 125 Kampfflugzeuge – ein Verstoß gegen die Bestimmungen des Versailler Vertrags, die eine deutsche Luftwaffe verboten – und geheime Informationen hätten ergeben, dass Dornier zusätzlich ein Auftrag über 36 zweimotorige Nachtflugzeuge erteilt worden sei.

Welche Haltung nehme nun die Regierung Seiner Majestät dazu ein? Wolle man etwa so tun, als sei nichts passiert? Könne man es sich leisten zu ignorieren, was in Deutschland vor sich ging? Nach Temperley gab es nur eine Lösung. Gemeinsam mit den Vereinigten Staaten sollten Großbritannien und Frankreich Deutschland klarmachen, dass es keine Lockerung von Versailles und keine Schritte in Richtung Statusgleichheit geben werde, wenn Deutschland nicht eine vollständige Abkehr von den derzeitigen militärischen Vorbereitungen und Tendenzen zeige. Zugegebenermaßen lief man dabei Gefahr, einen Krieg auszulösen, aber, wie Temperley betonte, war dies ein kleines Risiko, da ein Versuch Deutschlands, sich der gemeinsamen Macht der französischen Armee und der königlichen Marine zu stellen, aussichtslos war. Die deutsche Seite sollte mit diesen Erkenntnissen konfrontiert werden und Hitler, bei all seinem Bombast, zum Nachgeben gezwungen werden. Die einzige Alternative dazu sei, so der Brigadier, die Entwicklung sich selbst zu überlassen, dies könne aber nur zur Konsequenz haben, dass es in fünf Jahren entweder ein neues Regime in Deutschland geben werde oder Krieg. «Es gibt wieder einen ‹tollwütigen Hund› dort drüben», schloss er sein Memorandum, «und wir müssen entschlossen unsere Kräfte bündeln, um ihn zur Strecke zu bringen oder zumindest seine sichere Verwahrung zu gewährleisten, bis die Krankheit ihren Lauf genommen hat.»[32]

Als Vertreter des Außenministeriums gab Sir Robert Vansittart Temperleys Papier in voller Übereinstimmung an das Kabinett weiter. Er hatte bereits sein eigenes Memorandum geschrieben, in dem er davor warnte, dass das gegenwärtige deutsche Regime, so wie es sich darstelle, «einen weiteren europäischen Krieg lostreten werde, sobald es sich stark genug dafür fühlte». Dies, so räumte er ein, erscheine manchem vielleicht als eine krude Analyse, aber man solle bitte bedenken, dass es sich hierbei um «sehr ungehobelte Menschen handele, die nur wenige Ideen in ihrem Hirn unterzubringen wüssten – ausgenommen rohe Gewalt und Militarismus».[33] Das Kabinett stimmte der Einschätzung zu, dass die internationale Lage «definitiv beunruhigend» sei, aber ansonsten zeitigten diese Warnungen wenig Wirkung.[34] Die Regierung war der Abrüstungskonferenz verpflichtet, und die Idee, einen «Präventivkrieg» zu führen, um die Einstellung der deutschen Aufrüstung zu erzwingen, lag aufgrund der pazifistischen Neigung der öffentlichen Meinung jenseits jeglicher Diskussion.

———

In der Hoffnung, eine Einigung mit Deutschland erzielen zu können, wurden die Briten, wie Rumbold vorhergesagt hatte, von Hitler bestärkt, der keine Gelegenheit ausließ, sich als Mann des Friedens zu präsentieren. Am 17. Mai 1933 verkündete er in einer viel beachteten Rede vor dem Reichstag der Welt seine pazifistische Einstellung. Wir kennen «nicht den Begriff des Germanisierens», erklärt der neue Kanzler. «Die geistige Mentalität des vergangenen Jahrhunderts, aus der heraus man glaubte, vielleicht aus Polen oder Franzosen Deutsche machen zu können, ist uns ... fremd.»[35] Noch ermutigender fand man, dass er seine Bereitschaft äußerte, die jüngsten britischen Vorschläge zur internationalen Abrüstung zu akzeptieren.

Das waren gute Nachrichten für London, in Paris hieß man sie in geringerem Maße willkommen. Das französische Militär positionierte sich entschieden sowohl gegen eine Reduzierung des eigenen Arsenals als auch eine Erhöhung der deutschen Kapazitäten. Deutsche Forderungen nach einer Gleichstellung, so warnte General Maxime Weygand, Oberbefehlshaber der französischen Armee, wären eine Falle: «In Wirklichkeit wird es keine Gleichstellung geben, sondern eine sehr ausgeprägte Überlegenheit der Deutschen – angesichts der militärischen Kultur dieser Nation und der bereits unternommenen intensiven Anstrengungen zur Vorbereitung der deutschen Rüstungsindustrie auf die Wiederbewaffnung.»[36] Gab es andererseits eine Alternative zu dem Versuch, mit Hitler eine Vereinbarung zu treffen, noch bevor die illegale Aufrüstung in Deutschland völlig außer Kontrolle geriet? Goebbels würde später damit provozieren, dass der einzig vernünftige Weg, der einem französischen Premierminister offengestanden habe, darin bestanden hätte, Hitler sofort nach seinem Amtsantritt zu stoppen und zur Rechtfertigung auf *Mein Kampf* als Beweis für die aggressiven Absichten des Führers zu verweisen.[37] Aber diese Überlegung basierte auf einer ganzen Reihe von Annahmen: dass die Franzosen *Mein Kampf* lesen würden, dass sie dessen Ankündigungen beim Wort nehmen und bereit sein würden, bei Bedarf die deutsche Aufrüstung mit Gewalt zu verhindern. Wie die Dinge lagen, hatten diese Annahmen nur wenig mit der Realität gemein.

Die erste französische Übersetzung von *Mein Kampf* erschien nicht vor 1934, und dann dauerte es nur wenige Monate, bis Hitler einen Rechtsstreit gewann und die Veröffentlichung zurückziehen ließ. Eine englische Ausgabe war im Vorjahr in den Vereinigten Staaten publiziert worden. Allerdings nicht ohne die Streichung besonders hetzerischer Passagen, darunter Hitlers Forderung einer «Zerstörung» Frankreichs als notwendige Voraussetzung für die deutsche Expansion in Richtung Osten.[38] Der französische Geheimdienst hatte das Original gelesen und warnte schon 1932, Hitlers Ziel sei die Vernichtung Frankreichs und die Herrschaft über Europa. Aber der französische Botschafter in Berlin konnte sich nicht zu einer eindeutigen Aussage durchringen. Obwohl François-Poncet, der fließend Deutsch sprach, das Buch gelesen und erkannt hatte, dass «Hitlers Pazifismus als relativ und vorübergehend betrachtet werden musste und nur unter Vorbehalt bestand», war er hin- und hergerissen, *Mein Kampf* als Blaupause für die zukünftige Herrschaft Hitlers anzusehen oder es als todessehnsüchtige Tirade eines noch unerfahrenen politischen Brandstifters abzutun.[39] Im Großen und Ganzen tendierte er zu Letzterem.

Für die französischen Staatsmänner war diese Debatte weitgehend akademisch. Nur wenige hatten das Buch gelesen, noch weniger waren bereit, über eine militärische Lösung nachzudenken. Bekanntermaßen war dies bereits 1923 versucht worden: Als die Deutschen in Verzug mit ihren Reparationszahlungen gekommen waren, hatte Ministerpräsident Raymond Poincaré als Reaktion darauf die französischen Truppen angewiesen, das Ruhrgebiet zu besetzen. Mit dieser Aktion hatte er auf breiter Front eine Verurteilung der französischen Haltung heraufbeschworen und eher dafür gesorgt, international Sympathie für Deutschland zu wecken. Zehn Jahre später war Deutschland keine magere, bemitleidenswerte Republik mehr, und Poincaré war Geschichte. Sein Nachfolger, Édouard Daladier, musste innerhalb enger Grenzen arbeiten, die ihm durch ein riesiges Budgetdefizit und die Notwendigkeit gesetzt waren, die Unterstützung der Sozialistischen Partei weiterhin sicherzustellen. Einen Präventivkrieg oder ein Wettrüsten anzustreben durfte er nicht einmal in Betracht ziehen. Im März 1933 akzeptierte die französische Regierung daher nur wiederwillig den britischen Plan, die Größe von Landstreitkräften auf 200000 Mann festzuschreiben. Den Deutschen würde so erlaubt sein, die Reichswehr zu verdoppeln, während die Franzosen gezwungen wären, Einschnitte bei ihren Bataillonen vorzunehmen. So weit der MacDonald-Plan. Hitler hatte jedoch nie die Absicht gehabt, sich von Vorgaben eines Abkommens zur militärischen Stärke in die Schranken weisen zu lassen, und das Beharren der Franzosen auf Kontrollen und Inspektionen war ihm eine willkommene Ausrede, um die Verhandlungen abzubrechen. Es folgte der erste einer Reihe von Coups, die Hitler an verschiedenen Wochenenden durchführte: Am Samstag, dem 14. Oktober 1933, kündigte er an, dass Deutschland sich nicht nur aus der Abrüstungskonferenz, sondern auch aus dem Völkerbund zurückziehen werde.

Die internationale Öffentlichkeit reagierte fassungslos bis aufgebracht. Die Franzosen sahen sich in ihrem Misstrauen bestätigt, während die Briten das Gefühl hatten, dass ihnen ihre Gutgläubigkeit gleichsam «um die Ohren geflogen» sei. Ungeachtet der kindischen deutschen Verweigerungshaltung gab es keine Änderung in der britischen Politik. Im Juli hatte Horace Rumbold sein Amt als britischer Botschafter in Berlin niedergelegt. Er war 64 Jahre alt und hatte somit das Pensionsalter erreicht. Dennoch ist nicht ganz nachvollziehbar, warum es die britische Regierung für ratsam hielt, mitten im Galopp – eher noch mitten im Parforceritt – die Pferde zu wechseln. Der neue Mann, Sir Eric Phipps, war jedoch scharfsinnig und schlagfertig. Als etwa Hermann Göring, Reichsluftfahrtminister und zweiter Mann in der Hierarchie der Nationalsozialisten, kurz nach der «Nacht der langen Messer» (in der etliche hochrangige Nationalsozialisten ermordet worden waren) zu einem Abendessen zu spät kam, entschuldigte Göring sich, indem er erklärte, er habe noch schießen müssen. «Auf Tiere, hoffentlich», erwiderte Phipps.[40] Doch trotz der Abneigung, die Phipps gegen die Nationalsozialisten hegte, schloss er sich der Einschätzung seiner Regierung an, dass man keine andere Wahl habe, als zu versuchen, Hitler wieder an den Verhandlungstisch zu holen. «Wir können in ihm nicht nur den Autor von *Mein Kampf* sehen», schrieb er im November 1933, «denn in diesem Fall wären wir logischerweise gezwungen, auf die Strategie eines ‹präventiven› Krieges einzuschwenken. Wir können es uns aber auch nicht leisten, ihn zu ignorieren. Wäre es daher nicht ratsam, schnellstens zu versuchen, diesen verdammt dynamischen Mann an die Kette zu legen?»[41]

Was in Deutschland geschah, konnte unbestritten als dynamisch bezeichnet werden, und nicht nur das Außenministerium versuchte, sich einen Reim darauf zu machen. Im Laufe des Jahres 1933 reisten eine Reihe von Politikern, Journalisten, Beamten und Privatpersonen nach Deutschland, um die Revolution selbst in Augenschein zu nehmen. Einer davon war der Journalist Vernon Bartlett, der mit einem Klappkanu den Rhein, die Mosel und die Isar hinunterpaddelte. Die Einsichten, die er auf diesen Spritztouren gewonnen hatte, veröffentlichte er im Herbst 1933 unter dem Titel «Nazi-Germany explained». Bartlett, ein Liberaler und entschiedener Pazifist, machte sich keine Illusionen über den Charakter der neuen Ordnung in Deutschland und prophezeite, dass die antijüdischen Kampagnen fortgesetzt werden würden, da der «Glaube an die arische Rasse» zu den wesentlichen Überzeugungen der Nazi-Führungsclique gehöre. Bei seiner Analyse schätzte er *Mein Kampf* als nicht relevant ein und war unter dem Strich der Ansicht, dass Hitler keinen Krieg anstrebe. «Wenn ich die nationalsozialistische Idee richtig verstanden habe», schrieb Bartlett, «ist die Eroberung von Territorium nicht mehr wichtig.»[42]

Zu den weiteren Besuchern gehörte der Kabinettsstaatssekretär Sir Maurice Hankey. Als außergewöhnlich fleißiger und talentierter Beamter war

Hankey nicht gerade für seine Vorstellungskraft bekannt. (Das Menschlichste, was Major Henry Pownall, Stellvertretender Staatssekretär beim Committee of Imperial Defence [i.e. Ausschuss für Verteidigungspolitik], je von ihm hörte, war: «Die [Weltwirtschafts-]Konferenz und das Kabinett sind mir verdammt egal, ich will eine Tasse Tee, aber schnell.»)[43] Er beschloss daher, Deutschland selbst einen Besuch abzustatten, und nutzte dafür im August 1933 den Urlaub mit seiner Frau. Nachdem sich das Paar einige Tagen bei Spaziergängen im Schwarzwald erholt hatte, wurden sie Zeugen eines riesigen Fackelumzugs von «Tausenden von Nazis, beinah alle in Uniform, mitsamt Blaskapelle, Spielmannszug, Solotrompetern, Gesang und dergleichen». Hankey war beeindruckt, vor allem von der Tatsache, dass die deutsche Jugendbewegung augenscheinlich «in den Nazi-Reihen aufgegangen und fest in deren Organisation und Hierarchie eingebunden war». In seinem Resümee für das Kabinett kommentiert er dies mit der Feststellung: «Sollte Deutschland eine Wiederbewaffnung beabsichtigen, könne es keinen besseren ersten Schritt geben.»[44]

Der gleiche Gedanke war auch einem jungen schottischen Abgeordneten der Konservativen gekommen. Der gut aussehende, talentierte und sehr selbstbewusste Bob Boothby hatte im Alter von 24 Jahren den Sitz für Aberdeen gewonnen, und obwohl er weder von Landwirtschaft noch von Fischerei etwas verstand, widmete er sich den Themen seines Wahlkreises mit Verve. Eines Tages, als Boothby mit seinem üblichen Eifer eine Rede hielt, betrat Stanley Baldwin den Sitzungssaal, hielt inne und drehte sich mit einem gemurmelten «Nicht schon wieder Heringe!» auf dem Absatz um.[45] Boothby war bekannt für seine Reisen, allein Deutschland besuchte er zwischen 1925 und 1933 jährlich und pilgerte dabei oft zu den Bayreuther Wagner-Festspielen. Im Januar 1932 hielt er in Berlin einige Vorträge zur Wirtschaftskrise, als Hitler, zu dem Zeitpunkt noch einige Schritte von der Kanzlerschaft entfernt, ihn um einen Besuch bat. Boothby wurde in einen Raum im Grand Hotel Esplanade geführt, wo «eine Randfigur, nicht gerade groß gewachsen und dunkel gekleidet, mit einem kleinen Schnurrbart und klaren blauen Augen» aufsprang, die

Hacken zusammenschlug, den Arm hob und «Hitler!» rief. Der schlagfertige Abgeordnete überlegte nicht lange, schlug ebenfalls die Absätze zusammen, grüßte und rief: «Boothby!»[46] In der sich anschließenden Unterhaltung kam Boothby auf die Situation der Juden zu sprechen und erhielt von Hitler in schneidendem Ton die Zusicherung: «Es wird keine Pogrome geben.» Als er jedoch im folgenden Jahr nach Deutschland zurückkehrte, entdeckte er beunruhigenderweise schon am Ortseingang mancher Städte Schilder mit der Aufschrift «Für Juden verboten», überall prangten Hakenkreuze und «Bayreuth, ein Zerrbild seiner selbst, hatte sich in einen Nazi-Schrein verwandelt».[47] Er verließ Deutschland in der Überzeugung, dass sich das Land auf den Krieg vorbereite, eine Warnung, die er zunächst im Oktober 1933 vor seinen Wählern in Aberdeen äußerte und danach mehrfach wiederholte. Deutschland befinde sich unter dem Einfluss von etwas, für das es keinen besseren Begriff als «Kriegsfieber» gebe, erklärte er. Es werde nicht mehr lange dauern, bis ein wiederbewaffnetes Deutschland eine Bedrohung für den Frieden in Europa darstellen werde. Unter diesen Umständen sei es unerlässlich, dass Großbritannien unverzüglich die Streitkräfte aufbaue, die es zum Schutz des eigenen Territoriums und zur Durchführung seiner Außenpolitik benötige.[48] Boothby war mit dieser Schlussfolgerung nicht allein. Obwohl er seit der Machtübernahme durch die Nationalsozialisten nicht mehr in Deutschland gewesen war, gab es einen anderen, weitaus bekannteren und eloquenteren Politiker, der ebenfalls überzeugt war, dass NS-Deutschland Gefahr bedeute und dass Großbritannien nicht ausreichend auf diese neue Bedrohung vorbereitet sei. Aber während Boothbys politischer Stern in neue Höhen emporstieg, war die Karriere dieses Mannes ins Stocken geraten.

«Waffen besing ich und den einen Mann ...»

Dieser Gentleman ist eines dieser brillanten und unberechenbaren Genies, die, wenn sie etwas einzuschätzen wissen, sehr
genau erfassen, worum es geht – oder aber komplett daneben-
liegen.

Clement Attlee, Unterhaus, 8. März 1934

Winston Churchill hatte schon alles gesehen und erlebt. Als Leutnant,
der im Sudan bei einer Kavallerieeinheit, den 21. Lancers, gedient hatte,
war er 1898 in der Schlacht von Omdurman bei einem der letzten großen Angriffe dabei gewesen, den die britische Armee mit der Kavallerie
bestritt, und hatte gegen die «Derwische» gekämpft. Während des Buren-
kriegs entkam er aus einem Kriegsgefangenenlager und wurde dabei zum
Nationalhelden. Nachdem er sich auch als Journalist und Schriftsteller
einen Namen gemacht hatte, war er im Jahr 1900 ins Unterhaus gewählt
worden. Damit begann seine viel beachtete, wenn auch wechselhafte
politische Karriere. In den folgenden 34 Jahren sollte er Präsident des
Handelsrates werden und die Aufgaben eines Innen-, Marine-, Kriegs-,
Luftfahrt-, Kolonie- und Finanzministers übertragen bekommen. Es gab
nur noch zwei hohe Ämter, die er bis dato noch nicht innegehabt hatte:
Außenminister und Premierminister. Bisweilen schien das eine oder auch
das andere Amt für ihn in Reichweite zu sein – seine Talente waren, auch
für seine Gegner, offensichtlich –, aber in den Jahren bis 1934 hatte er
sich mit seiner Partei zerstritten, und es hatte den Anschein, als sei seine
politische Karriere beendet. Churchill war nie ein traditioneller Tory. Im
Jahr 1904 war er von den Konservativen zu den Liberalen gewechselt und
hatte anschließend eng mit den Premierministern Herbert Henry Asquith
und David Lloyd George zusammengearbeitet. Viele Konservative hatten

ihm diesen Verrat nie vergessen, während andere ihm seine Rolle in der katastrophal geendeten Schlacht von Gallipoli an den Dardanellen aus dem Jahr 1915 nie verziehen hatten.* Stanley Baldwin rehabilitierte ihn, als er ihn 1924 zum Finanzminister ernannte – Churchill war inzwischen wieder der Konservativen Partei beigetreten –, aber 1930 zerstritten sich die beiden Männer über der Frage nach der Begrenzung der Befugnisse für die indische Selbstverwaltung, die Baldwin weiter gefasst sehen wollte. Churchill trat aus dem Schattenkabinett aus, und als Ramsay MacDonald dann 1931 seine parteiübergreifende «Nationale Regierung» bildete, um mit den katastrophalen Auswirkungen der Weltwirtschaftskrise fertigzuwerden, wurde Churchill nicht dazugebeten. Churchill hatte sich offensichtlich von der konservativen Führung entfremdet. Mit neuen Verbündeten vom rechten Rand der Torys verbrachte er die nächsten vier Jahre damit, eine lautstarke Kampagne zu führen, die sich gegen die von der Regierung angestrebten gesetzlichen Regelungen für Indien richtete sowie gegen «diesen aufrührerischen ehemaligen Studenten der juristischen Fakultät in London», der inzwischen Anführer des indischen Nationalkongresses war: Mahatma Gandhi.[1]

Indien war jedoch nicht das einzige Thema für Churchill. Noch bevor Hitler an die Macht kam, warnte er vor der Gefahr eines wiederbewaffneten Deutschlands. Er opponierte gegen die Abrüstungskonferenz

---

* Die breite Öffentlichkeit machte Churchill dafür verantwortlich, dass die Royal Navy mit ihrem Versuch scheiterte, Konstantinopel zu erobern. Zwischen Februar und März 1915 hatte die Royal Navy mit Angriffen entlang der Küste der Dardanellen begonnen, die anschließende Invasion der Gallipoli-Halbinsel forderte 187 000 Opfer unter den Alliierten. Churchill wurde bis in die 1930er Jahre hinein von dem Debakel verfolgt. So veröffentlichte beispielsweise der Autor V. W. Germains noch 1931 ein ganzes Buch mit dem Titel «The Tragedy of Winston Churchill». Darin resümiert Germains, die wahre Tragödie bestehe im Fall «Churchill» darin, dass er letzten Endes weder dem traditionellen Labour-Anhänger noch den Liberalen etwas anzubieten habe und für einen echten Konservativen fehle es ihm an Selbstverständlichkeit in Machtfragen. «Die Geister der Gallipoli-Toten», sagte Germains voraus, «werden sich immer wieder erheben, um ihn in Zeiten des nationalen Notstands von neuem zu verdammen.» Vgl. Victor Wallace Germains, The Tragedy of Winston Churchill, London 1931.

und forderte diejenigen heraus, die für die Waffengleichheit zwischen Frankreich und Deutschland plädierten, indem er provokant die Frage stellte, ob sie einen Krieg wünschten. Am 23. November 1932 warnte er die Regierung in einer Rede im Unterhaus vor dem Irrglauben, dass alles, was Deutschland wolle, die Gleichstellung mit den anderen europäischen Mächten sei:

> Das ist nicht das, was Deutschland anstrebt. All diese Banden von kraftstrotzenden teutonischen Jugendlichen, die mit glänzenden Augen durch die Straßen Deutschlands marschieren und nichts mehr begehren, als ihre Leidensbereitschaft für ihr Vaterland unter Beweis zu stellen, die suchen keine Anerkennung. Was sie wollen, das sind Waffen, und wenn sie die Waffen haben, glauben Sie mir, dann werden sie auf Rückgabe pochen, auf die Wiedereingliederung von verlorenen Gebieten und verlorenen Kolonien.[2]

Die Machtübernahme durch die Nationalsozialisten verstärkte Churchills Besorgnis nur noch. Zunächst nahm er eine isolationistische Haltung ein und hoffte, Großbritannien davor bewahren zu können, in die Probleme Europas hineingezogen zu werden. Aber Neutralität konnte nur durch überlegene Stärke bewahrt werden. Im März 1933 dankte er Gott öffentlich für die Existenz der französischen Armee und forderte eine Stärkung der britischen Luftwaffe und Marine.[3] Im folgenden Monat ging er zum Angriff über: Die nationalsozialistische Herrschaft beruhe auf einer «erbarmungslosen Diktatur», der Verfolgung der Juden und «Appellen an jede Form von Kampfgeist». Er forderte die Regierung auf, die Illusion der Abrüstung zugunsten dringender Maßnahmen aufzugeben, die die britische Verteidigungsfähigkeit wiederherstellen könnten.[4]

Churchills Problem dabei war, dass die Stimmung in der britischen Öffentlichkeit zwischen 1933 und Ende 1934 stärker vom Pazifismus geprägt war als zu jedem anderen Zeitpunkt seit Ende des Krieges. Der Krieg war in den späten zwanziger und frühen dreißiger Jahren Thema zahlreicher Bücher, Theaterstücke und Filme, die begeistert aufgenommen wurden. Robert Sherriffs *Die andere Seite*, Robert Graves' *Goodbye to All That*, Vera Brittains Memoiren sowie Siegfried Sassoons Erinnerungen eines Infanterieoffiziers und nicht zuletzt Erich Maria Remarques *Im Westen nichts Neues* ließen die Schrecken der Schützengräben vor den Augen derjenigen erstehen, die das Glück gehabt hatten, nicht selbst dabei gewesen zu sein. Dazu kam noch, dass eine Reihe hochrangiger Politiker Memoiren veröffentlichten, deren Tenor war, die Katastrophe sei ein einziges Chaos gewesen. «Ohne die geringste Spur von Angst oder Bestürzung», schrieb Lloyd George in seinen Kriegserinnerungen, die zum Bestseller wurden, «rutschten die Völker über den Rand in den siedenden Kessel des Krieges.»[5] 1914 hatten die Staatsmänner versagt, und die jüngere Generation wollte nicht zulassen, dass sie wieder versagten. Am 9. Februar 1933 befürworteten die Mitglieder der Oxforder Studentenvertretung mit 275 zu 153 Stimmen einen Antrag, dass sie «unter keinen Umständen für ihren König und ihr Land kämpfen» wollten.

Die Debatte über den Kampf für König und Land sorgte für Furore. Obwohl die Tageszeitung *Daily Express* versuchte, die Abstimmung als das Machwerk «geistig umnachteter Kommunisten», «Witzfiguren» und Personen «von unbestimmter Geschlechtsidentität» zu verunglimpfen, waren viele Menschen zutiefst schockiert.[6] Churchill nannte es ein «beunruhigendes und ekelerregendes Symptom» des Zeitgeistes, und der *Daily Telegraph* echauffierte sich über «Illoyalität in Oxford». Zuletzt wurde im Gebäude der Studentenvereinigung von Unbekannten eine Kiste mit 275 weißen Federn abgegeben.[7] Die Wellen der Aufregung schlugen nicht nur an der britischen Küste hoch. Im folgenden Jahr sprach der liberale Abgeordnete Robert Bernays über einen kürzlich von ihm absolvierten Besuch in Deutschland, bei dem er auf die Abstimmung angesprochen worden war: «Tatsache ist, dass ihr Engländer verweichlicht seid», habe ein nationalsozialistischer Jugendführer mit einem «bedrohlichen Glimmen in seinen Augen» angemerkt.[8] Der 18-jährige Patrick Leigh Fermor, der als Reisejournalist Deutschland in den Jahren 1933–1934 zu Fuß durchquerte, fühlte sich ebenfalls an das Interesse eines Raubtiers an seiner Beute erinnert, und Mussolini zitierte die Abstimmung anlässlich der Abessinien-Krise und führte sie als Beweis für die britische Degeneriertheit an.[9]

In Wirklichkeit wurde die Oxford-Debatte stark hochgespielt. Wie die Teilnehmer später erklärten, waren die meisten Anwesenden keine Pazifisten, sondern hatten sich von einem Gastredner, dem beliebten Philosophen C. E. M. Joad, beeinflussen lassen. Der Antragsteller, Kenelm Digby, gab zu, dass das Ergebnis weder für die Universität noch für die Jugend des Landes repräsentativ sei, während der ehemalige deutsche Spionage-Offizier von Rintelen in einem Interview mit dem *Daily Sketch* voraussagte, sollte morgen ein Krieg ausbrechen, «wären diese jungen Leute die Ersten, die sich bereitwillig hinter der Fahne eines Bataillons sammeln würden».[10]

Doch es lag mehr als nur ein Hauch von Rebellion in der Luft. Bald wurden an den Universitäten Manchester und Glasgow Nachahmungs-anträge verabschiedet; während in Cambridge, wo man sich in völliger Maßlosigkeit erlaubt hatte, wegen der Abstimmung für das Jahr 1933 aus dem Bootsrennen auszusteigen, in den Jahren 1927, 1930, 1932 *und* 1933 Anträge von Pazifisten Unterstützung fanden.

Pazifistische Einstellungen waren auch keineswegs nur bei den noch wenig lebenserfahrenen Studenten anzutreffen. Die Ansicht, das Wett-rüsten habe den letzten Krieg verursacht, war weit verbreitet, und die Kampagne der Linken gegen die sogenannten «Händler des Todes» – die Rüstungshersteller – wurde bis weit in die 1930er Jahre hinein fortgesetzt. Die Liberalen hatten sich geschlossen der Abrüstung verpflichtet, während der Labour-Führer, der christlich-sozialistische George Lansbury, die Armee auflösen, die Luftstreitkräfte entlassen und der Welt entgegen-schleudern wollte: «Tut, was ihr nicht lassen könnt!»[11] Auf dem Labour-Parteitag im Oktober 1933 stimmten die Delegierten für vollständige Abrüstung und einen Generalstreik als Reaktion auf den Kriegsfall, um die Wirtschaft lahmzulegen und die Regierung zu stürzen. Im selben Monat musste die parteiübergreifende Nationale Regierung bei der Nachwahl im Londoner Wahlbezirk Ost-Fulham eine herbe Niederlage hinnehmen, als aus einer komfortablen konservativen Mehrheit von fast 15 000 Stimmen eine Labour-Mehrheit von beinah 5000 wurde. Verschiedene innenpolitische Faktoren trugen zu diesem Ergebnis bei, aber die Tatsache, dass der siegreiche Kandidat, John Wilmot, sich für die beiden Themen Abrüstung und Pazifismus starkgemacht hatte, erschien vielen Zeitgenossen als entscheidend.

Noch drei Jahre später würde Stanley Baldwin in seiner Erklärung an die Abgeordneten an die Nachwahl von Fulham erinnern und damit begründen, warum seine Regierung im Jahr 1933 nicht bereit gewesen war, ein weitreichendes Aufrüstungsprogramm zu starten:

> Meine Position als Anführer einer der großen Parteien war nicht ganz einfach. Ich fragte mich, welche Chance es gab – in einer Zeit, als die Einstellung, die in Fulham zum Ausdruck gekommen war, im ganzen Land verbreitet war –, welche Chance es also gab, diese Einstellung innerhalb der nächsten ein oder zwei Jahre so zu verändern, dass die Wähler ein Mandat für die Wiederaufrüstung erteilen würden. Angenommen, ich wäre durch die Wahlkreise gezogen und hätte gesagt, dass Deutschland aufrüstet und dass wir ebenfalls aufrüsten müssen, glaubt jemand, dass die pazifistisch eingestellte Wählerschaft sich schlagartig hinter einen solchen Aufruf gestellt hätte? Ich kann mir wenig vorstellen, was aus meiner Sicht eine Niederlage bei der nächsten [landesweiten] Wahl wahrscheinlicher gemacht hätte.[12]

Die «schonungslose Offenheit» dieses Bekenntnisses wurde von Churchill in seinen Kriegsmemoiren gnadenlos ausgenutzt: «In der ganzen Geschichte unseres Parlaments gab es keine Parallele dafür.»[13] Diese Sichtweise auf Baldwin war jedoch ziemlich eindimensional.

Stanley Baldwin war nicht leicht zu erschüttern. Als Sohn eines reichen Eisenwarenherstellers aus der Grafschaft Worcestershire war er seit 1908 Parlamentsabgeordneter und bereits zweimal Premierminister gewesen. Als kluger politischer Akteur besaß er einen unvergleichlich sicheren Instinkt, was die öffentliche Meinung anging, verbarg seine Talente jedoch hinter einer verträumten Attitüde von langsamer Auffassungsgabe, die manchmal geradezu an Selbstparodie grenzte. Als Robert Bernays einmal eine Nachricht las, über der der Titel «Lords» prangte, kam Baldwin hinzu und sagte: «Ich dachte erst, Sie lesen etwas über Cricket. Ich vergesse immer, dass ‹Lords› das ‹House of Lords› [das Oberhaus] bezeichnen kann.»[14] Bei einer anderen Gelegenheit sah er einfach stoisch zu, als sich Bob Boothby während einer gemeinsamen Zugfahrt nach Edinburgh, ohne es zu merken, eines nach dem anderen die Sandwiches des Premierministers und konservativen Parteivorsitzenden vornahm und sie aufaß.[15]

Doch Baldwin war auch ein Romantiker, der trotz seiner industriellen Abstammung gerne ein Bild von England als pastoraler Idylle malte. 1919 hatte er seinen Patriotismus praktisch unter Beweis gestellt, als er anonym 120 000 Pfund (ein Fünftel seines Vermögens) an das Finanzministerium gespendet hatte, um zu helfen, die Staatsschulden zu begleichen. Im tiefen Bewusstsein der Opfer, die während des Krieges gebracht worden waren, war er entschlossen, die zerbrechliche Schicht zu bewahren, die die Zivilisation darstellt, und die Spannungen zwischen den Klassen zu reduzieren – gerade zu einer Zeit, als auf dem Kontinent das Schreckgespenst einer linken Revolution umging. Auf den Generalstreik von 1926 reagierte er daher bewusst mit Takt und Großzügigkeit und war wohl mehr als jeder andere Politiker dafür verantwortlich, dass Großbritannien in dieser Zeit eine stabile Demokratie blieb, indem er für «Sicherheit als Grundlage der demokratischen Gesellschaftsform» sorgte.* 1931 akzeptierte er die Notwendigkeit, dass eine parteiüber-

---

* Diese Formulierung hatte Präsident Wilson in seiner Rede vor dem Kongress am 2. April 1917 verwendet, in der er um Zustimmung zur Kriegserklärung gegen Deutschland warb. Im Jahr 1928 notierte Baldwin: «Das Tempo der Demokratie hat sich in England zum Galopp gesteigert, und ich denke die ganze Zeit, dass es sich um ein Rennen auf Leben und Tod handelt. Können wir sie aufklären, bevor der große Knall kommt?»

greifende Nationale Regierung gebildet werden müsse, um die britische Wirtschaft zu retten, und erklärte sich bereit, dem Labour-Chef Ramsay MacDonald in Bezug auf die Leitung dieser Regierung den Vortritt zu lassen. Baldwin erhielt den Kabinettsposten des «Lord President of the Council» (i.e. Vorsitzender des Privy Council, also des Gremiums, das den jeweiligen Monarchen politisch berät). De facto war er jedoch, da die Konservativen die bei weitem größte Abgeordnetenzahl im Unterhaus stellten,* in den folgenden vier Jahren Co-Premierminister.

Baldwin war kein bekennender Pazifist. Doch er verspürte große Angst vor einem neuen Krieg und konnte durchaus mit der weitverbreiteten Ansicht etwas anfangen, dass «ein Aufstocken der Waffenarsenale unweigerlich zum Krieg führt».[16] Insbesondere fürchtete er einen Luftkrieg. «Jede Stadt, die sich in Reichweite eines Flughafens befindet, kann innerhalb der ersten fünf Minuten nach der Kriegserklärung bombardiert werden», erläuterte er den Abgeordneten in einer viel beachteten Rede vom November 1932. Noch alarmierender war nach Ansicht des Vorsitzenden des Privy Council, dass es keine wirksame Verteidigung gegen diese neue Kriegsführung gab. «Ich denke, der Mann auf der Straße sollte sich der Tatsache bewusst sein», fuhr er fort, «dass es keine Macht auf Erden gibt, die ihn vor einer Bombardierung schützen kann. Was auch immer berufene Leute ihm sagen mögen, ein Bomber wird immer durchkommen.»[17]

Und mit dieser schreckenerregenden Ansage stand er keineswegs allein da. Obwohl Großbritannien während des Ersten Weltkriegs nur eine geringe Anzahl von Opfern durch Luftangriffe hatte beklagen müssen, nahm die Öffentlichkeit die Fortschritte im Flugzeugbau und das damit einhergehende zerstörerische Potenzial durchaus wahr. Schon die

---

* Die Parlamentswahl von 1931 endete für die Konservativen mit einem Triumph, da sie in einem erdrutschartigen Sieg 473 Sitze für die National-Regierung gewannen. Die National Labour Party unter Ramsay MacDonald gewann 13 Sitze, während die ebenfalls an der Regierung beteiligten Liberalen unter Sir John Simon 35 Sitze gewannen. Das Wahlergebnis reduzierte Labour mit nur 52 Sitzen auf eine Rumpffraktion.

japanischen Bombenangriffe auf Shanghai im Januar 1932 demonstrierten, was mit dieser neuen Waffengattung möglich sein würde. Und die Ereignisse im Spanischen Bürgerkrieg bestätigten viele dann in ihrer Überzeugung, dass der nächste Konflikt die vollständige und nahezu sofortige Zerstörung ganzer Städte mit sich bringen würde. Der Militärtheoretiker, spätere Faschist und Yoga-Enthusiast J. F. C. Fuller rief dazu auf, sich die Folgen eines modernen Luftangriffs so bildlich wie möglich vor Augen zu führen:

> London wird für mehrere Tage in völligem Chaos versinken, die Krankenhäuser werden gestürmt werden, der Verkehr wird zum Erliegen kommen, dafür wird man die Hilferufe der Obdachlosen hören, die Stadt wird sich in ein Pandämonium verwandeln. Was mit der Regierung in Westminster passieren wird? Sie wird von der heranrollenden Welle des Terrors mitgerissen werden. Dann wird der Feind seine Bedingungen diktieren und so, wie ein Ertrinkender nach jedem Strohhalm greift, wird man sie annehmen.[18]

London war sicher das offensichtlichste und lohnendste Ziel – Churchill verglich die Stadt gar mit einer «gewaltigen, fetten Kuh, ... die gefesselt dalag, um Raubtiere anzulocken» –, aber der ‹Schrecken aus der Luft› verbreitete sich über die Metropole hinaus.[19] Im Juli 1933 verschreckte der dem progressiven Flügel zugehörige konservative Abgeordnete Vyvyan Adams während einer Gartenparty seine Wählerschaft mit der Warnung, Leeds sei genauso verletzlich wie London – ausländische Bomber könnten die Stadt unter Einsatz von Gas- und Brandbomben «innerhalb von 15 Minuten» unbewohnbar machen.[20] Adams sprach sich nachdrücklich für die Abrüstung aus und setzte sich lautstark für ein Verbot von Militärflugzeugen ein. Anders Baldwin. Obwohl er zu den ersten Befürwortern einer allgemeinen Abrüstung gehört und insbesondere ein Verbot von Bombern gefordert hatte, fühlte er sich nun zwischen Wunsch und Wirklichkeit hin- und hergerissen, da die britische Verteidigung in einem

Moment in Rückstand zu geraten drohte, in dem das Schreckgespenst eines wiederbewaffneten Deutschlands auftauchte.

———

Für den ungeschulten Blick schien Großbritannien auf dem Höhepunkt seiner Macht angekommen zu sein. Der Vertrag von Versailles hatte die kolonialen Besitztümer Deutschlands unter den Siegern aufgeteilt, und das Britische Empire war um beinahe 2,5 Millionen Quadratkilometer Fläche und 13 Millionen neue Menschen angewachsen. Südwestafrika, Tanganjika (heute Zentral-Tansania), der Irak, Transjordanien (heute größtenteils Jordanien) und Palästina waren nun britische Protektoratsgebiete oder anderweitig eng mit Großbritannien verbunden. Aber während der Union Jack nun über mehr fremden Ländern im Wind flatterte als je zuvor, fiel diese Expansion mit einem wirtschaftlichen Einbruch zusammen – und die Briten standen in Irland kurz vor einem Bürgerkrieg, in Indien war die Unabhängigkeitsbewegung erstarkt, in Palästina drohte eine Revolte – ganz zu schweigen davon, dass sich die größte wirtschaftliche Depression des Jahrhunderts abzeichnete. Wie 1500 Jahre zuvor für das römische Imperium war für das Britische Empire seine Ausdehnung zum Problem geworden, und Mitte der 1930er Jahre entwickelte sich daraus eine existenzielle Bedrohung.

Der Erste Weltkrieg hatte Großbritannien eine Staatsverschuldung von sechs Milliarden Pfund (135 Prozent des Nationaleinkommens) und nach einem kurzen Boom eine in Depressionen versinkende Wirtschaft beschert. Um der Lage Herr zu werden, leitete die Nachkriegsregierung eine Phase drastischer Kürzungen ein, in der die Verteidigungsausgaben von 604 Millionen Pfund im Jahr 1920 auf 111 Millionen Pfund im Jahr 1922 reduziert wurden – und auf diesem Niveau blieben die Ausgaben dann auch mehr oder weniger während des gesamten kommenden Jahrzehnts. Zur Rechtfertigung dafür wurde von der Regierung die 1919 aufgestellte «Zehnjahresregel» herangezogen, die besagte, dass das Britische Empire «in den nächsten zehn Jahren keinen großen Krieg werde führen müssen».[21] Die Geltungsdauer der Regel wurde 1929 und 1930 erneuert, aber 1932 waren die Stabschefs besorgt, ob man weiter so fortfahren könne: Am 18. September 1931 hatte ein junger japanischer Offizier vorsätzlich per Sprengung einen kleinen Teil einer Eisenbahnlinie beschädigt, die der japanischen Süd-Mandschurischen Eisenbahngesellschaft gehörte und nach Mukden führte. Der Schaden war minimal, ein Zug konnte schon kurze Zeit später die Stelle passieren, aber der den Chinesen zugeschriebene «Sabotagevorfall» wurde trotzdem von den Japanern als Vorwand genutzt, um mit einer Invasion der chinesischen Provinz Mandschurei zu reagieren. Der Fall stellte den Völkerbund, der zur Lösung solcher internationalen Konflikte geschaffen worden war, auf die Probe – und der Mechanismus zur Schlichtung erwies sich als unzureichend. Aber der Ausbruch der Kämpfe in Fernost brachte die Verantwortlichen im Londoner Regierungsviertel zum Nachdenken.

Unter der Voraussetzung, dass Japan bereit sein sollte, bis zum Äußersten zu gehen, zu dem Schluss kam ein Bericht des Admiralsstabs mit höchster Geheimhaltungsstufe im Januar 1932, wären die britischen Besitztümer im Fernen Osten nur schwer zu schützen. Selbst wenn Teile der britischen Streitkräfte in der Auftaktschlacht der Zerstörung entkommen könnten, gäbe es keine Möglichkeit, die Einnahme von Hongkong und Singapur zu verhindern, bevor die Hauptstreitkräfte in der Region ankommen würden.[22] Die Stabschefs schlossen sich dieser Einschätzung an und stellten fest, dass die «umfangreichen Territorial- und Handelsinteressen im Fernen Osten» wie auch die «Kommunikation mit den [britischen] Herrschaftsgebieten und Indien» gefährlicherweise nicht angemessen geschützt seien.[23] Die Zehnjahresregel wurde folglich aufgehoben, aber die Auswirkungen der Weltwirtschaftskrise auf der einen Seite und die Hoffnungen, die sich mit der internationalen Abrüstungskonferenz verbanden, auf der anderen Seite führten dazu, dass zwischen 1932 und 1935 wenig unternommen wurde, um die Defizite in Großbritanniens Verteidigungskapazitäten anzugehen. Ein Zeitpunkt, zu dem eine neue

Bedrohung die Gefahr, die vom imperialen Japan ausging, bereits dunkel überschattete.

Die Briten waren fest entschlossen, die illegale Aufrüstung zu ignorieren, die in Deutschland stattfand, während die Abrüstungskonferenz sich immer weiter hinzog. Die Dreistigkeit, mit der die Deutschen ihr Programm verfolgten, machte es jedoch zunehmend schwierig, dies durchzuhalten. Im Juni 1933 nahm der britische Luftwaffenattaché in Berlin, Royal-Air-Force-Oberst J.H. Herring, an einer zivilen Flugschau auf dem Berliner Flughafen Tempelhof teil. Dort deutete er im Gespräch mit der Frau eines leitenden Beamten der deutschen Luftfahrt fragend auf die neuen Postflugzeuge von Heinkel. «Oh», antwortete die Dame beiläufig, «ich nehme an, das werden zwei der neuen einsitzigen Kampfflugzeuge sein.»[24] Im darauffolgenden Monat erlaubte sich Göring die Frechheit, bei der britischen Regierung anzufragen, ob man ihm zwanzig englische Flugzeuge zu «polizeilichen Zwecken» verkaufen könne. Im Juli wurden im Auftrag der Nationalsozialisten von deutschen Flugzeugen aus über Österreich Flugblätter abgeworfen. Am 24. Oktober enthüllte Hitler dann seine eigenen «Abrüstungsvorschläge», die den Deutschen in Friedenszeiten eine Armee von 300 000 Mann einräumen sollten – dreimal so viel wie im Versailler Vertrag vorgesehen. Die britische Regierung lehnte dies ab, aber die zuständigen Beamten waren besorgt, dass die Dinge außer Kontrolle gerieten.

Im Oktober 1933 formulierten Sir Robert Vansittart, Amtsleiter des Außenministeriums, Sir Warren Fisher, Amtsleiter des Finanzministeriums, und Sir Maurice Hankey, Kabinettsstabssekretär und Sekretär des Nationalen Verteidigungsrates, eine Anfrage an das Kabinett. Sie verlangten zu erfahren, ob das Kabinett aufgrund des deutschen Wiederaufrüstungsprogramms bereit sei, eine Art Warnung an Deutschland in Betracht zu ziehen, und falls nicht, ob man bereit sei, so etwas zu einem späteren Zeitpunkt in Betracht zu ziehen, zum Beispiel im Zusammenhang mit einer «deutschen Aggression gegen Polen oder Österreich oder einer deutschen Aggression im Westen».[25] Die Antwort lautete nein. Die britische Regierung war zu diesem Zeitpunkt nicht dazu bereit, etwas zu tun, um zu verhindern, dass Deutschland gegen den Versailler Vertrag verstieß. Man war auch nicht bereit, die Erkenntnisse über die deutsche Aufrüstung öffentlich zu machen, da man fürchtete, das Verhalten der Regierung könnte als stillschweigende Billigung der deutschen Aktivitäten gedeutet werden oder, schlimmer noch, es könnte die Franzosen dazu bringen, sofortige Abhilfemaßnahmen zu fordern.

Churchill hatte in dieser Hinsicht keine Bedenken. Im November 1933 machte er auf große Mengen an Eisenschrott, Nickel und anderen Kriegsmetallen aufmerksam, die nach Deutschland geliefert wurden, und wies auf die «Philosophie der Blutgier» hin, die der deutschen Jugend gepredigt wurde.[26] Im Februar 1934 warf er in der Debatte über das Weißbuch der Regierung zur Abrüstung ein, dass Großbritannien angreifbarer sei als je zuvor in seiner Geschichte, und forderte die Regierung auf, schnellstens zu handeln – bevor die Menschen in London gezwungen sein würden, Bomben explodieren zu hören und zuzusehen, wie sich die Stadt in «einen reißenden Strom aus Mauerwerk, Feuer und Rauch» verwandeln würde.[27] Seine Aussage über die Verwundbarkeit des Landes war wohl eine Übertreibung, nichtsdestoweniger markierte diese Rede den Beginn von Churchills unablässiger Kampagne zum Schutz Großbritanniens vor deutschen Luftangriffen.

Die Regierung war sich seit dem Sommer 1933 der Tatsache bewusst, dass die Nationalsozialisten die Absicht hatten, eine militärische Luftwaffe aufzubauen. In der gleichen Nachricht, in der Captain Herring die Flugvorführung auf dem Tempelhofer Flugplatz beschrieben hatte, hatte er auch von einem Gespräch mit einem leitenden Beamten im deutschen Luftfahrtministerium berichtet. Der hatte zugegeben, es sei sinnlos zu behaupten, Deutschland verfüge in der Luft über keine Waffen, da Arado, einer der führenden deutschen Flugzeughersteller, nie «etwas anderes als leistungsfähige Einsitzer-Maschinen für den militärischen Einsatz» gebaut habe.[28] Zwei Monate später verschickte Vansittart ein Memorandum, in dem die «Masse an geheimen Informationen» zusammengefasst war, die man über die in der Entstehung befindliche deutsche Luftwaffe hatte sammeln können.[29] Das britische Luftfahrtministerium schien jedoch wenig beeindruckt zu sein. Frühestens Ende 1935, so versicherte man dem Kabinett, würde Deutschland Militärflugzeuge besitzen.[30] Wenn diese Einschätzung zugetroffen hätte, wäre es ein Glücksfall gewesen, denn der Plan aus dem Jahr 1923, die Royal Air Force mit dem für die Verteidigung des Heimatlandes wie des gesamten Empires als notwendig erachteten Minimum von 52 Geschwadern auszustatten, war noch immer nicht vollständig umgesetzt, und der Unterstaatssekretär für Luftfahrt hatte gerade weitere Kürzungen der Ausgaben für die Luftstreitkräfte angekündigt. Als Resultat besaß Großbritannien 1934 lediglich die fünftgrößte Luftwaffe der Welt.

Die Minister erkannten bald, dass sie sowohl die Geschwindigkeit als auch das Ausmaß der deutschen Luftwaffenaufrüstung unterschätzt hatten. Bizarrerweise trugen sie zu diesem Erfolg noch selbst bei, indem sie im Februar 1934 dem Verkauf von 118 Armstrong-Siddeley-Triebwerken an die Deutschen zustimmten, mitsamt einer Option auf einen möglichen Folgeauftrag über weitere 260 Stück. Ursprünglich hatte das Kabinett einen Boykott der Lieferung von für die Luftfahrt relevantem Material nach Deutschland in Betracht gezogen, sofern andere Länder bereit gewesen wären, dem britischen Beispiel zu folgen. Aber die entsprechenden Anfragen waren ignoriert worden. Als im Gegenteil festgestellt wurde, dass sowohl die Franzosen als auch die Amerikaner fleißig Flugzeugtriebwerke an die Deutschen verkauften, stimmte das Kabinett dem Deal zu. Tatsächlich war es Ramsay MacDonald, Architekt des jüngsten Abrüstungsplans und vormals aus Gewissensgründen gegen jeden Krieg, der dem Kabinett mitteilte, es sei im britischen Interesse, sich «den größtmöglichen Anteil an den deutschen Aufträgen zu sichern».[31]

Es glich beinahe einer Reaktion darauf, als das Kabinett als Nächstes über die Entscheidung des Schatzkanzlers informiert wurde, vier neue Staffeln für die Royal Air Force zu genehmigen. Der Unterstaatssekretär für Luftfahrt, der stets extravagant auftretende Sir Philip Sassoon, bezeichnete dies im Unterhaus als einen «bescheidenen Aufwärtstrend».[32] Mehr als bescheiden, möchte man meinen, zieht man in Betracht, dass infolge der seit 1930 in Kraft getretenen Kürzungen das Budget noch immer eine Million Pfund unter dem Etat von 1931 lag. Zudem entpuppte sich das vermeintlich «neue Programm» als Wiederaufnahme des aufgeschobenen Plans von 1923. Doch selbst eine solche gleichsam symbolische Erhöhung war der Opposition zu viel. Clement Attlee, der die Debatte auf der Seite der Labour-Partei eröffnete, ließ Baldwins Behauptung anklingen, dass Bomber in jedem Fall die Verteidigung durchbrechen würden, und leugnete, dass es so etwas wie eine Defensive gegen Luftangriffe gäbe. Außerdem bekräftigte er das Bekenntnis seiner Partei zur «völligen Abrüstung» und zu der Idee einer Zusammenlegung aller nationalen Luftstreitkräfte als eine Art internationaler Polizeipräsenz in der Luft.

Nach Attlee sprach der konservative Captain Freddie Guest, Abgeordneter für den Wahlkreis Plymouth Drake. Der dekorierte Soldat und Olympionike war ein Luftfahrt-Enthusiast, der zwischen 1921 und 1922 kurzzeitig als Luftfahrtminister fungiert hatte. Er wurde daher als Kenner der Materie ernst genommen, als er die Schätzungen des Luftfahrtministeriums als unzureichend und irreführend kritisierte. Die Regierung versuche, mit weniger Geld eine größere Luftwaffe aufzubauen, während Deutschland gleichzeitig so schnell wie möglich aufrüste. Die Regierung habe keine klare Strategie und lasse sich orientierungslos treiben, obwohl Gefahren von großer Tragweite drohten. «Sollte ich mich irren», schloss Guest, «umso besser. Wenn ich jedoch recht habe, dann helfe Gott demjenigen, der dann Premierminister ist.»[33]

Diesen Faden nahm Churchill direkt auf und führte aus, die Regierung habe das Land mit ihren Abrüstungsbemühungen gefährlich nah an eine risikoreiche Situation herangeführt. Er besitze zwar keine detaillierten Informationen über das deutsche Luftstreitkräfteprogramm, aber er bezweifele nicht, dass es diesen begabten Menschen mit ihren Fabriken, ihrem Sinn für Disziplin und ihren wissenschaftlichen Fähigkeiten gelingen werde, innerhalb kürzester Zeit eine überlegene Luftwaffe aufzubauen. «Ich fürchte den Tag, an dem der derzeitige Herrscher Deutschlands über die Mittel verfügen wird, das Herz des Britischen Empires zu bedrohen», erklärte er. «Ich fürchte diesen Tag, aber er ist womöglich nicht mehr weit entfernt. Vielleicht ist er noch ein Jahr, vielleicht noch achtzehn Monate entfernt.»[34] Es sei noch Zeit, drängte Churchill, die britische Verteidigung wieder aufzubauen, aber die aktuellen Ausgaben für die Luftstreitkräfte mit ihrem mageren Nettozuwachs von 135 000 Pfund würden dafür nicht ausreichen. Was Großbritannien brauche, fuhr er unter anfeuernden Rufen der Tory-Abgeordneten fort, sei Parität in der Luft, und er verlange von Baldwin, dafür zu sorgen.

Aber Baldwin war noch nicht zur Kehrtwende bereit. Die Regierung, so erklärte der Vorsitzende des Privy Council, setze sich für eine Luftwaffenkonvention ein, die die Größe der nationalen Luftstreitkräfte begrenzen werde. Parität sei das Ziel, aber man strebe ein Gleichgewicht der Kräfte an, das mit einer Angleichung nach unten, nicht nach oben hergestellt werde. Er beendete seine Rede jedoch mit einem Zugeständnis: Die Regierung werde, falls ihr Vorstoß scheitern und es nicht möglich sein sollte, dieses Gleichgewicht zu erreichen, dafür sorgen, dass Großbritannien keinem Land mehr in Bezug auf die Lufthoheit und waffentechnische Durchschlagskraft in der Luft unterlegen sein werde, das sich in Reichweite eines Luftangriffs auf britische Küsten befindet.[35] Es sollte nicht lange dauern, bis dieses Versprechen von der Realität eingeholt und für Baldwin zum Problem wurde.

***

Churchill drängte weiter auf eine Aufstockung der Luftstreitkräfte und hatte, ohne es zu wissen, einen Verbündeten im Finanzministerium: Neville Chamberlain. Nach dem Rückzug Deutschlands aus der Abrüstungskonferenz hatte die Regierung einen Unterausschuss eingesetzt, der sich mit dem Zustand der britischen Verteidigung befassen sollte, in den Hankey, Vansittart, Warren Fisher sowie die Stabschefs berufen worden waren. Die Analyse des Komitees zur Feststellung des Verteidigungsbedarfs (DRC) ergab, dass Deutschland und nicht Japan der eigentliche potenzielle Gegner Großbritanniens war und daher das Hauptaugenmerk für die gesamte langfristige Verteidigungsplanung auf der Entwicklung in Deutschland liegen sollte. Da man die Deutschen als Hauptbedrohung identifiziert hatte, empfahl das Komitee, keine Mühen zu scheuen, um mit Japan wieder zu freundschaftlichen Beziehungen zurückzukehren, und schlug gleichzeitig ein Maßnahmenpaket zur Wiederherstellung der britischen Verteidigungsfähigkeit im Wert von 76 Millionen Pfund vor.[36]

Als Schatzkanzler war Chamberlain an den jüngsten Kürzungen der Streitkräfte direkt beteiligt gewesen. Im Herbst 1933 schätzte er die Lage jedoch so ein, dass nun die Gefahren, die sich aus der mangelhaften Verteidigungsfähigkeit ergaben, den wirtschaftlichen Risiken in nichts mehr nachstanden. Nichtsdestoweniger hielt er 76 Millionen Pfund für einen «unrealistischen» Betrag und mahnte das Kabinett, man solle doch bitte den «Mantel nach dem [vorhandenen] Stoff schneiden».[37]

Baldwin schlug vor, ein Darlehen für die Verteidigungsaufgaben aufzunehmen, aber Chamberlain legte sein Veto ein: Damit schlüge man den sicheren Weg in den Untergang ein.[38] Eine vorhersehbare Antwort eines konservativen Schatzkanzlers, der sich für einen ausgeglichenen Haushalt einsetzte und sich der Tatsache bewusst war, dass eine überwältigende Mehrheit der Öffentlichkeit strikt gegen höhere Rüstungsausgaben war. Außergewöhnlich war, dass es Chamberlain hier gelang gegenzusteuern, obwohl die Empfehlungen von den Stabschefs mitgetragen wurden und er ein Zivilist war, der nie eine Uniform getragen hatte.

Da Deutschland als Hauptfeind Großbritanniens identifiziert worden war, schlug das Komitee zur Feststellung des Verteidigungsbedarfs vor, den Großteil der Investitionen für die Aufstockung der Landstreitkräfte zu verwenden, insbesondere zur Schaffung einer Spezialtruppe für Auslandseinsätze, die auf den Kontinent entsandt werden könnte, um den

Franzosen beizustehen und die Niederlande zu verteidigen. Umgekehrt ging die Empfehlung zum Ausbau der Luftwaffe nicht über die bereits mit dem Plan von 1923 genehmigte Erweiterung auf 52 Staffeln hinaus. Chamberlain hielt das für völlig verfehlt. Der Horror des Krieges an der Somme und bei Passendale (Dritte Flandernschlacht) hatten Expeditionsstreitkräfte politisch unannehmbar gemacht – Ramsay MacDonald sollte den Begriff später sogar aus dem offiziellen Sprachgebrauch verbannen. Derweil musste, wie Baldwin anmerkte, etwas getan werden, «um die ob der Verhältnisse in der Luftwaffe bereits halb panische Öffentlichkeit zu beruhigen».[39] Einmal ausgeklammert, dass es Baldwin gewesen war, der viel dazu beigetragen hatte, diese Ängste zu schüren, machte Chamberlain den nächsten Zug: Er hielt den Bericht des DRC zurück und legte ihn im Juni 1934 erneut vor, allerdings trugen die Empfehlungen des Komitees nun umgekehrte Vorzeichen. Während die Militärs und die Spitzen des Staatsapparates eine signifikante Aufstockung der Armee und nur eine bescheidene Steigerung bei der Luftwaffe empfohlen hatten, argumentierte Chamberlain für eine entscheidende Vergrößerung der Luftwaffe und war lediglich bereit, bescheidene Investitionen für die Armee zu befürworten. «Unsere beste Verteidigung wäre es», erklärte der Schatzkanzler, «wenn wir über eine Abschreckungsstreitmacht verfügten, deren Schlagkraft den Erfolg eines Angriffs gegen uns so zweifelhaft macht, dass ein Versuch nicht mehr lohnenswert erscheint.» Weiter führte er aus, «dass dieses Ziel voraussichtlich am besten erreicht werden kann, indem eine [in Großbritannien] stationierte Luftwaffe aufgebaut wird, die in Größe und Durchschlagskraft so dimensioniert ist, dass allein die Vorstellung einen möglichen Feind zu respektvollem Verhalten nötigen kann».[40]

Das Konzept der Luftwaffe als Abschreckungsstreitmacht ergab sich quasi «natürlicherweise» aus der apokalyptischen Vorstellung, was ein Luftkrieg für Großbritannien bedeuten würde. In seiner Rede «Terror aus der Luft» hatte Baldwin erklärt, die einzige Verteidigung gegen Bombenangriffe sei, mit einem eigenen Einsatz dem Angriff zuvorzukommen.

«Was bedeutet», so Baldwin 1932, «dass man in kürzerer Zeit mehr Frauen und Kinder töten muss als der Feind, wenn man sich selbst retten will.»[41] Doch obwohl diese Strategie einer gewissen Logik folgte, waren die Stabschefs entsetzt über Chamberlains Vorschläge, die sich ihrer Meinung nach eher aus politischen als aus strategischen Überlegungen ableiteten. Für des Schatzkanzlers «Vorstellungen von Strategie müsste sich ein Schuljunge schämen», schäumte Oberstleutnant Henry Pownall, Hankeys Stellvertreter im Ausschuss für Verteidigung des Empires (CID). Es sei äußerst gefährlich anzunehmen, dass die Luftwaffe die beiden anderen Waffengattungen ersetzen könne, argumentierte er, zumal die Armee derzeit nur auf «Tattoos» ein gutes Bild abgebe und die Marine in Paraden auf den «Navy week»-Showveranstaltungen.[42]

Die Admiralität zeigte sich ebenfalls beunruhigt. Die im Bericht des DRC prominent herausgearbeitete Schlussfolgerung, dass Deutschland die größte Gefahr für Großbritannien darstelle, machte sich Chamberlain zur Begründung von Kürzungen bei den vorgeschlagenen Ausgaben für die Marine zunutze und ging dabei sogar so weit zu argumentieren, dass es im Falle eines Krieges mit Japan sowieso unmöglich wäre, die Flotte in den Fernen Osten zu entsenden. «Schlimm genug, bei der bevorstehenden Marinekonferenz die ganze Welt gegen sich zu haben», beschwerte sich Sir Bolton Eyres-Monsell, seinerzeit Erster Lord der Admiralität, entmutigend sei jedoch, wenn einem «gleichzeitig der Schatzkanzler in den Rücken fällt».[43]

Doch Chamberlain hatte Erfolg. Er setzte sich gegen Eyres-Monsell und gegen den Kriegsminister Lord Hailsham durch, der mit allen Mitteln versucht hatte zu verhindern, dass die Armee zum «Aschenputtel der Waffengattungen» wurde.[44] Die vorgeschlagenen Ausgaben für die Armee wurden von 40 Millionen auf 20 Millionen Pfund halbiert, der Marine wurde das von ihr geforderte langfristige Wiederaufbauprogramm verweigert, aber die Luftwaffe sollte um 38 neue Staffeln vergrößert werden.

Dies war Chamberlains Version einer Strategie der «Schadensbegrenzung».[*] Großbritannien würde aufrüsten, aber anstatt Truppen auf einen möglichen Kampf auf dem Kontinent vorzubereiten, sollte die Abschreckungswirkung einer mächtigen Luftwaffe in Richtung Deutschland Priorität haben. Sollte es zum Krieg kommen, würde Großbritannien für Luftunterstützung und eine Marineblockade sorgen, während die Franzosen den Deutschen auf dem Festland Einhalt gebieten sollten. In vielerlei Hinsicht war dies lediglich eine Rückbesinnung auf die traditionelle britische Verteidigungspolitik. Großbritannien hatte schließlich seine Insellage und war eine Seemacht, während Frankreich die zweitgrößte Armee der Welt[**] besaß und über Grenzverteidigungsbollwerke verfügte, die Chamberlain als «uneinnehmbar» bezeichnete. Die Ereignisse im Jahr 1934 sollten allerdings zeigen, dass es eine zunehmend prekäre Haltung war, sich auf die französische Stärke zu verlassen.

Die Weltwirtschaftskrise hatte Frankreich mit Verzögerung im Jahr 1931 getroffen. Die Preise fielen, die Industrieproduktion brach ein, und die Arbeitslosigkeit stieg. Zwischen 1930 und 1933 sank das französische Sozialprodukt um fast 30 Prozent. Im Februar 1933 sah sich Finanzminister Georges Bonnet gezwungen, als Bittsteller bei den Niederländern aufzutreten, um den französischen Staat mit einem Darlehen finanziell flüssig zu halten. Während der Krise wurden beim Verteidigungsetat die größten Einschnitte vorgenommen, die Ausgaben wurden zwischen 1931 und 1934 um 25 Prozent gekürzt. Und dies geschah trotz der eingehenden warnenden Berichte des französischen militärischen Auslandsgeheim-

[*] Die Strategie war von dem Militärtheoretiker Basil Liddell Hart konzipiert worden. Hart trat öffentlichkeitswirksam dafür ein, dass Großbritannien es in einem zukünftigen Krieg vermeiden sollte, größere Kontingente seiner Armee auf den Kontinent zu schicken, und sich stattdessen darauf konzentrieren sollte, den Feind durch Bombenangriffe und eine Marineblockade an empfindlicher, zentraler Stelle zu treffen.
[**] Die größte Armee (und die größte Luftwaffe) der Welt hatte seinerzeit die Sowjetunion.

dienstes. Das Deuxième Bureau schätzte, dass Deutschland innerhalb von zwei Jahren in der Lage sein werde, einen Angriffskrieg zu führen. Gleichzeitig hatte der Dienst detaillierte Aufschlüsselungen des deutschen Programms zum Aufbau der Luftwaffe zusammentragen können.[45] Noch im Jahr 1934 konnten die Franzosen die zweitgrößte Luftwaffe der Welt ihr Eigen nennen, allerdings gehörten dazu noch Dutzende von Doppeldeckern mit Holzkorpus, und die französische Flugzeugproduktion war ein einziger Scherbenhaufen.

1930 hatte das französische Parlament Mittel für den Bau einer gewaltigen Kette von Befestigungsanlagen an der Grenze zu Deutschland genehmigt. Benannt nach Kriegsminister André Maginot, feierte man die Maginot-Linie – die 1936 in Betrieb genommen wurde – als Höhepunkt der Moderne. Rund 20 Meter unter der Oberfläche waren schwere Geschütze, Bunker, Kommandoposten und Kasernen durch ein elektrisch betriebenes Eisenbahnnetz miteinander verbunden. Es gab unterirdische Krankenhäuser, ein betongeschütztes Telefonnetz und sogar Kinosäle. Die Befestigungsanlagen waren so entworfen worden, dass ihnen ein Bombardement aus der Luft oder von der gegnerischen Artillerie nichts anhaben konnte, während die integrierten Geschütze in der Lage waren, vier Tonnen Granaten pro Minute abzufeuern. Doch sosehr die Maginot-Linie auch erscheinen mochte, als könne sie der Vorstellungskraft eines H. G. Wells entsprungen sein, ihre gesamte Konzeption war das Gegenteil von zeitgemäß. Die Narben vor Augen, die die Gräben des Ersten Weltkriegs von der Schweiz bis hinunter zum Ärmelkanal hinterlassen hatten, und mit dem blutigen Gemetzel von Verdun in frischer Erinnerung bereiteten sich die Franzosen auf einen weiteren statischen Verteidigungskrieg vor. Vorausschauende Militärs wie der Oberstleutnant Charles de Gaulle sahen dies als einen schrecklichen Fehler an. Die Zukunft des Krieges, so de Gaulle, liege in der Mobilität, die Waffe dafür sei der Panzer. Die Maginot-Linie sei ein Monument der Torheit durch Selbstüberschätzung, gleichsam eine «Armee wie in Beton gegossen» und nicht in der Lage, auf die Umstände zu reagieren, dafür werde sie aber Geld verschlingen, das andernfalls für die Ausstattung der Armee mit Panzern zur Verfügung stünde, und blockiere obendrein das strategische Denken.[46]

Wenigstens wirkte die Maginot-Linie solide. Das Gleiche konnte man von der damaligen französischen Politik nicht unbedingt sagen. Um sich vor einem weiteren Napoleon zu schützen, hatte die Verfassung der Dritten Republik die Macht auf Kosten der Exekutive hin zur Legislative verschoben. Die Ergebnisse waren ein Minister-Karussell und nicht weniger als zehn Regierungen zwischen Januar 1930 und November 1933. Dann, im Dezember 1933, entkam ein betrügerischer, wenn auch unternehmungslustiger Finanzjongleur namens Serge Alexandre Stavisky, nachdem er gefälschte Anleihen im Wert von Hunderten von Millionen Franc verkauft hatte. Der Skandal, den die Stavisky-Affaire heraufbeschwor, beruhte auf Staviskys engen Verbindungen zu mehreren prominenten Politikern der Dritten Republik – und seiner jüdischen Abstammung. Die französische Rechte vermutete eine Verschwörung, und als Stavisky dann noch Selbstmord beging, behaupteten rechte Gruppierungen, er sei ermordet worden, um korrupte Politiker innerhalb der französischen Regierung zu schützen. Die Regierung von Camille Chautemps musste zurücktreten und Édouard Daladier wurde erneut mit dem Amt des Regierungschefs betraut, um die Krise beizulegen. Am 6. Februar 1934, als der neue Premierminister gerade darum kämpfte, in der Abgeordnetenkammer eine Vertrauensabstimmung zu gewinnen, brach auf der Place de la Concorde ein blutiger Straßenkampf zwischen Royalisten, Kommunisten und der Polizei aus. Geländer wurden als Speere geschleudert, das Marineministerium wurde angezündet, und der ehemalige Premierminister Édouard Herriot wäre beinah von den Aktivisten in die Seine geworfen worden. Am Morgen nach der schlimmsten Gewaltnacht Frankreichs seit der Pariser Kommune waren 15 Menschen tot und 2000 verletzt. Daladier, der nur zehn Tage lang Premierminister war, trat so eilig zurück, dass er es versäumte, erst sein Kabinett zu informieren.

Der Aufruhr in Frankreich blieb in England nicht unbemerkt, aber es waren die Ereignisse in Deutschland, die größere Befürchtungen auslösten. Im März 1934 musste die Regierung schockiert feststellen, dass die Deutschen bereits rund 350 Militärflugzeuge besaßen und dass ihre Produktion auf 60 Maschinen pro Monat gestiegen war. Diese Informationen führten zu einer breiteren Unterstützung für Chamberlains Vorschlag zur Aufstockung der Luftwaffe, sodass das Kabinett am 18. Juli den sogenannten «Plan A» genehmigte, wonach die Royal Air Force (RAF) in den nächsten vier Jahren mit vierzig neuen Staffeln verstärkt werden sollte. Laut Kolonialsekretär Sir Philip Cunliffe-Lister werde das neue Programm «eine große Abschreckungswirkung gegen einen Krieg entfalten und Deutschland noch zu Friedenszeiten entmutigen».[47] Als Stabschef der Luftwaffe wies Sir Edward Ellington jedoch darauf hin, dass der Plan des Schatzkanzlers die Lage schöne, um ihn überzeugender wirken zu lassen.

Ellington hatte bei der Beurteilung des deutschen Flugzeugprogramms gravierend danebengelegen. Nachdem er zunächst verkündet hatte, dass die Deutschen vor Ende 1935 voraussichtlich keine Militärflugzeuge besitzen würden, sagte er nun mit Überzeugung voraus, die Deutschen würden bis zum gleichen Zeitpunkt nicht mehr als 500 Maschinen für den direkten Kampfeinsatz gebaut haben. Chamberlains Vorschlag, Geld zu sparen, indem man für die neuen Staffeln auf Ersatzmannschaften für den Kriegsfall verzichtete, beunruhigte ihn trotzdem. Nach aktuellem Stand, so Ellington, verfügten nur fünf RAF-Geschwader (knapp sechzig Flugzeuge) über Ersatzmannschaften, und ohne eine solche Reserve sei die Luftwaffe «im Kriegsfall nicht in der Lage, länger als eine oder zwei Wochen zu operieren».[48] «Plan A» war also lediglich dazu gedacht, die Öffentlichkeit zu beruhigen und Deutschland abzuschrecken. Eine effektive Verteidigung gegen Angriffe verbürgten die Maßnahmen nicht.

Als Baldwin am 30. Juli 1934 im Unterhaus sprach, um die Entscheidung für die neuen Geschwader zu verteidigen, erklärte er dramatisch, die Grenzen Großbritanniens seien nicht mehr «die Kreidefelsen von

Dover», sondern der Rhein. Die Opposition konnte das nicht davon abhalten, einen Misstrauensantrag gegen die Regierung zu stellen. «Wir bestreiten, dass eine Verstärkung der britischen Luftwaffe für den Frieden auf der Welt sorgen wird», kanzelte Clement Attlee den Vorschlag ab, «und wir stellen uns grundsätzlich gegen das Postulat der Waffengleichheit.»[49] Mit den Worten, es habe in der Geschichte Großbritanniens keine friedliebendere Regierung als die aktuelle gegeben, sprang Churchill zur Verteidigung bei, begann dann aber eine Reihe von Thesen vor den Abgeordneten auszubreiten. Während die Regierung in behutsamer Weise um das Thema der deutschen Aufrüstung einen großen Bogen gemacht hatte, erklärte Churchill ohne Umschweife, dass die Nationalsozialisten – unter Verletzung des Versailler Vertrages – mit der Umsetzung ihres Programms zum Aufbau einer militärischen Luftwaffe bereits weit fortgeschritten seien. Die deutsche Luftwaffe, betonte er, werde bis Ende 1935 der Royal Air Force gleichwertig gegenüberstehen und sie bei der derzeitigen Expansionsrate 1936 überholt haben. Schließlich argumentierte er, es bestehe die Gefahr, dass es für Großbritannien unmöglich sein werde, den Vorsprung aufzuholen, wenn sich Deutschland mit seiner Luftwaffe erst einmal an die Spitze der Entwicklung gesetzt habe.[50]

Churchills Warnungen – die er im Sommer und Herbst 1934 mit zunehmendem Nachdruck wiederholte – stießen bei den Abgeordneten auf unterschiedliche Resonanz. Während viele Torys, insbesondere auf dem rechten Flügel der Partei, seine Kampagne unterstützten, gab es solche wie seinen alten Widersacher Sir Samuel Hoare, den Minister für Indien, der meinte, Churchills lautsprecherische Auftritte seien nichts weiter als eigennützige Versuche, einer im Sinkflug begriffenen Karriere wieder Auftrieb zu verschaffen. Labour bezeichnete ihn als Kriegstreiber, während der vormalige Vorsitzende der Liberalen Sir Herbert Samuel ihm vorwarf, eine «haltlose wie kopflose Panik» zu schüren.[51] Glücklicherweise machten solche Angriffe wenig Eindruck auf Churchill, mehr noch, er ließ sich bei dem Versuch, die Regierung zu entschiedenerem Handeln zu veranlassen, heimlich von zwei leitenden Beamten unterstützen.

Major Desmond Morton hatte 1917 in der Schlacht von Arras einen Lungendurchschuss erlitten. Obwohl eine Kugel nicht entfernt werden konnte, überlebte er und diente im Anschluss als Adjutant von Feldmarschall Haig. Nachdem er sich Anfang der 1920er Jahre für den Geheimdienst mit der Entwicklung in der Sowjetunion beschäftigt hatte, wurde er 1924 zum Leiter der Abteilung für Wirtschaftsspionage des Verteidigungsausschusses (CID). Morton und Churchill kannten sich bereits, seit sie gemeinsam an der Westfront gedient hatten, nun, da Morton in einem Haus in Kent nur wenige Gehminuten von Chartwell, Churchills Landhaus, entfernt lebte, waren die beiden Männer enge Freunde geworden. In dem Moment, als Churchill den Versuch unternahm, die anscheinend gelähmte Regierung wachzurütteln, war Morton der ideale Mann, um ihm dabei zu helfen – auch wenn das bedeutete, dass er dafür seine Verpflichtung zur Wahrung von Staatsgeheimnissen brechen müsste.

Churchills andere Quelle auf leitender Regierungsebene war Ralph Wigram, einer der besten Köpfe im Außenministerium, der als scharfsinnig, sympathisch und mutig galt. Als aktiver, gesunder Mann, der mit Leidenschaft Tennis spielte, erkrankte er im Alter von 36 Jahren an Polio. Die Ärzte räumten ihm keine hohen Überlebenschancen ein, aber mit schierer Entschlossenheit, so schien es, überlebte er nicht nur, sondern wurde sogar Leiter der zentralen Abteilung im Außenministerium, die auch für Deutschland zuständig war.

Wigram teilte die Einschätzung Vansittarts in Bezug auf NS-Deutschland. Die deutsche Aufrüstung stand für ihn außer Zweifel, nur aus einer gefestigten Position heraus und mit einer aktiven Außenpolitik hatte Großbritannien eine Chance, Deutschland im Zaum zu halten. Durch Morton lernte Wigram dann Churchill kennen, und gemeinsam wurden die beiden Beamten zu den wichtigsten Informationsquellen des ehemaligen Schatzkanzlers und unterstützten ihn schon in den ersten Jahren seines Kampfes für die Aufrüstung.

Unterdessen gaben die Informationen, die die Regierung erhielt – nicht zuletzt von Morton und Wigram –, Anlass zu ernsthafter Sorge. Der Stab der Luftwaffe war sich sicher gewesen, dass die deutsche Luftwaffe bis Ende 1935 nicht mehr als 500 Kampfflugzeuge zählen werde und bis 1939 nicht mehr als 1000 Maschinen einsatzbereit haben würde. Im Oktober 1934 legten jedoch geheime Informationen die deutschen Pläne offen, bis Herbst 1936 auf eine Anzahl von 1296 Kampfflugzeugen inklusive Reserve aufzurüsten. Angesichts dieser neuen Erkenntnisse versuchte Luftfahrtminister Lord Londonderry, das Kabinett von der Notwendigkeit zu überzeugen, den Termin für die Umsetzung von «Plan A» von März 1939 auf Ende 1936 vorzuziehen. Aber Chamberlain sprach sich dagegen aus und argumentierte, es gebe in den von den Geheimdiensten zusammengetragenen Informationen zu den deutschen Vorbereitungen «nichts, was die vorgeschlagene Beschleunigung rechtfertigen» könne. Am Ende betrachtete das Kabinett die Situation als ernst genug, um den beschleunigten Bau der Hälfte der neuen Geschwader zu beschließen. Allerdings war inzwischen der Ausbau der deutschen Luftwaffe nicht mehr die einzige Entwicklung, die für einen radikalen Wandel stand, den man nicht mehr ignorieren konnte.[52]

Am 20. November teilte der Verteidigungsausschuss (CID) dem Kabinett mit, dass die Deutschen nun über eine reguläre Armee von 300 000 Mann verfügten, mit Plänen für eine weitere Ausweitung und durchgehende Ausrüstung mit Panzern. Nur eine Woche später wies Sir Eric Phipps auf eine Erhöhung der Ausgaben der deutschen Regierung um 17,5 Millionen Pfund hin. Die Deutschen haben «fieberhaft ihre Wiederaufrüstung zu Lande und in der Luft betrieben», berichtete der Botschafter, und niemand habe versucht, sie daran zu hindern oder auch nur zu protestieren:

Der Eindruck, den Sommer und Herbst hinterlassen haben, ist der eines unaufhörlichen Marschierens und Exerzierens. Für jeden ausländischen Beobachter ist es offensichtlich, dass das deutsche Volk mit seiner angeborenen Liebe zu Disziplin und militärischer Ausbildung darin schwelgt, sich so ausleben zu können. Auch die Kundgebungen der Arbeitsfront und der Bauern erscheinen dem Außenstehenden hauptsächlich als militärische Paraden. Wir müssen uns der Tatsache stellen, dass, während in anderen Ländern gerne Fußball gespielt oder an kleinen Tischen unter Bäumen genüsslich Kaffee getrunken wird, deutsche Jugendliche am liebsten Soldat spielen und sich deutsche Männer auf dem Kasernenplatz am wohlsten fühlen.[53]

Die Minister waren beunruhigt, aber ihre erste Sorge war mehr politischer als strategischer Natur. «Man könnte uns vorwerfen», schrieb Außenminister Sir John Simon, «dass wir seit dem Ausscheiden Deutschlands aus der Abrüstungskonferenz im Oktober 1933 nichts anderes getan haben, als Däumchen zu drehen und eilig nach Genf und zurück zu reisen.»[54] Insbesondere machte die Nachricht dem Kabinett Sorgen, Churchill beabsichtige, zur Debatte über das Regierungsprogramm für das folgende Jahr einen Änderungsantrag einzubringen, in dem er die Regierung beschuldigte, nicht für die Sicherheit ihrer Bürger zu sorgen. Dass die Minister von dieser Sorge derart umgetrieben wurden, lag wohl daran, dass der Vorwurf nicht ganz unbegründet war. So wies denn auch ein namentlich nicht genannter Minister bei der Kabinettsdebatte vom 21. November darauf hin, dass Deutschland anscheinend innerhalb eines Jahres über eine Luftwaffe verfügen werde, die an Größe der Royal Air Force in nichts nachstehen werde.[55] Doch dies öffentlich zuzugeben, hielt man für politisch unklug. Daher wurde entschieden, dass es zwar nicht möglich sei, die Fakten zur Wiederbewaffnung Deutschlands zurückzuhalten, aber dennoch deutlich gemacht werden solle, dass «die Anschuldigungen von Herrn Churchill übertrieben» seien. Vor allem sei wichtig, der Welt zu verdeutlichen, mahnte Sir Samuel Hoare im Kabinett, «dass die Regierung über mindestens genauso viele, wenn nicht mehr Informationen verfügt als Herr Churchill».[56]

Churchills Unterhausrede vom 28. November 1934 markierte den Höhepunkt seiner frühen Kampagne für die Aufrüstung. Vor vollbesetzten Rängen betonte er, es sei eine unbestreitbare Tatsache, dass Deutschland – jene «nicht zu vernachlässigende Macht, die noch vor wenigen Jahren ... beinah gegen die ganze Welt kämpfte und beinah gewonnen hätte» – wieder aufrüste. Die Bedrohung aus der Luft sei real, so Churchill, und furchtbar. Eine zehntägige, intensive Bombardierung Londons würde dazu führen, dass 30 000 bis 40 000 Menschen «getötet oder verstümmelt» würden.[57] Wenn man bedenkt, dass im Laufe der gesamten deutschen Luftangriffe 1940–1941 nur wenige tausend Menschen mehr getötet wurden, war dies eine erheblich abweichende Prognose. Doch weder Churchill noch die anderen Abgeordneten konnten das wissen. In der Filmversion von H.G. Wells' *Von kommenden Tagen*, die 1936 in die Kinos kam, war die Konsequenz eines überraschenden Luftangriffs die vollständige Zerstörung Londons. Harold Macmillan schrieb dazu später: «Wir stellten uns [in den 1930er Jahren] einen Luftkrieg ... eher so vor, wie sich die Menschen heute [in den 1960er Jahren] die nukleare Kriegsführung vorstellen.»[58]

Um Großbritannien vor dieser Apokalypse zu schützen, forderte Churchill die Regierung auf, dafür zu sorgen, dass für die nächsten zehn Jahre eine Luftstreitmacht zur Verfügung stehe, die wesentlich stärker sei als die Deutschlands. Allerdings müsse dabei beachtet werden, dass die deutsche Luftwaffe, gesetzt den Fall, man unternähme nichts, bereits im Laufe des nächsten Jahres mit Großbritannien gleichziehen werde. «Es sollte als ein Kapitalverbrechen gegen den Staat angesehen werden», schloss Churchill, «wenn die Luftwaffe auch nur für einen Monat deutlich unter die potenzielle Streitkraftstärke fallen darf, über die ein gewisses, nicht allzu weit entferntes Land verfügen kann.»[59] Als er sich setzte, breitete sich in den Reihen der konservativen Abgeordneten, von denen die Mehrheit zutiefst beeindruckt schien, eine Welle der Zustimmung aus.[60] Baldwin erhob sich und gab das als Losung aus, was die *Daily Mail* als «besänftigenden Sirup» bezeichnete.[61] Deutschland, gab er zu, investiere große Summen in die Aufrüstung und besitze tatsächlich eine militärische Luftwaffe. Es gebe jedoch keinen Grund zu übermäßiger Besorgnis, da die Royal Air Force keinesfalls Gefahr liefe, überflügelt zu werden. Die Zahlen, die Churchill gerade zitiert habe, bezögen sich auf die Gesamtheit aller deutschen Flugzeuge, nicht auf die Anzahl der Kampfflugzeuge. Vergleiche man die Zahlen in diesem Bereich, läge Deutschland nur bei 50 Prozent dessen, was der RAF zur Verfügung stünde und dies würde auch mindestens noch ein Jahr lang so bleiben. Baldwin, der zu der Frage ein Zahlenwerk vom Luftfahrtministerium zur Verfügung gestellt bekommen hatte, betonte, es sei unmöglich, noch weiter in die Zukunft zu schauen. Doch das Luftfahrtministerium selbst prognostizierte bis November 1937 eine deutsche Überlegenheit im Bereich der Kampfflugzeuge von 100 bis 200 Maschinen. Während Churchills Projektionen also tatsächlich übertrieben waren, war Baldwins Aussage absichtlich irreführend. Seine Rede erfüllte jedoch ihren Zweck. «Die Regierung Seiner Majestät», führte der Präsident des Privy Council weiter aus, «ist fest entschlossen, unter keinen Umständen eine Position der Unterlegenheit zu akzeptieren, welche Luftwaffe auch immer in Deutschland in der Zukunft aufgebaut wird.» Daraufhin zog Churchill seinen Änderungsantrag zurück.[62]

Mit der Debatte um Churchills Änderungsantrag erhielten die Stimmen Unterstützung, die sich für eine Legalisierung der deutschen Aufrüstung aussprachen. Deutschland könne nicht daran gehindert werden, sein Militär weiterzuentwickeln, betonte Lord Londonderry, und so sei es nur logisch, wenn man nun die Aufhebung der Aufrüstungsklauseln des Versailler Vertrages anbieten würde und im Gegenzug die Rückkehr der Deutschen in den Völkerbund erwarte. Außenminister Sir John Simon stimmte zu, und auch David Lloyd George, der britischer Premier während des Ersten Weltkriegs gewesen war, warnte in derselben Debatte davor, Deutschland zu einem «Paria» zu machen. Die Deutschen seien durch die Weigerung der Großmächte, die von ihnen beanstandeten Verhältnisse zu ändern, in die Revolution getrieben worden, vermutete der Mann, der sich als Interessenvertreter der Waliser einen Namen gemacht hatte. Jetzt sei es an der Zeit, vergangenes Unrecht wiedergutzumachen, so Lloyd George, sich zu engagieren, nicht zu verurteilen und Deutschland in die Gemeinschaft der Nationen zurückzuholen. Da die Alternative ein Wettrüsten und möglicherweise ein weiterer Krieg zu sein schien, ist es nicht verwunderlich, dass viele, sowohl innerhalb als auch außerhalb der Regierung, dem zustimmten und sich nun in verschiedenen Missionen auf den Weg machten, um Hitler zu bändigen.

KAPITEL 3

Zum Tee bei Hitler

> Zu Recht oder zu Unrecht sind alle möglichen Menschen, die mit
> Hitler zusammengetroffen sind, davon überzeugt, dass er ein
> Faktor für den Frieden ist.
>
> Thomas Jones, Tagebucheintrag, 1. März 1934[1]

Gekleidet in einen makellos geschneiderten Cutaway mitsamt den
gestreiften Hosen und dem lang geschnittenen Gehrock, wurde der Lordsiegelbewahrer eine Reihe von bewachten Gängen hinunter bis in einen
Raum von gewaltigen Ausmaßen geführt. Dort empfing ihn ein Mann, der
kleiner als erwartet, aber von gepflegtem Äußeren war – und trotz seiner merkwürdigen Uniform eine «beinahe elegante Erscheinung».[2] Dies
war ein großes Lob von Anthony Eden, der als der bestgekleidete Mann
in ganz London galt und dessen Filmstar-gleiche Erscheinung nur das
i-Tüpfelchen auf einem makellosen Ruf großer persönlicher Integrität
war. Als die britische Regierung ihn im Februar 1934 nach Berlin schickte,
um sich ein Bild von Hitler zu machen, hatte sie eine umsichtige Entscheidung getroffen.

Erst 36 Jahre alt und bereits die Nummer zwei im Außenministerium,
war Eden ein aufsteigender leuchtender Stern an einem Firmament von
Männern, die wenig zu glänzen vermochten. In Eton absolvierte er seine
Theologieprüfung mit Auszeichnung und machte dann am Christ Church
College in Oxford einen Abschluss in orientalischen Sprachen. Seine Viel-
sprachigkeit, er beherrschte unter anderem sowohl Französisch als auch
Deutsch fließend, war ein diplomatischer Vorteil, den Eden zu nutzen
wusste, während er als britischer Vertreter zur Abrüstungskonferenz
nach Genf entsandt wurde. Für seine unermüdlichen Bemühungen dort

erhielt er von allen Seiten Anerkennung und begründete so seinen Ruf als führender Unterstützer des Völkerbundes.

Edens «zivile Kompetenzen» sowie sein allgemeines Ansehen wurden durch seine Kriegsbiographie noch untermauert. Als der Erste Weltkrieg ausbrach, war der junge Anthony noch in der Schule, doch er verließ Eton so schnell wie möglich und trat 1915 dem Infanterieregiment King's Royal Rifle Corps bei. Auch wenn der Krieg eine universelle Katastrophe war, fallen die Jahre 1914–1918 im Leben von Anthony Eden nichtsdestotrotz als besonders tragisch auf. Sein ältester Bruder John wurde im Oktober 1914 in Frankreich getötet. Sein zweiter Bruder Timothy, der sich beim Ausbruch der Feindseligkeiten in Deutschland befand, wurde in einem Gefangenenlager außerhalb Berlins interniert. Im Februar 1915 starb sein Vater, und im folgenden Jahr ertrank sein sechzehnjähriger Bruder William in der Schlacht von Jütland. Edens Onkel, der eine Staffel im Royal Flying Corps befehligte, wurde abgeschossen und gefangen genommen, und sein Schwager wurde in der Schlacht an der Somme schwer verletzt. So waren innerhalb von zwei Jahren, wie er später schreiben sollte, «alle männlichen Familienangehörigen, denen [er] in der Zeit vor dem Kriege nahegestanden hatte ... entweder tot, verwundet oder in Gefangenschaft.»[3]

Trotz der bitteren Trauerfälle und quälenden Erfahrungen ertrug Eden tapfer einige der schlimmsten Kämpfe an der Westfront. Im Jahr 1917 erhielt er das Militärkreuz für verdienstvollen Einsatz im Kampf, und im März 1918 wurde er der jüngste Brigademajor der britischen Armee. Diese glänzende Bilanz, gepaart mit seinen Bemühungen in Genf, ließ Eden zur Verkörperung der Bestrebungen der Kriegsgeneration werden, die im Bewusstsein der Opfer, die gebracht worden waren, entschlossen war, eine bessere, an idealistischen Prinzipien orientierte Welt aufzubauen. Es half ihm auch bei der Interaktion mit Hitler, der es liebte, in Erinnerungen an den Krieg zu schwelgen.

Am zweiten Tag von Edens Berlinbesuch beim Mittagessen in der britischen Botschaft – man hatte extra ein vegetarisches Gericht zubereitet, für das sich der deutsche Kanzler jedoch nicht zu interessieren schien –, herrschte zunächst eine frostige Atmosphäre, bis Eden auf die gemeinsamen Erfahrungen in den Gräben des Ersten Weltkriegs zu sprechen kam. Hitler taute sichtlich auf, und die Männer verbrachten einige Zeit im angeregten Gespräch und erläuterten sich gegenseitig, in welchen Frontabschnitten sie gedient hatten.

Eden war angetan vom Charme des Kanzlers, den er für «viel mehr als einen Demagogen» hielt und der möglicherweise sogar einen Hauch von Humor besaß.[4] Er war von Botschafter Sir Eric Phipps gewarnt worden, sich von den honigsüßen Worten, die der Kanzler gern über den Frieden einstreute, nicht verführen zu lassen, aber der Lordsiegelbewahrer kam dennoch zu dem Schluss, dass Hitler aufrichtig sei. «Für mich ist es sehr schwer zu glauben, dass dieser Mann Krieg will», berichtete er an Baldwin.[5] Eden war nach Berlin geschickt worden, um Hitlers Reaktion auf die jüngsten Abrüstungsvorschläge der britischen Regierung in Augenschein zu nehmen, und er war erleichtert über die Antwort des Führers. Hitler sagte ihm, er werde den Vertrag von Locarno einhalten, versprach, den «nichtmilitärischen» Charakter der SA und der SS zu gewährleisten, und schloss die Rückkehr Deutschlands in den Völkerbund nicht aus. Seine Hauptforderung war, dass Deutschland eine Luftwaffe erlaubt werden sollte. Eden, der wusste, dass Deutschland bereits eine illegale Luftwaffe aufbaute, hielt dies für nicht unangemessen und übermittelte Hitlers Forderungen an London mit der Bemerkung, dass «die Vorschläge des Kanzlers viel besser waren als erwartet».[6] Seine Begeisterung zerschellte jedoch an der harten Schale des Ständigen Unterstaatssekretärs im Außenministerium, Sir Robert Vansittart.

In vielerlei Hinsicht waren «Van» und Eden ähnliche Charaktere. Gut gekleidet und charmant, war Vansittart ebenfalls sehr sprachkompetent und hatte in Eton eine Auszeichnung sowohl in Französisch als auch in Deutsch erhalten und später mehrere Theaterstücke auf Französisch verfasst. Im Jahr 1903 bestand er die Prüfung des Außenministeriums als Bester seines Jahrgangs und wurde 1930 zum leitenden Unterstaatssekretär ernannt. Während der Jahre der Weimarer Republik hatte Vansittart versucht, um Verständnis für die deutschen Einwände gegen Versailles zu werben und den Deutschen entgegenzukommen. Mit Hitlers Machtantritt änderte er jedoch seine Einstellung und war bald im Regierungsviertel für seine Kassandrarufe berüchtigt. So erklärte sich auch, dass Vansittart der Meinung war, «der junge Eden, direkt von der Schule des guten Benehmens», habe einen zu rosigen Blick auf Hitler und seine Versprechungen geworfen.[7] Außenminister Sir John Simon war der gleichen Meinung und schrieb am 23. Februar an Phipps: Die Regierung Seiner Majestät könne niemals einen Vorschlag in Betracht ziehen, den Frankreich sofort ablehnen würde und der unweigerlich zu einem Wettrüsten führen müsse.[8]

Eden war wütend ob dieser Rüge und schäumte, Simon sei «nicht nur national, sondern auch international eine Katastrophe».[9] Nur wenige Wochen später sorgte jedoch Hermann Göring dafür, dass allen denjenigen, die wie Eden geneigt waren, an den deutschen Pazifismus zu glauben, ein «deutliches Nein» in den Ohren nachhallte.[10] Am 10. März 1934 sprach der vormals als Flieger-Ass bekannte Reichsminister der Luftfahrt, Ministerpräsident von Preußen, Reichsforstmeister und Reichsjägermeister in Potsdam. Er hielt dort eine Lobrede auf den preußischen Militarismus, der in der Lage gewesen sei, der «ganzen Welt» die Stirn zu bieten – und das wieder tun werde.[11] Dies sollte eine alte Angst wecken. Obwohl es die Preußen gewesen waren, die 1815 dem Duke of Wellington zu Hilfe kamen und in Waterloo das Zünglein an der Waage dargestellt hatten, war das Preußentum in Großbritannien und Frankreich ein Synonym für überragende militärische Macht, eiserne Disziplin und zwei Invasionen Frankreichs. Eden war erfreut gewesen, dass er an Hitler nichts Preußisches hatte feststellen können, für ihn war der Kanzler ein «typischer Österreicher». Auch wenn sein Parlamentarischer Privatsekretär Lord Cranborne festhielt, er sei ein «genialer Prolet».[12] Nichtsdestoweniger schien das NS-Regime für viele Beobachter eine totalitäre Steigerung des Preußentums zu sein.

«Die ganze Stadt ist verrückt nach allem Militärischen», stellte der ehemalige Diplomat Harold Nicolson bei einem Besuch in München im Februar 1934 fest. «Die Leidenschaft für Uniformen ist noch größer als 1912.» Da die Kränze, die die verlorenen Provinzen Deutschlands repräsentierten, die man in der Feldherrnhalle aufgehängt hatte, für ihn definitiv ein schlechtes Omen waren, ging Nicolson völlig deprimiert zu Bett. «Deutschland ist wieder das Deutschland von vor dem Krieg», notierte er in sein Tagebuch, «aber mit einem neuen fanatischen Blick in den Augen.»[13] Der ehemalige Außenminister Sir Austen Chamberlain sah das ganz ähnlich. «Die Nazi-Revolution», erläuterte er den Unterhausabgeordneten am 13. April 1933 – nur zweieinhalb Monate nach Hitlers Machtübernahme –, sei gleichbedeutend mit «dem Schlimmsten allpreußischen Imperialismus, angereichert mit Brutalität, Rassenstolz und einer Vorstellung von Exklusivität, die keinem Mitmenschen, der nicht von ‹reiner nordischer Abstammung› [sei], die gleichen Rechte und die Staatsbürgerschaft zugestehen kann».[14] Es wäre Wahnsinn, argumentierte Chamberlain, eine Revision der Friedensverträge in Erwägung zu ziehen, während sich die Verhältnisse in Deutschland so darstellten. Dieses Urteil wurde von einigen geteilt. Weitaus populärer war allerdings die gegenteilige Ansicht, dass Deutschland sich erst dann beruhigen würde, wenn man die Fesseln von Versailles gelöst hätte.

Anfang der dreißiger Jahre hatte der Vertrag von Versailles nur noch wenige Fürsprecher. Aus deutscher Sicht handelte es sich um einen Frieden, der von den siegreichen Verbündeten «diktiert» worden war und Deutschland «gedemütigt» hatte, indem er Deutschland die alleinige Verantwortung für den Ausbruch des Krieges zugeschrieben, die Streitkräfte beschnitten, «ruinöse» Reparationen verhängt, die Kolonien eingezogen und Teile des Territoriums zugunsten neuer Nationen wie der Tschechoslowakei und des wiederhergestellten Polens abgetrennt hatte. In den

1920er Jahren führten die Deutschen eine umfangreiche und effektive Propagandakampagne gegen den Vertrag im Allgemeinen und die sogenannte Kriegsschuldklausel im Besonderen. Es gab jedoch in Großbritannien viele Menschen, die das Dokument ohnedies verurteilten. «Der Vertrag von Versailles zwang sie [die Deutschen], sich einer in der Geschichte an Unbarmherzigkeit und Pauschalisierung unübertroffenen moralischen Verurteilung zu unterwerfen, und legte dem deutschen Volk für eine weitere Generation die Fesseln seines alten Minderwertigkeitskomplexes an», schrieb der angehende Historiker E. H. Carr im Januar 1933.[15]

Carr veröffentlichte seinen Artikel in der *Fortnightly Review* unter einem Pseudonym, da er Beamter des Außenministeriums und Mitglied der britischen Delegation bei der Friedenskonferenz gewesen war. Zwei weitere Mitglieder der Delegation waren der Cambridge-Ökonom John Maynard Keynes und der junge Harold Nicolson. Wie Carr zeigten sich beide Männer zutiefst desillusioniert über den Fortgang der Verhandlungen, und Keynes reichte sogar aus Protest gegen die Höhe der Reparationszahlungen, die den besiegten Mächten auferlegt wurden, im Finanzministerium seinen Rücktritt ein. Fünf Monate später, im Dezember 1919, veröffentlichte er *Die wirtschaftlichen Folgen des Friedensvertrages*, in dem er die «Friedensstifter» und ihren «Karthagischen Frieden» scharf verurteilte. «Eine Politik, die Deutschland für eine Generation zur Sklaverei degradiert», schrieb Keynes, sei nicht nur so «abstoßend wie abscheulich», sondern läute «den Zerfall des gesamten zivilisierten Lebens in Europa» ein.[16] Das Buch wurde zu einem internationalen Bestseller und gab die Stoßrichtung für eine ganze Reihe von folgenden kritischen Veröffentlichung vor, darunter auch die von Nicolson.*

---

* Keynes wurde später von Gegnern der Appeasement-Politik dafür kritisiert, seine Veröffentlichung habe dazu beigetragen, die Legende des Versailler «Diktats» zu etablieren. Bob Boothby warf dem Ökonomen vor, damit die «Bibel der Nazi-Bewegung» produziert zu haben, während der Pariser Korrespondent der *Chicago Daily News*, der Pulitzer-Preisträger Edgar Mowrer, Keynes Schrift als eines der «schädlichsten» Bücher bezeichnete, die je geschrieben worden seien. Diese Ansichten werden in jüngsten wissenschaftlichen

Bis 1933 gab es aufgrund dieser Stimmungslage in Großbritannien ein starkes Gefühl von «mea culpa». Kaum jemand mit Einfluss war der Meinung, dass Deutschland allein für den Ersten Weltkrieg verantwortlich gemacht werden konnte, mit Versailles verband sich daher in weiten Kreisen ein gewisses Schuldgefühl. Bildungsminister H.A.L. Fisher hatte sich zum Zeitpunkt der Friedenskonferenz mit der Vorstellung beruhigt, dem Vertragsschluss werde eine befriedende Politik folgen, mit der nach und nach Anpassungen und Modifikationen vorgenommen werden könnten und Europa eine Perspektive auf Stabilität erhalten werde.[17] Doch obwohl Deutschland in der Folgezeit in den Völkerbund aufgenommen und die Reparationen zunächst reduziert, dann ganz gestrichen wurden, bestand die weit verbreitete Annahme, dass die Alliierten, insbesondere die Franzosen, nicht genug getan hätten, um die Belastung für Deutschland zu verringern und die stark in Mitleidenschaft gezogene Selbstachtung der Deutschen wiederherzustellen.

Deutschland habe sein Bestes getan, um «den Vertrag einzuhalten», behauptete David Lloyd George in einer Rede, die er am 11. März 1933 in der mit 8000 Menschen vollbesetzten Markthalle in Ashford im südostenglischen Kent hielt. Die Deutschen hätten «die Abrüstungsklauseln ehrenhaft erfüllt», aber die Alliierten hätten es versäumt, ihren Teil der Abmachung einzuhalten und ihre eigenen Arsenale zu reduzieren. Infolgedessen sei Deutschland in eine «aggressive Militärdiktatur» hineingetrieben worden.[18] Lloyd George wusste selbstverständlich, dass er damit die Ereignisse keineswegs angemessen wiedergab. Die britischen Militärausgaben waren seit dem Krieg massiv gesenkt worden, während die Deutschen schon gegen die Abrüstungsklauseln verstoßen hatten, bevor die Nationalsozialisten die Macht übernahmen. Doch der ehemalige Premier-

Veröffentlichungen geteilt, in denen der Vertrag von Versailles weder als eine derart harte Strafe eingeschätzt wird, wie damals von den Deutschen behauptet, noch der These zugestimmt wird, dass der Vertrag an sich für den Ausbruch des Zweiten Weltkriegs verantwortlich war. Allerdings teilten nur wenige Zeitgenossen diese Einschätzung.

minister stand nicht allein damit, als er Großbritannien und Frankreich für den Aufstieg Hitlers verantwortlich machte. Auf der Konferenz der Sozialistischen Arbeiter-Internationale 1933 in Paris sah sich Labour-Chef George Lansbury isoliert, da er sich nicht an den Angriffen auf die deutsche Regierung beteiligte. Er reiste daraufhin ab, nicht ohne deutlich zu machen, dass seiner Ansicht nach die Alliierten «zu 100 Prozent für Hitler verantwortlich seien».[19] Der Journalist Robert Bruce Lockhart meinte, der frankophile Vansittart müsse für die Ereignisse in Deutschland «weitgehend verantwortlich gemacht» werden, während die *Times* keine Gelegenheit versäumte, gegen einen Vertrag auszuteilen, der alle Kränkungen bediene, «die das Herz eines deutschen Nationalisten begehrt».[20]

Das Gefühl einer alliierten (Mit-)Verantwortung für den Aufstieg der Nationalsozialisten war entscheidend für die Mentalität, aus der sich die Appeasement-Politik entwickelte. Wenn Großbritannien und Frankreich den Nationalsozialismus «erschaffen» hatten, dann sollten sie ihn logischerweise «befrieden» können, indem sie die Missstände beseitigten, die für sein Erstarken förderlich gewesen waren. So teilte Eden denn auch dem Parlament im März 1933 mit, Ziel der Regierung sei es, bei der Abrüstungskonferenz sicherzustellen, dass «Europa die Zeit zur Versöhnung bekommt, die es braucht».[21] Doch die Deutschen waren aus den Verhandlungen ausgestiegen, und alle britischen Versuche, Hitler zu einer Rückkehr an den Verhandlungstisch zu bewegen, liefen ins Leere. Anfang April 1934 verloren die Franzosen die Geduld. Im März veröffentlichte Zahlen hatten gezeigt, dass die deutschen Militärausgaben gegenüber den Schätzungen des Vorjahres um 356 Millionen Reichsmark gestiegen waren, allein der Etat für die Luftfahrt verbuchte eine Steigerung um 121 Millionen. Hitler rede zwar «vom Frieden», beschied der französische Außenminister Louis Barthou dem Abgesandten des NS-Regimes Joachim von Ribbentrop, «aber seine Taten sprechen die Sprache des Krieges.»[22] Die Franzosen brachen daher ihrerseits die Abrüstungsverhandlungen ab und erklärten London, dass Frankreich den herbeigesehnten Frieden nicht auf Kosten der eigenen Verteidigung anstreben könne.

Die Briten reagierten sehr verärgert auf das französische «Non», da sie annahmen, Frankreich habe so eine einzigartige Gelegenheit vertan, den deutschen Leviathan im Zaum zu halten. Doch während die Aussichten auf ein multilaterales Abkommen nun gen null gingen, ermöglichte diese Entscheidung der Franzosen erst, dass die Periode der Appeasement-Politik zur Stunde der Amateurdiplomaten werden konnte.

Zunächst standen die Zeichen für eine Freundschaft zwischen Großbritannien und NS-Deutschland nicht gut. Die Briten waren von der Zerstörung der deutschen Demokratie schockiert, die Wiederbelebung des Militarismus beunruhigte sie, und die Behandlung der Juden widerte sie an. Der Besuch des NS-Ideologen Dr. Alfred Rosenberg in London im Mai 1933 geriet zum Desaster. Rosenberg hinterließ im Außenministerium einen furchtbaren Eindruck und löste einen öffentlichen Aufschrei aus, als er einen Kranz, auf dem ein großes Hakenkreuz prangte, am Kenotaph für die Weltkriegsgefallenen niederlegte. Ein ehemaliger Offizier warf den Kranz in die Themse und stellte sich dann einem herannahenden Polizisten mit dem fröhlichen Gruß: «Ich hatte gerade nach einem von euch Jungs Ausschau halten wollen.»[23]

Ab 1934 war jedoch klar, dass sich die NS-Revolution an der Macht halten würde, und selbst moderate Linke waren der Meinung, dass man versuchen sollte, eine Form der Verständigung mit diesem Regime zu finden. Niemand anderer als der Premierminister brachte sogar die verwegene Idee auf, Hitler nach London einzuladen. Wie Ramsay MacDonald gegenüber dem deutschen Botschafter betonte, war dies seine rein persönliche Idee, von der das Kabinett nichts wusste, aber er sei «sicher, dass der Herr Reichskanzler in England freundlichste Annahme bei Volk und Regierung finden würde». Der deutsche Außenminister Konstantin von Neurath hielt diese Bemerkung zu Recht für ein Produkt der ganz persönlichen Vorstellungen von MacDonald.[24] Doch auch wenn die weit verbreitete Antipathie, die man den Nationalsozialisten entgegenbrachte, die Regierung von offensichtlichen Verbrüderungen abhielt, bestand für Einzelpersonen keine Notwendigkeit, größere Rücksichtnahme walten zu lassen, und so brachen einige nun zu Missionen auf, die der Verbesserung der deutsch-britischen Beziehungen dienen sollten.

Diese britischen Amateurdiplomaten rekrutierten sich aus dem gesamten politischen Spektrum und handelten aus einer Vielzahl von Motiven. Gleichzeitig einte sie eine Reihe von Überzeugungen, deren zentrale Annahme war, dass freundschaftliche Beziehungen zwischen Großbritannien und Deutschland nicht per se ausgeschlossen sein sollten, weil es den Nationalsozialismus gebe, unabhängig davon, wie man dieses Phänomen persönlich beurteilte. Ganz im Gegenteil sahen die meisten den Nationalsozialismus als eine quasi natürliche, wenn auch gewalttätige Reaktion auf legitimen Unmut über den Versailler Vertrag an. Moralisch wie politisch sei es daher geboten, so der Standpunkt, den Vertrag zu ändern und Deutschland wieder die Position und den Status zuzugestehen, auf den es aufgrund seiner Größe und Historie einen Anspruch habe.

Führender Verfechter dieser Position war der liberale Politiker Philip Kerr, 11. Marquess of Lothian. Kerr hatte zwischen 1905 und 1910 in der Kolonialverwaltung in Südafrika gearbeitet. Anschließend gab er, als Vertreter der Christian Science (i.e. «Christliche Wissenschaft») mit einem ausgeprägten moralischen Kompass versehen, das *Round Table Journal*, eine Zeitschrift zu politischen Fragen des Commonwealth, heraus. Seine Herausgebertätigkeit befreite ihn vom Kriegsdienst, 1916 wurde er jedoch Privatsekretär von Lloyd George und begleitete diesen später nach Paris, wo er an der Ausarbeitung der Friedensverträge beteiligt war. Distinguiert erscheinend, wenn auch ein wenig korpulent, konnte seine hartnäckige Art für den politischen Gegner durchaus irritierend sein. Baldwin hielt ihn für einen «schrägen Vogel» oder auch für einen etwas «kauzigen Kerl».[25] Ihr gemeinsamer Freund Thomas Jones formulierte es so: Lothian sei sowohl intelligent als auch kompetent, was ihm fehle, sei das Urteilsvermögen.

Wie die meisten Liberalen verabscheute auch Lothian den Nationalsozialismus. Er war jedoch davon überzeugt, dass dessen «brutale Ausprägung» in erheblichem Maß in Versailles und dem Versagen der Alliierten begründet lag, den Vertrag zu ändern, als sie noch die Chance dazu hatten.[26] Voraussetzung, um auf dieses Regime Einfluss nehmen zu können, sei daher, dass die Alliierten bereit wären, «Deutschland Gerechtigkeit widerfahren zu lassen».[27] Dies bedeutete, Teil V des Versailler Vertrags aufzuheben und Deutschland eine Wiederbewaffnung auf dem Niveau seiner Nachbarn zu erlauben sowie eine Reihe der Territorialklauseln zu überarbeiten oder aufzuheben. Ganz ähnlich äußerte sich denn auch Vernon Bartlett in seiner Publikation *Nazi-Germany explained*: «Es ist paradox, aber ich gehe davon aus, dass Deutschland eine weniger große Bedrohung für den Frieden darstellen wird, sobald seine Nachbarn nicht mehr so offenkundig stärker sind.»[28]

Im Januar 1935 reiste Lothian nach Berlin. Anlass war eine Sitzung des Komitees zur Vergabe des Rhodes-Stipendiums, aber Lothian wollte seine Thesen in einer Begegnung mit Hitler persönlich überprüfen. Der Besuch war von dem energisch prodeutsch agierenden T. P. Conwell-Evans arrangiert worden. Der walisische Akademiker war ein Freund Ribbentrops und hatte die vergangenen zwei Jahre an der Königsberger Universität über britisch-deutsche Diplomatiegeschichte gelehrt. Wie Lothian war Conwell-Evans der Ansicht, dass die Forderungen, die Nazi-Deutschland erhob, eine gewisse Berechtigung hatten, und wollte nun als Vermittler zwischen dem Regime und führenden Mitgliedern der britischen Elite fungieren.

Die Deutschen waren begeistert über Lothians Besuch. Er sei «unzweifelhaft der bedeutendste Engländer», ohne offizielles Amt, der bisher um «Empfang beim Reichskanzler ersucht hat», machte Botschafter Leopold von Hoesch deutlich und fügte hinzu, Lothian sei «Deutschland gegenüber wohlwollend eingestellt und [wolle] zur Verbesserung des Verständnisses zwischen Deutschland und England beitragen».[29] Hitler gewährte Lothian dementsprechend eine über zweistündige Audienz und hielt ihm einen Vortrag über die Gefahr, die von Russland ausgehe, den Mangel an französischem Entgegenkommen und die Bedeutung der deutsch-britischen Freundschaft. Lothian war beeindruckt von der Ernsthaftigkeit und Dringlichkeit, mit der Hitler sprach. Nach dem Treffen betrachtete er den Führer als «Propheten» und schickte eilfertig eine Abschrift des Gesprächs an Baldwin, Simon und MacDonald – mit der Bemerkung, es gebe «ganz klar eine gemeinsame politische Basis für eine Einigung, sodass sich auf der Grundlage der Anerkennung der Ebenbürtigkeit der Frieden in Europa für zehn Jahre wird wahren lassen, wenn wir die Gelegenheit nutzen».[30] Zwei Tage später erklärte er in einem Artikel in der *Times*, der zentrale Sachverhalt in Europa bestehe aktuell darin, dass «Deutschland keinen Krieg will und bereit ist, grundsätzlich auf Krieg als Mittel zur Beilegung von Streitigkeiten mit seinen Nachbarn zu verzichten, sofern Deutschland eine echte Gleichstellung zuteilwird».[31]

Lothian war keineswegs der Einzige außerhalb der Reihen der Torys, der sich von Hitler täuschen ließ. Ein paar Tage vor Lothians Treffen hatte Hitler ein Mitglied des britischen Oberhauses, den Vertreter der parteiübergreifenden Initiative National Labour, Baron Allen of Hurtwood, empfangen. Clifford Allen war ein politischer Kreuzritter, der als Kriegsdienstverweigerer während des Ersten Weltkriegs dreimal aufgrund seiner Überzeugungen inhaftiert gewesen war und im November 1914 eine Streitschrift unter dem provokanten Titel «Ist Deutschland im Recht und Großbritannien im Unrecht?» veröffentlicht hatte. 1932 unterstützte er MacDonald bei der Bildung der Nationalen Regierung und wurde mit der Erhebung in den Adelsstand belohnt. Als Titel schlug ein Witzbold vor: «der Lord (Kriegsdienst-)Verweigerer von mädchenhafter Haltung».[32] Allen war von den Nationalsozialisten entsetzt. Aber er sprach sich auch gegen den «niederträchtigen» Vertrag und die «boshafte Politik Frankreichs» aus, von denen er glaubte, dass sie eine Gefahr für den Frieden darstellten.[33] Ende 1933 gehörte er zu den Gründungsmitgliedern der deutsch-britischen Gruppe, die hauptsächlich politisch mitte-links stehende Männer umfasste. Im Januar 1935 reiste er dann nach Deutschland, um führende Persönlichkeiten des Regimes zu treffen.

Stets aufmerksam, wie man es vom Auswärtigen Amt kannte, sah man dort in Allen jemanden, der potenziell prominente Persönlichkeiten von National Labour, darunter den Premierminister, beeinflussen konnte, und arrangierte ein Treffen mit Hitler – der sich eindeutig von seiner besten Seite zeigte. «Was für ein Kontrast zu dem Bild, das sich die Briten von ihm gemacht haben», notierte Allen. Es gab keine überbordende Rhetorik, keine plötzlichen Wutausbrüche, keine Spur von dem Demagogen. Hitler habe sich «ruhig, zurückhaltend, aber dennoch schonungslos» geäußert, hielt Allen fest. «Sein Fanatismus» komme ihm vor wie der eines Oliver Cromwell und er habe keinen Zweifel daran, dass Hitler wie «Old Ironsides» bereit sei, andere «für seine Religion zu verfolgen, für sie zu töten und für sie zu sterben».[34] Diesen Einsichten zum Trotz glaubte Allen Hitlers Behauptungen, er verfolge friedliche Absichten – was durch seinen jüngsten Nichtangriffspakt mit Polen und seinen Verzicht auf die französische Provinz Elsass-Lothringen bewiesen werde – und ließ sein Publikum in dem sicheren Glauben, er habe einen zukünftigen Partner für die britische Außenpolitik gefunden. «Ich habe ihn mit äußerster Wachsamkeit beobachtet», schrieb Allen bei seiner Rückkehr im *Daily Telegraph*, «und ich bin überzeugt, dass er wirklich Frieden will.»[35]

Lothian und Allen waren Männer der Mitte beziehungsweise mitte-links, die glaubten, dass es sowohl moralisch richtig als auch politisch notwendig sei, auf der Grundlage einer Revision von Versailles eine Art Übereinkunft mit NS-Deutschland zu treffen. Diese Sichtweise, die bei den Liberalen zahlreiche Unterstützer hatte, fand auch zu einem erheblichen Teil Eingang in konservatives Denken. Dort verband sich dieser Gesichtspunkt zu einer Synthese mit dem anderen Agens, das einen starken

Impuls zu einer deutsch-britischen Freundschaft setzte: der tiefen Angst vor dem Kommunismus.

Obwohl die Kommunistische Partei Großbritanniens 1931 nur 6000 Mitglieder hatte, stellte das Gespenst des Kommunismus in der Vorstellung der britischen herrschenden Klasse eine große Gefahr dar. Die Russische Revolution von 1917 lag noch nicht lange zurück und hatte sich mit ihren Schrecken – insbesondere der Ermordung des Zaren und seiner Familie – in das kollektive Gedächtnis eingebrannt. Die folgende Welle kommunistischer und sozialistischer Aufstände hatte einen Teil der alten europäischen Ordnung zerstört und 1927 zum Ausbruch des Bürgerkriegs in China geführt. Und auch wenn Joseph Stalin das Ziel der Bolschewiki 1924 auf den «Sozialismus in einem Land» (d.h. der UdSSR) beschränkt hatte, sahen doch viele die «Weltrevolution» als ein der Bewegung inhärentes Prinzip an, sodass die Angst vor einem Übergreifen der kommunistischen Gefahr anhielt. 1919 hatten Unruhen in den Glasgower Arbeitervierteln der «Red Clydeside» dazu geführt, dass die britische Regierung 10000 englische Soldaten nach Schottland entsandt hatte, um die Ordnung wiederherzustellen. (Ihren Glasgower Kameraden hatte man nicht zugetraut, dass sie loyal bleiben würden.) Der Generalstreik von 1926 löste ähnliche Ängste aus. Außerdem hatte ganz Großbritannien in der Zwischenzeit die blutigen Auseinandersetzungen zwischen den «Roten» und den «Weißen» im ehemaligen russischen Reich verfolgt und manche den Kampf sogar miterlebt. Diese Ereignisse und ihr Zusammenhang zu der Ideologie, die auf der Abschaffung des Privateigentums und der sozialen Hierarchie basierte, stellten den Kommunismus auf eine Stufe mit dem Antichrist. Die britische Oberschicht stand aus offensichtlichen Gründen an vorderster Front, wenn es um diese Ansicht ging, aber ihre Ängste sickerten unmerklich in die Köpfe ihrer konservativ gesinnten «Untergebenen». «Können Sie etwas tun, um das Böse des Kommunismus in dieser Stadt zu vernichten?», fragte eine Wählerin ihren Abgeordneten für Essex im November 1932, nachdem der örtliche Pfarrer begonnen hatte, marxistische Ideen von der Kanzel zu predigen. Und ein Dienstbote in Cliveden – dem Herrenhaus im italienischen Stil am Ufer der Themse, das Lord und Lady Astor gehörte – erwiderte auf die Ermahnungen der Hausherrin, dass er es zum wiederholten Mal versäumt habe, den Fußraum des Autos mit Teppichen auszulegen: «Nun, wir werden wohl überhaupt keine Teppiche mehr haben, wenn Moskau erst das Sagen hat.»[36]

Gegen die böswillige Kraft des Kommunismus stand der Faschismus. Der Faschismus hatte 1922 Italien vor den Bolschewiki «gerettet», und auch der aggressiveren teutonischen Variante wurde ein solches Verdienst in Bezug auf Deutschland zugeschrieben. In beiden faschistischen Lehren, aber insbesondere in der letztgenannten, gab es Aspekte, die die britische Elite als abstoßend empfand. Doch angesichts der Alternativen, denen man sich im «Zeitalter der Extreme» gegenübersah, erschien der Faschismus als das kleinere Übel – und wurde in der Tat als ein Schutzwall gegen die kommunistische Flut angesehen.[37] In diesem Zusammenhang steht denn auch die Bemerkung Winston Churchills, der 1927 gegenüber Mussolini versicherte, wenn er Italiener wäre, hätte er ihm in seinem «triumphalen Kampf gegen die bestialischen Begierden und Leidenschaften des Leninismus» beigestanden. Die imperialistisch orientierte *Morning Post* dankte der Vorsehung für diese «durchtrainierten, gut aussehenden, schwarz gekleideten jungen Männer», die Schwarzhemden des italienischen Faschismus, während der Gouverneur der Bank of England, Montagu Norman, Hitler und den deutschen Wirtschaftsminister Hjalmar Schacht als «Bollwerke der Zivilisation» bezeichnete, die für «unser Gesellschaftssystem» einen Krieg ausfechten.[38]

An der Spitze des Kampfes gegen den Kommunismus stand der Pressebaron Lord Rothermere. Als Mitbegründer des «Boulevard-Journalismus» hatte er noch unter seinem Namen Harold Harmsworth zusammen mit seinem Bruder Alfred (später Lord Northcliffe) 1896 die auflagenstarke *Daily Mail* aufgelegt, 1903 folgte der *Daily Mirror*. Dann erwarb er den *Glasgow Record* und die Glasgower *Sunday Mail* sowie die Londoner *Sunday Pictorial*. 1929 besaß Harold – der 1919 zum Viscount Rothermere ernannt worden war – vierzehn Zeitungen und war einer der reichsten Männer des Landes. Während des Ersten Weltkriegs hatte sich Rothermere in den Dienst der Politik gestellt, indem er einige Zeit als erster britischer Luftfahrtminister fungierte, die Periode bedeutete aber auch eine Zeit der Tragödien für ihn: Rothermeres zweitältester Sohn Vere wurde im November 1916 in der Schlacht an der Ancre getötet, gefolgt vom Tod seines ältesten Sohnes Vyvyan im Februar 1918. Churchill erinnerte sich später an eine Gelegenheit, bei der ihn der Pressebaron in Vyvyans Schlafzimmer geleitet hatte, als der junge Mann gerade zu Hause auf Fronturlaub war, und bescheinigte Rothermere, der sei von der Liebe zu diesem Jungen völlig erfüllt gewesen und diese doppelte Tragödie habe deshalb unauslöschliche Spuren bei ihm hinterlassen.[39]

Anfang der 1930er Jahre war Rothermere am rechten Rand des konservativen Meinungsspektrums zu finden. Dieser Flügel, der eine Reihe prominenter Persönlichkeiten umfasste, sah das Britische Empire im Niedergang begriffen und die Demokratie infolge von Dekadenz und Großer Depression in ihren Grundfesten bedroht. Im Gegensatz dazu ließen der Faschismus Italien und der Nationalsozialismus Deutschland in neuem Glanz erstrahlen, denn sie hätten den Nationalstolz wiederbelebt und den Kommunismus besiegt. Bedeutende britische Konservative, darunter Sir Austen Chamberlain, zollten Mussolini Respekt, während Studenten der St. Andrews University im April 1933 einen Antrag annahmen, in dem die NSDAP ausdrücklich gutgeheißen und «zu ihrer großartigen Arbeit bei der Erneuerung Deutschlands beglückwünscht» wurde.[40]

Rothermeres Paranoia vor den «Roten» war extrem ausgeprägt. Für sich persönlich zog er daraus die Konsequenz, einen Teil seines Vermögens nach Ungarn zu transferieren, um im Fall einer bolschewistischen Übernahme Großbritanniens abgesichert zu sein. Politisch unterstützte er zunächst Mussolini, dann Sir Oswald Mosley (den Führer der Britischen Union der Faschisten) und schließlich Hitler. «Ich fordere alle britischen jungen Männer und Frauen auf, die Fortschritte, die das Nazi-Regime in Deutschland macht, genau zu studieren», schrieb er in einem

Leitartikel in der *Daily Mail* vom Juli 1933. In der britischen Presse seien die Gräueltaten stark übertrieben worden, es handele sich dabei nur um einige wenige, vereinzelte Vorfälle, während die Errungenschaften der Nazi-Revolution ignoriert würden. Dazu gehöre auch ein Aufblühen des Nationalgefühls, «wie es in England unter Königin Elisabeth stattgefunden» habe.[41] Im November 1933 wurde er noch deutlicher und erklärte, die «kräftigen jungen Nazis» seien «Europas Beschützer, die es vor der kommunistischen Gefahr bewahren».[42]

Rothermere besuchte Hitler erstmals im Dezember 1934, begleitet von seinem einzigen noch lebenden Sohn Esmond und dem Auslandskorrespondenten der *Daily Mail*, George Ward Price. Der Besuch war von der mysteriösen Stephanie von Hohenlohe arrangiert worden, die, nachdem sie durch Heirat österreichische Prinzessin geworden war, Eintritt sowohl in Hitlers inneren Kreis als auch in die Londoner Gesellschaft gefunden hatte. Die Nachrichtendienste waren davon überzeugt, dass sie eine deutsche Spionin war, versäumten es jedoch, Rothermere zu warnen, der unter dem Einfluss der Prinzessin bereits für die Revision der ungarischen Nachkriegsgrenzen eingetreten war.

Hitler war sich Rothermeres Einfluss auf die britische Öffentlichkeit bewusst und gab ihm zu Ehren zum ersten Mal eine Abendgesellschaft für einen ausländischen Besucher. NS-Größen wie Göring, Goebbels und Ribbentrop waren mit 23 weiteren Gästen in die Reichskanzlei geladen. Ein paar Abende später erwiderte Rothermere die Gefälligkeit, indem er ein Abendessen im Hotel Adlon veranstaltete. Hitler kam der Einladung nach, ebenso wie Außenminister Konstantin von Neurath, Göring (begleitet von der Schauspielerin Emmy Sonnemann, die bald die zweite Frau Göring werden sollte), Joseph und Magda Goebbels sowie Ribbentrop. Prinzessin Stephanie fungierte als Dolmetscherin, und Hitler referierte über die Vorteile einer deutsch-britischen Freundschaft. Zu Rothermeres Unglück endete der Abend in einer Farce, als jemand versehentlich eine große Vase umstieß und mit lautem Knall auf dem Boden zerschellen ließ. SS-Männer, die einen Attentatsversuch befürchteten, stürmten den

Raum mit gezogenen Pistolen und brachten Hitler schleunigst in Sicherheit – noch bevor der letzte Gang serviert worden war.

Trotz dieses Debakels verließ Rothermere Deutschland als verbriefter Freund des Regimes. «Wir haben keinen Grund, mit diesen Menschen zu streiten», versicherte er den fast zwei Millionen Lesern der *Daily Mail* bei seiner Rückkehr, ein britisch-deutsches Bündnis würde dagegen einen unvergleichlich großen Segen für die Menschheit darstellen.[43] Im Gegensatz zu anderen Mitreisenden machte er sich jedoch kaum Illusionen über die Ausrichtung der nationalsozialistischen Außenpolitik. «Ich halte Hitler als Staatsmann nicht für verlässlich», vertraute er im Mai 1935 Churchill in einem Brief an. «Ich bin mir relativ sicher», fuhr er fort, «dass seine Clique die ehrgeizigsten Pläne hat. Sie haben die volle Absicht, Deutschland zur Weltmacht zu machen.»[44] Unter diesem Eindruck lancierte Rothermere denn auch in seinen Zeitungen eine Kampagne, die die Dringlichkeit der britischen Aufrüstung deutlich machen sollte. Im November 1933 hatte die *Daily Mail* 5000 neue Kampfflugzeuge gefordert, diese Zahl jedoch später mit Hinblick auf den Ausbau der deutschen Luftwaffe auf «mindestens 20000» erhöht.[45] Die Paradoxie in der Position des Pressebarons entging den Zeitgenossen keineswegs. «Rothermere will», bemerkte Churchill in einem Brief an seine Frau, «dass wir uns stark bewaffnen, gleichzeitig aber geradezu unterwürfig applaudieren», und im Weiteren kritisierte er die *Daily Mail* dafür, «Hitler groß herauszubringen». Wohlwollend könne man zu dieser Haltung jedoch wenigstens sagen, dass sie sich an praktischen Erfordernissen orientiere, eine Qualität, die dem Standpunkt der meisten Labour-Politiker abgehe: «Sie wollen, dass wir unbewaffnet bleiben, dafür aber verbal ausfallend werden.»[46]

Rothermere, Allen und Lothian waren nicht die einzigen englischen Politiker, die sich von dem Empfang, den die Nationalsozialisten ihnen bereiteten, blenden ließen. Im September 1933 erklärte der weit rechts stehende konservative Abgeordnete Thomas Moore nach einem Treffen mit Hitler, «Frieden und Gerechtigkeit» seien die Schlüsselwörter der Politik des Führers, und ein anderer Tory-Abgeordneter, Sir Arnold Wilson, behauptete, der Anführer der Nationalsozialisten sei «im Grunde seines Herzens – wie die besten Sozialisten in allen Ländern der Welt – zutiefst konservativ, da er das Beste bewahren wolle».[47]

Es überrascht nicht, dass alle diese Amateurdiplomaten eine wenig willkommene Komplikation im Leben von Sir Eric Phipps darstellten, der sich vergeblich darum bemühte, den auf der einen wie der anderen Seite entstehenden falschen Eindruck zu korrigieren. Goebbels notierte etwa, dass der Botschafter während eines von Ribbentrop für Rothermere veranstalteten Mittagessens «fast einen Ohnmachtsanfall» erlitten habe, als Rothermere begonnen habe, den Versailler Vertrag anzugreifen, und der Propagandaminister ihm daraufhin dafür gedankt habe, dass er sich für die Rückgabe der verlorenen deutschen Kolonien einsetze.[48]

Noch prustend vor Überraschung, mischte sich Phipps (sowohl auf Englisch als auch auf Deutsch) in das Gespräch ein, um klarzustellen, dass die Regierung Seiner Majestät nichts dergleichen beabsichtige. Aber es gab noch viele andere Gelegenheiten, bei denen sich englische Besucher an der offiziellen Diplomatie vorbei ungehindert äußern konnten.[49] «Tatsache ist», beschwerte sich der Botschafter nach dem Besuch von Lord Lothian, «dass britische Friedensmissionare der verschiedensten politischen Couleur in immer größerer Zahl hierherkommen, um nach Treffen mit diversen Gesprächspartnern mit einem eigenen Plan nach England zurückzukehren, wie der Frieden für eine bestimmte Anzahl an Jahren gesichert werden kann».[50] Sir Robert Vansittart äußerte größtes Verständnis und versicherte Phipps, er tue alles in seiner Macht Stehende, um zu verhindern, dass diese «törichten, peinlichen Wichtigtuer sich mit dem Anschein einer Berechtigung umgeben oder sich in anderer Weise ermutigt fühlen könnten».[51] Doch auch hier kämpfte der Unterstaatssekretär im Außenministerium, wie in so vielem anderen, einen verlorenen Kampf.

Augenscheinlich begegneten zahlreiche britische Besucher im neuen Deutschland vielem, was sie geradezu bewundernswert fanden. Während seiner Deutschlandreise 1933 hatte etwa Sir Maurice Hankey überrascht festgestellt, dass weder Bettler noch Obdachlose zu sehen seien, die in vielen britischen Straßen so «unangenehm» auffielen.[52] Noch erstaunlicher war das «Wunder», das Hitler bei der Bekämpfung der Arbeitslosigkeit zu vollbringen schien. Sir Arnold Wilson, der an der Gleichgültigkeit seiner eigenen Regierung gegenüber den Arbeitslosen schier verzweifelt war, begrüßte die «interventionistische» Politik in Deutschland, die so viele Menschen wieder in Arbeit gebracht hatte und bei den Jugendlichen des Landes solche Energie und Begeisterung hervorrief. «Es gibt Dinge im neuen Deutschland, die wir gut studieren, an unsere Verhältnisse anpassen und übernehmen sollten», erklärte er in einer Rede in Hamburg im Mai 1934.[53]

Fast alle britischen Besucher bemerkten den Eifer, mit dem die Parteigänger dieser neuen Ordnung versuchten, sich bei den englischen Touristen einzuschmeicheln. «Das ‹G. B.› an meinem Auto wirkte wie ein Talisman, sowohl bei Staatsbediensteten als auch bei Parteifunktionären», schrieb Hankey. «Niemand wusste, wer ich war, und doch schienen alle darauf bedacht zu sein, mir weiterzuhelfen, und waren dermaßen freundlich, dass es fast peinlich war.»[54] Ganz ähnlich erging es dem jungen Oxford-Historiker Hugh Trevor-Roper während einer Deutschlandreise 1935, als er am Ufer des Rheins von einem Vater und seinem Sohn angesprochen wurde, die ihm mit missionarischem Eifer die Wunder im neuen Deutschland und den aufrichtigen Wunsch des Führers nach Freundschaft mit England erläuterten.[55] Trevor-Ropers Reiseerfahrungen machten ihn zu einem kompromisslosen Gegner des Regimes, aber es gab viele andere, wie Phipps sich in London beschwerte, die den Eindruck eines «Wunderlandes» mitnahmen: «voller freundlicher kleiner Städte mit gut gekleideten Bewohnern, keinerlei Anzeichen von Armut oder Arbeitslosigkeit, Hotels und Biergärten stets gut besucht, wo Geld, ohne zu zögern, aus der Tasche gezogen wird – wie man es sonst nur bei einer Totenwache in Blackpool erlebt.»[56]

Phipps war nicht der Einzige, der sich Sorgen machte, dass die Briten einen falschen Eindruck bekamen. Im Februar 1935 konfrontierte niemand anderer als Mussolini den britischen Botschafter in Rom mit der Diskrepanz zwischen der Realität im nationalsozialistischen Deutschland und dem Bild, das sich die Briten davon machten. «Wäre es denkbar», fragte der Duce, «dass es in England jemals so etwas wie die ‹Totenkopfverbände› geben könnte, Mannschaften, wie sie jetzt in Deutschland existieren, die sich der Ermordung von durch das Regime als gefährlich klassifizierten Menschen widmen?»[57] Diese Frage zu stellen war zwar vor dem Hintergrund des Mordes an Matteotti recht dreist,* aber der italienische Diktator wies damit auf einen wichtigen Punkt hin. Die Gräueltaten des Regimes waren offensichtlich, und doch entschieden sich viele innerhalb der britischen Elite, sich dem nationalsozialistischen Deutschland aufgrund seiner Errungenschaften und seiner Gegnerschaft zum Kommunismus an den Hals zu werfen. Dabei pflegten sie einen moralischen Relativismus, der teils in unangemessenen Vergleichen gipfelte, wenn etwa Lloyd George bemerkte, Hitler zeige nicht halb so viel Grausamkeit gegenüber den Juden wie Cromwell einst gegenüber den irischen Katholiken.[58]

Um Hitler und seine finstere Ideologie einschätzen zu können, hätte man von politisch Interessierten vielleicht erwarten sollen, dass sie sich mit *Mein Kampf* beschäftigen. Doch in Großbritannien, wie auch in Frankreich, wurde das Buch als Absichtserklärung wahrgenommen, wenig gelesen und noch weniger verstanden. Dazu trug noch bei, dass die erste englische Übersetzung erst 1933 erschien und so stark bearbeitet und um verfängliche Textstellen bereinigt worden war, dass sie ein Drittel kürzer war als das Original. Einige wissbegierige Persönlichkeiten, wie die imperialistisch gesinnten Tory-Abgeordneten Brigadier Sir Henry Page Croft und die Herzogin von Atholl, ließen es übersetzen oder studierten es im Original. Beunruhigt über das, was dort zu lesen war, taten sie ihr Bestes, um ihre Entdeckungen unter ihren Kollegen bekannt zu machen. Auch

---

* Giacomo Matteotti war ein italienischer sozialistischer Politiker, der am 30. Mai 1924 die Faschisten des Wahlbetrugs beschuldigte und die Gewalt anprangerte, mit der sie bei den vorausgegangenen Wahlen für Stimmengewinne gesorgt hatten. Elf Tage später wurde er von den Faschisten entführt und ermordet. Mussolinis konkrete Beteiligung an dem Mord bleibt umstritten, aber seine moralische Verantwortung steht außer Frage.

der ehemalige Kolonialminister Leopold Amery gehörte zu denjenigen, die das Original gelesen hatten. Er hatte sich im Mai 1934 an einem verregneten Nachmittag in Berlin ein Exemplar gekauft und sich damit in sein Hotelzimmer zurückgezogen. Amery fand das Buch anregend, aber er erkannte auch, dass Hitler, «was Juden und Sozialisten anging, verrückt» war und dass sein «Erfolg allenthalben eine große Gefahr darstellen könnte».[59] Auch der Historiker und Deutschlandexperte John Wheeler-Bennett kam zu einem ähnlichen Urteil, nachdem er das Buch gelesen hatte, und revidierte seine frühere Einschätzung, dass Hitler politisch moderat sei und lediglich die Selbstachtung in seinem Land wiederherzustellen wünsche. Dies waren jedoch die Ausnahmen, die meisten Menschen lasen das Buch nicht. Und eine beträchtliche Anzahl derer, die es gelesen hatten, wie etwa General Sir Ian Hamilton, waren geneigt, es als bloße Jugendsünde abzutun.[60] Als Fürst Otto von Bismarck, Enkel des Eisernen Kanzlers und Mitarbeiter der deutschen Botschaft in London, im September 1934 A.L. Kennedy, den prodeutschen Auslandskorrespondenten der *Times*, fragte, was die Menschen in England wirklich von den Deutschen hielten, antwortete der Journalist: Die meisten Leute würden wohl sagen, dass die Deutschen «nicht vollends zivilisiert und nicht ganz normal» seien. «Nicht ganz normal», rief der amüsierte Fürst aus, «ist das alles?!» – «Nun», erklärte Kennedy, «dieses ganze ‹Heil Hitler› kommt uns doch ziemlich exzentrisch vor.»[61]

Einige Dinge gingen jedoch über einen Anschein des Exzentrischen hinaus. Am 30. Juni 1934 ging Hitler gegen die Führung der SA und eine Reihe anderer Gegner innerhalb der eigenen Reihen vor. In der «Nacht der langen Messer» (die ganze Aktion dauerte eigentlich 48 Stunden) wurden mindestens 85 Menschen ermordet, darunter Hitlers alter Kamerad, der Stabschef der SA Ernst Röhm, und Hitlers Vorgänger im Kanzleramt, General Schleicher, dessen Ehefrau sowie der Vorsitzende der Katholischen Aktion im Bistum Berlin, Erich Klausener. Die Briten waren fassungslos. Über die skrupellose Rigorosität derart schockiert, fiel es den Berichterstattern schwer, zu durchschauen, was eigentlich geschehen war.

Eine Reihe von Zeitungen, allen voran die *Daily Mail*, saßen sogar Hitlers Behauptung auf, er habe einen Putsch verhindert, und applaudierten. Andere interpretierten die Aktion als einen Sieg der Armee und einen Rückschlag für Hitlers Machtentfaltung. Der liberale *Manchester Guardian* war beunruhigt über den grausamen Charakter der Ereignisse, begrüßte aber die Tatsache, dass «die kriminellen Verrückten oder zumindest einige von ihnen beseitigt worden waren». Das Blatt ging so weit zu spekulieren: «Deutschland könnte für Katholiken oder Protestanten oder Juden ein Land werden, dass ihnen wieder etwas mehr Raum zum Atmen lässt.»[62]

Für einige war der Gedanke an hakenkreuztragende verrückte Schläger, die sich gegenseitig totschlugen, ein Grund zur Freude. Am Abend des 2. Juli 1934 nahm der junge liberale Abgeordnete Robert Bernays an einem «ultraschicken» Abendessen teil, das von Lord und Lady Astor gegeben wurde. Zu den Gästen zählten auch der amerikanische Botschafter, Lord Lothian und Anthony Eden. Die Ereignisse in Deutschland dominierten das Gespräch. Kurz vor dem Abendessen nahm Lady Astor Bernays zur Seite, um mit ihm die neuesten Nachrichten zu hören, die per Radio gemeldet wurden. Als sie in die Gesellschaft zurückkehrten, berichtete der junge Abgeordnete, dass Röhm hingerichtet worden sei, nachdem er einen Selbstmord abgelehnt hatte. Gelächter hallte durch den Speisesaal, als Bernays Goebbels Stellungnahme verlas, die Ereignisse seien «reibungslos verlaufen». «Nun, ein Problem hat es zumindest gegeben», kam der Aufschrei, «er hat sich geweigert, Selbstmord zu begehen!» Der junge Tory-Abgeordnete Harold Macmillan scherzte, das sei so, als ob der parlamentarische Geschäftsführer den Abgeordneten sagt, dass der Premierminister, anstatt sich selbst einen Kopf kürzer zu machen, sich lieber für Urlaub in Neuseeland entscheidet. «Wie gefühllos diese Generation über menschliches Leben spricht», dachte Bernays. «Es gab keinen anderen Ausdruck dafür: Es herrschte Freude darüber, dass Röhm tot war.»[63] Als sich jedoch die Behauptung, es habe eine Verschwörung gegen den Führer gegeben, als haltlos erwies, wurden die Reaktionen immer empörter. Der *Daily Telegraph* sprach von «Schrecken in Deutschland» und warf

Hitler vor, er handele nach dem «Handbuch gnadenloser, morgenländischer Gewaltherrschaft».[64] Schatzkanzler Neville Chamberlain schätze die Entwicklung zu Recht so ein, dass die Säuberungsaktion «die Abneigung gegen Diktaturen verstärken» werde, und von diesem Zeitpunkt an gehörten Vergleiche zwischen den Nationalsozialisten und amerikanischen Gangstern zum allgemeinen Sprachgebrauch.[65]

Wenige Wochen später kam es zu einem weiteren Schock, als österreichische Nationalsozialisten am 25. Juli 1934 zum Auftakt ihres Putschversuchs den österreichischen Kanzler Engelbert Dollfuß ermordeten. Hitler, der an diesem Abend eine Rheingold-Aufführung in Bayreuth besuchte, versuchte den Anschein des Unbeteiligten zu wahren, indem er im Anschluss mit der Familie Wagner zum Abendessen ausging. Aber da der Terror und die folgende Propaganda so offensichtlich von Deutschland gelenkt waren, konnte nicht verhindert werden, dass die Blutspritzer das Regime trafen. «Was für eine ominöse Tragödie», schrieb Neville Chamberlain an seine Schwester, «wieder mit Österreich im Zentrum, mit einem weiteren Mord fast am Jahrestag des Todes des Erzherzogs [Franz Ferdinand]. Und wieder einmal steht Deutschland hinter der Idee, der Anstiftung und Förderung von Blutvergießen und der Ermordung zum Zwecke egoistischer Selbstverherrlichung und fehlgeleitetem Stolz.» Obwohl der österreichische Bundeskanzler ein Politiker mit autoritärer und diktatorischer Ausrichtung war – der Begründer des «Austrofaschismus» –, hatte Chamberlain den «armen kleinen Dollfuß» bewundert und war ehrlich betroffen von dessen Tod. «Dass diese Tiere ihn schlussendlich doch erwischt und mit derart herzloser Brutalität behandelt haben, lässt mich den Nazi-ismus [sic] und all seine Werke mit einer noch größeren Abscheu hassen als zuvor.»[*][66]

Ebenso aufgebracht, wenn auch eher aus strategischen als aus persönlichen Gründen, war Mussolini. Italien hatte großes Interesse an einer

---

[*] Dollfuß war in die Kehle geschossen worden, danach wurde ihm die ärztliche Behandlung verweigert, und er verblutete langsam.

Unabhängigkeit Österreichs, und der Duce zog Truppen als Warnung an Deutschland am Brenner zusammen, um klarzustellen, dass Italien nicht tatenlos zusehen und die Vereinigung von Deutschland und Österreich, den sogenannten Anschluss, geschehen lassen würde. Dies hatte eine nachhaltige Wirkung auf Chamberlain, der Mussolini die gesamte Zeit bis zum Ausbruch des Krieges als Faktor betrachten würde, der helfen konnte, Hitler in Schach zu halten.

Negative Eindrücke berichteten nun auch eine Reihe von Besuchern, die wenig angetan vom NS-Regime aus Deutschland zurückkehrten. Lord Astor notierte nach einem Besuch im September 1933: «In Deutschland ist mir der Terror stärker bewusst geworden als bei meinem Besuch vor zwei Jahren in Russland.»[67] Menschen, mit denen er gesprochen hatte, flehten ihn an, ihre Aussagen nicht in England zu zitieren, da Berichte die Angewohnheit hätten, «einen Weg zurückzufinden», und ihnen war bewusst, dass «die Konzentrationslager sehr real [seien] und die Machthaber rücksichtslos» vorgehen würden. Astor hatte Hitler getroffen und ihm beschieden, dass es keine Chance auf eine Freundschaft zwischen Großbritannien und Deutschland gebe, solange die Juden weiter verfolgt würden. Für andere war die Notlage der Juden weniger zentral als etwa Hitlers Angriffe auf die Kirchen. Lord Beaverbrook erklärte im Juli 1933 bei einem Zusammentreffen mit Prinz Louis Ferdinand, dem Enkel des Kaisers Friedrich Wilhelm, dass er zwar selbstverständlich «prodeutsch» eingestellt sei, Hitler allerdings ablehnend gegenüberstehe, weil er «ein Verfolger» sei. Der Prinz, selbst kein Standartenträger des Nationalsozialismus, antwortete nervös, er denke, es habe «eine gewisse Übertreibung in der Judensache» gegeben. «Zur Hölle mit den Juden!», bellte daraufhin Beaverbrook: «Er verfolgt die lutherische Kirche.»[68]

Wie diese Anekdote zeigt, war die britische Haltung gegenüber Juden uneinheitlich. Auf der einen Seite fanden sich bei Briten durchaus antisemitische Einstellungen. Juden waren durchgehend dem Spott ausgesetzt, sie waren Opfer vorherrschender Stereotype, und ihnen wurde allgemein oft verächtlich begegnet. John Maynard Keynes definierte einen Antisemiten als jemanden, der Juden «in unangemessener Weise» ablehne, und sogar jemand, der so angesehen war wie der Verkehrsminister Leslie Hore-Belisha, musste feststellen, dass «sein Aussehen, sein Auftreten und sein Name» nicht unkommentiert blieben.[69] Die in den 1920er bis 1940er Jahren erschienenen Geschichten über den Privatdetektiv Bulldog Drummond sind voll von antisemitischen Beschreibungen, und eine Reihe von John Buchans sehr populären Richard-Hannay-Romanen spielen auf die Idee einer internationalen jüdischen Verschwörung an. Diese Idee erhielt insbesondere Auftrieb durch die betrügerische Veröffentlichung der *Protokolle der Weisen von Zion*, die 1920 auf Englisch erschienen. Die *Times* enthüllte die Protokolle als Fälschung, aber der Weiterverbreitung der Verschwörungstheorien war damit kein Einhalt geboten – darin wurden die Juden paradoxerweise beschuldigt, sowohl mit Hilfe des internationalen Finanzsystems als auch durch den Kommunismus an die Macht kommen zu wollen.*

Dem steht gegenüber, dass zu gleicher Zeit Hore-Belisha politisch Karriere machen konnte und in das Kabinett berufen wurde (1937 sollte er dann zum Kriegsminister ernannt werden) und Sir Philip Sassoon, der jüdische Unterstaatssekretär für Luftfahrt, eine der beliebtesten Persönlichkeiten in konservativen Gesellschaftskreisen war. Es gab zwar auch Briten, die deutlich als Antisemiten auftraten und sich in der Britischen Union der Faschisten und anderen rassistischen Organisationen zusammenfanden, aber sie bildeten die Minderheit. Der britische Antisemitismus war durchaus rassistisch konnotiert, allerdings äußerte er sich meistenteils in alltäglicher Diskriminierung und kulturell-snobistischer

---

* Die Protokolle sollten Anweisungen der «Weisen» – eines geheimen Komitees, ursprünglich von König Salomo ernannt – an das jüdische Volk enthalten, die zur Revolution und zur Zerstörung der christlichen Zivilisation aufriefen, damit danach ein neuer Weltstaat gegründet werden könnte, der von Juden und Freimaurern geleitet werden würde. Zwar wurden die Protokolle 1921 als Fälschung entlarvt, aber viele interpretierten nichtsdestoweniger die Ereignisse der Russischen Revolution in diese Richtung, und auch die Verbreitung von Verschwörungstheorien ebbte noch bis weit in die dreißiger Jahre kaum ab.

Herabsetzung. So schockierend das aus heutiger Sicht sein mag, in dieser Ausprägung hatte diese Form des Antisemitismus, von den üblichen Verschwörungstheorien abgesehen, keinen Bezug zu einer übergreifenden Ideologie und war keinesfalls extremistisch ausgerichtet – ganz im Gegensatz zum Nationalsozialismus.

Sir Horace Rumbold, der Inbegriff eines Engländers schlechthin, kann hier als Beispiel dienen. Als Rumbold 1928 nach Berlin kam, war er «von der Anzahl an Juden an diesem Ort schockiert» und scherzte in einem Brief an den damaligen Ständigen Unterstaatssekretär, dass er darüber nachdenke, sich ein Schweineknochen-Amulett herstellen zu lassen, um «die Nase des Bösen abzuhalten».[70] Doch über die nationalsozialistische Judenverfolgung war Rumbold entsetzt und berichtete sehr ausführlich über Entlassungen, Gewalt und Gräueltaten. Auch Lord Londonderry, der zugab, «keine großen Sympathien für Juden» zu hegen, und der einer der führenden Apologeten des NS-Regimes werden sollte, war konsterniert über diese deutsche Obsession. «Die fortgesetzten Bemühungen zur Vernichtung der Juden», schrieb er im August 1938 an General Sir Ian Hamilton – vier Jahre vor der Wannseekonferenz, auf der die sogenannte ‹Endlösung› vereinbart wurde –, «sind der Teil ihrer Politik, den ich nicht nachvollziehen kann, zumal sie damit die Weltöffentlichkeit gegen sich aufbringen, mit all den gefährlichen Folgen ... Ich habe darüber mit Göring gesprochen [und] mit Ribbentrop und Himmler, und ihre Antworten sind in keiner Weise beruhigend.»[71]

Ein Mann, der versuchte, die nationalsozialistische Verfolgung aus erster Hand zu verstehen, war Robert Bernays, der nicht nur Abgeordneter für Bristol North war, sondern als Sonderkorrespondent des liberalen *News Chronicle* 1933 und 1934 mehrere Reisen nach Deutschland unternahm. Bernays, dessen Großvater väterlicherseits jüdisch war (sein Vater war ein Geistlicher der Church of England), hatte sich zum Ziel gesetzt, seine Berichte ohne vermeintliche perspektivische Verzerrungen zu schreiben, und wollte deswegen versuchen, die Dinge aus dem Blickwinkel der Nationalsozialisten zu betrachten. In *Special Correspondent*, einem

Buch, das er 1934 veröffentlichte, schrieb er daher, dass etwas triftig sei an der Behauptung, dass «die deutschen Juden zu wenig versucht hätten, die deutsche Nationalpsychologie zu verstehen», und dass es «unglücklich» gewesen sei, dass «seit dem Krieg die besten Plätze im Theater, die teuersten Restaurants, die luxuriösesten Autos den Juden gehörten».[72] Trotzdem war er jedoch entsetzt über das Klima der Angst, das er vorfand. «Ich kann den Ausdruck des Horrors nicht vergessen, der so vielen Menschen ins Gesicht geschrieben stand, mit denen wir gesprochen haben. Ich habe ihn auch jetzt vor Augen», schrieb er. Ganze jüdische Familien seien ohne Möglichkeit des Broterwerbs, willkürlich würden die Menschen geschlagen – wenn auch weniger häufig als in den Anfangstagen der NS-Revolution – und hinter vorgehaltener Hand werde von zahlreichen Selbstmorden berichtet. Die Juden würden von den Nationalsozialisten «unmenschlich» behandelt und dabei sei es ihnen unmöglich, ihrer Notlage zu entkommen. «Mein Entsetzen hätte nicht größer sein können», schrieb der Abgeordnete, «und meine Abscheu vor dem, was geschehen ist.»[73]

Zu Beginn seines Besuchs hatte Bernays sein Bestes getan, um einen Termin bei Hitler zu bekommen. Er hatte dazu beim Leiter des Büros für die ausländische Presse vorgesprochen, bei Ernst ‹Putzi› Hanfstaengl, der angeblich den Führer mit seinem Klavierspiel in den Schlaf musizierte.[74] Nach einer recht heftigen Auseinandersetzung über die Behandlung der Juden, in der Hanfstaengl behauptete, das britische Rechtssystem, die Finanzwirtschaft, die Politik und die Presse seien sämtlich unter jüdischer Kontrolle, fragte Bernays, ob er Hitler treffen dürfe. «Sicher», antwortete der Pressesprecher begeistert. «Aber ich sollte ihm zuvor etwas über Sie sagen können.» – «Ich bin ein Abgeordneter der Nationalen Partei», erklärte Bernays und verzichtete bewusst auf das Präfix «Liberal». «Wer ist Ihr Vorsitzender?», fragte Hanfstaengl. Einen Moment lang hatte Bernays daran gedacht, mit «Lloyd George» zu antworten, aber dann hatte seine Wahrheitsliebe über den journalistischen Ehrgeiz gesiegt, und er hatte «Sir Herbert Samuel» erwidert. Damit war das Gespräch abrupt beendet. Als einer von Bernays' Freunden ein paar Tage später wegen des Interviews noch einmal nachfasste, giftete der Bürochef: «Glauben Sie, ich werde einen Interviewtermin für eine Judensau bekommen?»[75]

Obwohl man ihn so behandelt hatte, hielt Bernays es für eine echte Tragödie, dass es «so wenig Kontakt zwischen den Nationalsozialisten und den Briten» gab.[76] Lord Lothian war ebenfalls dieser Meinung und drängte nach seiner Rückkehr aus Deutschland im Februar 1935 den Außenminister, Sir John Simon, er solle Hitler selbst einen Besuch abstatten. In vielerlei Hinsicht war das Timing günstig. Im Januar hatte die Bevölkerung im Saarland – seit Kriegsende ein von Briten und Franzosen gemeinsam verwaltetes Protektorat – mit einer Mehrheit von beinah 91 Prozent für die Rückkehr zu Deutschland gestimmt. Das Ergebnis war nicht überraschend, nichtsdestotrotz hofften die Briten, dass es eine neue Ära der Zusammenarbeit zwischen Deutschland und den ehemaligen Alliierten einläuten würde. Als ob Hitler dies bestätigen wollte, kündigte er an, dass er «keine weiteren territorialen Forderungen an Frankreich mehr stellen» werde, und sagte dem wohlwollend eingestellten Auslandskorrespondenten der *Daily Mail*, George Ward Price: «Deutschland wird von sich aus niemals den Frieden brechen.»[77]

Zeitgleich mit diesen neuen Tönen aus Berlin ergaben sich auch Veränderungen in Paris. Louis Barthou, der französische Außenminister, ein Mann von Format und unermüdlicher Verfechter von Vertragslösungen sowie der Architekt des sich gerade entwickelnden französisch-sowjetischen Bündnisses, starb am 9. Oktober 1934. Er verblutete, nachdem er bei dem Attentat bulgarischer und kroatischer Separatisten auf König Alexander I. von Jugoslawien von Schüssen getroffen worden war. Barthou wurde durch Pierre Laval ersetzt, den äußerst ehrgeizigen und intelligenten ehemaligen Premierminister, dessen Markenzeichen – weiße Krawatten – seinen wohlverdienten Ruf großer Hinterhältigkeit nicht zerstreuen konnte. Laval favorisierte die Annäherung an Deutschland und zeigte sich mehr als bereit, mit den Briten auf der Suche nach einer Lösung zusammenzuarbeiten. Im Februar 1935 trafen sich französische und britische Minister in London und beschlossen, die dysfunktionalen Rüstungsklauseln des Versailler Vertrags aufzuheben. Sie sollten durch ein neues Waffenabkommen – insbesondere einen Luftsicherheitspakt – sowie ein «Ost-Locarno» ersetzt werden, in dem Deutschland seine Ostgrenzen «akzeptieren» sollte. Im Gegenzug würde man Hitler auffordern, sich einem multilateralen Versprechen zur Gewährleistung der Unabhängigkeit Österreichs anzuschließen und die Rückkehr Deutschlands in den Völkerbund umzusetzen. Sir Eric Phipps, der angewiesen worden war, den Führer über die Diskussionen auf dem Laufenden zu halten, war nicht optimistisch gestimmt. Die saarländische Volksabstimmung, so erläuterte er den politischen Entscheidern, habe Hitlers Position gestärkt und der Führer habe bereits seine Weigerung erklärt, weder eine Garantie in der Österreich-Frage noch einem Ost-Vetrag zuzustimmen. Darüber hinaus war der Botschafter der Ansicht, dass Hitler bereits sein nächstes Ziel im Visier habe. Im Anschluss an Phipps' Präsentation des britisch-französischen Kommuniqués am 3. Februar hatte Hitler das Thema des entmilitarisierten Rheinlands angesprochen. Sein Tonfall sei «bedrohlich» geworden, wie Phipps nach London berichtete, und er habe durchscheinen lassen, dass «die deutsche Zustimmung zur Existenz dieser Zone nur so lange Bestand haben werde, wie die deutsche Armee sich noch im Aufbau befinde, und nicht einen Tag länger». Alles in allem sei Hitlers Auftreten «eher dem eines Siegers als dem eines Besiegten» ähnlich gewesen.[78]

Da eine kategorische Ablehnung der britisch-französischen Vorschläge allerdings auch keinen Vorteil versprach, verkündete Hitler, er begrüße die Gespräche, und lud die Briten, nicht jedoch die Franzosen nach Berlin ein. Sowohl Briten als auch Franzosen erkannten sofort, dass dies ein offensichtlicher Versuch war, einen Keil zwischen sie zu treiben. Allerdings beschlossen die Ersteren zum Verdruss der Letzteren, die Einladung anzunehmen. Entschlossen, diese Gelegenheit zu nutzen – anders als die Franzosen, die, wie man glaubte, genau das im Vorjahr versäumt hatten –, wurde vereinbart, dass Simon und Anthony Eden nach Berlin reisen und dass Eden dann weiter nach Moskau, Warschau und Prag fahren sollte.

Die Idee eines Besuchs in Moskau, die zwischen Sir Robert Vansittart und dem gewieften sowjetischen Botschafter Iwan Maiski ausgeheckt worden war, war nicht weniger umstritten als der Besuch in Berlin. Kein Regierungsmitglied von Ministerrang hatte seit der Revolution Russland besucht, und die Sowjetunion wurde von vielen mit noch größerer Abneigung betrachtet als NS-Deutschland. Dennoch gab es diejenigen, auch auf der rechten Seite des politischen Spektrums, die bereit waren, sich angesichts der deutschen Bedrohung mit der UdSSR auseinanderzusetzen. «Ich hasse es, dass Eden Russland besuchen wird, aber die große Bedeutung, die es zu diesem Zeitpunkt hat, die Distanz zwischen Russland und Deutschland aufrechtzuerhalten, rechtfertigt meiner Meinung nach einen anderenfalls äußerst zweifelhaften Schritt», schrieb der eingefleischte Imperialist Lord Lloyd.[79] Tatsächlich war die alarmierende Möglichkeit, dass es zu einer Entspannung zwischen Deutschland und der Sowjetunion kommen könnte, vom Außenministerium gerade zu dem Zeitpunkt auf die Tagesordnung gesetzt worden, als die russische Einladung einging.[80]

Diese verschiedenen Einladungen miteinander zu koordinieren war ein Albtraum. Abgesehen von dem Problem mit den nicht eingeladenen Franzosen befürchteten die Deutschen, dass der Coup eines Besuchs in Moskau die deutsch-britischen Gespräche überstrahlen werde, während die Russen nicht minder darauf bedacht waren, sich auf internationaler Bühne keine Abfuhr einzufangen. Das Ganze wurde durch die anhaltende Unentschlossenheit des Außenministers noch ungemein verkompliziert.

Sir John Simon war ein großer, schlanker Mann, ein aufrechter Jurist, der, mit den Worten eines Reporters, «beunruhigenderweise wie sein eigener Butler» aussah.[81] Wie dieser snobistische Kommentar bereits andeutet, stammte er aus einem relativ bescheidenen familiären Umfeld (sein Vater war ein Gemeindeseelsorger) und hatte es seiner hohen Intelligenz zu verdanken, dass er seinen Weg gemacht hatte. Nach Stipendienaufenthalten am Fettes College in Schottland und dem Wadham College in Oxford übernahm er den Vorsitz der Studentenvertretung in Oxford, machte einen ersten Abschluss in Altphilologie und wurde am für Geschichts- und Rechtswissenschaften renommierten All Souls College aufgenommen. Diese Stipendien zu gewinnen legte den Grundstein für seine politische Karriere, in der er als Außenminister, Innenminister und Schatzkanzler fungierte. Das machte ihn zu einem von nur drei Politikern des 20. Jahrhunderts, die alle drei großen Staatsämter – bis auf das Premierministeramt – innehatten.[*] Es drängte ihn ganz an die Spitze, aber da er sowohl nominal ein Liberaler als auch persönlich unbeliebt war, blieb ihm dieser ultimative Schritt verwehrt.

Oft als «kaltschnäuzig», «phantasielos» und «herablassend» beschrieben, liefen seine Bemühungen um Popularität – wie etwa die Aufforderung an seine Kabinettskollegen, ihn «Jack» zu nennen oder den parlamentarischen Hinterbänklern Champagner zum Frühstück zu spendieren – ins Leere.[82] Eine bezeichnende Anekdote aus den 1940er Jahren ist der Versuch des sozialistischen Intellektuellen G. D. H. Cole, einer Begegnung mit dem damaligen Lordkanzler zu entgehen, indem er im Zug aus Oxford bis in den Dritte-Klasse-Wagen durchging und dort Platz nahm. Zu Coles Entsetzen folgte ihm Simon, nicht ohne beim Schaffner Erste-Klasse-Tickets für beide Männer vorzuzeigen.[83]

Im Außenministerium war er nicht nur unbeliebt, sondern brachte Kollegen wie akkreditierte Journalisten zur Verzweiflung. Der *Times*-Autor Colin Coote vertrat die Meinung, die einzigen Ausländer, für die Simon ein Verständnis entwickelt habe, seien die alten Griechen. Und beinah jeder, der ihn kannte, wies auf seine chronische Unfähigkeit hin, sich zu entscheiden.[84] Der Außenminister habe, scherzte Lloyd George, «so lange auf dem Zaun gesessen, ... dass sich die Eisenstäbe bis in seine Seele gebohrt haben.»[85] Hinter den scherzhaften Worten verbarg sich jedoch

---

[*] Die beiden anderen Politiker, auf die dies ebenfalls zutrifft, waren Rab Butler und James Callaghan.

ein ernster Kern. So erlangte etwa seine Rede vor der Vollversammlung des Völkerbundes im Dezember 1932 zweifelhafte Berühmtheit, weil er es nicht schaffte, das japanische Verhalten in der Mandschurei unmissverständlich anzuprangern, und in der Frage der illegalen Aufrüstung in Deutschland konnte er sich ganz generell nicht entscheiden, ob er die Deutschen deswegen direkt konfrontativ angehen oder lieber versuchen sollte, sie mit Hilfe von Schmeicheleien zu besänftigen.

Simons Unentschlossenheit, was die in Frage stehenden Auslandsbesuche betraf, wurde schließlich von Ramsay MacDonald und Stanley Baldwin ein Ende gesetzt, die entschieden, dass sowohl Simon als auch Eden Berlin besuchen, aber nur Eden nach Russland, Polen und in die Tschechoslowakei weiterreisen sollte. Dieser Kompromiss verärgerte die Deutschen, während die Russen die Entscheidung als Beleidigung ansahen, allerdings ist schwer vorstellbar, was beide Regime hätte glücklich machen können – außer Simon hätte keines von beiden besucht. Die Visite in Deutschland wurde für den 7. März 1935 avisiert, aber bevor der Außenminister und der Lordsiegelbewahrer ihr Flugzeug besteigen konnten, brach ein neuer diplomatischer Sturm los.

Am 4. März veröffentlichte die Regierung ein seit langer Zeit erwartetes Weißbuch, in dem eine Erhöhung der Wehretat-Ausgaben um zehn Millionen Pfund angekündigt wurde, um die «schwerwiegenden Mängel» in der britischen Verteidigung zu beheben. Es handelte sich dabei nicht gerade um eine große Summe, und so hielt Simon denn auch in seinem Tagebuch fest: «Es gibt gar keine Aufstockung des Waffenarsenals (außer bei den Luftstreitkräften), vielmehr reparieren wir das, was überholt werden muss.»[86] Doch auch so meldete sich die Opposition mit dem schon bekannten Aufschrei und Clement Attlees Stellungnahme, dass die Regierung ein Wettrüsten fördere, das «schlussendlich zum Krieg führen» werde.[87] Dies wiederum löste eine wütende Replik von Sir Austen Chamberlain aus, der den Labour-Sprecher fragte, ob er es wagen würde, so zu reden, wenn er in der Regierungsverantwortung stünde und London bombardiert würde. «Sollte er das tun», fuhr der ehemalige Tory-Fraktionsvorsitzende fort, «wird er eines der ersten Opfer dieses Krieges sein, denn er wird von einer wütenden – und zu Recht wütenden – Menschenmenge am nächsten Laternenpfahl aufgeknüpft werden.»[88]

Allerdings zeichneten sich die stärksten Reaktionen in Deutschland ab. Um die neuen Zahlen zu den Verteidigungsausgaben zu rechtfertigen, wurde im Weißbuch ausdrücklich auf die deutsche Aufrüstung und die Förderung von Kriegsbegeisterung bei der Jugend des Landes als Hauptgefahr für den europäischen Frieden hingewiesen. Auf Goebbels' Anweisung hin überschlug sich die deutsche Presse vor Empörung, und Hitler verordnete eine «Abkühlung» der diplomatischen Beziehungen, die darin gipfelte, dass Simons Besuch verschoben wurde. Wenige Tage später informierte Göring die zuständigen ausländischen Militärattachés offiziell über die Existenz der Luftwaffe. Dies war mitnichten eine Neuigkeit, aber es war das erste Mal, dass die Deutschen zugaben, den Versailler Vertrag gebrochen zu haben – ein deutliches Zeichen ihres wachsenden Selbstvertrauens.

Dann, am 16. März, einen Tag nachdem die Abgeordneten im französischen Parlament die Wiedereinführung des zweijährigen Militärdienstes – zum Ausgleich der kommenden geburtenschwachen Jahrgänge – beschlossen hatten, ließ Hitler seinerseits eine Bombe hochgehen: Er bestellte zuerst den französischen, dann den britischen Botschafter in die Reichskanzlei und teilte ihnen mit, dass er die Wehrpflicht wieder einführen und eine Armee aufbauen werde, die zu Friedenszeiten 36 Divisionen, sprich rund 500 000 Mann, umfassen solle. Dieser dreiste Bruch des Versailler Vertrages und die Aussicht auf eine Wiederherstellung der deutschen Armee in einer Form, die militärischem Prestige genügte, löste in Deutschland eine Welle der Euphorie aus – und im übrigen Europa wie auch in Washington große Bestürzung. Insbesondere die Franzosen zeigten sich alarmiert und wiesen gesondert darauf hin, dass «die Ankündigung von der deutschen Öffentlichkeit mit geradezu hymnischen Lobgesängen begrüßt» worden sei.[89] Die Italiener waren nicht minder besorgt und forderten zusammen mit den Franzosen dringend Konsultationen zwischen der britischen, der französischen und der italienischen Regierung. Vor allem die Franzosen, so berichtete die britische Botschaft aus Paris, glaubten nicht mehr daran, dass Hitler noch einer Rüstungskonvention beitreten wolle, und betrachteten alle Bemühungen um eine Einigung zu deutschen Bedingungen als «gleichbedeutend damit, auf eine Erpressung einzugehen und sie [die Deutschen] zu neuen Exzessen aufzufordern, wobei als Erstes sicherlich mit einem Verstoß gegen die vertraglichen Vereinbarungen zur entmilitarisierten Zone [am Rhein] zu rechnen wäre».[90]

Entsprechend aufgebracht waren Franzosen und Italiener, als die Briten, ohne sich mit Paris oder Rom abzustimmen, im Alleingang eine Protestnote an das Auswärtige Amt in Berlin richteten, deren Wirkung jedoch schon innerhalb des Schriftstücks völlig aufgehoben wurde, weil man mit der abschließenden Formulierung vorsichtig anfragte, ob der Besuch des britischen Außenministers nicht trotzdem stattfinden könne. Das Erstaunen der Deutschen war groß: «[W]ir hatten alles erwartet, nur nicht, daß die Engländer im gleichen Atemzuge mit dem Protest höflich anfragen würden, ob sie nun trotzdem nach Berlin kommen dürften», schrieb der Dolmetscher des Außenministeriums, Paul Schmidt.[91] Die deutsche Presse war wie im Rausch und sprach schadenfroh davon, dass man die Briten und die Franzosen erfolgreich entfremdet habe. Die französischen Zeitungen stimmten dem verbittert zu und beschuldigten die Briten, sie hätten es aufgegeben, gemeinsam Front gegen die Deutschen zu machen, und seien stattdessen dazu übergegangen, deren Handeln zu dulden. «Es besteht kein Zweifel», schrieb Lord Cranborne einige Tage später aus Berlin, «dass die Franzosen und Italiener sehr wütend über das sind, was sie als unseren Verrat betrachten.»[92] Dennoch war die Mehrheit der Briten für Verhandlungen. Cuthbert Headlam, seines Zeichens Verkörperung des Mainstream-Konservatismus, meinte, es habe «keinen praktischen Nutzen», die Reise aufzugeben, nur weil sich die Deutschen offen zu Dingen bekannt hätten, von denen man schon zuvor gewusst habe. Und sogar Skeptiker wie Sir Horace Rumbold dachten, es könne von Vorteil sein, wenn Simon, «der geborene Pazifist», Hitler mit eigenen Augen sehen und dadurch vielleicht zu einer angemessenen Einschätzung der Realität gelangen könnte.[93]

Zunächst schien es so, als ob dieser Wunsch Wirklichkeit werden könnte. Schon die Begrüßung, die aus einer Salve lautstarker Kommandos und einem sein Schwert schwingenden SS-Offizier bestanden hatte, als er aus seinem Flugzeug stieg, hatte den antimilitaristisch eingestellten Außenminister erschreckt. In der britischen Botschaft angekommen, murmelte er daher etwas von einer «bodenlosen Höllengrube», die sich vor ihm geöffnet habe.[94] Das war nicht der Eindruck, den die Deutschen hatten erzielen wollen. Wie Cranborne festhielt, war der Empfang der britischen Delegation peinlich übertrieben, mit einer Menge an Menschen, die in Tausenden die Straßen säumten, «beinah wie für einen Kaiser».[95] Während der Außenminister selbst kommentierte: «Es scheint so zu sein, dass die Regierung sich vorstellt, wir könnten von Frankreich separiert werden.» Und nicht vergaß, umgehend Ribbentrop und Lothian für dieses Missverständnis verantwortlich zu machen.

Am nächsten Tag begrüßte Hitler Simon, Eden und Phipps voller Überschwang. «Er hatte ja auch allen Grund», so Paul Schmidt, der neu ernannte Dolmetscher des Führers, «denn die Anwesenheit der englischen Gäste bedeutete für ihn einen Triumph.» Hitler verlor sich daraufhin in einen langen Monolog über seine messianische Bestimmung, dem Simon mit «väterliche[r] Güte» zuhörte.[96] Die Wiedererweckung des deutschen Volkes sei sein Lebenswerk, aber seine englischen Gäste müssten verstehen, «[d]er Nationalsozialismus sei nicht expansiv».[97] Deutschland sei vorgeworfen worden, gegen den Vertrag von Versailles verstoßen zu haben. Er, Hitler, wäre jedoch lieber gestorben, als dass er dieses Dokument unterzeichnet hätte. Auch sei es nicht das erste Mal, dass Deutschland eine Vereinbarung brechen müsse. 1806 habe Napoleon Preußen einen Vertrag auferlegt, aber er [Hitler] denke nicht, dass der Duke of Wellington sich beschwert habe, als Marschall Blücher ihm in Waterloo zu Hilfe eilte. Eden hielt dies für einen «geschickte[n] Hieb» und eine «Äußerung, die dem am nächsten kam, was sich bei diesem Treffen unter Hitlers Humor subsumieren ließ». Allerdings übermittelte er diese Botschaft «ohne den Anflug eines Lächelns».[98]

Simon drängte Hitler, einem Ost-Pakt zuzustimmen, der die Ostgrenzen Europas festschreiben sollte, aber Hitler war dazu nicht zu bewegen. Multilaterale Abkommen seien ihm ein Gräuel, und über den Vorschlag, Litauen könne an den Verhandlungen teilnehmen, redete er sich in Rage, da seiner Meinung nach die im Memelgebiet lebende deutsche Minderheit unterdrückt werde. Außerdem sei das kommunistische Russland die große Bedrohung für den europäischen Frieden. An dieser Stelle widersprach Eden, dessen fragender Gesichtsausdruck seine Skepsis schon verraten hatte: «Russland kann und will keinen Krieg führen», ließ sich der Lordsiegelbewahrer vernehmen. Hitler bat Eden, nicht zu unterschätzen, welche Bedrohung von der Sowjetunion ausgehe, die bereits die stärkste Macht zu Lande und in der Luft sei. Er versicherte seinen Gästen jedoch, dass er niemals einen Krieg gegen Russland oder die Tschechoslowakei in Betracht ziehen würde.

Am Nachmittag wies Hitler dann jede Absicht von sich, die Unabhängigkeit Österreichs anzurühren, stellte aber einen Konnex her zwischen der Wiederherstellung des deutschen Status als Großmacht, einschließlich der Rückgabe der vormaligen Kolonien, und dem Platz Großbritanniens in der Welt. Deutschland wünschte sich ein Abkommen mit Frankreich und Großbritannien, erklärte der Kanzler, aber während es aus vielerlei Gründen schwierig sei, mit den Franzosen eine Einigung zu erzielen, könnte eine Verständigung mit den Briten für beide Seiten von Vorteil sein. Es sei eine Tatsache, so Hitler weiter, dass Großbritannien nicht alle seine kolonialen Besitztümer verteidigen könne, und so könne es dazu kommen, dass das Britische Empire «eines Tages froh wäre, wenn es auf die Hilfe Deutschlands und die deutschen Streitkräfte zurückgreifen könnte». Wenn die beiden Regierungen daher eine Lösung finden könnten, die «die dringendsten und grundlegendsten Forderungen Deutschlands befriedigt», dann sollte es ein Leichtes sein, Deutschland wieder zu einer uneingeschränkten «Zusammenarbeit und freundschaftlichen Beziehungen zu Großbritannien» zu bringen. Simon reagierte kühl. Großbritannien wünsche sich gute Beziehungen zu Deutschland, aber diese dürften sich nicht nachteilig auf die Beziehungen zu Frankreich auswirken. Die Briten wollten nicht einen Freund durch einen anderen ersetzen, sondern «allen ein treuer Freund sein», erklärte der Außenminister.[99]

«Schlechte Ergebnisse», schrieb ein niedergeschlagener Eden an diesem Abend in sein Tagebuch. Der ganze Ton der Diskussionen sei ein ganz anderer als im Vorjahr und der «alte preußische Geist» sei überdeutlich zu spüren.[100] Nichtsdestotrotz waren die Nationalsozialisten als Gastgeber darum bemüht, alles richtig zu machen, und hatten ein üppiges Bankett in einem prächtigen Rokokosaal samt damastverkleideten Wänden und einer Schar von Lakaien in prachtvollem Aufzug und mit gepudertem Haar vorbereitet. Das gesamte Spitzenpersonal des Dritten Reiches war anwesend. Insbesondere Görings Auftritt in einer himmelblauen Uniform, mit einer Vielzahl an goldenen Tressen versehen, zog alle Blicke auf sich. Auf Cranborne wirkte er jovial, aber rücksichtslos – «ein echter Gangstertyp». Hitler dagegen kam in einem «relativ schlechtsitzenden Frack», was Cranborne an einen dieser «Slapstick-Kellner im Film» denken ließ. Cranborne, dessen Großvater Lord Salisbury zum Ende der Regentschaft von Königin Victoria Premierminister gewesen war, saß neben der Frau des Regierenden Bürgermeisters von Berlin, die ihn mit der Frage schockierte, ob er gekommen sei, um den Deutschen den Krieg zu bringen. Cranborne verneinte vehement, worauf die Dame unaufgefordert erklärte, dass es keinen Widerspruch zwischen dem Wunsch der Deutschen nach einer großen Armee und ihrem naturgemäß pazifistischen Charakter gebe. «Das Kriegshandwerk ist unser Nationalsport», erklärte sie, worauf Cranborne erwiderte, der britische sei das nicht.[101]

In der Mitte der Tafel kamen Eden und Hitler etwas besser zurecht. Hitler hatte eine Bemerkung des jüngeren Mannes über die letzte deutsche Offensive des Ersten Weltkriegs aufgegriffen, und die beiden Männer nahmen sich nun erneut die Positionen der gegnerischen Streitkräfte vor. Es stellte sich heraus, dass Hitler und Eden – ein erstaunlicher Zufall – damals am selben Frontabschnitt in der Nähe von La Fère an der Oise eingesetzt gewesen waren. Gemeinsam zeichneten sie eine Karte der Frontlinie auf die Rückseite einer Speisekarte und unterschrieben beide. Nach dem Abendessen eilte der französische Botschafter zum Lordsiegelbewahrer, um zu fragen, ob es wahr sei, dass er im März 1918 Hitler an der Front gegenübergestanden habe. Eden antwortete, dass das wohl so gewesen sein müsse. «Und Ihr Schuß hat ihn verfehlt? Sie müßten an die Wand gestellt werden!», rief der Franzose.[102]

Die Gespräche am nächsten Tag waren nicht fruchtbarer als die am vorhergehenden. Eden und Hitler stritten über die Erweiterung der deutschen Armee: Unter anderem fiel dabei die außergewöhnliche Behauptung des Führers, dass Großbritannien, im Gegensatz zu Deutschland, über eigene paramilitärische Organisationen verfüge, die Jugendliche an Gewehren ausbildeten, siehe Eton. Eden lachte über diesen absurden Vergleich und erklärte, dass das Offizierstrainingskorps weit davon entfernt sei, ein rigoroser soldatischer Brutkasten zu sein, sondern eher eine Gelegenheit für die jungen Männer darstelle, bei den Geländeübungen draußen zu rauchen. Die Situation besserte sich auch nicht, als man das Thema Luftwaffe anschnitt. Hitler sagte, er sei für ein Verbot wahlloser Bombardierungen, bestand aber darauf, Luftparität mit Frankreich oder Großbritannien – wer auch immer von den beiden die größere Luftflotte besaß – herstellen zu dürfen. Simon nahm das zum Anlass, sich beiläufig zu erkundigen, wie groß die deutsche Luftwaffe derzeit sei. Hitler hielt kurz inne, dann antwortete er feierlich und unaufrichtig, dass Deutschland bereits mit Großbritannien gleichgezogen habe.

Das war das ultimative Sahnehäubchen auf der Torte der Deutschen. Während er keinerlei Zugeständnisse machen musste, hatte Hitler de facto die Zustimmung für seine pauschale Ablehnung des Versailler Vertrages erhalten und verspottete nun die Briten ob ihrer Ohnmacht. Eden und Cranborne waren nur noch niedergeschlagen. «Ich fürchte, es kann kein Zweifel daran bestehen, dass die deutsche Regierung eine Politik verfolgt, von der sie sehr wohl weiß, dass sie zu einem Krieg führen kann, und dass sie davor nicht zurückschrecken wird», schrieb Cranborne an seinen konservativen Kollegen Billy Ormsby-Gore. «Die Saar[-Abstimmung] ist ihnen zu Kopf gestiegen – sie denken, dass sie die größte Nation der Welt sind, und ihre Vorstellung ... von Gleichheit wird zunehmend ununterscheidbar von der Weltherrschaft. ... Zur Hölle mit ihnen!»[103] In seinem Reisetagebuch notierte er, dass es «früher oder später» notwendig sein werde, die deutschen Aktivitäten zu «stoppen», und dass dies unweigerlich durch die Androhung von Gewalt geschehen müsse. «Die Idee, die Philip Lothian und die *Times* aufgebracht haben, dass wir die gegenwärtige deutsche Regierung davon überzeugen können, ihre Haltung moderater zu gestalten, indem wir sie einnehmend anlächeln, ist nach meiner Meinung reiner Quatsch.»[104]

Eden war der gleichen Ansicht. Noch im Zug von Berlin nach Moskau schrieb er am nächsten Tag einen Bericht über den britischen Besuch, in dem er ernsthafte Zweifel äußerte, ob die Deutschen jemals bereit sein würden, auf eine Einigung einzugehen, wenn sie ihre Kolonien nicht zurückerhalten und eine Vielzahl anderer Forderungen erfüllt würden. Unter diesen Umständen gebe es nur eine Möglichkeit: den Völkerbund in jeder Hinsicht zu stärken, um eine gemeinsame Front gegen zukünftige deutsche Provokationen zu bilden. Anscheinend stimmte Simon dem zu. Der Außenminister fasste seine Gedanken in einer Notiz kurz nach seiner Rückkehr aus Berlin zusammen: «Wenn Deutschland nicht bei der Stärkung der Solidarität in Europa kooperiert, dann wird das übrige Europa kooperieren, um sie Deutschland zum Trotz zu bewahren.» Dies könnte, so Simon weiter, zu einem «kuriosen Schauspiel führen: der Zusammenarbeit britischer Torys mit russischen Kommunisten – unter tosendem Beifall des Völkerbundes.»[105]

Doch Simon hatte die Hoffnung auf eine Annäherung nicht ganz aufgegeben. In Berlin hatte er mit der Idee gespielt, Hitler nach Osten expandieren zu lassen. Eden hatte dies jedoch sofort zurückgewiesen und seine Einschätzung deutlich gemacht, dass neben der dem Vorschlag innewohnenden Unredlichkeit noch eine andere Ebene zu bedenken sei: «Wir wären als Nächstes an der Reihe.»[106] Dennoch war der Außenminister auf Hitlers Vorschlag hin bereit, die Chance auf ein deutsch-britisches Flottenabkommen zu ergreifen. Im Juni 1935 traf der eine zunehmend prominente Rolle spielende Ribbentrop, der inzwischen Hitlers Botschafter in allen wichtigen Fragen war, zu Gesprächen in London ein, und obwohl er «durch sein Mit-der-Tür-ins-Haus-Fallen» ungeschickt vorging, fanden sich die Briten bereit, Hitlers Forderung nach einer Flotte in der Größe von 35 Prozent der Royal Navy zu akzeptieren.[107]

Um diesen erstaunlichen Schritt zu verstehen, muss man sich den weiteren Kontext der britischen Verteidigungspolitik in Erinnerung rufen. Wie bereits erwähnt, sah sich das Britische Empire Mitte der 1930er Jahre mit einer Vielzahl von defensiven Herausforderungen konfrontiert, die nicht alle bewältigt werden konnten. Im Dezember 1934 hatten die Japaner mitgeteilt, dass sie den Washingtoner Marinevertrag, der Großbritannien und den Vereinigten Staaten jeweils in einem Verhältnis von 5:3 maritime Überlegenheit gegenüber Japan zugestand, nicht verlängern würden. Dies deutete auf ein marinemilitärisches Wettrüsten mit Japan hin, das Großbritannien bereits als für untragbar eingestuft hatte. Gleichzeitig eine Kampfansage von Seiten der Deutschen zu meistern war undenkbar. Admiral Tirpitz' Versuch im Vorfeld des Ersten Weltkriegs, die Royal Navy im Schiffsbau zu übertrumpfen, noch in schlechter Erinnerung und im Wissen um Admiral Raeders Ambitionen in Bezug auf seine neue deutsche Kampfflotte riet die Admiralität dem Kabinett, Hitlers Angebot schleunigst zu ergreifen. Die grundsätzliche Verweigerungshaltung der Franzosen aus dem Vorjahr hatte die deutschen Forderungen nur nach oben geschraubt, und die Briten wollten den gleichen Fehler nicht noch einmal begehen. Die Begrenzung der deutschen Flottenkapazität auf 35 Prozent der Royal Navy war mit den Plänen von Admiral Chatfield für einen neuen Zwei-Mächte-Standard vereinbar, und die Admiralität kalkulierte richtig, dass die Deutschen dieses Limit erst 1942 erreichen würden. Ungeachtet der Stichhaltigkeit der militärischen

Argumente, war das britisch-deutsche Abkommen jedoch diplomatisch gesehen eine Katastrophe.

Nur zwei Monate zuvor, zwischen dem 11. und 14. April 1935, hatten sich der britische und der französische Premierminister mit Mussolini in der Nähe der norditalienischen Stadt Stresa getroffen, um eine gemeinsame Front gegen die deutsche Großmannssucht zu bilden. Die Franzosen hatten sich eine Resolution des Völkerbundes gewünscht, in der festgelegt werden sollte, auf künftige Vertragsverletzungen mit Sanktionen zu reagieren, aber dazu hatten die Briten ein Veto eingelegt.* Dennoch endete die Konferenz mit einer Erklärung, die einen Anschein von Einigkeit und Entschlossenheit wahrte. Die Delegierten bekräftigten, die Verträge von Locarno seien nach wie vor bindend – auch in der Frage der Aufrechterhaltung des entmilitarisierten Status für das Rheinland –, und erklärten ihre Entschlossenheit, «mit allen praktikablen Mitteln jeder einseitigen Aufkündigung von Verträgen, die den Frieden Europas gefährden könnte, entgegenzuwirken und zu diesem Zweck in enger und freundschaftlicher Weise zusammenzuarbeiten».[108] Die Franzosen und Italiener waren daher verständlicherweise erbost, als die Briten selbst einseitig den Versailler Vertag aufkündigten, indem sie zehn Wochen später am 18. Juni den britisch-deutschen Marinevertrag unterzeichneten. Die sogenannte Stresa-Front war als Illusion entlarvt, und Hitlers kurzzeitige Nervosität bei dem Gedanken, dass sich drei europäische Großmächte gegen ihn zusammenschließen könnten, legte sich wieder. Im Unterhaus griff Churchill das Abkommen an, das die Wirkung der Verurteilung von Vertragsbrüchen durch den Völkerbund «zunichtemachte und dem Spott preisgab». Gleichzeitig wies er auf die Bedrohung durch deutsche U-Boote hin,

---

* Die Inkompetenz, die die britische Delegation an den Tag legte, verblüffte Lord Cranborne, der in Edens Abwesenheit teilnahm. Am ersten Tag trafen sich MacDonald, Simon, Vansittart und er mit dem Ergebnis, dass die beiden nachgeordneten Mitglieder des Verhandlungsteams feststellen mussten, dass «weder der Premierminister noch der Außenminister die geringste Ahnung zu haben schienen, wie unsere Verhandlungsposition aussehen sollte». (Nachlass Salisbury, Cranborne an Eden, im April 1935, Archivkasten 62.)

deren Besitz eigentlich untersagt, aber nun erlaubt war.[109] Noch verhängnisvoller war die Auswirkung der erfolgreichen Verhandlungen auf die Karriere von Ribbentrop, der, indem er Hitler den «glücklichsten [Tag] seines Lebens» bescherte, auf einer Überholspur landete, die ihn zum Botschafter in London und später zum Außenminister machen sollte.[110]

Das war allerdings eine unvorhersehbare Folge. Vorhersehbar waren die Auswirkungen, die diese Ereignisse auf das Verhältnis zwischen den ehemaligen Stresa-Partnern haben würde. Obwohl er sich nach außen hin ruhig präsentiert hatte, war Laval, der am 7. Juni zusätzlich zum Amt des Außenministers noch das des Premierministers übernommen hatte, beim britischen Verrat innerlich vor Wut explodiert.[111] Die französische Sicherheit war auf dem Altar des britischen Eigeninteresses geopfert worden, und der Meister der Realpolitik war bei einem seiner liebsten Spiele ins Abseits geraten. Die britisch-französische Solidarität schien nur zu existieren, wenn es zweckmäßig war, das nahm der französische Premier nun zur Kenntnis. In Rom zog Mussolini, ebenfalls verärgert, zwei wichtige Schlussfolgerungen: Großbritannien war kein Freund der kollektiven Sicherheit und würde sich beugen, wenn es mit Stärke konfrontiert wurde. Für das geplante Abenteuer des Duce in Ostafrika waren die Voraussetzungen wie geschaffen.

KAPITEL 4

Abessinische Irrungen und Wirrungen

Die Zeit ist vorbei, in der Mussolinis Ambitionen mit ein paar
Palmen in Libyen Genüge getan ist.

Henry de Jouvenel, Mitglied des französischen Senats,
3. März 1933[1]

Der Dunst hatte sich aufgelöst und die Sonne tanzte auf dem Wasser, als
eine plötzliche Brise die lange Parade an Fahnen flattern ließ. Überall
glänzte Messing, und Bullaugen blitzten im Licht auf; mit dem Schwenken
ihrer Teleskope und Ferngläser schienen einige der Zuschauer zurück-
zugrüßen. 250000 waren gekommen und säumten die beinah 20 Kilometer lange Uferpromenade von Portsmouth. Von acht Uhr morgens an
war hier eine Armada von Dampfschiffen, Raddampfern, Yachten, Bar-
kassen und Schleppern aufgefahren, die in den patriotischen Herzen normaler Männer den großen Kriegshelden weckten. Farbenfroh gekleidete
Damen mit Sonnenschirmen wurden von Offizieren mit kecksitzenden
Hüten begrüßt, während die Zuschauer am Ufer versuchten, die verschiedenen im Programm angekündigten Schiffe ausfindig zu machen. Kurz
nach zwei Uhr tauchte der stattliche schwarze Rumpf der Royal Yacht
mit dem cremefarbenen Trichter und dem umlaufenden Band aus Blatt-
gold im Hafen auf, gefolgt von der Yacht der Admiralität, der *Enchantress*.
Ein Salut von 21 Kanonenschüssen hüllte die Flotte in dichten Rauch,
und die versammelten Kapellen stimmten eilends die Nationalhymne
an. 157 Kriegsschiffe, der Großteil der Mittelmeer- und der Heimatflotte,
lagen bereit zur Inspektion durch Seine Majestät. Es gab acht Schlachtschiffe – darunter die HMS *Nelson*, *Rodney* und *Queen Elizabeth* – Kreuzer,
Zerstörer, Minenleger, zwei Flugzeugträger und ein Krankenhausschiff.

Als die Royal Yacht an jeder der sieben Reihen vorbeiglitt, konnte man ein Flirren von geschwenkten Mützen beobachten, gefolgt von lauten Jubelrufen. Der König, der auf der Brücke stand, in der vollen Uniform eines Admirals der Flotte, bedachte jedes seiner Schiffe mit einem Salut. Es war ein atemberaubendes Schauspiel.

Die Flottenparade vom 16. Juli 1935 anlässlich des silbernen Thronjubiläums von George V. war eines der letzten Großereignisse des Empires. Der *Daily Telegraph* nannte es «einen königlichen Festumzug von überragender Größe», während die *Times* über eine Marine schwärmte, die «die Meere der Welt kartiert, sie von Piraten befreit, Handelsrouten für aller Herren Länder geschaffen und Großbritannien achthundert Jahre lang vor jeglicher Invasion bewahrt» hatte.[2]

Wie beide Zeitungen zugaben, war die Flotte jedoch nicht so beeindruckend, wie es zunächst den Anschein hatte. Und Hector C. Bywater, der Marinekorrespondent des *Telegraph* mit dem treffenden Namen, bemerkte, dass die Flotte «leider unzureichend mit den schwereren, Kampfkraft verheißenden Elementen, die durch große Geschütze und starke Panzerung gekennzeichnet sind», ausgestattet sei, während gleichzeitig «ein übermäßig hoher Anteil an antikem Material, das nicht mehr wirklich wirksam ist», sichtbar werde. Der konservative Abgeordnete Cuthbert Headlam, Gast auf einem der Kriegsschiffe, konstatierte, dass die Mehrheit der Schiffe aus der Zeit vor dem letzten Krieg stammte. Und Robert Bernays meinte, ihm sei der «Geist der Großen Flotte» erschienen.[3] So falsch lag er damit nicht. 1910 nannte Großbritannien 36 Schlachtschiffe und 23 gepanzerte Kreuzer sein Eigen. Aufgrund des Washingtoner Marinevertrags besaßen die Briten nun nur noch 15 Großschiffe, von denen fast alle einen erheblichen Modernisierungsbedarf hatten. Die Royal Navy war daher für eine ernsthafte Auseinandersetzung schlecht gerüstet, und doch war dies im Sommer 1935 genau das, womit Mussolini drohte.

Die italienisch-abessinischen Auseinandersetzungen datierten zurück bis zu einer Schlacht im Jahr 1896, in der die Abessinier – oder Äthiopier, wie sie allerdings seltener genannt wurden – in der Nähe des nordäthiopischen Adua eine italienische Armee besiegt hatten. Die italienischen Nationalisten sehnten sich nach Revanche, und so beschloss Mussolini, um seine imperialen Ansprüche befriedigt zu sehen, das ostafrikanische Land zu erobern. Ein Grenzstreit in Wal-Wal im Dezember 1934 lieferte den Vorwand, und schon bald wurden italienische Truppen in großer Anzahl durch den Suezkanal in Richtung Eritrea und Italienisch-Somaliland verschifft. Das blieb nicht unbemerkt, und im Frühjahr 1935 prognostizierte der britische Regierungsvertreter in Addis Abeba, dass nach dem Ende der Regenzeit im Oktober «sehr wahrscheinlich» ein Krieg ausbrechen werde.[4] Dennoch mahnten weder Ramsay MacDonald noch Sir John Simon bei Mussolini an, dass Großbritannien gegen seine Pläne Einspruch erheben könnte, als sie sich im April in Stresa trafen. Tatsächlich erlaubten sie dem Duce, obwohl ihnen die Implikationen wohl bewusst waren, den Zusatz «in Europa» in den Passus des Kommuniqués einzufügen, in dem sich die drei Länder zur Wahrung des internationalen Friedens verpflichteten.[5] Deutschland stellte ihre Hauptsorge dar, und Italien war ein wertvoller Verbündeter gegen deutsche Expansionspläne. Indem sie jedoch Mussolinis Ambitionen auf dem afrikanischen Kontinent einfach ignorierten, steuerten die britischen Minister auf ein diplomatisches und politisches Fiasko zu.

Ein paar Jahrzehnte zuvor hätte ein italienischer Eroberungsfeldzug in Abessinien keinerlei internationale Krise ausgelöst. Italien hatte sich bereits wirtschaftlich erfolgreich in dem Land etabliert und besaß drei weitere nord- und ostafrikanische Kolonien – Libyen, Eritrea und Italienisch-Somaliland –, von denen zwei gemeinsame Grenzen mit Abessinien besaßen. Auf den Trümmern des Ersten Weltkriegs hatte man sich jedoch auf eine Reihe neuer internationaler Prinzipien verständigt und sie im Völkerbund verankert. Die Zeiten des dreisten Imperialismus und der Kanonenbootdiplomatie sollten vorbei sein, und überall war zu hören, das Zeitalter des Völkerrechts sei angebrochen. Die Beschlüsse des Völkerbundes wurden als Garant des Friedens angesehen und nach einiger Zeit mancherorts mit quasireligiösem Impetus beschworen. In Großbritannien war dies zum großen Teil dem missionarischen Eifer Lord Robert Cecils zu verdanken sowie der Vereinigung zur Unterstützung der Ideale des Völkerbundes (League of Nations Union, LNU), die als Teil der britischen Friedensbewegung zu verorten ist, deren Einfluss aber nicht zu unterschätzen ist.

‹Bob› Cecil, dritter Sohn von Lord Salisbury, der Premierminister in der viktorianischen Ära war, galt als «Kreuzritter», seit er in Eton versucht hatte, die älteren Jungen davon abzuhalten, ihre jüngeren Mitschüler allzu sehr zu drangsalieren. Der fromme Vertreter der traditionellen hochanglikanischen Schule hatte wenig Interesse an weltlichem Komfort. «Wer sich nicht wie ein Gentleman kleiden kann, sollte sich zumindest konservativ kleiden», hatten er und der zukünftige Erzbischof von Canterbury, Cosmo Lang, gefordert, als sie beide in Oxford studierten.[6] Während des Ersten Weltkriegs war Cecil im Kabinett als Minister für die Seeblockade zuständig gewesen und fand dabei seine nächste Lebensaufgabe: ein Völkerbund, der internationale Streitigkeiten in gemeinsamen Beratungen lösen würde. 1918 wurde die Vereinigung zur Unterstützung der Ideale des Völkerbundes (LNU) gegründet, die sich bald, nicht zuletzt dank Cecil, in eine starke politische Lobby-Organisation verwandelte. Im Oktober 1934 startete die LNU ihr mit Abstand ehrgeizigstes Projekt. In der Überzeugung, dass die öffentliche Meinung fest hinter dem Völkerbund stand, und um eine Argumentationshilfe gegen isolationistische Strömungen bereitzustellen, beschloss Cecil, eine landesweite Meinungsumfrage durchzuführen. Eine halbe Million Freiwillige, darunter viele Frauen, sammelten in einer Massenbefragung 11,6 Millionen Antworten – 38 Prozent der erwachsenen Bevölkerung hatten sich beteiligt.

Die Fragen waren deutlich formuliert: «Sind Sie für eine vollständige Abschaffung der nationalen land- und seegestützten militärischen Flugzeugflotten durch ein internationales Abkommen?» (Ja: 9 600 274, Nein: 1 699 989.) Die Art und Weise, wie die Befragung durchgeführt worden war, konnte nicht als unparteiisch gelten. Ungeachtet dessen zeigten die Ergebnisse eine überwältigende Unterstützung für den Völkerbund und die kollektive Sicherheit. Fast 96 Prozent der Befragten unterstützten die britische Mitgliedschaft im Völkerbund, und über zehn Millionen Briten (86,6 Prozent) befürworteten Wirtschaftssanktionen gegen Aggressorstaaten. Sechseinhalb Millionen (58,7 Prozent) antworteten mit Ja auf die Frage, ob sie gegen solche Staaten kollektive militärische Maßnahmen unterstützten.[7]

Viele Konservative lehnten die sogenannte Peace Ballot (i.e. Friedensabstimmung) als tendenziös und als unprofessionelle Einmischung ab. Der harte Isolationist Lord Beaverbrook sprach vom «blutigen Stimmzettel» und warnte seine vielen Leser: «Die Volksabstimmung wird Sie und Ihre Kinder im Namen des Völkerbundes in einen Krieg hineinziehen.»[8] Doch die Ergebnisse konnten nicht einfach ignoriert werden. In Anerkennung des Befragungsergebnisses prognostizierte Austen Chamberlain, dass jede Regierung, die versuchen sollte, sich von der Idee der kollektiven Sicherheit zu verabschieden, abgewählt werden würde, und wie es der Zufall wollte, stand bald eine Parlamentswahl an.[9] Am 7. Juni 1935 hatte sich Premierminister Ramsay MacDonald in den Ruhestand verabschiedet.

Er war schon längere Zeit nicht mehr bei guter Gesundheit gewesen, und seine Kollegen hatten sich von seiner maladen Konstitution bereits zu spöttischen Bemerkungen veranlasst gesehen. Im Mai des Vorjahres reagierte Robert Bernays schockiert, als Sir Stafford Cripps MacDonald in einer Rede im Unterhaus als «Trottel» bezeichnet und weder der Sitzungsleiter noch andere Abgeordnete protestiert hatten. «Es ist sicher noch nie vorgekommen, dass hier ein Premierminister als Trottel bezeichnet wurde», dachte Bernays, «allerdings ... ist auch noch nicht der Fall gewesen, dass der Premierminister ein Trottel ist.»[10] MacDonald wurde von Stanley Baldwin abgelöst, der seine dritte Amtszeit als

Premierminister mit einer Kabinettsumbildung einleitete. Zur Freude fast aller wurde Simon als Außenminister verabschiedet und zum Innenminister ernannt. Etwas weniger begeistert wurde aufgenommen, dass ihn der vormalige Indien-Minister Sir Samuel Hoare ersetzen sollte – den der zu diesem Zeitpunkt bereits verstorbene Lord Birkenhead als «die letzte in einer langen Reihe von noch unverheirateten Tanten» bezeichnet hatte.[11]

Weder Baldwin noch Hoare würden zulassen, dass Großbritannien in einen Krieg um Abessinien verwickelt werden würde. Ein Regierungsbericht kam zu dem Ergebnis, dass, abgesehen von den sich im Tanasee sammelnden Quellgewässern des Nils, für Großbritannien in dem Land keine vitalen Interessen berührt wurden. Eine Schlussfolgerung, die für Mussolini – der dank eines Spions in der britischen Botschaft in Rom eine Kopie des Berichts lesen konnte – ein weiterer Beweis dafür war, dass Großbritannien sich nicht einmischen würde. Doch sowohl er als auch die Briten ignorierten die Frage, ob der Völkerbund reagieren würde. 1923 war Abessinien, ironischerweise auf Drängen Mussolinis, dem Völkerbund beigetreten, und damit trat Artikel 16 in Kraft, der vorsah, dass ein Angriff auf ein Mitglied einen Angriff auf den gesamten Bund darstellte. Im Dezember 1934 hatte der trotz geringer Körpergröße imposante abessinische Kaiser Haile Selassie den Bund um ein Schiedsverfahren zum Grenzkonflikt mit Italien gebeten, und im Juni 1935 hatte der neue britische Premierminister den Völkerbund zum «Anker der britischen Politik» erklärt.[12] Baldwin war demnach in Schwierigkeiten.

Um eine Lösung zu finden, wurde Anthony Eden mit einem Angebot nach Rom geschickt. «Man wird Italiens Stillhalten kaufen müssen», stellte Sir Robert Vansittart fest, «oder Abessinien wird irgendwann untergehen. ... An sich wäre das wohl wenig gewichtig, wenn es nicht bedeuten würde, dass auch der Völkerbund untergeht (und dass Italien gleichzeitig eine Rolle rückwärts in die Arme Deutschlands machen wird).»[13] Eden schlug daher vor, dass die Abessinier große Gebiete an Mussolini abtreten und als Gegenleistung einen schmalen Streifen vom Territorium Britisch-

Somalilands erhalten sollten. Mussolini reagierte herablassend: Er könne nicht verstehen, warum Großbritannien an dem Schicksal eines «degenerierten afrikanischen Hinterwäldlerstaates» interessiert sei, und wies gereizt darauf hin, dass der französische Außenminister Laval ihm «freie Hand» in Abessinien versprochen habe, als die beiden im Januar das französisch-italienische Abkommen geschlossen hatten. Das war Eden neu, der eilends einwarf, sicherlich habe sein französischer Kollege dies «nur in wirtschaftlicher Hinsicht» gemeint – eine Position, die Laval später selbst bezog.[14] Doch selbst wenn es der Franzose in seiner machiavellistischen Haltung vermieden haben sollte, Mussolini eine direkte Zusicherung zu machen, scheint es wahrscheinlich, dass er indirekt Zustimmung oder zumindest Indifferenz gegenüber den Plänen des Duce signalisiert hatte. So erklärte denn auch der französische Diplomat Armand Berard gegenüber dem amerikanischen Botschafter in Berlin im Mai 1935: «Wir mussten ihm [Mussolini] die Annexion von Abessinien zusagen», um ein Bündnis gegen das deutsche Aggressionspotenzial zu bekommen. «Ich hoffe, Mussolini ist vernünftig genug, jeweils nur ein kleines Stück des Landes zu annektieren, so, wie wir in Marokko vorgingen. Wir haben dies den Italienern dringend angeraten.»[15]

Ohne eine Lösung in Sicht und aufgrund der kontinuierlich wachsenden Truppenstärke der italienischen Streitkräfte an der abessinischen Grenze konnte sich die britische Öffentlichkeit des Eindrucks nicht erwehren, es drohe ein Krieg. Die Zeitungen sprachen von der schlimmsten Krise seit 1914, und Downing Street lud die Oppositionsführer zu Konsultationen. Die öffentliche Meinung war jedoch von Beginn an zwischen Intervention und Isolationismus geteilt. Für eine isolationistische Position warf sich an erster Stelle die *Daily Mail* in die Bresche, die die Völkerbund-Enthusiasten angriff und verkündete, die Briten stünden unmissverständlich auf der Seite der Italiener, die in der Frage die «Belange der weißen Rassen» hochhielten.[16] Dieses Verdikt war bei weitem nicht korrekt, tatsächlich teilten jedoch viele Evelyn Waughs Meinung, die Abessinien als «barbarisches Land» abqualifizierte, das noch immer Sklavenhandel betrieb. Und auch der konservative Abgeordnete Henry ‹Chips› Channon erntete Zustimmung, als er fragte, warum sich Großbritannien für Abessinien in einen Krieg stürzen sollte, wo man doch den größten Teil des eigenen weltumspannenden Imperiums durch Eroberungen errungen habe.[17] Andere weigerten sich unabhängig von moralischen Überlegungen einfach, über die Aussicht eines möglichen bewaffneten Konflikts nachzudenken. «Ich dulde keinen weiteren Krieg. Ausgeschlossen!», rief König Georg V. sichtlich betroffen aus und bekannte gegenüber Lloyd George: «Schon der letzte [Krieg] war nicht meine Schuld, und wenn es einen neuen gibt und uns droht, da hineingezogen zu werden, werde ich mich eher auf den Trafalgar Square stellen und eigenhändig eine rote Fahne schwenken, als zuzulassen, dass dieses Land daran teilnehmen muss.»[18] Bei anderer Gelegenheit drohte der König mit Abdankung, falls Großbritannien mit Italien in den Krieg ziehen sollte. «Ich werde einfach so ein Stück Papier unterschreiben», schrie der aufgebrachte Souverän, «ich weiß noch nicht, was für ein Stück Papier, aber es wird sich eins finden.»[19]

Auf liberaler Seite empörte man sich dagegen über Mussolinis Vorhaben. Nach einer Durchsicht der Korrespondentenstellungnahmen aus dem Sommer 1935 resümierte die *Times*, die «rücksichtslose Unmoral der italienischen Kriegsvorbereitungen» werde einhellig verurteilt, während der *Daily Herald* hart mit Mussolinis Plan ins Gericht ging, «die Abessinier zu ermorden, um ihnen ihr Land zu stehlen».[20] Das Dilemma war: Was sollte man dagegen tun?! Für die Mehrheit der ‹Schmalspur›-Liberalen (Menschen mit liberalen Ansichten, die nicht der Liberalen Partei angehören) – zu denen auch sehr viele Konservative gehörten – war die Antwort klar: Großbritannien muss sich zum Völkerbund bekennen und Sanktionen gegen Italien unterstützen. Andernfalls werde die bereits durch die japanische Invasion in der Mandschurei untergrabene Autorität des Völkerbundes zusammenbrechen und die Welt würde das Instrument verlieren, mit dem sie Aggressoren, insbesondere Deutschland, im Zaum halten könne. Obwohl er konzedierte, die Besorgnis sei nicht unberechtigt, dass ein entschlossenes Vorgehen gegen Italien lediglich die Stresa-Front aufbrechen und Mussolini Hitler in die Arme treiben werde, machte sich auch Churchill für dieses Argument stark. Im Bewusstsein dieser Gefahren hätte die Regierung es sicher vorgezogen, sich auf ein demonstratives Händeringen zu beschränken. Aber konfrontiert mit der öffentlichen Meinung und der für den nahenden November geplanten Parlamentswahl, stellte dies keine Option dar.

Am 11. September 1935 bekannte Außenminister Sir Samuel Hoare Farbe. In seiner Ansprache an die Vollversammlung des Völkerbundes erklärte er, wie immer prägnant formulierend: «Der Völkerbund – und mein Land steht unverrückbar auf der Seite des Bundes – verbürgt sich für die gemeinsame Einhaltung der Satzung in ihrer Gesamtheit und insbesondere für eine konsequente kollektive Gegenwehr gegen jeden Akt grundloser Aggression.»[21] Die Rede wurde begeistert aufgenommen. Die britischen Zeitungen, mit Ausnahme der Beaverbrook- und Rothermere-Medien, lobten die Grundsatzerklärung, während sich andere Mitglieder des Völkerbundes, darunter Frankreich, explizit der von den Briten vorgegebenen Linie anschlossen. Eigentlich hatte Hoare gar nicht beabsichtigt, die Einnahme einer Führungsrolle durch die Briten in der Frage zu initiieren. Dies war jedoch der unausweichliche Eindruck, der sich am nächsten Tag noch verstärkte, als die Schlachtschiffe *Hood* und *Renown*, begleitet von mehreren Zerstörern, nach Gibraltar geschickt wurden, um die Mittelmeerflotte aufzustocken. Lord Cranborne schrieb aus Genf, welche grandiose Wirkung diese Machtdemonstration gehabt habe: «Alle kleinen Länder sind begeistert. Die Italiener, die hier zuvor sehr arrogant aufgetreten sind, zeigen sich nun bis zu einem gewissen Grad von ihrer umgänglichen Seite.»[22] Mussolini jedoch ließ sich weder in seinen Planungen stören, noch war er auf ein irgendwie geartetes Entgegenkommen eingestellt. Mit Lavals Rückversicherung, dass Frankreich militärische Sanktionen nicht unterstützen würde, begann er am 3. Oktober 1935 mit der Invasion Abessiniens. Italienische Flugzeuge bombardierten Adua (einschließlich des Krankenhauses), während General Emilio de Bono

mit rund 500 000 italienischen Soldaten von Eritrea aus die Grenze überquerte. Der Völkerbund stellte fest, dass Italien gegen die Satzung verstoßen habe, und leitete den Prozess zur Verhängung von Sanktionen ein.
Großbritannien und Frankreich ließen ihr Einverständnis erkennen, aber
die Diskrepanzen, die sich auf der Embargoliste auftaten – der Handel
mit Leberpastete wurde sanktioniert, jedoch nicht der mit Kohle, Eisen,
Stahl oder insbesondere Öl –, bewiesen, mit welchem Widerstreben sie
sich gegen den Duce stellten. Insbesondere die britischen Stabschefs
befürchteten, dass konsequentere Aktionen Mussolini zu einem tollkühnen Angriff auf die Royal Navy oder die britischen Stützpunkte im
Mittelmeer veranlassen könnten. Damit würde ein Krieg ausgelöst und
Lavals Position in einem solchen Szenario sei bestenfalls ambivalent der
Frage gegenüber, ob Frankreich dann bereit sein werde, Großbritannien
zu unterstützen.

Inmitten all dessen ließ Baldwin Parlamentswahlen abhalten. Neville
Chamberlain hatte die Wahlkampagne der Konservativen auf die Befür-
wortung der Wiederbewaffnung ausrichten wollen, aber Baldwin, mit
seinem guten Instinkt für die Trends der öffentlichen Meinung, wollte
subtiler vorgehen. Angesichts einer Labour-Partei, die eine Bewegung
zur internationalen Abrüstung hinter sich hatte, versicherte Baldwin
den Wählern am 31. Oktober, dass es «keine groß angelegte Aufrüstung»
geben werde, betonte aber gleichzeitig die Notwendigkeit, die britischen
Verteidigungsanlagen auf den neuesten Stand zu bringen.[23] Dies ergebe
sich zwangsläufig aus der Unterstützung für den Völkerbund, dem sich
die Konservative Partei voll und ganz verpflichtet fühle. Der Premierminister hatte sich während der jüngsten Krise mit Äußerungen stark
zurückgehalten. «Stanley denkt an nichts anderes als seinen Urlaub –
und die Notwendigkeit, sich um jeden Preis aus der Sache herauszuhalten», beschwerte sich Hoare bei Chamberlain.[24] Im Endeffekt zeigte
sich jedoch, dass Baldwin die Stimmung in der Bevölkerung richtig eingeschätzt hatte, als am 14. November die National-Regierung – diesmal
tatsächlich eine konservative Regierung – ein weiteres Mal mit einer

deutlichen, wenn auch leicht rückläufigen Mehrheit wiedergewählt wurde.*

Nach der Wahl drohte die Abessinien-Krise zu eskalieren. Nachdem der Völkerbund am 18. November 1935 erfolgreich einige nicht sonderlich schwerwiegende Sanktionen verhängt hatte, wurde dort nun als nächster Schritt die Ausdehnung der Sanktionen auf Öl diskutiert. Italien war stark von Ölimporten abhängig, und es bestand kein Zweifel daran, dass ein Embargo ernsthafte Auswirkungen auf seine militärische Handlungsfähigkeit haben würde.** Mussolini beantwortete die Überlegungen mit der Mitteilung, dass er einen solchen Schritt als gleichbedeutend mit einer Kriegserklärung betrachten würde. Dies alarmierte die britischen Stabschefs, die das Kabinett nachdrücklich davor warnten, im Mittelmeerraum einen Krieg zu riskieren. Dabei ging es nicht darum, dass es ernsthafte Zweifel am Ausgang eines solchen Konflikts gab: Die Italiener waren nicht gerade für ihre Kampfkraft bekannt, und der Oberbefehlshaber im Mittelmeer, Admiral Sir William Wordsworth Fisher, war überzeugt, dass er die italienische Marine schlagen konnte. Es gab jedoch Bedenken hinsichtlich des Potenzials der italienischen Bomberflugzeuge. Sollte die Flotte gravierenden Schaden nehmen, sei das nach Meinung der Admiralität nur schwer auszugleichen – und das in einer Zeit, in der die Flottenstärke gemessen an den allgemein drohenden internationalen Gefahren ohnehin defizitär war. Hinzu kamen die Befürchtung, dass Japan die Initiative ergreifen und einen Angriff in Fernost starten könnte, sowie

---

* Die Labour-Partei konnte bei den Parlamentswahlen 1935 einige Sitze hinzugewinnen und erhielt 154, die Konservativen 386 und die an der National-Regierung beteiligten Liberalen (Liberal National Party) 33 Sitze.
** Hitlers Dolmetscher Paul Schmidt behauptete später, Mussolini habe Hitler gegenüber zugegeben, dass er den Krieg in Abessinien hätte beenden müssen, wenn Ölsanktionen verhängt worden wären.

die wenig engagierte Haltung Frankreichs und die wachsende Bedrohung durch Deutschland. «Tatsächlich ist die gegenwärtige verwickelte Lage in Äthiopien», schrieb Sir Eric Phipps am 13. November an Hoare, «nur ein Kinderspiel im Vergleich zu dem Problem, dem sich die Regierung Seiner Majestät in nicht allzu ferner Zukunft wird stellen müssen.»[25] Es musste ein Ausweg gefunden werden.

Ende November 1935 bat Laval Hoare zu Gesprächen nach Paris. Einig in wenig mehr als dem Wunsch, eine friedliche Lösung zu finden, hatten sich Briten und Franzosen auf eine mögliche Aufteilung Abessiniens verständigt. «Wir werden alles daransetzen, den Konflikt zu befrieden», erklärte Hoare zuversichtlich gegenüber dem Privatsekretär des Königs.[26] Mit diesem «Wir» war trotz seines späteren Rufs als unerbittlichster Vertreter einer Politik, die auf das Gegenteil von Appeasement abzielte, auch Sir Robert Vansittart gemeint. Die drohende Entwicklung hin zu einem Krieg mit Italien – von dem er glaubte, dass er vor allem Hitler freie Hand geben würde, das zu tun, was er wollte – hatte Vansittart so in Panik versetzt, dass er fast so verzweifelt auf einen Deal aus war wie Laval. Eden, der die Delegation nicht nach Paris begleiten sollte, warnte Hoare vor Laval und Vansittart, aber der Außenminister gab sich entspannt: «Keine Sorge», versicherte er in väterlichem Ton kurz vor seiner Abreise, «ich werde nichts tun, was euch festlegt.»[27]

Die Atmosphäre in Paris war dagegen keineswegs entspannt. Eine Horde von Reportern belagerte den Quai d'Orsay, während hinter den ehrwürdigen Mauern ein ketterauchender Laval Mussolini in die Karten spielte. Nach vierundzwanzig Stunden intensiven Ringens hatte man sich schließlich geeinigt. Abessinien sollte etwa zwei Drittel seines Territoriums an Italien abtreten und dafür mit einem schmalen, vormals zu Eritrea gehörenden Streifen Landes entschädigt werden, der einen Zugang zum Meer bot. Hoare, zufrieden mit dem Erreichten, forderte seine Kollegen in London auf, die Vorschläge sukzessive abzusegnen, was dann auf einer Sondersitzung des Kabinetts am 9. Dezember 1935 ordnungsgemäß erfolgte. Am selben Tag waren jedoch Details des Plans, die höchstwahrscheinlich Feinde Lavals im Quai d'Orsay hatten durchsickern lassen, in *L'Œuvre* und *L'Echo de Paris* erschienen. In der britischen Öffentlichkeit brach eine Welle der moralischen Empörung los. Dieselbe Regierung, die noch vor kurzem mit der Zugehörigkeit zum Völkerbund renommiert hatte, war nun offenbar an einem dubiosen Deal beteiligt, bei dem Mussolini für sein aggressives Auftreten belohnt werden sollte. Die Abgeordneten wurden aus ihren Wahlkreisen mit Briefen bombardiert, und selbst die normalerweise so regierungsfreundliche *Times* wandte sich gegen die Vorschläge, die als ein «Korridor für Kamele» verspottet wurden.[28] In Genf protestierten die anderen Mitglieder des Völkerbundes gegen diesen Akt des Verrats, und amerikanische Zeitungen schrieben von «einer internationalen Schande» und «einer erschütternden Niederlage für den Völkerbund».[29] Neville Chamberlain beklagte denn auch in einem Brief an seine Schwester: «Unser gesamtes außenpolitisches Prestige im In- und Ausland ist wie ein Kartenhaus zusammengefallen.» Und er war sich sicher: «Wenn wir den Wahlkampf jetzt noch einmal führen müssten, würden wir wahrscheinlich verlieren und maximal eine einfache Mehrheit erreichen.»[30]

Hoare befand sich in der Schweiz, als der Sturm losbrach. Völlig erschöpft hatte er zuvor eine Reihe von Ohnmachtsanfällen erlitten und machte nun Urlaub, um seine Gesundheit mit Hilfe von Eislaufen wiederherzustellen. Für einen Mann, der dazu neigte, in Ohnmacht zu fallen, war dies nicht die weiseste Entscheidung, wie sich herausstellte: Schon bei seiner ersten Runde auf dem Eis wurde er ohnmächtig und trug eine zweifach gebrochene Nase davon. Der Außenminister war somit außer Gefecht gesetzt, während Baldwin sich mühte, seine Regierung zu verteidigen – nicht nur gegen die öffentliche Meinung, sondern auch gegen seine eigenen Abgeordneten. Laut Harold Nicolson «kocht[e]» das Unterhaus wegen der Affäre.[31] «Jeder hier hält seinen Kopf gesenkt», notierte der konservative Abgeordnete Victor Cazalet: «Schande. Verrat. Wofür sind wir vor drei Wochen gewählt worden?»[32] Das sollte kein gutes Ende nehmen. Am 17. Dezember unterzeichneten 57 Tory-Abgeordnete einen Dringlichkeitsantrag, in dem die Regierung kritisiert wurde, und der Außenpolitische Ausschuss der konservativen Parlamentsfraktion kam in einer hitzigen Debatte zu dem Schluss, dass der Außenminister zurücktreten sollte. In der Kabinettssitzung am nächsten Tag äußerten mindestens fünf Minister den gleichen Standpunkt. Neville Chamberlain wurde damit beauftragt, die Nachricht an den unglücklichen Hoare zu übermitteln, der noch am selben Abend zurücktrat. Am nächsten Tag, seine Nase noch immer in Gips, wurde er vom König empfangen, der ihn mit der Aussicht aufheitern wollte, dass er nun mehr Zeit für die Schnepfenjagd haben werde. «Sie wissen ja, was in aller Munde ist», ulkte der gebrechliche Monarch, «keine Kohlen mehr nach Newcastle, keine Hasen [h(o)are = engl. Hase] mehr nach Paris.» Verständlicherweise fand der ehemalige Außenminister dies weniger amüsant. «Der gute Mann lachte nicht einmal», beschwerte sich der König später.[33]

Das Hoare-Laval-Debakel war eine schmutzige Angelegenheit mit Auswirkungen weit über die unmittelbare politische Krise hinaus. Das Prestige von Briten wie Franzosen litt massiv, während die bereits angespannten Beziehungen zwischen den beiden Ländern ihren Tiefpunkt erreichten. Der Schlag, den die Affäre jedoch für den Völkerbund bedeutete, war tödlich. Explizit geschaffen, um internationale Krisen beizulegen, wurde die eine idealistische Innovation der Nachkriegszeit von den beiden großen europäischen Demokratien in ihren Grundfesten erschüttert. Es gibt, das sollte man nicht verschweigen, nur wenig triftige Hinweise darauf, dass andere Nationen bereit gewesen wären, zur Verteidigung Abessiniens in den Krieg zu ziehen, und insbesondere die amerikanische Haltung gegenüber der Position des Völkerbundes muss wohl als scheinheilig bezeichnet werden. Aber das ändert nichts am Ergebnis. Die Idee der kollektiven Sicherheit war tot, ebenso wie der Glaube daran, dass der Völkerbund kleine Nationen vor Angreifern schützen konnte. In Abessinien setzte Mussolini seine Eroberung ungehindert fort. Dort brach die abessinische «Weihnachtsoffensive» zusammen, als die Italiener in Verletzung des Genfer Protokolls Senfgas gleich einem «tödlichen Regen» niedergehen ließen und mit konventionellen Bomben nachsetzten. Einer von Mussolinis Söhnen, ein Pilot, der in Abessinien diente, sollte sich später an das «unterhaltsame» Spektakel erinnern, wenn er eine Gruppe von Stammesangehörigen ins Visier genommen hatte: «Eine von meinen Bomben schlägt mitten unter ihnen ein [und die] Gruppe blättert fächerförmig auseinander.»[34] Am 5. Mai 1936 drangen italienische Truppen in Addis Abeba ein, und vier Tage später verkündete Mussolini die Annexion Abessiniens und die Errichtung eines faschistischen Weltreichs. Haile Selassie floh nach London, reiste dann aber Ende Juni nach Genf, um der Aufhebung der Sanktionen gegen Italien entgegenzuwirken. In einer bewegenden, würdevoll gehaltenen Rede, die zu einem Sammelruf für Antifaschisten auf der ganzen Welt werden sollte, veranschaulichte der abessinische Kaiser, in einen einfachen schwarzen Umhang gekleidet, was auf dem Spiel stand:

Es geht um das Vertrauen, das jeder Staat in internationale Verträge setzen muss. Es geht um den Wert von Versprechungen an kleine Staaten, dass ihre Integrität und ihre Unabhängigkeit geachtet und gewährleistet werden. Es geht darum, dass entweder der Grundsatz der Gleichheit der Staaten gilt oder den kleinen Mächten auferlegt wird, die Fesseln der Vasallenschaft anzunehmen. Mit einem Wort, es geht um die internationale Moral.[35]

Fünf Tage später stimmte die Vollversammlung des Völkerbundes für die Aufhebung der Sanktionen gegen Italien.

Mehr noch als Mussolini ging Hitler als Sieger aus den Auseinandersetzungen um den italienisch-abessinischen Krieg hervor. Schadenfreude über die anfänglichen Probleme des Duce wurde von der Freude über die Zerstörung der Stresa-Front abgelöst und der Genugtuung über die

Schmähungen, denen Großbritannien und Frankreich nun ausgesetzt waren. Die Autorität des Völkerbundes, unter dessen Dach sich die vereinzelten Proteste gegen die deutsche Expansion hätten zusammenfinden können, war zerstört und die diplomatische Isolation des Regimes beendet. Am 7. Januar 1936 beschied Mussolini dem deutschen Botschafter Ulrich von Hassell, er habe nichts dagegen, wenn Österreich de facto zu einem deutschen Satellitenstaat werde. Damit war der letzte in einer Reihe von Schritten in Richtung italienisch-deutscher Annäherung getan. Mussolini hatte gezeigt, was mit unverhohlener Aggression erreicht werden konnte, so wie die Westmächte gezeigt hatten, dass sie dabei gescheitert waren, dem etwas entgegenzusetzen. Hitler nahm das zur Kenntnis und forcierte seine Pläne.

Jenseits des Rheins

> Mit jeder neuen internationalen Streitfrage hat die Regierung
> überzeugende Argumente für einen weiteren Bruch unserer
> Ehrenpflichten vorgebracht – aber Tatsache ist, dass jede
> Kapitulation nur zur nächsten, noch weitgehenderen geführt
> hat und es mit unserer Situation bergab geht, ganz zu schweigen
> von der Zivilisation.
>
> Basil Liddell Hart, Militärhistoriker und Korrespondent
> der *Times*, September 1936[1]

Um 12:50 Uhr, am Samstag, den 7. März 1936, marschierten Mitglieder des 6. Heereskorps im strammen Stechschritt an den bronzenen Reiterstatuen von Friedrich IV. und Kaiser Wilhelm I. vorbei bis auf die Hohenzollernbrücke und überquerten den Rhein. Nachdem der Kölner Bürgermeister sie mit einer Willkommensansprache begrüßt hatte, marschierten sie zur großen gotischen Kathedrale der Stadt, wo sie begeistert empfangen wurden. Insgesamt waren 22 000 deutsche Soldaten, die sich zuvor in Schulen, Pfarreien und Zollhäusern versteckt hatten, ins Rheinland eingerückt – in das Gebiet entlang der französischen, belgischen und niederländischen Grenze, das zuerst von den Alliierten besetzt und dann in Versailles zur entmilitarisierten Zone erklärt worden war. Die Aktion hatte bei Tagesanbruch begonnen und war schon weit fortgeschritten, als Hitler mittags in der Kroll-Oper in Berlin ankam, um eine extra einberufene Sitzung des Reichstags zu eröffnen. Hitler blickte auf die in Uniform gekleideten Abgeordneten herab – keiner von ihnen wusste, warum sie zusammengerufen worden waren – und begann seine Rede mit einem heftigen Angriff auf den Bolschewismus, bevor er behauptete, der von der französischen Abgeordnetenkammer neun Tage zuvor, am 27. Februar, ratifizierte französisch-sowjetische Pakt habe den Vertrag von Locarno gebrochen.*

Dieser Punkt war von entscheidender Bedeutung, denn obwohl die entmilitarisierte Zone durch das «Diktat» von Versailles geschaffen worden war – als Garantie für die französische und belgische Sicherheit –, war die Regelung im Vertrag von Locarno bestätigt worden, und diesem waren die Deutschen freiwillig beigetreten.

Hitler zitierte dann aus dem Memorandum, das eine Stunde zuvor den französischen, britischen, italienischen und belgischen Botschaftern zugegangen war. Deutschland, konstatierte er, fühle sich nicht mehr an die Vereinbarungen von Locarno gebunden und habe im Interesse der grundlegendsten Rechte eines Volkes auf die Sicherheit seiner Grenzen beschlossen, von heute an die volle und uneingeschränkte Souveränität des Reiches in der entmilitarisierten Zone des Rheinlands wiederherzustellen.[2] Die 600 Abgeordneten – «kleine Leute mit großen Körpern, wulstigen Nacken, kurzgeschorenem Haar, dicken Bäuchen, braunen Uniformen und schweren Stiefeln; Wachs in seinen [Hitlers] Händen», wie der amerikanische Journalist William Shirer sie beschrieb – sprangen bei diesen Worten auf, und ekstatische «Heil»-Rufe ertönten. Als Hitler offenlegte, dass deutsche Soldaten im gleichen Moment auf dem Weg zu Garnisonen in der Sperrzone waren, war der Ausbruch der Emotionen so groß, dass er nicht weiterreden konnte. «Sie springen auf, jubelnd und schreiend», fuhr Shirer fort. «Ihre Hände zum sklavischen Salut hochgestreckt, ihre Gesichter von Hysterie gezeichnet, ihre Münder weit geöffnet und schreiend, ihre vor Fanatismus brennenden Augen gerichtet auf den neuen Gott, den Messias.»[3]

---

* In dem am 2. Mai 1935 unterzeichneten französisch-sowjetischen Pakt verpflichteten sich die beiden Nationen, einander im Falle eines nicht provozierten Angriffs umgehend «Hilfe und Unterstützung» zukommen zu lassen.

Für die Westmächte war der Einmarsch deutscher Soldaten in das Rheinland zugleich lange erwartet und eine völlige Überraschung. Sir Eric Phipps hatte im Dezember 1935 vorhergesagt, dass Hitler die Zone erneut besetzen werde, sobald sich eine günstige Gelegenheit bot. Allerdings hatte er erwartet, dass dies nicht erfolgen würde, bevor nicht ein weiterer Versuch unternommen worden war, mit Großbritannien «gleichzuziehen».[4] Das Außenministerium, das sich noch in Aufruhr aufgrund des Hoare-Laval-Debakels befand, reagierte nur zögerlich auf diese Warnung, aber bis Februar 1936 waren fast alle, einschließlich des neuen Außenministers Anthony Eden – von Baldwin befördert, um Sam Hoare zu ersetzen –, davon überzeugt, dass das Rheinland der nächste Punkt auf Hitlers Agenda war.

Diese Einschätzung drängte die Regierung dazu, die Verhandlungen mit Deutschland wiederaufzunehmen. Vor allem das Außenministerium war bestrebt, vollendete Tatsachen zu vermeiden. Gemäß dem Vertrag von Locarno wäre Großbritannien verpflichtet, die entmilitarisierte Zone zu verteidigen. Im Fall einer Deutschen Besetzung des Rheinlands könnten die Franzosen um Hilfe bitten, und dann würde die Regierung vor der unangenehmen Entscheidung zwischen der Missachtung der britischen Vertragsverpflichtungen oder einem möglichen Krieg stehen. Die Frage lautete: Was konnte Großbritannien Hitler anbieten? Für E. H. Carr, der unter Vansittart im Außenministerium arbeitete, bestand die Antwort darin, Deutschland freie Hand in Mittel- und Südosteuropa zu gewähren.[5] Diese Auffassung wurde von Sir Robert Vansittart vehement abgelehnt, dessen bevorzugte Option in einer irgendwie gearteten kolonialen Restitution für Deutschland bestand. «Ich gehe davon aus, dass Deutschland expandieren wird, wann und wo auch immer», schrieb Vansittart, und «wenn es nicht in Afrika sein kann, wird es in Europa sein».[6] Das war jedoch ein Gräuel für den imperialistischen Parteiflügel der Torys – der sich ambivalent oder sogar unterstützend zu einer deutschen Expansion in Osteuropa positionierte, aber hart blieb bei der Verteidigung britischer Besitztümer in Afrika – sowie für den Kabinettsstaatssekretär Sir Maurice

Hankey, der befürchtete, dass die Deutschen solche Zugeständnisse nur als Schwäche auslegen würden.[7]

Eden war hin- und hergerissen. Sein ausgeprägtes Misstrauen gegenüber Diktatoren ließ ihn seine Amtszeit als Außenminister damit beginnen, eine Zusammenstellung zur amtsinternen Pflichtlektüre zu machen, die in den letzten Jahren eingegangene Warnungen der britischen Botschaft in Berlin unter dem Titel «Die deutsche Gefahr» zusammenfasste. Hitler, so Eden, sei entschlossen, Deutschland zur «dominanten Macht in Europa» zu machen, und auch wenn er eine beschleunigte britische Aufrüstung befürwortete, argumentierte er zugleich, Großbritannien solle versuchen, mit Deutschland einen «Modus vivendi» zu finden.[8] Um dieses Ziel zu erreichen, war Eden bereit, über den Status des Rheinlands zu verhandeln. Angesichts der Erwartung, dass ein deutscher Coup nicht lange auf sich warten lassen werde, hatte es der Außenminister eilig, die entmilitarisierte Zone als Verhandlungsgrundlage zu nutzen, solange sie noch einen Wert hatte. Hitler war jedoch zu schnell.

———

Der Einzug der Wehrmacht ins Rheinland wurde in Paris ebenso erwartet wie in London. Der französische Geheimdienst hatte den Schritt schon vor über einem Jahr vorhergesagt, und die jüngsten Berichte hatten sogar die Ratifizierung der französisch-sowjetischen Allianz als wahrscheinlichen Vorwand benannt. Es gab jedoch keine militärischen Pläne, die deutschen Truppen zu vertreiben. Unter dem Eindruck weiterer großer Kürzungen der Militärausgaben im Jahr 1935 war der französische Generalstab überzeugt, dass er keinen Krieg mit Deutschland riskieren konnte. Das Deuxième Bureau hatte zwar vorausschauend die deutschen Absichten richtig beurteilt, jedoch die Stärke der deutschen Streitkräfte deutlich überschätzt, auch wenn der Dienst das industrielle Potenzial Deutschlands zu Recht als wesentlich größer als das Frankreichs beschrieb. Dem defensiv eingestellten General Maurice Gamelin, Chef des französischen

Generalstabs, galt eine französische Militäraktion zur Vertreibung der Deutschen aus dem Rheinland als «hirnverbrannte Idee», und er sah es als seine Pflicht an, sich dem entgegenzustellen.[9] Er warnte die politisch Verantwortlichen daher, dass jede militärische Initiative eine zumindest teilweise Mobilisierung erfordern würde – und 30 Millionen Franc am Tag kosten werde – sowie unweigerlich zu einem blutigen Zermürbungskrieg führen würde. Um seine Argumente zu untermauern, erhöhte Gamelin die bereits hoch geschätzte Zahl deutscher Truppen, die voraussichtlich in die Zone eingedrungen waren, noch einmal und rechnete zur Gesamtzahl der ausgebildeten, kampfbereiten Soldaten weitere 295000 Mann hinzu – bestehend aus den Mitgliedern der deutschen Arbeitsfront, der Militärpolizei, der SS und der SA.[10] Abgesehen von solchem Defätismus wurde Frankreich, nachdem Hitler Tatsachen geschaffen hatte, von einer Welle eines wütenden Pazifismus erfasst. Die Linke griff die ‹rechten Kriegshetzer› an, und die Rechte ließ sich nicht lange bitten – noch von der Nachricht über das Bündnis mit dem kommunistischen Russland bestürzt, schmähte sie die politischen Gegner als sozialistische ‹Säbelrassler›. Beinahe jede französische Zeitung lehnte den Krieg ab, ebenso die Gewerkschaften und die Veteranenverbände.

Die französische Regierung war desorientiert und gespalten. Da sich Laval mit seiner deflationären Politik und dem Kuhhandel mit Italien ausgesprochen unbeliebt gemacht hatte, war er im Januar 1936 aus dem Amt getrieben worden. Sein Nachfolger war übergangsweise der Radikale Albert Sarraut, der einer Regierung von Sachwaltern vorstand, bis Ende April Neuwahlen stattfinden konnten. Obwohl persönlich mutig – man sagte ihm zahlreiche Duelle nach, zudem war er ein Veteran der Schlacht von Verdun –, war Sarraut nicht der richtige Mann, um eine Krisensituation zu bewältigen. Er wählte den Sonntagabend, einen Tag nach der deutschen Wiederbesetzung des Rheinlands, für die Übertragung einer Botschaft, in der er trotzig erklärte, die französische Regierung sei «nicht bereit zuzulassen, dass Straßburg unter Beschuss deutscher Kanonen geraten könne».[11] Doch in der Kabinettssitzung desselben Tages hatte seine Zustimmung zu einer sofortigen militärischen Reaktion – wie vom Postminister Georges Mandel befürwortet – nicht ausgereicht, um die Vielzahl militärischer, finanzieller und diplomatischer Einwände aufzuwiegen. Ganz im Gegenteil beschloss das Kabinett, Frankreich könne keine «action isolée» durchführen. Die einzige direkte Reaktion – über die rein defensive Bemannung der Maginot-Linie hinaus – sollte für den Moment darin bestehen, einen Appell an den Völkerbund zu richten und sich mit den anderen Locarno-Unterzeichnern abzustimmen. «Großartig», kommentierte Goebbels.[12]

In London war die Stimmung nicht kämpferischer als in Paris. «Große Begeisterung über Hitlers Coup», notierte Harold Nicolson, neu gewählter National-Labour-Abgeordneter für Leicester-West, am 9. März. «Eden gibt um 3.40 Uhr seine Erklärung ab. ... Sehr ruhig. Verspricht Frankreich Hilfe, falls es angegriffen wird; andernfalls Verhandlungen. Allgemeine Stimmung im Hause verrät Furcht. Alles, um uns aus einem Krieg herauszuhalten.»[13] Die Stimmung in der Stadt war «überwältigend prodeutsch» und die Times brachte ein optimistisches Titelblatt unter der Überschrift «Chance für einen Neuanfang» heraus.[14] Dies bezog sich auf das Friedensangebot, das Hitler zeitgleich zu seinem Coup unterbreitet hatte und das Nichtangriffsverträge mit den Nachbarn Deutschlands, einen Luftwaffenpakt für Westeuropa und die verlockende Aussicht auf eine Rückkehr Deutschlands in den Völkerbund beinhaltete.

Entschlossen, einen Krieg zu vermeiden, fixierten sich viele einflussreiche Briten auf diese Vorschläge. «Heißen Sie Hitlers Erklärung von ganzem Herzen willkommen», forderte der ehemalige stellvertretende Kabinettsstaatssekretär Thomas Jones per Telefon von Baldwin am Tag nach der Wiederbesetzung. «Behandeln Sie dies als einen De-minimis-Fall und als nicht folgenschwer mit Blick auf die damit einhergehenden Friedensvorschläge ... Akzeptieren Sie Hitlers Erklärung als nach Treu und Glauben abgegeben und stellen Sie seine Vertrauenswürdigkeit auf die Probe, indem Sie sie einem Praxistest unterziehen.»[15] Dies seien die Ansichten der Mehrheit der Anwesenden einer Hausparty, die in Blickling Hall – Lord Lothians Wohnsitz in Norfolk – stattgefunden hatte, erklärte Jones. Als die Nachrichten eingetroffen seien, habe man ein Schattenkabinett gebildet, um die Situation zu besprechen. Zu den weiteren Gästen hatten neben Jones und Lothian auch Lord und Lady Astor gehört, der Generalstaatsanwalt Sir Thomas Inskip, der US-Diplomat Norman Davis, der Herausgeber des *Economist* Sir Walter Layton und seine Frau, der kanadische Hochkommissar und seine Frau sowie der Historiker Arnold Toynbee, der gerade von einem Besuch bei Hitler zurückgekehrt war.

Obwohl er nicht wie geplant nach Blickling hatte kommen können, teilte Eden die Ansichten der Partygäste. Er hatte zunächst im März, einen Tag nach der Invasion, in einem Memorandum an das Kabinett erklärt, dass man nicht mehr darauf trauen könne, dass Hitler sich an Verträge halte – auch dann nicht, wenn sie freiwillig abgeschlossen worden seien. Nun argumentierte er, im Widerspruch zu seiner vorherigen Position, die Regierung solle die Gelegenheit nutzen, um «eine möglichst weitreichende und dauerhafte Vereinbarung zu schließen, solange Herr Hitler noch in der Stimmung dazu ist». Vor allem, schloss Eden, «müssen wir jede militärische Aktion Frankreichs gegen Deutschland verhindern».[16]

Wie bereits dargelegt, bestand diese Gefahr nicht. Doch auch wenn die französische Regierung eine direkte Militäraktion ihrerseits ausgeschlossen hatte, war sie gleichzeitig sehr daran interessiert, einen vollständigen deutschen Triumph zu verhindern, mit dem der Vertrag von Locarno zunichtegemacht und das ganze Ausmaß der französischen Schwäche aufgedeckt werden würde. Bei einem Treffen von Vertretern der Locarno-Staaten in Paris sprach der französische Außenminister Pierre-Etienne Flandin daher Klartext: Frankreich werde die Vollversammlung des Völkerbundes um die Bestätigung bitten, dass Deutschland den Versailler Vertrag gebrochen habe, und im Anschluss dem Bund alle seine wirtschaftlichen und militärischen Ressourcen zur Verfügung stellen. Der

Zeitpunkt sei gekommen, so argumentierte Flandin, die deutsche Herausforderung anzunehmen. Deutschland werde im nächsten Jahr nur stärker sein, befinde sich derzeit aber in einer isolierten Position. Wenn der Völkerbund zustimmen oder sogar Sanktionen androhen sollte – zunächst wirtschaftliche, dann militärische –, werde Hitler sicherlich nachgeben. Der Belgier Paul Van Zeeland, Premier und Außenminister seiner Regierung in Personalunion, stimmte zu. Bei einer gemeinsamen Reaktion der Locarno-Mächte, so Zeeland, betrage das Risiko für einen Krieg «eins zu zehn», während für die Zukunft ein Krieg unausweichlich sei, sollten die demokratischen Staaten Hitler den Coup durchgehen lassen.[17]

Diese offensichtliche Entschlusskraft fand Eden alarmierend, und nach seiner Rückkehr nach London reagierte das Kabinett schließlich bestürzt auf seinen Bericht über die französischen Vorschläge und lehnte Sanktionen grundsätzlich ab. In erster Linie schätzten die Briten Hitler nicht so ein, dass er sich den Drohungen beugen würde, und hielten es daher auch nicht für klug, «eine Drohung in der Hoffnung auszusprechen, nicht liefern zu müssen».[18] Eine Haltung, die die Stabschefs unterstützten, die gerade dabei waren, sich den Ruf als die schlimmsten Defätisten des Landes zu erwerben, und erklärten, dass die britischen Streitkräfte nicht in der Lage seien, gegen Deutschland anzutreten. Auch die Öffentlichkeit sprach sich mit überwältigender Mehrheit gegen Krieg aus und zeigte Verständnis für die Handlungsweise der Deutschen. «Nach Stratford on Avon zur Zusammenkunft des Verbandes zur Unterstützung des Völkerbundes [LNU]», protokollierte Victor Cazalet einige Tage nach der Wiederbesetzung des Rheinlands, «200 Anwesende – atemlose Spannung. 197 zu 3 für Verhandlungen mit Hitler.»[19] Erstaunt über die Diskrepanz zur Reaktion auf die italienische Invasion in Abessinien – dieselben enthusiastischen Verfechter einer Idee der kollektiven Sicherheit hatten damals nach einer robusten internationalen Reaktion gerufen –, kam Cazalet zu dem Schluss, dass die Briten eine militärische Aktion zur Vertreibung der Deutschen aus deren eigenem Territorium nicht akzeptieren würden. Eine Erkenntnis, die sich ebenso in einem Bericht von Robert Bernays aus

Bristol findet. Auch Leo Amerys Erfahrungen in Leicester bestätigen das Bild, wo sich zu Amerys Erstaunen sogar eine ganze Gruppe von ehemaligen Soldaten auf die Seite der Deutschen gestellt hatte. Einige neigten allerdings wohl dazu, die Sache zu übertreiben. Der Dekan von Chichester glaubte etwa, dass «der gewöhnliche Mann beinahe aufatmete, als er hörte, dass Hitler in die [entmilitarisierte] Zone eingedrungen sei». Und ein Domkapitular der Kathedrale von Liverpool war so empört über den Vorschlag, das Rheinland von einer internationalen Polizei besetzen zu lassen, dass er verbot, während der Gottesdienste Gebete an die Regierung zu richten.[20] Tatsache war, wie Kriegsminister Duff Cooper es dem deutschen Botschafter gegenüber zusammenfasste, dass sich die englische Bevölkerung «einen Dreck darum kümmere, ob die Deutschen ihr eigenes Gebiet wieder militärisch besetzten».[21] Auch Eden machte direkt Erfahrung mit dieser Haltung, als er am Morgen des 9. März seinen Taxifahrer fragte, was der von den Nachrichten halte. «Ich meine, Jerry kann in seinem eigenen Garten machen, was er will, oder nicht?», kam die Antwort.[22]

In diesem Klima löste das Beharren der Franzosen auf politischen Maßnahmen eine Welle der Frankophobie aus. Zahlreiche Abgeordnete verwiesen auf die antifranzösische Stimmung bei ihren Wählern, gleichzeitig gab es einen merklichen Anstieg der Unterstützung für Deutschland. «Nach allgemeiner Auffassung ist Frankreich in den letzten fünfzehn Jahren der Stolperstein auf dem Weg zum Frieden gewesen», schrieb ein Liverpooler Konservativer, der zudem feststellte: «Jeder, den ich treffe, scheint gerade prodeutsch oder zumindest antifranzösisch eingestellt zu sein.»[23] Unter den Parlamentariern sprach sich etwa der außenpolitische Ausschuss der konservativen Fraktion in seiner überwältigenden Mehrheit gegen Sanktionen und für Verhandlungen aus. Harold Nicolson forderte leidenschaftlich, Großbritannien solle seinen ehrenhalber eingegangenen Verpflichtungen nachkommen, aber wie er in einem Brief an seine Frau, die Schriftstellerin Vita Sackville-West, offenbarte, war sogar er unschlüssig, wie man am besten verfahren sollte:

> Die Franzosen entlassen uns nicht um Haaresbreite aus unserer Verpflichtung. ... Wir müssen also entweder unser gegebenes Wort brechen oder den Krieg riskieren. Das Schlimmste ist, daß die Franzosen eigentlich recht haben. Wir wissen, daß Hitler mit diesem Unternehmen hoch gespielt hat. Wir wissen, daß Schacht ihm gesagt hat, es werde zu einer Finanzkatastrophe führen, daß Neurath ihm gesagt hat, es werde eine gefährliche diplomatische Lage herbeiführen, daß der Generalstab gesagt hat, falls Frankreich und Großbritannien gemeinsam handelten, würde Widerstand aussichtslos sein. Schicken wir also Deutschland ein Ultimatum, so müßte es vernünftigerweise zurückstecken. Es wird jedoch nicht zurückstecken, und dann haben wir den Krieg. Natürlich werden wir ihn gewinnen und in Berlin einziehen. Aber was nützt uns das? Es würde nur den Kommunismus in Deutschland und Frankreich bedeuten, und deshalb sind die Russen so scharf darauf. Zudem weigern sich die Menschen hierzulande einfach, Krieg zu führen. Wir würden vor einem Generalstreik stehen, wenn wir das nur vorschlügen. Deshalb werden wir schmählich zurückstecken müssen, was für Hitler einen Gewinn bedeutet. Wir müssen diese Demütigung hinunterschlucken, so gut wir können, und darauf gefaßt sein, daß wir in ganz Europa ausgelacht werden. Das macht mir nicht viel aus. Wir können unseren ruinierten Ruf wiederherstellen. Es bedeutet jedoch endgültig das Ende des Völkerbundes, und das macht mir sehr viel aus. Schrecklich viel.[24]

Auch wenn das Schicksal des Völkerbundes ihnen weniger Sorgen machte, waren sowohl Baldwin als auch Neville Chamberlain davon überzeugt, dass ein Krieg mit Deutschland kein positives Ergebnis nach sich ziehen würde. Frankreich «könnte es mit Hilfe Russlands möglicherweise gelingen, Deutschland zu zerschlagen», sinnierte der Premierminister, «aber das würde wahrscheinlich nur dazu führen, dass Deutschland bolschewistisch wird»[25]. Als am 12. März 1936 in London der Völkerbundsrat tagte, ging es daher vor allem darum, die Franzosen zurückzuhalten und gleichzeitig den Vorwurf zu vermeiden, dass Großbritannien versuche, sich aus den Vertragsverpflichtungen von Locarno herauszuwinden. «Frieden mit so wenig Schande wie möglich», wie Oliver Stanley, Präsident des Bildungsrates, es ausdrückte.[26]

Flandin hingegen tat sein Bestes, um die Briten davon zu überzeugen, dass sie sich Frankreichs Forderung nach einem Rückzug deutscher Truppen aus der entmilitarisierten Zone anschließen sollten. «Wir wissen, daß Hitler blufft und daß wir, wenn Sie Ihren Verpflichtungen treu bleiben, uns Genugtuung verschaffen werden», sagte er bei einem Abendessen mit zwanzig Abgeordneten der Nationalen Regierung. «Brechen Sie aber Ihr Wort, dann wird die Welt allerdings erfahren, daß Gewalt der einzige politische Faktor ist, der zählt, und dann wird Deutschland als stärkste Macht auf dem Kontinent zum Herrn Europas werden.»[27] Die Abgeordneten zeigten sich beeindruckt, aber als der französische Außenminister seine Argumentation gegenüber Chamberlain wiederholte – und betonte, dass Hitler sich angesichts einer britisch-französischen Resolution zurückziehen werde –, antwortete der Schatzkanzler, dass die Regierung dies nicht als «zuverlässige Einschätzung der Reaktionen eines verrückten Diktators» ansehen könne.[28]

Am Ende musste Flandin akzeptieren, dass die Briten nicht vorhatten zu handeln. Am 17. März hielt der russische Außenminister Maxim Litwinow in Genf eine energische Rede zugunsten von Kollektivmaßnahmen, die jedoch – weil sie den Eindruck eines britisch-sowjetischen Gleichklangs erweckte – nur dazu beitrug, die britische Verstocktheit noch zu verfestigen. Zwei Tage später erklärte der Völkerbundsrat, Deutschland verstoße gegen Versailles und Locarno, empfahl aber weder Sanktionen, noch forderte er einen deutschen Rückzug aus dem Rheinland. Die Locarno-Mächte schlugen die Schaffung einer neuen entmilitarisierten Zone vor und forderten Hitler auf, seine Truppen nicht zu verstärken oder Befestigungen im Rheinland zu bauen. Wenn Hitler bereit sei, diese

Bedingungen zu akzeptieren, dann seien Großbritannien, Frankreich, Italien und Belgien bereit, Verhandlungen über den Status der Zone und über neue gegenseitige Hilfsabkommen aufzunehmen. In der Zwischenzeit wurde die im Locarno-Abkommen ausgesprochene Garantie, die Belgien und Frankreich vor «unprovozierter Aggression» schützen sollte, bekräftigt, und als bedeutendstes Zugeständnis an die französischen Befürchtungen sollten konkrete Gespräche auf Stabsebene zwischen Briten, Franzosen und Belgiern aufgenommen werden.

Selbst das war für einige in Großbritannien zu viel. «Ich bin einfach verzweifelt über die europäische Situation», schrieb die Sozialreformerin Violet Markham am 22. März 1936 an Thomas Jones. «Deutschland hat natürlich (wie immer) die völlig falsche Methode gewählt, auch wenn es im Recht war. Aber so hat Deutschland uns auf eine bedauerliche Weise in die Arme Frankreichs getrieben. ... Bedeutet dieses neue Abkommen, dass wir, wenn Frankreich sich mit Deutschland in Auseinandersetzungen verwickelt, mit Italien und Russland kämpfen müssen?»[29] Und dies war keine Einzelmeinung. Viele glaubten, geheime Militärbündnisse seien dafür verantwortlich gewesen, dass Großbritannien mit in den Ersten Weltkrieg hineingezogen worden war, und es gab eine breite Ablehnung jedweder Verwicklung in kontinentaleuropäische Angelegenheiten. Im Kabinett opponierte Sir John Simon gegen weitere konkrete Gespräche und insbesondere die Verpflichtung, im Falle eines Krieges eine Expeditionstruppe auf den Kontinent zu entsenden. «Ich kann nicht glauben, dass wir, wenn London massiv bombardiert wird, Soldatenregimenter in die Niederlande schicken sollen», schrieb er am 26. März an Baldwin.[30]

Baldwin beruhigte Simon, noch größere Bedenken gab es jedoch im Unterhaus – das, wie Harold Nicolson bemerkte, «schrecklich prodeutsch war, was so viel heißt[,] wie Angst vorm Krieg» zu haben.[31] Kingsley Wood, der Gesundheitsminister, informierte den Premierminister: «Die Jungs [i.e. die Abgeordneten] machen da nicht mit.»[32] Baldwin übermittelte diese Warnung an Eden, der reagierte darauf mit einer Rede, die gemeinhin als eine der besten seiner Karriere bewundert wurde: Gespräche auf Stabsebene seien die notwendige Kompensation für den Verlust eines zentralen Elements für das französisch-belgische Sicherheitsgefühl, erklärte er den Abgeordneten. Darüber hinaus sei Großbritannien durch den Vertrag von Locarno verpflichtet, diese Sicherheit zu gewährleisten. «Ich bin nicht bereit, der erste britische Außenminister zu sein, der eine britische Unterschrift zurücknimmt», führte Eden feierlich, wenn auch scheinheilig seine Argumentation zu Ende.[33]

Faktisch boten die angeprangerten Stabsgespräche kaum Anlass für die britischen Abgeordneten, sich zu echauffieren. Auch nicht für die deutsche Regierung, die nichtsdestoweniger voller Wut reagierte. Den technischen Charakter solcher Gespräche auf die Spitze treibend, war es den britischen Verhandlungsführern lediglich erlaubt, ihren französischen und belgischen Kollegen zu sagen, wie es um die britische Verteidigungskraft bestellt war – «wir stehen blank genug» da, wie Oberstleutnant Henry Pownall bemerkte –, aber unter keinen Umständen zu vereinbaren, welche Kräfte im Kriegsfall möglicherweise eingesetzt werden konnten oder auf keinen Fall zur Verfügung stünden.[34] Eine gemeinsame Planung war strengstens verboten, und, wie ein Beamter des Außenministeriums gestand, die ganze Übung war nur «Augenwischerei», um die Franzosen zu besänftigen.[35]

Hitler hatte unterdessen die Londoner Vorschläge abgelehnt. Am 29. März 1936 feierte er seinen Triumph, als 98,8 Prozent der deutschen Wähler in einem Referendum für die Wiederbesetzung des Rheinlands stimmten. Dann erneuerte er seine früheren Friedensvorschläge und forderte von den demokratischen Staaten, sein Angebot bis zum 1. August 1936 anzunehmen. Die britische Antwort war bezeichnend. Da man Vorbehalte gegenüber der Aufrichtigkeit des Führers hatte, aber verzweifelt nach einer Einigung suchte, schickte man Hitler einen Fragebogen, um herauszufinden, welche Verträge er zu respektieren bereit sei. Sechs Monate später wartete das Außenministerium noch immer auf eine Antwort.

Im Rückblick wurde die Remilitarisierung des Rheinlands vielfach als Wendepunkt der Zwischenkriegsjahre angesehen: die letzte Chance, Hitler ohne einen genuinen Krieg zu stoppen. Diese Interpretation, die auch von Churchill in dem unter dem Titel *Der Sturm zieht auf* erschienen ersten Band seiner Memoiren über die Zeit des Zweiten Weltkriegs vertreten wird, basierte auf dem Wissen, dass Hitlers kühner Schlag ein Vabanquespiel gewesen war und dass selbst begrenzte Maßnahmen der französischen Armee ausgereicht hätten, um die Deutschen aus der entmilitarisierten Zone zu vertreiben. Tatsächlich waren im Gegensatz zu den von General Gamelin gemeldeten 100000 nur 3000 deutsche Soldaten auf das Westufer des Rheins vorgedrungen. Sie hatten Befehl, sich dort aufmarschierenden französischen Streitkräften zu widersetzen, was aller Voraussicht nach mehr auf eine symbolische Gegenwehr vor einem umfassenden Rückzug hinausgelaufen wäre. «Ich kann nur sagen, in dieser Lage hätte uns die französische *armée de couverture* hinweggeblasen», gab General Alfred Jodl, der ehemalige Chef des Einsatzstabs der deutschen Armee, 1946 bei seiner Vernehmung im Nürnberger Prozess zu.[36]

Im Großen und Ganzen war dies jedoch erst im Nachhinein eindeutig erkennbar. Obwohl einige die tatsächliche Ausgangslage zu diesem Zeitpunkt richtig einschätzten, war eine Mehrheit der Entscheidungsträger in Frankreich und insbesondere in Großbritannien davon überzeugt, dass eine militärische Reaktion zu einem Krieg führen würde. Ein Ergebnis, das von den Stabschefs klar abgelehnt und von der innenpolitischen Situation auf beiden Seiten des Kanals geradezu unmöglich gemacht wurde. Frankreich befand sich in einem Wahlkampf, dessen Ergebnis die Gespaltenheit des Landes wie keine andere Wahl in diesem Jahrzehnt abbildete, und der angeschlagene Franc wäre bei einer Mobilmachung kollabiert. In Großbritannien hatte sich zum weitverbreiteten Pazifismus noch Kriegsmüdigkeit gesellt. Die Wiederbesetzung des Rheinlandes galt als gerechtfertigt und unvermeidlich, zumal kaum jemand darin eine direkte Bedrohung für die britische Sicherheit sah. Für Paul Emrys-Evans, den Vorsitzenden des außenpolitischen Ausschusses der Torys, waren die dadurch deutlich werdenden Versäumnisse in der Regierungsarbeit ein Problem. «Die Ereignisse dieses Jahres waren nahezu katastrophal», protestierte er am 13. Juli 1936 bei seinem Fraktionschef. «Jeder in Europa hat die Wiederbesetzung des Rheinlands kommen sehen, und doch liegt auf der Hand, dass in der Regierung niemand darüber nachgedacht hat, wie darauf reagiert werden soll. Nie und nimmer hat man das Land auf eine Krise vorbereitet, und als die eintrat, hat sich die Regierung, anstatt der öffentlichen Meinung eine klare Orientierung zu geben, schützend dahinter verkrochen.»[37]

Trotz der oben genannten Einschränkungen lässt sich dieser Ansicht kaum widersprechen. Obwohl das damals nur wenige in Großbritannien als Tatsache anerkannten oder als relevant ansahen, schränkte die Remilitarisierung des Rheinlands die Fähigkeit Frankreichs merklich ein, ihren Verbündeten in Osteuropa – der Tschechoslowakei, Polen, Rumänien und Jugoslawien, ganz zu schweigen von Österreich – zu Hilfe zu kommen, da ein Angriff auf Deutschland immer erst durch diese Zone hätte führen müssen. Das Tor zu Deutschland hatte sich geschlossen, und für die Franzosen hatte sich die ganze Sache zu einer Demütigung ausgewachsen. Umgekehrt war Deutschland deutlich stärker geworden, und Hitler hatte einen Triumph über die Skepsis seiner eigenen Generäle errungen. Sein Glaube wuchs, dass seine Zeit gekommen war, während die vorsichtigeren Militärs an Einflussmöglichkeiten verloren, ihn von weiteren Unternehmungen jenseits der Grenzen abzuhalten. Der Völkerbund, durch die Abessinien-Krise nachhaltig in Mitleidenschaft gezogen, wurde stillschweigend zu Grabe getragen. Der Genfer Apparat sollte bis zum Ausbruch des Krieges weiterlaufen, aber ein ernsthafter Versuch, mit Hilfe des Bundes einen Aggressor in Schranken zu halten, wurde nie wieder unternommen. Es war in der Tat ein Wendepunkt.

Verteidigung des Reiches

> Der Schrecken, den die römischen Waffen verbreiteten, gab
> der Mäßigung, die ihre Kaiser an den Tag legten, Gewicht und
> Würde. Sie wahrten den Frieden durch ständige Kriegsvor-
> bereitungen; und auch wenn Gerechtigkeit ihr Verhalten leitete,
> kündigten sie den Nationen an ihren Grenzen an, dass sie nicht
> darauf abzielten, anderen Schaden zuzufügen, indessen jedoch
> genauso wenig gewillt waren, eine Schädigung hinzunehmen.
>
> Edward Gibbon, Verfall und Untergang des römischen
> Imperiums

Mit der Abessinien-Krise war die Frage nach der Leistungsfähigkeit der britischen Verteidigungskräfte ins Zentrum gerückt. Im Januar 1936 veröffentlichte die *Morning Post* eine Reihe von Artikeln, die schwerwiegende Mängel bei Marine, Luftwaffe und Heer aufzeigten. Im Einzelnen wurde ein Mangel an Munition bei der Marine benannt, die fehlende Reserve für die Armee, die ausstehende Bewaffnung mit modernen Panzern und Kanonen, die unbedeutenden Vorbereitungen für eine Flugabwehr und die mangelnde Größe der Royal Air Force im Vergleich zur deutschen Luftwaffe. Insgesamt kam die *Post* zu dem Schluss: «Das Niveau [unserer Verteidigung] ist weit unter die Grenzen dessen gesunken, was Sicherheit und Umsicht verlangen.»[1] Im Parlament traf das auf beinah einhellige Zustimmung. Am 14. Februar versetzte der ehemalige Außenminister Sir Austen Chamberlain die im Parlament vertretene Presse in Aufregung, als er den Umgang der Regierung mit der Verteidigungsfrage scharf kritisierte und in den anschwellenden Chor von Stimmen mit einstimmte, der für eine Phase, in der eine viel energischere britische Aufrüstung angezeigt schien, einen neuen Minister forderte. «Ich habe reichlich Bewegung in den journalistischen Taubenschlag gebracht», berichtete Chamberlain seiner Halbschwester, «und ich glaube, S[tanley] B[aldwin] war ziemlich überrascht.» Aber «um die Wahrheit zu sagen, erschien es mir langsam überfällig, dass jemand versuchen musste, ihn aus seiner Selbstgefälligkeit zu reißen. Es stimmt schon, kein Mensch kann sämtliche Aufgaben bewältigen, die von einem Premierminister heutzutage erwartet werden, aber mich ärgert, dass der jetzige Premierminister nichts davon tut.» Wer der neue Minister sein sollte, stand für Chamberlain zweifelsfrei fest. Es gebe nur einen Mann, der aufgrund seiner «Expertise und besonderen Fähigkeiten» den Anforderungen entspreche, schrieb Chamberlain, und «dieser Mann ist Winston Churchill»[2].

Churchill suchte verzweifelt nach einem Weg zurück an die Macht. Am 13. Februar 1936 fand Victor Cazalet ihn «wütend» vor, weil er nicht in die Regierung berufen worden war. Er äußerte sich «verächtlich über die aktuelle Regierung und schien überwältigt von der aus Deutschland drohenden Gefahr – sehr unausgeglichen», erinnerte sich Cazalet.[3] Churchill hatte gehofft, dass Baldwin ihn nach den Wahlen von 1935 wieder in die Regierung holen werde. Eine Einschätzung, die von vielen geteilt wurde. Sogar in Berlin war der Schritt erwartet worden, und Hitler hatte sich, wie man hörte, bei dieser Vorstellung besorgt gezeigt. Aber Baldwin war entschlossen, ohne Churchill auszukommen. «Ich denke, wir sollten ihm zu diesem Zeitpunkt keinen Posten geben», erklärte der Premierminister gegenüber seinem Kabinettskollegen J.C.C.C. Davidson. «Alles, was er unternimmt, macht er mit Leib und Seele. Falls es einen Krieg gibt – und niemand kann mit Sicherheit sagen, dass es keinen gibt –, müssen wir zusehen, dass wir ihn nicht verschlissen haben, damit er unser Kriegspremier werden kann.»[4]

Ungeachtet dieser bevormundenden, wenn auch prophetischen Worte verbesserten sich in den vier Monaten vor der Rheinlandkrise Churchills Aussichten auf ein Amt im Allgemeinen. Die internationale Situation verschlechterte sich, und die Regierung hatte unter der Hoare-Laval-Affäre zu leiden. Es gab jedoch auch Ereignisse, die alte Feindschaften wiederaufleben ließen. Im Januar 1936 nahm Randolph Churchill, Churchills

missratener Sohn, die Einladung der konservativen schottischen Unionis-
ten-Partei an, sich bei der bevorstehenden Nachwahl in Nordschottland
im Wahlkreis Ross und Cromarty als Kandidat aufstellen zu lassen. Randolph, der bereits im Vorjahr mit einer Kandidatur in Liverpool-Waver-
tree gescheitert war und Labour einen Sieg beschert hatte, trat gegen den
offiziellen Kandidaten der National-Regierung an: Malcolm MacDonald –
Sohn des vormaligen Premiers Ramsay MacDonald und selbst Minister
für Commonwealth-Angelegenheiten, der wiederum bei der letzten Parlamentswahl seinen Sitz im mittelenglischen Bassetlaw eingebüßt hatte.[*]
Winston Churchill, der immer noch hoffte, entweder in die Admiralität
berufen zu werden oder den neuen Posten als Verteidigungsminister
angeboten zu bekommen, war entsetzt über das Vorhaben seines Sohnes, da er befürchtete, dass es ihm als Kriegserklärung an Baldwin aus-
gelegt werden würde. Zu allem Überfluss beschloss Lord Rothermere, der
Randolph in seinen Taten ermutigt hatte, Oliver Baldwin, den Sohn des
Premierministers, für die *Daily Mail* nach Schottland zu schicken, um für
gute Presse für Randolph respektive schlechte Presse für MacDonald zu
sorgen. «Also werden wir», schrieb ein verzweifelter Churchill an seine
Frau, «Ramsays Sohn, Baldwins Sohn und meinen Sohn in diesem abge-
legenen Wahlkreis haben – und alle zerfleischen sich gegenseitig.»[5]

Zum Glück für die drei Väter waren Randolphs Aussichten wenig vielversprechend. Der Tory-Abgeordnete und Churchill-Vertraute Brendan
Bracken gab Mitte Januar telegraphisch durch: «Sozialisten-Sieg wahrscheinlich. Mehr Hirsche als Torys in Cromarty.»[6] Das entsprach so
ziemlich den Verhältnissen. Als die Stimmen ausgezählt waren, hatte
Randolph weniger als 2500 Stimmen erhalten, fast 6000 waren auf den
Labour-Kandidaten entfallen und knapp 9000 auf MacDonald. Die *Edin-*

---

[*] Nachdem sowohl Ramsay als auch Malcolm MacDonald bei der Parlamentswahl 1935 ihre
Sitze verloren hatten, waren ihnen von Stanley Baldwin neue Sitze versprochen worden.
Unbesetzte konservative Wahlkreise waren durchaus zu finden, aber die Unionistischen
Vereinigungen in Schottland und Irland waren in der Frage unabhängig und hielten nichts
von der Idee, sich ein paar ehemalige Sozialisten vorsetzen zu lassen.

burgh Evening News ordnete das Ergebnis ein als weiteren «Nagel im politischen Sarg von Herrn Winston Churchill, sowohl als Kandidat für die Admiralität als auch als Kabinettsmitglied und Minister für die Koordination der Verteidigungsdienste»[7].

Viele Menschen gingen jedoch weiterhin davon aus, dass Churchills Talente zu beträchtlich waren, als dass Baldwin sie ignorieren konnte. Churchill hoffte allemal darauf und hielt sich während der Debatte über die Verteidigungspolitik am 10. März 1936 mit Angriffen deutlich zurück, auch seine Reaktion auf die Wiederbesetzung des Rheinlands fiel gedämpft aus. Aber es war alles umsonst. Am 13. März, sechs Tage nach der Invasion im Rheinland, verkündete Baldwin, der neue Minister für die Koordinierung der Verteidigung sei nicht Churchill, sondern der Generalstaatsanwalt Sir Thomas Inskip und überraschte und schockierte damit alle im Regierungsviertel. «London wird von einem Erdbeben erschüttert, ausgelöst vom neuesten Beispiel Baldwin'scher Planlosigkeit – oder seinem Zynismus», hielt der für den Harmsworth-Medienkonzern tätige Journalist Collin Brooks in seinem Tagebuch fest.

Nach wochenlangen Spekulationen darüber, wer der neue koordinierende Verteidigungsminister werden, auf welchen starken Mann, erfahrenen Staatsdiener oder harten Geschäftsmann die Wahl fallen würde, wird bekannt gegeben, dass das Los auf Sir Thomas Inskip gefallen ist, einen zweitklassigen Generalstaatsanwalt, dessen Ruhm sich darauf beschränkt, in den Gebetbuchdebatten getreu zur protestantischen Sache gestanden zu haben.[8]

Churchills Freunde waren außer sich vor Zorn. «Das ist die zynischste Entscheidung, seit Caligula sein Pferd zum Konsul ernannt hat», schäumte der Oxford-Professor Frederick Lindemann.[9] Inskip selbst war nicht weniger überrascht: «Ich kann mit aller Aufrichtigkeit sagen, dass es mir nie in den Sinn gekommen ist, dass ich gebeten werden könnte, diese Verantwortlichkeiten zu übernehmen.» Bescheiden fuhr er fort: «Auch ist es mir nie in den Sinn gekommen – das kann ich mit aller Ernsthaftigkeit sagen –, dass ich diese Aufgaben jemals erfüllen könnte, auch wenn sie mir angeboten würden. ... Ich behaupte nicht, ein Übermensch zu sein.»[10]

Tatsächlich führte Inskip seine Aufgaben mit mehr Geschick aus, als er selbst oder seine Zeitgenossen es erwartet hatten. Insbesondere sein Einfluss auf die Entscheidung im Dezember 1937, die Prioritäten der Royal Air Force von der Bomberproduktion zugunsten der Produktion von Jagdflugzeugen zu verschieben, wenn auch aus Kostengründen, sollte sich später als entscheidend für das Überstehen der Luftschlacht um England erweisen. Der neue Minister verdankte sein Amt jedoch nicht der Tatsache, wer er war, sondern wer er nicht war – nämlich Churchill. Wie Baldwin gegenüber Victor Cazalet gestand, war es ihm lieber, Churchill unberücksichtigt zu lassen und «vier Monate lang Ärger zu haben», als ihn in die Regierung aufzunehmen und den Ärger «vier Jahre lang» zu haben.[11] Acht Wochen später führte er seine Ansichten zu diesem Thema gegenüber Thomas Jones näher aus:

Eines Tages werde ich ein paar zufällige Bemerkungen über Winston machen. Keine Rede – keine feierliche Ansprache – nur ein paar Worte im Vorbeigehen. Ich habe bereits alles ausformuliert. Ich werde sagen: Als Winston geboren wurde, ist eine Fee nach der anderen mit einer Gabe an seine Wiege getreten – Phantasie, Beredsamkeit, Fleiß und Können –, und dann kam eine Fee, die sagte: «Eine einzelne Person hat kein Recht auf so viele Geschenke.» Sie hob ihn auf und schüttelte ihn, sodass ihm mit all diesen Gaben Urteilsfähigkeit und Weisheit verweigert wurden. Und das ist der Grund, warum wir, obwohl wir ihm in diesem Haus so gerne zuhören, seinen Rat nicht annehmen.[12]

Viele Konservative stimmtem diesem Urteil zu. In einem Brief an Baldwin bat Nancy Astor, konservative Abgeordnete für Plymouth-Sutton und die erste Frau mit Sitz im Unterhaus, den Premierminister im November 1935, Churchill nicht in seine Regierung aufzunehmen. «Das würde Krieg im In-

und Ausland bedeuten», behauptete sie und fügte hinzu: «Ich kenne das Ausmaß von Winstons Illoyalität – und Sie können sich nicht vorstellen, wie sehr ihm alle Wähler im Land misstrauen.»[13] Neville Chamberlain war jedenfalls erleichtert, Churchill nicht als Kollegen zu haben, als die Rheinlandkrise akut wurde. In einem Brief an seine Schwester meinte er: «Wir hätten unsere ganze Zeit damit verbracht, ihn an der Kandare zu halten, anstatt unseren Aufgaben nachzugehen.» Es war jedoch nicht überraschend, dass Baldwins designierter Erbe mehr als alle anderen erleichtert war, wenn der Premier in dieser Frage nicht anders dachte. Laut Sam Hoare weigerte sich Baldwin, die Möglichkeit eines Kabinettseintritts von Churchill zu prüfen, weil damit «das Risiko verbunden wäre, ihn im Kabinett zu haben, wenn die Frage nach seinem (S. B.s) Nachfolger unmittelbar anstand.»[14]

Churchill war enttäuscht, zeigte aber nur stoische Ruhe. Innerhalb weniger Wochen erneuerte er seine Warnungen vor der deutschen Gefahr und seine Kritik an der Lethargie der Regierung in Bezug auf die Verteidigung. Am 1. Mai 1936 wies er auf einen weiteren starken Anstieg der deutschen Importe von für die Rüstungsherstellung notwendigen Rohstoffen hin. «Alle Zeichen stehen auf Sturm», schrieb er im *Evening Standard*. «Durch die Dunkelheit sieht man schon die roten Warnleuchten blinken. Auch friedliebende Menschen sollten jetzt auf der Hut sein. Es ist an der Zeit, genau aufzupassen und gut vorbereitet zu sein.»[15]

Tatsächlich unternahm die Regierung bereits bedeutende, wenn auch verspätete Schritte, um die Verteidigungsbereitschaft Großbritanniens zu erhöhen. Im März kündigte sie ein neues Fünfjahresprogramm an, das den Bau von zwei neuen Schlachtschiffen und eines Flugzeugträgers, die Modernisierung der bestehenden Großraumschiffe, eine Erhöhung der Kreuzeranzahl von fünfzig auf siebzig Schiffe und vier neue Infanteriebataillone für die Armee umfasste. Am wichtigsten war, dass die Kampfstärke der Luftwaffe bis März 1939 von 1500 auf 1750 Flugzeuge mit 225 Prozent Reserven steigen sollte. Das Programm war ein weiterer Triumph für den Schatzkanzler und seine Strategie der «begrenzten Haftung». In Kenntnis des dritten Berichts des Ausschusses zur Ermittlung der Verteidigungsanforderungen war es Chamberlain erneut gelungen, beantragte Ausgaben für eine geplante Expeditionstruppe zum Ausbau der Luftwaffe umzuleiten. Das erregte das Missfallen einiger hochrangiger Militärs. «Sie können oder wollen nicht erkennen, dass wir, wenn es zu einem erneuten Krieg mit Deutschland kommt (sei es aufgrund unseres Beitrags zur kollektiven Sicherheit, Locarno oder auf andere Weise), erneut um unser Leben kämpfen müssen», beklagte Oberstleutnant Pownall, stellvertretender Vorsitzender des Ausschusses für Verteidigung des Empires (CID). «Die Idee des ‹halbherzig› geführten Krieges ist die schädlichste und gefährlichste der Welt. Es werden 100 Prozent notwendig sein – und selbst dann verlieren wir möglicherweise. ... Es war schrecklich, der kalt klingenden, distanzierten, hart kalkulierten Stellungnahme des Schatzkanzlers zuzuhören.»[16]

Das war allerdings eine übertrieben harte Einschätzung. Nachdem er Baldwin gedrängt hatte, den Wahlkampf für die Parlamentswahlen 1935 mit dem Thema Aufrüstung zu bestreiten, stand für Chamberlain fest, dass der Wiederaufbau der britischen Verteidigung Priorität für die wiedergewählte Regierung hatte. Als Schatzkanzler wollte er jedoch keinesfalls eine Störung der wirtschaftlichen Entwicklung riskieren, da die Wirtschaft sich erst kurz zuvor aus den Fängen der Weltwirtschaftskrise hatte befreien können. Unter diesen Umständen war Chamberlain zunehmend verärgert über diejenigen, die wie Churchill der Öffentlichkeit suggerierten, dass man alle Waffen anschaffen könnte, die man sich wünschte, ohne dafür bezahlen zu müssen. Die Verteidigungsausgaben mussten sorgfältig überlegt sein, und da Chamberlain überzeugt war, dass der nächste Krieg in der Luft entschieden werden würde und nicht mehr beim Aufeinandertreffen großer Landarmeen, sah er die Mittel in der Luftwaffe am besten und effizientesten eingesetzt. Was sowohl

Chamberlain als auch das Finanzministerium in die Kalkulation nicht mit einbezogen, war das Potenzial positiver Effekte von Rüstungsausgaben auf die Wirtschaft, was sich etwa in Deutschland nach 1933 und in den Vereinigten Staaten nach 1941 zeigte. Als Großbritannien dann in den Jahren 1936 bis 1939 große Summen für Waffen auszugeben begann, waren die positiven Auswirkungen auf die Beschäftigungsquote und die Produktivität offensichtlich.

Wenn die Regierung in dieser Hinsicht kurzsichtig erschien, galt das auch für die Opposition. Einen beträchtlichen Teil der öffentlichen Meinung widerspiegelnd, sprach man sich aufseiten der Opposition weiterhin gegen jegliche Erhöhung der Rüstungsausgaben aus. Für einen Moment schien es, als ob eine Kehrtwende eintreten könnte, als Clement Attlee im Oktober 1935 George Lansbury als Labour-Chef ablöste.* Aber selbst Major Attlee – der im Ersten Weltkrieg sowohl Türken als auch Deutschen gegenüberstanden hatte – war zu diesem Zeitpunkt nicht bereit, die Aufrüstung zu unterstützen. «Die Sicherheit dieses Landes und der Frieden in der Welt», so hörte man es in der Labour-Stellungnahme zum Weißbuch der Regierung zur Verteidigung von 1936, sei nicht mit Waffen zu schaffen, sondern liege in der «Einhaltung der Regeln des Völkerbundes, der allgemeinen Abrüstung ... und der wirtschaftlichen Zusammenarbeit, um die Ursachen von Kriegen zu beseitigen.»[17]

Viele Konservative, die einen Konsens über die nationale Verteidigung anstrebten, bedauerten die Haltung der Labour-Partei. Für die hochkarätigen Torys, die von Anfang an für die Aufrüstung gekämpft hatten, blieb der Hauptfeind jedoch die Regierung selbst. Ende April 1936 strafte Churchill die Minister ab, weil sie es versäumt hatten, sich mit den Gewerk-

---

* Das geschah nach der Abstimmung auf dem Labour-Parteitag in Brighton, in der sich die Delegierten in überwältigender Mehrheit für Wirtschaftssanktionen gegen Italien ausgesprochen hatten. Lansbury, der gegen Sanktionen war, musste sich vom Generalsekretär der Transport- und Allgemeinen Arbeitergewerkschaft (TGWU), Ernest Bevin, einen verheerenden Angriff gefallen lassen, als der ihm sagte, er solle aufhören, «mit seinem Gewissen bei Hinz und Kunz hausieren zu gehen und zu fragen, was er damit anfangen solle».

schaftsfunktionären über ein Programm zur Steigerung der Rüstungs-produktion zu einigen, und forderte die Gründung eines Ministeriums für Nachschubsicherung, dass das entscheidende Funktionieren der Kooperation zwischen Industrie und Dienstleistungen überwachen solle. Baldwin und Chamberlain wollten jedoch den normalen Gang der Dinge nicht stören und lehnten die Idee ab. Doch es gab auch Regierungsmit-glieder wie Lord Weir, ein Berater für Industriefragen, und Sir Maurice Hankey, die der Meinung waren, die Wirtschaft müsse in eine Art Kriegs-zustand versetzt werden, wenn eine groß angelegte Aufrüstung tatsäch-lich gelingen solle.

Während der Jahre 1935 und 1936 erhielt Churchill durchgehend geheime Informationen über die wachsende militärische Stärke Deutschlands. Desmond Morton lieferte Zahlen über die deutsche Rüstung, während Ralph Wigram ihn mit den neuesten Informationen aus dem Außen-ministerium auf dem Laufenden hielt. Außerdem wurde Churchill heim-lich von einer wachsenden Zahl von aktiv im Dienst stehenden Offizieren angesprochen, die sich, verzweifelt über den Zustand ihrer jeweiligen Truppenteile, an ihn wandten und um Hilfe baten. Einer der wichtigsten unter ihnen war Staffelführer Torr Anderson, der am 20. Mai 1936 die Sekretärin von Churchill anrief. «Da sie selbst gedient haben, können Sie sich vorstellen, in was für einer Situation er ist», schrieb Violet Pearman an Churchill. «Er wollte nichts schriftlich niederlegen, aber ... er war sich sicher, dass Sie sich sehr für das interessieren würden, was er zu sagen hat.»[18] Anderson war als Direktor der RAF-Trainingseinrichtung besorgt über die sinkenden Ausbildungsstandards und die geringe Anzahl an Beobachter-Navigatoren in den Trainingskursen. Am 25. Mai brachte er diese Bedenken bei Churchill vor und überreichte ihm ein 17-seitiges Memorandum, in dem er argumentierte, dass nicht genug getan werde, um die Royal Air Force auf den Krieg vorzubereiten.

Churchill war bereits genau davon überzeugt und verbrachte einen Großteil des Sommers damit, Minister mit seinen eigenen Memoranden und Briefen zu bombardieren. Insbesondere konnte er sich als Mitglied des von der Regierung eingesetzten Ausschusses für Luftverteidigungsforschung überall als Unruhestifter betätigen. Dieses Gremium – ein Unterausschuss vom Ausschuss für Verteidigung des Empires (CID) – war eingerichtet worden, um zu prüfen, in welcher Hinsicht die britische Luftabwehr durch wissenschaftliche Experimente verbessert werden konnte. Auch wenn er seine Kollegen damit schwer irritierte, nutzte Churchill seine Position, um das Thema zu wechseln und die gesamte Ausrichtung der Luftwaffenpolitik der Regierung zu kritisieren und gleichzeitig einige der exzentrischeren Ideen seines Freundes Professor Lindemann zu propagieren, wie z.B. die Entwicklung von Luftminen.

Tatsächlich befand sich das Luftfahrtministerium unter der Leitung von Lord Swinton (ehemals Philip Cunliffe-Lister) in einer Transformationsphase. Im Februar 1936 hatte das Kabinett das letzte, auf einen langen Zeitraum angelegte Expansionsprogramm der Zwischenkriegszeit genehmigt – das «Schema F». Ziel war es, Großbritanniens Fähigkeit, Luftangriffe durchzuführen, erheblich zu erhöhen, indem leichte Kampfflugzeuge durch mittelschwere Bomber ersetzt und gleichzeitig für die Mehrheit der Luftwaffe veraltete Modelle gegen die neuesten ausgetauscht wurden. Hampden-, Wellington-, Wellesley-, Blenheim-, Hurricane- und Spitfire-Modelle wurden schon in großen Mengen bestellt, bevor die Prototypen überhaupt getestet waren. Damit sollte der Prozess einer Runderneuerung erheblich beschleunigt werden, damit der RAF theoretisch bis zum Frühjahr 1939 insgesamt 8000 neue Flugzeuge zur Verfügung ständen. Darüber hinaus führte Swinton das Programm der «Schattenfabriken» ein, bei dem die Regierung Fabriken errichtete oder Zuschüsse für Autofirmen zur Expansion gewährte, in denen Mitarbeiter in der Herstellung von Flugzeugteilen geschult wurden. Dadurch sollte die Flugzeugproduktion im Falle eines Kriegsausbruchs schnell und reibungslos gesteigert werden können. Schließlich stellte das Luftfahrtministerium praktisch unbegrenzte Mittel für die Experimente von Robert Watson-Watt zur Verfügung, dessen Arbeit an Funkwellen zur Erfindung des Funkbasierten Ortungssystems (RDF) führen würde, besser bekannt unter dem amerikanischen Akronym RADAR.

Selbstverständlich gab es nach wie vor ernsthafte Probleme, die Torr Anderson nun regelmäßig in einer Litanei von aufgelisteten Mängeln an Churchill meldete. Selbst Watson-Watt beschwerte sich, dass die Bürokratie des Luftfahrtministeriums zu inakzeptablen Verzögerungen seiner Arbeit führe. Bei allem Ehrgeiz griff das Schema F zu kurz. Im Frühjahr 1938 – als beinah schon der Krieg ausbrach – waren erst 4500 der anvisierten 8000 Flugzeuge ausgeliefert, und kaum eine Spitfire, Wellington, Hampden, Beaufort oder Lysander war einsatzbereit. Das Beste, was über die Aktivitäten des Luftfahrtministeriums im Jahr 1936 gesagt werden kann, ist, dass es sich von der Augenwischerei der Vorjahre verabschiedet hatte und nun langsam auf den richtigen Kurs umschwenkte. Es war damit zweifellos besser aufgestellt als das Kriegsministerium, das seine anachronistische Denkweise mit dem Etat für die Armee von 1935–1936 offenbarte, in dem die Steigerung der Ausgaben für Pferdefutter bei 44000 Pfund rangierte, aber nur zusätzliche 12000 Pfund für Treibstoff eingeplant waren.[19]

Als im Sommer 1936 die Sitzungsperiode des Parlaments zu Ende ging, schloss sich Churchill Austen Chamberlain an und forderte eine geheime Sitzung des Unterhauses. Auf diese Weise konnten die Abgeordneten über den tatsächlichen Status der britischen Verteidigungsfähigkeit diskutieren, ohne ausländischen Mächten die Mängel offenzulegen. Baldwin, der auch ohne die Zuschauer von der Pressetribüne das Rededuell mit Churchill fürchtete, weigerte sich. Er war allerdings einverstanden, das Thema mit einer Abordnung von Vertretern aus Unter- und Oberhaus zu besprechen, und so strömten am 28. Juli insgesamt 18 konservative

Granden – 13 Unterhaus- und 5 Oberhausvertreter – durch die Tür von Downing Street Nr. 10, wo sie von dem wenig beeindruckenden Triumvirat Baldwin, Lord Halifax und Inskip empfangen wurden.

Churchill dominierte das weitere Geschehen. Von Morton und Anderson gut vorbereitet, kritisierte er die Regierung in fast allen Bereichen der Luftverteidigung und gab zu bedenken, dass die französische Schätzung von insgesamt 2000 einmotorigen Flugzeugen, über die die Deutschen bis Ende des Jahres maximal verfügen könnten, viel zu niedrig angesetzt war. Auf der zweiten Sitzung am 29. Juli äußerte er sich besorgt über die außerordentlich langsame Produktionsrate bei Munition, Panzern und Maschinengewehren und schloss mit der Bitte, man möge alle nun getroffenen Entscheidungen mit der Dringlichkeit eines Notfalls behandeln.

Baldwins Antwort war bemerkenswert. Ohne sich mit irgendwelchen Einzelheiten zu befassen, die ihm gerade vorgelegt worden waren, gab er mit verblüffender Ehrlichkeit Einblick in das Denken, das ihn in den letzten Jahren geleitet hatte:

> Die meisten von Ihnen haben Ihr Mandat sicher. Sie vertreten keine industriell geprägten Wahlkreise, zumindest nicht viele von Ihnen. Nach dem Krieg gab es eine sehr starke, ich denke nicht pazifistische, aber auf Frieden orientierte Stimmung im Land. Alle wollten nur noch in Ruhe gelassen werden, und die Union zur Unterstützung des Völkerbundes hatte einen Großteil ihrer Propaganda darauf ausgerichtet, die Menschen glauben zu machen, sie könnten sich auf die kollektive Sicherheit verlassen. Und dann stellte sich 1934 die Frage, ob man, wenn man versucht hätte, viel [in die Aufrüstung] zu investieren, nicht damit gefährdet oder sogar mehr als gefährdet gewesen wäre, [den eigenen Parlamentssitz und gegebenenfalls die Regierungsmehrheit zu verlieren,] weil man dann, wenn die Parlamentswahl anstand, verloren hätte. Ich persönlich habe das sehr stark so empfunden, und das Einzige, woran ich dachte, war die Notwendigkeit, so schnell wie möglich die Wahl zu gewinnen und eine vollkommen freie Hand in Bezug auf die Bewaffnung zu bekommen.

Baldwin erklärte, dass das Aufrüstungsprogramm nur langsam Fortschritte gemacht habe, weil man bei null beginnen musste. (Aufgrund des Rückgangs der Regierungsaufträge waren viele Rüstungsfabriken in den 1920er Jahren geschlossen worden.) Doch sowohl er als auch Chamberlain lehnten es ab, der Wirtschaft quasi halbe Kriegsbedingungen aufzuzwingen, da dies dem normalen Fortgang des Handels im Land schaden könnte. Wenn es einen Notfall gäbe, dann wäre er als Premierminister natürlich bestens vorbereitet, um Notfallbefugnisse in Betracht zu ziehen. Hierin lag der Hauptunterschied. Während Churchill glaubte, dass NS-Deutschland eine unmittelbare Bedrohung für die Sicherheit Europas und damit des Britischen Empire darstelle, machte Baldwin deutlich, dass er einen Krieg mit Deutschland nicht für unvermeidlich hielt:

> Das Schlimmste daran ist, dass wir alle nicht wissen, was in dem Kopf dieses seltsamen Mannes vor sich geht; ich beziehe mich auf Hitler. Wir alle kennen den deutschen Wunsch, und er hat das ja auch in seinem Buch zum Ausdruck gebracht, nach Osten zu ziehen, und wenn er nach Osten ziehen sollte, wird mir darüber das Herz nicht schwer, aber das ist eine andere Sache. Ich glaube nicht, dass [Deutschland] nach Westen ziehen will, denn Westen wäre eine schwierige Aufgabe für das Land, und wenn [Deutschland] das tut, bevor wir bereit sind, da stimme ich zu, dann ergibt sich ein verheerendes Bild.

Schließlich versicherte der Premierminister seinen Kollegen, dass er nicht die Absicht habe, das Land in einen Krieg zu stürzen – nicht für den Völkerbund oder sonst jemanden. Es gab ein Gefahrenszenario, von dem er meinte, es könne Realität werden; er glaubte aber gleichzeitig, dass es möglich und sinnvoll sein werde, Großbritannien aus dieser Gefahr herauszuhalten:

> Angenommen, die Russen und die Deutschen beginnen einen Krieg und die Franzosen beteiligen sich als Verbündete Russlands aufgrund dieses

schrecklichen Pakts, den sie geschlossen haben – Sie würden sich doch nicht verpflichtet fühlen, Frankreich zu helfen, oder? Wenn in Europa Kämpfe ausgetragen werden müssen, würde ich mir wünschen, dass die Bolschewiken und die Nazis das untereinander tun.[20]

Churchill war nicht zufrieden. Baldwin hatte die Luftparität versprochen, und doch lag die Royal Air Force nach Churchills ziemlich genauen Berechnungen immer noch deutlich hinter der Luftwaffe zurück, und das würde auch noch einige Zeit so bleiben. Am 12. November 1936, während der Debatte zur Rede des Königs, entfesselte er einen Angriff nach «Vorschlaghammer-Manier» auf die Regierung.[21] Es sei zwei Jahre her, erklärte Churchill, seit er zum ersten Mal eine Änderung der Treueansprache mit dem Tenor beantragt habe, dass die Verteidigung des Landes keine ausreichende Sicherheit mehr biete. Zwei Jahre später stehe er nun hier mit dem gleichen Änderungsantrag in Händen. In der Zwischenzeit sei Deutschland exponentiell stärker geworden. Es habe eine riesige Luftwaffe aufgebaut, die Wehrpflicht wieder eingeführt, mit dem Bau einer U-Boot-Flotte begonnen und das Rheinland remilitarisiert. Was habe Großbritannien im gleichen Zeitraum getan? Das Land habe die Luftüberlegenheit verloren und dann auch die Parität; Großbritannien habe es versäumt, neue Panzer und andere Waffen zu entwickeln, habe den Landstreitkräften die Grundausstattung entzogen und Deutschland das Recht eingeräumt, eine Flotte aufzubauen, deren Stärke sich auf 35 Prozent der Kapazität der Royal Navy beläuft. Als treffenden Vergleich könne Sir Thomas Inskip nun wieder ein biblisches Zitat bemühen, wie er es so gerne zur Besänftigung einsetzen würde, und die Jahre 1933–1935 als «die Jahre beschreiben, welche die Heuschrecken gegessen haben».[22]

Für Churchill war Abhilfe dringend geboten, und wie man vorgehen musste, lag auf der Hand. Die Regierung müsse ein Ministerium für Nachschubsicherung einrichten, um die Aufrüstung zu beschleunigen und den Bemühungen zur Produktionssteigerung in der Industrie Priorität zu verschaffen. Dies würde unweigerlich zu einer gewissen Beeinträchtigung des Handels führen, aber das wäre besser, als die Absurditäten der derzeitigen Situation fortzuschreiben, in der die Unternehmen lukrativere Aufträge aus dem Ausland – einschließlich Deutschland – über die Bedürfnisse der britischen Regierung stellen könnten. Inskip sympathisierte mit dieser Idee, war jedoch gezwungen gewesen, sich im Parlament gegenteilig zu äußern und gleichzeitig den Abgeordneten zu versichern, dass die Entscheidung nicht endgültig war. Churchill verspottete dieses wankelmütige Geschwafel:

> Die Regierung kann sich einfach nicht entscheiden – oder sie kann den Premierminister nicht dazu bringen, sich zu entscheiden. So bewegen sie sich in einem einzigen Paradoxon, entschieden sind sie nur darin, sich nicht entscheiden zu können, entschlossen, unentschlossen zu sein, hartnäckig darin, sich treiben zu lassen, unverrückbar für die Flexibilität, alle so mächtig, nur um impotent zu sein. So machen wir uns weiter daran und werfen weitere Monate und Jahre – kostbar, vielleicht lebenswichtig für die Größe Großbritanniens – den Heuschrecken zum Fraß vor.[23]

Als Reaktion auf diesen Angriff gab Baldwin eine Erklärung von «erschütternder Offenheit» ab, in der er sich zu der Überzeugung bekannte, dass es aufgrund der Stimmung in der Wählerschaft vor den Parlamentswahlen 1935 unmöglich gewesen wäre, eine groß angelegte Aufrüstung einzuleiten. Die Bevölkerung sei zu friedliebend gestimmt gewesen und dies sei der Grund dafür, dass die Demokratie immer zwei Jahre hinter dem Diktator hinterherhinke. Nun habe die Regierung jedoch ein Mandat für die Wiederaufrüstung und es herrsche eine tiefe Überzeugung in der britischen Bevölkerung, dass «es kein Zurückgehen geben darf hinter den Entschluss zu einer solchen Wiederaufrüstung, wie wir sie für notwendig halten, um jeder möglichen Gefahr zu begegnen».[24]

Dass dies nun der Fall war, verdankte sich zu großen Teilen Churchills Kampagne, deren Unterstützerfeld sich 1936 rapide ausgeweitet hatte und inzwischen einen bedeutenden Teil der liberalen und sogar linken öffentlichen Meinung umfasste. Diese Vorgänge wurden dadurch begünstigt, dass Churchill damit begann, die Unterstützung für den Völkerbund und für die Idee der kollektiven Sicherheit in Unterstützung für seine eigene Politik der Aufrüstung umzumünzen. In seinen Reden fanden sich daher immer mehr typische liberale Ideologeme dieser Zeit, und bald wurde er eingeladen, mit parteiübergreifenden Organisationen wie der Union zur Unterstützung des Völkerbunds, dem Anti-Nazi-Rat und der New-Commonwealth-Gesellschaft zusammenzuarbeiten. Gleichzeitig bewegte sich die Linke langsam auf Churchills Position zu. Im Juli 1936 erhob eine Gruppe spanischer Generäle die Waffen gegen die Mitte-Links-Regierung von Santiago Casares Quiroga. Der darauffolgende Bürgerkrieg, in dem spanische Städte von deutschen Flugzeugen dem Erdboden gleichgemacht wurden, zerstörte die Chimäre der Abrüstung. Die Welt war ein gefährlicher, Ort und der Faschismus – verantwortlich für Gräueltaten in Abessinien, Deutschland und jetzt Spanien – machte es notwendig, dass die Demokratien sich und ihre Werte verteidigten. Doch es gab auch eine alternative Sichtweise auf das Jahr 1936, in dem die Bewunderung für das nationalsozialistische Deutschland gerade ihren Höhepunkt erreichte und eine neue Welle von Touristen und rechten Sympathisanten sich auf den Weg machte, um das zu erleben, was ein Journalist als «Hitlers Wunderland» bezeichnet hatte.[25]

Hitlers Wunderland

Ich bin inzwischen zu dem Schluss gekommen, dass der durchschnittliche Engländer – obwohl er inneren Angelegenheiten mit
gesundem Menschenverstand begegnet – oft konfus, schlampig
und leichtgläubig an die Sache herangeht, wenn er sich mit
Außenpolitik beschäftigt.

Sir Horace Rumbold an Geoffrey Dawson, 10. Juni 1936[1]

Ernest Tennant und seine Frau standen früh auf. Am Morgen des 15. September 1935, ein Sonntag, verließen sie um sieben Uhr das Nürnberger
Grand Hotel und fuhren südwestlich aus der Stadt hinaus zum riesigen
Aufmarschplatz. Dort, bei Sonnenaufgang, wird den Zuschauern der
Anblick auf 120000 uniformierte SS-Männer geboten, die bereits in per-
fekten Reihen aufgestellt sind und Tennant an ein gigantisches, in voller
Blüte stehendes Tulpenfeld erinnern. Er war wie hypnotisiert. «Wenn es
jemandem in irgendeinem Land der Welt noch an Überzeugung mangelt,
welche Macht Nazi-Deutschland birgt, das kolossale Spektakel dieser mit
stählerner Disziplin ablaufenden Parteitagsparade würde ihn davon überzeugen», schrieb er.

Keiner der großen Kriegerkönige der Vergangenheit, von Xerxes bis zum
[deutschen] Kaiser, hat sich jemals solch eine Pracht, solchen Prunk
erträumt, wie es Hitlers Organisatoren in Nürnberg zur jährlichen Routine haben werden lassen. ... Was ich in Nürnberg gesehen habe, hat nichts
an meiner Meinung über den stetigen Fortschritt Deutschlands und die
lebenswichtige Bedeutung der britisch-deutschen Freundschaft geändert.
... Möglicherweise erleben wir, wenn das gegenwärtige Regime überdauert,
die Geburt einer Superrasse.[2]

Der Nürnberger Parteitag von 1935 war keineswegs Tennants erster Eindruck von NS-Deutschland. Als gut vernetzter Handelsbankier kannte er Deutschland von zurückliegenden Geschäftsreisen und hatte sich früh begeistert über das Regime geäußert. Im Jahr 1932 hatte er sich mit Joachim von Ribbentrop angefreundet, und gemeinsam hatten sie sich zum Ziel gesetzt, Kontakte zwischen den Nationalsozialisten und führenden Politikern in Großbritannien zu knüpfen. Zunächst waren diese Bemühungen allerdings nur von begrenztem Erfolg gekrönt. Stanley Baldwin hatte solche Angst davor, dabei ertappt zu werden, als er Tennant zu Gesprächen in Downing Street empfing, dass er ihr Gespräch abrupt beendete, als ihm auffiel, dass als nächster Besucher der Außenminister erwartet wurde und nur noch wenig Zeit blieb. Er beschied Tennant, dass sie nicht zusammen gesehen werden dürften, und wies ihn aus dem Raum. «Ich dachte einen Moment lang, dass Herr Baldwin mich bitten würde, mich im Schrank zu verstecken», erinnerte sich der Bankier.[3]

1936 hatten sich die Rahmenbedingungen jedoch geändert. Es machte den Eindruck, dass die NS-Revolution, die 1933 und 1934 so schockierend und turbulent begonnen hatte, sich nun zu beruhigen schien. Der Vertrag von Versailles war ausgehöhlt worden, die Stresa-Front zerstört. Hitler hatte die deutsche Selbstachtung wiederhergestellt und schien ein Wundermittel gegen die Arbeitslosigkeit gefunden zu haben. Die deutsche Stärke, die deutsche Einheit und die deutschen Errungenschaften waren Phänomene, die viele bestaunten. Gleichzeitig waren die Briten von Frankreich desillusioniert wie nie zuvor. Die fehlende Unterstützung der britischen Position zur Abessinien-Frage und die vermeintlichen Versuche, Großbritannien anlässlich der Rheinland-Wiederbesetzung in einen Krieg hineinzuziehen, waren das eine, die Regierungsbildung als Front populaire – Volksfront aus linken Parteien, einschließlich der Kommunisten – im Mai 1936, nur zwei Monate nach der Ratifizierung des höchst verdächtigen französisch-sowjetischen Pakts, das andere. Traditionelle Frankophobie verschmolz nun mit einer neuerlichen Angst vor dem Kommunismus, während gleichzeitig der Ausbruch des Spanischen

Bürgerkriegs darauf hinzuweisen schien, dass Europa in rivalisierende ideologische Lager zerfiel. Unter diesen Umständen kam es zu einer spürbaren Verlagerung der Sympathien in Richtung Deutschland. Diese Veränderung war selbstverständlich bei weitem nicht allgemeingültig. Viele Briten hielten den Nationalsozialismus immer noch für abstoßend, wobei sich die Mehrheit der Bevölkerung ohnedies mehr für die Konjunktur und die Entwicklung des Lebensstandards interessierte als für Ereignisse im Ausland. Nichtsdestotrotz war eine Veränderung zu beobachten: Die Bewunderung für das nationalsozialistische Deutschland erfuhr weiteren Zuspruch, und eine neue Welle von Enthusiasten machte sich auf, das aufblühende Reich selbst in Augenschein zu nehmen. Der britisch-deutsche Moment war gekommen.

Es gab, wie bereits erwähnt, eine Reihe von Gründen, weshalb Mitglieder der britischen Elite dem Faschismus durchaus Sympathien entgegenbrachten – von denen die Angst vor dem Kommunismus als zentral anzusehen ist. «Fast alle meine Bekannten sind ... empfindlich, was Mussolini angeht (obwohl, in letzter Zeit nicht mehr so sehr) und den Nazis gegenüber, aber hirnverbrannt in Bezug auf den ‹Kommunismus›», notierte Lady Nelly Cecil, Frau von Lord Robert Cecil und Tochter des Earls von Durham, im November 1936. Später würde sie eine Korrespondenzmappe führen, die sie mit dem Titel versah: «Ein – erfolgloser – Versuch, gesellschaftlich tonangebende Konservative zu überreden, deutschen Besuchern deutlich zu machen, dass politische und religiöse Verfolgung, Inhaftierung ohne Prozess, Mord und Folter in diesem Land keine gesellschaftlich tolerierten Verhaltensweisen sind.»[4] Der Mitteleuropa-Korrespondent der *Times*, Douglas Reed, schrieb: «Klassenvorurteile und eine zur Obsession gewordene Eigentumsfixierung» haben «die Snobs ... zu Faschisten» werden lassen. Und Harold Nicolson begegnete im Mai 1938 in Pratts Club drei jüngeren Mitgliedern des Oberhauses, die zugaben, «lieber sähen sie Hitler in London als eine sozialistische Regierung»[5].

Einige Wochen später beklagte der Abgeordnete der Regierungsfraktion: «Menschen der herrschenden Klassen denken ausschließlich in den Kategorien ihres Vermögens, was sie die Roten hassen lässt.» Dazu notierte Nicolson: «Das schmiedet ein künstliches, aber zurzeit höchst wirksames Band zwischen uns und Hitler. Unsere Klasseninteressen überschneiden auf beiden Seiten unsere nationalen Interessen.»[6]

Unterdessen erstrahlte das Dritte Reich in einem ungesunden Glanz, der von Anfang an einige der leichtfertigeren Repräsentanten der englischen Gesellschaft anzog. Maggie Greville, eine der führenden Londoner Gastgeberinnen, nahm 1934 am Nürnberger Reichsparteitag teil und kehrte «voller Begeisterung für Hitler» zurück. Lady ‹Emerald› Cunard, eine weitere Dame, die vielbesuchte Gesellschaften veranstaltete, war im August 1933 nach München gereist, nachdem sie sich selbst als «pro-Hitler» eingestuft hatte.[7] Und Lord Redesdales viertjüngste Tochter, die passenderweise den Namen Unity Valkyrie Mitford[*] trug, versetzte gern jeden, den sie traf – einschließlich der örtlichen Postbotin – in Erstaunen, indem sie mit erhobenem Arm und «Heil Hitler!» grüßte.[8]

Dieser Trend bekam weiteren Aufwind durch die bekannten Sympathien des Prince of Wales bzw. ab dem 20. Januar 1936 König Edward VIII. Schon im Juli 1933 hatte der Prinz ohne Weitsicht oder ein Gefühl der verfassungsmäßigen Angemessenheit Prinz Louis Ferdinand von Preußen gegenüber seine Ansichten deutlich gemacht, als er sagte, dass es nicht Sache Großbritanniens sei, sich «in die inneren Angelegenheiten Deutschlands einzumischen, weder in Bezug auf die Juden noch in Bezug auf alles andere». Er hatte ergänzt, dass «Diktatoren heutzutage

---

[*] Unity Mitford war später für ihre Freundschaft mit Hitler berüchtigt, der sie und ihre Schwester Diana (die im September 1936 den Führer der Britischen Union der Faschisten Sir Oswald Mosley heiratete) als «Musterexemplare der arischen Frau» bezeichnet hatte. Mit Kriegsausbruch 1939 versuchte sie, Selbstmord zu begehen, und wollte sich im Englischen Garten in München erschießen, verletzte sich aber lediglich. Als Invalidin wurde sie auf Befehl Hitlers nach England zurückgeschickt und starb 1948.

sehr beliebt seien» und dass für England eventuell ebenfalls bald so etwas vorstellbar sei.[9] Vier Monate später sagte er dem ehemaligen österreichischen Botschafter Graf Mensdorff, dass der Nationalsozialismus «das einzig Richtige» sei. Und der Tory-Abgeordnete Chips Channon notierte im Juni 1935 in sein Tagebuch: «Viel Klatsch über die angeblichen nationalsozialistischen Tendenzen des Prince of Wales.»[10]

Der Grund, warum allseits über das Thema gesprochen wurde, war eine Rede, die der Prinz am 11. Juni 1935 vor Mitgliedern der Veteranenorganisation British Legion gehalten hatte. Darin hatte er lobend auf den bevorstehenden Besuch einer Delegation von ehemaligen Militärangehörigen in Deutschland verwiesen. Der Aufenthalt im folgenden Monat war, wie Anthony Eden gewarnt hatte, eine willkommene Möglichkeit für das Regime zur Propaganda. Auf eine zweistündige Audienz mit Hitler folgte der Besuch eines britischen Kriegsgefangenenfriedhofs, danach fand eine geschönte Führung durch das Konzentrationslager Dachau statt, in dem als Gefangene getarnte Wachen den Besuchern erfolgreich ein falsches Bild vorgaukeln konnten – und ein «ruhiges, familiäres Mittagessen mit Herrn Himmler»[11]. Bei öffentlichen Veranstaltungen erklärten die Teilnehmer der Delegation den Ersten Weltkrieg zu einem «kolossalen Fehler», wurden allseits mit dem Hitlergruß begrüßt und legten an verschiedenen Gedenkstätten Kränze nieder – allerdings, obwohl die Gastgeber darum gebeten hatten, verzichteten sie darauf, der nationalsozialistischen ‹Märtyrer› des Bürgerbräu-Putsches von 1923 auf diese Weise zu gedenken.[12]

Ein weiterer Besuch, der zu Kontroversen führte, war der von Charles Vane-Tempest-Stewart, 7. Marquess of Londonderry, den der ehemalige konservative Abgeordnete Cuthbert Headlam als «dumm» und «eingebildet», ganz «der stolze Adlige aus einem altmodischen Roman» charakterisierte. Londonderry war in der National-Regierung Luftfahrtminister (1931–1935) und Lordsiegelbewahrer (1935) gewesen.[13] Dass ein solcher «Schwachkopf», wie Churchill ihn titulierte, so lange einen Platz im Kabinett besetzen konnte, lag am Einfluss seiner Frau auf Ramsay MacDonald und an der Tatsache, dass Großbritanniens erster der Arbeiterklasse entstammender Premier «es sehr genoss, als erster Minister der Krone in voller Abendgarderobe oben auf der großen Treppe von Londonderry House zu stehen».[14] Doch auch mit MacDonalds Fürsprache konnte sich Londonderry nicht ewig halten. Im November 1935 komplimentierte Stanley Baldwin ihn aus dem Kabinett heraus, nachdem er ihn bereits vier Monate zuvor als Luftfahrtminister entlassen hatte. Londonderrys Biograph bemerkte dazu, es sei der Groll aufgrund dieser Degradierung gewesen, der ihn veranlasst habe, sich anderweitig nach einem neuen Betätigungsfeld umzusehen. Er habe intensiv nach «äußerer Wertschätzung» gesucht, und da er schon jahrelang als Kritiker der Außenpolitik der Regierung aufgetreten war, lag es für ihn nahe, Deutschland zu besuchen und die Meinung des dortigen Führungszirkels einzuholen.[15]

Der Besuch, den er mit seiner Frau und seiner vierzehnjährigen Tochter unternahm, erfolgte zwischen Ende Januar und der zweiten Februarwoche 1936. In Begleitung einer Eskorte, die Göring für sie bereitgestellt hatte, durften sie von der Reichskanzlei aus einem Fackelzug zuschauen, besuchten Einrichtungen der Luftwaffe und hörten ein Wagner-Konzert. Am zweiten Tag ihres Besuchs waren sie auf Görings Landsitz eingeladen, und am 2. Februar wurden sie von Ribbentrop zu einem Mittagessen gebeten, das er für 25 Personen, darunter Hitlers Parteivize Rudolf Heß, veranstaltete. Höhepunkt des Besuchs war eine zweistündige Audienz, die Hitler Londonderry am Nachmittag des 4. Februar in der Reichskanzlei gewährte. Wie der Dolmetscher Paul Schmidt sich erinnerte: «Es war fast wie ein Liebeswerben Hitlers um die spröde Britannia.»[16] Hitler erläuterte die Gefahren des Bolschewismus, äußerte seinen Wunsch nach einer Verständigung mit England (mit diesem Begriff bezog er sich stets auf Großbritannien) und betonte die Notwendigkeit einer deutschen Expansion. Dass das Werben Erfolg gehabt hatte, wurde in Londonderrys Pressemitteilung deutlich, in der er nach seiner Rückkehr erklärte, dass er in Deutschland auf «sehr freundliche Gefühle diesem Land [Großbritannien] gegenüber und den starken Wunsch nach Freundschaft mit Großbritannien und Frankreich» gestoßen sei. Einige Tage später beschrieb er

Hitler bei einer Rede vor Publikum in Durham als «freundlichen Mann mit fliehendem Kinn und beeindruckendem Gesicht» und wiederholte die Behauptung des Führers, dieser baue ein starkes Deutschland auf, um eine kommunistische Expansion in Richtung Westen zu verhindern.[17]

Vorhersehbarerweise provozierte es Kritik, wenn ein vormaliges Kabinettsmitglied die deutsche Propaganda nachplapperte. Der *Manchester Guardian* verspottete den Marquess ob seiner Leichtgläubigkeit, und Harold Nicolson urteilte in seinem Tagebuch über das Verhalten des ehemaligen Luftfahrtministers:

> Meine neue Freundin Maureen Stanley [Frau von Oliver Stanley, dem Präsidenten des Bildungsausschusses, und Londonderrys älteste Tochter] lud mich zu sich ein, damit ich ihren Vater träfe, der gerade Hitler ein wenig poussiert hatte. Nun bewundere ich Londonderry zwar auf eine Weise, weil es schön ist, 1936 noch wie 1760 zu sein; er ist ein wirklicher Edelmann. Ich bin aber sehr dagegen, daß ehemalige Kabinettsminister in diesem Augenblick nach Deutschland hinüberzotteln. Es sieht nach Geheimverhandlungen aus und ärgert die Franzosen. Aber in solchen Dingen sind wir unheilbar verantwortungslos.[18]

Londonderrys Besuch, den er in den nächsten zwei Jahren mehrmals wiederholte, machte ihn zum prominentesten Verfechter der britisch-deutschen Freundschaft und zum führenden britischen Apologeten des NS-Regimes. Im April 1938 veröffentlichte er unter dem Titel «Was uns und Deutschland betrifft» ein Plädoyer für die Zusammenarbeit, in dem er die «rassische Verbindung» zwischen den beiden Nationen betonte und die Vorstellung verspottete, dass Deutschland «ungeduldig darauf wartet, bis seine Aufrüstung das Niveau erreicht hat, mit dem man über die Nachbarn herfallen kann».[19] Er war jedoch keineswegs der einzige Nicht-Faschist, der sich täuschen ließ. Abgesehen von Lord Lothian, der im Mai 1937 eine zweite Audienz bei Hitler hatte, und Ernest Tennant, war da der Historiker Arnold Toynbee, der sich 1936 nach einem Treffen mit Hitler «überzeugt von seinem aufrichtigen Friedenswillen» zeigte. Auch dem ehemaligen stellvertretenden Kabinettssekretär Thomas Jones und sogar dem ehemaligen Labour-Chef George Lansbury erging es ähnlich.[20]

Dass sich Lansbury nach seinem Treffen mit Hitler im April 1937 vernehmen ließ: «Er wird nicht in den Krieg ziehen, wenn er nicht von anderen in den Krieg gedrängt wird!», ist lediglich der offensichtlichste Beweis dafür, dass die Rechten in dieser Zeit kein Monopol auf Leichtgläubigkeit besaßen.[21] So bemerkte denn auch Oxford-Professor und Labour-Kandidat A.L. Rowse später: «Keiner der linken Intellektuellen konnte das, was er in den dreißiger Jahren geschrieben hatte, erneut veröffentlichen, ohne offenzulegen, was für idiotische Fehlurteile er über die Ereignisse gefällt hatte.» Rowse dachte dabei an den Herausgeber des *New Statesman* Kingsley Martin, einen Appeasement-Befürworter, der nicht nur eine Politik des Isolationismus vertreten hatte, sondern auch die Beschränkung auf «Little England» (i.e. das Vereinigte Königreich von Großbritannien und Nordirland ohne Kolonien), aber auch an seinen Kollegen, den Oxford-Professor und nachmaligen Minister im Labour-Kabinett Richard Crossman, der während eines beträchtlichen Teils des Jahrzehnts geglaubt hatte, Hitler plane, den Sozialismus in Deutschland einzuführen.[22] «Ich erinnere mich, dass ich mit ihm im Innenhof von All Souls spazieren ging», schrieb Rowse, «und auf den blonden Kraftprotz einschrie: ‹Hitler bedeutet nicht Sozialismus, sondern Faschismus – Kannst du das nicht einsehen?› Woraufhin Dick Hitler mit den Worten verteidigte: ‹Wenigstens musst du zugeben, dass er aufrichtig ist!›»[23]

Für diejenigen, die die wahre Natur des Nationalsozialismus erkannten, war die wachsende Prozession an Amateurdiplomaten und Reichs-Touristen in den Jahren 1936 und 1937 nicht nur irritierend, sondern auch ein Grund zum Verzweifeln. «Ich weiß, dass die Regierung in unserem freien Land nicht immer verhindern kann, dass die Reichen und Berühmten Londons zu Hitler reisen», schrieb der langmütige Sir Eric Phipps am 10. November 1936, «aber wenn einige der Besucher zum Schweigen gebracht werden könnten, wäre das meiner Meinung nach eine gute Sache. Soweit ich sehen kann, wecken sie hier nur falsche Hoffnungen und werden schließlich in den Herzen der Deutschen mehr Ressentiments schüren, als es selbst dieser Griesgram vermocht hat – dieser britische Botschafter, der es immer hartnäckig abgelehnt hat, Göbbels [sic], Schacht und Co. auch nur die geringste Hoffnung auf die kleinste Kolonie zu machen.»[24] Viscount Cecil sah das nicht anders: «Diese Leute, die jetzt nach Berlin gehen, sind wirklich ein ziemliches Ärgernis», beschwerte er sich bei seinem Kollegen, dem Oxford-Altphilologen Gilbert Murray. «Mir kommt es vor, als seien sie reinweg auf die Deutschen hereingefallen. Was nützt es, wenn Allen [Lord Allen of Hurtwood] uns versichert, dass sie Frieden wollen, wenn Deutschland nie eine Chance auslässt, sich arrogant und anti-international zu verhalten? ... Meine Freunde vom rechten Flügel scheinen in ihrer Angst vor dem Kommunismus verrückt geworden zu sein.»[25]

Noch härter fiel nur die vernichtende Analyse von Phipps' Vorgänger in Berlin aus, dem unfehlbar scharfsinnigen Sir Horace Rumbold. Im Juni 1936 schrieb er an den hartnäckig für Appeasement eintretenden Herausgeber der *Times* Geoffrey Dawson:

Ich bin inzwischen zu dem Schluss gekommen, dass der durchschnittliche Engländer – obwohl er inneren Angelegenheiten mit gesundem Menschenverstand begegnet – oft konfus, schlampig und leichtgläubig an die Sache herangeht, wenn er sich mit Außenpolitik beschäftigt. Man hört oftmals Sätze wie: «Die Deutschen gleichen uns beispiellos.» Was könnte unzutreffender sein?! ... Ich könnte viele Unterschiede aufzählen. Zunächst besitzen die Deutschen eine Brutalität, die dem normalen Engländer völlig abgeht, und die Deutschen können gut mit Dingen leben, die der Durchschnittsbevölkerung in diesem Land widerstreben. Mein Argument ist hier, dass wir die Menschen kennen sollten, mit denen wir zu tun haben. Mittlerweile hat Hitler die Prinzipien aus *Mein Kampf* innerhalb Deutschlands ganz konsequent umgesetzt – nun wird er sie in seiner Außenpolitik anwenden, und damit beginnen die Probleme. Der Wert einer Verständigung mit Deutschland besteht für uns nicht nur darin, dass so Frieden und Stabilität in Westeuropa gewährleistet werden können, sondern dass sie als Hemmschuh für die Abenteuer Hitlers in Mittel- und Osteuropa fungiert. Sobald er eines der möglichen Abenteuer in diesen Regionen tatsächlich in die Wege leitet, ist ein Krieg meiner Meinung nach unausweichlich. Der gewöhnliche Engländer merkt nicht, dass der Deutsche ein unverbesserlicher Oliver Twist ist: Gib ihm etwas, und er springt vom Boden auf, um nach etwas anderem zu fragen.

Ich dachte, nachdem Hitler das Rheinland wieder besetzt hatte, hätte er zugegeben, dass Deutschland damit Gleichberechtigung errungen hat – aber ich lese jetzt, dass [Deutschland diese Gleichberechtigung] noch immer anmahnt. Vielleicht wird [Deutschland] dann zugeben, dass es sie erreicht hat, wenn Hitlers Traum wahr wird und Europa von einer Masse von 250 Millionen Germanen bewohnt wird.[26]

Doch für den Moment befanden sich die Germanophilen im Aufwind. Im Oktober 1935 hatten sie als Organisation die Anglo-German Fellowship (AGF) gegründet, nachdem sich die Vorgängerorganisation, die Anglo-German Association, nach einer Auseinandersetzung über jüdische Mitgliedschaften aufgelöst hatte.[*] Im Sommer 1936 konnte die AGF als selbstbewusste Elite-Organisation 24 Lords und 17 Abgeordnete zu ihren Mitgliedern zählen sowie zahlreiche Bankiers, Geschäftsleute, Generäle und Admiräle. Zu den Firmen, die sich assoziierten, gehörten so bekannte

---

[*] Im Herbst 1934 war das deutsche Äquivalent der Anglo-German Association aufgelöst und durch eine Organisation mit Mitgliedern von ausschließlich rein arischer Abstammung ersetzt worden. Nach einer internen Debatte folgte die britische Partnerorganisation im April 1935 dem deutschen Vorbild. Der Präsident des Verbandes, General Sir Ian Hamilton, behauptete zum Zeitpunkt der Auflösung, dass er der Notlage der deutschen Juden wohlwollend gegenüberstehe, es aber nicht für patriotisch oder richtig halte, dass «die ganze Frage des zwischenstaatlichen Engagements durch diesen einen Aspekt der gegenwärtigen Situation Deutschlands beeinträchtigt wird».

Namen wie Thomas Cook, Dunlop Rubber, Lazard Brothers, Price Water-house und Unilever.[27] Bei weitem nicht alle diese Personen oder Unternehmen waren NS-Sympathisanten. Viele wollten die Organisation lediglich nutzen, um ihre Geschäftsinteressen zu befördern. Doch obwohl die AGF behauptete, unpolitisch zu sein, war sie in Wirklichkeit ein Vehikel für die deutsche Propaganda und die Erleichterung von Kontakten und Reisen für diejenigen Mitglieder der britischen Elite, die an einem Besuch des Dritten Reiches interessiert waren. Vorsitzender war Lord Mount Temple – der wie Wilfrid Ashley zwischen 1924 und 1929 konservativer Verkehrsminister gewesen war –, ihm arbeiteten Ernest Tennant und T.P. Conwell-Evans zu und fungierten quasi als inoffizielles Reisebüro des NS-Regimes. Auf deutscher Seite war Ribbentrop die wichtigste Figur.

Eitel, arrogant und oberflächlich, hatte Joachim von Ribbentrop seit 1933 versucht, die Beziehungen zwischen den Briten und den Nationalsozialisten zu fördern. Hineingeboren in eine Offiziersdynastie des alten wilhelminischen Deutschland – allerdings ohne das «von», das er erst später kaufte –, hatte er sein Vermögen damit gemacht, die Tochter des größten deutschen Sektproduzenten zu heiraten, und wurde dann Handelsvertreter für so bekannte Marken wie Chartreuse, Johnnie Walker Whisky und Pommery Champagner. Nachdem er bei der Machtübernahme eine Nebenrolle gespielt hatte, gelang es dem ehrgeizigen und inzwischen Hitler hingebungsvoll ergebenen Ribbentrop, gleich in den ersten Jahren des Dritten Reiches eine Nische zu besetzten: als inoffizieller Gesandter und Propagandist des Führers im Ausland.

Zunächst waren seine politischen Bemühungen erfolglos. Sir John Simon reagierte kühl auf seine Annäherungsversuche, andere Regierungsvertreter, wie etwa Ramsay MacDonald und Neville Chamberlain, betrachteten ihn lediglich als einen Parvenü, der sich einmischen wollte. Er war jedoch bei einer Reihe von bekannten Damen der Londoner Gesellschaft beliebt, darunter Lady Londonderry und ‹Emerald› Cunard. Und 1935 handelte er erfolgreich ein Marineabkommen zwischen Großbritannien und Deutschland aus. Am 24. Juli 1936 belohnte Hitler ihn und machte

ihn zum deutschen Botschafter in London, wenn auch nicht, wie Ribbentrop gehofft hatte, zum Außenminister. Laut Frau von Ribbentrop waren
die Abschiedsworte des Führers an den neuen deutschen Botschafter in
London: «Ribbentrop, bringen Sie mir die englische Allianz.»[28]

Doch dazu sollte es nicht kommen. Auch wenn die Presse zunächst
gute Miene zu Ribbentrops Spiel machte, war seine Amtszeit in London,
wie von vielen vorhergesagt, ein Desaster. Schon als er am 26. Oktober
1936 auf der Victoria Station ankam, brüskierte er die politische Klasse,
indem er mit dem Protokoll brach und noch auf der Plattform eine bom-
bastische Rede hielt. Auch die Gemeinde in der Durham-Kathedrale
staunte nicht schlecht, als er während der Hymne «Glorious Things of
Thee Are Spoken» (i.e. Glorreiche Dinge von Dir man spricht) den Arm
zum Hitlergruß gestreckt hielt – das Kirchenlied wird zur gleichen Haydn-
Melodie gesungen wie das Lied der Deutschen «Deutschland, Deutschland über alles». Fragwürdige Berühmtheit erlangte er, als er die Geste im
Februar 1937 vor König Georg VI. wiederholte, wurde jedoch dann bald
zur Zielscheibe von Spott und Hohn. Unter anderem wurde er Botschafter «Brickendrop» (i.e. der gegen die Wand läuft und nichts erreicht)
getauft, und selbst die Appeasement-Befürworterin Nancy Astor sagte
ihm ins Gesicht, er sei «ein verdammt schlechter Botschafter».[29] In der
Zeit, bevor sich dieser Ruf verfestigen konnte, genoss Ribbentrop jedoch
einen gewissen sozialen, wenn nicht gar politischen Einfluss, während
die Nationalsozialisten zeitgleich aus einer Reihe von Propagandacoups
ihren Nutzen ziehen konnten.

Am 1. August 1936 wurde in Berlin in spektakulärem Stil die elfte Olym-
piade der Moderne eröffnet. Über 100000 Zuschauer verfolgten die Zeremonie im neuen Olympia-Stadion im Westen der Stadt, während sich
schätzungsweise eine halbe Million Menschen versammelte, um die Pro-
zessionen entlang der Prachtmeile Unter den Linden zu feiern. Girlanden

in einer Länge von mehr als 30 Kilometern und Flaggen aus rund 40000 Quadratmetern Stoff gaben der Hauptstadt den Anschein eines einzigen gigantischen «Kaiserzeltes antiker Schlachten»[30]. Nachdem er diese Strecke von der Reichskanzlei aus wie im Triumph abgefahren war, eröffnete Hitler die Spiele um 17:30 Uhr. Zu den Klängen der eigens von Deutschlands größtem lebendem Komponisten, Richard Strauss, komponierten Olympischen Hymne wurden 20000 Brieftauben in den Himmel entlassen. Als die Musik verklungen war, erschien der letzte Fackelträger, Fritz Schilgen – Verkörperung des athletischen Ariers –, trug die Fackel durch das Stadionrund und entzündete die Olympische Flamme in einer Feuerschale. Am Himmel darüber dräute das größte Luftschiff der Welt, die rund 245 Meter lange Hindenburg: letzten Endes ein Symbol deutscher Macht – und Tragödie.

Die Olympischen Spiele in Berlin waren ein Geschenk, das die NS-Propaganda voll ausnutzte. Nachdem Hitler die Spiele ursprünglich als «Erfindung der Juden und Freimaurer» und als «ein vom Judentum inspiriertes Stück, das in einem von Nationalsozialisten regierten Reich unmöglich aufgeführt werden kann», bezeichnet hatte, erkannte er bald, dass ihm nach seiner Machtübernahme eine einzigartige Gelegenheit geboten wurde, die Welt zu Gast zu haben und mit seiner Schöpfung zu blenden. Vor diesem Hintergrund war das Jahr 1936 – von der Remilitarisierung des Rheinlands einmal abgesehen – von einem selbstbewussten Bemühen des Regimes geprägt, weltweit Respekt zu erlangen. Auf dem blutigen Weg zu einer Rassenutopie wurden zunächst keine neuen Schritte unternommen – die Nürnberger Gesetze, die Juden zu Bürgern zweiter Klasse machten, waren bereits im September 1935 erlassen worden. Und als im Februar ein führender Schweizer Nationalsozialist von einem jüdischen Studenten ermordet wurde, gab es kein Pogrom, wie es nach einem ähnlichen Attentat im November 1938 organisiert werden würde. Als sich der Termin der Spiele näherte, verschwanden die Für-Juden-verboten-Schilder von der Straße ebenso wie die allerorten zu findenden Schaukästen von Julius Streichers vulgär-antisemitischer, teils pornographischer Zeitung *Der Stürmer*. Bücher, die zuvor verboten waren, tauchten wieder in den Auslagen der Buchhandlungen auf, und in den Nachtclubs wurde wieder Jazz gespielt. In den Tagen vor der Eröffnungsfeier wurden 7000 Prostituierte aus anderen Städten in die Hauptstadt geholt, um die Dezimierungsmaßnahmen zu kompensieren, die seit der Machtübernahme durch die Nationalsozialisten stattgefunden hatten.

150000 ausländische Besucher reisten nach Berlin, um bei dem Sportgroßereignis dabei zu sein. Besonders hoch war die Zahl der britischen Besucher – Ribbentrop sprach von einer «kleine[n] Invasion».[31] Unter anderem gehörten dazu die Pressebarone Lord Rothermere, Lord Beaverbrook, Lord Kemsley und Lord Camrose sowie Lord Monsell (bis Juni First Lord of the Admiralty, sprich Marineminister), Sir Robert und Lady Vansittart (die sich dort zeigen wollten, um die Vorstellung zu zerstreuen, dass der prominente Vertreter des Außenministeriums unwiderruflich deutschfeindlich eingestellt sei), Lord und Lady Aberdare, Lord Barnby, der Abgeordnete Marquess of Clydesdale, Lord Hollenden, Lord Rennell of Rodd, Lord Castlereagh, Lord Jellicoe, der Abgeordnete Kenneth Lindsay (Civil Lord of the Admiralty, eine Position, die es zwischen 1830 und 1964 gab, verantwortlich für das zivile Personal der Royal Navy), der Abgeordnete Harold Balfour sowie Unity und Diana Mitford.*

Um ihre hochkarätigen Gäste zu beeindrucken, veranstalteten die führenden Persönlichkeiten des Regimes eine Reihe von geradezu lächerlich pompösen Partys. Ribbentrop empfing 600 Gäste mit einem «feengleichen Anblick», den sein festlich verwandelter Garten in Dahlem bot, Goebbels lud 3000 Gäste auf eine Insel an der Havel, Göring aber übertraf seine beiden Rivalen noch: mit einer Miniatur-Rekonstruktion eines Dorfes aus dem 18. Jahrhundert – komplett mit Postamt, Gast-

---

* Eine kleine Anzahl prominenter Engländer nahm demonstrativ nicht an den Spielen teil. Harold Nicolson beschloss, auf dem Weg nach Österreich nicht durch Deutschland zu fahren, und Sir Austen Chamberlain, der die Kemsleys auf ihrer Yacht begleitet hatte, weigerte sich, von Bord zu gehen und einen Fuß auf deutschen Boden zu setzen.

haus, Bäckerei, Eseln, Karussell und fröhlich tanzenden Bauern – auf den Rasenflächen des Luftfahrtministeriums.[32] Der in Amerika geborene konservative Abgeordnete und Sozialist Chips Channon – der, wie Harold Nicolson bemerkte, mittlerweile «stark dem wie Sekt wirkenden Einfluß Ribbentrops ... anheimgefallen war» – war entzückt. So etwas habe es seit den Tagen von Ludwig XIV. nicht mehr gegeben, bemerkte jemand. Nicht seit Nero, frohlockte Channon, der die Spiele in der Überzeugung verließ, dass Großbritannien «das tapfere kleine Deutschland sich im Osten mit Roten den Bauch vollschlagen lassen» solle.[33] Selbst André François-Poncet, der skeptische französische Botschafter, gestand, es sei schwer, sich bewusst zu machen, dass diese Männer, «die doch offensichtlich Freude an diesen mondänen Festlichkeiten hatten», auch diejenigen waren, die für die Verfolgung der Juden und die Folterungen in den Konzentrationslagern verantwortlich waren.[34]

Die Olympischen Spiele waren ein Triumph für die Nationalsozialisten. Kaum waren sie jedoch beendet, wurde Hitler ein weiterer Propaganda-Coup beschert. Am 4. September 1936 kam der Mann, der Großbritannien im Ersten Weltkrieg zum Sieg geführt hatte, David Lloyd George, auf dem Berghof an, um mit dem deutschen Diktator Tee zu trinken. Der Besuch, der von Ribbentrop in Zusammenarbeit mit T. P. Conwell-Evans arrangiert worden war, übertraf alles, was die Nationalsozialisten sich erhofft hatten. Der 73-jährige ehemalige Premier fühlte sich schon geschmeichelt, weil er zu einem Gesprächspartner mit weltpolitischem Rang vorgelassen wurde, hörte sich die Lobhudeleien des Führers begierig an und erwiderte sie, indem er Hitler zum «größten Deutschen der Gegenwart» erklärte.[35] Nicht weniger übertrieben ließ er sich nach seiner Rückkehr über den Führer als «den George Washington Deutschlands» aus und versicherte den Lesern des *Daily Express*: «Die deutsche Hegemonie in Europa, die das Ziel und der Traum des alten Vorkriegsmilitarismus war, tut sich im Nationalsozialismus nicht einmal am Horizont auf.»[36]

Fünf Tage nach dem Besuch von Lloyd George wurde der jährliche Parteitag in Nürnberg eröffnet. Im Vergleich zum Vorjahr war die Zahl der britischen Teilnehmer auffällig angestiegen. Lord Mount Temple, Vorsitzender der Britisch-Deutschen Vereinigung (AGF), war da, ebenso wie der ehemalige stellvertretende Kabinettssekretär Thomas Jones, der Arzt des Königshauses Lord Dawson of Penn, die konservativen Abgeordneten Lord Apsley, Frank Sanderson, Arnold Wilson, Thomas Moore und Admiral Sir Murray Sueter sowie Lady Ravensdale, Lord Curzons Tochter und Schwägerin von Sir Oswald Mosley.

Allesamt Personen höheren Prestiges, als es im Folgejahr der Fall war, als laut eines verdeckt ermittelnden Mitarbeiters des britischen Geheimdienstes die englische Besuchergruppe hauptsächlich aus «Unbekannten, fanatischen Rassenreinheitsverfechtern und unbehandelten Fällen für den Psychiater sowie ein oder zwei wirklich gefährlichen Personen» bestand. An erster Stelle war hier Captain George Pitt-Rivers zu nennen – Anthropologe, Eugeniker, Antibolschewist, Rassist und Dorset-Grundbesitzer –, der «sehr ausführlich seine irre antibritische Einstellung zum Ausdruck brachte, vorzugsweise vor einem deutschen Publikum, unaufhörlich antisemitische Bemerkungen fallenließ und, obwohl von den Deutschen verachtet, offensichtlich von ihnen benutzt wird.» Pitt-Rivers wurde von seiner Sekretärin und Geliebten Catherine Sharpe begleitet, die sich zu ihrer Geisteshaltung bekannte, indem sie ein goldenes Hakenkreuzabzeichen trug, zusätzlich zu einem goldenen Armreif, der mit Hakenkreuzen und dem Symbol der italienischen Faschisten, den Fasces, verziert war. Der Agent des britischen Auslandsgeheimdienstes (SIS), der sehr darum hatte kämpften müssen, Informationen über die beiden von ihrem Begleiter, einem Major Watts, zu erhalten, da der «nur selten für einen längeren Zeitraum nüchtern war», empfahl, das Paar daran zu hindern, weiteren Schaden anzurichten, indem seine Pässe konfisziert wurden.[37]

Während eine wachsende Anzahl von Vertretern der britischen gesellschaftspolitischen Elite sich entschieden hatte, die Prachtentfaltung in Hitlers neuem Reich zu genießen, konnte sich die britische Regierung zu keiner Entscheidung durchringen. Baldwin äußerte seinen Wunsch nach besseren Beziehungen zu Deutschland, aber als sein Außenminister Anthony Eden fragte, wie das aussehen solle, antwortete er: «Ich habe keine Ahnung, das ist Ihre Aufgabe.»[38] Hitler schickte auch weiterhin keine Antwort auf den allseits bespöttelten Fragebogen, in dem er um Auskunft gebeten worden war, welche Verträge er einzuhalten gedenke, und lancierte im Laufe des Sommers eine neuerliche Kampagne für die Rückgabe der verlorenen deutschen Kolonien. Die Briten hofften weiterhin auf eine dauerhafte Einigung, konnten sich aber immer weniger vorstellen, wie dies erreicht werden sollte. Ihr Vorschlag, als Ersatz für den inzwischen erloschenen Vertrag von Locarno eine Fünf-Mächte-Konferenz einzuberufen, wurde ignoriert, und der im Juli folgende Ausbruch des Spanischen Bürgerkriegs reduzierte die Chancen auf eine allgemeine europäische Einigung noch weiter. Im Juni hatte Kriegsminister Duff Cooper für Streit gesorgt, als er die Bedeutung der britisch-französischen Zusammenarbeit angesichts der von Deutschland ausgehenden Kriegsgefahr betont hatte. Nach diesem Hinweis auf das Fortbestehen einer grundsätzlichen Angst vor Allianzen, nicht zuletzt mit den Franzosen, erklärte Eden im November in seinem Wahlbezirk in Leamington, dass Großbritannien nur dann zu den Waffen greifen würde, wenn es um die Verteidigung seiner eigenen existenziellen Interessen gehe. Vier Tage zuvor, am 16. November 1936, hatte König Edward VIII. Stanley Baldwin mitgeteilt, dass er beabsichtige, eine geschiedene Amerikanerin namens Wallis Simpson zu heiraten.

Die Abdankung hatte für den Fortgang der Geschichte in zweifacher Hinsicht Bedeutung. Erstens verabschiedete sich damit ein Monarch von der politischen und gesellschaftlichen Bühne, der eine besorgniserregende Bewunderung für Diktaturen im Allgemeinen und für NS-Deutschland im Besonderen gezeigt hatte. Chips Channon notierte, die Krise vom

22. November drehe sich um einen König, der «wahnsinnig in Bezug auf Wallis ist, einfach wahnsinnig», und dazu «in Richtung der Diktatoren abdriftet», der «prodeutsch, gegen Russland und gegen zu viel schludrige Demokratie» eingestellt ist. «Ich wäre nicht überrascht», fuhr der konservative Abgeordnete fort, «wenn er sich selbst zu einer Art mildem Diktator machen wollte.»* [39] Auch wenn das unwahrscheinlich war, hätte sich möglicherweise eine Situation einstellen können, in der die Einstellung des Königs in Verbindung mit seiner mangelnden Achtung vor der Verfassung eine schlimmere Krise hätte auslösen können, als es im Dezember 1936 der Fall war. So konnte die Monarchie überleben, da es sich im Wesentlichen um eine persönliche Angelegenheit handelte und der König ohne viel Aufhebens abtrat. Eine politische Zerreißprobe wäre eine Angelegenheit ganz anderen Kalibers gewesen.

Zweitens wurde die Abdankung von Ribbentrop absichtlich falsch interpretiert, der Hitler davon überzeugte, dass es sich dabei um eine Verschwörung der britischen Regierung handele, die sich eines prodeutschen Monarchen hatte entledigen wollen. «Wissen Sie nicht, welche Erwartungen der Führer an die Unterstützung durch den König für die kommenden Verhandlungen knüpft? Er ist unsere größte Hoffnung», protestierte der Botschafter, als der Presseattaché der Botschaft, Fritz Hesse, versuchte, Ribbentrop vor der heraufziehenden Krise zu warnen. «Sind Sie nicht überzeugt, daß das Ganze eine Intrige unserer Feinde ist, um uns hier der letzten großen Bastion, die wir im Lande haben, zu berauben? ... Sie werden es erleben: Der König wird Wally heiraten und die beiden werden Baldwin und seiner ganzen Bande sagen, daß sie sich zum Teufel scheren sollen.»[40] Als sich herausstellte, dass dies so nicht geschah, war Hitlers Vertrauen in die Engländer und die Möglichkeit eines deutsch-bri-

---

* Seinen Mangel an Urteilsvermögen als auch sein ausgesprochen hohes Talent als Unruhestifter demonstrierte Edward auf eindrucksvolle Art und Weise, als er im Oktober 1937 gemeinsam mit seiner neuen Frau als Duke of Windsor Deutschland einen überaus publikumswirksamen Besuch abstattete. Das Paar posierte öffentlich mit Hitler und zeigte zu mindestens zwei Anlässen sogar den Hitlergruß.

tischen Bündnisses stark erschüttert. Nach Angaben des Presseattachés habe er zu Ribbentrop daraufhin gesagt, der solle seine Taschen packen und nach Deutschland zurückkehren. Es gebe, so Hitler, jetzt, «wo der König vom Thron gestoßen worden ist, ... niemand anderen mehr in England, der bereit ist, sich mit uns einzulassen.» Er bat seinen Botschafter, einen Bericht zusammenzustellen über alles, was er seit seiner Ankunft in Großbritannien hatte erreichen können, versicherte aber, auch wenn seine Bemühungen zu nichts geführt hätten, würde er ihm das nicht verübeln.[41] Die kritische «Stunde der Entscheidung» für die britisch-deutsche Freundschaft war vorüber.

Auftritt Chamberlain

> Als Schatzkanzler konnte ich kaum ein Steinchen bewegen, nun
> brauche ich nur einen Finger zu rühren, und das Antlitz Europas
> verändert sich!
>
> Neville Chamberlain, August 1937[1]

Am 30. Januar 1937 erklärte Hitler in seiner Ansprache vor dem Reichstag, unter seiner Führung sei ein Zustand der machtpolitischen Saturiertheit erreicht worden. Mit dem vierten Jahrestag seines Amtsantritts sei die nationale Ehre wiederhergestellt und man habe den Kampf um die Gleichstellung Deutschlands mit den Großmächten gewonnen. Er kündigte an, damit sei die «Zeit der sogenannten Überraschungen abgeschlossen».[2] Bemerkenswert ist, dass Hitler dieses Versprechen (mehr oder weniger) über ein ganzes Jahr lang hielt. Zwar richtete die deutsche Luftwaffe im Spanischen Bürgerkrieg ein Blutbad an, das weltweit verurteilt wurde, aber für die europäische Sicherheit tat sich im Jahr 1937 keine neue Herausforderung auf, die ihren Ursprung in Deutschland hatte, und es wurde auch kein weiterer Schritt unternommen, um die Grenzen des Reiches zu erweitern. Doch auch wenn 1937 ein Innehalten in Hitlers Streben nach europäischer Hegemonie darstellt, kann man es kaum als ein Jahr bezeichnen, das ruhig verlief. Der Spanische Bürgerkrieg schwärte einer offenen Wunde gleich, weitete sich aus und eskalierte schließlich, als sich deutsche und italienische Truppen, die sich als ‹Freiwillige› ausgaben, mitsamt Flugzeugen, Schiffen und U-Booten General Franco anschlossen und ihn in seinem Kampf gegen die Republikaner und die mit Waffen aus der Sowjetunion ausgerüsteten Internationalen Brigaden unterstützten. Es war keineswegs absehbar, wie sich der Konflikt weiterentwickeln würde und ob sich die Kämpfe zu einem gesamteuropäischen Krieg auswachsen könnten. Millionen von Menschen blickten auf Spanien und meinten, das «Herz einer herzlosen Welt» zu sehen, einen Mikrokosmos der 1930er Jahre, in dem Faschismus und Kommunismus, Totalitarismus und Demokratie im Kampf um die Zivilisation aufeinanderprallten.[3] Gleichzeitig brach Krieg zwischen Japan und China aus, und Stalin leitete in Russland die ‹Große Säuberung› ein, die für den Tod von rund drei Millionen Menschen verantwortlich war.[4] Im Mai war Präsident Roosevelt gezwungen, ein drittes Neutralitätsgesetz in US-Recht umzusetzen; im Juni begann in Frankreich mt dem Scheitern der Regierung von Léon Blum eine neue Zeit politischer Turbulenzen. Vor diesem Hintergrund fand an der Spitze der britischen Politik ein geordneter Übergang statt.

Der Rücktritt von Stanley Baldwin war seit geraumer Zeit erwartet worden. Schon im Januar 1936 hatte sich Churchills Freund, der Staatsbedienstete P.J. Grigg, gefragt, wie die Chancen stünden, dass sich der «Pharisäer Baldwin sich entschließt, zu gehen und jemanden mit normalen geistigen Fähigkeiten das Land regieren zu lassen»[5]. Nach dem Hoare-Laval-Fiasko schien dies nicht unwahrscheinlich. Für Churchill war Baldwins Autorität irreparabel beschädigt, und so prognostizierte er im Mai, dass sich die Amtszeit des Premierministers, der sich «angesichts seines mittelmäßigen Intellekts» überraschend lange gehalten habe, dem Ende zuneige.[6] Diese Einschätzung war weder fair noch korrekt. Obwohl manche die Ausstrahlung des Premiers schon mit einer Schildkröte im Halbschlaf oder einem huldvollen Pfaffen verglichen, besaß er einen ausgeprägten politischen Instinkt und zeigte außergewöhnliches Geschick, wenn es darum ging, politische Krisen zu überstehen. Nun hatte Baldwin die Abdankung gehandhabt, wie es wohl niemand sonst gekonnt hätte – und sicherlich besser, als Churchill so etwas vermocht hätte –, aber das hatte ihn seine letzten Energiereserven gekostet. Im Februar ertappte ihn Thomas Jones, wie er die verbleibenden Stunden im Amt zählte – «wie ein Schuljunge vor den Feiertagen». Zwei Wochen nach der Krönung von König Georg VI. übergab Baldwin dann schließlich am 28. Mai 1937 die

Amtssiegel.[7] Sein Rat an den neuen König lautete dabei, Schatzkanzler Neville Chamberlain zum Premier zu berufen.

Die Nachricht, dass Neville Chamberlain das Amt des Premiers antrat, veranlasste die Presse, einen bunten Strauß an Porträts zu veröffentlichen: Die *Times* lobte seine «römischen Tugenden» – Strenge, Realismus und Hingabe an die *res publica* –, während die *Sunday Times* seine Direktheit und Entschlossenheit herausstellte.[8] Der *Daily Telegraph* zeigte den Porträtierten von einer persönlicheren Seite. «Trotz seines steifen und eher abweisenden Äußeren» sei der neue Premierminister tatsächlich «sehr menschlich», so das Blatt. Er sei «seiner Bruyèrepfeife genauso ergeben wie Herr Baldwin der seinen aus Kirschholz» und, so höre man, ein «beachtlicher Rotweinkenner». Der leidenschaftliche Angler, für den «das Nächstbeste nach dem Angeln sei, über das Angeln zu reden», leide an der Gicht. Glücklicherweise verfüge er aber über einen guten Schlaf, denn für ihn gelte, dass er, «wenn er seine Kleider ablegt, ... seine Sorgen ablegt».[9] Das waren zweifellos interessante Einblicke. Nichtsdestotrotz vermitteln diese Zeitungsporträts unausweichlich den Eindruck, dass über den neuen Premierminister *coram publico* nicht viel bekannt war. Als Schatzkanzler war Chamberlain über sechs Jahre lang selbstverständlich eine prominente und viel beachtete Persönlichkeit des öffentlichen Lebens gewesen. Trotzdem war er in gewisser Hinsicht ein Rätsel geblieben: ein förmlich und abgehoben wirkender Politiker, ein Technokrat, der seine Persönlichkeit hinter einem viktorianischen Sinn für Anstand und öffentliche Pflichterfüllung verbarg. Aber wer war Neville Chamberlain?

Die bekannteste Tatsache über den neuen Premierminister war seine Herkunft. Als Sohn des früheren Kolonialministers Joseph Chamberlain und Halbbruder des vormaligen Außenministers und einflussreichen Konservativen Austen Chamberlain war Arthur Neville Chamberlain der dritte Politiker in der Familie, der die Chamberlains letztendlich zu einer der beeindruckendsten politischen Dynastien des 20. Jahrhunderts werden ließ. Das Vermächtnis, das er antrat, war in vielerlei Hinsicht respekteinflößend und kein einfaches Erbe. ‹Joe› Chamberlain war ein

politisches Schwergewicht gewesen. Nachdem er zunächst als Geschäftsführer eines Schraubenherstellers in Birmingham reüssiert hatte, hatte er
sich der Politik zugewandt und war einer dieser einflussreichen Staatsmänner geworden, die, in Churchills Worten, die politische Großwetter-
lage bestimmen.[10] Der engagierte Sozialreformer setzte als Oberbürgermeister von Birmingham zwischen 1873 und 1876 einen Wandel in der
Stadt in Gang. Innerhalb von drei Jahren entstanden Grünflächen, es
wurde weitläufig gepflastert, die Stadt wurde vergößert, bekam einen
neuen Markt, wurde Gerichtsort, mit Gas und Wasser versorgt und ganz
im Allgemeinen verbessert.[11] Dann betrat Chamberlain senior die nationale politische Bühne, wo er die einzigartige Leistung vollbrachte, sowohl
die liberale als auch die konservative Partei zu spalten – zunächst indem
er die irische Selbstverwaltung ablehnte und dann durch seine energische
Kampagne zur Einführung eines Systems, das dem Handel innerhalb des
Empires durch Vorzugsregelungen und Sonderzölle Präferenz einräumte.
Als Kolonialminister war er ein führender Verfechter des Empires und
unternahm, nicht unwesentlich in Anbetracht der Karriere seines Sohnes,
in den späten 1890er Jahren mehrere erfolglose Versuche, ein britisch-
deutsches Bündnis zu schmieden.

Laut Nevilles Schwester Hilda hatte ihr «Vater in Hinblick auf seine
Kinder keine Lieblinge»[12]. Nichtsdestotrotz besteht kein Zweifel daran,
dass er, dessen Spitzname ‹Pushful Joe› (i. e. der sich durchsetzende Joe)
lautete, für seine beiden Söhne sehr unterschiedliche Rollen vorgesehen
hatte. Der ältere Sohn Austen – aus Joseph Chamberlains erster Ehe – war
dazu bestimmt, die politische Arbeit seines Vaters fortzusetzen. In die
politische Karriere hineingeboren, als sei seine Wiege einer der bekannten roten Kästen zum Versenden wichtiger politischer Dokumente gewesen, wie sein Vater es ausdrückte, wurde Austen an das Trinity College in
Cambridge geschickt, wo er Geschichte studierte, und dann auf den Kontinent, um seine Ausbildung zum zukünftigen Staatsmann fortzusetzen.
Im Jahr 1892, im Alter von 29 Jahren, wurde er neben seinem Vater Abgeordneter im Unterhaus, und innerhalb von drei Jahren erhielt er seinen

ersten Regierungsposten: Als Civil Lord of the Admiralty war er für die zivilen Angestellten der Royal Navy zuständig. Für Neville Chamberlain hingegen war eine politische Karriere nicht vorgesehen. Sechs Jahre jünger als Austen, sollte Neville – der Sohn von Chamberlains zweiter Ehefrau – nach dem Willen seines Vaters der Geschäftsmann der Familie werden. Während also Austen einem minutiös vorbereiteten Weg nach Cambridge und Westminster folgte, wurde Neville auferlegt, Mathematik, Metallurgie und Ingenieurwesen in Birmingham zu studieren und sich dann vor Ort einer Firma von Wirtschaftsprüfern anzuschließen.

Eine Marschroute, die vielleicht nicht gerade die aufregendsten Karriereaussichten barg, aber sicherlich ermöglichte, ein geselliges Leben zu führen – anders als das nächste Vorhaben, das Joe seinem jüngeren Sohn aufbürdete. Nachdem er durch den südamerikanischen Börsencrash der späten 1880er Jahre sowie einige Extravaganzen erhebliche Geldbeträge verloren hatte, hatte Chamberlain senior Chamberlain junior als denjenigen ausersehen, der das Familienvermögen wiederherstellen sollte. Ein Gespräch mit dem Gouverneur der Bahamas, Sir Ambrose Shea, hatte Joseph Chamberlain davon überzeugt, dass mit der Produktion von Sisal enorme Summen zu verdienen seien. Um Sisal herzustellen, werden Agaven angebaut, vage an riesige Ananas erinnernde Pflanzen, deren große schwertförmige Blätter zu einer hanfartigen Faser verarbeitet werden können. 1891 schickte Chamberlain daraufhin seinen 22-jährigen Sohn auf die zum Bahamas-Archipel gehörende Insel Andros, wo Neville zuerst ein rund 20 000 Morgen großes Anwesen kaufen und dann dort Sisal produzieren sollte.

Jahre später stellte Alec Douglas-Home – der während Chamberlains gesamter Amtszeit als Premier als dessen Parlamentarischer Privatsekretär fungierte – eine direkte Verbindung zwischen Chamberlains wohlbekannter Reserviertheit und der grauenhaften Zeit her, die er auf Andros verbracht hatte.[13] Andros bedeutete Hitze, Schwüle und Mücken, ansonsten war das Leben fast unerträglich spartanisch. Da das Archipel in einem verschlafenen Winkel des Empires lag, gab es praktisch keine anderen europäischen Siedler auf der Insel, was unter den geltenden Bedingungen der Rassentrennung bedeutete, dass Chamberlain niemanden hatte, mit dem er ein regelrechtes Gespräch führen konnte. Zu allem Überfluss wollten die erbärmlichen Pflanzen nicht wachsen. Der heiße Tipp des Gouverneurs hatte sich zwar als heiß, aber nicht als lukrativ herausgestellt. Chamberlain musste in der Zeit einige Herausforderungen bewältigen, so etwa ein Feuer, das einen Großteil seiner ersten Ernte zerstörte, oder auch das Malheur, dass ihm für den Fahnenmast vor seinem Büro eine amerikanische Fahne anstelle des Union Jack geschickt wurde. Nach sechs harten, fruchtlosen Jahren waren die Chamberlains gezwungen, der Tatsache ins Auge zu blicken, dass das Vorhaben in einen kolossalen Misserfolg mündete und einen Verlust von etwa 50000 Pfund bedeutete.

Chamberlain war am Boden zerstört. Obwohl er das Leben auf den Bahamas gehasst hatte, hatte er um seines Vaters willen unbedingt Erfolg haben wollen und machte sich nun bittere Vorwürfe, dass der Plan gescheitert war. «Bezüglich meiner mangelnden Urteilsfähigkeit kann ich mir nicht genug Vorhaltungen machen», schrieb der 27-Jährige geradezu mitleiderregend an seinen Vater. «Ich war die ganze Zeit hier vor Ort, und zweifellos hätte ein klügerer Mann schon vor langer Zeit vorausgesehen, was mit hoher Wahrscheinlichkeit das Endergebnis sein wird.»[14] Nichtsdestotrotz muss er glücklich gewesen sein, aus den Tropen herauszukommen und ein erfüllteres Leben in England zu beginnen. Dem Einfluss eines Onkels verdankte er die Stelle als Geschäftsführer eines Metallwarenunternehmens in Birmingham, daneben übernahm er die Verantwortung für ein Unternehmen im Besitz der Familie Chamberlain, das Schlafkabinen für Schiffe fertigte. Zu dieser Zeit begann er auch, die Interessen zu entdecken, die ihn sein ganzes Leben lang begleiten sollten: Er liebte es, angeln und jagen zu gehen, war ein hingebungsvoller Gärtner, pflegte seine Leidenschaft für Naturkunde und konnte sich für ausgewählte Literatur und Musik begeistern – insbesondere für Shakespeare und Beethoven.

Sein Biograph legt Wert darauf, dass Chamberlain ein fortschrittlicher und wohltätiger Arbeitgeber war. Als Geschäftsführer der Elliott's Metal Company richtete er Stellen für einen Sozialdienstmitarbeiter und einen Betriebsarzt ein, und im Familienunternehmen führte er im Juni 1914 ein Gewinnbeteiligungsprogramm für die Mitarbeiter ein.[15] Gleichzeitig engagierte er sich zunehmend im öffentlichen Leben von Birmingham: zunächst als enthusiastischer Befürworter des Aufbaus einer Universität in Birmingham – deren Vorläufer, das Mason College, er besucht hatte – und dann als nicht minder engagiertes Mitglied der Geschäftsleitung des Birmingham General Hospital. 1911 wurde er in den Stadtrat gewählt und drei Jahre später gebeten, das Amt zu übernehmen, das sein Vater mit solcher Bravour ausgeübt hatte: Oberbürgermeister von Birmingham.

Der Zeitpunkt dieser Berufung deutete schon darauf hin: Chamberlain war zu alt, um im Krieg zu kämpfen. 1914 war er 45 Jahre alt.[*] Er nutzte jedoch seine Position als Oberbürgermeister, um einen nicht unerheblichen Beitrag zur Kriegsführung zu leisten. Anfang 1916 konnte er das Innenministerium überzeugen, seinen Plan für ein koordiniertes Warnsystem gegen Zeppelinangriffe zu übernehmen, und im September desselben Jahres setzte er die Idee einer städtischen Bank für Birmingham um, die es Einlegern, die den Krieg unterstützen wollten, ermöglichte, dem Staat Geld zu leihen. Allerdings war im Gegensatz dazu Chamberlains erster Auftritt auf der nationalen politischen Bühne – als Leiter des Nationalen Wehrdienstes – kein Erfolg. Auf Empfehlung von Austen Chamberlain hatte ihn Lloyd George beauftragt, einen Plan für die Umsetzung der Wehrpflicht unter Berücksichtigung des Arbeitskräftebedarfs wichtiger Kriegsindustrien zu entwickeln und dafür eine neue Regierungsabteilung aufzubauen. Daran scheiterte Chamberlain. Zu seiner Verteidigung muss

---

[*] Auch wenn er selbst den Schrecken der Schützengräben nicht erleben musste, blieb die Familie Chamberlain nicht von den Tragödien dieses Krieges verschont. 1917 wurde sein Cousin Norman in der Schlacht von Cambrai getötet. Chamberlain hatte Norman immer gleichsam als Bruder angesehen und beschrieb ihn als «einen der intimsten» Freunde, die er je hatte. Am Boden zerstört, verfasste er zur Erinnerung an seinen Cousin ein eigenes kleines Buch.

gesagt werden, dass es sich um eine Herkulesaufgabe handelte, die durch Rivalitäten im Regierungsviertel und mangelnde Unterstützung des Premierministers nicht leichter geworden war. Ein Politiker mit größerer Erfahrung in nationalen Verwaltungsfragen und den entsprechenden Verbündeten hätte diese Herausforderung wahrscheinlich meistern können, aber Chamberlain konnte weder das eine noch das andere sein Eigen nennen – und so trat er im August 1917 nach nur acht Monaten im Amt zurück.

Für Chamberlain war sein Scheitern am Nationalen Wehrdienst eine öffentliche Demütigung und ein persönlicher Rückschlag auf dem Niveau des Sisal-Desasters von Andros. Schon einen Monat vor seinem Rücktritt schrieb er an seine Schwester Hilda und gestand ihr, er empfinde eine ähnliche Verzweiflung wie zwanzig Jahre zuvor auf den Bahamas, «als die Pflanzen nicht wachsen wollten».[16] Über seine finanzielle Sicherheit brauchte er sich zu seinem Glück keine Gedanken zu machen und konnte Trost in seiner eigenen kleinen Familie suchen. Zu einem vergleichsweise späten Zeitpunkt hatte er sich im Alter von 41 Jahren im Frühjahr 1910 in die 29-jährige Anne Vere Cole verliebt, eine temperamentvolle und warmherzige junge Frau, die aus einer irischen Sportlerfamilie stammte, und im Januar des folgenden Jahres hatten die beiden geheiratet.

‹Annie› Chamberlain hatte einen ganz anderen Charakter als Neville. Wo er schüchtern, ernsthaft und unsicher auftrat, war sie herzlich, gesellig und selbstbewusst. Die Ehe verlief jedoch äußerst glücklich, insbesondere nach der Ankunft von zwei geliebten Kindern – 1911 wurde Dorothy geboren und zwei Jahre später Frank. Annie gab Neville die Liebe und unerschütterliche Unterstützung, die er brauchte, sodass er im Mai 1937 großzügig und aufrichtig bekannte, er habe seinen Erfolg ihr zu verdanken:

Ich hätte nie Premierminister werden können, wenn ich Annie nicht gehabt hätte. Es ist nicht nur, dass sie es mit ihrem Charme versteht, eine positive Stimmung zu verbreiten, der sich kaum jemand entziehen kann, sie lässt die Menschen denken, dass ein Mann nicht so schlecht sein kann,

der eine solche Frau hat. ... Aber unabhängig davon hat sie auf meine ange-
borene Ungeduld ausgleichend gewirkt und meine Abneigung gegen alles,
was schon im Ansatz nach Humbug klingt, besänftigt, und ich weiß, dass
sie mich davor bewahrt hat, einen Eindruck von Härte zu machen, der von
mir nicht beabsichtigt war.[17]

Mit Annies Hilfe überwand Chamberlain bald die Demütigung, die sein
Versagen beim Aufbau der Abteilung für den Nationalen Wehrdienst für
ihn bedeutet hatte – einem sollte er jedoch nie verzeihen: Lloyd George.
Er hegte einen lebenslangen Groll gegen ihn. Es dauerte nicht lange,
bis Chamberlain erkannte, dass seine politische Zukunft im Unterhaus
lag. Nachdem sich ein Wahlkreis gefunden hatte, wurde er bei den Parlamentswahlen vom Dezember 1918 als Abgeordneter für Birmingham-
Ladywood gewählt. Nach der späten Eheschließung und dem Einstieg in
die Lokalpolitik kam für Chamberlain auch sein Entree in Westminster
im Alter von 49 Jahren zu einem vergleichsweise späten Zeitpunkt in seinem Leben. Entschlossen, die verlorene Zeit aufzuholen, machte er sich
schnell als Verfechter radikaler sozialer Reformen einen Namen. Nach
dem Scheitern der Lloyd-George-Koalition – die Aussichten von Austen
Chamberlain, Premierminister zu werden, waren damit zerstört – wurde
er 1922 zum Generalpostdirektor ernannt und bekam im folgenden Jahr
die Chance, im Kabinett als Gesundheitsminister zu wirken.

Die sechs Jahre, die Chamberlain im Gesundheitsministerium tätig
und für die Bereiche Wohnungswesen, Kommunalverwaltung und Sozial-
politik zuständig war, formten ihn. In Einklang mit seiner radikal-libera-
len politischen Herkunft brachte er fortschrittliche und die allgemeine
Lage verbessernde Gesetzesvorlagen auf den Weg wie das Versteuerungs-
grundlagenbewertungsgesetz (1925, das eine Bewertung von Immobilien
für die Erhebung der Gemeinde-Immobilien-Steuern alle fünf Jahre vorsah), das Krankenversicherungsgesetz (1928), das Kommunalgesetz (1929,
das Armenhilfeeinrichtungen unter kommunale Verwaltung stellte) und,
mit Churchills Unterstützung, das Waisen- und Altersrentengesetz (1925).

Zu Recht gelobt für diese beeindruckende Bilanz an Sozialreformen, wurde Chamberlain Ende der zwanziger Jahre weithin als der zukünftige Mann an der Spitze der Konservativen gesehen. Tatsächlich löste er 1931, erst zwei Monate in der nationalen Regierung, Philip Snowden als Schatzkanzler ab und hatte sich der Aufgabe zu stellen, das Land aus der Weltwirtschaftskrise herauszunavigieren.

Während seiner Amtszeit als Schatzkanzler stand Chamberlain vielfach in der Kritik. Seinerzeit von der Opposition und gegnerischen Torys wie etwa Harold Macmillan angegriffen, geriet seine Amtsperiode später zum Gegenstand einer beinah erdrückenden Negativbeurteilung einer ganzen Generation von Historikern und Ökonomen, die ihr Urteil in der Blütezeit der keynesianischen Theorie fällten. Diesen Kritikern zufolge war Chamberlain ein unbeweglicher, ideenloser, deflationär orientierter Schatzkanzler, der sich ausschließlich mit dem Ziel eines ausgeglichenen Haushalts beschäftigte, passiv auf die Erholung der Wirtschaft wartete und wenig Engagement zur Reduktion der erschreckend hohen Arbeitslosenrate zeigte, die bis weit in das Jahrzehnt ein Problem darstellte. In der Tat: Wenn das erste Bild, das einem zu Großbritannien in den 1930er Jahren einfällt, das eines Mann mit einem altmodischen Stehkragen ist, der mit einem Stück Papier winkt, dann ist das zweite Bild dazu das von den Warteschlangen und Suppenküchen, die in George Orwells Sozialreportage *Der Weg nach Wigan Pier* (1937) über die Verhältnisse in der Bergarbeitergegend zwischen Liverpool und Manchester so anschaulich dargestellt werden. Chamberlain macht in beiden Bildern keine gute Figur. Doch jüngere wissenschaftliche Publikationen haben Chamberlains Einflussnahme auf die Wirtschaftsentwicklung weitaus positiver beurteilt und – im Widerspruch zum Mythos, dass Chamberlain ein Befürworter einer reinen Laissez-faire-Politik gewesen sei – auf einige seiner Initiativen aufmerksam gemacht. Dabei sind etwa aktive Schutzmaßnahmen und die Förderung größerer, leistungsfähigerer Einheiten in der Eisen- und Stahlindustrie zu nennen, die Schaffung einer Behörde zur Organisation des öffentlichen Nahverkehrs in der Hauptstadt, das London Passenger

Transport Board, und die Einrichtung von vier ‹Sonderzonen›, den am stärksten von der Wirtschaftskrise betroffenen Regionen des Landes, in denen Sofortmaßnahmen zur Ankurbelung des Wirtschaftswachstums durchgeführt wurden. Diese Unternehmungen waren nicht besonders aufsehenerregend, und ihre Auswirkungen auf die Arbeitslosigkeit waren vernachlässigbar. Tatsache ist jedoch, dass bis Mitte der 1930er Jahre das Wachstum zurückgekehrt war, das Pfund Sterling sich erholt hatte, die Exporte gestiegen waren und die Arbeitslosigkeit von einem Höchststand im Jahr 1932 von weit über 3,4 Millionen auf 1,8 Millionen 1937 gesunken war.[18]

Doch die Wirtschaft war nicht das Einzige, worum Chamberlain sich kümmern musste. Mit einem lethargischen Baldwin und einem MacDonald, der zunehmend senil wurde, war es Chamberlain überlassen, als treibende Kraft innerhalb der Regierung zu fungieren. In vielerlei Hinsicht war dies eine Rolle, die er genoss. So schrieb er im Mai 1934 an seine Schwester Ida: «Leider liegt es in meiner Natur, dass ich kein Problem betrachten kann, ohne eine Lösung dafür finden zu wollen. Und so habe ich jetzt praktisch die Verantwortung für die Verteidigungserfordernisse des Landes übernommen.»[19] Im Laufe der Zeit begann er jedoch, ungeduldig zu werden und mit dem Status quo zu hadern. «Wie Du meinem Brief wirst entnehmen können, bin ich zu einer Art amtierendem Premier geworden», schrieb er im März 1935 an seine andere Schwester Hilda, «nur ohne dass ich über die tatsächliche Macht eines Premiers verfüge. Ich muss sagen: ‹Haben Sie daran gedacht ...›, oder ‹Was würden Sie sagen ...›, wenn es schneller wäre zu sagen: ‹Sie haben das und das zu tun.›»[20]

Wie diese Aussage zeigt, fehlte es Chamberlain nicht an Selbstvertrauen. Mitte der 1930er Jahre hatte er bereits diesen Dünkel, einige würden sagen die Arroganz, entwickelt, die viele als Schwäche und als Ursache für Frustrationen während seiner Amtszeit identifizieren sollten. Am deutlichsten zeigte sich dies in der Art und Weise, wie er mit der Opposition umging. Während Baldwin über manches hinwegsah und sich versöhnlich gab – er hielt es für seine Pflicht, Labour in puncto

Regierungsarbeit «anzulernen» –, brachte Chamberlain keine Toleranz für die Labour-Opposition auf, er sah deren Äußerungen ausnahmslos als verworren, selbstgerecht und ineffektiv an. Das blieb im Unterhaus nicht unbemerkt, wo er, selbst nach Ansicht eines wohlgesinnten Beobachters wie Alec Douglas-Home, als «unbarmherziger Debattenführer» auftrat, der sich zu freuen schien, wenn er die Beiträge der Opposition Stück für Stück auseinandernehmen konnte, «fast wie bei einer Operation am lebenden Objekt»[21]. Bezeichnenderweise schrieb Chamberlain im Sommer 1927 an Ida: «Stanley [Baldwin] hat mich inständig gebeten, doch zu bedenken, dass ich vor einer Versammlung von Gentlemen spreche. Er sagte, wenn ich vor dem Unterhaus spreche, vermittele ich ihm immer den Eindruck, als ob ich die Labour Party als Dreck betrachte. Tatsache ist, dass sie intellektuell gesehen, mit ein paar Ausnahmen, Dreck sind.»[22]

Diese Haltung blieb bei den Labour-Abgeordneten nicht ohne Wirkung, der überwiegenden Mehrheit war Chamberlain verhasst. Dies sollte gravierende, ja sogar historische Folgen haben, als Chamberlain zunächst im Herbst 1939 und dann im Frühjahr 1940 versuchte, eine Koalition zu bilden, aber feststellen musste, dass weder die Labour Party noch die Liberalen bereit waren, ihn als Premier mitzutragen. Zu diesem Zeitpunkt war er selbstverständlich schon der Mann, der für das Münchner Abkommen mitverantwortlich gemacht wurde, und der Inbegriff gründlich gescheiterter Politik, aber man sollte nicht unterschätzen, welche Rolle persönliche Animositäten bei der Abfuhr spielten, die die Opposition Chamberlain erteilte.

Innerhalb der Regierung trat Chamberlains intellektuelle Überheblichkeit nicht weniger offensichtlich zutage. Douglas-Home erinnerte sich: «Er hatte nie Bedenken, eine Entscheidung ganz allein zu treffen, und die Überlegungen von jemand anderem einfach als richtig hinzunehmen wäre ihm nie in den Sinn gekommen. Mit seiner schnellen Auffassungsgabe hörte er sich alle Argumente an und traf dann direkt seine Entscheidung. Sobald er sich einmal entschieden hatte, vertraute er voll und ganz auf die Richtigkeit dieser Entscheidung.»[23] Als führendes Mitglied

einer Regierung, deren andere hochrangige Persönlichkeiten oft zögerlich agierten, war dies in vielerlei Hinsicht eine Tugend. Aber es war auch
ein Defizit, das Chamberlain die Ansichten anderer zunehmend übergehen und Fakten ignorieren ließ, die seinen Schlussfolgerungen nicht
entsprachen. «Hatte er sich eine Meinung gebildet, war er zu keinerlei
Planspielen mehr bereit und fuhr einen undurchdringlichen Panzer hoch,
sodass kein Argument mehr zu ihm vordringen konnte», erinnerte sich
die Sozialreformerin Violet Markham, die mit Chamberlain beim Aufbau
der Abteilung für den Nationalen Wehrdienst zusammengearbeitet hatte.
Und Lord Swinton war nur einer von mehreren Kollegen, der die Tendenz bei Chamberlain beobachtete, alle Ansichten, die von seiner eigenen
abwichen, als «illoyal und gegen ihn persönlich gerichtet» anzusehen.[24]

Diese Neigung zu intellektueller Arroganz war einer von mehreren
Faktoren, die es für seine Kollegen zu einer Herausfordung machten, mit
Chamberlain warmzuwerden. Da sowohl seine Kleidung als auch seine Art
und Weise das Bild eines «provinziellen Bestatters» heraufbeschworen,
wurde er bald unter dem Spitznamen ‹der Gerichtsmediziner› bekannt.
Bei seinem kritischen Blick fühlten sich Viele an den eines Raubvogels
erinnert. Allesamt Attribute, die ihn nicht zu jemandem machten, den
man gerne in seinem Club treffen wollte. Dazu wurde er häufig als «kalt»
und «unnahbar» beschrieben.[25] Arthur Balfour war sich sicher, er habe
ein «Herz aus Stein», und Harold Macmillan, der sich an seinen «sardo-
nischen, um nicht zu sagen verächtlichen Blick» erinnerte, fühlte sich
bei einem Gespräch mit ihm zu einem «Vorsprechen beim Schulleiter»
zurückversetzt.[26] Seine Stimme hatte einen harten Klang, «ohne Melodik
oder einnehmenden Schmelz», obwohl sie, wie der unabhängige Abgeordnete Arthur Salter zugab, ein «bei seinen Intentionen zweckdienliches
Hilfsmittel» abgab und seinen «analytischen Geist» widerspiegelte.[27]
Humor war nicht seine Stärke. Douglas-Home war stets geflissentlich darauf bedacht, alle humorvollen Wendungen zu entfernen, die sich in seine
Reden eingeschlichen haben mochten – da sie einfach nur «schrecklich»
waren –, und den kollegialen Treffpunkt der Unterhausabgeordneten, das

Raucherzimmer, mied er, soweit es ihm möglich war.[28] Es wäre jedoch unfair, Chamberlain als kalten Fisch abzuschreiben, der einem Einsiedler gleich für seine Mitmenschen nicht mehr als Verachtung übrig hatte. Er war ungemein schüchtern – eine Tatsache, die nur wenige seiner Kritiker realisierten –, konnte aber, wie Douglas-Home und andere, die ihn gut kannten, bezeugten, in der richtigen Gesellschaft warmherzig, ja auf geistreiche Weise amüsant sein. Er und Annie konnten über Charlie Chaplin lachen, bis es «schmerzte». Und seine Begeisterung darüber, einen neuen Vogel am Futterhäuschen zu beobachten oder den ersten Krokus des Frühlings zu entdecken, verrät eine empfindsame, ja romantische Seite, die im Widerspruch zu dem Eindruck verhärteter Strenge steht.[29]

———

Als Ramsay MacDonald 1929 zum zweiten Mal Premierminister wurde, kündigte er feierlich an: «Wir werden viel nachdenken.» Später fügte er hinzu: «Es darf kein Affentheater geben.» Wie Malcolm Muggeridge bemerkte, folgte wenig Nachdenken und viel Affentheater.[30] Neville Chamberlain hingegen brauchte keine zusätzliche Zeit zum Nachdenken, und Affentheater kam für ihn nicht in Frage. Als er im Alter von 68 Jahren Premierminister wurde, war ihm durchaus bewusst, dass dies bedeutete, dass er einen bedeutenden, wenn nicht den wichtigsten Karriereschritt zu einem späten Zeitpunkt in seinem Leben machte. Gleichzeitig war er jedoch «froh, dass sich die Chance ergab, einige Dinge zu tun, die unbedingt getan werden sollten», und er war entschlossen, «als Premier seiner Ära einen aussagekräftigen Stempel aufzudrücken»[31]. In einer idealen Welt hätte er sich gewünscht, dass sein Vermächtnis in sozialen Reformen bestände. Bis 1937 war die Welt jedoch alles andere als ideal, und für einen neuen Premierminister war es unvermeidlich, den größten Teil seiner Zeit mit Außenpolitik verbringen zu müssen. Charakteristisch ist, dass Chamberlain bereits bei seinem Amtsantritt ein klares Gespür dafür bewies, was er zu tun hatte.

In einer viel zitierten Bemerkung, die Anthony Eden nach einem Abendessen im Frühjahr 1936 aufzeichnete, ermahnte Austen Chamberlain seinen Halbbruder: «Neville, vergiß nicht, daß du von Außenpolitik nichts verstehst!»[32] Angesichts des weiteren Verlaufs der Ereignisse ist es wenig verwunderlich, dass an diesen für den älteren Bruder typischen – und für den jüngeren zweifellos ärgerlichen – Verriss seitdem unzählige Male erinnert worden ist.* Die Bemerkung war jedoch nicht ganz fair. Auch wenn Neville Chamberlain kein Experte auf diesem Gebiet war – was für eine Reihe britischer Politiker kein Hindernis gewesen war, zum Außenminister berufen zu werden –, hatte er die aktuellen Entwicklungen mit großem Interesse verfolgt und war während der gesamten Amtszeit der National-Regierung aktiv an der Ausformulierung der Außenpolitik beteiligt gewesen. Tatsächlich war er im Dezember 1933 und danach noch zweimal im darauffolgenden Jahr gefragt worden, ob er sich vorstellen könnte, das Amt des Außenministers zu übernehmen.

Chamberlain trat bereits mit einigen zuvor gefassten Überzeugungen an seine Aufgabe heran, von denen die zentrale die sehr vernünftige Überlegung war, dass Großbritannien versuchen musste, die Zahl seiner potenziellen Feinde zu reduzieren. Unter anderem hatten die Stabschefs das Kabinett in regelmäßigen Abständen darauf hingewiesen, dass Großbritannien sich und sein Empire nicht gegen die vereinte Macht Deutschlands, Italiens und Japans verteidigen könne – woraufhin Chamberlain wiederum seinen Kollegen zu verstehen gegeben hatte, dass das Land es sich nicht leisten könne, übermäßige Summen bei dem Versuch auszugeben, genau dies zu tun. 1934 war Chamberlain daher bestrebt, das Kabinett von der Notwendigkeit zu Verhandlungen mit Japan über einen zehnjährigen Nichtangriffspakt zu überzeugen. Sein Wunsch nach einem solchen Abkommen war unter anderem auch durch die Tatsache bedingt,

---

* Neville Chamberlain, der Gastgeber des Abendessens war, lächelte laut Eden nur gequält und bemerkte, dass es für einen Mann doch recht hart sei, so etwas in seinem eigenen Haus hören zu müssen.

dass Chamberlain die Vereinigten Staaten nicht mehr als verlässlichen Verbündeten in der Region ansehen mochte. Scharfsinnig schrieb er an seine Schwester Hilda im Juli 1934:

> Wir sollten uns zu diesem Zeitpunkt klar darüber sein, dass die USA uns keine Zusage machen werden, sich aktiv mit uns gegen eine mögliche Aktion Japans zu wehren, außer es geht direkt um einen Angriff auf Hawaii oder Honolulu. Die Regierung der USA wird unzählige Erklärungen ihres guten Willens abgeben, vor allem, wenn wir zusagen, alle notwendigen Kampfhandlungen selbst zu übernehmen, aber in dem Moment, in dem sie gebeten werden, etwas beizutragen, werden sie sich unweigerlich hinter dem Kongress verstecken.[33]

«Wir haben das Unglück, es mit einer Nation zu tun zu haben, die nach dem Motto ‹Pack schlägt sich, Pack verträgt sich› verfährt», hatte er bei anderer Gelegenheit beklagt.[34]

Die Initiative Chamberlains, einen Pakt mit Japan zu etablieren, blieb erfolglos. Das Kabinett war nicht bereit zu riskieren, den guten Willen der Amerikaner, wie unbestimmt der auch aussehen mochte, aufgrund von Verhandlungen zu einem Abkommen mit Tokio aufs Spiel zu setzen, das möglicherweise nie zustande kommen würde. Als die Japaner dann im Dezember 1934 ihre Absicht bekundeten, den Washingtoner Marinevertrag nicht zu erneuern, schien diese Skepsis gerechtfertigt gewesen zu sein. Chamberlain ließ den Plan widerwillig fallen, hielt aber an der Idee fest, die Beziehungen zu den möglichen Gegnern Großbritanniens zu verbessern – auch noch nachdem es zu unverhüllten Feindseligkeiten gekommen war. Im Juni 1936 beschloss er, Eden dazu zu bringen, die Sanktionen gegen Italien nur einen Monat nach Mussolinis Überfall auf Abessinien aufzuheben. Dafür kanzelte er eine Entscheidung für eine mögliche Fortsetzung dieser Politik in einer Rede vor dem Club 1900 als «gesteigerten Wahnsinn» ab.[35] Chamberlain rechtfertigte diese «himmelschreiende Taktlosigkeit» – eine klare Verletzung der kollegialen Gepflogenheiten im Kabinett – folgendermaßen: «Wenn diejenigen, die führen sollen, das nicht tun, muss das jemand anderer übernehmen.» Zu seinem Glück begrüßten die meisten seiner Kollegen den Schritt, und das Ende der Sanktionen wurde acht Tage später verkündet. Eden, der nicht konsultiert worden war – «er hätte sonst sicherlich darum gebeten, dass so etwas nicht gesagt werde» –, akzeptierte gnädigerweise die Pro-forma-Entschuldigung des Schatzkanzlers.[36] Das Ganze war jedoch ein frühes Beispiel für Chamberlains Neigung zu Alleingängen; auch seine Entschlossenheit zeichnete sich bereits ab, die eigenen politischen Vorstellungen auch dann durchzusetzen, wenn es dazu der Anwendung einer hinterlistigen Taktik bedurfte. Innerhalb von weniger als zwei Jahren sollten diese Verhaltensmuster entscheidend zum Bruch zwischen Chamberlain und Eden beitragen.

Die Politik einer Beschwichtigung außenpolitischer Gegner war keine Erfindung Chamberlains. Manche Historiker datierten die Genese der entsprechenden Strategie britischer Diplomatie bereits in die Mitte des 19. Jahrhunderts. Mit Beginn der 1920er Jahre war sie zum Leitprinzip britischer Außenpolitik aufgestiegen. Mehrmals sprach etwa Anthony Eden vor dem Unterhaus davon, dass das Ziel Großbritanniens «the appeasement of Europe» (i.e. die Befriedung Europas) sei. Die verschiedenen Delegationen, die bei Hitler und Mussolini vorstellig wurden, waren allesamt Ausdruck der Versuche der britischen Regierung, diesem Ziel näher zu kommen.[37] Die Problematik im Jahr 1937 bestand darin, dass bis dato wenig erreicht worden war. Trotz zahlloser Angebote von Verträgen und Konventionen konnte in den vier Jahren ab der Machtübernahme durch die Nationalsozialisten nur der britisch-deutsche Marinevertrag von 1935 abgeschlossen werden. Inzwischen hatte Hitler es geschafft, die Phalanx seiner Gegner zu spalten, und verfolgte seine Ziele mit einer Politik der gewaltsamen Vertragsrevision. Chamberlain hoffte, dies zu ändern. Von

Anfang an war er entschlossen, die Außenpolitik in eigener Hand zu behalten, und setzte sich zum Ziel, den willkürlichen und unbedachten Charakter der britischen Außenpolitik – die nur von einer Krise in die nächste zu schlingern schien – zu beenden und freundlichere Beziehungen zu den Diktatorenstaaten aufzubauen. Wie er in einem Brief an ein entferntes Familienmitglied im Januar 1938 deutlich machte, war die von ihm beabsichtige Vorgehensweise von einer sehr persönlichen Ansicht geprägt:

Diktatoren werden allzu oft als völlig unmenschlich eingestuft. Ich halte diese Vorstellung für rundweg falsch. Es ist gerade die menschliche Seite, die Diktatoren gefährlich macht, genau diese Seite macht sie aber auch für eine Annäherung empfänglich – eben da bieten sich die besten Aussichten auf einen erfolgreichen Abschluss.[38]

Zu dieser Schlussfolgerung kam Chamberlain keineswegs, weil er etwa das nationalsozialistische Deutschland bewundert hätte. Er war kein Rothermere oder Londonderry. In den Briefen an seine Schwestern schweigt er zwar weitgehend zur Judenverfolgung und zur deutschen Innenpolitik, lässt aber eine klare Abneigung gegen das Regime und seine Gangstermethoden erkennen. Er war jedoch ein unverbesserlicher Optimist. «Hitlers Deutschland ist so etwas wie der Schlägertyp auf Europas Schulhof», schrieb er, nachdem Hitler im März 1935 die Wehrpflicht wieder eingeführt hatte. «Doch ich verzweifle nicht.»[39] Ein Jahr später erklärte er seine mangelnde Bereitschaft, einen größeren Teil der britischen Finanzmittel für ein Wettrüsten mit Deutschland einzusetzen, folgendermaßen:

Wenn die Bedrohung durch den Angriff aus Deutschland so unmittelbar bevorsteht, wie Winston [Churchill] uns glauben machen will, gibt es nichts, was wir tun könnten, was uns bereit machen würde, dem zu begegnen. Aber ich glaube nicht, dass das unmittelbar bevorsteht. Durch sorgfältige Diplomatie, so glaube ich, können wir für eine Verzögerung sorgen, möglicherweise auf unbestimmte Zeit. Aber wenn wir jetzt Winstons Rat folgen und die Wirtschaftsproduktion für die Herstellung von Waffen zurückstellen, kann das unserem Handel derartigen Schaden zufügen, dass es Generationen dauern würde, sich davon zu erholen.[40]

Die erste Phase dieser «sorgfältigen Diplomatie» bestand darin herauszufinden, was die Deutschen eigentlich wollten, wie Chamberlain dem sowjetischen Botschafter zwei Monate nach seiner Ernennung zum Premierminister erläuterte:

> In meinen Augen wäre es sehr wichtig, die Deutschen so weit zu bringen, dass sie von allgemeinen Phrasen über die «Saturierten» und die «Habenichtse», deren wahren Sinn niemand versteht, zu einer praktischen und geschäftsmäßigen Erörterung ihrer Wünsche übergingen. Wenn wir die Deutschen an den Verhandlungstisch bringen und mit dem Bleistift in der Hand all ihre Beschwerden, Forderungen und Wünsche durchgehen könnten, trüge das sehr viel dazu bei, die dicke Luft zu vertreiben oder zumindest Klarheit über die aktuelle Situation zu schaffen.[41]

Dieser Ansatz war in der Tat zehn Monate zuvor vom neuen stellvertretenden Unterstaatssekretär für auswärtige Angelegenheiten Sir Alexander Cadogan vorgeschlagen worden. In der Überzeugung, dass die britische «sogenannte ‹Strategie› seit 1919 eine totales Desaster gewesen ist», missbilligte Cadogan nachdrücklich den vom Außenministerium bevorzugten Kurs, Deutschland weiterhin im Unklaren zu lassen und Rätsel aufzugeben, da «all das Rätselraten, was in den letzten drei Jahren stattgefunden hat, auf unserer Seite stattfand. Das ist der wesentliche Punkt: Wir haben die ganze Initiative [Deutschland] überlassen und werden deshalb immer wieder vor vollendete Tatsachen gestellt.»[42]

Cadogan und Chamberlain wollten Deutschland dazu bewegen, sich zu seinen Forderungen zu bekennen. Sobald diese klar benannt seien, könnte man ihre Erfüllbarkeit prüfen und dann gegebenenfalls versuchen, Hitler in eine Vereinbarung einzubinden. Problematischerweise waren Deutschlands unmittelbare Anliegen durchaus bekannt, über sie zu entscheiden lag aber mehrheitlich nicht in der Hand der britischen Regierung. So berichtete Lord Lothian nach Treffen mit Hitler, Göring und Schacht im Mai 1937, dass sich Deutschland um «Anpassungen in Osteuropa in Bezug auf Österreich und zugunsten der deutschen Minderheiten in Danzig, der Memelregion, der Tschechoslowakei und Polen bemühe sowie an wirtschaftlichen und kolonialpolitischen Vereinbarungen interessiert sei, die Deutschland einen stetig steigenden Lebensstandard für die eigene Bevölkerung sichern sollen». Lothian hielt diese Forderungen an sich nicht für unangemessen und forderte die Regierung auf, eine schnelle Einigung in dieser Richtung zu erzielen, da er festgestellt habe: Die «Stimmung in Deutschland ändert sich»[43]. Von der obigen Liste stellte jedoch nur die Rückführung der verlorenen deutschen Kolonien ein Zugeständnis dar, das Großbritannien in Zusammenarbeit mit anderen Mächten gewähren konnte.[*] Das wiederum galt als Vorschlag, der zu einer Spaltung innerhalb der Konservativen Partei führen könnte und auch innerhalb des Empires Unruhe stiften würde – Kolonialminister William Ormsby-Gore glaubte sogar, dass die Regierung einen solchen Schritt nicht überleben könne.[44]

Chamberlain ließ sich jedoch nicht entmutigen. Obwohl er nicht glaubte, dass die Übergabe von Tanganjika allein einen dauerhaften Frieden erkaufen könne, hielt er an der Hoffnung fest, dass man mit einer gewissen Form der kolonialen Restitution Deutschland dazu bewegen könne, einer größeren europäischen Einigung zuzustimmen. Tatsache war, wie Chamberlain erkannte, dass Großbritannien in diesem Spiel nur sehr wenige Karten in der Hand hatte, und wenn die koloniale Karte gewissermaßen einen Trumpf darstellte – nach Sir Robert Vansittart das «Pik-Ass» –, dann würde er sich hüten, sie wegzuwerfen.[45] Chamberlain

---

[*] Der Großteil der ehemaligen deutschen Kolonien war an andere Länder gegangen: an Südafrika, Australien, Neuseeland, Japan und Frankreich. Großbritannien hatte nach dem Ersten Weltkrieg Tanganjika, ein Drittel von Togoland (bezogen auf die Grenzen vor 1914) und einen kleinen Teil von Kamerun (ebenfalls bezogen auf die Grenzen vor 1914) zugesprochen bekommen.

warnte die Teilnehmer der Konferenz der Empire-Regierungschefs von 1937 daher davor, sich der Möglichkeit kolonialer Anpassungen zu verschließen, und begann dann, an einem Konzept zu arbeiten, das auf Kosten der bestehenden kolonialen Herrschaftsansprüche – ganz zu schweigen von der einheimischen Bevölkerung – die Schaffung einer neuen deutschen Kolonie in Zentralafrika vorsah.[46]

Bei seiner Mission, die Beziehungen zu den Diktatoren zu verbessern, sah sich Chamberlain von einem Gefühl der Dringlichkeit angetrieben, das von der Einschätzung geschürt wurde, Großbritannien habe es bei Deutschland mit einem «Markt steigender Preise» zu tun, dies wurde durch die Verschlechterung der allgemeinen internationalen Situation umso akuter.[47]

Am 26. April 1937 bombardierte die deutsche Legion Condor die baskische Stadt Guernica in Nordspanien. Dem folgte ein weltweiter Aufschrei. Diese Gräueltat – die auf brutale Weise die Fiktion der «Nichtintervention» entlarvte – resultierte im Mai in einem Angriff republikanischer Flugzeuge auf das deutsche Panzerschiff *Deutschland*, auf den wiederum ein deutscher Granatenangriff auf den Hafen von Almería die Antwort war. Gleichzeitig und trotz des sogenannten Gentlemen's Agreement, das im Januar 1937 zwischen Großbritannien und Italien unterzeichnet worden war und in dem sich jede Partei zur Achtung der Rechte der Gegenseite im Mittelmeer verpflichtet hatte, errichteten die italienischen U-Boote eine inoffizielle Blockade aller Schiffe, die nach Spanien unterwegs waren. Dies sollte vor allem die Russen einschränken, die die republikanischen Truppen versorgten, war aber nicht nur auf sie beschränkt, wie die Briten bald herausfanden. In der Nacht zum 31. August feuerte das italienische U-Boot *Iride* Torpedos auf den britischen Zerstörer HMS *Havock*. Glücklicherweise verfehlten die Italiener die *Havock*, aber ein paar Tage später wurde bei Valencia ein britisches Handelsschiff vom italienischen U-Boot

Diaspro versenkt. In Großbritannien reagierten Parlament und Presse empört, und Churchill wandte sich am 3. September mit einem Plan an Eden, wie ein Abschreckungsszenario gegen weitere italienische Piraterie aussehen könne:

> Was spricht dagegen, an Mustafa Kemal [Atatürk] heranzutreten, ob wir R[oyal]-N[avy]-Personal in kleinen Gruppen mitsamt einer modernen 4-Zoll-Kanone an Bord von aus dem Schwarzen Meer kommenden Tankern und Handelsschiffen bringen können, die dann hinter einer Falltür oder Ähnlichem versteckt warten, bis die Schiffe die Piraten-U-Boote angelockt haben und dann ein paar von ihnen abschießen?[48]

Es überrascht nicht, dass Eden von diesem Vorhaben nicht begeistert war – als Plan «bewundernswert», kommentierte Duff Cooper, «wenn es unseren politischen Intentionen entsprochen hätte, schnellstmöglich den Ausbruch eines Krieges herbeizuführen».[49] Nachdem er bereits angekündigt hatte, dass die Royal Navy gegen Angriffe auf britische Schiffe vorgehen würde, suchte der Außenminister nun eine diplomatische Lösung. Auf der Konferenz im schweizerischen Nyon vom 10. bis 14. September 1937 wurde eine Vereinbarung über systematische internationale Marinepatrouillen im Mittelmeer in Kraft gesetzt, um die Aktivitäten zu beschränken, die lächerlicherweise als «unidentifizierbare» Piraterie bezeichnet wurden. Noch lächerlicher war allerdings, dass auf britisches Drängen hin die Italiener eingeladen wurden, an den Patrouillen teilzunehmen – um Mussolini, der die Konferenz boykottiert hatte, zu besänftigen. «Aus angeklagten Torpedierern werden wir zu Mittelmeer-Polizisten, unter Ausschluß der versenkten Russen [deren Schiffe wir versenkt haben]!», triumphierte der italienische Außenminister Graf Galeazzo Ciano.[50] Nichtsdestotrotz wurde die Konferenz von Nyon als großer Erfolg bewertet. Die U-Boot-Angriffe kamen zu einem Ende, und Eden erhielt viel Anerkennung für seine harte Verhandlungsweise. Was der Außenminister allerdings nicht öffentlich machte, war die Tatsache, dass die Briten von dem Beschluss der Italiener wussten, die U-Boot-Angriffe am 6. September – noch vor Beginn der Konferenz – einzustellen.

Kaum waren die Probleme in einem Teil der Welt beigelegt, flammte ein schwelender Konflikt an anderer Stelle auf. Am 7. und 8. Juli 1937 prallten chinesische und japanische Truppen an der Marco-Polo-Brücke, auch Lugou Qiao genannt, westlich von Peking aufeinander. Bis August hatten sich die Kämpfe auf Shanghai ausgeweitet und stellten eine Bedrohung der beträchtlichen britischen Interessen in der Region dar. Am 26. August wurde das Flugzeug von Sir Hughe Knatchbull-Hugessen, seines Zeichens britischer Botschafter in China, auf dem sichtbar der Union Jack prangte, von einem japanischen Flugzeug angegriffen und der Botschafter schwer verletzt. Da die Japaner keinen Krieg provozieren wollten, beeilten sie sich, ihr «Bedauern» auszudrücken. Es ereigneten sich jedoch zwei weitere schwere Vorfälle im Dezember am Jangtsekiang, als eine japanische Feldbatterie das britische Kanonenboot HMS *Ladybird* beschoss und ein amerikanisches Kanonenboot, die USS *Panay*, von japanischen Flugzeugen versenkt wurde. Chamberlain reagierte wütend, aber als selbst diese empörende Aktion nicht die notwendige Zusammenarbeit mit den Vereinigten Staaten brachte, kam die britische Regierung widerwillig zu dem Schluss, dass man nichts unternehmen könne. So teilte der Premierminister dem Kabinett am 6. Oktober mit, er könne sich «nichts vorstellen, was mehr einem Selbstmordkommando gleicht, wie in einem Moment, in dem die Situation in Europa so ernst ist, eine Auseinandersetzung mit Japan zu beginnen. Wenn sich [Großbritannien] im Fernen Osten engagieren würde, könnte für die Diktatorenstaaten die Versuchung, die Initiative zu ergreifen – ob in Osteuropa oder in Spanien –, unwiderstehlich werden.»[51]

Konfrontiert mit so vielen Gefahren und Problemen, wären andere vielleicht verzweifelt. Chamberlain war jedoch nicht anfällig für Pessimismus. Wie er seiner Schwester Ida Ende Oktober 1937 offenbarte, hatte er bereits «weitreichende Pläne ... für die Befriedung Europas und Asiens und für die ultimative Kontrolle des verrückten Rüstungswettlaufs, der, sollte er fortgesetzt werden, uns alle in den Ruin treiben wird»[52]. Der Ansatzpunkt in dieser Situation war seiner Ansicht nach Deutschland. «Wenn wir nur mit den Deutschen zurechtkommen könnten, um Musso[lini] würde ich mich keinen Deut scheren», gab er im Juli zu.[53] Leider hatte der deutsche Außenminister Konstantin von Neurath im Vormonat einen geplanten Besuch in London abgesagt und Chamberlain damit die Chance genommen, seine neue diplomatische Strategie zu testen. Dann bot sich, scheinbar aus heiterem Himmel, die perfekte Gelegenheit. Lord Halifax, der amtierende Lord President of the Council und Stellvertreter Edens im Außenministerium, erhielt eine Einladung nach Berlin zu einer internationalen Jagdausstellung.

KAPITEL 9

Jagen für den Frieden

Es muss seltsam gewesen sein: Hitler denkt, dass er Gott ist,
und mein Vater denkt, Gott habe ihn gesandt, um Hitler zu
treffen.

Lord Halifax' Sohn zum Treffen seines Vaters mit Hitler[1]

Edward Wood, 3. Viscount Halifax, war eine der angesehensten Persönlichkeiten der britischen Politik. Makellos aristokratisch – einer der größten Grundbesitzer im Norden Englands –, war er zu Berühmtheit gelangt, indem er direkte Verhandlungen mit Gandhi aufgenommen hatte, um die Kampagne des zivilen Ungehorsams zu beenden, als er zwischen 1926 und 1931 Vizekönig von Indien war. Er war beinah zwei Meter groß, wenn er auch leicht gebeugt ging; die linke Hand fehlte ihm aufgrund einer Missbildung von Geburt an. Mit einem beeindruckend geschnittenen Gesicht und seinem «sympathischen, freundlichen Blick» machte er laut Robert Bernays «mehr den Eindruck eines Kirchenfürsten als eines Politikers»[2]. Tatsächlich war Religion eine von zwei Leidenschaften, denen sich Halifax zeitlebens widmete – die andere war die Fuchsjagd. Diese unverwechselbare, wenn auch keineswegs unvereinbare Kombination ließ ihn zum Ziel von mancher Neckerei werden. Churchill brachte den Spitznamen «Heiliger Fuchs» auf, während Lord Beaverbrook ihn als eine «Art Jesus in Jagdstiefeln» beschrieb.[3] Gerade seine Leidenschaft für die Fuchsjagd verschaffte ihm jedoch die Möglichkeit bzw. gab einen unverfänglichen Vorwand ab, im Spätherbst 1937 nach Deutschland reisen zu können, um den Grundstein für den Versuch einer friedlichen Einbindung Hitlers zu legen.

Erinnerungen von Halifax zufolge war die Idee zu seinem Besuch in Deutschland zunächst einem völlig unschuldigen Anlass entsprungen. Als aktives Mitglied der Middleton-Gesellschaft für die dortige Parforcejagd (er ritt bei den Jagden als die Foxhound-Meute führender Pikör) erhielt er Anfang Oktober 1937 über den Herausgeber des Sportmagazins *Field* eine Einladung zu einer Jagdausstellung in Berlin sowie zu einer sich einige Tage später anschließenden Fuchsjagd in Pommern. Dass damit aber nicht die ganze Geschichte erzählt ist, darauf verweist ein Eintrag in Edens Memoiren, der festhielt, dass die Idee eines Halifax-Besuchs von den Nationalsozialisten Anfang des Jahres angesprochen worden war. Und Thomas Jones erinnerte sich daran, was Ribbentrop ihm im Juni 1936 gesagt hatte, für den Fall, dass ein Treffen von Baldwin und Hitler nicht stattfinden könne: «Je früher Halifax den Führer trifft, umso besser.»[4] So oder so kann es keinen Zweifel daran geben, dass die Einladung, die eine ideale Gelegenheit bot, auf inoffizieller Basis Kontakt mit der Führung der Nationalsozialisten aufzunehmen, sowohl von Halifax als auch von Chamberlain sehr begrüßt wurde. Halifax hatte sich wohl auch schon früher das ehrgeizige Ziel gesetzt, so sein Biograph, «Hitler zurechtzurücken», da er offenbar davon überzeugt war, dass die gleichen Methoden, die bei Gandhi funktioniert hatten, auch bei diesem nicht minder exzentrischen Störenfried zum Ziel führen konnten.[5]

Im Außenministerium hegte man Zweifel. Während Eden skeptisch und verstimmt reagierte, positionierte Vansittart sich klar gegen eine solche Herangehensweise, so entschieden, dass, als Details des geplanten Besuchs an den *Evening Standard* durchsickerten, allgemein angenommen wurde, er sei die Quelle gewesen. Allerdings kam aus einer anderen Ecke im Außenministerium Unterstützung: Der neue britische Botschafter in Berlin versprach sich viel von einem solchen Besuch.

Im April 1937 war Sir Eric Phipps von Berlin nach Paris versetzt worden, da seine Londoner Vorgesetzten seine Einstellung als zu «antinationalsozialistisch» eingeschätzt hatten, um mit dem Regime im Hinblick auf eine Verständigung vorankommen zu können. Der urbane Phipps tauschte seinen Posten in NS-Deutschland gerne gegen das ein, was er immer als seine «geistige Heimat» angesehen hatte. Er konnte es jedoch nicht lassen, in seiner Abschiedsbotschaft davor zu warnen, Deutschland beabsichtige, sich sowohl Österreich als auch die Sudetendeutschen der Tschechoslowakei einzuverleiben, und zu betonen, dass es auch danach keine Garantie dafür gebe, dass Hitler sich damit zufriedengeben werde.[6] Sein Nachfolger war der wenig bekannte Sir Nevile Henderson, der zuvor Botschafter in Argentinien gewesen war.

Äußerlich unterschied sich Henderson nicht auffällig von seinem Vorgänger. Als typischer Engländer verstand er unter angemessener Kleidung für eine Zugfahrt «einen alten Rock, Flanellhosen und ein häufig verspottetes Bekleidungsstück, eine alte Schulkrawatte, gewöhnlich die der Eton-Kricketmannschaft»[7]. Doch wenn er nicht gerade mit dem Zug reiste, galt er als elegant: ein großer, gepflegt gekleideter Mann, der bei der Damenwelt gut ankam, mit schickem Schnurrbart und einer roten Nelke in seinem Knopfloch. Seine Lieblingsbeschäftigung war das Schießen, ein Hobby, das ihm während seiner Zeit als Botschafter in Belgrad zu einer engen Freundschaft mit König Alexander I. von Jugoslawien verholfen hatte und das er auch in Deutschland weiter praktizierte – nicht zuletzt mit Göring. Ansonsten genoss er es, seine Gastgeber an der Nase herumzuführen, indem er ihr «Heil Hitler» mit seinem eigenen «Rule Britannia»-Gruß erwiderte.

Abgesehen von einem ihnen gemeinsamen Hang zur Exzentrizität waren Eric Phipps und Nevile Henderson jedoch sehr unterschiedliche Männer. Während Phipps, wie Horace Rumbold vor ihm, das NS-Regime schnell als abscheuerregend, in sich böse und grundlegend gefährlich einschätzte, besaß Henderson a priori keine Abneigung gegen autoritäre Regime. Ganz im Gegenteil verdankte er es gerade seiner nachgewiesenen Fähigkeit, mit Diktatoren wie König Alexander I. zurechtzukommen, dass er den Posten in Berlin erhalten hatte. Darüber hinaus besaß der neue Botschafter eine fatalistische Ader, die ihn glauben ließ, dass ihn «die Vorsehung» aus der Versenkung (bzw. Buenos Aires) geholt hatte, «für eine bestimmte Mission, die – so glaubte ich zuverlässig – dazu dienen solle, den Frieden der Welt zu bewahren».[8]

Dieser messianische Eifer brachte Henderson bald in Schwierigkeiten. Eden war bereits beunruhigt, nachdem Henderson bei einem Abendessen im Schloss Windsor einigen «Unsinn» darüber erzählt hatte, was er in Deutschland tun werde, dann war eine seiner ersten Amtshandlungen, ein Memorandum zur «britischen Politik gegenüber Deutschland» zu verfassen. Henderson argumentierte, Großbritannien sollte die deutsche Freundschaft suchen, indem es dem Zusammenschluss mit Österreich zustimmte, das deutsche Anrecht auf Kolonien anerkannte und den Deutschen «wirtschaftliche und darüber hinaus politische Vorherrschaft in Osteuropa» zugestehe.[9] Zu sagen, dass dies eine «gravierende Abweichung von der bisherigen Linie der Regierung Seiner Majestät» darstellte, wie Orme Sargent, Leiter der zentralen Abteilung im Außenministerium, in einer Begleitnotiz für Lord Halifax (der darum gebeten hatte, das Memorandum vor seiner Reise nach Berlin lesen zu dürfen) schrieb, war eine erhebliche Untertreibung. Vansittart zeigte sich bestürzt, doch noch bevor er reagieren konnte, ereigneten sich zwei weitere Kollisionen, die sich noch stärker im öffentlichen Raum abspielten. Zunächst hatte Henderson unilateral bekannt gegeben, dass er beabsichtige, den inoffiziellen Boykott zu brechen, den sein Vorgänger gemeinsam mit dem französischen und dem amerikanischen Botschafter praktiziert hatte, und am Nürnberger Parteitag teilzunehmen. Dann führte der Botschafter ein Gespräch mit dem österreichischen Gesandten, in dem er seine positive Sicht auf den *Anschluss* andeutete. Diese Fehltritte wurden im Juni 1937 noch überboten, als Henderson in einer viel beachteten Rede vor der Deutsch-Englischen Gesellschaft diejenigen in England tadelte, die «sich eine völlig falsche Vorstellung davon machen, wofür das nationalsozialistische Regime wirklich steht». Er argumentierte, die Aufmerksamkeit solle sich weniger auf die NS-Diktatur konzentrieren und stattdessen das große soziale Experiment in den Blick nehmen, das Deutschland gerade in Gang setze.[10]

Völlig entsetzt betrachteten Vansittart und ein Großteil des Außenministeriums die Ernennung des Botschafters bald als «ein internationales Unglück».[11] Henderson selbst war jedoch in keiner Weise der Ansicht, dass sich seine Autorität vom Außenministerium herleitete. Abgesehen von der Vorsehung, glaubte er zu Recht, dass er getreulich die Politik des Premierministers umsetzte, der seine Ansichten in zwei separaten Gesprächen mit dem Botschafter im April und im Oktober 1937 dargelegt hatte. «[I]ch darf ehrlich bekennen, dass ich bis zum letzten und bitteren Ende der Generallinie, die er [Neville Chamberlain] mir vorschrieb, gefolgt bin», schrieb Henderson später und fügte hinzu, das sei ihm leichtgefallen, da es sich eng mit seiner persönlichen Vorstellung von dem gedeckt habe, welchen Beitrag er in Deutschland am besten leisten könnte.[12] Die beiden Nevil(l)es sangen also im Einklang, und da Halifax nach der gleichen Melodie voranschreiten wollte, waren die Bedenken des Außenministeriums über dessen Besuch bald zerstreut. Der Besuch der Internationalen Jagdausstellung würde dem Lord President of the Council als Vorwand dienen, nach Deutschland zu reisen. Der eigentliche Zweck der Reise bestände jedoch in einem Treffen mit Hitler in Berchtesgaden.[*]

Der Gegenstand dieses Treffens war heftig umstritten. Eden und Vansittart wollten, dass Halifax nur zuhören und sich darauf beschränken sollte, eine «warnende Bemerkung zu Österreich und der Tschechoslowakei» abzugeben, denn es müsse alles Erdenkliche getan werden, «um die Deutschen davon abzubringen, in diesen beiden Staaten die Inititative zu ergreifen». Chamberlain, Henderson und Halifax selbst hegten dagegen weitaus größere Ambitionen.[13] «Ich glaube wirklich, dass die Idee des Premierministers, so wie sie mir dargelegt wurde, eine neue Tür zu einem

---

[*] Wie bei Chamberlains Besuch ein Jahr später zeigte Hitler auch gegenüber Halifax keine Bereitschaft, sich an einem günstiger gelegenen Ort, etwa in Berlin, zu treffen. Tatsächlich veranschaulichte die Wahl Berchtesgadens sowohl 1937 als auch 1938 – die erst Halifax und dann Chamberlain zu einer Reise quer durch Deutschland zwang –, wer die eigentliche Machtposition innehatte.

Weg öffnet, auf dem Fortschritte tatsächlich möglich sind», schrieb Henderson nach seinem Treffen mit dem Premierminister im Oktober an Halifax.[14] Einige Wochen später erklärte er, wie dies erreicht werden könnte. «Wenn Deutschland zusichert, sich mit den Zugeständnissen, die wir machen, zufriedenzugeben, dann sollten wir großzügig sein. Was auch immer Pessimisten Gegenteiliges sagen mögen, ich glaube, wenn wir nicht zu kleinlich sind, wird Deutschland sein Wort halten – jedenfalls auf absehbare Zeit.» Zehn Tage später fügte er hinzu: «Wir müssen alle Befürchtungen und allen Argwohn beiseitelassen. ... Der zentrale Punkt ist doch, dass wir ein Inselvolk sind, und Deutschland ist ein kontinentales. Auf dieser Grundlage können wir Freunde sein, und beide können dem Weg ihres jeweiligen Schicksals folgen, ohne dass es zum Aufeinanderprallen lebenswichtiger Interessen kommt.»[15]

Diese Überlegung, die Deutschland effektiv freie Hand in Ost- und Mitteleuropa ließ, stieß bei Halifax auf Zustimmung. Als er Chamberlain einige Notizen über die Richtung schickte, die er in Deutschland einschlagen wollte, erklärte er darin, er sei «nicht glücklich über die Haltung des Außenministeriums zur Tschechoslowakei und zu Österreich». Im Weiteren schrieb er: «Wir sollten uns nicht verpflichtet fühlen, uns der ‹friedlichen Evolution› (wie Henderson sie benannt hat) zu widersetzen – auch wenn das möglicherweise etwas großzügig interpretiert ist.»[16] Dieser «unbekümmerte Zynismus» mag seltsam erscheinen, wenn er von einem Mann mit so hohen moralischen Prinzipien wie Halifax kommt, aber er hatte erst kurz zuvor in einem Brief an Baldwin gestanden, dass er sich nicht dazu durchringen könne, Nationalismus oder sogar Rassismus als «unnatürlich oder unmoralisch» zu verurteilen.[17] «Ich für meinen Teil kann nicht bezweifeln, dass der Hass dieser Leute auf den Kommunismus usw. echt ist», schrieb er am Vorabend seiner Abreise. «Und ich wage zu behaupten, wenn wir in ihrer Situation wären, ginge es uns genauso!»[18]

Halifax kam am frühen Morgen des 17. November 1937 in Berlin an, wo er von Henderson und einer Menge Fotografen begrüßt wurde. Er verbrachte den Vormittag in der britischen Botschaft, bevor er an einem «unbeschwerten» Familienessen bei den Neuraths teilnahm und sich dann auf den Weg zur Jagdausstellung machte.[19] Dort war bereits eine beträchtliche Menge an Publikum eingetroffen, das die Exponate bewunderte, darunter ein Rudel französischer Fuchshunde, ein ausgestopfter Riesenpanda, verschiedene Trophäen, die von Mitgliedern der britischen Königsfamilie geschossen worden waren, und ein Saal mit ausgestopften Wald- und Wildtieren, in dem das Röhren eines Hirsches mittels eines Grammophons zu hören war. Bei weitem weniger harmlos war allerdings, dass die Deutschen einen Ausstellungteil der kolonialen Vorkriegssituation gewidmet hatten, in dem eine große Karte prominent die «verlorenen Gebiete» darstellte.

Zu seiner Überraschung, vor allem angesichts dieser Attraktionen, stellte Halifax fest, dass er selbst im Mittelpunkt des Publikumsinteresses stand. Von den Berlinern (als Wortspiel auf den traditionellen Jagdgruß Halali) «Lord Halalifax» getauft, folgte ihm eine große Menge durch die Ausstellungsräume, während er höflich seine Melone lüpfte, wo immer ihn jemand mit erhobenem Arm grüßte. «Es ist gut für Lord Halifax, die Ausstellung zu sehen, und es ist eine sehr gute Sache für alle diese Leute, Lord Halifax zu sehen», kommentierte das ein eindeutig zufriedener Vertreter des Regimes gegenüber Henderson. Später gaben die Mitarbeiter der britischen Botschaft eine Abendgesellschaft für ihn, wobei der Leiter des Botschaftspersonals, Ivone Kirkpatrick, die Gelegenheit nutzte, ihn ausführlich über die nationalsozialistische Verfolgung der Kirchen zu informieren, bevor er am nächsten Tag die Ausstellung erneut besuchte, am Grab der Toten seinen Respekt zollte und die riesige, neu errichtete Döberitz-Kaserne in Brandenburg besichtigte. «Es ist in ganz Deutschland das Gleiche», erklärte ihm Kirkpatrick.[20]

Angemessen gewarnt, wurde Halifax dann zum Bahnhof gebracht, wo er mit Kirkpatrick Hitlers Sonderzug bestieg, mit dem sie eine Nachtfahrt bis nach Berchtesgaden absolvierten. Das war eine komfortable Angelenheit. Ihre deutschen Gastgeber wollten ihnen die Reise so angenehm wie möglich machen, wobei sie anscheinend der Ansicht waren, dass Engländer hauptsächlich von einem leben: Whisky. Im Halbstundentakt tauchte bei ihnen ein Kellner mit einem Tablett mit Whisky und Soda auf. «Wir mussten sie leider enttäuschen», so Kirkpatrick.[21] Hätten sie sich weniger enthaltsam gezeigt, hätte dies jedoch als Erklärung für das außergewöhnliche Verhalten von Halifax am Ende der Reise herhalten können. Am Berghof angekommen, erkannte er Hitler nicht. Schlimmer noch, in einer Szene, die aus einer Geschichte des Humoristen P. G. Wodehouse hätte stammen können, nahm er an, dass der Mann in schwarzen Hosen, Seidensocken und Lackschuhen, der darauf wartete, ihn die schneebedeckten Stufen zum Haus hinaufzuführen, ein Lakai war. Glücklicherweise war Neurath vor Ort und zischte dem Lordpräsidenten «Der Führer, der Führer!» ins Ohr, noch bevor Halifax Hitler seinen Hut und Mantel reichen konnte.[22]

Die Katastrophe war abgewendet, und Hitler und Halifax setzten sich zu einem dreistündigen Gespräch zusammen.[23] Der Beginn war zunächst nicht vielversprechend. Obwohl Halifax zur Eröffnung eine Erklärung abgab, in der er Hitlers «Errungenschaften» – insbesondere die Eindämmung des Kommunismus – lobte, war Hitler «sichtlich schlechter Laune» und zeigte keine Neigung, eine gemeinsame Basis finden zu wollen.[24] Mehr noch, er ließ einen wütenden Angriff auf das demokratische System los, das gute deutsch-britische Beziehungen verhinderte, weil es zuließ, dass im Parlament und in der britischen Presse beleidigende Kritik an Deutschland geäußert werde. Perplex antwortete Halifax in kühlem Ton, dass er weder die Macht noch die Neigung habe, die britische Verfassung zu ändern. Wenn Hitler darauf warten wolle und seine Bereitschaft zur Verbesserung der wechselseitigen Beziehungen ihrer Länder davon abhänge, vergeude er, Halifax, eindeutig seine Zeit. Dies brachte Hitlers Tirade zu einem abrupten Ende und ermöglichte es Halifax, die Gespräche in konstruktiveres Fahrwasser zu lenken. Er war jedoch für einen flüchtigen Moment auf die richtige Schlussfolgerung gestoßen: Mit dem Versuch, Hitler durch friedliche Zugeständnisse zufriedenstellen zu wollen, vergeudete die britische Regierung tatsächlich ihre Zeit.

Zwei Wochen bevor Halifax sein Flugzeug bestieg, hatte Hitler die Oberbefehlshaber der Streitkräfte sowie Kriegsminister Werner von Blomberg und Außenminister Neurath zu einer Sitzung in der Reichskanzlei einbestellt. Dort teilte er ihnen mit, dass Deutschland, um wirtschaftlich zu überleben, spätestens 1943 oder 1945 einen Krieg um den «Lebensraum» führen müsse. Österreich und die Tschechoslowakei müssten an das Reich angegliedert werden. Dafür sah er vor, bereits 1938 einen Überraschungsangriff zu starten, denn jedes Jahr, das vergehen würde, erlaube es den Feinden Deutschlands, die Lücke im Wettrüsten weiter zu schließen. Hitler ließ keinen Zweifel daran offen, wer diese Feinde waren: «Die deutsche Politik habe mit den beiden Haßgegnern England und Frankreich zu rechnen, denen ein starker deutscher Koloß inmitten Europas ein Dorn im Auge sei, wobei beide Staaten eine weitere deutsche Erstarkung sowohl in Europa als auch in Übersee ablehnten.» Glücklicherweise für Deutschland war Großbritannien im Niedergang begriffen – man betrachte etwa das Einbrechen ihrer Machtbasis im Fernen Osten, in Indien und im Mittelmeer –, während Frankreich so gespalten war, dass jeden Moment ein Bürgerkrieg ausbrechen konnte. Blomberg und der Oberbefehlshaber des Heeres, Werner von Fritsch, waren nicht überzeugt. Wenn Deutschland in einem zukünftigen Krieg erfolgreich sein wollte, betonten sie mehrmals, dann dürften Großbritannien und Frankreich nicht zu den Feinden gehören. Hitler antwortete, dass die Briten und wahrscheinlich auch die Franzosen «die Tschechei bereits im Stillen abgeschrieben» hatten.[25] Doch er konnte sich dessen nicht sicher sein. Eine westliche Intervention blieb eine gefährliche Option und war für seine Generäle das Hauptargument, das eine gegenteilige Meinung stützen konnte. Gerade in diesem Moment, als Hitler darum kämpfte, seine führenden Untergebenen von den Vorzügen seines Plans zu überzeugen, kam der Lord President of the Council – «der bedeutendste

Staatsmann und Politiker, über den England zurzeit verfüge», laut der Kurzdarstellung, die Downing Street an die deutsche Botschaft in London geschickt hatte – nach Deutschland und sorgte mit seinen Auftritten für eine Bestätigung von Hitlers Annahmen.[26]

«Ich sagte, dass sich zweifellos noch andere Fragen aus dem Versailler Vertrag ergaben, die unserer Ansicht nach zu Problemen führen könnten, wenn sich kein kluger Umgang mit ihnen finden ließe, wie z. b. Danzig, Österreich und die Tschechoslowakei»,[*] notierte Halifax in dem Tagebuch, das er über seinen Besuch führte. «Bei all diesen Fragen ginge es uns nicht unbedingt darum, für den aktuellen Status quo einzutreten, wir seien dagegen bestrebt zu vermeiden, dass diese Fragen in einer Art und Weise behandelt werden, die Probleme verursachen könnte. Wenn bei freiwilliger Einwilligung und voller Zustimmung der primär betroffenen Parteien vernünftige Einigungen erzielt werden könnten, wollten wir diese keinesfalls blockieren.»[27] Dies war das genaue Gegenteil der Warnung, die Eden und Vansittart Halifax zu übermitteln aufgetragen hatten. Allerdings kann kaum bezweifelt werden, dass sowohl Chamberlain als auch Henderson Halifax' Äußerungen befürworteten. Tatsächlich hatte es solche Priorität für ihn, diese Botschaft zu vermitteln – die einer Zustimmung zu den deutschen Ambitionen in Ost- und Mitteleuropa gleichkam –, dass er sie gleich mehrmals wiederholte. Der Dolmetscher Paul Schmidt notierte in seinen Erinnerungen: «Halifax bemerkte dazu, daß man in England zur Prüfung jeder Lösung bereit sei, vorausgesetzt, daß sie nicht auf Gewalt beruhe.» Und er fügte hinzu, dass dies auch für Österreich galt.[28]

Trotz dieser bemerkenswerten Nachricht – die einen radikalen Richtungswechsel in der britischen Außenpolitik darstellte – verbesserte sich die Stimmung Hitlers nicht. Während des Mittagessens – in einem

---

[*] Danzig, das Ende des Ersten Weltkriegs zu West-Preußen gehört hatte, erhielt nach den Bestimmungen des Versailler Vertrags den Status der autonomen Freien Stadt Danzig, wenn auch Polen einige Rechte zugestanden bekam.

«scheußlichen Speisesaal» wurde ein «nicht weiter erwähnenswertes Fleischgericht» serviert, während Hitler Gemüsesuppe aß – benahm sich der Führer wie «ein verzogenes, schmollendes Kind» und weigerte sich, sich auf irgendein Gesprächsthema einzulassen. Das Fliegen, die Jagdausstellung, selbst das englische Allheilmittel, das Wetter, konnten ihn nicht zu einem Gespräch veranlassen, sodass sich allgemeine Erleichterung verbreitete, als das Mittagessen zu Ende ging und Hitler seine Gäste in ein protzig dekoriertes Wohnzimmer führte, wo er eine große Tasse heiße Schokolade mit einem riesigen Berg an Schlagsahne darauf trank. Dieses Vergnügen schien ihn zu beleben, denn er wurde gesprächig und schnitt das Thema Indien an. Es gebe eine einfache Lösung für die Probleme Großbritanniens auf dem Subkontinent, erläuterte er dem ehemaligen indischen Vizekönig: «Erschießt Gandhi.» Dann, fuhr Hitler fort, «wenn das nicht ausreicht, sie unterwürfig zu machen, erschießt ein Dutzend führender Kongreßparteimitglieder, und sollte das nicht genügen, erschießt zweihundert und immer so weiter, bis Ordnung herrscht». Laut Kirkpatrick hörte sich Halifax, der während der einstigen Verhandlungen mit Gandhi Respekt vor seinem Gegenüber entwickelt hatte, diese Aufforderung zum Mord mit einer Mischung aus «Erstaunen, Widerwillen und Mitleid» an.[29] Das hinderte ihn jedoch nicht daran, das Angebot zu wiederholen, dass Großbritannien bereit wäre, Deutschland eine eigene Kolonie anzubieten, wenn dies Teil einer größeren europäischen Einigung wäre.

Halifax fasste seine Eindrücke von Hitler und die Ergebnisse des Treffens folgendermaßen zusammen:

Ich kann durchaus verstehen, warum er ein beliebter Redner ist. Auf seinem Gesicht spielt sich der Wechsel von Gefühlsausdrücken – sardonischer Humor, Verachtung, etwas fast Wehmütiges – außerordentlich schnell ab. Dabei schien er mir sehr aufrichtig zu sein und alles zu glauben, was er sagt. Was den politischen Wert des Gesprächs anbetrifft, neige ich nicht dazu, diesen sehr hoch anzusetzen. Ich denke, alles in allem war es gut, eine Kontaktaufnahme fertiggebracht zu haben – aber ich hatte definitiv den Eindruck, dass es abgesehen von den Kolonien wenig oder gar nichts gab, was er von uns wollte, und dass er der Meinung ist, es sei Zeit, dass wir uns in der Frage der europäischen Probleme auf seine Seite stellen. ... Kurz gesagt, [er] sieht sich in einer starken Position und wird uns nicht hinterherlaufen. Er hat mir nicht den Eindruck vermittelt, dass er überhaupt gewillt ist, wegen der Kolonien mit uns einen Krieg zu beginnen; andererseits, wenn er in dieser Frage nicht zufriedengestellt werden kann, wären zweifellos gute Beziehungen, über die wir, wie ich annehme, viel Einfluss ausüben könnten und ohne die die gegenwärtige angespannte Situation weiter bestehen wird, unmöglich.[30]

Hitler seinerseits äußerte sich abschätzig über den Mann, den er später nur noch den «englischen Pfarrer» nannte.[31]

Halifax' nächste Station war ein Besuch bei Göring auf dessen Anwesen Carinhall in der Schorfheide im Norden Brandenburgs. Hier war ein Bericht entstanden, der als Zeugnis literarischer Kompetenz in den Reihen des Außenministeriums berühmt wurde: die sogenannte Wisent-Depesche, die Eric Phipps nach seiner Besichtigung des Anwesens im Juni 1934 geschrieben hatte. Phipps berichtete:

Die ganze Situation war so seltsam, dass einen manchmal ein Gefühl von Unwirklichkeit beschlich; aber es öffnete sich damit sozusagen ein Fenster zur NS-Mentalität, und so war der Besuch als solcher vielleicht nicht ganz nutzlos. Der Haupteindruck war der einer geradezu erbärmlichen Naivität bei General Göring, der uns wie ein großgewachsenes, verfettetes, verwöhntes Kind seine Spielsachen zeigte: seine Urwälder, sein Wisent und seine Vögel, seinen Schießstand und seinen See mit Badestrand, seine blonde «Privatsekretärin», das Mausoleum seiner Frau, Schwäne, Findlinge. Alles bloß Spielzeug, dazu da, jede seiner Launen zu befriedigen, und alles – oder fast alles, wie er nicht vergaß zu präzisieren – germanisch. Und dann stand mir vor Augen, dass es da noch andere Spielzeuge gab, weniger unschuldig, obwohl geflügelt, und diese könnten eines Tages von genau diesem Kind auf eine mörderische Mission geschickt werden – mit der gleichen kindlichen Freude.[32]

Drei Jahre später war Görings Prunk, wie seine Figur, noch angewachsen. In braune Stiefel und Reithosen gekleidet, darüber ein grüner Trachtenjanker – tapfer zusammengehalten von einem grünen Ledergürtel, an dem ein Dolch in einer roten Scheide hing –, und mit grünem Hut samt großem Gamsbart fuhr Göring einen Melone tragenden Halifax durch den Wald – «in einer kleinen, zweiachsigen Jagd-Kalesche mit zwei kastanienbraunen Hannoveranern davor» – und präsentierte ihm stolz seinen Wisentbullen und seinen Elch. Als Halifax am Haus ankam – einer gewaltigen, zwischen zwei Seen gelegenen Anlage –, bemerkte er, dass der Union Jack zwischen dem Hakenkreuz und einer Jagdflagge aufgezogen worden war. Dann wurde er durch unzählige Räume geführt, die mit Schätzen gefüllt waren, die, wie er richtig vermutete, aus den besten Museen Deutschlands entwendet waren. Danach setzte man sich zum Mittagessen, zu dem das blutigste Rindfleisch serviert wurde, das Halifax je begegnet war. Anschließend zogen sich der Meister der Middleton-Schleppjagdhunde und der Reichsjägermeister zu einem Tête-à-Tête über die internationale Situation zurück.[33]

Dies war ein viel freundlicheres Gespräch als das, das Halifax mit Hitler geführt hatte. Der Lord President of the Council wiederholte seine Auffassung, dass Großbritannien für Änderungen des europäischen Status quo offen sei, und Göring erklärte, dass die koloniale Frage das einzige Problem sei, das zwischen ihnen stehe. Er sei ein großer Bewunderer des Britischen Empires, das er als «stabilisierenden Faktor» betrachte, und meinte weiter, dass Großbritannien «keine Schwierigkeiten haben sollte anzuerkennen, dass Deutschland [wie andere auch] ein Recht darauf habe, in bestimmten Regionen der Welt besonderen Einfluss zu haben». Halifax stimmte zu und fuhr fort, die britische Regierung wolle «sich nicht in Angelegenheiten einmischen, von denen ihre primären Interessen nicht berührt sind» – mit anderen Worten: in Osteuropa. Allerdings forderte er, dass der Wandel friedlich verlaufen müsse und dass «in keiner Region etwas getan werden sollte, was für uns alle gefährliche Auswirkungen haben könnte». Obwohl er zwei Wochen zuvor bei der Besprechung zu den deutschen Kriegszielen in der Reichskanzlei anwesend gewesen war, die im Hoßbach-Protokoll (so benannt nach Oberst Friedrich Hoßbach, der eine schlagwortartige Niederschrift der Diskussion anfertigte) dokumentiert ist, versicherte Göring daraufhin Halifax feierlich, dass die Nationalsozialisten niemals «einen Tropfen deutsches Blut» vergießen würden, es sei denn, es werde ihnen aufgezwungen.

In seinem Reisetagebuch, das er später an Chamberlain und an das Außenministerium sandte, machte Halifax keinen Hehl daraus, dass er von Göring «bestens unterhalten» worden war. Obgleich er sich an die Rolle des Generals in der «Nacht der langen Messer» erinnerte und sich fragte, «für den Tod wie vieler Menschen – ob mit oder ohne triftigen Grund – er verantwortlich war», fand er Göring als Person «offen gesagt ansprechend». Er sei «wie ein großer Schuljunge, voller Leben und Stolz auf alles, was er tut», ein «Filmstar, ein engagierter Grundbesitzer, der sich für sein Anwesen interessierte, Ministerpräsident, Parteifunktionär, Chef-Wildhüter in seinem eigenen Landschaftspark». Darüber hinaus fand Halifax ihr Gespräch «durchaus nicht entmutigend» und stellte fest, dass der General offensichtlich ein Befürworter der deutsch-britischen Freundschaft war und sich «vermutlich nicht zu schwierig in Bezug auf Kolonien gerieren werde, denn er sehe vor allem den Nachjustierungen in Mitteleuropa mit Interesse entgegen»[34].

Zurück in Berlin, veranstaltete Henderson ein Abendessen zu Ehren von Halifax, an dem unter anderem Blomberg, Schacht und Görings Stellvertreter General Erhard Milch teilnahmen. Nach dem Abendessen unterhielt sich Halifax ganz offen mit Blomberg, der geradeheraus erklärte, dass die Kolonialfrage wirklich zweitrangig sei: «Die entscheidenden Fragen für Deutschland mit seiner wachsenden Bevölkerung und angesichts der Tatsache, dass es mitten in Europa liegt, sind diejenigen, die seine mittel- und osteuropäische Positionierung betreffen.» Als Teilnehmer der Hoßbach-Konferenz wusste Blomberg, wovon er sprach, und fügte hinzu: «Wenn alle nur versuchen, auf jedem erdenklichen Sicherheitsventil zu sitzen, gibt es zwangsläufig irgendwann eine Explosion.»[35] Diese klare Botschaft wurde jedoch von Schacht (der nicht an der Konferenz in der Reichskanzlei teilgenommen hatte) verwässert, der die Bedeutung der Kolonien hervorhob und vorschlug, dass Großbritannien Togoland und Kamerun zurückgeben könnte.

Am nächsten Tag, dem 21. November 1937, kamen Goebbels und seine Frau zum Tee. Halifax hatte erwartet, dass er gegenüber dem Propagandaminister eine tiefe Abneigung empfinden würde, dem war allerdings nicht so – vielleicht wegen eines «moralischen Defizits in mir», räsonnierte er. Goebbels bat den Lord President of the Council, seinen Einfluss zu nutzen, um die Angriffe auf Hitler in der britischen Presse zu stoppen, und behauptete: «Nichts hat mehr bitteren Groll in Deutschland hervorgerufen.» Insbesondere beschwerte er sich über Karikaturen, die Hitler verunglimpften, und hatte dabei anscheinend vor allem David Low vom *Evening Standard* im Visier, dessen Darstellungen des Führers bereits berühmt waren.[*][36] Halifax erwiderte dazu nur die Standardantwort zur Pressefreiheit in Großbritannien. Er äußerte jedoch auch Verständnis und versprach, dass «die Regierung Seiner Majestät alles in ihrer Macht Stehende tun werde, um die [britische] Presse zu beeinflussen, damit unnötige Beleidigungen vermieden würden»[37].

Auf der Zugfahrt zurück nach Calais formulierte Halifax seine unmittelbaren Schlussfolgerungen in einem Memorandum, das an Chamberlain und an das Außenministerium gerichtet war. «Wenn ich nicht völlig

---

* Passend dazu hatte Low einen brillanten Cartoon von Halifax auf der Jagdausstellung gezeichnet: Hitler präsentiert dem Lord-Präsidenten einige Trophäen, die «Weimar», «Versailles» und «Locarno» beschriftet sind. Noch wichtiger ist jedoch, dass eine Reihe von leeren Plätzen mit der Aufschrift «Reserviert» zu sehen sind, von denen der größte die Aufmerksamkeit eines ausgesprochen besorgt dreinblickenden britischen Löwen auf sich gezogen hat.

getäuscht worden bin», schrieb er, wollen die Deutschen, «von Hitler bis hinunter zum Mann auf der Straße, freundschaftliche Beziehungen zu Großbritannien.» Außerdem habe er das Gefühl, dass «Hitler aufrichtig war, als er sagte, dass er keinen Krieg will; Göring ebenfalls». Es stünden jedoch die Frage der Kolonien sowie die offensichtlichen Ambitionen Deutschlands in Mittel- und Osteuropa im Raum. In Anbetracht dieser beiden Probleme sprach sich Halifax dafür aus, Deutschland eine koloniale Niederlassung anzubieten und im Gegenzug dafür eine «Zusicherung zu erhalten, in welcher Form und mit welcher Absicherung auch immer, dass Deutschland keinen Krieg führen will». Selbstverständlich, gab er zu, war dies ein vager Vorschlag, und Versprechungen konnten, im Gegensatz zu Kolonien, leicht wieder zurückgenommen werden. Doch die Alternative sei noch weniger verlockend. Halifax legte dementsprechend drei logische Annahmen vor: «(a) wir wollen eine Verständigung mit Deutschland; (b) wir müssen dafür bezahlen in (c) der einzigen Münze, die wir haben, nämlich einer Art kolonialer Überlassung.» Angesichts der Art von Zusicherungen, um die Deutschland gebeten werden könnte, wiederholte Halifax schließlich seine Überzeugung, sollte Großbritannien sich davon verabschieden, die Beibehaltung des Status quo zu fordern, und stattdessen von Deutschland Zusagen einholen, mit denen sich das Land verpflichten würde, seinen bekannten Ambitionen friedlich nachzugehen. «Die ganze Sache», so Halifax abschließend, «läuft auf eins hinaus: Sosehr wir auch die Idee übertriebener nationalsozialistischer Propaganda usw. in Mitteleuropa ablehnen mögen, weder wir noch die Franzosen werden sie aufhalten können, und es erscheint daher kurzsichtig, auf die Chance einer Einigung mit den Deutschen zu verzichten, nur weil wir auf etwas hoffen, was wir mit ziemlicher Sicherheit nicht erreichen werden, weil uns letztlich die Macht dazu fehlt, es zu erzwingen.»[38]

Chamberlain sah die Reise als «großen Erfolg». So bestätigte denn auch Henderson in einer Reihe von begeisterten Briefen, man habe das Ziel erreicht, eine positive Atmosphäre zu schaffen, in der es möglich sein werde, «mit Deutschland die praktischen Fragen einer europäischen

Einigung zu diskutieren». Halifax habe Hitler von «unserer Aufrichtigkeit» überzeugt, mehr noch, sowohl Hitler als auch Göring hatten geleugnet, Krieg führen zu wollen – ein Urteil, das Halifax untermauerte, als er dem Kabinett sagte, dass die Deutschen sich derzeit auf den «Aufbau ihres Landes» konzentrierten und deshalb keine strategische Verwendung für «unmittelbare Abenteuer» hätten.[39] «Sicherlich, sie wollen Osteuropa dominieren», wie Chamberlain in einem Brief an seine Schwester Ida lässig zugestand, «sie wollen mit Österreich eine so enge Union wie nur irgend möglich, ohne das Land in das Reich einzuverleiben, und sie wollen für die Sudetendeutschen in der Tschechoslowakei ganz ähnliche Dinge.» Doch waren diese Vorstellungen weder mit dem Frieden in Europa noch mit der britischen Politik unvereinbar. «Ich sehe keinen Grund, warum wir nicht Folgendes mit den Deutschen verabreden sollten: Ihr gebt uns ausreichende Zusicherungen, dass ihr keine Gewalt anwenden werdet, um mit den Österreichern und der Tschechoslowakei ins Reine zu kommen, und wir machen euch entsprechende Zusicherungen, dass wir keine Gewalt anwenden werden, um die von euch angestrebten Veränderungen zu verhindern, wenn ihr sie mit friedlichen Mitteln erreichen könnt.»[40]

Halifax seinerseits vergeudete keine Zeit und machte sich schleunigst daran, sein Versprechen an Goebbels zu erfüllen und Druck auf die «freie» britische Presse auszuüben. Zweifelsohne waren jedoch die wichtigsten und einflussreichsten britischen Blätter schon mit im Boot. «Ich tue mein Bestes, um Nacht für Nacht alles aus der Zeitung herauszuhalten, was [die deutschen] Empfindlichkeiten berühren könnte» und baue dafür «kleine Dinge ein, die sie beruhigen sollen», gestand der enge Freund des Lordpräsidenten, der Herausgeber der *Times*, Geoffrey Dawson, in einem Brief vom Mai 1937.[41] Andererseits gab es eher links orientierte liberale Blätter, die weiterhin kritisch über NS-Deutschland berichteten. Daraufhin traf sich Halifax mit Sir Walter Layton, dem Chefredakteur des liberalen *News Chronicle*, und Lord Southwood, dem Inhaber des Labour-nahen *Daily Herald*. Zumindest das Gespräch mit Letzterem zeitigte keine sofortige

Wirkung, denn nur wenige Tage später veröffentlichte die Zeitung einen Cartoon, der Europa in Gestalt einer Frau zeigte, die ihr Baby, die Kolonien, einem aggressiven Hitler entgegenhielt. «Nimm mein Kind, aber verschone mich, bitte, verschone mich!», lautete die Bildunterschrift.[42] Diese völlig zutreffende Darstellung der britischen Außenpolitik (lässt man einmal unberücksichtigt, dass Chamberlain und Halifax auch bereit waren, Länder in Ost- und Mitteleuropa zu opfern) hatte einen wütenden und wichtigtuerischen Brief von Halifax an Southwood zur Folge, in dem er sich über einen «Cartoon von ungerechtfertigter Grausamkeit» beschwerte, der das Bemühen um eine britisch-deutsche Freundschaft nur schwieriger mache. Derart abgestraft, versicherte Southwood dem Lordpräsidenten, dass so etwas nicht wieder vorkommen werde.[43]

Nicht so einfach einzuschüchtern war David Low vom *Evening Standard*. Da er weithin als der größte Cartoonist seiner Zeit galt, erstreckte sich seine Handlungsfreiheit so weit, dass er sogar den Besitzer des *Evening Standard* Lord Beaverbrook aufs Korn nehmen durfte. De facto zeigte sein Cartoon vom 28. November 1937 mit geradezu hellseherischem Timing, wie die Herausgeber der *Times* (Dawson) und des *Observer* (J.L. Garvin) zusammen mit Lord Lothian und Nancy Astor zu einer Musik tanzen, die ein Orchester unter Leitung von Maestro Goebbels spielt. Halifax war jedoch entschlossen, diese Freiheiten einzuschränken, und traf sich auf Vorschlag seiner engen Freundin Lady Alexandra ‹Baba› Metcalfe mit dem Herausgeber des *Standard*, Michael Wardell, zum Mittagessen. Wardell, nach Ansicht des Beaverbrook-Journalisten Michael Foot ein «Sympathisant der Faschisten», zeigte Verständnis, sagte aber, ihm seien die Hände gebunden, da Lows Vertrag dem Karikaturisten volle redaktionelle Freiheit garantiere. Es könne jedoch sein, dass Low bereit wäre, darauf einzugehen, wenn Halifax persönlich an ihn appellieren würde. Dies war ein unorthodoxer Vorschlag. Es wird eine Seltenheit gewesen sein, wenn es überhaupt schon einmal da gewesen war, dass ein hochrangiges britisches Kabinettsmitglied sich vornahm, den Karikaturisten einer Zeitung persönlich zu zensieren. Doch «für die gute Sache» war Halifax nicht nur hierfür bereit, sondern darüber hinaus auch dazu, an einem der äußerst langweiligen Abendessen der Anglo-German Fellowship teilzunehmen.[44] Das Treffen fand binnen Monatsfrist in Wardells Wohnung im Londoner Stadtteil Bayswater statt. Dort bat Halifax Low, seine Cartoons moderater zu gestalten, da sie sich negativ auf die Bemühungen der Regierung um einen dauerhaften Frieden auswirkten. So wie es Halifax ausgedrückt hatte, konnte Low kaum ablehnen. «Nun gut, ich will nicht für einen Weltkrieg verantwortlich sein», antwortete der Cartoonist, «aber es ist meine Pflicht als Journalist, die Dinge gewissenhaft darzustellen. ... Und meiner Ansicht nach ist dieser Mann schrecklich. Aber ich werde es etwas bedächtiger angehen lassen.»[*][45]

Henderson war sehr zufrieden. Obwohl er in seinen Memoiren behauptete, großen Respekt vor der Macht und Freiheit jenes «privilegierten Freigeistes», der britischen Presse, zu haben, war er in Wirklichkeit kaum weniger daran interessiert, eine kritische Berichterstattung über Deutschland aus den Medien herauszuhalten, als es Dr. Goebbels war.[46] Kurz nach Halifax' Rückkehr appellierte er am 29. November 1937 in einem Brief an Eden: «Es sollte nichts unversucht bleiben, um unerwünschte und unnötige oder auf mangelnden Informationen beruhende Irritationen Deutschlands durch die britische Presse zu verhindern.» Dem fügte er noch hinzu: «Wenn die Tür offen bleiben soll, die Lord Halifax geöffnet hat, muss etwas getan werden, um zu verhindern, dass die Presse sie wieder zuschlägt.»[47] Deshalb reagierte Henderson mit großer Wut auf Berichte des *Daily Telegraph* vom 2. und 3. Dezember 1937, in denen ausgeführt wurde, die deutsche Regierung sei in der Frage der Kolonien an Halifax herangetreten, aber die britische Regierung sei entschlossen, Schachts Ansinnen abzulehnen, ein Gebiet in Zentralafrika, das derzeit im Besitz Belgiens und Portugals sei, an Deutschland zu über-

---

* Nach diesem Treffen führte Low in seine Cartoons die Figur «Muzzler» ein, die Charakteristika sowohl von Hitler als auch von Mussolini zeigte – sodass er damit weniger persönlich, aber nicht weniger kritisch Stellung nahm. Als Hitler dann jedoch den *Anschluss* Österreichs vollzog, fühlte sich der Karikaturist nicht mehr an sein Versprechen gebunden.

tragen. Ungeachtet dessen, dass das recht genau dem Plan entsprach, an dem Chamberlain gerade arbeitete, war Hendersons Furor entfesselt. Er nannte die Artikel Paradebeispiele für den «immensen Schaden», den die britische Presse anrichten könne. «Ich möchte Herrn Victor Gordon-Lennox den Hals umdrehen», ließ er sich in einem Brief an Halifax über den Auslandskorrespondenten des *Daily Telegraph* aus. Halifax antwortete, dass er in deutlichen Worten an Eden geschrieben und ihn ermahnt habe, wenn er schon nicht Gordon-Lennox' Hals umdrehen könne, dann etwas zu unternehmen, das dem so nah wie möglich komme.[48]

So begannen die Appeaser ihre Mission mit einem quasi «heiligen Ernst», als ginge es um eine neue Glaubenslehre. Die Lehre war nicht originell, aber der Eifer, die Überzeugung, die rücksichtslose Entschlossenheit waren es. Was zuvor eine reaktive und wenig stringente, von Skepsis geprägte Politik war, wandelte sich in eine aktive Strategie, eine positive, auf Gestaltung ausgerichtete Haltung, die der Beschwichtigungspolitik zum Durchbruch verhelfen sollte. Vor allem waren die gläubigen Appeaser Optimisten, die ein außergewöhnliches Maß an Vertrauen in eine Kombination aus gutem Willen und vernunftgeleiteter diskursiver Praxis setzten. Noch kurz vor seinem Besuch hatte Halifax (in einer Erklärung, die genauso von Chamberlain hätte stammen können) daher geschrieben: «Ich glaube, wenn wir sie [die Deutschen] erst einmal davon überzeugen könnten, dass wir Freunde sein wollen, dann werden wir womöglich feststellen, dass sich viele Probleme als weniger unlösbar darstellen, als sie jetzt erscheinen.»[49]

Unglücklicherweise war dies genau der Moment, in dem die Deutschen zu dem gegenteiligen Schluss kamen. Nachdem Hitler lange Zeit auf das ominöse britisch-deutsche Bündnis gewartet hatte, beschloss er nun, Großbritannien weniger als einen möglichen Freund denn als einen potenziellen Feind zu betrachten. Nicht ganz ohne Zusammenhang mit dieser gewandelten Haltung bei Hitler vollzog sich auch bei Ribbentrop eine Transformation: vom Inbegriff des Anglophilen zum führenden Anglophoben. Verbittert über seinen mangelnden Erfolg, sowohl diplomatisch als auch sozial, verbarrikadierte sich der deutsche Botschafter den Dezember 1937 in seinem Arbeitszimmer und schrieb an einem gigantischen Bericht für Hitler, um das Scheitern seiner Mission zu erklären und zu begründen, warum Deutschland fortan England zu seinen unerbittlichsten Feinden zählen müsse. Da die Briten weder ihr Engagement für ein Gleichgewicht der Kräfte noch ihre Freundschaft mit Frankreich jemals aufgeben würden, müsse die deutsche Politik darauf ausgerichtet sein, jene Reihe von Bündnissen zu zementieren, die «unserem gefährlichsten Gegner» etwas entgegensetzen, und, wenn notwendig, darauf hinwirken, dass ihr Empire zerstückelt werde.[50] Als das Jahr 1937 zu Ende ging, bewegten sich die britische und die deutsche Politik daher in entgegengesetzte Richtungen: eine zunehmende Disparität, die den Ton für das folgende Jahr vorgeben und Europa an den Rand des Krieges bringen sollte.

KAPITEL 10

«Die Bowlerhüte sind zurück!»

Ich fürchte, die fundamentale Schwierigkeit liegt daran, dass
Neville [Chamberlain] es für seine Mission hält, eine Verständigung mit den Diktatoren herbeizuführen.

Anthony Eden, Tagebucheintrag vom 18. Januar 1938[1]

Nach Einbruch der Dunkelheit schlüpfte am 11. Januar 1938 eine große,
gut gekleidete Gestalt unauffällig in die britische Botschaft in Washington. Die späte Stunde war gewählt worden, um das Treffen möglichst
geheim zu halten; entsprechend erwartete der britische Botschafter seinen Besucher auch allein in seinem privaten Arbeitszimmer. Nachdem
sich sein Gast Sumner Welles, Unterstaatssekretär im amerikanischen
Außenministerium, gesetzt hatte, las Sir Ronald Lindsay die schreib-
maschinengeschriebenen Papiere, die ihm kurz zuvor in einer schmalen
Akte überreicht worden waren. Schließlich blickte der großgewachsene,
breitschultrige Schotte, der bekannt dafür war, nicht viele Worte zu verlieren, von seinem Lesepult auf und erklärte mit bewegter Stimme: «Das
ist seit mehr als einem Jahr der erste Hoffnungsschimmer, dass ein neuer
Weltkrieg verhindert werden kann.»[2]

Lindsay sorgte dafür, dass die Nachricht innerhalb einer Stunde unter
strengster Geheimhaltung nach London gelangte. Sie besagte, dass Präsident Roosevelt, besorgt über die sich verschlechternde globale Situation und «unter dem immer drängenderen Eindruck, dass ein Welten-
brand drohe», beschlossen hatte, diese Abwärtsspirale zu stoppen, und
den einzigen Weg beschreiten wollte, der ihm aufgrund der hochgradig
auf Isolationismus ausgerichteten amerikanischen Öffentlichkeit offen-
stand.[3] Zentraler Baustein des Plans war ein Appell des Präsidenten an

die Nationen der Welt, zusammenzukommen und gemeinsam nach Möglichkeiten zu einer Harmonisierung der internationalen Beziehungen zu suchen. Im Wesentlichen auf ein Quidproquo angelegt, war die Idee des Präsidenten, von den Diktatorenstaaten als deren Zugeständnis ein Abrüstungsabkommen zu erwirken und als Gegenleistung dafür ein neues System zur gleichmäßigen Verteilung der globalen Rohstoffe anzubieten – das Zugeständnis der anderen Nationen. Er hatte vor, diesen Vorschlag am 22. Januar zu präsentieren, und bat nun die britische Regierung um Unterstützung. Allerdings werde er die Initiative aufgeben, wenn er nicht innerhalb von fünf Tagen eine billigende Antwort erhalte.[4] Die Chance, dass die sogenannte Roosevelt-Initiative ein Erfolg werden konnte, stand eins zu hundert. Es war jedoch das erste Mal seit Ende des Ersten Weltkriegs, dass die Vereinigten Staaten sich bereit zeigten, eine führende Rolle in internationalen Angelegenheiten zu übernehmen, und schon eine bloße Ablehnung des Vorschlags durch die Diktatoren würde wahrscheinlich einen starken Einfluss auf die amerikanische Öffentlichkeit haben. Aus all diesen Gründen war Lindsay begeistert und drängte London, «auf diese unschätzbare Initiative mit einer sehr schnellen und sehr herzlichen Einwilligung zu antworten»[5].

Das sollte jedoch nicht sein. Auch wenn Eden am 1. November 1937 vor dem Unterhaus geäußert hatte, dass er im Sinne einer guten Zusammenarbeit mit den Vereinigten Staaten gerne «nicht nur von Genf nach Brüssel, sondern auch von Melbourne nach Alaska» reisen würde, war der Außenminister derzeit in Südfrankreich und spielte Tennis – und knüpfte mit Churchill und Lloyd George wichtige Kontakte.[6] In seiner Abwesenheit war das Außenministerium Chamberlain anvertraut, und der «hasste die Idee von R.», wie ein leitender Beamter festhielt, und war entschlossen, sie abzuwürgen.[7] Er schrieb daraufhin an den Präsidenten, dankte ihm für seinen interessanten und «mutigen» Vorschlag, bat ihn aber nichtsdestotrotz, «seine Trümpfe in der Hand zu behalten»[8].

Zu dieser «kalte[n] Dusche» fühlte sich Chamberlain nicht etwa nur durch reinen Antiamerikanismus motiviert.[9] Obwohl er Roosevelts Idee für einen «absurden Erguss» hielt – Ausdruck einer frommen, naiven Weltsicht, wie er sie exakt so aus dieser Ecke erwartet hatte –, bereitete ihm mehr Sorge, was die Initiative für Auswirkungen auf seine eigenen Pläne haben mochte.[10] Wie er in seiner Antwort an den Präsidenten erklärte, war die britische Regierung bereits an Projekten beteiligt, die die «Befriedung» Europas befördern sollten, und es könne «sogar zulässig sein, auf eine etwaige Verbesserung in naher Zukunft zu hoffen». Der Premierminister arbeite an einer Neuaufteilung der Kolonialgebiete, um den deutschen Wünschen entsprechen zu können, und die italienische Regierung habe kürzlich ihr Interesse signalisiert, Gespräche zu beginnen, was «zumindest in einer Befriedung des Mittelmeerraums» resultieren sollte.[11]

Der Annäherungsprozess mit Italien hatte im Sommer 1937 begonnen. Enttäuscht über die Absage des Besuchs von von Neurath, war Chamberlain erfreut, als der italienische Botschafter, der Graf Dino Grandi, bekannt für seinen Charme und seinen imposanten Bart, am 27. Juli zu ihm kam und offenbar einen Brief des Duce bei sich trug. In diesem Schreiben (eigentlich ein schöpferischer Einfall des Botschafters, um die Verhandlungen anzustoßen) verkündete «Mussolini», er sei sehr an einer Wiederherstellung der guten Beziehungen zwischen Großbritannien und Italien interessiert, und schlug vor, dass die beiden Länder Gespräche mit dem Ziel einer vollständigen Beilegung ihrer Differenzen aufnehmen sollten.[12] Insbesondere sei es Mussolini ein Anliegen, so Grandi weiter, dass die Briten die italienische Annexion von Abessinien de jure anerkannten. Darauf hatte Chamberlain geantwortet, ein solcher Schritt, der in Großbritannien viel Kritik hervorrufen werde, könne nur dann unternommen werden, wenn er Teil eines «größeren Versöhnungsarrangements» sei, das Verdächtigungen und Ängste beenden und das gegenseitige Vertrauen wiederherstellen würde.[13] Er sah sich nichtsdestotrotz ermutigt, aktiv zu werden, und schrieb Mussolini umgehend einen Brief – den er allerdings

Eden vorenthielt, da er das Gefühl hatte, der Außenminister werde Einwände erheben. In dem Schreiben versicherte er dem Duce, dass die britische Regierung nur von den freundlichsten Gefühlen gegenüber Italien motiviert agiere und jederzeit bereit sein werde, Gespräche zur Klärung der gesamten Situation und zur Beseitigung aller Ursachen für eventuelles Misstrauen oder mögliche Missverständnisse aufzunehmen.»[14]

Dies führte zu einem freundlichen (und diesmal echten) Brief von Mussolini, in dem dieser die Aussicht auf Gespräche begrüßte, sodass sich Chamberlain alsbald zu der von ihm erreichten «außerordentlichen Entspannung innerhalb Europas» gratulierte. «Es gibt einem ein Gefühl für die wunderbare Macht, die einem das Amt des Premiers verleiht», schrieb er am 8. August 1937 an seine Schwester Ida vom Anwesen des Herzogs von Westminster im Schottischen Hochland. «Als Schatzkanzler konnte ich kaum ein Steinchen bewegen, nun brauche ich nur einen Finger zu rühren, und das Antlitz Europas verändert sich!»[15] Eden war nicht überzeugt. Da er Mussolini mehr noch als Hitler als den «Antichrist» sah, zögerte der Außenminister, etwas zum Ansehen des Duce beizutragen – und dass zu einer Zeit, in der die Italiener mit ihren Militäreinsätzen Benzin in das spanische Inferno gossen und weiterhin antibritische Propaganda verbreiteten, die sie geschickt an die Adresse der aufständischen Araber in Palästina zu richten wussten.[16] Vor allem aber hatte Eden im Gegensatz zu Chamberlain kein Vertrauen in den guten Willen des Duce. «Man hat mir oft verheißen, dieser oder jener Schritt unsererseits würde die englisch-italienischen Beziehungen verbessern, und ich bin so oft enttäuscht worden», schrieb er im Sommer 1937 in einem Vermerk des Außenministeriums, «daß ich diese optimistischen Ansichten bezüglich einer *de-jure*-Anerkennung nicht teile. [...] Ich fürchte, [...] daß Italien entschlossen ist, das Römische Reich wiederzuerrichten, und daß wir ihm dabei im Wege stehen.»[17]

Zunächst trat diese große Meinungsverschiedenheit zwischen Premierminister und Außenminister nicht offen zutage, da Chamberlain davon ausging, Eden sei lediglich das Sprachrohr der Vorsicht und vorgefassten Meinung, die das Außenministerium von Amts wegen hatte. Wie Sir Samuel Hoare war er davon überzeugt, dass «das Außenministerium gegenüber Deutschland (und Italien und Japan) sehr voreingenommen ist». Chamberlain war zunehmend frustriert, was die Vertreter des Außenministeriums anbelangte, die, wie er sich beschwerte, seiner Meinung nach «keine Phantasie und keinen Mut» zu haben schienen. Er schrieb allerdings, dass er zugeben müsse, Eden sei in einem geradezu «erschreckend gut»: «meine Vorschläge ohne Murren anzunehmen. Aber es ist kräftezehrend, immer wieder von vorne anfangen zu müssen», und manchmal sogar die Depeschen aus dem Außenministerium neu zu verfassen. «Ich mache mir große Sorgen», fuhr er in dem Brief an seine Schwester Hilda fort, «was in dem Fall passiert, wenn wir die britisch-italienischen Beziehungen wieder auf das Niveau zurückfallen lassen, auf dem sie vor meiner Intervention waren. Das Außenministerium sieht Musso[lini] weiterhin nur als eine Art Machiavelli, der eine falsche Maske der Freundschaft aufsetzt, um seinen schändlichen Ambitionen besser nachgehen zu können. Wenn wir ihn so behandeln, werden wir bei ihm nichts erreichen, und wir werden für unser Misstrauen teuer bezahlen müssen – mit entsetzlich kostspieligen Verteidigungsmaßnahmen im Mittelmeer.»[18]

Wie sich herausstellte, war eher der «schändliche Machiavelli» als das Außenministerium für die Rückschritte in den britisch-italienischen Beziehungen im Spätsommer und Herbst 1937 verantwortlich. Schon die Piraterie italienischer U-Boote im Mittelmeer hatte Gespräche unmöglich gemacht, eine pompöse Rede, die der Duce zu Francos Einnahme von Santander hielt, wurde ebenfalls nicht gut aufgenommen. Im September fand dann Mussolinis viel beachteter Besuch in Berlin statt, und im November schlossen sich die Italiener dem deutsch-japanischen Anti-Komintern-Pakt an. Im Dezember verließ Italien den Völkerbund.

Während dieser Zeit wurden deutliche Risse in der Beziehung zwischen Chamberlain und Eden sichtbar. Obwohl der beinahe dreißig Jahre jüngere Eden dem Älteren versichert hatte, dass es ihm nichts ausmache, wenn Chamberlain sich stärker des Themas der auswärtigen Angelegenheiten annehmen würde, als Baldwin dies getan hatte – weniger Engagement wäre auch kaum möglich gewesen –, entwickelte der Außenminister in Bezug auf die Entschlossenheit des Premiers, sich mit den Diktatoren zu arrangieren, bald eine zunehmende Barrikadenhaltung – und das fast unabhängig von den konkreten Umständen. Insbesondere ärgerte ihn, dass Chamberlain zunehmend mit hinterlistigen Methoden agierte. Dazu gehörten ein leicht durchschaubarer Versuch, Edens Parlamentarischen Privatsekretär Jim Thomas als Spion für Downing Street Nr. 10 zu rekrutieren, und Pressegespräche, mit deren Hilfe sowohl das Tempo der Außenpolitik forciert als auch deren Ausrichtung justiert werden sollte. Solche Hintergrundgespräche fanden etwa im August 1937 statt, als eine Reihe von Zeitungen damit begonnen hatte, beflissentlich über die bevorstehenden britisch-italienischen Gespräche zu berichten, und dann wieder im November, als man in der Downing Street entgegen Edens ausdrücklichem Wunsch Erwartungen an den Halifax-Besuch ausbildete. Obwohl er unter einem Fieber litt, hielt es Eden nicht im Bett, empört machte er Chamberlain Vorhaltungen. Dies führte zu einem heftigen Streit, der in der berühmten Sentenz gipfelte, mit der der Premier seinen Außenminister abkanzelte: «Gehen Sie wieder zu Bett und nehmen Sie ein Aspirin!»[19] Am nächsten Tag versuchte Sir Horace Wilson, offiziell der Experte der Regierung für Industrieangelegenheiten, in Wirklichkeit aber der engste Berater Chamberlains in allen Angelegenheiten, eine Versöhnung herbeizuführen, indem er Jim Thomas gegenüber versicherte, dass der Premier Eden sehr verbunden sei und ihn als seinen besten Mann im Kabinett betrachte. Chamberlain war jedoch nach wie vor davon überzeugt, dass «seine eigene Strategie, jede Gelegenheit zur Begegnung mit den Diktatoren zu nutzen, richtig war», und dass Eden falschlag. Folglich schützte der Premierminister Eden lediglich vor sich selbst.[20]

Das war allerdings nicht die einzige Meinungsverschiedenheit der beiden Männer. Wie Eden Chamberlain in einem Schreiben vom 3. November 1937 mitteilte, war er «zutiefst besorgt über das Niveau unserer Aufrüstung»[21]. Ein Memorandum des Luftfahrtministeriums zeige, dass die

Royal Air Force noch rund zwei Jahre hinter der Luftwaffe zurückliege und der Bedarf bei Flakgeschützen und Suchscheinwerfern bedrohlich groß sei. Könnte Großbritannien nicht versuchen, Anschluss zu gewinnen, fragte sich Eden, indem man Ausrüstung aus dem Ausland kaufe? Chamberlain hielt das für keinen guten Vorschlag. Er akzeptierte die Aufrüstung als eine Notwendigkeit, die bestand, bis seine Strategie der Beschwichtigung zu Ergebnissen führen würde, weigerte sich aber, einen Anstieg der Verteidigungsausgaben über das Niveau hinaus zuzulassen, das er für finanziell vernünftig hielt. Darauf antwortete Eden scharf: «Eine gute Finanzlage wäre für uns ein kleiner Trost, wenn London dem Erdboden gleichgemacht würde, weil unsere Luftstreitkräfte unzureichend sind.» Aber Chamberlain meinte, das sei eine «viel zu alarmistische» Sichtweise, und fügte hinzu, er denke nicht, dass «uns in den nächsten zwei Jahren jemand angreifen wird».[22]

Glücklicherweise gab es einen Punkt, in dem Eden mit der Unterstützung Chamberlains rechnen konnte: bei der Frage, die Stabschefs zu überstimmen, die sich in einem außerordentlich defätistischen Papier vom Februar 1938 entschieden gegen eine Ausweitung der Stabsgespräche mit den Franzosen und Belgiern ausgesprochen hatten – und das vor allem aus politischen Gründen, weil dies den «unversöhnlichen Argwohn und die Feindseligkeit Deutschlands» provozieren würde.[23] Auch in Bezug auf Vansittart waren sie einer Meinung. Dessen schulmeisterliche Art, seine emotionalen Denkschriften und seine Verhandlungsbereitschaft mit Mussolini hatten Eden schon länger gereizt, sodass er 1936 versucht hatte, «Van» loszuwerden, indem er ihm den Posten des Botschafters in Paris anbot. Chamberlains Motive lagen anders. Er sah in Vansittart einen Panikmacher, der ständig versuchte, sein Ansinnen zu behindern, freundschaftliche Kontakte mit den Diktatoren aufzubauen. Außerdem glaubte der Premierminister, dass Vansittart einen unglücklichen Einfluss auf Eden ausübe, wodurch sich «Anthonys natürliche Schwingungen» noch multiplizieren würden.[24] Auf die eine oder andere Art war seine Zeit jedenfalls abgelaufen. Vansittart wurde aus der neuralgischen Position weggelobt und zum Chefberater der Regierung in diplomatischen Fragen befördert, ein Amt, dessen Titel großartig klang, das aber bedeutungslos war. Neuer Ständiger Unterstaatssekretär wurde ein «gescheiter und bedachtsamer Mann», Alexander Cadogan, der zuvor Leiter der Abteilung für Fragen des Völkerbundes im Außenministerium und dann Leiter der britischen Gesandtschaft in Peking gewesen war.[25] Vansittart war das erste Opfer der Appeaser.

Die Roosevelt-Initiative markierte den Beginn vom Ende der Beziehung zwischen Chamberlain und Eden. Bestürzt darüber, dass der Premierminister den amerikanischen Präsidenten in seiner Abwesenheit brüskiert hatte, versuchte Eden verzweifelt, die Entscheidung rückgängig zu machen, sobald er am 15. Januar 1938 wieder in England ankam. Bei einem Besuch am nächsten Tag auf dem offiziellen Landsitz des Premiers, Chequers, sagte er Chamberlain, dass er zutiefst bedaure, was dieser getan habe, und dass die Enttäuschung des Präsidenten unweigerlich einen Rückschlag in der Frage der Beendigung des amerikanischen Isolationismus bedeuten werde. Chamberlain erwiderte, dass die Initiative des Präsidenten nur «unseren eigenen Bemühungen» mit Italien und Deutschland in die Quere gekommen wäre, die seiner Meinung nach kurz davor waren, Ergebnisse zu zeitigen. Das konnte Eden nicht akzeptieren. Obwohl er bereit war, die Verhandlungen mit Deutschland fortzusetzen, zeigte er sich überzeugt, dass die Anerkennung der italienischen Hegemonie in Abessinien ein Fehler wäre, da sie das Ansehen Mussolinis erhöhen und «ihn dadurch nur noch attraktiver für Hitler machen würde».[26] In dieser Nacht stellte sich Oliver Harvey, Edens ergebener Privatsekretär, in seinem Tagebuch die Frage, ob es zu einem Rücktritt kommen könne:

Ich fürchte, der P[remierminister] könnte einen kolossalen Fehler begangen haben, den zu beheben nicht mehr möglich sein wird. A[nthony]

E[den] wird seine Position sehr sorgfältig prüfen müssen, denn er kann natürlich nicht für die Außenpolitik verantwortlich bleiben, wenn der P[remierminister] nicht von seiner Linie abweicht. Er kann keine Verantwortung für eine Politik übernehmen, die Amerika gegen uns aufbringt. Der P[remierminister] wird bei dieser Torheit von Horace Wilson beraten, der nichts von Außenpolitik versteht. Er, der P[remierminister], ist von seiner ganzen Veranlagung her kein Freund der Amerikaner, aber zudem ist er auch noch, wie ich fürchte, von einer gewissen Eitelkeit in Bezug auf seine eigenen Vorhaben mit Hitler und Muss[olini] motiviert.[27]

Zwei Tage später bestätigte Roosevelts formale Antwort auf Chamberlains Telegramm Edens Befürchtungen. Der Präsident sei zwar bereit, seine Initiative für einen kurzen Zeitraum zu verschieben, wie Welles weitergab, er sei aber ernsthaft enttäuscht von der britischen Antwort. Darüber hinaus habe die Vorstellung, dass Großbritannien im Begriff sein könnte, der Eroberung Abessiniens durch Italien de jure Anerkennung zu gewähren, wie in der ersten Mitteilung von Chamberlain avisiert, bei ihm blankes Entsetzen ausgelöst. Dies könnte katastrophale Folgen nach sich ziehen, habe der Präsident erklärt, sowohl im Fernen Osten, wo weder Amerika noch Großbritannien die japanische Annexion der Mandschurei anerkannt hätten, als auch in Bezug auf die amerikanische Öffentlichkeit. «In einem Moment, in dem es so zu sein scheint, dass die Einhaltung von vertraglichen Verpflichtungen in den internationalen Beziehungen von entscheidender Bedeutung ist, so wie es von unseren beiden Regierungen proklamiert wird», äußerte sich Roosevelt, «kann ich nicht umhin zu empfehlen, alle Auswirkungen des von der Regierung Seiner Majestät geplanten Schrittes mit größter Sorgfalt zu bedenken. ... Die öffentliche Meinung in den Vereinigten Staaten wird sich nur dann in der Frage einer aktiven friedlichen Zusammenarbeit mit anderen friedliebenden Nationen der Welt hinter die Regierung stellen, wenn diese aktive Zusammenarbeit dazu bestimmt ist, die Grundsätze des Völkerrechts und der Moral wiederherzustellen und aufrechtzuerhalten.»[28]

Eden ergriff diese Mitteilung und überquerte die Straße zur Downing Street Nr. 10. Als er dort den Premierminister antraf, hatte der jedoch seine eigene Munition parat: einen Brief von Ivy Chamberlain (Austen Chamberlains Witwe),* die den Winter in Rom damit verbracht hatte, dem Duce zu schmeicheln und ihm Auszüge aus den Briefen des Premierministers vorzulesen. Wie Chamberlain erklärte, hatte Graf Ciano, Mussolinis Schwiegersohn und Außenminister, Ivy berichtet, dass der Duce bestrebt sei, eine Einigung zu erzielen, und dass dies ein «psychologischer» Moment sei, den man nicht verpassen dürfe.[29] Mit dieser Perspektive vor Augen würde es sich unmöglich erweisen, das konnte Eden sehen, den Premierminister zu einer Meinungsänderung zu bewegen, weder in der Frage der Roosevelt-Initiative noch beim Thema der Anerkennung Abessiniens. «Ich fürchte, die fundamentale Schwierigkeit liegt daran, dass Neville [Chamberlain] es für seine Mission hält, eine Verständigung mit den Diktatoren herbeizuführen», schrieb der Außenminister niedergeschlagen in seinem Tagebuch.[30]

Nicht minder deprimierend für Eden war die Tatsache, dass der Premierminister offenbar auf die Unterstützung seiner Kabinettskollegen zählen konnte. Während sich vor einer Sitzung des Ausschusses für Außenpolitik des Kabinetts am Nachmittag des 19. Januar die Kollegen noch versammelten, bemerkte der Außenminister direkt am oberen Rand der Papiere von Thomas Inskip eine handgeschriebene Notiz, die lautete: «Edens Politik, die USA, Großbritannien und Frankreich in eine Front zu bringen, führt zum Krieg.»[31] Eden versuchte, den Minister für die Koordinierung der Verteidigung vom Gegenteil zu überzeugen, aber mit Beginn der Sitzung musste er feststellen, dass der Rest des Ausschusses derselben Meinung war. Chamberlain las lange Auszüge aus Ivys Briefen vor – gespickt mit Mussolinis Äußerungen seines guten Willens – und erstellte dann den Entwurf eines Telegramms an Roosevelt, in dem er

---

* Austen Chamberlain war im März des Vorjahres im Alter von 73 Jahren verstorben.

die Vorteile der Anerkennung der italienischen Hoheitsgewalt über Abessinien erläuterte.

Derart isoliert innerhalb des Kabinetts, dachte Eden nun offen über seinen Rücktritt nach. Die Schwierigkeit bestand nach Angaben seiner Freunde im Außenministerium darin, dass der Roosevelt-Plan streng geheim war und daher nicht als Erklärung für sein Handeln herangezogen werden konnte. Dieses Thema wurde von Jim Thomas in einer hitzigen Unterredung mit Sir Horace Wilson am Morgen des 2. Januar angeschnitten. Thomas warnte Wilson, dass er sich bewusst sein solle, wenn Eden zurücktreten würde, könnte es sein, dass dann die ganze Geschichte am amerikanischen Ende durchsickern werde und «das englische Volk [erführe], daß der Premier es vorgezogen hat, die Hilfe einer Demokratie abzulehnen, um seinen Flirt mit den Diktatoren hemmungslos fortzusetzen». Das brachte Wilson in Rage, und er eröffnete Thomas, sollte Amerika die Fakten an die Öffentlichkeit bringen, werde er die volle Macht der Regierungsmaschinerie für einen Angriff auf Anthony Eden und seine bisherige Bilanz in Bezug auf die Diktatoren nutzen und dessen beschämende Aktivitäten offenlegen, mit denen er die Versuche des Premierministers, den Frieden der Welt zu retten, behindert habe.[32]

Tatsächlich wurde keine der beiden Drohungen Realität.[*] Am Nachmittag des 2. Januar 1938 fand Eden einen Chamberlain vor, der sich weder über seine Position noch über die zu unternehmenden Schritte gewiss war, sodass es ihm gelang, ihn zu überreden, seine Anfrage an Roosevelt zurückzuziehen und das Lancieren seines Plans zu verschieben. Das erschien zunächst wie ein großer Triumph. Nachdem Chamberlain

---

[*] Wenn Thomas versucht hatte, Wilson zu drohen, dann hatte er das mit ziemlicher Sicherheit getan, ohne Edens Segen dafür zu haben. Während der Auseinandersetzungen mit Chamberlain hatte sich Eden tatsächlich peinlich genau an die Spielregeln gehalten: Er hatte sich geweigert, etwas an die Presse weiterzugeben oder auch Lobbyarbeit bei seinen Kabinettskollegen zu machen, um so Unterstützung für sein Anliegen zu gewinnen. Duff Cooper (der bei der Kabinettssitzung am 2. Februar Chamberlain unterstützt hatte) schrieb später, wenn Eden «sich zu dem Zeitpunkt bemüht hätte, meine Unterstützung zu gewinnen, wäre er wahrscheinlich erfolgreich gewesen».

ein Telegramm in seinem Namen genehmigt hatte, in dem der Vorschlag des Präsidenten herzlich begrüßt wurde, ließ Eden eine eigene Botschaft an Sir Ronald Lindsay folgen, in der er verlautbarte: «Wir wollen unter allen Umständen, dass der Präsident seine Initiative startet.»[33] Es war jedoch zu spät. Roosevelt hegte Zweifel und entschied nach wiederholter Verschiebung des Plans in der ersten Februarhälfte schließlich, dass die Initiative von Chamberlain – die Vereinbarung mit Italien, einschließlich der De-jure-Anerkennung der Einnahme Abessiniens – «völlig richtig» war und er daher seine Idee ruhenlassen werde. «Das ist ausgezeichnet», kommentierte Chamberlain.[34]

Um Gespräche mit Italien aufzunehmen, hatte Chamberlain mit Nachdruck eigene inoffizielle Kanäle für eine diplomatische Annäherung an Mussolini aktiviert. Die eine Möglichkeit, Zugang zu erhalten, gab es über Ivy Chamberlain – deren Flirt mit dem Duce auch Eden, der darüber zunehmend verärgert war, in groben Zügen bekannt war –, und dann waren da noch die zwielichtigen Aktivitäten des Sir Joseph Ball – von deren Existenz der Außenminister so gut wie keine Ahnung hatte.

Major Joseph Ball war «zweifellos hart im Nehmen», «in der Tradition der Nachrichtendienste verwurzelt» und hatte das gerüttelt Maß an «Erfahrung, wie es typisch ist für Leute, die sich auf der Schattenseite des Lebens bewegen und mit Gaunern umgehen können» – so beschrieb ihn ein ehemaliger Vorsitzender der Konservativen Partei –, er war MI5-Offizier gewesen, hatte 1927 den Dienst verlassen und arbeitete nun für die Konservative Partei.[35] Dort gründete er als Chef der Öffentlichkeitsabteilung und dann geschäftsführender Direktor einer neu gegründeten parteiinternen Recherche-Abteilung eine Art politischen Nachrichtendienst, der es Anfang der 1930er Jahre nicht nur geschafft hatte, die Labour-Partei und die Liberalen zu infiltrieren, sondern seinen Zugang auf die meisten Kompetenzbereiche der Regierung auszudehnen. Dabei hatte er enge Freundschaft mit dem Vorsitzenden der Recherche-Abteilung geschlossen – Neville Chamberlain –, mit dem er in der anbrechenden Dekade viele Stunden beim Forellenfischen in den Kreideflüssen von Hampshire verbringen sollte.

Mitte 1937 wurde Ball von Adrian Dingli, ein in Großbritannien zugelassener Anwalt maltesisch-italienisch-britischer Herkunft und Rechtsberater der italienischen Botschaft, angesprochen. Ball zufolge bot Dingli an, ihn mit «Informationen» über diplomatische Schritte der Italiener zu versorgen – in Dinglis Version des Treffens sprachen die beiden Männer darüber, wie die britisch-italienischen Beziehungen «verbessert» werden könnten. Wie dem auch gewesen sein mag, das Treffen schuf jedenfalls einen inoffiziellen diplomatischen Kanal, der es Chamberlain ermöglichte, sich hinter dem Rücken des Außenministeriums an die italienische Regierung zu wenden und umgekehrt. Diese Entwicklung kam, wie die Ereignisse zeigen sollten, fast ausschließlich den Italienern zugute. Auch wenn Dingli behauptete, ein Grundprinzip seiner Arbeit mit Ball habe darin bestanden, dass britische Interessen immer erste Priorität vor den italienischen hatten, war Fakt, dass es das britische und nicht das italienische Außenministerium war, dessen Unterminierung die Verschwörung der beiden, Hand in Hand mit Chamberlain, zum Ziel hatte. Ein Punkt, der dem italienischen Botschafter, Graf Grandi, sofort klar war und der in der Ball-Dingli-Verbindung nicht nur eine vom Himmel gesandte Gelegenheit wahrnahm, die dem Premierminister nahestehenden Personen einzuorden, sondern auch die Chance, «einen Keil in den sich abzeichnenden Spalt zwischen Eden und Chamberlain zu treiben und ihn nach Möglichkeit weiter zu vergrößern».[36]

Chamberlain war dieser offensichtlichen Gefahr gegenüber blind. Am 1. Januar 1938 nutzte er die Abwesenheit Edens, der sich in Südfrankreich aufhielt, und bat Ball, bei Grandi zu eruieren, ob der Botschafter «die Erlaubnis Roms einholen könne, in London ‹Gespräche› mit dem Premierminister aufzunehmen», der derzeit die alleinige Verantwortung für das Außenministerium trage.[37] Dieser raffinierte Plan fand ein jähes

Ende, als Eden aufgrund der Roosevelt-Initiative seinen Urlaub abbrach und nominell die Zuständigkeit für die Außenpolitik wieder bei ihm lag. Chamberlain ließ sich jedoch nicht beirren. Am 17. Januar unternahm er einen außerordentlichen, sicherlich beispiellosen Schritt: Zusammen mit Ball verfasste er einen Brief, den Grandi an Eden mit der Bitte um ein Treffen mit ihm (Chamberlain) und dem Außenminister schicken sollte. Dingli äußerte anfangs Zweifel an dieser List, die die Italiener, wie er befürchtete, in die Rolle der Bittsteller drängen würde. Doch als Ball mit dem handschriftlich auf Downing-Street-Briefpapier geschriebenen Entwurf erschien, löste sich diese geradezu lächerliche Fehlinterpretation der Situation schnell in Luft auf. Nachdem er nur geringfügige Änderungen vorgenommen hatte, ließ Grandi den Brief abtippen und unterschrieb ihn.

Dann traten zwei Ereignisse ein, die den gesamten Plan zum Scheitern zu bringen drohten. Am Freitag, dem 21. Januar 1938, wurde das britische Handelsschiff *Endymion* von einem U-Boot der antirepublikanischen Kräfte vor der Küste Spaniens versenkt, und am Abend war in der Nachrichtensendung der BBC zu hören, dass die Regierung «keinerlei Bemühungen zur Verbesserung der britisch-italienischen Beziehungen in Erwägung ziehen würde».[38] Ball wurde sofort aktiv. Schon am folgenden Samstag hatte er die BBC dazu gebracht, ihre Meldung zu revidieren – die mit ziemlicher Sicherheit von Unterstützern Edens aus dem Außenministerium lanciert worden war – und dann seine eigene Pressekampagne gestartet, um öffentliche Unterstützung für ein Abkommen mit Italien zu gewinnen. Mittlerweile hatte Ivy Chamberlain, nachdem sie sich von Ciano über die mangelnde Gesprächsbereitschaft Großbritanniens Vorhaltungen hatte anhören müssen, beschlossen, ihm einen Brief zu zeigen, den sie kürzlich von ihrem Schwager erhalten hatte und in dem er seine Überzeugung äußerte, dass die Gespräche noch vor Ende Februar beginnen würden. «Der Effekt», so Neville Chamberlain in seinem Tagebuch, «war magisch.»[39] Zu einer Audienz beim Duce einbestellt, wurde Ivy gefragt, ob es ihr etwas ausmachen würde, ihm den Brief vorzulesen. Das war natürlich reine Scharade. Dank des italienischen Geheimdienstes war

Mussolini mit dem Inhalt bestens vertraut. Es gelang ihm jedoch überzeugend, spontane Freude zu heucheln. Dann bat er Lady Chamberlain, ihrem Schwager mitzuteilen, dass er die Wünsche des Premierministers voll und ganz teile und hoffe, dass die Gespräche bald beginnen könnten, um alle Punkte, «einschließlich der Propaganda, des Mittelmeerraumes, der Kolonien und wirtschaftlicher Aspekte», durchgehen zu können.[40]

Eden war außer sich. Nachdem er im Anschluss an das Wochenende vom 5. auf den 6. Februar von diesem jüngsten Schachzug inoffizieller Diplomatie erfahren hatte, schrieb er an Chamberlain und beschwerte sich: «Bei Mussolini muss so der Eindruck entstehen, dass er uns spalten kann, daher wird er noch weniger bereit sein, dem Aufmerksamkeit zu zollen, was ich Grandi zu sagen habe.» Außerdem habe Rom «mit dem Umstand dieser Unterredung bereits den Eindruck erweckt, dass wir [den Italienern] den Hof machen, zweifellos mit dem Ziel, Berlin deutlich zu machen, dass [Rom] es wert ist, umworben zu werden». Dies, so fuhr er fort, sei «genau so ein Blatt, wie es Mussolini gerne austeilt und das er, wenn er die Chance dazu bekommt, mit viel Geschick auszuspielen versteht. Ich denke nicht, dass wir das zulassen sollten.»[41] Chamberlain, obwohl insgeheim erfreut, antwortete entschuldigend, er sei «betrübt», dass das «unorthodoxe Vorgehen» seiner Schwägerin Eden beunruhigt habe, und er versichere ihm, dass er Ivy «ganz unmissverständlich» sagen werde, dass seine Briefe in Zukunft streng vertraulich bleiben müssten. Er konnte jedoch nicht umhin hinzuzufügen, dass er nicht wirklich glaube, dass sie «irgendwelchen Schaden angerichtet» habe.[42]

Der finale Showdown zwischen Premierminister und Außenminister bezüglich der Gespräche mit Italien wurde dann durch zwei Ereignisse ausgelöst. Am 12. Februar bestellte Hitler den österreichischen Bundeskanzler Kurt von Schuschnigg nach Berchtesgaden. Dort musste der sich zunächst eine Tirade über die österreichischen Unzulänglichkeiten anhören, dann zwang Hitler ihn unter Androhung einer sofortigen Invasion, das Verbot der österreichischen NSDAP aufzuheben und zwei österreichische Gesinnungsgenossen, Arthur Seyß-Inquart und Edmund Glaise-

Horstenau, in seine Regierung aufzunehmen. Der *Anschluss* stand als Drohung deutlich im Raum, und damit gewannen die Italiener das notwendige Momentum, um die Briten unter Druck zu setzen. Am 17. Februar berichtete der Earl of Perth, Großbritanniens Botschafter in Rom, dass Ciano «angesichts der Möglichkeit bestimmter zukünftiger Ereignisse» auf eine sofortige Aufnahme von Gesprächen drängte.[43] Am selben Tag traf sich der italienische Außenminister mit Lady Chamberlain zum Mittagessen und bedeutete ihr, dass der britischen Seite die Zeit davonlaufe: «Heute wird es einfach sein, ein Abkommen zu erreichen, aber es geschehen Dinge in Europa, die es morgen unmöglich machen werden», sagte er kryptisch.[44]

Für Chamberlain war die Bedeutung dieser Botschaften offensichtlich:

> Hitler hatte seinen Coup in Gang gesetzt, und M[ussolini] war darüber wütend. Er wollte wissen, woran er bei uns war, denn wenn er uns als potenziellen Feind zu betrachten hatte, müsste er mit Hitler die bestmöglichen Bedingungen aushandeln, und je näher er an ihn gebunden wäre, desto schwieriger würde es werden, eine Vereinbarung mit uns zu treffen.[45]

Eingedenk des Truppenaufgebotes, das Mussolini nach der gescheiterten nationalsozialistischen Übernahme Österreichs im Juli 1934 an den Brennerpass entsandt hatte, war Chamberlain der Ansicht, ein britisch-italienisches Abkommen werde Mussolini ermutigen, sich dem *Anschluss* zu widersetzen, während im umgekehrten Fall ein Versagen der Briten bei der Aufnahme der Gespräche mit Italien den Duce geradezu zwingen würde, sich den Plänen Hitlers zu fügen. Die Interpretation des Außenministeriums besagte das genaue Gegenteil. Eden glaubte angesichts der festgefahrenen Situation in Spanien und in Abessinien nicht, dass Mussolini, selbst wenn er es gewollt hätte, über die Macht verfügte, einer deutschen Invasion in Österreich etwas entgegenzusetzen. Außerdem war er von der

Validität der Geheimdienstinformationen überzeugt, die besagten, dass Mussolini tatsächlich schon einen Pakt mit Hitler geschlossen hatte, in dem er der Vereinigung von Deutschland und Österreich im Gegenzug für bestimmte deutsche Zusagen bezüglich der italienischen Interessen in Spanien zugestimmt hatte.

Von diesen beiden Interpretationen war es die letztere, die der Wahrheit näher kam. Die Italiener waren jedoch bestrebt, sich nicht in die Karten schauen zu lassen, und Ciano wies Grandi an, dass man «in den Verhandlungen mit London auf den Gashebel treten muss»[46]. Das wollte Grandi gern in die Tat umsetzen. Der Botschafter, der sich für ein Bündnis mit Deutschland nicht erwärmen konnte, hoffte, «der Mann [zu] sein, der den Frieden mit England gemacht hat», und hatte aus eigenem Antrieb beschlossen, das ominöse gemeinsame Treffen mit Chamberlain und Eden zu erzwingen.[47] Am 15. Februar gab er Dingli – und damit Ball und Chamberlain – eine Warnung mit: Wenn dieses Treffen nicht in den nächsten Tagen stattfinden würde, werde er seine Bemühungen um die Verbesserung der britisch-italienischen Beziehungen aufgeben und London auf unbestimmte Zeit verlassen. Schlimmer noch, er drohte damit, dass er sich, sollte ‹sein› Brief an Eden mit der Bitte um die gemeinsame Unterredung jemals veröffentlicht werden, mit Blick auf die italienische Reputation gezwungen sehen würde, Chamberlain als den wahren Autor zu enthüllen.[48]

Angesichts dieser erpresserischen Aussagen und der deutschen Drohkulisse in Bezug auf Österreich handelte Chamberlain schnell, um das Treffen mit Grandi zu ermöglichen. Entschlossen, Gespräche mit Italien zu führen, auch wenn das «bedeutete, meinen Außenminister zu verlieren», lehnte er Edens Bitte ab, den Botschafter allein zu treffen, und bestand darauf, selbst Gastgeber der Zusammenkunft zu sein. Nach diversen Mauscheleien, die auch den geheimen diplomatischen Kanal mit einbezogen, war schließlich ein Treffen für Freitag, den 18. Februar, um 11:30 Uhr im Kabinettssaal vereinbart.[49] Dort machte sich Grandi daran, Chamberlains vorgefasste Annahmen zu bestätigen. Er leugnete entschieden, dass zwischen Italien und Deutschland eine Einigung über Österreich bestände, nur um sich dann in einen langen Exkurs zur Geschichte der britisch-italienischen Beziehungen zu verlieren, in dem Italien die Rolle des Opfers zufiel. Als er über diese außergewöhnliche Unterredung 15 Jahre später nachdachte, erinnerte sich Eden folgendermaßen daran:

> N. C. bat Grandi, sich in erster Linie über die englisch-italienischen Beziehungen zu äußern, und Grandi, ein sehr geschickter Diplomat, ließ sich das nicht zweimal sagen. So oft er Atem schöpfte, wurde er von N. C. ermutigt, weiterzusprechen. Er saß da und nickte beifällig mit dem Kopf, während Grandi eine Beschwerde nach der anderen vorbrachte. Je mehr N. C. nickte, um so übertriebener wurde Grandis Darstellung, und am Schluß sah es beinahe so aus, als seien wir es gewesen, die Abessinien überfallen hatten.[50]

Grandi, ein hochqualifizierter Diplomat, hatte schnell erkannt, was Chamberlain für ein Spiel spielte. «Indem er seine Fragen direkt an mich richtete», schrieb der Botschafter in einer inzwischen berühmt gewordenen Depesche, verlangte der Premierminister

> nicht mehr und nicht weniger als die Details und konkreten Antworten, die ihm als Munition gegen Eden nützlich sein konnten. Dies erkannte ich sofort und versuchte natürlich, Chamberlain mit der gesamten Munition zu versorgen, von der ich dachte, dass sie für ihn brauchbar sein könnte. Es besteht kein Zweifel, dass sich in diesem Zusammenhang die zuvor über seinen vertraulich agierenden Kontaktmann zwischen mir und Chamberlain geknüpfte Beziehung als sehr wertvoll erwiesen hat.[51]

So erklärte der Botschafter, dass Mussolini eine andere Haltung gegenüber den jüngsten Ereignissen in Österreich eingenommen hätte, wenn die Gespräche mit Großbritannien bereits zustande gekommen wären. «Wie hätte er [Mussolini] als wäre nichts vorgefallen Truppen an den Brenner verlegen können, wenn er den Eindruck haben musste, dass

Hitler in Nürnberg, Mai 1933. Wie viele britische Beobachter fragte sich der *Daily Telegraph*, wie ein Mann, der «mit diesem lächerlichen kleinen Schnurrbart» so wenig inspirierend aussah, auf das deutsche Volk «so attraktiv und beeindruckend» wirken konnte.

Antisemitismus in Aktion: Zwei Monate nach der Machtübernahme verkünden die Nationalsozialisten einen Boykott jüdischer Geschäfte.

Er galt als so englisch wie «Eier und Speck zum Frühstück», trotzdem war Sir Horace Rumbold, der britische Botschafter in Berlin (bis Juni 1933), einer der wenigen, die den expansionistischen Charakter des NS-Regimes von Anfang an erfasst hatten.

Der einsame Rufer in der Wüste: Winston Churchill zu Fuß in Whitehall unterwegs, September 1938.

Ein Fußgänger wie jeder andere: Premierminister Stanley Baldwin überquert den Parlamentsplatz, 7. Juni 1935.

Londons bestgekleideter Mann: Anthony Eden bei einem Empfang in der polnischen
Botschaft, November 1936.

Der «heilige Fuchs»:
Lord Halifax im
Außenministerium.

Der einflussreichste der frühen Amateurdiplomaten: Obwohl Lord Lothian *Mein Kampf* gelesen hatte, war er davon überzeugt, dass Hitler Frieden wollte; circa 1935.

Avancen an die schüchterne Britannia: Anthony Eden und Außenminister Sir John Simon werden von Hitler in der Reichskanzlei umworben, 25. März 1935.

Die Macht der öffentlichen Meinung: Viscount Cecil sammelt drei Millionen Unterschriften zur Unterstützung der Internationalen Abrüstungskonferenz, Januar 1932.

Das Ende der kollektiven Sicherheit: Der abessinische Kaiser Haile Selassie wendet sich nach der Invasion seines Landes durch italienische Truppen an den Völkerbund, 30. Juni 1936.

Ein triumphales Jahr für NS-Deutschland: Deutsche Truppen dringen in das entmilitarisierte Rheinland ein, 7. März 1936.

In Berlin werden die Olympischen Spiele eröffnet, 1. August 1936.

David Lloyd George, der als Großbritanniens Premierminister den Ersten Weltkrieg «gewann», wird von dem Mann begrüßt, den er danach als den «George Washington Deutschlands» bezeichnen sollte, 4. September 1936.

Ein internationales Verhängnis: (oben) Großbritanniens Botschafter im nationalsozialistischen Deutschland, Sir Nevile Henderson, mit Hermann Göring beim Nürnberger Parteitag; (unten) Lord Halifax mit Hitler und dem deutschen Außenminister Konstantin von Neurath auf dem Berghof, 19. November 1937.

Der Premierminister beim Fischen: Neville Chamberlain musste wegen Hitler zwischen Mai 1937 und Oktober 1938 mehrfach das Fliegenfischen verschieben.

Der Premierminister und der Duce, September 1938: Chamberlain war überzeugt, dass Mussolini von den Achsenmächten separiert werden könnte.

Großbritannien ein potenzieller Feind sein und das Mittelmeer in seinem Rücken nicht mehr sicher sein könnte?»[52] Chamberlain fragte dazu, wie Mussolinis Haltung gegenüber Österreich sei, wenn die Gespräche jetzt beginnen würden. Grandi antwortete, dass sie Mussolini ermutigen würden, eine stärkere und unabhängigere Linie einzuschlagen. Andererseits betonte er, dass sich sein Dementi zum Bestehen eines deutsch-italienischen Abkommens zu Österreich auf die Gegenwart beziehe, aber nicht unbedingt «auf die Zukunft». Die zukünftige Haltung Italiens gegenüber dem Frieden in Europa und dem Gleichgewicht der Mächte hänge «ausschließlich» von der Haltung Großbritanniens ab. Chamberlain, der diesen kaum versteckten Erpressungsversuchen mit wachsender Aufmerksamkeit zugehört hatte, lehnte sich vor. Solle er das so verstehen, fragte er den Botschafter, dass sich Italien, sollten die britisch-italienischen Beziehungen nicht sofort wieder auf eine freundschaftliche Grundlage gestellt werden, gezwungen sehen würde, eine Position einzunehmen und Verpflichtungen einzugehen, die sich «als feindlich gegenüber den großen Westmächten erweisen könnten»? Grandi antwortete, dass der Premierminister die Situation «genau» verstanden habe.[53]

Da er sein Ziel erreicht hatte, unterbrach Chamberlain Edens marginale Versuche, den Botschafter ins Kreuzverhör zu nehmen, und bat Grandi, um drei Uhr in die Downing Street zurückzukehren, bis dahin hätte er eine Antwort für ihn vorbereitet. Sobald der Botschafter gegangen war, sagte Chamberlain zu Eden, dass er keinen Zweifel daran habe, was sie nach seiner Rückkehr sagen sollten: Sie sollten ihm sagen, dass sie zum Beginn sofortiger Gespräche bereit seien und den britischen Botschafter zurückbeordern würden, damit er die Anweisungen dazu erhalten könne. Als Eden Einspruch erhob, verlor Chamberlain die Beherrschung. «Anthony, Sie haben eine Gelegenheit nach der anderen verpaßt», rief er lautstark, während er im Kabinettssaal ungeduldig auf und ab ging. Chamberlains Vorgehen könne nur richtig sein, erwiderte Eden, «wenn Sie dem Mann, mit dem Sie verhandeln, trauen können». «Ich traue ihm», schnappte der Premierminister zurück.[54]

Die beiden Männer – die in Grandis denkwürdiger Beschreibung weniger Kollegen, sondern eher «zwei echten Streithähnen in Kampfpose» ähnelten – stimmten darin überein, dass der einzige Weg aus dieser Pattsituation darin bestand, die Angelegenheit an das Kabinett zu übergeben.[55] Grandi wurde daher gebeten, sich erst nach dem Wochenende wieder einzufinden, und die Minister wurden darüber informiert, dass es, höchst ungewöhnlich, am folgenden Nachmittag, Samstag, den 19. Februar 1938, eine Kabinettssitzung geben würde.

Zu diesem Zeitpunkt hatten die Zeitungen schon Wind davon bekommen, dass es an zentraler Stelle in der Regierung ein gravierendes Zerwürfnis gab. Am Samstagmorgen brachten die meisten Titel einen Hinweis auf die Differenzen zwischen dem Premierminister und dem Außenminister, und als Eden die Straße in Richtung Downing Street überquerte, wurde er von einer großen Menschenmenge angefeuert. Chamberlain eröffnete die Sitzung mit einem einstündigen Vortrag über die britischen diplomatischen Interaktionen mit Italien der letzten zwei Jahre. Lord Halifax, der, seltsam genug, bei weitem nicht der Einzige war, der von der unmittelbaren Krise nichts wusste, steckte Sam Hoare eine Notiz zu, in der er fragte: «Was war nun der Zweck dieser ziemlich langweiligen Geschichtsvorlesung?»[56] Erst allmählich stellte sich heraus, dass es eine Meinungsverschiedenheit zwischen dem Premierminister und dem Außenminister über die Aufnahme von Gesprächen mit Italien gab. Diese Gespräche, so Chamberlain, seien unerlässlich, bevor er es geschickterweise so darstellte, als ob der Unterschied zu Edens Position nicht eine Frage des Prinzips, sondern «eher der Methode» sei sowie ob der aktuelle Moment günstig oder weniger günstig erscheine.[57]

Edens Präsentation war nicht beeindruckend. Duff Cooper bemerkte dazu: «Jeder, der sich noch nicht entschieden hatte, musste den Premierminister überzeugender finden.»[58] Dies war, wie sich bald herausstellte, tatsächlich der Fall. Chamberlain bat reihum jeden Minister um seine Meinung und stellte fest, dass von den 18 anwesenden Ministern 14 völlig mit ihm übereinstimmten, während sich nur vier ambivalent äußerten.

Das Kabinett hatte jedoch nicht begriffen, dass es sich dabei um eine Frage handelte, die Eden zum Rücktritt veranlassen würde, wenn er seine Kollegen nicht überzeugen konnte. Als sich dies herausstellte, war im Raum ein «vor Schreck nach Luft schnappen» zu hören, und mehrere Minister meldeten sich zu Wort, um zu sagen, dass dies die Situation verändere. Um ein reihenweises Umfallen abzuwenden, intervenierte Chamberlain und sagte, dass er «eine Entscheidung im gegenteiligen Sinne» nicht akzeptieren könne.[59] Das Kabinett sah sich daher mit einer Entscheidung konfrontiert, die entweder den Rücktritt des Premierministers oder des Außenministers zur Folge haben würde.

Obwohl man sich bemühte, eine Formel zu finden, die es Eden ermöglichen würde, im Amt zu bleiben, wurde schnell klar, dass es unmöglich war, einen Kompromiss zu vermitteln. Eden war entschlossen, seinen Rücktritt einzureichen, und Chamberlain war nicht bereit, sich darum zu bemühen, ihn aufzuhalten. Im Gegenteil, seine Hauptsorge bestand darin, öffentliche Unterstützung für eine Politik zu gewinnen, die nun für den Rücktritt des beliebtesten Regierungsmitglieds verantwortlich war. Am Abend des 19. Februar – kurz nachdem Eden dem Kabinett mitgeteilt hatte, dass er zurücktreten wolle – kontaktierte Ball Dingli und erklärte ihm, um seiner Politik zum Erfolg zu verhelfen, müsse Chamberlain verlautbaren können, dass die Italiener der britischen Forderung – genauer Edens Forderung – nach einem Rückzug der italienischen «Freiwilligen» aus Spanien zugestimmt hätten. Ciano stimmte dem ohne weiteres zu. Aus Angst, dass Edens Rücktritt Chamberlains Untergang nach sich ziehen würde, wies er Grandi an, dem Premierminister diese Zusicherung zu geben – dem Anlass gebührend wurde die Nachricht von Dingli an Ball auf der Rückbank eines Londoner Taxis übermittelt. Das Tagebuch des italienischen Außenministers fängt das Drama aus italienischer Sicht ein:

In London ist die Krise im Gang. Der Duce telefoniert vom Terminillo und will alle halbe Stunde informiert werden. Die Lage ist im Fluß. Eden hat um 13 Uhr demissioniert und trat in dieser Eigenschaft im Ministerrat [sic] auf. Dieser dauerte bis 18:30 Uhr und wurde bis nach dem Essen verschoben. Als Eden mit finsterer Miene und allein das Gebäude verließ, wurde er von der Menge mit Beifall und mit Rufen «Eden Premier!» begrüßt. Die Labourpartei, die Liberalen und die linken Konservativen haben bereits einen Antrag zugunsten Edens eingebracht. Die Krise ist vielleicht eine der bedeutsamsten, die sich jemals eingestellt hat. Sie kann womöglich Frieden oder Krieg bedeuten. Habe Grandi zu jedem Vorgehen autorisiert, das Chamberlain irgendwie stützen kann. Ein Kabinett Eden würde sich den Kampf gegen die Diktaturen zum Ziel setzen: in erster Linie [gegen] die von Mussolini.[60]

Das war eine Überschätzung des Mannes. Eden war nie ein Befürworter von Präventivmaßnahmen gegen Italien gewesen und unterstützte, wenn auch halbherzig, Chamberlains Versuche, Deutschland einzuhegen. Außerdem war er, wie Chamberlain und seine Anhänger betonten, ein ausgesprochen unentschlossener Politiker, der mehr als einmal in der Frage der Verhandlungen mit Italien seinen Standpunkt geändert hatte. Indem Eden zu diesem Zeitpunkt zurücktrat, sicherte er sich jedoch seinen späteren Ruf als einer der führenden «Anti-Appeasement-Politiker». Ein Bild, das durch Churchills höchst romantische, ja geradezu einem Schauermärchen gleichende Darstellung seiner Reaktion auf die Nachricht in seinen Kriegserinnerungen noch verstärkt wurde, in der er von Mitternacht bis zum Morgengrauen wach lag und, von «Sorgen und Ängsten» verzehrt, darum trauerte, dass die eine «starke jüngere Figur, die sich den langen, trostlosen, schleppenden Wellenbewegungen des sich Treibenlassens und der Kapitulation» entgegengestemmt hatte, nicht mehr in der Regierung war. «Ich beobachtete, wie das Tageslicht langsam durch die Fenster hereinkroch», so Churchill, «und sah vor meinem geistigen Auge die Vision des Todes.»[61]

Zu dieser Zeit war Depression jedoch keineswegs die universelle Reaktion auf Edens Rücktritt. Abgesehen von der unvermeidlichen Freude in

Berlin und vor allem in Rom, reagierten vor allem die Anhänger der Regierung, die die Appeasement-Politik unterstützten, mit Begeisterung. «Ich konnte vor Aufregung kaum an mich halten», schrieb Chips Channon, als er davon hörte. «Die doktrinäre ‹linke› Politik im Außenministerium hat einen Dämpfer erhalten, und im Unterhaus herrscht Jubel.»[62] Harold Nicolson, der Chamberlain beschuldigt hatte, Eden abgeschlachtet zu haben, «damit Italien einen Festtag beschert bekommt», äußerte seine Abscheu über diese Haltung, die für einen Großteil der britischen Rechten typisch sei, in einem bissig-sarkastischen Leserbrief:

Nicht, dass mich der stille Jubel eines Lord Londonderry oder Sir Arnold Wilson stört. Schließlich schwenken sie seit Jahren das Hakenkreuz über ihren Köpfen und haben das Recht, ihre Freude laut herauszuschreien. Desgleichen stören mich die Schreie in Wildwest-Manier von Lady Astor nicht. Auch sie hat tapfer für Hitler und Mussolini gekämpft und hat das Recht, bei ihren flüchtigen Besuchen im Unterhaus ihrem Bedürfnis nach einem «Yippie!» nachzugeben. Was mich stört, ist das Glühen von salbungsvoller Erleichterung, das das Gesicht des durchschnittlichen Torys erhellt. Das wiederum ist schwer zu ertragen.[63]

Es gab selbstverständlich viele politisch gemäßigte Menschen wie auch außenpolitische Experten, die der Meinung waren, dass Edens Haltung falsch sei. Maurice Hankey, Alexander Cadogan, Robert Vansittart, sogar Robert Bernays kamen alle zu dem Schluss, dass Chamberlains Politik, eine Einigung mit Mussolini erreichen zu wollen, der richtige Schritt war. Das Land schien jedoch auf Edens Seite zu stehen. Anfang März zeigte das Ergebnis einer der ersten nationalen Meinungsumfragen überhaupt in Großbritannien, dass 71 Prozent der Wähler der Meinung waren, Eden habe mit seinem Rücktritt richtig gehandelt, und 58 Prozent sprachen sich gegen Chamberlains Außenpolitik aus.[64] Die linke und liberale Öffentlichkeit reagierte besonders empört. 163 Universitätsprofessoren unterzeichneten eine Petition gegen die Regierung, und es gab Proteste von der

Union zur Unterstützung des Völkerbundes, walisischen Bergleuten, dem Nationalen Friedensrat, dem Gewerkschaftskongress, der New Commonwealth Society und der Youth Peace Assembly. Obwohl er unbestimmt ließ, wie sehr er sich bei seiner Suche bemüht hatte, sagte Lord Auckland zu Eden, dass er nicht «eine Person finden konnte, die deinen Rücktritt so sehr bedauert wie ich», während der unfehlbar kluge Sir Horace Rumbold von einer Nilkreuzfahrt aus an seinen Sohn schrieb und sich über die neue Wendung in der britischen Außenpolitik beschwerte, die darin bestehe, «die Stiefel dieses zähnefletschenden Schurken Mussolini zu lecken». «Ich glaube nicht, dass Chamberlain die Methoden des Umgangs mit Diktatoren beherrscht, die notwendigerweise vom Typ her brutale Drangsalierer sind», fuhr der ehemalige Botschafter fort. «Je mehr du vor ihnen buckelst, desto arroganter werden sie.»[65]

Edens Rückzug mochte Chamberlain und der Regierung geschadet haben, aber vor dem Untergang stand sie keineswegs. Von den Fraktionschefs ging das Gerücht aus, dass der eigentliche Grund für Edens Rücktritt darin bestand, dass er erkrankt sei (mindestens am Rande eines Nervenzusammenbruchs), und Joseph Ball sorgte dafür, dass die Torynahe Presse sich in der Auseinandersetzung klar auf Chamberlains Seite schlug. Bis auf seine Kollegen im Außenministerium, Lord Cranborne und Jim Thomas, waren keine weiteren Minister zurückgetreten. Eden hatte gehofft, dass sein Freund und Verbündeter Oliver Stanley seinem Beispiel folgen würde, aber am Ende beschloss dieser, Präsident des Handelsausschusses zu bleiben, und provozierte Lady Cranbornes bissige Bemerkung: «Die Stanleys hängen ihr Mäntelchen ja schon seit Bosworth [im Jahr 1485] in den Wind.»[*][66]

Darüber hinaus verstand es Eden nicht, sich seiner eigenen Sache

---

[*] Bei Bosworth in der zentralenglischen Grafschaft Leicestershire fand am 22. August 1485 die letzte entscheidende Schlacht der Rosenkriege statt. In der Schlacht wechselten die Stanleys, obwohl sie Ländereien und Titel von König Richard III. erhalten hatten, die Seiten und unterstützten den Invasor und späteren Sieger Henry Tudor.

dienlich zu verhalten. Er ignorierte Churchills Apell, er solle seinen Fall mutig und klar darlegen, und hielt am 21. Februar eine Rücktrittsrede, die so enttäuschend und vorsichtig war, dass viele Parlamentsmitglieder ratlos darüber zurückblieben, was sie veranlasst haben mochte. Glücklicherweise verstand sich Cranborne besser auf das Halten einer Rede. Er beschuldigte die Regierung, «vor einer Erpressung kapituliert zu haben», die «aller Voraussicht nach unsere Freunde entmutigen, dafür aber diejenigen, die uns Böses wollen, ermutigen» werde.[67] Am nächsten Tag sprach Churchill. Möglicherweise noch beflügelt von einem Telegramm – eine Gruppe von «Leeds-Patrioten» hatte ihm geschrieben: «Heizen Sie Neville ein!» –, erklärte er, dass dies «eine gute Woche für Diktatoren» gewesen sei.[68] Das Duell zwischen dem ehemaligen Außenminister und dem italienischen Diktator sei langwierig und voller Mühen gewesen, aber es könne kein Zweifel daran bestehen, wer gewonnen habe. Signor Mussolini habe gewonnen und nun würden alle kleinen Länder in Europa wie auf ein Zeichen «auf die Seite der Macht und der Entschlossenheit wechseln». Abschließend mahnte Churchill: «Ich sage voraus, dass der Tag kommen wird, an dem Sie an dem einen oder anderen Punkt, anlässlich dieser oder jener Thematik Stellung beziehen müssen, und ich bete zu Gott, dass wir an diesem Tag nicht feststellen werden, dass wir aufgrund einer unklugen Politik dabei ganz allein dastehen.»[69]

Trotz dieser düsteren Warnung legte sich der innenpolitische Sturm schnell. Chamberlain verteidigte seine Politik mit einer Rede, die von vielen als die beste beschrieben wurde, die sie je von ihm gehört hatten, und obwohl er sich beschwerte, dass «er von vielen gelehrten Leuten, die wie die Kaninchen rennen würden, wenn ein Krieg käme, wie ein Taschendieb behandelt wurde», freute er sich über die Unterstützung aus ernstzunehmenden Kreisen, darunter auch von einigen ehemaligen Botschaftern.[70] Das von den Konservativen dominierte Unterhaus war während der gesamten Zeit loyal geblieben und zeigte sich nun innerhalb einer Woche von der neuen, klar umrissenen Richtung der britischen Außenpolitik begeistert. «Chamberlains Aktie steigt unaufhaltsam», schwärmte Chips

Channon. «Ich denke, er ist der klügste Premierminister der Neuzeit; und es ist schade, dass er Anthony nicht schon vor Monaten fallengelassen hat.»[71]

Channon profitierte direkt von Edens Sturz, er wurde Parlamentarischer Privatsekretär des neuen Unterstaatssekretärs für auswärtige Angelegenheiten, des 35-jährigen ‹Rab› Butler. «Ich war hoch erfreut. ... Der Traum meines Lebens ... Ich, ‹Chips›, ein P.P.S. – wie entzückend – und das auch noch für das Außenministerium, das ist unglaublich aufregend», notierte der eitle, aber aufrichtige Tagebuchschreiber.[72] Weniger zum Jubeln zumute war dem neuen Außenminister, Lord Halifax. Er habe überlegt, ob er die Rolle annehmen solle, sagte er Oliver Harvey (wahrscheinlich halb scherzhaft), da er «sehr faul» sei und «Arbeit nicht leiden könne». Außerdem habe er sich gefragt (was wohl schon ernster gemeint war): Ein Außenminister – «kann der samstags auf die Jagd gehen?»[73] Dass Halifax das Amt annahm, war jedoch entscheidend für Chamberlains Strategie, sich mit den Diktatoren zu arrangieren. Während Eden ein widerstrebender Appeaser gewesen war, der den Diktatoren gegenüber grundsätzlich feindlich eingestellt war, hatte sich Halifax der Politik von Chamberlain verpflichtet und hegte keine Vorurteile. Seine Ernennung wurde daher als das angesehen, was sie war: ein eindeutiger Anschub für den Premierminister und seine Politik. Tatsächlich prägte dieser entscheidende Moment sogar die Mode. An seinem ersten Tag im Außenministerium wurde ein aufgeregter Channon von ‹Rab› Butler beiseitegenommen, der ihm sagte, er müsse seinen Homburg zu Hause lassen, da der «zu ‹eden-esk› sei – und einen Bowler kaufen». Immer noch in Edens Untergang schwelgend, amüsierte sich der modebewusste Channon: Denkt nur, jubelte er, «die Bowlerhüte sind zurück!»[74]

Die «Vergewaltigung Österreichs»

> Die Unabhängigkeit Österreichs ist eine Schlüsselfrage. Wenn
> Österreich untergeht, ist die Tschechoslowakei nicht mehr zu
> halten. Dann wird der gesamte Balkan einem gewaltigen neuen
> Einfluss unterworfen werden. Dann wird der alte deutsche
> Traum von einem Mitteleuropa Wirklichkeit, das von Berlin aus
> regiert wird und sich Berlin unterwerfen muss ... mit unkalkulier-
> baren Folgen nicht nur für unser Land, sondern für das ganze
> Empire.
>
> Sir Austen Chamberlain, 1. April 1936[1]

1938 begann der Frühling in London in der Woche des 7. März. Die Sonne stieg aus ihrem Versteck herauf, und in den königlichen Parkanlagen begannen sich wagemutige Osterglocken zu zeigen. Der ehemalige konservative Abgeordnete Cuthbert Headlam spazierte an Reihen sauber gepflanzter Primeln vorbei und unter blühenden Magnolien durch den St. James's Park, unweit vom Außenministerium traf er auf Lord Halifax.

«Edward, darf ich dir gratulieren?»

«Nein», antwortete der neue Außenminister, «das darfst du keinesfalls!»

«Darf ich dir kondolieren?»

«Ja, das darfst du.»

«Wie einfach wäre der Job vor drei oder vier Jahren gewesen!»

«Ja, in der Tat.»

«Kann man das heute noch schaffen, frage ich mich?»

«Das frage ich mich auch!» – und dann gingen wir wieder auseinander.[2]

Wie diese Quintessenz englischen Understatements und typischer Selbstironie zeigt, war es durchaus eine gewaltige Aufgabe, vor der die britischen Außenpolitiker im Frühjahr 1938 standen. Auch wenn Chamberlain glaubte, er sei kurz davor, Italien von der Liste der potenziellen Feinde Großbritanniens streichen zu können, blieb die Bedrohung durch Japan, der fortdauernde Krieg in Spanien und, nach beinahe einhelliger Meinung aller, die größte Gefahr – die expansionistischen Ambitionen NS-Deutschlands.

***

Zeitgleich mit dem «italienischen Drama» wurden Vorbereitungen für die Beschwichtigung Deutschlands getroffen. Abgesehen von dem zentralen Vorstoß, der in Form eines Angebots von Kolonialgebieten in Zentralafrika erfolgen sollte, überlegte die Regierung, ob man als Geste des guten Willens Göring zu einem Besuch nach Großbritannien einladen könne. Die mit der Umsetzung dieser Idee verbundenen Schwierigkeiten waren erstmals im Februar 1937 diskutiert worden, als spekuliert wurde, dass die deutsche Regierung den General als Vertreter zur Krönungsfeier von König Georg VI. entsenden könnte. Enthusiastisch hatte Lord Londonderry die Görings eingeladen, in Londonderry House zu wohnen. Das Außenministerium war jedoch weniger begeistert. «Wenn wir uns dem widersetzen, handeln wir uns möglicherweise Görings ewige Feindschaft ein», schrieb Sir Eric Phipps im November 1936 (zu dem Zeitpunkt antizipierte er die Krönung von Edward VIII.), «und wenn wir ihn anreisen lassen, laufen wir nicht unerheblich Gefahr, dass er in England erschossen wird. Keine dieser Alternativen ist geeignet, das britisch-deutsche Verhältnis dauerhaft zu verbessern.»[*]

Im Januar 1938 überlegte das Außenministerium jedoch ernsthaft – auf Vorschlag des Earl of Derby, eines ehemaligen Kabinettsmitglieds und Pferderennen-Enthusiasten –, Göring nach Knowsley Hall (dem Herren-

---

[*] Das Dilemma war gelöst, als Hitler entschied, dass der Kriegsminister, General Werner von Blomberg, bei der Zeremonie sein Vertreter sein sollte.

haus der Stanleys in Merseyside) zum Grand National, dem bedeutendsten Pferderennen Großbritanniens, einzuladen. Der Leiter der Zentralabteilung, William Strang, der für Eden eine Abhandlung zu dem Thema verfasste, war der Meinung, es gebe «eine Menge Argumente», die für den Vorschlag sprächen. Das spektakuläre Jagdrennen über den Hindernisparcours in Aintree sei ein populärer Besuchermagnet und es wäre «ein sehr schlechtes Benehmen und völlig untypisch für unsere Bevölkerung, es übelzunehmen, wenn General Göring das Rennen besuchen wolle. Ganz im Gegenteil könne es sein, dass es als ein Punkt zu seinen Gunsten gewertet werden würde, dass er eine solche Veranstaltung für seinen Besuch auswählt.»[3] Doch noch bevor bei Göring das Interesse ausgelotet werden konnte, wurden im Unterhaus Fragen gestellt, ob möglicherweise ein deutscher Minister nach London eingeladen werde, um die Vorsichtsmaßnahmen gegen Luftangriffe zu inspizieren – als Gegenbesuch zu der jüngsten Visite des Unterstaatssekretärs für Luftfahrt in Berlin. Da man vermuten konnte, wer der Adressat einer solchen Einladung wäre, informierte Herbert Morrison von der Labour-Partei Sir Samuel Hoare (den damaligen Innenminister), dass es zum Streit kommen würde, sollte Göring nach London kommen. Konservative Abgeordnete riefen «Warum?», und William Gallacher, Großbritanniens einziger kommunistischer Abgeordneter, fragte den Außenminister, ob er «wisse, dass General Göring Blut an den Händen hat und als Schlächter gilt»[4].

Göring war nicht so sehr wegen dieser Angriffe beleidigt, sondern eher, weil die Tory-Abgeordneten ihn nicht verteidigt hatten, und war nicht in der Stimmung, Einladungen zu britischen Sportveranstaltungen anzunehmen. Im Regierungsviertel hielt man jedoch an der Idee fest, dass ein Besuch in Großbritannien, mit «ein wenig Schmeichelei ... und einem kleinen Abstecher ins Landhausleben» als Dreingabe, bei Göring Wunder bewirken könnte, der trotz seiner bekannten Rolle während der «Nacht der langen Messer» als einer der Moderaten innerhalb der NS-Hierarchie angesehen wurde.[5] So erklärte Halifax im Mai 1938 gegenüber Harold Nicolson, dass die Nationalsozialisten bei aller Großmannssucht äußerst sensibel waren. Insbesondere hassten sie die Vorstellung, im Ausland als vulgärer Haufen und als Parvenüs verspottet zu werden. «Sie haben dreihundert Jahre Tradition, auf die Sie zurückblicken können», hatte Goebbels zum damaligen Lordpräsidenten in Berlin gesagt, «wir haben nur vier.» «Das bedeutet, dass sie sich wirklich als etwas ganz Neues betrachten», notierte Nicolson verständnisvoll, und deshalb sind sie so «wütend, wenn wir vorschlagen, dass Hitler zu einem besseren Schneider gehen könnte». Nicolson war jedoch entsetzt, als Halifax erwähnte, dass die Regierung erwäge, Göring zur Rebhuhnjagd mit der königlichen Familie nach Sandringham einzuladen. «Ronnie [Cartland, konservativer Abgeordneter und Repräsentant des Wahlbezirks Birmingham King's Norton] und ich sagen, dass wir so etwas ablehnen würden.» Es könnte die Würde Großbritanniens herabsetzen und katastrophale Auswirkungen auf die amerikanische Öffentlichkeit haben. «Nein», betonte der sich ereifernde Abgeordnete, «man lade Göring nach Nepal ein, aber man soll nicht erwarten, daß die Königin ihm die Hand gibt.»[6]

Von der Göring-Kontroverse abgesehen, war die größte diplomatische Herausforderung in Bezug auf Deutschland im ersten Viertel des Jahres 1938 das Angebot der Kolonialgebiete. Chamberlain war kurzzeitig ins Schwanken geraten, nachdem er das einflussreiche Buch *Das Haus, das Hitler baute* des australischen Historikers Stephen Roberts gelesen hatte – eine vernichtende Analyse des Nationalsozialismus, in der Roberts argumentierte, dass der Hitlerismus seine Ziele ohne Krieg nicht erreichen könne –, hatte es aber geschafft, wieder Vertrauen in seine Politik zu fassen, indem er sich auf die Ansicht festlegte, dass Roberts einfach falschlag.[7] «Würde ich die Schlussfolgerungen des Autors akzeptieren, müsste ich verzweifeln», schrieb er seiner Schwester Hilda, «aber das tue ich nicht und werde ich auch nicht.»[8] Am 24. Januar 1938 eröffnete Chamberlain daher dem Kabinettsausschuss für Außenpolitik seinen

Plan, Deutschland Kolonialgebiete in Zentralafrika anzubieten, in der Hoffnung, dass dies die deutschen Expansionswünsche befriedigen und damit den Weg zu einer Gesamteinigung ebnen würde.

Bei weitem nicht alle Mitglieder des Komitees waren von dem Plan begeistert. Sam Hoare hielt es für äußerst unwahrscheinlich, dass sich Deutschland mit einem solchen Angebot begnügen würde, während der Staatssekretär für die Commonwealth-Länder, Malcolm MacDonald, darauf hinwies, dass die «gesamte farbige Welt» auf einen Transfer der einheimischen Bevölkerung von einer Macht zur anderen verärgert reagieren werde. Viele der Bewohner dieser Regionen lebten seit zwanzig Jahren unter britischer Verwaltung, und starke moralische Argumente sprächen dagegen, so MacDonald weiter, sie zu einem Wechsel der Protektoratsmacht zu zwingen. Er sei jedoch immer davon ausgegangen, dass Deutschland irgendwo Kolonialgebiete erhalten müsse, und wie Lord Halifax argumentierte, sei es «unterm Strich» wichtiger, dass «für die Welt in ihrer Gesamtheit ein Krieg vermieden wird, als dass die Eingeborenen in den zu transferierenden Gebieten dauerhaft in der Konstellation wie in den letzten 20 Jahren weiterleben können».[9] Sir Nevile Henderson wurde daher angewiesen, sich um einen Gesprächstermin bei Hitler zu bemühen und ihm zum frühestmöglichen Zeitpunkt den Plan des Premierministers vorzustellen. Bevor dieses Treffen zustande kam, ereigneten sich jedoch mehrere Zwischenfälle, die für die Zukunft des europäischen Friedens nichts Gutes bedeuten konnten.

Ende Januar 1938 wurde der deutsche Kriegsminister, Feldmarschall Werner von Blomberg, zum Rücktritt gezwungen, nachdem bekannt geworden war, dass die Frau, die er kürzlich geheiratet hatte (in einer Zeremonie, bei der Hitler Trauzeuge war), zuvor als Prostituierte gearbeitet hatte und der Berliner Polizei gut bekannt war. Schockiert beschloss Hitler – der nun meinte, «[w]enn ein deutscher Feldmarschall eine Hure heiratet, dann ist auf der Welt alles möglich» –, eine alte Behauptung über den Chef der Armee, General Werner von Fritsch, zu überprüfen, der 1933 von einem Strichjungen erpresst worden war.[10] Fritsch wurde mit den Vorwürfen konfrontiert, (zu Unrecht) für schuldig befunden und ebenfalls zum Rücktritt gezwungen. Angesichts dieser pikanten Krise entschied Hitler auf Anregung von Goebbels, dass eine öffentliche Demütigung einzig dadurch zu vermeiden sei, den Abgang der beiden Generäle durch eine vollständige Reorganisation an der Spitze der Wehrmacht und des Auswärtigen Amtes zu kaschieren. Das Kriegsministerium wurde daher aufgelöst und eine neue Struktur, das Oberkommando der Wehrmacht, geschaffen. Hitler wurde zum Oberbefehlshaber, und der zu den Hardlinern zählende Ribbentrop ersetzte den vorsichtigeren Neurath als Außenminister.

Die internationale Öffentlichkeit war sich nicht sicher, was sie von diesen Entwicklungen halten sollte. Obwohl die meisten die Schachzüge durchschauten, die die politische Krise zu maskieren suchten, waren die Beobachter über die möglichen Auswirkungen der Umbildung geteilter Meinung. Obwohl niemand wissen konnte, dass die ausscheidenden Generäle die beiden Männer waren, die auf der Hoßbach-Konferenz die größte Skepsis gegenüber Hitlers Plänen geäußert hatten, war es der Ankündigung im deutschen Rundfunk zufolge offensichtlich, dass die Veränderungen die «stärkste Konzentration aller politischen, militärischen und wirtschaftlichen Kräfte in der Hand des obersten Führers» bewirkt hatten.[11] Andererseits meinten sich eine Reihe britischer Beobachter mit dem Glauben trösten zu können, dass die Reorganisation (zumindest zunächst) ein gewisses Maß an Desorganisation innerhalb der deutschen Streitkräfte bedeutete. So erklärte Anthony Eden auf der Kabinettssitzung am 9. Februar 1938, Deutschland sei «gefährlicher, aber weniger respekteinflößend» geworden.[12] Was die Besetzung des Auswärtigen Amtes mit Ribbentrop betraf, so gingen auch bei diesem Thema die Meinungen weit auseinander. Obwohl fast alle erfreut darüber waren, dass der tölpelhafte Botschafter London verlassen würde, fiel es nicht leicht, viel Freude an der Beförderung eines Mannes zu haben, der, nach Henderson, «so eitel wie er dumm und so dumm wie er eitel» war und der sich inzwischen, wie man allgemein bemerkte, zu einem erbitterten Anglophoben entwickelt hatte.[13]

Ein unmittelbarer Effekt dieser Entwicklungen war die Entscheidung, Hendersons Gespräch mit Hitler zu verschieben. Innerhalb von zwei Wochen waren jedoch die wesentlichen Details zum Hitler-Schuschnigg-Treffen bekannt geworden, und der drohende *Anschluss* hing wie die Klinge einer Guillotine über Europa. Eden verlangte, Henderson solle Hitler warnen, dass Großbritannien ein Interesse an der Unabhängigkeit Österreichs habe und dass ein Angebot über Kolonialgebiete von Garantien für die Sicherheit und Stabilität Mitteleuropas abhängig sei. Mit Nachdruck argumentierte Henderson, dass dies in der Praxis keine andere Wirkung zeigen werde, als Hitler wütend zu machen und ihn gegen das britische Angebot aufzubringen. Die Kontrahenten führten ihre Auseinandersetzung sogar per Telegramm weiter, was allerdings ein abruptes Ende fand, als Eden am 20. Februar vom Amt des Außenministers zurücktrat. Henderson war bei Erhalt der Nachricht erleichtert. Auch wenn der Botschafter zugeben musste, dass es «selbstverständlich ein Kompliment an Eden» sei, wenn die Deutschen sich derart darüber freuten, sei es genauso eine Tatsache, erklärte er gegenüber seinem neuen Chef, Lord Halifax, dass es höchst «unwahrscheinlich geworden war, dass eine Verständigung mit Deutschland erreicht werden konnte, solange Eden Außenminister war». Nun gebe es jedoch Grund zur Hoffnung. Anerkennend, dass es «selbst bei bestem Willen» nichts gab, was Großbritannien tun konnte, um Österreich zu helfen, drängte Henderson bei Halifax darauf, die Unabhängigkeit Österreichs nicht zu einer Voraussetzung für ein britisch-deutsches Abkommen zu machen, und fügte hinzu, dass mit diese Strategie die Deutschen durchaus «in anderen Angelegenheiten zur Zusammenarbeit bereit» sein könnten.[14] Dieser Optimismus stand im krassen Gegensatz zu dem, was Henderson als die geradezu komisch übertriebene Paranoia des französischen Botschafters ansah. Wie er einige Wochen später an Halifax weitergab, war François-Poncet so voller Zukunftsangst, dass er zur Vorsicht Goldbarren im Wert von 30 000 Franc in seinem Safe aufbewahrte. Als der britische Botschafter fragte, was er damit vorhabe, erklärte der Franzose, dass sie für den

Kauf eines Sonderzuges bestimmt seien, der ihn nach der Kriegserklärung nach Frankreich zurückbringen sollte.* Amüsiert meinte Henderson daraufhin, dass er, selbst wenn er es wollte, keine 30 000 Franc aufbringen könnte, woraufhin François-Poncet, dem es vollkommen ernst damit war, großzügig versprach, ihm, wenn möglich, einen Platz in seinem Zug zu reservieren.[15]

Eigentlich hätte Henderson jedoch bereits klar sein müssen, dass die Haltung von François-Poncet, wenn auch für den englischen Geschmack zu dramatisch vorgetragen, die realistischere der beiden war. Am 3. März 1938 hatte der britische Botschafter seinen lang erwarteten Termin bei Hitler, und der hätte, wie er nach London melden musste, kaum schlimmer verlaufen können. Ironischerweise, bedenkt man die durchgängigen Unterstellungen einer zu großen Nähe Hendersons zu den Nationalsozialisten, pflegten sowohl Hitler als auch Ribbentrop eine besondere Abneigung gegen diesen typisch englischen Herrn. So beschrieb Ribbentrops Adjutant Reinhard Spitzy später in seinen Erinnerungen, dass der Außenminister den britischen Botschafter ständig verunglimpfte, während sich der Führer gern an Hendersons Freundschaft mit den Rothschilds erinnern ließ oder daran, wie unpassend gekleidet Henderson zu den Audienzterminen in der Reichskanzlei erschien. «Wie um alles in der Welt sollte man einen Mann ernst nehmen, der einen blauen Nadelstreifenanzug mit weinrotem Pullover und roter Nelke trug?», stichelte Ribbentrop.[16]

Es war jedoch nicht seine Kleiderwahl, sondern der britische Plan und Hendersons Darstellung desselben, die Hitler am 3. März die Beherrschung verlieren ließen. Wie der Botschafter an Halifax berichtete, habe Hitler zunächst «finster dreinblickend in seinem Stuhl gesessen», während Henderson erklärt habe, dass das Angebot, mit dessen Übermittlung

---

* François-Poncet wurde von der Erinnerung an das Schicksal seines Vorgängers Jules Cambon heimgesucht, der im August 1914 zu kämpfen hatte, die riesige Menge an Bargeld aufzutreiben, die die Deutschen für die Bereitstellung eines Zuges forderten, der ihn mit seinen Mitarbeitern über die Grenze bringen konnte.

man ihn beauftragt habe, von Deutschlands Bereitschaft abhänge, eine Rolle bei der Befriedung Europas zu spielen. Wie prognostiziert führte die ausdrückliche Erwähnung Österreichs und der Tschechoslowakei nur dazu, dass sich Hitlers Blick noch weiter verfinsterte, und als Henderson zum eigentlichen Angebot kam, war der Führer bereits zu sehr in Rage geraten, um ihn ruhig anhören zu können.[17] Sobald Henderson fertig war, erging sich Hitler in einem unzusammenhängenden verbalen Ausfall. Er lamentierte über die britische Presse, über vorlaute englische Bischöfe, die sich in die religiösen Angelegenheiten Deutschlands einmischten, und über die Ablehnung seiner Angebote für eine britisch-deutsche Freundschaft. Er würde keine ausländische Einmischung dulden, weder in die Beziehungen Deutschlands zu verwandten Nationen noch in die Bemühungen um eine Lösung für die derzeit von der Zugehörigkeit zum Reich ausgeschlossenen Deutschen. Im Gegenteil, er riskiere lieber einen allgemeinen Krieg, als dass den Millionen von Deutschen, die derzeit in Österreich und der Tschechoslowakei vor sich hin schmachteten, weiterhin Gerechtigkeit verweigert werde. Was die Frage der Kolonien betreffe, so erklärte Hitler, dass diese Angelegenheit nicht dringend sei und vier, sechs, acht oder sogar zehn Jahre warten könne. Seine Priorität sei Mittel- und Osteuropa: Den Österreichern müsse die Möglichkeit gegeben werden, sich Deutschland anzuschließen, während den in der Tschechoslowakei lebenden Volksdeutschen volle Autonomie gewährt werden müsse. Zu einem einzigen Moment der Harmonie kam es am Ende der Zusammenkunft, als Henderson einen Brief einer Frau aus Neuseeland hervorzog, eine zerknitterte Zeichnung des Führers, die sie in der Hoffnung an Henderson geschickt hatte, dass er sie signieren lassen könnte. Hitler stimmte zu, und der Botschafter stellte fest, dass der Termin, auch wenn man ihn kaum als erfolgreich bezeichnen konnte, zumindest zum Ergebnis hatte, dass man «einer jungen Frau eine Freude gemacht» hatte.[18]

Henderson verließ die Reichskanzlei völlig entmutigt. In einem Brief an Halifax räsonnierte er, dass Hitlers «Sinn für Werte so abnormal ist, dass rationales Argumentieren nutzlos erscheint. ... Seine Fähigkeit zur Selbsttäuschung und seine Unfähigkeit, ein Argument anzuerkennen, das nicht seinen Interessen entspricht, sind geradezu unglaublich – und keine Manipulation der Wahrheit scheint ihm zu maßlos, um in das Evangelium von Hitler und von Deutschland eingeschrieben zu werden.» Die Idee der Einbindung Deutschlands mit Hilfe eines Angebots an kolonialen Gebieten war eindeutig ein Blindgänger. Wie Göring schon einige Tage zuvor zu Henderson gesagt hatte, könnte Großbritannien Deutschland ganz Afrika anbieten und sie würden dies immer noch nicht als einen fairen Preis für Österreich ansehen. Dennoch weigerte sich der Botschafter weiterhin zu glauben, dass Hitler «in Begriffen wie *Anschluss* oder Annexion dachte.» Er vertraue Hitlers Zusage, dass er sich an die Vereinbarung halten werde, die er kürzlich mit dem österreichischen Bundeskanzler getroffen habe. Er warnte aber trotzdem davor, dass der Führer, obwohl er «Krieg so sehr wie jeder andere hasst», wenn er es für notwendig hielte, die Rechte der Deutschen außerhalb des Reiches zu schützen, nicht vor einem Krieg zurückschrecken werde.[19]

In London reagierte man sowohl im Außenministerium als auch im Kabinett entsprechend deprimiert. Eine Einigung war eindeutig unmöglich, wenn Hitler seine derzeitige Haltung beibehielt, so beschloss Halifax, Ribbentrop seine Enttäuschung deutlich zu machen, wenn der neue Außenminister einige Tage später nach London zurückkehren würde, um seine Rückrufschreiben vorzulegen. Noch bevor es dazu kam, versuchte Bundeskanzler Schuschnigg jedoch, Hitler zuvorzukommen, indem er am 9. März ankündigte, dass innerhalb weniger Tage – genauer am Sonntag, 13. März 1938 – eine Volksabstimmung zur Frage der österreichischen Unabhängigkeit stattfinden würde. Dieser Schachzug, der Hitler völlig überrascht hatte, zwang ihn zum Handeln und sorgte dafür, dass Ribbentrops Londoner Treffen wesentlich dramatischer abliefen, als es sich der britische oder der deutsche Außenminister hätte vorstellen können.

Ribbentrop traf am 10. März um 11:00 Uhr bei Halifax ein. Vor dem Außenministerium hatte sich eine Menschenmenge versammelt, und als der deutsche Außenminister aus seinem Auto stieg, wurde er mit Protestrufen begrüßt. In den Amtsräumen wartete Halifax mit einer sorgfältig vorbereiteten Warnung auf Ribbentrop. Großbritannien wünsche sich eine Freundschaft mit Deutschland und habe nicht den Wunsch, einer friedlichen Entwicklung im Wege zu stehen. Er verhielte sich jedoch nicht ganz ehrlich, wenn er nicht seine Meinung äußern würde, so Halifax, dass die gegenwärtige deutsche Haltung gegenüber Österreich und der Tschechoslowakei für die Erhaltung des europäischen Friedens ernsthafte Risiken mit sich bringe. Natürlich wolle Großbritannien keinen Krieg in Europa, aber die geschichtliche Erfahrung zeige, dass der Druck der Fakten manchmal mächtiger sei als der Wille der Menschen. «Und wenn erst einmal ein Krieg in Mitteleuropa ausbricht, ist es ziemlich unmöglich vorherzusagen, wo er enden würde oder wer alles beteiligt sein könnte.»[20] Wenig überraschend zeigten diese mahnenden Worte keinerlei Wirkung. Nachdem er das Außenministerium verlassen hatte, an den Demonstranten vorbeigegangen war, die inzwischen im Sprechchor «Ribbentrop raus» forderten, und in die deutsche Botschaft zurückgekehrt war, antwortete Ribbentrop auf einen Brief von Hitler, der dringend wissen wollte, was Großbritannien tun würde, wenn Deutschland in Österreich einmarschieren würde. «Ich bin überzeugt», schrieb der Außenminister, «dass England von sich aus nichts dagegen unternehmen wird, sondern dass es einen mäßigenden Einfluss auf die anderen Mächte ausüben wird.»[21] Hitler frohlockte, als er diese Zeilen las. «Es ist genau so, wie ich angenommen habe», sagte er zu Reinhard Spitzy, «wir brauchen keine Komplikationen von da drüben zu fürchten.»[22]

Am Abend veranstaltete Ribbentrop in der deutschen Botschaft eine Abschiedsparty, die auf sein Betreiben hin gerade in üppigstem, vulgärstem Stil neu dekoriert worden war. Nahezu jeder, den er in England kannte, war eingeladen, einschließlich der gesamten britischen Regierung und des gesamten diplomatischen Corps. In Kenntnis von Berichten, dass sich die deutsche Armee in diesem Moment an der österreichischen Grenze versammelte, war einer der Gäste aus den Reihen des Außenministeriums geradezu angewidert, als er sah, wie der deutsche Außenminister mit dem österreichischen Gesandten im großen Empfangsraum auf und ab ging und sich «höchst angeregt und herzlich» unterhielt.[23] Auf der Party war auch der Generaldirektor der BBC, John Reith, der von einem Zeitgenossen als «eine Kreuzung zwischen einem klugen Schotten und einem mittelalterlichen Heiligen» beschrieben wurde – bei dem sich allerdings «eher die fanatischen Züge, weniger die akademischen Anteile» finden ließen. Reith war eine Art puritanischer Kreuzritter, dessen Bewunderung der Nationalsozialisten und Mussolinis mit seinem eigenen, wenn auch freundlicheren diktatorischen Herrschaftsstil im BBC-Hauptquartier am Portland Place korrespondierte.[24] Reith bat den deutschen Außenminister, Hitler zu versichern, dass «die BBC nicht gegen die Nazis» sei und dass er das Hakenkreuz auf dem Dach des Rundfunkhauses flaggen lassen würde, wenn sie den Kollegen, der in Deutschland seine Position innehatte, zu einem Besuch vorbeischicken würden.[25]

Am folgenden Morgen, Freitag, den 11. März, erhielt das Außenministerium um 06:10 Uhr ein Telegramm des britischen Botschafters in Wien, in dem es hieß, dass die deutsch-österreichische Grenze geschlossen worden sei und dass es Berichte über Truppenbewegungen auf der deutschen Seite der Grenze gebe.[26] Um 10:20 Uhr berichtete der britische Generalkonsul in München über die allgemeine Mobilisierung in Bayern und die «Truppen, die an die österreichische Grenze strömen»[27]. Als Henderson diese Informationen erhielt, wies er den Militärattaché, Oberst Noel Mason-MacFarlane, sofort an, das neue Hauptquartier des Oberkommandos der Wehrmacht zu besuchen und herauszufinden, was vor sich ging. Dort erhielt «Mason-Mac», wie er genannt wurde – ein intelligenter und dynamischer Soldat, der gern an seinem Wohnzimmerfenster stand und sich vorstellte, Hitler zu erschießen[*] –, lediglich ein Dementi jeglicher

---

[*] «Nur ein einfacher Gewehrschuss», hatte der Militärattaché dem Berliner Korrespondenten der *Times*, Ewan Butler, bedeutet und aus seinem Fenster auf die Charlottenburger Chaussee

Truppenbewegung, obwohl Henderson zu diesem Zeitpunkt schon weitere entsprechende Berichte aus Nürnberg und Dresden vorlagen. Entschlossen, die Wahrheit selbst herauszufinden, stieg Mason-Mac in sein Auto und fuhr nach Süden. Kaum hatte er Berlin verlassen, stieß er auf «weit über 3000 bewaffnete Polizisten» sowie Mitglieder der SS, die sich in einer ganzen Palette an Fahrzeugen, darunter Motorräder, Funkwagen, Tankwagen und Berliner Busse, in Richtung Österreich bewegten.[28]

Während all dies geschah, kam Ribbentrop – der von Hitler absichtlich nicht über den in Gang gesetzten Coup informiert worden war – in der Downing Street Nr. 10 an, um an einem zu seinen Ehren vom Premierminister veranstalteten Mittagessen teilzunehmen. Zu den weiteren Gästen gehörten die meisten leitenden Mitglieder des Kabinetts sowie die Cadogans, Londonderrys und Churchills. Etwa nach der Hälfte des Essens betrat ein Bote des Außenministeriums den Speisesaal und überreichte Cadogan einen Umschlag. Der Ständige Unterstaatssekretär öffnete ihn, nahm den Inhalt zur Kenntnis und übergab die Nachricht an Halifax. Der Außenminister las sie und reichte sie an Chamberlain weiter. Wie Churchill sich erinnerte, zeigte Cadogan keinerlei Reaktion, der Premierminister allerdings war eindeutig beunruhigt über die Informationen, die er erhalten hatte: Hitler hatte Schuschnigg ein Ultimatum gestellt und die Absage der Volksabstimmung gefordert.

Bemerkenswerterweise wurde das Mittagessen fortgesetzt, als wäre nichts passiert. Nachdem man sich auf Kaffee verlegt hatte, wurde den englischen Gästen jedoch klar, dass etwas nicht stimmte und dass ihre Gastgeber ein schnelles Ende des Beisammensitzens anstrebten. Nur der deutsche Außenminister und seine Frau schienen die veränderte

---

unten gewiesen. «Ich könnte den Bastard von hier aus so leicht abknallen, wie man einmal zwinkert. Damit nicht genug, ich denke tatsächlich darüber nach, es auch zu tun.» Als Butler im Frühjahr 1939 befürchtete, dass er verhaftet werden könnte, bot der Nachfolger von Mason-Mac, Colonel Denis Daly, dem Journalisten Zuflucht an. «Komm und bleib bei uns. ... Und wenn sie versuchen, dich holen zu kommen, schießen wir es mit ihnen aus – ich habe ein paar Pistolen zu Hause.»

Atmosphäre nicht wahrzunehmen und hielten den immer angespannter werdendenen Small Talk noch eine halbe Stunde lang aufrecht. Schließlich wurde Anna von Ribbentrop hinauskomplimentiert, während der Premierminister ihren Mann zusammen mit Halifax, Cadogan und dem deutschen Ersten Gesandten Ernst Woermann ins Arbeitszimmer geleitete. Chamberlain las Ribbentrop zwei Telegramme vor, von denen das zweite besagte, dass Hitler nun den Rücktritt Schuschniggs forderte und dass der österreichische Kanzler die britische Regierung um Rat fragte. Chamberlain zeigte während des gesamten Treffens «Ruhe und Besonnenheit», forderte aber Ribbentrop auf zu verstehen, wie ernst die Lage sei, während Halifax, der sich in für ihn ganz untypischer Weise aufregte, von einer «unerträglichen» Androhung von Gewalt sprach und den Außenminister bat, Hitler davon zu überzeugen, nicht überstürzt zu handeln.[29] Diese Bitten zeigten, wie Chamberlain schon erwartet hatte, keine Wirkung. Ribbentrop, der tatsächlich keine Ahnung hatte, was zwischen Berlin und Wien vorgefallen war – auch wenn sich das seine britischen Gesprächspartner nicht vorstellen konnten –, weigerte sich, den Berichten Glauben zu schenken, gleichzeitig verwies er allerdings darauf, dass ein – «nicht existentes» – derartiges deutsches Vorgehen durch Schuschniggs «Vertrauensbruch» gerechtfertigt sei. Chamberlain wusste nicht mehr weiter. «Er ist so dumm, so oberflächlich, so egozentrisch und selbstzufrieden, so völlig ohne intellektuelles Auffassungsvermögen», beschwerte sich Chamberlain bei seiner Schwester Hilda, «dass er das, was zu ihm gesagt wird, nie aufzunehmen scheint.»[30]

Als Halifax zum Außenministerium zurückkehrte, erfuhr er, dass, wenn Schuschnigg nicht bis 18:00 Uhr (österreichische Zeit) zurücktreten würde, die deutsche Armee einmarschieren werde. So empörend er diese «Wegelagerer-Methoden» auch fand, erkannte er doch, dass Großbritannien nichts tun konnte, um das Kommende zu verhindern.[31] Er schickte daher ein Telegramm nach Wien, in dem er erklärte, dass die britische Regierung Schuschnigg keinerlei Ratschläge geben könne, und ging dann zu einer vorher vereinbarten Abschiedsrunde zum Tee mit Ribbentrop in die deutsche Botschaft. Dort fand Halifax einen deutschen Außenminister vor, der gerade ein Telefonat mit Berlin beendet hatte, aber weiterhin darauf bestand, dass kein derartiges Ultimatum gestellt worden sei. Kaum hatte er dies gesagt, kam jedoch Woermann herein und verkündete, dass Schuschnigg zurückgetreten sei und dass der österreichische Nationalsozialist Arthur Seyß-Inquart nun Kanzler sei. Derart vorgeführt, begann Ribbentrop schnell zu argumentieren, dass dies zweifellos das Beste sei. Die Lösung des österreichischen Problems würde die britisch-deutschen Beziehungen harmonischer machen, und was die Methode anging – hatte sich Großbritannien in Bezug auf Irland nicht ganz ähnlich verhalten müssen? Damit ließ Halifax ihn nicht durch. Was sie alle gerade miterlebt hätten, bedeutete er dem deutschen Außenminister, sei «eine Zurschaustellung unverhüllter Gewalt, und die öffentliche Meinung in Europa werde unweigerlich wissen wollen, … was noch verhindern könne, dass die deutsche Regierung versuche, in ähnlicher Weise offene Gewalt zur Lösung ihrer Probleme in der Tschechoslowakei oder in einem anderen Teil der Welt anzuwenden». Was den Vergleich mit der britisch-irischen Geschichte anbetraf, so konnte sich der ehemalige Vizekönig von Indien und Christ-Church-Absolvent, der seine Kenntnisse in Geschichte noch am All-Souls-College vertieft hatte, «kaum eine Analogie vorstellen, die weniger Substanz hatte». Irland gehöre ebenso zum Vereinigten Königreich wie London oder Yorkshire, während Österreich ein unabhängiger, souveräner Staat sei. Für eine zutreffendere Analogie müsste Großbritannien plötzlich der belgischen Regierung ein Ultimatum stellen – mit der Androhung, dass «wir Antwerpen bombardieren würden», wenn sie ihren Premierminister nicht entlassen.[32]

Derart von Halifax zurechtgewiesen, erhielten die Deutschen noch von Henderson zwei offizielle an die Regierung in Berlin adressierte Protestschreiben. Niemand erwartete, dass diese etwas bewirken würden. Im Gegenteil, Hitler sah sie lediglich als Beweis für die britische «Degeneriertheit» an. Mehr konnte die britische Regierung im Fall der weit fortgeschrittenen Ereignisse jedoch realistischerweise nicht tun.

Die brutalen Fakten der Lage traten bei einem Streit zwischen Cadogan und Vansittart über den Wortlaut der Telegramme noch einmal deutlich zutage: Nachdem er den ganzen Tag lang zugeschaut hatte, wie sein Kollege «einen regelrechten Eiertanz aufführte», hatte Cadogan seinen Vorgänger schließlich zur Rede gestellt und verlangt, genau zu wissen, was der andere denn vorschlage, was man *tun* solle. «Für den, der nur reden muss, ist es einfach, mutig zu sein», aber «willst du kämpfen?». Vansittart antwortete, dass er das nicht wolle. «Worum geht es hier dann?», fragte Cadogan verärgert. «Für mich hat es den Anschein eines unglaublich feigen Verhaltens, einen kleinen Mann zu drängen, gegen einen großen zu kämpfen, wenn man Ersterem nicht helfen will.»[33]

Die Invasion Österreichs begann am nächsten Tag, am Samstag, den 12. März 1938, um 05:30 Uhr. Deutsche Truppen überquerten die Grenze bei Bregenz, Innsbruck, Braunau und Salzburg, während Hunderte von Luftwaffenflugzeugen von bayerischen Flugplätzen starteten, weiteres offizielles Personal transportierten und österreichische Städte mit Propagandaflugblättern überschütteten. Wie sich herausstellte, waren Letztere weitgehend überflüssig. Es wurde keinerlei Widerstand geleistet, die Eindringlinge wurden ganz im Gegenteil herzlich empfangen. Jubelnde Menschenmassen säumten die Straßen und überreichten den deutschen Soldaten Blumen, während sie vorbeizogen. Gegen 16:00 Uhr überquerten Hitler und sein Gefolge die Grenze in einer Flotte von Mercedes-Cabriolets. Nach einer kurzen, emotionalen Pause am Geburtsort des Führers in Braunau am Inn ging es nach Osten in Richtung Linz. Kirchenglocken läuteten, Musikkapellen spielten auf, und das Vorankommen wurde immer schwieriger, da die jubelnde Menge nah an den Konvoi herandrängte, winkte, weinte, Blumen warf und Babys in die Höhe hielt. In Linz schien die gesamte Bevölkerung der Stadt zum Empfang gekommen zu sein, die Straßen, Dächer, Balkone, «selbst die Bäume und Straßenlaternen waren voller schreiender, tobender Menschen.»³⁴ Während Tränen seine Wangen herabliefen, richtete Hitler vom Balkon des Rathauses aus das Wort an die Menge. Die Vorsehung habe ihn auserwählt, so behauptete er, um sein Heimatland dem Deutschen Reich zurückzugeben.³⁵

Leider schien die Vorsehung einige grundlegende Details übersehen zu haben, die bei der überraschenden Annexion eines anderen Landes von Vorteil sind. Beim Einchecken in das Hotel Weinzinger, das größte Hotel am Ort, stellte die Gruppe um den Führer fest, dass es weder genügend Zimmer noch genügend Essen für sie alle gab. Das Hotel hatte nur ein Telefon, und es dauerte über neun Stunden, um eine Verbindung nach Berlin herzustellen. Dieser Tatsache zum Trotz – und der Schlange an Untergebenen, die sich vor diesem Telefon bereits gebildet hatte, die alle darauf warteten, Anweisungen weiterzugeben oder dringende Nachrichten abzurufen –, wurde beschlossen, dass das wertvolle Gerät zunächst dem NS-Befürworter George Ward Price zur Verfügung gestellt werden sollte, der es geschafft hatte, für die *Daily Mail* ein kurzes Interview mit Hitler zu führen. Reinhard Spitzy notierte dazu später in vollem Ernst: «Sein Anspruch, so fühlten wir, war größer als der unsere, denn es war von größter Bedeutung, dass mindestens eine der Zeitungen der Welt eine genaue und unvoreingenommene Version der Ereignisse berichten konnte.»³⁶

Am nächsten Tag unterzeichnete Hitler das Gesetz über die Wiedervereinigung Österreichs mit dem Deutschen Reich – ein Euphemismus, da es noch nie zuvor eine solche Vereinigung der beiden Länder gegeben hatte –, und am folgenden Nachmittag, Montag, den 14. März, folgte sein triumphaler Einzug in Wien. Der Empfang dort übertraf die Erwartungen auch derjenigen, die in Linz dabeigewesen waren. «In gewisser Weise war es geradezu beängstigend», rekapitulierte Spitzy. «Die Straßen und Plätze hallten von den ohrenbetäubendsten Jubelrufen wider», und «nur unter Schwierigkeiten schafften wir es, uns auf der Ringstraße einen Weg zu bahnen»³⁷. Ward Price, der sich auf Hitlers Einladung hin dem Festzug angeschlossen hatte, erinnerte sich an Menschenmassen, die die gesamte

Strecke die Straße zehn Leute tief säumten, und an spielende Blaskapellen, die wegen des allgemeinen Tumultes nicht zu hören waren.[38] Vor dem Imperial Hotel rief eine Menge Hakenkreuz-Fähnchen schwenkender Wiener so lange im Chor «Wir wollen unseren Führer sehen», bis Hitler erschien. Und am nächsten Morgen drängten sich schätzungsweise eine Viertelmillion Menschen auf dem Heldenplatz, um zu hören, wie ihr neuer Führer die «größte Vollzugsmeldung» seines Lebens verkündete: die Eingliederung Österreichs in das Reich.[39] Entsprechend berichtete der britische Botschafter nach London, dass es unmöglich war, den Enthusiasmus zu leugnen, und es schien, dass «Herr Hitler durchaus das Recht hat, zu behaupten, dass sein Handeln von der österreichischen Bevölkerung begrüßt wird».[40]

———

Die britische Reaktion auf die Annexion Österreichs war ambivalent. Obwohl allgemein empört auf die angewandten Methoden reagiert wurde, fiel das Urteil insgesamt doch milder aus, da die Ansicht weit verbreitet war, dass der *Anschluss* irgendwann stattfinden musste und weder unmoralisch noch eine Bedrohung für die britischen Interessen war. So proklamierte die *Times*, nachdem Hitler Schuschnigg zur Unterzeichnung des Berchtesgadener Abkommens gedrängt hatte, dass «eine der am wenigsten rationalen, dafür besonders instabilen und provokativen Künstlichkeiten der Friedensregelung das Verbot der Eingliederung Österreichs in das Reich» gewesen sei.[41] Zwar war das Blatt geneigt, wie der Großteil der anderen Pressevertreter auch, die Anwendung von Gewalt zu verurteilen – die sogenannte «Vergewaltigung Österreichs» –,* aber man glaubte dort auch, dass «es keinen britischen Protest gegeben hätte, wenn sich dieser

---

* Diese Schlagzeile der *Times* (15. März 1938) war Hitler zu Ohren gekommen. Nachdem er zu den freudetrunkenen Menschenmassen gesprochen hatte und die Treppe der Wiener Hofburg hinunterging, wandte er sich an Ward Price und fragte verächtlich: «Ist das eine

Annäherungsprozess durch zunehmendes Vertrauen und gegenseitigen guten Willen auf quasi natürliche Weise vollzogen hätte».[42]

Es gab selbstverständlich auch diejenigen, die die Einverleibung Österreichs mit Entsetzen betrachteten. Der konservative Abgeordnete Victor Cazalet notierte seine Gefühle: «Aufgebracht, wütend, impotent ... Österreich – das Land, das wir alle lieben – besetzt von diesen verdammten Nazis.»[43] Der ehemalige Kolonialminister Leo Amery beklagte das Verschwinden «der letzten Heimat der deutschen Kultur, der letzten Zitadelle, in der die wahre Seele des deutschen Menschengeschlechts noch Zuflucht finden konnte»,[44] während ein Brief des Wiener Korrespondenten der *Times* an seinen Herausgeber Geoffrey Dawson die Qual des Mannes vor Ort einfängt:

In meinen wildesten Albträumen habe ich nichts vorausgesehen, was so perfekt organisiert, so brutal, so rücksichtslos, so stark ist. Wenn diese Maschine in Aktion tritt, wird sie alles, was ihr begegnet, vernichten – wie ein Schwarm Heuschrecken. Die Zerstörung und der Verlust von Menschenleben werden den [Ersten] Weltkrieg wie den Burenkrieg aussehen lassen. ... Von dem, was ich bei meinen letzten Besuchen in England gesehen habe, haben wir keine Chance, dieser gigantischen Maschine standzuhalten, wenn sie sich gegen uns richtet, und das Wesentliche, was man sich klarmachen muss, ist genau das, dass das ultimative Ziel die Zerstörung Englands ist. Das ist eine Sache, die offensichtlich niemand verstehen kann, der nicht unter den Deutschen gelebt hat: Ihren wahren Hass empfinden sie für England.[45]

Sir Horace Rumbold dachte in ähnlicher Weise und rechnete damit, dass sich «unsere Pro-Deutschen in London» im Moment ziemlich dumm fühlen müssten.[46] Aber das war nicht der Fall. Lord Lothian begrüßte das

‹Vergewaltigung›?» Später kommentierte der *Daily Mail*-Korrespondent: Wenn der *Anschluss* eine Vergewaltigung war, dann «habe ich noch nie ein williges Opfer gesehen».

Ende der «katastrophalen Periode», in der die Mächte des Völkerbundes den Deutschen ihre nationale Einheit verweigert hätten «und sie so dazu trieben, ein totalitäres Regime zu akzeptieren», während der die Nationalsozialisten verehrende Abgeordnete Thomas Moore einen «unblutigen» Coup feierte, der «eine Quelle der Spannungen und der Disharmonie aus den internationalen Beziehungen getilgt» habe.[47] Am Karfreitag 1938 besuchte Rumbold ein Abendessen, bei dem er neben der Schwester von Lord Peel saß. «Sie hat mich dermaßen aufgeregt», gestand er seinem Sohn,

> als sie so daherredete, wie ich fürchte, dass es viele oder zumindest eine ganze Reihe von Menschen in ihrer Plauder-Liga tun, wenn sie sich unterhalten: So war die Annexion Österreichs eine gute Sache; es wäre ein schlechter Tag für England, wenn Hitler abgeknallt würde – das Einzige, was wirklich wichtig ist, ist unser Handel. Ich antwortete unverblümt, dass viele Leute hier drüben leider nichts über Deutschland und die Nazis wissen und viel Unsinn reden. Sie merkte, dass ich wütend war, und sah ziemlich verängstigt drein.[48]

Ein Mann, der nicht behaupten konnte, Deutschland oder die Nationalsozialisten nicht zu kennen, war Ernest Tennant, Amateurdiplomat und Vorstandsmitglied der Anglo-German Fellowship. Allerdings sah Tennant trotzdem keinen Grund, warum die Annexion Österreichs oder die Methoden, die dafür angewandt worden waren, die britisch-deutsche Verständigung, um die er sich schon so lange bemühte, beeinträchtigen sollten. Er fasste seine Ansichten unmittelbar nach dem *Anschluss* zusammen und schickte seine Anmerkungen unter anderem an Rab Butler und Lord Mount Temple. In seinen Einlassungen bekräftigte er seine Überzeugung, dass «die Wahrscheinlichkeit eines Krieges mit Großbritannien nicht in die Berechnungen der Deutschen einfließt». Er habe kürzlich Ribbentrop in Berlin gesehen und dem deutschen Außenminister frech gesagt, dass es ihm am meisten missfalle, an seinen Samstagnachmittagen Luftschutzübungen im von seinem Landhaus doch etwas entfernt liegenden Städtchen Saffron Walden mitmachen zu müssen, «anstatt Tennis zu spielen, und dass das den meisten Menschen in England missfalle». Ribbentrop habe gelacht und Tennant versichert, dass diese Angst völlig absurd sei. «Wir denken nie an einen Krieg mit England», hatte er seinen Besucher beruhigt. Was die Fortschritte auf dem Weg zu einem britisch-deutschen Abkommen betraf, so war Tennant der Ansicht, dass die Hauptschwierigkeit in einem Mangel an gegenseitigem Verständnis lag:

> Leider ist es sowohl für die Mitglieder der deutschen Regierung, die noch nie in England waren (und dabei handelt es sich um über 90 %), als auch für die Mitglieder der britischen Regierung, die noch nie das Dritte Reich besucht haben, sehr schwierig, die Standpunkte der anderen Seite zu verstehen. England wird immer noch hauptsächlich von einer Aristokratie regiert, deren althergebrachte Traditionen seit Jahrhunderten im Wesentlichen unverändert geblieben sind. Deutschland wird von einem vergleichsweise jungen Mann regiert, der aus einfachen Verhältnissen aufgestiegen ist, ohne persönliche Erfahrung in anderen Ländern gesammelt zu haben, und der von Beratern ähnlicher Art umgeben ist, alles Männer voller vitaler, dynamischer Energie, die eine unglaublich harte Schule durchlaufen haben, die zäh, rücksichtslos, aber immens fähig sind. ... [Dennoch] glaube ich immer noch, dass es nicht nur möglich, sondern auch einfach sein sollte, mit ihnen Freundschaft zu schließen. Von 1933 bis 1935 sahen sie Großbritannien ähnlich wie ein neuer Junge [im Internat] den Vertrauenslehrer – auch heute noch ist dieses Gefühl keineswegs verschwunden, aber Deutschland wächst schrecklich schnell – wir dürfen nicht viel länger warten.[49]

Nicht ganz zufällig fielen die offizielle Reaktion und die Bewertung der *Times* beinah in eins zusammen. Obwohl schockiert von der Vorgehensweise, hatte die britische Regierung Österreich in Wahrheit schon einige Zeit zuvor abgeschrieben. Das deutsche Interesse an Österreich galt als legitim, und die Alternative, der direkte Ausbruch eines Krieges, ließ beinahe jedermann akzeptieren, dass es unmöglich war, Österreichs Unabhängigkeit zu bewahren. Das größte Anliegen der britischen Seite – wie Halifax Hitler in Berchtesgaden mehr als angedeutet hatte – war nicht, dass der *Anschluss* verhindert werden sollte, sondern dass er friedlich erfolgen sollte. Tatsächlich war Halifax mit einigen der berüchtigten Pro-Deutschen einer Meinung, dass eine britisch-deutsche Verständigung nach der «unvermeidlichen» Übernahme Österreichs durch das Reich leichter zu erreichen sein würde. Daher schrieb er dem Duke of Buccleuch nach dem Berchtesgadener Abkommen:

> Ich habe immer gedacht, dass die Deutschen in der einen oder anderen Form weiterhin versuchen würden, nach der reifenden Frucht zu greifen, und zwar so, dass den anderen kaum Zeit oder Möglichkeit zum Eingreifen bleibt, und dass sie und wir, wenn sie mit ihren Absichten weitergekommen sind, es viel einfacher finden werden, zu einer Einigung zu kommen. Es sieht fast so aus, als ob es so funktionieren sollte.[50]

Was Sir Alexander Cadogan betraf, so war der Ständige Leiter im britischen Außenministerium schon kurz davor gewesen, «sich zu wünschen, Deutschland würde Österreich schlucken und die Angelegenheit wäre erledigt. [Deutschland] wird das wahrscheinlich sowieso tun – und wir sind ohnehin nicht in der Lage, das zu verhindern.»[51] Dass das Letzterwähnte die Wahrheit war, hatte auch Eden erkannt und sich im Februar 1938 geweigert, mit einem Rat an die Österreicher die «falsche Position» zu beziehen, nur um dann «die Verantwortung aufgeschultert zu bekommen», wenn sich die Situation verschlimmerte.[52] Es gab auch niemanden, der die geringste Erwartung hegte, dass sich die Franzosen interventionistischer zeigen würden. Zwar hatte der französische Außenminister Yvon Delbos nach Bekanntwerden des Berchtesgadener Abkommens eine gemeinsame Protestnote vorgeschlagen, dies wurde jedoch von den Briten mit der Begründung abgelehnt, dass ein Einspruch, der sich nicht auf die Androhung von Gewalt stützen konnte, sinnlos sei. «Schöne Worte machen den Kohl nicht fett», wie Cadogan zu sagen pflegte.[53] Hinzu kam die chronische Instabilität der französischen Innenpolitik, die mit einwandfreiem Timing in einer weiteren Krise versank. Am 10. März war die Regierung von Camille Chautemps zurückgetreten. Damit stand Frankreich genau in dem Moment effektiv ohne Führung da, als Hitler seine Ultimaten stellte und Truppen nach Österreich befahl. Sowohl die französische Presse als auch die französischen Abgeordneten äußerten sich bestürzt, aber die Reaktion beschränkte sich, wie in Großbritannien, auf einen formellen Protest.

Für Chamberlain war die ganze Episode «herzzerreißend und entmutigend». In einem Brief, den er am Tag nach der Invasion an seine Schwester Hilda schrieb, räumte er ein, dass es jetzt «vollkommen offensichtlich» sei, dass «Gewalt das einzige Argument ist, das Deutschland versteht, und dass so lange keine Aussicht besteht, mit ‹kollektiver Sicherheit› solche Ereignisse zu verhindern, bis damit nicht eine sichtbare Wehrhaftigkeit von überragender Stärke verbunden ist, getragen von der Entschlossenheit, diese auch zum Einsatz zu bringen». Darüber hinaus war er der Ansicht, dass eine solche Machtkomponente niemals von Genf aus gesteuert werden könnte, sondern nur Ergebnis altbekannter Großmachtpolitik sein könne. «Gott weiß, dass ich nicht wieder zur Bündnispolitik zurückkehren will, aber wenn Deutschland sich weiterhin so verhält, wie es das in letzter Zeit getan hat, mag uns das dazu zwingen.»[54]

Allerdings war diese Einsicht nicht gleichbedeutend mit der Überquerung des Rubikons. Wie Chamberlain in seinem nächsten Absatz deutlich machte, hatte er noch immer großes Vertrauen in seine Italienpolitik und hatte die Aussicht keineswegs aufgegeben, möglicherweise noch eine Einigung mit Deutschland zu erzielen. Ohne Zweifel musste Großbritannien seine Entschlossenheit zeigen, «sich nicht schikanieren zu lassen», indem es eine Beschleunigung seines Aufrüstungsprogramms ankündigte, nichtsdestoweniger dachte er, wenn ein deutscher Staatsstreich in der

Tschechoslowakei vermieden werden könnte – etwas, «das machbar sein sollte» –, dann könnte «es möglich sein, dass sich die Situation in Europa wieder beruhigt und wir eines Tages wieder Friedensgespräche mit den Deutschen aufnehmen können».[55] Seine Rede vor dem Unterhaus am 14. März beschwor daher kein großes Drama herauf, sondern signalisierte, dass es keine wesentlichen Veränderungen in der britischen Politik geben werde – nicht ohne zu betonen, dass Großbritannien sein Interesse an Osteuropa nie verloren habe und dass das auch in Zukunft nicht passieren werde.

Für alle diejenigen, die die Annexion Österreichs als Wendepunkt ansahen, genügte das nicht. So war etwa der sozial engagierte Geschäftsführer der Lewis-Kaufhäuser, Sir Frederick Marquis (der zukünftige Lord Woolton), inzwischen davon überzeugt, dass die Nationalsozialisten auf eine groß angelegte Eroberung in Europa aus waren, und entschied, dass er diesen Moment nicht ohne irgendeine Form von Protest verstreichen lassen konnte. Er gab daher Anweisung an die vierzehn Einkäufer, die das Unternehmen in Deutschland beschäftigte, ihre Bücher zu schließen, und hielt am 23. März 1938 eine eindrucksvolle Rede in Leicester, in der er einen vollständigen Boykott deutscher Waren ankündigte. Verblüfft über die zahlreichen und weitgehend positiven Reaktionen auf diese Intervention, kam Marquis zu dem Schluss, dass dies genau die Art von entschlossenem, moralischem Vorbild sei, die sich das Land wünsche. Allerdings erhielt er nicht nur Lob. In die Downing Street einbestellt, musste der Geschäftsmann eine «Standpauke» von Sir Horace Wilson über sich ergehen lassen, der ihm vom Premierminister ausrichtete, dieser lehne sein Handeln entschieden ab und verwarne ihn scharf, weil er es gewagt hatte, sich in die Außenpolitik des Landes einzumischen.[56]

Marquis' grundsätzliche Haltung gewann durch die Berichte über nationalsozialistische Gräueltaten aus Wien noch an Gewicht. Nachdem sie unter dem Schuschnigg-Regime von Regierungsseite unterdrückt worden waren, nahmen die österreichischen Nationalsozialisten die Proklamation des *Anschlusses* zum Anlass, um eine «Orgie des Sadismus» zu entfesseln – schlimmer als alles, was er in Deutschland gesehen hatte, so William Shirer.[57] Politische Gegner wurden verhaftet, gefoltert und sogar ermordet, aber Hauptleidtragende waren Österreichs 200 000 Juden, von denen die meisten in Wien lebten. Die Fenster von Wohnhäusern und Geschäften wurden zerschlagen, Eigentum geplündert, die Bewohner wurden auf die Straßen gezerrt und dazu gezwungen, Pro-Schuschnigg-Graffiti von den Bürgersteigen zu schrubben, während der johlende Mob Beleidigungen brüllte und Schläge austeilte. Die Vertreter der internationalen Presse waren entsetzt. John Segrue vom Londoner *News Chronicle* begegnete einer Gruppe jüdischer Männer und Frauen, die zum Waschen von Autos gezwungen wurde, während ihre Peiniger, eine Kohorte von SS-Männern, sie zur Freude der Menge verspotteten und traten. Als einer der Männer bemerkte, dass Segrue sich nicht an dem Spaß beteiligen mochte, zog er ihn aus der Menge, drückte ihm einen schmutzigen Lappen in die Hand und herrschte ihn an: «Da, du verdammter Jude, mach dich an die Arbeit und hilf deinen Schweine-Kameraden.» Eine Zeitlang gehorchte Segrue. Nachdem er einer älteren Frau bei ihrer Aufgabe geholfen hatte, ging er jedoch zu der schwarz gekleideten Gestalt hinüber und holte seinen Pass heraus. «Ich bin kein Jude, sondern ein Untertan Seiner Majestät des Königs von England», erklärte er. «Ich konnte nicht glauben, dass die Geschichten über eure Brutalität wahr sind, und wollte es selbst sehen. Jetzt habe ich es selbst gesehen. Guten Tag.»[58]

Segrues Berichte waren so detailliert wie erschütternd und eine würdige Ergänzung der Arbeit von G. E. R. Gedye, dem Korrespondenten von *Daily Telegraph* und *New York Times*, dessen furchtlose Beiträge für die Berichterstattung über den österreichischen Terror wegweisend waren. Nicht, dass dies ausgereicht hätte, die westliche Politik zum Umschwenken zu veranlassen. So beklagte Gedye in einem besorgniserregenden Bericht über die voranschreitende Wandlung Mitteleuropas in eine NS-Region, den er im Februar 1939 unter dem Titel *Fallen Bastions* veröffentlichte, dass die britische und amerikanische Öffentlichkeit zu weit entfernt seien, zu bequem und zu ignorant, um den wahren Schrecken dessen zu würdigen, was auf dem Kontinent geschah:

Es ist nicht eure Schuld, das Schicksal meint es so gut mit euch, dass ihr nicht glauben könnt, dass eine Familie nach der anderen aus ihren Häusern herausgeholt und die Menschen in ein Ghetto getrieben werden, nur weil sie kein unverdünntes germanisches Blut haben. ... Ihr könnt nicht glauben, was ihr in euren Zeitungen über jüdische Familien lest, die seit Generationen in burgenländischen Städtchen leben und nun auf eine Mole in der Donau gebracht und dort inmitten eines wütenden Sturms zurückgelassen werden – Kinder, alte Männer und Frauen, Krüppel von achtzig und mehr und sehr kranke Menschen. ... Ihr werdet mit den Achseln zucken, ohne dass ein Gefühl von Verantwortung auf eure Schultern drückt, und «übertriebene Geschichten» sagen, wenn ich euch von Frauen erzähle, deren Ehemänner ohne Anklage verhaftet worden sind und die eine Woche später ein kleines Paket vom Wiener Postboten ausgehändigt bekommen, mit dem knappen Hinweis: «Zu zahlen: 150 Mark für die Einäscherung Ihres Ehemannes – Inhalt: Asche aus Dachau.» ... Ihr habt noch nie gesehen, wie sich Nazis über die täglichen Einträge in den Selbstmordlisten freuen, ihr habt die unbeschreiblich bestialischen Seiten von Julius Streichers *Stürmer* noch nicht angeschaut oder den geifernden Mund dieses rotgesichtigen, kahlköpfigen Geiers gesehen. ... Und deswegen braucht ihr auch nicht den Horror zu ertragen, dem ich nicht entkommen kann, denn ich erinnere mich daran, dass wir alldem zugestimmt und unser Gewissen lediglich mit einer Flasche Evian-Wasser und ein paar weiteren Ausschüssen beruhigt haben. Ich beneide euch – glaubt mir –, ich beneide euch. Als ich jedoch gestern von einem Engländer nach der Adresse eines preisgünstigen Hotels in Wien gefragt wurde, in dem er seine Ferien verbringen könnte – Urlaub in Österreich, inmitten all dessen! –, den habe ich nicht beneidet.[59]

Obwohl als Anklage vorgetragen, lag doch so viel Wahrheit in dem, was Gedye über die westliche Unwissenheit schrieb, dass damit auch eine weniger harte Verurteilung einhergehen sollte. Einige dieser entsetzlichen Details wurden nicht in der Presse veröffentlicht – obwohl über vieles, so auch über die Massenselbstmorde, berichtet wurde –,* während die außergewöhnlichen Jubelszenen, mit denen der *Anschluss* begrüßt worden war, einen viel größeren Eindruck hinterließen. Dies scheint jedenfalls die wohlwollendste Erklärung für die Beiträge zu einer Oberhaus-Debatte vom 29. März 1938 zu sein, als kein Geringerer als der Erzbischof von Canterbury, eine moralische Instanz, die Vereinigung von Deutschland und Österreich begrüßte, da so ein «anhaltender Schmerz» aus dem Herzen der europäischen Politik «ohne jegliches Blutvergießen» getilgt worden sei. Lord Redesdale war der Ansicht, dass Hitler «die Dankbarkeit der ganzen Welt» verdiene, weil er einen katastrophalen Bürgerkrieg in Europa verhindert habe, und der Labour-Peer Lord Ponsonby forderte die Regierung auf, ihr Rüstungsprogramm aufzugeben und mit den Deutschen freundschaftliche Verhandlungen zu beginnen, da «kein Hindernis, das nicht durch guten Willen überwunden werden» könne, mehr da sei.[60]

Von der Zuschauertribüne aus wurde der sowjetische Botschafter Iwan Maiski bei seinem ersten Besuch im Oberhaus Zeuge der Debatte und konnte kaum glauben, was er gehört hatte. «Niemals in meinem Leben habe ich eine solche Ansammlung von Reaktionären gesehen wie in diesem Oberhaus. Sichtbar überwachsen vom Schimmel der Jahrhunderte. ... Die Männer, die auf diesen roten Bänken sitzen, sind geschichtsblind wie Molche und bereit, wie geprügelte Hunde dem NS-Diktator die Stiefel zu lecken. Sie werden dafür bezahlen, und ich werde es noch erleben!»[61]

Der Kontrast zu Churchills Unterhaus-Rede fünf Tage zuvor hätte größer nicht sein können. Die «Vergewaltigung Österreichs», stellte er fest, habe Deutschlands Macht wachsen lassen und der Appetit des nationalsozialistischen Landes würde nun mit seiner Größe wachsen. Es dürfe keine Selbstgefälligkeit und keine Entspannung geben, während

---

* Die *Times* berichtete, dass allein in den ersten vier Monaten nach dem *Anschluss* in Wien schätzungsweise 7000 Juden Selbstmord begingen.

die Boa constrictor ihr jüngstes Opfer verdaue. Großbritannien müsse die größtmögliche Bandbreite an Abschreckungsmitteln gegen künftige Aggressionen akkumulieren. In diesem Zusammenhang forderte er ein uneingeschränktes militärisches Bündnis mit Frankreich, eine öffentliche Verpflichtung zur Verteidigung der Tschechoslowakei und eine möglichst rasche Beschleunigung der Aufrüstung. Die Vorahnung, die seine Schlussfolgerung heraufbeschwor, ließ vielen Abgeordneten, die seine Rede hörten, einen Schauer den Rücken hinablaufen:

> Seit fünf Jahren ... beobachte ich diese berühmte Insel, wie sie inkontinent und schwach die Treppe hinabsteigt, die in einen dunklen Schlund führt. Es ist zunächst eine schöne breite Treppe, aber nach einer Weile endet der Teppich. Ein wenig weiter gibt es nur noch einzelne Trittplatten, und noch ein wenig weiter brechen diese unter euren Füßen ... Jetzt sind die Sieger die Besiegten, und diejenigen, die an der Front ihre Waffen niedergestreckt und auf einen Waffenstillstand gepocht haben, schreiten zur Weltherrschaft.[62]

«Mir war, als ob man unsere alte Wohnzimmeruhr die Stunde schlagen hört: die Stunde des Untergangs», notierte ein Abgeordneter.[63]

Der letzte Zug aus Berlin

Liebe Tschechoslowakei!
Angreifen werden s' dich schon nicht,
trotz aller Barbarei.
Wenn doch, gibt's keine Rückendeckung,
nur eine Litanei.

Hilaire Belloc, März 1938[1]

Sobald deutsche Truppen nach Österreich einmarschiert waren, war das Schicksal des Landes besiegelt. «Österreich ist nicht mehr», notierte Sir Alexander Cadogan in seinem Tagebuch. Es stellte sich nun die Frage, ob Großbritannien und Frankreich das Übergreifen dieser brandgefährlichen Entwicklung auf die Tschechoslowakei verhindern konnten. «Müssen wir wieder einen Todeskampf mit Deutschland führen?», fragte sich der ständige Leiter des britischen Außenministeriums. «Oder können wir uns heraushalten?» Ersteres hat «niemandem geholfen». Wäre Letzteres «tödlich»? Cadogan war geneigt, diese Frage mit Nein zu beantworten. In einigen kurzen Sätzen hatte er jedoch das Dilemma benannt, mit dessen Auflösung sich westliche Entscheidungsträger in den nächsten sieben Monaten quälen sollten.[2]

Der demokratische Staat Tschechoslowakei, der 1918 aus den Trümmern des ehemaligen Habsburgerreichs entstanden war, bestand aus einem Sammelsurium von Regionen und Nationalitäten. Im Mittelpunkt der neuen Nation standen die alten böhmischen Kronländer Böhmen, Mähren und (Österreichisch-)Schlesien, aber auch die Slowakei (ehemals Oberungarn); Teschen an der Olsa und die Region Unterkarpaten-Ruthenien gehörten dazu. Die Tschechen – etwa siebeneinhalb Millionen Menschen – bildeten die vorherrschende Mehrheit, aber es gab auch bedeutende Minderheiten, darunter fast zweieinhalb Millionen Slowaken, eine halbe Million Ungarn, eine halbe Million Ruthenen, achtzigtausend Polen und vor allem dreieinviertel Millionen Deutsche. Diese ethnisch deutsche Bevölkerungsgruppe, die vor allem am Rande Böhmens und Mährens – im sogenannten Sudetenland – lebte, war (entgegen der Annahme manch westlicher Zeitgenossen) seit Beginn der Moderne nie Teil Deutschlands gewesen. Dennoch lebten ihre Vorfahren schon mindestens 800 Jahre lang in der Region, allerdings als Untertanen der Habsburger. Während sich das österreichisch-ungarische Reich in Schwierigkeiten befand, prosperierten die Sudetendeutschen (wie sie später genannt wurden). Das änderte sich jedoch mit dem Ende des Ersten Weltkriegs und der Gründung des tschechoslowakischen Staates. Obwohl die Sudetendeutschen in der Tschechoslowakei bürgerliche, politische, religiöse und wirtschaftliche Freiheiten genossen, von denen man im nationalsozialistischen Deutschland nur träumen konnte, und man sie mit Recht als die «privilegierteste» Minderheit «in ganz Europa» bezeichnen konnte, nahmen sie die tschechische Dominanz in Politik, Kultur und Wirtschaft übel – ein Gefühl, das sich sowohl durch die Weltwirtschaftskrise (die die Sudetengebiete überproportional stark traf) als auch durch den Aufstieg des Nationalsozialismus auf der anderen Seite der Grenze noch verschärfte.[3]

Für Hitler stellte die Tschechoslowakei eines seiner vorrangigen Ziele dar. Als Österreicher brachte er eine instinktive Abscheu vor den Tschechen mit – ein Vorurteil, das viele der deutschsprachigen Untertanen des ehemaligen Habsburgerreichs teilten –, während er es als ultimativer pandeutscher Nationalist als seine Mission betrachtete, alle Deutschen innerhalb der Reichsgrenzen zu vereinen.[*] Zusätzlich zu diesen persönlichen und ideologischen Motiven gab es noch strategische. So beschwerte sich der Führer später bei Chamberlain, dass die Tschechoslowakei wie eine «Speerspitze» in die Seite Deutschlands hineinstoße.[4] Die gebirgige West-

---

[*] Die Ausnahme bildete die deutschstämmige Bevölkerung Südtirols, auf die Hitler pragmatischerweise bereit war, zugunsten der italienisch-deutschen Freundschaft zu verzichten.

grenze – eine von der Natur wie zur Verteidigung geschaffene Grenze innerhalb Europas – und eine Armee mit Millionen von Soldaten bildeten ein Hindernis für die deutschen Ambitionen in Osteuropa. Dazu kam noch, dass die Verteidigungsverträge, die das Land mit Frankreich und Russland abgeschlossen hatte, offenbar als Versuch konzipiert waren, das Reich «einzukreisen». Wenn Hitler die Ölfelder Rumäniens plündern, *Lebensraum* in Osteuropa erschließen oder den polnischen Korridor, der Ostpreußen vom Rest Deutschlands trennte, gewaltsam schließen wollte, dann musste er sich zuerst mit der Tschechoslowakei befassen.

In vollem Bewusstsein, wo der nächste Krisenherd liegen werde, begann man die Frage nach einer britischen Garantie zur Verteidigung der Tschechoslowakei zu debattieren, noch während deutsche Soldaten in Richtung Wien zogen. Dank des französisch-tschechischen Vertrages von 1925 waren die Franzosen bereits verpflichtet, der Tschechoslowakei zu helfen, wenn das Land Opfer einer unprovozierten Aggression wurde, und bekräftigten am 14. März 1938 ihre Entschlossenheit, den Vertrag einzuhalten. War Großbritannien bereit, dasselbe zu tun? Für einige, wie z.B. für Leo Amery, war der Schock über Hitlers Coup in Österreich Anlass genug, um die traditionelle britische Abneigung gegen kontinentale Verpflichtungen zurückzustellen. Mit der deutschen Rücksichtslosigkeit umzugehen bedeute, «sich den Realitäten zu stellen. ... [Und] ich bin geneigt zu denken, dass die beste Hoffnung auf Frieden jetzt darin besteht, Deutschland zu sagen, dass sie, wenn sie die Tschechoslowakei antasten, es mit uns zu tun bekommen.»[5] Andere Konservative, die ebenfalls Gegner der Appeasement-Politik waren, wie Churchill, Bob Boothby, Vyvyan Adams und die Herzogin von Atholl (die Abgeordnete für Kinross und Westperthshire war) stimmten zu und forderten in den Tagen nach dem *Anschluss* eine britische Garantie. Sie waren jedoch in der Minderheit.

Die Idee eines Engagements zur Verteidigung der Tschechoslowakei wurde von den meisten Tory-Abgeordneten mit großer Skepsis oder sogar als Gräuel betrachtet. Im Gegensatz zu Belgien oder Frankreich galt die Tschechoslowakei nicht als von lebenswichtigem britischem Interesse, und so «könnte Deutschland die Tschechoslowakei schlucken», wie Alan Lennox-Boyd seinen Wählern in Bedfordshire erläuterte, «und Großbritannien würde sicher bleiben»[6]. Da Lennox-Boyd ein Regierungsvertreter war (wenn auch niemand aus der ersten Reihe), löste diese taktlose Darstellung der Realpolitik einen politischen Sturm aus. Boothby betrachtete es als «Aufforderung an Deutschland, das sofort in die Tat umzusetzen»[7]. Lennox-Boyds Ansichten waren jedoch typisch für viele, die auf den Regierungsbänken saßen. Laut George Tryon, Postminister und konservativer Abgeordneter für Brighton, sei es geradezu lächerlich, «einem Land die Unabhängigkeit zu garantieren, das wir weder erreichen noch buchstabieren können», während unbegrenzter Tory-Isolationismus gepaart mit Tschechophobie in einem Brief von Michael Beaumont, dem extrem konservativen Abgeordneten für Aylesbury, zum Ausdruck kam, den er an den Unterstaatssekretär im Außenministerium, ‹Rab› Butler, richtete:

Um Himmels willen, tut alles, was ihr könnt, um zu verhindern, dass das Land wegen dieser unangenehmen Sache [des *Anschlusses*] in Hysterie versinkt, und geht keine weiteren ausländischen Verpflichtungen ein, insbesondere in Bezug auf die Tschechoslowakei. Abgesehen von Menschen wie mir, die sich lieber pfählen lassen würden, als für dieses garstige Land zu kämpfen (es gibt mehr von uns, als Sie vielleicht denken), bin ich mir ziemlich sicher, dass, auch wenn der Großteil des Landes jetzt so schockiert über Österreich ist, dass es zu allem bereit scheint, die alte mangelnde Bereitschaft, sein Leben für etwas zu riskieren, was uns nicht direkt betrifft, sehr schnell wiederaufleben wird. Selbst jetzt würde ich meinen, dass es einen starken Widerstand gegen weitere Verpflichtungen geben wird, aber später wird es schwierig werden, die Menschen dazu zu bringen, diese einzuhalten.[8]

Glücklicherweise für Beaumont war die britische Regierung genauso wenig erpicht darauf, der Tschechoslowakei die Unabhängigkeit zu garantieren, wie er es war. Am 18. März, fünf Tage nach dem *Anschluss*, tagte der außenpolitische Ausschuss des Kabinetts, um ein Memorandum von Lord Halifax mit dem Titel «Mögliche Maßnahmen zur Abwendung eines deutschen Eingreifens in der Tschechoslowakei» zu prüfen. Ausgehend von der Annahme, dass die deutsche Regierung, ob «mit fairen oder weniger fairen Mitteln», in jedem Fall an der Eingliederung des Sudetenlandes in das Reich arbeiten würde, skizzierte das Papier die drei Wege, die der britischen Regierung nach Ansicht des Außenministers nun offenstanden. Da gab es die «Große Allianz» (wie von Churchill befürwortet), in der Großbritannien und Frankreich eine Reihe von Staaten zu einem defensiven Block zusammenschweißen würden, dann den Vorschlag einer neuen Verpflichtungserklärung gegenüber Frankreich, wonach Großbritannien sich festlegen würde, Frankreich zu helfen, wenn es von Deutschland angegriffen würde, weil es wiederum seinen Verpflichtungen gegenüber der Tschechoslowakei nachgekommen wäre, und die «negative» Option, keine neuen Verpflichtungen einzugehen und den Tschechen zu raten, die bestmögliche Verständigung mit Deutschland zu suchen.[9]

Wie seine Zusammenfassung deutlich machte, favorisierte Halifax diesen dritten Kurs. Die «Große Allianz» war «in der Praxis nicht umsetzbar», während man mit allen neuen Verpflichtungen Gefahr liefe, Großbritannien in einen Krieg zu verwickeln, «in dem wir besiegt werden und alles verlieren könnten». Seine Kollegen vertraten keine andere Meinung. Obwohl Oliver Stanley (Präsident des Handelsausschusses) und Sir Samuel Hoare (Innenminister) sich für eine weitere enge Vertragsbindung an Frankreich aussprachen, scheiterte diese Idee, als darauf hingewiesen wurde, dass es nichts gab, was Frankreich oder Großbritannien praktisch tun konnten, um die Tschechoslowakei gegen eine Invasion zu verteidigen. Der *Anschluss* hatte die Aufstellung der tschechischen Verteidigung an der westlichen Landesgrenze «gedreht», und wie der Minister für die Koordinierung der Verteidigung, Sir Thomas Inskip, erklärte, schien es «sicher, dass Deutschland die gesamte Tschechoslowakei in weniger als einer Woche überrennen könnte»[10]. Darüber hinaus hatte die jüngste Depesche des britischen Gesandten in Prag großen Eindruck auf die Minister gemacht, in der Basil Newton argumentierte, dass die gegenwärtige politische Situation der Tschechoslowakei aufgrund ihrer «geographischen Lage, ihrer Geschichte und der ethnischen Spaltung in ihrer Bevölkerung nicht dauerhaft haltbar sei»[11]. Wenn dies der Fall sei – und die Minister waren geneigt, dem Urteil des «Mannes vor Ort» zu trauen –, warum sollte Großbritannien dann, fragten sich die Politiker, einen Kampf bis zum Tod riskieren, um diesen Status quo zu wahren? Welche Gründe gab es denn, gegen die Eingliederung der Sudetengebiete in das Reich zu protestieren, vorausgesetzt, diese geschah friedlich? An dieser Stelle erinnerte der Kabinettsstaatssekretär Sir Maurice Hankey daran, dass in Versailles anerkannt worden sei, dass die Tschechoslowakei nur überleben könne, wenn ihr gesamtes Gebiet intakt bleibe. Ihre Produktions- und Industriegebiete, die besten landwirtschaftlichen Flächen, ihre Befestigungen und Verteidigungsanlagen lagen alle in den Sudeten. Wenn diese weggenommen würden, dann würde die Tschechoslowakei zu einem Vasallenstaat verkommen, der der Gnade von NS-Deutschland ausgeliefert wäre.

Die Minister hörten es wohl, änderten ihre Meinung aber nicht. Es gebe keine «einzige Seele in diesem Land», die eine direkte Garantie für die Tschechen unterstützen würde, glaubte Stanley, während der Staatssekretär für die Commonwealth-Länder Malcolm MacDonald warnte, dass ein Krieg um die Tschechoslowakei das Risiko einer Spaltung des Britischen Commonwealth beinhalte.[12] Nach weiteren Diskussionsbeiträgen, in denen die Schwäche Frankreichs und die isolationistische Haltung der Vereinigten Staaten angesprochen wurden, schloss das Treffen mit einem Votum: Mit überwältigender Mehrheit sprach man sich für die dritte Option aus. «Der F.P.C. [i.e. Kabinettsausschuss für Außenpolitik] war sich einig, dass die Tschechoslowakei nicht die Knochen eines einzigen britischen Grenadiers wert ist», stellte Cadogan zustimmend fest.[13]

Chamberlain zeigte sich erfreut. Wie er in einem Brief an seine Schwester Ida erläuterte, hatte er bereits eine Reihe von möglichen Strategien in Betracht gezogen, darunter die «Große Allianz», hatte sie aber alle aus Gründen der Praktikabilität wieder fallengelassen:

> Man braucht sich nur die Karte anzusehen, um zu verstehen, dass nichts, was Frankreich oder wir tun könnten, die Tschechoslowakei davor bewahren könnte, von den Deutschen überrannt zu werden, wenn sie das tun wollten. Die österreichische Grenze ist praktisch offen, die großen Škoda-Munitionswerke sind von den deutschen Flugplätzen aus leicht zu erreichen, die Eisenbahnen durchqueren allesamt deutsches Gebiet, Russland ist 100 Meilen entfernt. Deshalb können wir der Tschechoslowakei nicht helfen – es wäre nur ein Vorspiel für einen Krieg mit Deutschland. Das wollten wir uns jedoch nicht vorstellen, es sei denn, wir hätten eine vernünftige Aussicht, [Deutschland] in angemessener Zeit in die Knie zu zwingen, aber dafür sehe ich keine Anzeichen. Ich habe daher jeden Gedanken daran aufgegeben, der Tschechoslowakei respektive Frankreich im Zusammenhang mit dessen Verpflichtungen gegenüber jenem Land Garantien zu gewähren.[14]

Nur wenige Zeitgenossen hätten dieser Analyse widersprochen. Obwohl Chamberlain das Potenzial für russische Hilfe unterschätzte (in gewisser Weise eine kluge Vorsichtsmaßnahme), wurde seine Annahme von vielen geteilt, dass eine Garantie für die Tschechoslowakei ein Bluff wäre, der, wenn er aufgedeckt würde, das Land in eine äußerst schwierige Lage bringen würde. Im März 1938 verfügte Großbritannien praktisch über keine Landstreitkräfte. Zwei schlecht ausgestattete Divisionen, dazu noch eine mobile Division, das war alles, was man im Kriegsfall auf den Kontinent schicken konnte. Die Territorialarmee umfasste noch immer 20 000 Männer weniger als geplant, um eine unzureichende Anzahl von Flakbatterien zu bemannen, und es fehlte an moderner Ausrüstung. Der Leiter des Ostkommandos, General Edmund Ironside, kam zu dem Schluss, dass das Land so «nicht in der Lage [war], einen Krieg zu führen», Cadogan glaubte sogar, dass Großbritannien «zerschlagen» würde, wenn jetzt ein Konflikt ausbrechen würde.[15]

Schon eher diskutiert wurde über die Einschätzung, die der Premierminister und sein Außenminister über Hitler und seine Ziele abgaben. Halifax hatte am 18. März vor dem Ausschuss für Außenpolitik geäußert, er glaube nicht, dass sie es mit einem Mann zu tun hatten, der von einer «Eroberungslust von napoleonischer Qualität» getrieben werde.[16] Der *Anschluss* war ein Schock gewesen, wie er in einem Brief an Sir Nevile Henderson gestand, aber was er daran schwer verzeihlich fand, war die Dummheit der Deutschen, dass sie nicht vorausgesehen hatten, was das für «ein Tohuwabohu produzieren würde»[17]. Was die Zukunft anbelangte, so räumte Halifax ein, dass es töricht wäre, nicht mit einer weiteren Demonstration deutscher Machtpolitik zu rechnen, aber weder er noch der Premierminister glaubten, dass Hitlers Ambitionen über das Ziel hinausgingen, alle Deutschen in die Grenzen des Reiches zu holen. Sein derzeitiger Plan sei, so Chamberlain in einem Brief an Ida am 20. März, Hitler direkt anzusprechen und zu fragen, was er für die Sudetendeutschen wolle. Wenn die Forderungen des Führers vernünftig wären, würde die britische Regierung die Tschechen auffordern, diese zu akzeptieren, während Hitler gebeten würde, Zusicherungen zu geben, dass er den Rest der Tschechoslowakei unangetastet lassen werde.[18]

Am Dienstag, den 22. März, bestätigte das Kabinett die Entscheidung des Ausschusses für Außenpolitik. Die vorangehende Diskussion hatte sich dabei auf den Bericht der Stabschefs über die militärische Situation konzentriert, ein Dokument, das, wie Inskip vorhergesagt hatte, keine erfreuliche Lektüre war. Trotz zweijähriger Wiederaufrüstung operierten 20 von 27 Kampfgeschwadern mit bereits veralteten oder bald veraltenden Maschinen, es gab keine 3,7-Zoll- oder 4,5-Zoll-Flugabwehrkanonen, und die Fähigkeit der Marine, die britischen Heimatgewässer zu verteidigen und gleichzeitig eine gewisse Abschreckung im Fernen Osten aufrechtzuerhalten, konnte nur gewährleistet werden, wenn man das Mittelmeer den Italienern überließ. Was die Verteidigung der Tschechoslowakei betraf, so bestätigten die Stabschefs die bereits abgegebenen Prognosen: «Kein Druck, den dieses Land und seine möglichen Verbündeten ausüben könnten, würde ausreichen, um eine Niederlage der Tschechoslowakei zu verhindern.» Jemand wies darauf hin, wahrscheinlich Duff Cooper (das Kabinettsprotokoll ist hier unpräzise formuliert), dass in dem Bericht über die zweifellos schlechte aktuelle Situation nichts darauf hindeutete, dass sich die Lage mit der Zeit verbessern werde. Die Stabschefs hätten das Potenzial russischer Hilfe ignoriert und die Schwächen des deutschen Militärs kaum berücksichtigt, die während der Invasion Österreichs offenbar geworden seien, als etwa eine große Anzahl von Panzern liegenblieb und am Straßenrand stehengelassen werden musste. Und wenn Deutschland seinen Erweiterungsprozess fortsetzen dürfe, würde es in Zukunft doch nur noch mächtiger sein?! Gegenwärtig seien die Tschechoslowakei und die anderen kleinen Staaten in Mittel- und Osteuropa potenzielle Verbündete, aber morgen könnten sie als Quellen zu noch größerer deutscher Stärke dienen. Nicht einmal Cooper forderte jedoch eine direkte Garantie, und so pflichteten die Anwesenden dem Premierminister bei, der meinte, sie seien nicht in der Position, um eine Politik zu betreiben, die die Gefahr eines Krieges in sich trage.[19]

Dennoch gelang es Chamberlain in seiner Erklärung vor dem Parlament zwei Tage später, am 24. März, viele zufriedenzustellen, die eine entschlossenere Politik gefordert hatten. Der Premierminister sagte zunächst, dass er abgeneigt sei, die formellen Verpflichtungen Großbritanniens um eine weitere zu ergänzen, und wies dann auf einen entscheidenden Punkt hin: «Wenn es um Krieg oder Frieden geht, dann geht es nicht allein um rechtliche Verpflichtungen, und wenn ein Krieg ausbricht, ist es unwahrscheinlich, dass er auf diejenigen beschränkt bleibt, die solche Verpflichtungen übernommen haben.» Tatsächlich «könnte sich der unaufhaltsame Druck der Fakten als mächtiger erweisen als formale Proklamationen, und in diesem Fall wäre es durchaus im Rahmen der Wahrscheinlichkeit, dass neben den Streitparteien des ursprünglichen Disputs nahezu unverzüglich auch andere Länder involviert wären.»[20]

Die bewusste Zweideutigkeit dieser Aussage – insinuierend, aber nicht versprechend, dass Großbritannien eingreifen würde, wenn ein allgemeiner Krieg gegen die Tschechoslowakei ausbrechen sollte – fand vielerseits Anklang. Die Anti-Appeaser (einschließlich Cooper, ausgenommen Churchill) waren weitgehend zufrieden, während die Isolationisten begrüßten, dass Großbritannien sein Empire nicht wegen des «Ausnahme-Staates» Tschechoslowakei einem Risiko aussetzen werde.[21]

Doch es waren nicht alle glücklich. Am 17. März 1938 – vier Tage nach dem *Anschluss* – unternahm der sowjetische Außenminister Maxim Litwinow einen ungewöhnlichen Schritt und sprach vor einer Gruppe ausländischer Journalisten in Moskau. Sich der Bedrohung durch die Nationalsozialisten voll und ganz bewusst, hatte sich Litwinow (der im Gegensatz zu seinem britischen Amtskollegen *Mein Kampf* gelesen hatte) nach Hitlers Machtübernahme zu einem Unterstützer der Politik der kollektiven Sicherheit gewandt. Als solcher und unter seiner Führung hatte er eine Neuorientierung in der sowjetischen Außenpolitik eingeleitet, mit der die UdSSR dem Völkerbund beitrat (1934), ein Verteidigungsbündnis mit Frankreich schloss (1935), Sanktionen gegen Italien unterstützte (1935–1936) und nach der Wiederbesetzung des Rheinlands (1936) sogar anbot, sich an Sanktionen gegen Deutschland zu beteiligen. Im Mai 1935 hatte die Sowjetunion ihren eigenen Vertrag mit der Tschechoslowakei geschlossen und im Falle eines Angriffs Beistand versprochen – vorausgesetzt, zuerst habe Frankreich seine Verpflichtungen erfüllt. Litwinow hatte jedoch besorgt feststellen müssen, dass all das nicht zu entsprechenden Bemühungen Großbritanniens oder Frankreichs geführt hatte. Blind vor Angst vor dem Kommunismus schienen die Westmächte es vorzuziehen, dass Hitler Stück für Stück seine Ziele erreichen konnte, anstatt eine gemeinsame Abschreckungsfront mit der UdSSR zu bilden. Litwinows Politik trug keine Früchte, und seine Feinde im Politbüro begannen, sich auf eine weitere Revolution und die Neuausrichtung der russischen Außenpolitik einzurichten – diesmal auf ein Abkommen mit Deutschland.

Bevor dies jedoch geschehen konnte, holte Litwinow die Erlaubnis Stalins für eine weitere und möglicherweise letzte Anstrengung zur Bildung eines Bündnisses gegen die deutsche Aggression ein. In seiner Ansprache an die Auslandskorrespondenten im Außenministerium erklärte der russische Außenminister daher, dass die Sowjetunion – zutiefst beunruhigt über die Invasion Österreichs – bereit sei, Gespräche mit allen Nationen aufzunehmen, deren Wunsch es sei, dass alle weiteren Angriffe unterbleiben und damit die Gefahr «eliminiert» wird, dass es zu einem neuen weltweiten Abschlachten kommt. «Morgen könnte es zu spät sein», warnte er, aber noch sei die Zeit nicht abgelaufen, noch könnten sich die Großmächte zur «kollektiven Rettung des Friedens» zusammenschließen.[22]

Nachdem er das Angebot eine Woche lang ignoriert hatte, lehnte Chamberlain es in einer Erklärung vor dem Unterhaus ab. Zutiefst misstrauisch gegenüber den Russen – von denen er glaubte, dass sie «heimlich und listig alle Fäden hinter den Kulissen ziehen, um uns in einen Krieg gegen Deutschland hineinzuziehen» –, hatte er zudem wenig Vertrauen in das militärische Leistungsvermögen der UdSSR.[23] Das war weitgehend nachvollziehbar, da Stalin im Juni 1937 den «Großen Terror» auf die Rote Armee und die sowjetische Marine ausgedehnt hatte. Drei von fünf Marschällen, 13 von 15 Armeekommandanten, acht von neun Admirälen, 57 von 85 Korpskommandanten und alle 17 Armeekommissare fielen den Säuberungen zum Opfer. Man ging davon aus, dass insgesamt 65 Prozent der höheren Ränge des sowjetischen Militärs beseitigt worden waren, und die Einschätzung des britischen Militärattachés lautete, dass Russland nun zu nichts anderem als einem Verteidigungskrieg mehr in der Lage sei.[*][24] Diese Berichte, die in den westlichen Demokratien Bestürzung und Entsetzen hervorriefen, verstärkten Chamberlains Vorurteile noch. Doch indem sie den Vorschlag der Sowjetunion ablehnten, beraubten sich

---

[*] Die Analyse des französischen Geheimdienstes hatte Ähnliches ergeben: Die Rote Armee sei nichts anderes als «ein enthaupteter Leichnam», erklärte das Deuxième Bureau im Sommer 1938.

die Briten der Möglichkeit, Deutschland mit einem langwierigen Zwei-frontenkrieg drohen zu können, und spielten denjenigen innerhalb der Sowjethierarchie in die Hände, die sich entweder für eine Politik des Iso-lationismus oder für die Annäherung an Deutschland einsetzten.

Die andere Großmacht, die Grund hatte, von den Aussagen Chamber-lains enttäuscht zu sein, war Frankreich. Am 15. März forderte Joseph Paul-Boncour – der, als sich der *Anschluss* abzeichnete, eilig zum Außen-minister ernannt worden war –, «die Regierung Seiner Majestät solle öffentlich erklären, dass, wenn Deutschland die Tschechoslowakei angreift und Frankreich dem Land zu Hilfe kommt, Großbritannien an Frankreichs Seite stehen werde»[25]. Auch diese Anfrage wurde abgelehnt. Doch der Schaden für die britisch-französischen Beziehungen war aus zwei Gründen begrenzt: erstens, weil die Franzosen keine andere Wahl hatten, als an der engen Bindung an die Briten festzuhalten, und zweitens, weil die Regierung Blum am 10. April nach nur einem Monat an der Macht zurücktreten musste. Der neue Premierminister Édouard Daladier – der seit Juni 1936 als Verteidigungsminister im Amt war und davor bereits zweimal Premierminister gewesen war – konnte mit der britischen Per-spektive auf die Situation deutlich mehr anfangen. Für einen kurzen Moment schien es jedoch, als ob Daladier Paul-Boncour als Vertreter eines harten außenpolitischen Kurses bitten würde, am Quai d'Orsay zu bleiben. Entsetzt unternahmen die Briten, die den silberhaarigen Fran-zosen als «eine ernsthafte Gefahr für den Frieden in Europa» betrach-teten, den außerordentlichen Schritt, Daladier darüber zu informieren, dass eine solche Ernennung «höchst bedauerlich» wäre.[26] Daladier – der wahrscheinlich schon zu derselben Schlussfolgerung gekommen war – stimmte zu und ernannte Georges Bonnet, ebenfalls Mitglied der Radi-kalsozialistischen Partei und ein bekannter Vertreter der Versöhnung mit den Diktatoren.[27]

Chamberlain war voller Zuversicht. Er betrachtete seine Rede vom 24. März als «eindeutigen Erfolg» und meinte, wenn es jetzt eine Parlamentswahl gäbe, «würden wir spielend gewinnen»[28]. Am 4. April machte er die Opposition mit einer «echten Kampfrede» zur Verteidigung der Außenpolitik der Regierung regelrecht nieder, nur um einige Tage später eine Reihe von Lobhudeleien an seine Schwester Hilda weiterzugeben, einschließlich Lord Beaverbrooks Urteil, er sei «der beste Premier, den wir seit einem halben Jahrhundert hatten»[29]. In den folgenden zwei Wochen konnte er auf zwei bemerkenswerte Erfolge verweisen, die sich aus seiner Politik der Beschwichtigung problematischer Länder ergeben hatten: Am 16. April wurde in Rom das britisch-italienische Abkommen geschlossen, und am 25. April wurde in der Downing Street ein neuer britisch-irischer Vertrag unterzeichnet.

Beide Vereinbarungen waren nicht unumstritten. Wie Anthony Eden bemerkte, basierte die Annäherung an Mussolini auf einer Reihe von Versprechungen, die der Duce bereits gebrochen hatte (insbesondere, die italienischen «Freiwilligen» aus Spanien zurückzuziehen), während die Vereinbarung mit dem irischen Führer Eamon de Valera die britischen Rechte an Häfen in der Republik aufgab. Churchill, der für die Garantie der Nutzung der Tiefwasserhäfen im irischen Vertrag von 1921 gesorgt hatte, brandmarkte diese Entscheidung als «ein Beispiel für unvorsichtige Beschwichtigungspolitik» – ein Urteil, das sich bestätigen sollte, als sich de Valera zu Beginn des Zweiten Weltkriegs auf die irische Neutralität berief und Großbritannien den Zugang zu den Häfen verweigerte.[30] Doch Churchill sprach nur für eine kleine Minderheit. Die meisten Befürworter der Regierungspolitik – und im Falle des irischen Vertrags hatte die Regierung auch die Unterstützung der Labour-Partei und der Liberalen – begrüßten die beiden Abkommen als diplomatische Coups, die die britischen Verbindlichkeiten in einer allzu gefährlichen Welt zu verringern vermochten.

Bei Chamberlain stärkte dieser doppelte Erfolg seinen Glauben an die eigenen diplomatischen Fähigkeiten – den sogenannten «Chamberlain-

Touch». So trumpfte er schon Mitte März gegenüber seinen Schwestern auf: Jedwede britisch-irische Abmachung wird allein darauf zurückzuführen sein, welchen «Einfluss ich auf de Valera gewinnen konnte» – eine Einschätzung, die der schlaue Ire mehr als einmal bestätigt hatte.[31] Mit dem *Anschluss* war es derzeit offensichtlich unmöglich, dass er diese Fähigkeiten bei Hitler ihre Wirkung entfalten lassen konnte, doch die Regierung beabsichtigte, die Tschechen zu drängen, ihr Minderheitenproblem zu lösen, und wenn dies erreicht sein würde, bedeutete er Ida, «dann könnte es im selben Moment möglich sein, in Berlin den Faden wiederaufzunehmen»[32].

Tatsächlich berichtete Ernst Woermann, der Erste Botschaftsrat der deutschen Botschaft, am 22. April in Berlin über den Inhalt eines Gesprächs mit Rab Butler, in dem sich der junge Außenminister offenbar bemüht hatte zu betonen, dass der *Anschluss* den Wunsch des Premierministers nach einer «echten Verständigung» mit Deutschland in keiner Weise beeinträchtigt habe. «Das deutsche und das britische Volk sind vom gleichen Blut», habe Butler (auf die Rassentheorien der Nationalsozialisten anspielend) angeblich erklärt, um fortzufahren, es sei «unvorstellbar, dass Deutschland und England sich wieder auf dem Schlachtfeld gegenüberstehen». Was die Tschechoslowakei beträfe, so gebe es vielleicht einige Dinge, über die die beiden Männer nicht offen sprechen könnten. Doch im nächsten Atemzug erklärte Butler, dass England sich bewusst sei, dass Deutschland sein «nächstes Ziel» erreichen werde, und lediglich besorgt sei wegen «der Art und Weise, in der dies geschehe»[33]. Wenn Ribbentrop irgendwelche Zweifel hegte, ob Großbritannien über der Frage der Tschechoslowakei möglicherweise zu neuer Bellizität fände, dann führten solche Beiträge dazu, sie zu zerstreuen.

Am 27. April 1938 reisten die neuen französischen Minister zu Gesprächen nach London. Drei Tage zuvor hatte Konrad Henlein, der Vorsitzende der Sudetendeutschen Partei (SdP), in Karlsbad eine Reihe weitreichender

Forderungen gestellt, darunter die Anerkennung der Sudetengebiete als eigenständige rechtliche Entität, die volle Gleichstellung der Sudetendeutschen sowie die Meinungsfreiheit zur Verbreitung der NS-Ideologie. Diese Desiderata – die genau genommen einer Forderung nach völliger Autonomie innerhalb des Staates entsprachen – waren von der Regierung in Prag abgelehnt worden. Nun versuchten die Briten, die Unterstützung der Franzosen für ihre Politik zu gewinnen, internationalen Druck aufzubauen, um die Tschechen zu Konzessionen zu bewegen.

Zunächst zeigte sich Daladier demonstrativ abgeneigt. Henlein, hielt er den Briten entgegen, sei nicht auf Autonomie, sondern auf die «Zerstörung» des tschechoslowakischen Staates aus. Noch wichtiger sei, dass sie es mit einem Deutschland zu tun hätten, das darauf abzielte, eine Position der Hegemonie innerhalb Europas einzunehmen. Seiner Meinung nach seien «die Ambitionen Napoleons verglichen mit den gegenwärtigen Zielen des Deutschen Reiches niedrig anzusetzen». Selbstverständlich liege eine Gefahr darin, in diesem Moment eine Konfrontation mit Deutschland einzugehen, aber man dürfe die Stärke der tschechischen Armee – «gut ausgebildet, gut ausgerüstet und von demokratischem Bürgersinn motiviert» –, die 5000 Flugzeuge der sowjetischen Luftwaffe und die Schwächen wie auch die Stärken des deutschen Militärs nicht unberücksichtigt lassen. Wenn Großbritannien und Frankreich unmissverständlich erklärten, dass sie die Zerstörung der Tschechoslowakei nicht zulassen würden, dann könne, glaubte der französische Premierminister, «der Frieden in Europa gerettet werden»[34].

«Sehr schön formuliert, aber schrecklicher Müll», war Sir Alexander Cadogans Urteil zu dieser Rede.[35] Doch obwohl die Geschichte dieses Urteil nicht rechtfertigen sollte, hatte die Bemerkung des Ständigen Unterstaatssekretärs einen wahren Kern. Sechs Wochen zuvor, unmittelbar nach dem *Anschluss*, hatte sich der Ständige Ausschuss für Landesverteidigung Frankreichs getroffen, um die Frage des Beistands für ihren östlichen Verbündeten zu erörtern, und war, wie die Briten, zu dem Schluss gekommen, dass es nichts gab, was praktisch getan werden konnte, um eine deutsche Eroberung zu verhindern. Das Äußerste, was Frankreich bieten könne, hatte Daladier (damals Verteidigungsminister) gesagt, war indirekte Hilfe – die Mobilisierung der französischen Armee, um deutsche Streitkräfte an ihrer Westgrenze zu binden. Zusätzlich hatte General Gamelin, der französische Oberbefehlshaber, seine Zweifel, was das Potenzial der russischen Hilfe anging. Nach außen hin blieb Frankreich dem «Pakt» mit der Tschechoslowakei verpflichtet, und der neue Premierminister – der wusste, dass die französische Ehre auf dem Spiel stand – hoffte sicherlich, dass der Tag nie kommen würde, an dem er gezwungen sein würde, sein Versprechen zu brechen. Daladiers Entscheidung, Bonnet als Nachfolger von Paul-Boncour zu benennen, ist jedoch sehr aufschlussreich, und so scheint es wahrscheinlich, wie der neue deutsche Botschafter in London nach Berlin berichtete, dass die Franzosen gehofft hatten, die Briten würden dafür plädieren, die Tschechen unter Druck zu setzen, damit sie zustimmen könnten, ohne den Anschein zu erwecken, die Initiative in dieser Angelegenheit ergriffen zu haben.[36]

Das taten diese denn auch pflichtschuldigst. Nachdem Chamberlain Daladier mit einem guten Mittagessen, seinem abscheulichen Rotwein und dem kleinen Zugeständnis von Marine-Stabsgesprächen bearbeitet hatte, senkte der ‹Bulle von Vaucluse›, wie der französische Premier oft salopp genannt wurde, denn auch seine Hörner und stellte sich hinter die britische Politik.[*] Sowohl die Briten als auch die Franzosen sollten nun die Tschechen unter Druck setzen, um eine schnelle Einigung mit den Sudeten zu erzielen, während die Briten bei Hitler anfragen sollten, welche Lösung er für akzeptabel halten würde. Der Plan stützte sich auf die britische Überzeugung, dass die deutschen Forderungen vernünftig und auf das Sudetenland beschränkt sein würden. So schrieb Henderson am 6. Mai 1938 an Halifax, es sei überlebenswichtig für die Tschechen, dass sie

---

[*] Der Spitzname spielte auf den Wahlkreis an, den Daladier ab 1919 vertrat, und auf sein bulliges Aussehen. Seine Hörner erinnerten jedoch eher, wie seine Kritiker gern betonten, an die einer Schnecke.

die Mehrheit der Henlein'schen Forderungen sofort erfüllten, da «sowohl Herr Hitler [sic] als auch Henlein im Vergleich zu vielen ihrer Anhänger moderat sind, und es meiner Meinung nach [Staatspräsident] Beneš' einzige Hoffnung und im Interesse seines Landes ist, ein so umfassendes Angebot zu machen, dass diese beiden es nicht gut ablehnen können»[37].

Doch es war Daladiers Analyse der deutschen Absichten, die sich als die realitätsnähere erweisen sollte. Bereits vier Wochen zuvor, am 28. März 1938, hatte Hitler Henlein und dessen Stellvertreter Karl Hermann Frank in der Reichskanzlei empfangen. Dort hatte er seinen Gästen mitgeteilt, dass er beabsichtige, die Sudetenfrage in «nicht allzu ferner Zukunft» zu lösen, und dass ihre Aufgabe darin bestehe, die Situation durch unannehmbare Forderungen an die Regierung in Prag anzuheizen. «Wir müssen also immer so viel fordern, daß wir nicht zufrieden gestellt werden können», lautete Henleins akkurate Zusammenfassung seiner Anweisungen.[38] Wenige Wochen später bestellte Hitler den Chef des Oberkommandos der Streitkräfte, General Wilhelm Keitel, ein und wies ihn an, «Fall Grün» – den nach der Hoßbach-Konferenz initiierten Plan für die Invasion der Tschechoslowakei – zu aktualisieren. Es gebe mindestens drei Szenarien, durch die eine Krise ausgelöst werden könne, erklärte der Führer, aber sein favorisiertes Szenario sei ein innertschechischer Vorfall. Zwei Monate später schien es so, als sei dieser Moment gekommen.

───

Donnerstag, den 19. Mai 1938, erhielt Sir Nevile Henderson am frühen Abend ein Telegramm des amtierenden Konsuls in Dresden, in dem es hieß, dass sich deutsche Truppen entlang der Südgrenze zur Tschechoslowakei konzentrierten und Wehrurlaub für den kommenden Sonntag ausgesetzt worden sei. Der Botschafter maß dem nicht viel Bedeutung bei. Es gebe keine Hinweise auf besondere militärische Aktivitäten in Berlin, telegraphierte er nach London, und der gestrichene Urlaub habe wahrscheinlich mit den an diesem Wochenende in den Sudetenbezirken anstehenden Kommunalwahlen zu tun. Am nächsten Morgen erhielt jedoch der britische Gesandte in Prag, Basil Newton, einen alarmierten Anruf aus dem tschechischen Außenministerium über Berichte zu Truppenkonzentrationen deutscher Soldaten in Sachsen und Bayern. Henderson wurde um Nachforschungen gebeten und besuchte das Außenministerium, wo Staatssekretär Ernst von Weizsäcker das Oberkommando der Wehrmacht anrief und um Auskunft bat. Später rief Weizsäcker dann Henderson an und sagte, ihm sei von General Keitel versichert worden, dass alles Gerede über Truppenkonzentrationen «absoluter Unsinn» sei. In Sachsen seien keine Truppen zusammengezogen worden, lediglich in Königsbrück, wo routinemäßige Übungen stattfänden. Henderson war skeptisch. Er erinnerte Weizsäcker daran, dass er am 11. März, als sich die deutsche Armee auf die Invasion in Österreich vorbereitete, die gleichen Ausflüchte präsentiert bekommen habe. Seine Vorgesetzten im Außenministerium warnte er, dass Hitler im Falle eines «Zwischenfalls» während der Wahlen «den deutschen Truppen befehlen werde, sofort die Grenze zu überschreiten»[39].

In London beschäftigten sich die großen Akteure schon mit den Aussichten fürs Wochenende, das Sommerwetter versprach. Halifax wurde zu Besuchen an den Universitäten erwartet, an denen er studiert hatte, zuerst in Oxford, dann in Eton, und Chamberlain freute sich darauf, sein Wochenende mit Forellenangeln zu verbringen. Leider sollte keiner von ihnen die erhoffte Entspannung genießen können. «Diese verd---ten Deutschen haben mir ein weiteres Wochenende verdorben», wütete Chamberlain, nachdem man ihn am Fluss abgeholt und über die Flut an Telegrammen informiert hatte, die seit dem frühen Samstagmorgen, es war der 21. Mai, angekommen waren.[40] Die Telegramme enthielten weitere Berichte über die Konzentration des deutschen Militärs entlang der tschechischen Grenze, darunter die Behauptung, dass die 7. und die 17. Infanteriedivision auf die bayerisch-tschechoslowakische Grenze vorrückte und dass deutsche Flugzeuge beim Überfliegen von Nordböhmen gesichtet worden seien. Der tschechische Generalstab reagierte sehr nervös und hatte die Regierung am späten Vorabend überredet, einen Teil der Reserve zu mobilisieren – etwa 174000 Mann.

Die Effizienz und der Enthusiasmus, mit dem dieser Befehl ausgeführt wurde, musste diejenigen eines Besseren belehren, die versucht hatten, das tschechoslowakische Militär herabzusetzen, oder glaubten, dass die Tschechen einfach so umfallen würden, wie es die Österreicher getan hatten. Die Befehle erreichten die tschechischen Städte und Gemeinden am Freitag, den 20. Mai, um 22:00 Uhr, und früh am nächsten Tag um 03:00 Uhr waren rund 70 Prozent der Reservisten auf ihren Posten. Bis zum Morgengrauen hatten sich bis auf 16 alle der erwarteten 174000 Soldaten zum Dienst gemeldet, und die Grenzen sowie das gesamte Sudetengebiet waren mit Militär besetzt. Wie von Zauberhand, schrieb die britische Journalistin Shiela Grant Duff, «rückte jede Garnison nach und entlastete die vor ihr liegende Garnison mit der Präzision eines Uhrwerks»[41]. Ihre amerikanische Kollegin Virginia Cowles, die für die *Sunday Times* von den Wahlen berichtete, wurde sich der drohenden Krise bewusst, während sie sich noch auf der Anreise zu einer SdP-Kundgebung mit dem Pressechef der Partei befand. «Ich werde dir ein Geheimnis verraten», sagte der ihr. «Henlein ist gerade jetzt in Berchtesgaden bei Hitler. Die deutsche Armee kann noch zur Stunde die Grenze passieren.» Die junge Reporterin war entsetzt. «Aber das würde ja einen Weltkrieg bedeuten», rief sie aus. «Keineswegs», antwortete der Pressesprecher, «in ein paar Tagen wird alles vorbei sein.»[42]

Cowles war nicht beruhigt. Sie nahm an der Wahlkampfveranstaltung teil – «ein Albtraum aus Flaggen, Hakenkreuzen ... und ohrenbetäubenden Heil-Rufen» –, aber als sie am Samstagmorgen um fünf Uhr aufwachte und tschechische Soldaten die Straßen entlangpatrouillieren sah, beschloss sie, nach Prag zurückzukehren. Dort, im Hotel Ambassador, fand sie keine Anzeichen einer Krise vor. Eine Putzfrau wischte den Boden, der Empfangschef sortierte die Post, und der Hotelpage las Zeitung. Plötzlich kam Reynolds Packard, der extravagante United-Press-Reporter, aufgeregt in die Lobby gestürmt. Es gebe Gerüchte über eine deutsche Invasion und die Regierung habe zu mobilisieren begonnen, erklärte er. Cowles rannte zum Telefon und schaffte es nach mehreren Versuchen, in der Redaktion der *Sunday Times* jemanden zu erreichen. Die männliche Stimme am Ende der Leitung erschien ihr wie aus einer anderen Welt:

> «Guten Morgen», ertönte es freundlich. «Wie geht es dir?»
> «Nicht besonders gut. Die tschechische Armee wird mobilisiert.»
> «Sag bloß! Warum machen die das?»
> «Sie denken, die deutsche Armee wird über die Grenze kommen.»
> «Sag bloß! Bist du sicher?»
> «Ich bin sicher, dass die Tschechen mobilisieren.»
> «Sag bloß! Stell dir das vor?! Das *ist* mal eine Nachricht.»[43]

Zu diesem Zeitpunkt verbreitete sich auch im Außenministerium eine gewisse Aufregung. Der Geheimdienst (SIS) hatte vor einem möglichen deutschen Angriff gegen Ende Mai gewarnt, und nun wurde berichtet, dass zwei Sudetendeutsche von der tschechischen Polizei erschossen worden seien. «Ist das eine Wiederholung von 1914?», fragte sich Chips Channon.[44] Um 15 Uhr erhielt das Außenministerium nähere Informationen zu einem Gespräch, das Henderson an diesem Morgen mit einem martialisch gestimmten Ribbentrop geführt hatte. Der deutsche Außenminister, so berichtete der Botschafter, habe sich in einer «sehr leicht erregbaren und kämpferischen Gemütsverfassung» befunden. Insbesondere sei er verärgert gewesen, dass Henderson Reuters über das Dementi informiert hatte, das er bezüglich der deutschen Truppenbewegungen erhalten hatte, und weigerte sich nun, dem Botschafter überhaupt noch militärische Informationen zur Verfügung zu stellen – eine Haltung, wie Henderson retourniert hatte, die ihn zwang, auf militärische Maßnahmen zu schließen. Der Außenminister hatte sich dann der «Ermordung» der beiden Sudetendeutschen zugewandt und dem Botschafter in «blutrünstige[r] Sprache» angekündigt, dass, wenn es weiter zu solchen Provokationen kommen sollte, die Tschechoslowakei zerstört werden würde.[45]

Die Dinge schienen außer Kontrolle zu geraten, und Halifax entschied, obwohl er mit Cadogan übereinstimmte – «Wir dürfen nicht in den Krieg ziehen!» –, dass Hitler vor der Gefahr gewarnt werden sollte, die er heraufbeschwor.[46] Noch am selben Nachmittag, am Samstag, dem 21. Mai, hatte Frankreich seine Zusage an die Tschechoslowakei offiziell wiederholt, und Henderson wurde angewiesen, erneut in der Wilhelmstraße anzurufen und Ribbentrop zu warnen, dass die Regierung seiner Majestät, wenn Frankreich in den Krieg verwickelt würde, «nicht garantieren könnte, dass die Umstände es nicht erzwingen würden, dass sie ebenfalls involviert wird»[47]. Im Gegensatz zu seiner expressiven Launenhaftigkeit am Morgen hörte Ribbentrop den Großteil dieser Botschaft in mürrischem Schweigen an. Als er die britische Warnung vernommen hatte, regte er sich jedoch sofort wieder auf: «Wenn dann aber wirklich Frankreich so wahnsinnig sein sollte, uns anzugreifen», brüllte er, «so würde dies vielleicht die größte Niederlage Frankreichs in der Welt bedeuten, und wenn England sich dem anschlösse, dann würden wir eben nochmals bis aufs Messer kämpfen müssen.»[48]

Diese Spannungen wurden durch den absurden Vorfall mit dem «Sonderzug» nicht gemildert. Wie Henderson im Nachhinein immer wieder erklären musste, war seit langem geplant, dass der Marineattaché der Botschaft am Samstag, dem 21. Mai, mit seiner Familie in den Urlaub fahren würde. Leider erwies sich, dass sowohl für die Familie des Attachés als auch für die Kinder eines anderen Botschafters nicht mehr genügend Plätze im gewünschten Zug vorhanden waren. Die von der Bahngesellschaft angebotene Lösung bestand darin, einen zusätzlichen Waggon anzuhängen, und der Attaché überzeugte daraufhin zwei weitere Familien der Botschaft, sich anzuschließen – was schlussendlich wie eine Art Massenexodus aussah. Die Tatsache, dass dieses Arrangement mit einer diplomatischen Krise zusammenfiel, war einfach nur Pech. Als Henderson am Sonntagmorgen aus dem Außenministerium zurückkehrte, war er überrascht, als er den französischen Botschafter vor seinem Haus antraf. Ob es wahr sei, fragte ein alarmierter François-Poncet, dass er die Botschaft evakuiere?! Henderson versicherte ihm, dass das nicht stimme. Er hatte jedoch kaum die Haustür hinter sich geschlossen, als er einen dringenden Anruf aus London erhielt, in dem er gefragt wurde, was um alles in der Welt vor sich gehe – sie hätten gehört, dass «Frauen und Kinder» in dieser Nacht mit einem «Sonderwaggon» abreisen würden –, gefolgt von einem Anruf von Weizsäcker, der den Botschafter bat, «keinen Alarm zu schlagen».[49] Am Ende durfte nur der Attaché in den Urlaub fahren, alle anderen Reisen verbot Henderson.

Wie sich herausstellte, war das Drama um die fiktive britische Evakuierung eine angemessene Episode in einer im Wesentlichen imaginären Krise. Es gab keinen deutschen Plan, am Wochenende vom 21. bis 22. Mai 1938 in die Tschechoslowakei einzudringen, noch gab es Hinweise auf ungewöhnliche Aktivitäten der deutschen Armee, wie der britische Militärattaché berichtete, nachdem er mehr als 1000 Kilometer zuerst in Richtung Grenzgebiet und dann entlang der deutsch-tschechischen Grenze gefahren war. Was war passiert? Anscheinend hatten die Tschechen unter dem fortwährenden Druck der aggressiven deutschen Propaganda auf reale, aber auch imaginäre Militärmanöver mit einer Überreaktion geantwortet, nachdem sie zuvor Meldungen mit der Behauptung erhalten hatten, die Deutschen beabsichtigten, «Störungen» während der Wahlen als Vorwand für eine Invasion zu nutzen.[50]

Wenn die Krise auch imaginär war, hatte sie nichtsdestotrotz reale Folgen. Die Welt glaubte, dass die Tschechoslowakei bedroht gewesen war und nur durch die Aktionen der westlichen Demokratien eine deutsche Invasion hatte verhindert werden können. Insbesondere die Resolution Großbritanniens wurde von der internationalen Presse mit viel Lob bedacht: Hitler hatte beabsichtigt zuzuschlagen, aber ein Knurren des britischen Löwen hatte ihn zurückschrecken lassen. Diese Darstellung, so meinte Henderson, war eine Katastrophe. Hitler, der sich auf den

Obersalzberg zurückgezogen hatte, war wütend über die Interpretation, dass man ihn gezwungen hätte, sich zurückzuziehen. Während er darüber nachdachte, habe er einen regelrechten «Zornesausbruch» gehabt, so der Botschafter, der ihn «endgültig die Grenzlinie zwischen friedlicher Verhandlung und Gewaltanwendung» überschreiten ließ.[51]

Dies war jedoch keine akkurate Interpretation der Ereignisse. Hitler hatte nie daran gedacht, die tschechoslowakische Frage friedlich zu lösen, und war in den letzten Monaten aktiv an der Planung einer militärischen Lösung beteiligt gewesen, die den tschechischen Staat zerstören würde. Die Mai-Krise verstärkte lediglich seine Entschlossenheit und beschleunigte seine Pläne. Nachdem er eine Woche grübelnd in Berchtesgaden verbracht hatte, kehrte Hitler nach Berlin zurück, wo er seine führenden Generäle zu einem Treffen in der Reichskanzlei bestellte. Dort verkündete er am 28. Mai seinen «unerschütterliche[n] Wille[n]», die Tschechoslowakei in Kürze «von der Landkarte verschwinden» zu lassen.[52] Trotz der Ereignisse des vergangenen Wochenendes glaubte er nicht daran, dass Großbritannien oder Frankreich eingreifen würden. Ungeachtet dessen wies er Admiral Raeder an, das Schlachtschiff- und U-Boot-Programm zu beschleunigen (offensichtlich zur Abschreckung Großbritanniens), und ordnete an, die Arbeiten am Westwall – der Reihe von Verteidigungsanlagen entlang der französischen Grenze – unverzüglich zu intensivieren. Obwohl einige Generäle ernsthafte Zweifel am Plan des Führers hatten, schwiegen sie vorerst. Der «Fall Grün» wurde neuerlich überarbeitet, und die Einleitung zitierte nun Hitlers Erklärung, es sei sein «unabänderlicher Entschluß, die Tschechoslowakei in absehbarer Zeit durch eine militärische Aktion zu zerschlagen».[53] Das Datum, bis zu dem die militärischen Vorbereitungen abgeschlossen sein sollten, war der 1. Oktober 1938 – «spätestens».[54]

In London waren die meisten Menschen davon überzeugt, dass die Bedrohung der Tschechoslowakei real war. «Es besteht kein Zweifel, dass Deutschland für Freitag bis Sonntag einige faule Tricks vorbereitet *hatte* [sic]», notierte Generalmajor Henry Pownall und fügte hinzu, dass ‹C›

– der Chef des SIS, Admiral Hugh ‹Quex› Sinclair – Informationen darüber besaß, dass «jemand in Deutschland am Montag alles abgesagt hat».[55] Chamberlain glaubte, dass es «eine verd---t knappe Geschichte» gewesen sei. Es war so weit normal, dass die deutsche Presse leugnete, dass irgendetwas Ungewöhnliches vor sich gegangen war, aber warum hatte Ribbentrop in diesem Fall Henderson vermahnt, weil der das Dementi an Reuters weitergeben hatte?

Insgesamt konnte der Premierminister nicht daran zweifeln,

> (1) dass die deutsche Regierung alle Vorbereitungen für einen militärischen Coup getroffen hatte, (2) dass sie am Ende nach Erhalt unserer Warnungen entschieden hat, dass die Risiken zu groß seien, (3) dass die allgemeine Ansicht, dass dies so passiert sei, ihnen bewusst gemacht hat, dass sie an Prestige verloren haben, und (4) dass sie ihren Groll an uns auslassen, weil sie das Gefühl haben, dass wir Anerkennung dafür bekommen, dass wir ihnen einen Dämpfer versetzt haben.

Die ganze Episode habe vor allem eins veranschaulicht: «wie völlig unzuverlässig und unehrlich die deutsche Regierung ist».[56]

Doch trotz der (falschen) Schlussfolgerung, dass es die britische Entschlossenheit war, die einen deutschen Angriff verhindert hatte, führte die Mai-Krise nicht zu einer neuen Politik des Widerstands. Im Gegenteil, entsetzt darüber, wie nah die Entwicklung bis an einen Kriegsausbruch herangeführt hatte, war die britische Regierung noch entschlossener, die Tschechen zu zwingen, die Forderungen der Sudetendeutschen zu erfüllen, bevor eine weitere Krise eintreten konnte. Diese Haltung führte zu einigen seltsamen Diskussionen. Duff Cooper etwa hielt nach der Dringlichkeitssitzung des Kabinetts am Abend des 29. Mai fest: «Die allgemeine Stimmung ... schien zu sein, dass die mächtige, brutale Tschechoslowakei das arme, friedliche, kleine Deutschland schikanierte.»[57] Einige Tage später machte Halifax gegenüber dem tschechischen Gesandten in London, Jan Masaryk, Sohn des Staatsgründers und vormaligen tschechoslowakischen

Präsidenten Tomáš Masaryk, mit Dringlichkeit geltend, dass Beneš eine großzügige Einigung mit Henlein erzielen müsse, und fügte hinzu, nach seiner Überzeugung sei das Maximum, mit dem die Tschechen davonkommen könnten, eine Autonomie der Sudeten nach dem «Schweizer Modell».[58] In Paris bat Sir Eric Phipps – der, vom französischen Defätismus angesteckt, unverbrüchlich in das Lager der Appeaser gewechselt war – Bonnet, ebenfalls entsprechenden Druck auf Prag auszuüben. Wie der Botschafter nach London berichtete, war der französische Außenminister gerne bereit, dem nachzukommen. Bonnet wollte unter allen Umständen das Dilemma vermeiden, sich zwischen einem Krieg oder dem Bruch mit französischer Unterschrift besiegelter Versprechen entscheiden zu müssen, und versprach, jedes mögliche Druckmittel einzusetzen, einschließlich der Drohung, dass Frankreich sich als «aus [seiner] Fessel entlassen» betrachten würde, wenn sich die Tschechen als unvernünftig erweisen würden.[59] Währenddessen machten die Briten den Franzosen deutlich, dass ihr Handeln am entscheidenden Mai-Wochenende keineswegs ein britisches Engagement für die Tschechoslowakei impliziere.

Obwohl dies streng genommen so der Fall gewesen war, führte die Mai-Krise jedoch de facto zu einer gesteigerten Wahrnehmung der britischen Verpflichtungen. Nachdem man Großbritannien im Mai zugeschrieben hatte, dass es die deutsche Aggression gestoppt hatte, war es da wirklich durchführbar, sich bei Heraufziehen der nächsten Krise abseitszuhalten? Um dieses Dilemma zu vermeiden, unternahmen die Briten Schritte, die die Tschechen zu einem Abkommen zwingen sollten, einschließlich der Entsendung eines britischen Vermittlers. Dies hatte jedoch nur zur Folge, dass die Schicksale der beiden Länder noch enger verknüpft wurden. Wenn die Tschechen dem britischen Rat folgten und dennoch angegriffen wurden, wie konnte sich Großbritannien dann enthalten? Im Zentrum der britischen Politik entfaltete sich daher ein Paradoxon: Die Briten waren entschlossen, sich nicht zur Verteidigung der Tschechoslowakei zu verpflichten, und doch ketteten sie sich durch ihr eigenes Handeln nahezu untrennbar an das Schicksal dieses fragilen Landes.

KAPITEL 13

Honoratioren und Rebellen

> Dies ist nicht die Zeit für heitere Larmoyanz, jetzt geht es
> darum, Dein Land zu retten.
>
> Sir Timothy Eden an seinen Bruder Anthony, 16. Mai 1938[1]

Am Mittwochabend, dem 16. März 1938, speiste Winston Churchill mit seinem Sohn Randolph, Harold Nicolson und Bob Boothby in Pratt's Club. Der *Anschluss* war drei Tage zuvor erfolgt, und der Mann, der seit fast sechs Jahren vor der deutschen Bedrohung gewarnt hatte, war in kämpferischer Stimmung. «Er sagt, niemals habe jemand eine so entsetzliche Erbschaft angetreten wie Neville Chamberlain.» Dank der Lethargie der Baldwin-Jahre sei Großbritannien aktuell in einer Lage, in der es alles verlieren konnte, wenn es nicht Stellung bezog, und dennoch galt: «Handeln wir aber energisch, wird London binnen einer halben Stunde ein Trümmerhaufen sein.» Die Konservative Partei sei voll von «blinden und sturen Männern» und er, Churchill, könne das nicht mehr lange ertragen. Wenn die Regierung nicht innerhalb der nächsten Wochen eine neue, klare Politik vorlegen würde, werde er den Fraktionsvorsitz niederlegen und in einem drastischen Akt der Rebellion noch etwa 50 Konservative mitnehmen.[2]

Churchill muss gewusst haben, dass das Wunschdenken* war. Als er acht Monate später 50 Konservative aufforderte, ihm in die Lobby zu

---

* In Anbetracht der Tatsache, dass Churchill während seiner Kampagne gegen die indische Selbstverwaltung auf die Unterstützung von rund 60 konservativen Abgeordneten zählen konnte, wird das Ausmaß seiner Isolation innerhalb seiner eigenen Partei in dieser Zeit noch deutlicher.

folgen, um einen liberalen Antrag zu unterstützen, der ein Versorgungsministerium forderte, folgten lediglich Harold Macmillan und Brendan Bracken dem Aufruf (und zu diesem Zeitpunkt war sein Ansehen um einiges gestiegen). Nichtsdestotrotz war mit der Entwicklung rund um die Übernahme Österreichs der Grundstein zu einer zunehmend kohärenten Opposition gegen die Appeasement-Politik innerhalb der Konservativen Partei gelegt. Spät in der Nacht des 7. April 1938 vertraute Ronald Cartland, der junge und mutig unabhängig agierende Abgeordnete von Birmingham King's Norton, dem außenpolitischen Sprecher der Labour-Partei, Hugh Dalton, an, dass etwa 40 Tory-Abgeordnete durch den *Anschluss* so erschüttert seien, dass er glaube, sie hätten gegen die Regierung gestimmt, wenn eine Alternative vorbereitet gewesen wäre. Andererseits habe die Mehrheit seiner Kollegen «noch immer maßlose Angst vor dem kommunistischen Schreckgespenst» und sei damit blind für die Gefahr, die von NS-Deutschland ausgehe. Was den Regierungschef anbetraf, äußerte Cartland gegenüber Dalton, dass Chamberlain zunehmend diktatorisch agiere und dass «sie jetzt einen *Führer* [sic] in der Konservativen Partei hätten».[3]

Das größte Problem, mit dem die konservativen Möchtegern-Rebellen konfrontiert waren, war der Mangel an Führung. Im Januar 1938 hatte Leo Amery eine «Studiengruppe» für etwa 20 gleichgesinnte Tory-Abgeordnete eingerichtet, die sich regelmäßig treffen wollten, um eine gemeinsame Linie in der Außenpolitik zu entwickeln. Doch Amery, obwohl als ehemaliger Kabinettsminister und Dozent am All Souls College in Oxford respektiert, war nicht der Mann, der eine Anhängerschaft inspirierte. Klein und drahtig, mit einer öden Stimme und der noch öderen Gewohnheit, zu lange zu sprechen, wurde gescherzt, dass der äußerst fähige Politiker Premierminister hätte werden können, wenn er einen halben Kopf größer und seine Reden eine halbe Stunde kürzer gewesen wären. Wenn Rhetorik gefragt war, dann war Churchill zweifellos der richtige Mann. Doch für die meisten Konservativen blieb er der ehemalige Liberale, der (Mit-)Verantwortliche der Gallipoli-Katastrophe, der Gegner der Indien-

Reformen und Fürsprecher von Edward VIII. während der Abdankungskrise – und damit jemand, dem man misstraute.

Der Anführer, nach dem sich die Anti-Appeaser sehnten, war Anthony Eden. Zu ihrer zunehmenden Frustration war dies jedoch eine Rolle, die der ehemalige Außenminister offenbar zu hassen schien. Nachdem er am 20. Februar zurückgetreten war, hatte sich Eden erschöpft in den Süden Frankreichs zurückgezogen. Eines Tages, als er Radio hörte, erschrak er über die dämonische Stimme Hitlers, der vor einer Menge hysterischer Österreicher seinen Ausspruch «Ein Volk, ein Reich, ein Führer» verkündete. Edens Freunde und Unterstützer forderten ihn auf, sofort nach England zurückzukehren. «Die nächsten Tage, Wochen und Monate – aber vor allem die Tage und Wochen – werden sicherlich zu den entscheidendsten in unserer Geschichte gehören», schrieb ihm sein älterer Bruder Sir Timothy. «Wir müssen gemeinsam mit den Franzosen ein *Versprechen* abgeben, die Unabhängigkeit der Tschechoslowakei zu schützen. ... Dies ist nicht die Zeit für heitere Larmoyanz, jetzt geht es darum, Dein Land zu retten.»[4] Eine Woche später versuchte er es erneut: «Die Gefahr besteht darin, dass wir uns alle wieder schlafen legen und dann, eines Sonntagmorgens, von Hitler in Prag hören werden. Du darfst nicht zulassen, dass wir uns schlafen legen. Ganz gewiss sind die Deutschen die Gefahr, nicht die nutzlosen Italiener. ... Jetzt – altes Schlachtross – lass uns hören, wie Du den Kampf von ferne witterst und rufst ‹Ha-ha› beim Schalle der Trompeten!»[5]

Andere Briefe kamen von Jim Thomas (Edens ehemaligem Parlamentarischem Privatsekretär), Ronald Tree (konservativer Abgeordneter für Harborough) und Duncan Sandys (dem konservativen Abgeordneten für Norwood und Churchills Schwiegersohn). Letzterer artikulierte das Problem prägnant:

> Was wir mehr als alles andere wollen, ist, dass jemand wie Sie uns einen gewissen Zusammenhalt gibt. Die meisten von uns sind es von Herzen leid, immer und immer wieder für kleine unabhängige Guerilla-Initiativen

zu kämpfen. ... Sie allein können die Führung übernehmen, die diese Elemente in der Partei vereinen kann und effektiv machen wird.[6]

Aber Eden weigerte sich, die Aufgabe anzunehmen. Er blieb bis zum 4. April an der Riviera und machte bei seiner Rückkehr deutlich, dass er nicht bereit war, Chamberlain herauszufordern oder gar als «unversöhnlicher Gegner der Diktatoren» bezeichnet zu werden.[7]

Zum Teil war dies auf Edens Charaktereigenschaften zurückzuführen, die ihn nicht gerade zum Politiker prädestinierten. So sollte er später in sein Tagebuch notieren: «Ich hasse das ‹Spiel›, das Politik bedeutet, wirklich, nicht weil ich besser bin als die anderen [Churchill und Beaverbrook, mit denen er zusammengesessen hatte] ..., sondern weil mir der ‹Schmiss› fehlt.»[8] Das war eine akkurate Selbsteinschätzung. Er war nie ein so entschlossener Gegner der Appeasement-Politik, wie es sich seine Anhänger wünschten. Eden war ein sehr gut aussehender Mann. Doch obwohl er fotogen, gewissenhaft und fleißig war, zeigte er sich auch unentschlossen, schüchtern und eitel. In den 18 Monaten, die er von Februar 1938 bis September 1939 auf den hinteren Bänken des Unterhauses verbrachte, schwankte er ständig, ob er sich zu einer politischen Intervention durchringen sollte oder nicht, und wenn er es tat, verpuffte die Wirkung, weil er die Regierung nicht offen angreifen mochte. Dies war zum Teil ein Mangel an «Schmiss», aber auch selbstsüchtige Berechnung. Eden war sich seiner Position als Spitzenreiter für die Nachfolge von Chamberlain bewusst, sollte die Politik des Premierministers scheitern, und war der Ansicht, dass es wenig zu gewinnen gab, wenn er die Regierung kritisierte und dadurch Vorwürfe der Illoyalität und des übersteigerten Ehrgeizes riskierte, wie sie Churchill zum Problem geworden waren. Er lehnte daher die Rolle ab, auch wenn sich seine Anhänger noch so wünschten, dass er sie übernehmen solle, und verpasste, wie Harold Nicolson kommentierte, jede Gelegenheit «mit ausgesuchter Eleganz» – bis zum Ausbruch des Krieges.[9]

Auch Edens ehemaliger Stellvertreter, Lord Cranborne, war nicht bereit, in der Abwesenheit seines vormaligen Chefs die Führung zu übernehmen. «Ich mag die Politik des Premierministers nicht», schrieb er am 5. Juli 1938 von seinem Landsitz in Dorset aus:

> Der Eindruck, den er vermittelt – vor den Diktatoren zu kuschen –, ist meiner Ansicht nach katastrophal. ... Das lässt unsere wahren Freunde auf Abstand gehen und verhilft uns bestenfalls zu einigen sehr unzuverlässigen neuen im Austausch. Und es entfremdet uns der amerikanischen öffentlichen Meinung, die in der heutigen Zeit von wesentlicher Bedeutung ist. ... Aber auf jeden Fall muss man ihr [der Politik des Premierministers] einen fairen Prozess machen, und das passiert ja auch gerade. In der Zwischenzeit bin ich sehr glücklich damit, in Cranborne Rosen zu züchten. Das zeitigt sowohl schnellere als auch zufriedenstellendere Ergebnisse.[10]

Wie aus diesem Brief hervorgeht, waren die Parteigänger Edens – die «Glamour Boys», wie sie von den Unterstützern Chamberlains höhnisch bezeichnet wurden – besonders besorgt über die Auswirkungen der Politik des Premierministers auf die Vereinigten Staaten. Amerikanische Unterstützung wäre für jeden zukünftigen Krieg von entscheidender Bedeutung, und obwohl die öffentliche Meinung in den USA immer noch überwiegend isolationistisch geprägt war, zeichnete sich mit einem faschistischen Coup nach dem nächsten – insbesondere an der Ostküste – ein Trend zu wachsender Empörung ab. Unter diesen Umständen wurde die Politik von Chamberlain, eine gemeinsame Basis mit den Diktatoren zu suchen, in Frage gestellt und zunehmend kritisiert. So berichtete etwa der Pädagoge Dr. Abraham Flexner, New Yorker Freund von Thomas Jones, im März 1938, die populärste Revue am Broadway sei eine «schrecklich amüsante Nummer mit dem Titel ‹Vier kleine Engel des Friedens›», in der Chamberlain, Hitler, Mussolini und ein japanischer General auftraten und sich gegenseitig hintergingen.[11] Fast zur gleichen Zeit besuchte Lord Astor sein Geburtsland und beobachtete, dass die politische Meinung in den USA inzwischen deutlich weniger isolationistisch war als im vorausgegangenen Herbst. Es werde viel Sympathie gegenüber England geäußert, aber Unverständnis darüber, warum man eine Einigung mit NS-Deutschland anstrebe.[12]

Roosevelts Haltung war ambivalent. Am 5. Oktober 1937 hatte er in Chicago seine apokalyptische «Quarantäne»-Rede gehalten, in der er die friedliebenden Nationen aufforderte, sich zusammenzuschließen, um die Welt vor «der gegenwärtigen Herrschaft des Terrors» zu schützen, vor der es «kein Entkommen durch bloße Isolation oder Neutralität» gab.[13] Aber er hatte auch mit dem Gedanken an ein weltweites System der wirtschaftlichen Beschwichtigung gespielt – daher der Welles-Plan, der ein neues System für die Verteilung der natürlichen Ressourcen der Welt als Gegenleistung für die internationale Abrüstung vorsah. Die britische Ablehnung dieses Plans, gefolgt von Edens Rücktritt, hatte den Präsidenten alarmiert. Im Gespräch mit dem französischen Botschafter am 11. März 1938 bezeichnete er Chamberlain als einen «Stadtmenschen», der sich entschlossen hatte, Frankreich aufzugeben, in der Hoffnung, mit den Diktatoren zu einem «Geschäftsabschluss» zu kommen. Schon drei Tage zuvor hatte er die Gefahren, die für ihn mit der Politik des Premierministers verbunden waren, in eine typisch amerikanische Analogie gefasst:

> Wenn ein Polizeichef einen Deal mit den führenden Gangstern macht und der Deal dazu führt, dass es keine weiteren Überfälle mehr gibt, wird dieser Polizeichef als großer Mann bezeichnet; wenn sich die Gangster allerdings nicht an ihr Wort halten, wird der Polizeichef ins Gefängnis wandern. Einige Leute gehen, glaube ich, sehr langfristige Risiken ein.[14]

Der *Anschluss* stimmte den Präsidenten noch kritischer. Die amerikanische Öffentlichkeit war empört über die Annexion Österreichs durch die Nationalsozialisten, und Außenminister Cordell Hull erklärte am 17. März 1938 in einer mit Roosevelt abgestimmten Rede, dass Isolierung kein Weg zur Sicherheit sei, sondern nur eine «Quelle, die Unsicherheit wachsen lasse»[15]. Am folgenden Abend sprach allerdings der neue Träger des Titels Ambassador to the Court of St James's bei einem Treffen der renommierten Pilgrims Society im Claridge's Hotel. Als neuer amerikanischer Botschafter in London glaube er nicht, dass deutsche Ambitionen in Mitteleuropa die Vereinigten Staaten auch nur ein Jota betrafen. Joseph P. Kennedy hatte die Gelegenheit nicht ungenutzt verstreichen lassen wollen, sich bei den Isolationisten in der Heimat beliebt zu machen und ihnen mit dieser Rede zu versichern, dass keine Gefahr bestehe, dass er sich in London den «Einheimischen» anpasse. Zuvor hatte er bereits ein «entzückendes Beispiel für demokratische Demagogie» geliefert, als er sich weigerte, Kniehosen für seine Audienz beim König zu tragen, und seine Absicht verkündete, keine amerikanischen Debütantinnen mehr bei Hof vorzustellen – allerdings erst, nachdem seine eigenen Töchter ihr Debüt gehabt hatten.[16] Den Rahmen des festlichen Abendessens im Claridge's plante er zu nutzen, um die Briten ganz nebenbei von der Idee abzubringen, sie könnten sich darauf verlassen, dass die Vereinigten Staaten im Falle eines Krieges für sie die «Kastanien aus dem Feuer ziehen» könnten. Im amerikanischen Außenministerium war man entsetzt und bestand auf einer Neufassung. Doch der allgemeine Tenor der Rede blieb der ursprünglichen Absicht des Botschafters treu. Obwohl Kennedy seinem Publikum – zu dem sowohl Lord Halifax als auch der Duke of Kent gehörten – versicherte, es sei falsch anzunehmen, dass die Vereinigten Staaten «unter keinen Umständen außer bei einer tatsächlichen Invasion [ihres Landes] kämpfen würden», betonte er die Tatsache, dass die meisten Amerikaner gegen «nur neue Verwicklungen produzierende Allianzen» eingestellt seien. Abschließend erklärte er, dass die USA entschlossen seien, sich aus den europäischen Streitigkeiten herauszuhalten.[17] Es verwundert wenig, dass der Botschafter in seinem Tagebuch vermerkte, diese Teile seiner Rede seien beim Publikum deutlich «durchgefallen».[18]

Auch wenn Kennedy in der Pilgrims Society ein kühler Empfang bereitet worden war, waren es die Appeaser, die in der ersten Hälfte des Jahres 1938 hoch im Kurs standen. Nicht nur, dass es der kleinen Gruppe der Anti-Appeasement-Torys an Führung und Zusammenhalt mangelte, auch die Chancen einer ernsthaften Opposition gegen Chamberlain, die sich von innen heraus entwickeln sollte, wurden durch die Macht der weiterhin reibungslos funktionierenden Abläufe innerhalb der Konservativen Partei marginalisiert.

Der führende Mann war der leitende Fraktionsvorsitzende Captain David Margesson. Über 1,80 Meter groß, den Haarschopf zurückgeglättet, mit hohen Wangenknochen und dunklen, durchdringenden Augen war Margesson ein anerkannter Drillmeister, der von verschiedenen Abgeordneten als «rigider Disziplinär», «Tyrann» oder sogar als «David Himmler» bezeichnet wurde.[19] Mancher schilderte ihn aber auch als freundlich und charmant. Harold Macmillan, der in diesem Zeitraum in fast allen Fragen gegen die Parteiräson rebellierte, gab die ausgewogene Einschätzung ab, dass Margesson ein «typischer Harrovian [ehemaliger Schüler der renommierten englischen Public School Harrow]» sei, «hart im Nehmen, nicht sehr einfühlsam, aber sehr fair»[20]. Dennoch scheint es wenig Zweifel daran zu geben, dass sein schonungsloses Fraktionsmanagement – das sich, wie ein Kommentator sagte, auf die gleichen Methoden stützte, wie man sie aus den privaten weiterführenden Bildungsinstitutionen kannte – eine wichtige Rolle spielte, wann immer mögliche Meinungsverschiedenheiten im Keim erstickt werden sollten. Auch die Autoren von *Guilty Men* (i.e. Die Schuldigen) – einer im Juli 1940 veröffentlichten gnadenlosen Polemik über die Jahre des Appeasement dreier Journalisten der Beaverbrook-Mediengruppe – fragten sich, wieso es in dieser Zeit nie zu einer «ernsthaften Revolte unter der großen Gruppe der ... Tory-Hinterbänkler» gekommen war, und kamen auf eine einfache Antwort: Captain David Margesson.[21]

Ebenso wichtig, wenn auch deutlich weniger sichtbar, war Sir Joseph Ball. Ball, dem wir bereits als britischem Zuträger des «geheimen Kanals» zwischen Chamberlain und Mussolini begegnet sind, war zwar technisch gesehen Direktor der konservativen Forschungsabteilung, aber auch Chamberlains Verbindungsmann zu den Medien. Nicht, dass die meisten einflussreichen Medien in dieser Branche unter Druck gesetzt werden mussten, um die Regierungslinie zu übernehmen. Der Generaldirektor der BBC, John Reith, war beispielsweise folgender Ansicht: «Wenn man davon ausgeht, dass die BBC der Bevölkerung dienen soll und die Regierung soll der Bevölkerung dienen, folgt daraus zwingend, dass die BBC der Regierung dienen muss» – eine Sophisterei, die auch von einer Reihe von Zeitungen bemüht wurde.[22] Es lag jedoch in der besonderen Verantwortung von Ball, die Presse mit Informationen zu versorgen, die gegen die internen Feinde des Premierministers verwendet werden konnten. So finden wir ihn, wie er nach Edens Rücktrittsrede an Chamberlain schreibt, um ihm zu versichern, dass die Rede ein Flop war. Er habe daher bereits «bestimmte vertrauliche Schritte im Hinblick darauf unternommen, dass diese Einschätzung dem gesamten Land vermittelt wird»[23].

Im Juni 1936 hatte Ball heimlich im Namen der Konservativen Partei eine langgediente radikale Publikation mit dem Titel *Truth* (i.e. Wahrheit) erworben. Danach verwandelte sich das wöchentlich erscheinende «Nachrichtenblatt» in ein Tory-Propagandablatt, das eine prodeutsche, isolationistische Verteidigung der Appeasement-Politik propagierte und sich auf scharfzüngige Angriffe auf die konservativen Kritiker des Ministerpräsidenten spezialisierte. Balls Beteiligung war ein streng gehütetes Geheimnis – erst Sir Robert (zu dem Zeitpunkt dann schon Lord) Vansittart führte im Jahr 1941 eine verdeckte Untersuchung zur Schriftleitung durch –, aber es besteht kein Zweifel, dass Chamberlain die Aktivitäten seines Freundes kannte und billigte. In einem Brief an seine Schwester Ida im Juli 1939 freute er sich, dass sich Churchill «über einige geistreiche Artikel ärgerte, die sich über die Idee lustig machten, dass er [Churchill] den Angelegenheiten im Kabinett auf die Sprünge helfen würde; erschienen sind sie in der *Truth* (heimlich kontrolliert von Sir J. Ball!).»[24]

Der dritte Mann, der einen erheblichen Einfluss hinter den Kulissen ausübte, war Sir Horace Wilson – schlank, dabei beweglich, mit langen Fingern und einem Gesicht wie ein Hecht. Wilson war nominell der Chef-Industrieberater der Regierung. Ursprünglich hatte Baldwin ihn in die Downing Street Nr. 10 gebracht, aber erst unter Chamberlain wurde seine Rolle weiter ausgebaut, und es dauerte nicht lange, bis der Beamte mit der leisen Stimme als der engste Vertraute des Premierministers in allen Angelegenheiten, einschließlich der Außenpolitik, galt. Dass Chamberlain Wilsons Urteil vertraute und sich weitgehend auf seinen Rat verließ, ist offensichtlich. «Er ist der bemerkenswerteste Mann Englands. Ich könnte keinen Tag ohne ihn auskommen», vertraute er dem Kunsthistoriker Kenneth Clark an, der die «geschmeidige, ... jesuitische Geisteshaltung» des Staatsdieners bewunderte.[25] Wilsons Büro lag direkt neben dem des Premierministers, und jeden Tag sah man die beiden Männer gemeinsam im St. James's Park spazieren gehen.

In dem Bild, das Wilsons Feinde (und von denen gab es viele) von ihm zeichneten, ist er eine etwas unheimliche graue Eminenz. Doch obwohl es wahr ist, dass Wilson beträchtlichen Einfluss genoss – er verfügte über mehr Macht als jeder andere «seit Kardinal Wolsey», so ein Labour-Kritiker –, wäre es falsch anzunehmen, dass er mehr getan hätte, als die souveränen politischen Entscheidungen des Premierministers durchzusetzen und abzusichern.[26] Er war jedoch in der Außenpolitik gefährlich unerfahren, während sein politischer Hintergrund – er konnte auf Erfolge bei der Beilegung von Konflikten zwischen Arbeitnehmern und Arbeitgebern verweisen – Chamberlains gewachsene Neigung noch verstärkte, internationale Meinungsverschiedenheiten als in gewisser Weise mit privatwirtschaftlichen oder kommunalen Streitigkeiten vergleichbar zu betrachten. Die deutsche Botschaft sah ihn als «ausgesprochen deutschfreundlich» an.[27]

Aus all diesen Gründen wurde Wilson bald zum Schreckgespenst der Anti-Appeaser (insbesondere im Außenministerium), von denen einige in gehässiger Weise eine Verbindung zwischen seinem bescheidenen Hintergrund und seiner Hingabe an die Appeasement-Politik herstellten.

«Er kam aus Bournemouth und zerstörte das Britische Empire. Nun ist er nach Bournemouth zurückgekehrt», kommentierte etwa Orme Sargent 1942 Wilsons erzwungenen Ruhestand.[28] Tatsächlich ist die Frage der sozialen Herkunft in der Korrespondenz der Anti-Appeaser prominent vertreten, typischerweise wird sie als verunglimpfende «Erklärung» der Ansichten ihrer Gegner angeführt. Die Aristokraten waren «alle dafür, Musso[lini]s Bart zu versengen», schrieb Viscount Cecil, kurz nach der Abessinien-Krise, aber «S[tanley] B[aldwin], Ramsay [MacDonald], Runciman, Simon und Co. und die Chamberlains fürchten sich schon, wenn er sie nur finster ansieht. *Conspuez les Bourgeois!!*» Später würde Cecils Schwester Gwendolen argumentieren, dass Halifax' Wunsch, Hitler zu beschwichtigen, eher zu kritisieren sei als Chamberlains, da man nicht erwarten könne, dass «ein armer alter bürgerlicher Unhold es besser weiß».[29] Harold Macmillan schätzte Chamberlain als ganz typischen Vertreter der Mittelklasse ein: «Sehr eng in seiner Perspektive.» Und Harold Nicolson sah im Premierminister «nicht mehr als einen Eisenwarenhändler».[30]

Umgekehrt beurteilten Linke und Kritiker in den Vereinigten Staaten die Appeasement-Politik als eine Verschwörung von Aristokraten und Plutokraten, die ihre Privilegien auf Kosten der europäischen Freiheit bewahren wollten. Das Zentrum dieser vermeintlichen Verschwörung war Cliveden, das Haus von Lord und Lady Astor in Buckinghamshire, wo sich dem kommunistischen Skandalblatt *Week* (und dem größten Teil der linken Presse) zufolge Politiker, Zeitungsbesitzer, Beamte und Personen des öffentlichen Lebens zu Wochenendpartys und Intrigen im Interesse eines anglofaschistischen Bündnisses trafen. Der Halifax-Besuch bei Hitler, die Absetzung Vansittarts, das italienische Abkommen, Eden loszuwerden: All dies, so war es in der *Week* zu lesen, sei in Cliveden geplant worden. «Wer sind die Männer – und die Frauen – hinter der Kabinettskrise und der Kapitulation Großbritanniens vor faschistischer Erpressung?», fragte *Reynold's News* nach Edens Rücktritt. «Die Antwort lautet: das Cliveden Set, eine Gruppe von aristokratischen Politikern, Zeitungsbesitzern und

Finanziers, die nun über Herrn Chamberlain einen dominierenden Einfluss im britischen Kabinett ausüben.»[31]

Tatsächlich war das «Cliveden Set», wie der gewitzte Redakteur der *Week*, der Stalinist Claud Cockburn, später zugab, weitgehend seine Erfindung. Obwohl führende Appeaser – wie Lord Lothian, Geoffrey Dawson, Thomas Jones, Nevile Henderson, Halifax und Chamberlain – in Cliveden zu Gast waren, bildeten sie keine geheime Verbindung. («Die meisten hätten ein Komplott nicht erkannt, wenn man es ihnen auf einem Silbertablett gereicht hätte», gestand Cockburn.) An den gemeinsamen Wochenenden verbrachten sie ebenso viel Zeit mit dem Spielen kindischer Spiele, wie etwa der Reise nach Jerusalem (von Chamberlain gewonnen), wie mit Diskussionen über Politik.[32] Wenn man auch konzedieren muss, dass die Mehrheit der Aristokratie die Appeasement-Politik unterstützte, galt dies auch für den Rest des Landes und gerade nicht nur für eine abgrenzbare soziale Gruppe.

Eine interessantere mögliche Trennlinie postuliert die Beobachtung eines Historikers, dass die «führenden Gegner der Appeasement-Politik ... alle auf glänzende Leistungen im [Ersten] Weltkrieg zurückblicken» konnten, während die Befürworter der Versöhnung mit den Diktatoren innerhalb der National-Regierung «nicht aktiv am Krieg teilgenommen hatten».[33] Doch auch wenn es in der Tat bemerkenswert ist, dass Duff Cooper, Harold Macmillan, Eden und Churchill im Ersten Weltkrieg ihre Tapferkeit bewiesen hatten, während Baldwin, MacDonald, Chamberlain, Halifax, Simon und Hoare von den Schrecken der Schlacht verschont geblieben waren (die letzten drei hatten gedient, aber nicht an vorderster Front), existieren wichtige Gegenbeispiele. Im Kabinett Chamberlain von 1938 unterstützten insgesamt zehn Kabinettsmitglieder aus der zweiten Reihe der Minister die Appeasement-Politik (wenn auch oft widerstrebend) trotz Fronterfahrung (fünf von ihnen waren Träger des Military Cross, der dritthöchsten Tapferkeitsauszeichnung der britischen Streitkräfte), während einige der prominentesten aristokratischen Appeaser, wie der Duke of Buccleuch, der Duke of Westminster und Lord

Londonderry, ebenfalls Auszeichnungen verliehen bekommen hatten. Tatsächlich hatten von den 387 konservativen Abgeordneten, die bei den Parlamentswahlen 1935 gewählt worden waren – und von denen die überwältigende Mehrheit die Außenpolitik Chamberlains unerschütterlich unterstützte –, 171 während des Ersten Weltkriegs in der einen oder anderen Form Dienst in Uniform geleistet.[34]

Auf der anderen Seite ist bemerkenswert, wie viele der prominenten Anti-Appeaser – Churchill, Eden, Cooper, Nicolson, Spears, Vansittart, Austen Chamberlain – frankophil eingestellt waren, mit einer klaren Vorstellung davon, dass die britische Geschichte bei allem historischen Wandel doch immer eng mit dem Kontinent verbunden war. Die führenden Appeaser hingegen hatten wenig Bezug zu Frankreich und verstanden Außenpolitik traditionell aus der Perspektive des Empires und der englischsprachigen Commonwealth-Staaten. Oder wie Oliver Stanley es ausdrückte, grausam, aber mit mehr als einem Körnchen Wahrheit: «Für Baldwin war Europa pure Langeweile – und für Chamberlain nur ein größeres Birmingham.»[35]

Im Wesentlichen entschied sich die Frage nach Unterstützung oder Ablehnung der Appeasement-Politik jedoch mit der persönlichen Urteilsbildung – insbesondere spielte die Bewertung Hitlers und seiner Ziele eine Rolle. Wenn diese als vernünftig und begrenzt angesehen wurden, wie der Führer behauptete, dann ergaben Zugeständnisse an deutsche Forderungen zur Vermeidung eines weiteren Krieges Sinn. Wenn sich Hitler hingegen einem Plan verschrieben hatte, dessen Ziele Landnahme und Vorherrschaft hießen, wie die kleine Gruppe von Anti-Appeasern behauptete, dann bedeutete die Politik des Premierministers, in Lord Hugh Cecils denkwürdigen Worten, «einem Krokodil den Kopf zu kraulen, in der Hoffnung, dass es schnurren wird»[36].

Ein weit entferntes Land

> Ich kann nicht erkennen, dass wir uns auf festem moralischem Grund befinden – in diesem 20. Jahrhundert mit seinen Prinzipien der Nationalität und der Verheißung von Selbstbestimmung –, wenn wir Krieg führen, um 3 $\frac{1}{4}$ Millionen Sudetendeutsche zu zwingen, Untertanen minderen Rechts eines slawischen Staates zu bleiben.
>
> Sir Nevile Henderson an Lord Halifax, 20. März 1938[1]

Das britische Wissen über die Tschechoslowakei war begrenzt. Shakespeare beschreibt in seinem Stück *Das Wintermärchen* Böhmen als ein «Wüstenland am Meer», und dreihundert Jahre später meinte ein Mitglied des Oberhauses (wohl nicht ohne Grund), dass es kaum einen unter 100 Engländern gebe, der wüsste, wo sich dieses Land tatsächlich befand.[2] Für den liebenswürdigen tschechischen Gesandten in London, Jan Masaryk, war dies zunächst wohl so etwas wie ein Witz. «Den Großteil der Zeit, den ich in offizieller Mission dort drin war, habe ich damit verbracht, den anwesenden Herren zu erklären, dass die Tschechoslowakei ein Land und keine ansteckende Krankheit ist», sagte er zu einem Freund, als sie an Downing Street Nr. 10 vorbeikamen.[3] Doch im Sommer 1938 mussten die Briten die Rolle von Experten, ja sogar Vermittlern in den Angelegenheiten dieses «weit entfernten Landes» spielen.

Die Mai-Krise war ein schwerer Schock gewesen. Plötzlich, zumindest hatten sie es in der Situation so wahrgenommen, hatten sich die Minister am Rande eines Krieges wiedergefunden. Nun, als sie einen Schritt zurücktraten und über den Abgrund nachdachten, der sich vor ihnen geöffnet hatte, beschlossen sie, alles in ihrer Macht Stehende zu tun, um nicht hineinzufallen. In der Praxis bedeutete dies, die Tschechen zwingend zu überzeugen, dass sie das Sudetenproblem lösen mussten, bevor Hitler es mit Gewalt löste. Dass die Sudetendeutschen ein berechtigtes Anliegen hatten, dem stimmten fast alle zu. Wie Sir Nevile Henderson seine Chefs in London ständig erinnerte, hätten die Sudetendeutschen ein «moralisches Recht auf Selbstverwaltung und schließlich auch auf Selbstbestimmung». Das war letztlich das Leitprinzip von Präsident Woodrow Wilson auf der Friedenskonferenz gewesen, und während sich die Frage, ob dieses Prinzip auf das Britische Empire auszudehnen sei, anscheinend nicht stellte, bestand der Botschafter darauf, es sei «moralisch ungerecht, diese standhafte, germanische Minderheit zu zwingen, einer slawischen Zentralregierung in Prag unterworfen zu bleiben»[4].

Wie diese Doppelmoral andeutet, war Hendersons Hauptmotivation nicht die Befreiung von unterdrückten Minderheiten. Obwohl er weiterhin glaubte, dass Hitler eine friedliche Lösung der tschechoslowakischen Frage bevorzugen würde, war sich der Botschafter sehr wohl bewusst, dass jederzeit eine neue Krise entstehen könnte, und war daher verzweifelt darum bemüht, dass die Sudetenfrage so schnell wie möglich gelöst werden sollte. Gleichzeitig glaubte er, dass es für Deutschland noch die Chance gäbe, «einer der zufriedenen Engel zu werden», wenn sich nur das Bestreben erfüllen ließe, alle Deutschen in die Grenzen des Reiches zu integrieren.[5] Dies sei vernünftig und unvermeidlich zugleich, so der Botschafter. Ebenfalls im Frühjahr 1938, an dem Tag, an dem andere Menschen Aprilscherze machen, argumentierte er in einem Brief an Lord Halifax, dass Hitler nur die Vollendung des Werkes anstrebe, «das Friedrich der Große und Bismarck unvollendet ließen». Einige Wochen zuvor hatte er schon an den Vorsitzenden der Anglo-German Fellowship, Lord Mount Temple, geschrieben, dass es ohne Zweifel nichts gab, was «die Einheit Deutschlands in diesem Jahrhundert oder die Vereinigung des ‹Deutschen Volkes› verhindern könnte»[6]. Wie angesichts dieser verständnisvollen Ansichten zur nationalsozialistischen Außenpolitik zu erwarten war, hatte Henderson für die Tschechen nur Geringschätzung übrig und bemerkte erfreut, dass ein Amtsvorgänger, ob durch versehentliche oder willentliche Auslassung, seine Depesche mit der Aussage begonnen hatte: «Es gibt keinen Staat Tschechoslowakei.»[7]

Zu diesem Zeitpunkt betrachtete Sir Robert Vansittart, der inzwischen maßlos frustrierte diplomatische Chefberater der Regierung, Henderson bereits als «vollständige[n] Nazi», der «in der Berliner Atmosphäre beinahe hysterisch» geworden sei.[8] Doch im Außenministerium war man sich über die Notwendigkeit einig, Druck auf die Tschechen ausüben zu müssen. Unmittelbar nach der Mai-Krise war der Leiter der Zentralabteilung, William Strang, entsandt worden, um die Situation in Berlin und Prag aus den «vorderen Schützengräben» heraus zu beurteilen, und als er zurückkam, wurde beschlossen, Edvard Beneš, dem tschechischen Präsidenten, mit dem «großen Knüppel» zu kommen.[9] Dementsprechend wurde Basil Newton, der britische Gesandte in Prag, angewiesen, Beneš zu warnen, dass er Gefahr laufe, die britischen Sympathien zu verspielen, wenn er weiter Ausflüchte mache, während Halifax gleichzeitig Georges Bonnet bat, der tschechischen Regierung mit der Aufkündigung des französisch-tschechischen Vertrags zu drohen, wenn sie sich weiterhin so «unvernünftig» verhalte.[10]

Der Druck, der von britischer Seite auf die Tschechoslowakei gemacht wurde, war dabei keineswegs auf das Außenministerium beschränkt. Am 3. Juni 1938 veröffentlichte die *Times* einen Leitartikel mit dem Vorschlag, den Sudetendeutschen solle eine Volksabstimmung über ihre Zukunft gewährt werden, auch wenn dies «ihre Abspaltung von der Tschechoslowakei zugunsten des Reichs» bedeute.[11] Der resultierende Aufruhr war selbstverständlich vorhersehbar gewesen. Die *Times* galt im Ausland als inoffizielles Sprachrohr der britischen Regierung, auch wenn die offizielle Regierungslinie weiterhin hieß, eine Lösung der Sudetenfrage «im Rahmen des tschechoslowakischen Staates» fördern zu wollen.[12] Es konnte kaum jemand erwarten, dass der sudetendeutsche Führer Konrad Henlein weniger forderte, als die *Times* für angemessen hielt. Sogar der Geschäftsführer der Zeitung beschwerte sich beim Herausgeber Geoffrey Dawson, dass es kaum moralisch sei, sich für die Sache des Wolfes einzusetzen anstatt für die des Lamms.[13] Hätte Dawson allerdings auf seinen eigenen Auslandskorrespondenten gehört, dann wäre er sich der Gefährlichkeit derjenigen, die er umwarb, voll bewusst gewesen. Nach dem *Anschluss* hatte Leo Kennedy (zuvor ein Deutschland-Sympathisant) aus Prag an seinen Herausgeber geschrieben, er sei der wohlfundierten Überzeugung, dass «Nazi-Deutschland ein langfristiges Programm hat, zu dessen Durchführung es entschlossen ist – so friedlich seine Erklärungen auch zwischen den [Gewalt-]Ausbrüchen sind –, und dass es sowohl beabsichtigt, dieses Land [die Tschechoslowakei] zu zerstören, als auch das Britische Empire herauszufordern.»[14] Aber Dawson, der noch kaum einen Fuß auf den Kontinent gesetzt hatte, hatte keine Zeit für Expertenmeinungen.

———

Während Hitler den ganzen Juni und Juli am «Fall Grün» herumtüftelte, rang das britische Außenministerium mit dem tschechischen Problem. Zwischen London und Prag gab es ein ständiges Hin und Her an Nachrichten, aber die Verhandlungen zwischen den Tschechen und den Sudetendeutschen verliefen schleppend langsam, und der britische Botschafter berichtete, dass die Chancen auf ein Abkommen gering zu sein schienen. Ungeachtet dessen und der im Ton immer aggressiver werdenden deutschen Presse zeigte sich Chamberlain bemerkenswert optimistisch. «Ich bin geneigt anzunehmen, dass sie [die Deutschen] die Gelegenheit verpasst haben und vielleicht nie wieder eine so günstige Chance bekommen werden, ihre Herrschaft über Mittel- und Osteuropa geltend zu machen», bedeutete er Ida am 18. Juni 1938, als er über die Mai-Krise sinnierte.[15] Wenige Wochen später sprach er auf dem Gelände von Boughton House, dem Landsitz des Herzogs von Buccleuch nahe Kettering im zentralenglischen Northamptonshire, auf einer großen Regierungsveranstaltung. Am Wochenende zuvor war Churchill unter den Gästen in Boughton gewesen und von der Herzogin angesprochen worden, welchen Platz sie dem

Premierminister für seine Rede am besten anbieten solle. Allenthalben einen, wo er «die Sonne in den Augen und den Wind auf den Zähnen» spüren könne, war Churchills Antwort.[16] Die Rede war trotzdem ein Erfolg. Chamberlain erinnerte an die Schrecken des Ersten Weltkriegs – die sieben Millionen Männer, die «in ihrer Blütezeit aus dem Leben gerissen worden waren, ... die 13 Millionen, die versehrt und verstümmelt wurden, die Trauer und den Schmerz der Väter und Mütter» – und wiederholte das pazifistische Mantra, dass es im Krieg keine Sieger, sondern nur Verlierer gebe, um dann zu verkünden, er sei sich sicher, dass es im Land nicht eine Seele gebe, die nicht wolle, dass er seine Bemühungen um den Frieden fortsetze.[17]

Es gab allerdings auch Momente, in denen der Trommelschlag des Krieges durch das sanfte Getöse der Londoner Gesellschaftsszene übertönt werden konnte. Chips Channon notierte am 22. Juni 1938 in seinem Tagebuch:

> Wir dinierten bei der rastlosen Laura Corrigan, es war ein Empfang mit 137 Gästen, mit allem, was London an Jugend und modischen Neuheiten zu bieten hat, die Kents [Duke und Duchess] amüsierten sich unbändig und brachten alle dazu, ausgelassen zu feiern. ... Es gibt einen neuen Tanz namens *Palais Glide*, den man sich wohl bei der Dienerschaft abgeschaut hat, und angeheitert vom Champagner, stolzierte die ganze Gesellschaft in diesen absurden Tanzschritten bis morgens früh um vier Uhr durch die Räume. Leslie Belisha [der Kriegsminister] war in fröhlichster Stimmung und «blieb bis zum Tagesanbruch», ebenso die Hälfte des Kabinetts.[*]
> Trotz der pausenlosen Frivolitäten habe ich an diesem Abend einige Neuigkeiten erfahren – nämlich dass der König gesund ist und sehr gegen

---

[*] Etwas weniger amüsant ging es auf dem Empfang des neuen deutschen Botschafters Herbert von Dirksen wenige Wochen zuvor zu. Sir Alexander Cadogan notierte dazu: «Musste in der deutschen Botschaft an einem Fest mit musikalischer Begleitung teilnehmen. Atmosphäre wie im Inneren einer Kuh.»

Anthony Eden eingestellt, der uns in zwei Jahren mehr Probleme bereitet hat als jeder andere Außenminister seit Palmerston.[18]

Weiterer Anlass zu Optimismus war für Chamberlain der geheime Besuch von Hitlers persönlichem Adjutanten, Hauptmann Fritz Wiedemann, am 18. Juli. Bei einem Treffen mit Lord Halifax und Sir Alexander Cadogan im Haus des Außenministers am Eaton Square hatte der vierschrötige Abgesandte erklärt, dass er mit dem vollen Wissen des Führers entsandt worden sei, um zu sondieren, wie man zu einem Besuch Görings zur Fortsetzung der mit Halifax im November des vorigen Jahres begonnenen Gespräche in London stehe. Der Außenminister antwortete, grundsätzlich sei er immer «erfreut» über einen solchen Besuch, es wäre aber viel besser, wenn zuerst die tschechische Frage geklärt werden könnte.[19] Wiedemann, der im Ersten Weltkrieg Hitlers kommandierender Offizier gewesen war, begann daraufhin «leise zu gurren wie eine Taube» und gab Halifax die «verbindlichste Zusicherung», dass Hitler in dieser Region «keine gewaltsamen Aktionen» plane, vorausgesetzt, es gebe keine größeren Zwischenfälle, wie z. B. ein Massaker an den Sudetendeutschen.[20] Der Außenminister fühlte sich in seinen Annahmen bestätigt und stimmte, nicht ohne im Nachgang noch einmal auf die «offensichtliche Ehrlichkeit» des Hauptmanns zu verweisen, dem Vorschlag eines Göring-Besuchs zu.[21] Tatsächlich hatte Halifax laut Wiedemanns Bericht – der allerdings mit einiger Skepsis behandelt werden muss – nicht nur darum gebeten, bei Hitler in Erinnerung gerufen zu werden, sondern auch erklärt, dass er als Höhepunkt seines Werkes sehen mochte, wie der Führer unter dem Jubel der englischen Bevölkerung an der Seite des englischen Königs London betritt.*

---

* Wiedemann, der mit Göring zusammenarbeitete, um einen Krieg mit Großbritannien zu vermeiden, hatte ein Interesse daran, die britische Freundlichkeit herauszustellen. Cadogan, der anwesend war, erwähnt keine solche Bemerkung in seinem Tagebuch, ebenso wenig wie Halifax in seinen Aufzeichnungen. Andererseits enthalten Wiedemanns mit Bleistift geschriebene Notizen die Bemerkung «‹London› durch ‹Buckingham Palace› ersetzen» und entsprechen ansonsten in fast jeder Hinsicht der Niederschrift von Halifax.

Die durch den Wiedemann-Besuch geweckte Hoffnung verblasste jedoch bald. Ende der zweiten Juliwoche waren die Verhandlungen zwischen der tschechoslowakischen Regierung und den Sudetendeutschen in eine Sackgasse geraten, und die Gerüchte über einen möglichen deutschen Staatsstreich im August begannen zu brodeln. Henderson war weiterhin überzeugt, dass Hitler keinen Krieg riskieren würde, solange er nicht provoziert würde, aber die Regierung war nicht bereit, sich auf dieses Risiko einzulassen. Ein Plan, der schon vor einer Weile im Außenministerium ausgebrütet worden war, wurde in die Tat umgesetzt. Man würde Lord Runciman, ehemaliges Kabinettsmitglied und Schifffahrtsmagnat, in die Tschechoslowakei schicken, um zwischen den Parteien zu vermitteln.

Als Chamberlain am 26. Juli 1938 im Unterhaus sprach, garnierte er die Ankündigung der Runciman-Mission für die Abgeordneten mit einem Cocktail aus rosa gefärbten Prognosen, der Vorspiegelung falscher Tatsachen und glatten Lügen. Er behauptete, dass die Entsendung eines britischen Vermittlers «auf Ersuchen der Regierung der Tschechoslowakei» erfolgte (tatsächlich war Runciman Beneš aufgezwungen worden); er leugnete, dass die Regierung die Tschechen «unter Druck setzte» (das Gegenteil war der Fall); er erklärte, dass die Mission unabhängig von der britischen Regierung stattfinde (eine Formalität, an deren Relevanz niemand glaubte), und er behauptete, dass es auf dem gesamten Kontinent im Vergleich zu sechs Monaten zuvor eine «Abnahme der ... Spannung» gebe (reine Phantasie).[22] Schließlich verwies er trotz der Tatsache, dass Mussolini das britisch-italienische Abkommen offen missachtete und erneut britische Schiffe in spanischen Häfen bombardiert worden waren, auf sein Abkommen mit dem Duce als Bestätigung seiner Politik:

Wenn wir nur eine friedliche Lösung für diese tschechoslowakische Frage finden könnten, wäre ich sicher, dass der Weg für eine weitere Anstrengung zur allgemeinen Beschwichtigung wieder frei wäre – eine Beschwichtigung, die erst als erreicht gelten kann, wenn wir davon überzeugt sind, dass keine wesentliche Ursache für Meinungsverschiedenheiten oder Streitigkeiten mehr besteht. Wir haben bereits bewiesen, dass eine vollständige Einigung zwischen einem demokratischen und einem totalitären Staat möglich ist, und ich selbst sehe nicht ein, warum diese Erfahrung nicht wiederholt werden sollte.[23]

Als Reaktion auf diese Aussage lieferte der Labour-Abgeordnete Josiah Wedgwood – der im Ersten Weltkrieg schwer verwundet worden war – eine Kritik der Appeasement-Politik, so beeindruckend und leidenschaftlich, wie man sie im Unterhaus selten gehört hatte:

> Was wird als Grund dafür angeführt, dass man zulassen will, dass sich die Nazi-Herrschaft über die Grenzen der Tschechoslowakei hinaus ausdehnt? Die Ausrede lautet, wie immer, dass dies im Interesse des Friedens geschieht. Ich sage diesem Haus, dass es im Interesse des Krieges geschieht, eines unvermeidlichen Krieges und eines Krieges, den wir nicht gewinnen können. Jedes Mal, wenn man einen seiner potenziellen Verbündeten für diesen erbärmlichen Wunsch opfert, die Tyrannen zu besänftigen, macht man den Krieg, den man vorgibt vermeiden zu wollen, nur wahrscheinlicher und unvermeidlicher. Gegenwärtig hat die Tschechoslowakei auf drei Seiten eine natürliche, zerklüftete Grenze, und diese Grenze ist bewehrt. Wenn man das gesamte Sudetengebiet von der Tschechoslowakei abtrennt, lässt man Deutschland über die Grenze und ermöglicht einen völlig unkomplizierten Vorstoß nach Prag.[24]

Leo Amery wusste nicht, ob er Runcimans Ernennung als «Witz oder Geniestreich» ansehen sollte. «Es kann gut sein, dass seine konziliante, unschlagbare Unwissenheit und seine Unfähigkeit, auch nur die Emotionen und Wünsche beider Seiten zu erkennen, dazu führen könnten, dass sich die Gemüter beruhigen, und so zu einer friedlichen Lösung beitragen», notierte er giftig.[25] An anderer Stelle war das Lob für Runciman und seine Mission weniger sarkastisch. Die *Times* verwies auf den «fähigen und unvoreingenommenen Verstand» des Peers (eine verklausulierte Formulierung für die Tatsache, dass Runciman nicht als Freund der Tschechen bekannt war), während J.L. Garvin, der fanatische Pro-Appeaser und antitschechisch eingestellte Herausgeber des *Observer*, verkündete, dass die Nation dank der Entsendung dieses «Pilgers des Friedens» mit «unbekümmertem Herzen» für die Sommerferien packen könne.[26]

Wie sich herausstellte, war die Runciman-Mission Amerys erstem Gedanken näher als seinem zweiten. Von einem französischen Diplomaten so beschrieben, «als ob er aus einem Roman von Dickens gepurzelt wäre und den Sturz verübelt hätte», erschien Lord Runciman von Doxford mit seinen Kragen mitsamt abgeknickten Ecken, seinen Cutaways und seinem rätselhaften Verhalten genau so, wie er war: ein altmodischer liberaler Politiker und methodistischer Abstinenzler, mit wenig Phantasie oder emotionalem Einfühlungsvermögen.[27] Er sorgt dafür, dass «die Temperatur sinkt, sogar aus der Ferne», so Lloyd George.[28] Er war daher kaum der Mann (was auch immer die Zeitungen darüber schrieben), der einen Streitfall lösen würde, der von tiefsitzendem Nationalismus dominiert wurde. Auch seine Mitarbeiter waren nicht besser für die Aufgabe geeignet. Von den vier Männern, die ursprünglich für seine Begleitung ausgewählt worden waren, besaß keiner detaillierte Kenntnisse der Tschechoslowakei, während Runcimans maßgeblicher Assistent Frank Ashton-Gwatkin bekannt dafür war, dass er mit dem Ziel einer ökonomischen Expansion Deutschlands in Mittel- und Osteuropa sympathisierte.

Unbenommen hatte Runciman eine Aufgabe erhalten, die nicht zu lösen war. Henlein war angewiesen, jede mögliche Einigung abzulehnen, aber selbst ohne dass er davon wissen konnte, sah sich Runciman mit seiner Mission «in einem kleinen Boot in der Mitte des Atlantiks treiben»[29]. In der ersten Woche nach ihrer Ankunft in Prag berichtete Ashton-Gwatkin, dass der Graben zwischen den beiden Seiten breiter sei als in den schlimmsten Zeiten zwischen Großbritannien und Irland, und am 10. August 1938, nur sechs Tage nach Aufnahme seiner Tätigkeit, schrieb Runciman an Halifax in schwer deprimiertem Ton:

Eine – mitleiderregende – Seite der gegenwärtigen Krise ist, dass die einfachen Leute hier ... mich und meine Mission als die einzige Hoffnung auf einen verlässlichen Frieden betrachten. Leider wissen sie nicht, wie schwach unsere Druckmittel sind, und ich fürchte den Moment, in dem sie feststellen, dass nichts sie retten kann.[30]

Halifax antwortete aufmunternd, wenn Runciman in der Lage wäre, die Kluft zu überwinden, dann hätte er «mehr für die Welt getan, als vielen zu tun gegeben ist», und erklärte: «Ich bin keineswegs bereit, die Hoffnung fahrenzulassen, dass Sie einen Weg durch [die Krise] finden.»[31] Die Zeit war jedoch nicht auf Runcimans Seite.

Am 6. Juli hatte das britische Außenministerium aus geheimen Quellen erfahren, dass die deutschen Kompaniekommandanten ab Mitte des Monats ohne weitere Freistellung in den Kasernen bleiben sollten, da «ab diesem Zeitpunkt mit einem anhaltenden Alarmzustand zu rechnen war»[32]. Luftwaffenreservisten wurden offenbar einberufen und Öl bevorratet. Bald waren im Außenministerium «mindestens ein halbes Dutzend» Geheimdienstberichte eingegangen, die auf einen deutschen Angriff auf die Tschechoslowakei im Herbst, wahrscheinlich nach dem Nürnberger Parteitag Anfang September, hindeuteten – eine Prognose, die durch die Nachricht unterstützt wurde, dass Urlaub für sämtliche Mitglieder der deutschen Streitkräfte ab dem 1. August gestrichen worden war.[33] «Die deutsche Militärmaschinerie arbeitet auf Hochtouren», berichtete Oberst Mason-MacFarlane, der britische Militärattaché, «und ein Krieg mit der Tschechoslowakei ist sicherlich das wahrscheinlichste mögliche Ereignis.» Andererseits gab es substanzielle Beweise dafür, dass das Oberkommando der Wehrmacht gegen ein solches Unterfangen war, daher war Mason-Mac «nicht überzeugt, dass die uns vorliegenden militärischen Beweise eindeutig auf eine klare Absicht hinweisen, sich diesen Herbst in Marsch zu setzen»[34].

Genau das war allerdings Hendersons Überzeugung. Während er beobachtete, wie «sich die Ereignisse stetig und unaufhaltsam auf das endgültige unvermeidliche tragische Ende hinbewegten», sah sich der Botschafter wie in einer Rolle inmitten einer griechischen Tragödie gefangen. Nichtsdestotrotz weigerte er sich immer noch zu glauben, dass sich Hitler auf eine militärische Lösung festgelegt hatte.[35] «Der Krieg würde zweifellos allen Juden, Kommunisten und Doktrinären auf der Welt in die Hände spielen, für die der Nationalsozialismus ein Gräuel ist», schrieb er an Halifax, «aber er wäre derzeit ein schreckliches Risiko für Deutschland selbst und insbesondere für das neue nationalsozialistische Deutschland, das Hitler in den letzten fünf Jahren aufgebaut hat.» Der Schlüssel zur Situation liege in Prag. Die Tschechen seien eine «starrköpfige Rasse und Beneš nicht gerade der Flexibelste von ihnen», aber es sei trotzdem noch möglich, eine friedliche Lösung zu finden, wenn nur Großbritannien einen Schlussstrich unter das Hin und Her zöge und die Tschechen zwinge, den Sudetendeutschen «Autonomie» einzuräumen.[36] «So wie ich immer überzeugt war – und das schon vor Jahren –, dass Österreich früher oder später zwangsläufig zu Deutschland kommen musste, so bin ich überzeugt, dass dies letztlich auch für die Sudeten gelten muss», schrieb der Botschafter.[37]

Halifax war sich nicht sicher, was er von den deutschen Schachzügen halten sollte. Obwohl er Anfang August erfahren hatte, dass die Wehrmacht für Mitte September eine «testweise Mobilisierung» von sieben oder acht Divisionen plante, vermutete er, dass es sich bei dieser und anderen militärischen Vorbereitungen hauptsächlich um Bluffs handelte, die die Tschechen erschrecken und in die Unterwerfung zwingen sollten. «Ich finde es schwer zu glauben, dass sie es weiterhin als für lohnenswert erachten würden, mit Gewalt auf ihren Forderungen gegenüber der Tschechoslowakei zu bestehen, wenn sie überzeugt wären, dass das einen allgemeinen Krieg bedeutet», schrieb er an Henderson aus Yorkshire. Natürlich waren die Briten nicht bereit, mit einem allgemeinen Krieg zu drohen. Der britischen Politik, die entschlossen war, ein Blutvergießen über die Probleme in der Tschechoslowakei zu vermeiden, blieb die sogenannte Rätselposition, die Halifax folgendermaßen zusammenfasste:

«Beneš machen wir ständig darauf aufmerksam, was wir im Falle einer Auseinandersetzung nicht tun könnten, während wir die Deutschen taktvoll daran erinnern, was wir tun könnten.» Mit diesen Intentionen im Sinn war der Außenminister mehr als bereit, in Prag die Daumenschrauben anzuziehen. Doch es sei ebenso wichtig, fuhr Halifax in seinem Brief an Henderson fort, eines «in die Köpfe der törichten Deutschen zu bekommen: Wenn sie darauf bestanden, auf die gespannte Feder zu treten, dann würde die Waffe mit schrecklicher Wahrscheinlichkeit losgehen.»[38]

Vier Tage nach diesem Schreiben, am 9. August, wurde bekannt, dass der Premierminister frühzeitig aus seinem Urlaub in Schottland zurückkehrte – nicht wegen der internationalen Situation, sondern wegen einer schweren Nebenhöhlenentzündung. Dies war ein Glücksfall, wie Chamberlain Hilda erklärte, denn «die Dinge in Mitteleuropa haben sich sehr kompliziert entwickelt»[39]. Am Vortag hatte Henderson geschrieben, dass die «Vorzeichen eines Sturms in Deutschland aufziehen, und wir müssen davon ausgehen, dass die Gerüchte, insbesondere die militärischen, das Crescendo sind.» Er klammerte sich immer noch an den Glauben, dass Hitler eine friedliche Lösung wolle, warnte aber, dass «er nicht ewig warten» werde.[40] Dann schickte der Botschafter Halifax einen Bericht Mason-Macs, der sich zum Mittagessen mit einem kürzlich pensionierten Armeeoffizier und vormaligen Hitler-Anhänger getroffen hatte. Die gute Nachricht sei, so der Militärattaché, dass die Wehrmacht offenbar *vollkommen untauglich* sei. Die schlechte Nachricht sei, dass «Göring, Himmler und Ribbentrop zu einem Krieg in diesem Herbst entschlossen sind und General Keitel zu 100 Prozent auf ihrer Seite steht».[41] Die Zeit läuft ab, warnte der Botschafter, und der Zeitrahmen, über den Lord Runciman zur Suche nach einer Lösung noch verfügen könne, müsse auf höchstens sechs Wochen geschätzt werden.

Schließlich wurde beschlossen, an Hitler zu appellieren, die militärischen Vorbereitungen zu stoppen. Am 11. August schickte Halifax Henderson ein Memorandum für Hitler, in dem er erklärte, dass der «Premierminister und ich» sich gezwungen sähen, den Führer daran zu erinnern, dass solche Maßnahmen nur negative Auswirkungen auf die Bemühungen der britischen Regierung haben könnten, eine friedliche Lösung für die Sudetenfrage zu finden, was wiederum den «Frieden jeder einzelnen Großmacht innerhalb Europas» gefährde. Direkt anknüpfend an diesen Zusammenhang stellte Halifax die Frage: Ist es «wirklich notwendig, so große und unkalkulierbare Risiken einzugehen und im Übrigen die Aussicht auf eine Wiederaufnahme der Gespräche zwischen unseren beiden Regierungen zu gefährden und vielleicht sogar zu zerstören?»[42]

Der deutsche Diktator ließ sich nicht dazu herab, auf diese höchst deeskalierende Mitteilung zu antworten. Am Vortag hatte General Gustav von Wietersheim sich eine wütende Zurechtweisung anhören müssen, weil er es gewagt hatte, eine Warnung von General Wilhelm Adam, dem Kommandeur der 2. deutschen Armeegruppe, weiterzugeben, dass der Westwall die französische Armee nicht länger als drei Wochen werde aufhalten können. Dann, am 18. August, akzeptierte Hitler den Rücktritt von General Ludwig Beck, dem Generalstabschef und führenden Gegner der Pläne des Führers.

Eine Woche später, am 26. August, besuchten Hitler und sein Gefolge die Westgrenze, wo Adam die unangenehme Aufgabe hatte, dem Führer die Befestigungen zu zeigen. Als Finale schritt Hitler bis zur Mitte der Brücke, die bei Straßburg über den Rhein führt, die Grenze zwischen Deutschland und Frankreich. Nach dieser Zurschaustellung kriegerischer Entschlossenheit konnte er jedoch nicht direkt abreisen, da Adam darauf bestanden hatte, den Obersten Befehlshaber noch allein zu treffen. Adam wiederholt seine Einschätzung, dass der Westwall völlig unzureichend sei. Seiner Meinung nach würden sich die Briten und Franzosen «im Krieg befinden, sobald der erste deutsche Schuss gegen die Tschechen fällt – und die Franzosen würden dann schnell durchbrechen können.» Das hörend, explodierte Hitler. «Wir haben keine Zeit, dies Zeug länger mitanzuhören», schrie er. «Das verstehen Sie nicht. ... Wir in Deutschland produzieren 23 Mill. Tonnen Stahl und die Franzosen nur 6 Mill. Und die Engländer nur 16 Mill. Tonnen. Die Engländer haben keine Reserven, und die Franzosen haben die größten inneren Schwierigkeiten. Sie werden sich hüten, uns den Krieg zu machen.»[43]

Die Krise bricht aus

Wie Priamos einst bei Achilles um den Sohn gebeten,
so rufe du bis in die Nacht – göttlich geführt –
zu bitten, um der jungen Männer Körper –
vom Tod noch unberührt –,
sie freizugeben aus der noch nicht begonnen' Schlacht.

John Masefield, Poet Laureate,
Times, 16. September 1938

Das Wetter in Balmoral war furchtbar gewesen. Raue Winde waren über das Anwesen King's Highland gefegt, und dann hatten neue Regenfälle den Fluss Dee anschwellen lassen. Die königliche Gesellschaft, zu der auch der Premierminister gehörte, war noch tief im Moor auf der Jagd auf Moorhühner gewesen, als sie von einem Hagelschauer überrascht wurden. Chamberlain hatte schlecht geschossen. Es hatte ihn verstimmt, dass über ihm weniger Hühner aufgeflogen waren als über jedem anderen, größtenteils war er jedoch mit seinen Gedanken woanders gewesen. Während des ganzen Monats August waren im Außenministerium kontinuierlich Berichte über die sich verschlechternde Situation im Sudetenland und das stetige Anwachsen deutscher Streitkräfte an der tschechischen Grenze eingegangen. Am 21. September berichtete der britische Militärattaché in Berlin über ein geheimes Treffen zwischen Hitler und seinen Generälen, bei dem der Führer offenbar seine Absicht angekündigt hatte, die Tschechoslowakei noch vor Ende September anzugreifen. «Deutschland könnte keinen günstigeren Moment erwarten», hatte Hitler der Wehrmachtspitze Berichten zufolge gesagt. Sie würden eine «reiche Ernte» einfahren und konnten bei ihrem Vorgehen damit rechnen, dass «Frankreich und England praktisch mit Sicherheit nicht eingreifen werden»[1].

Drei Tage zuvor hatte Sir Robert Vansittart ein Gespräch mit Ewald von Kleist-Schmenzin, einem preußischen Konservativen und entschiedenen Gegner des Nationalsozialismus geführt, der auf Geheiß zweier Kriegsgegner, des Chefs der Abwehr, Admiral Wilhelm Canaris, und des Generals Ludwig Beck, nach London gekommen war, um die britische Regierung über Hitlers Pläne in Kenntnis zu setzen und auf die gravierenden Meinungsverschiedenheiten innerhalb der deutschen Militärführung hinzuweisen. Laut Kleist-Schmenzin war der Krieg inzwischen «eine Gewissheit, wenn wir ihn nicht stoppen». «Wie?», wollte Vansittart wissen. Kleist-Schmenzin erklärte, dass das Oberkommando der Armee, das deutsche Volk, sogar Göring gegen den Krieg seien. Wenn sich Großbritannien doch bloß entschließen könnte, mit einer Intervention zu drohen, dann bestünde eine ernsthafte Chance, Hitler zu stoppen, ja sogar zu stürzen.[2] Gegebenenfalls bestand eine Möglichkeit, dass sich der erste Teil dieses Gedankenspiels bewahrheiten konnte; der darauffolgende Teil jedoch wurde von Chamberlain (wahrscheinlich zu Recht) als Phantasie abgetan. «Er erinnert mich an die Jakobiten am französischen Hof zu Zeiten von König Wilhelm III.», schrieb der Premierminister, «und ich denke, wir sollten vieles von dem, was er sagt, ignorieren.»[3] Doch beunruhigt war Chamberlain trotzdem. Er hatte das Gefühl, dass die Regierung etwas tun müsse. Eine verklausulierte Warnung wurde daher in eine Rede eingefügt, die der Schatzkanzler, Sir John Simon, in Lanark halten sollte. Als einer der führenden Befürworter der Appeasement-Politik argumentierte Simon in weiten Teilen seiner Ansprache gegen die Anschauung, dass Großbritannien keine vernünftige Lösung mit Deutschland finden könne. Aber – und das war alles, woran man sich später erinnern sollte – er warnte sein Publikum, dass «der Beginn eines Konflikts wie der Beginn eines Feuers bei starkem Wind ist. Es mag anfangs begrenzt sein, aber wer kann sagen, wie weit es sich möglicherweise ausbreiten wird, wie viel Zerstörung es anrichten wird oder wie viele womöglich herbeigerufen werden müssen, um es zu löschen?»[4]

Die Frage, ob Großbritannien und Frankreich im Falle einer deutschen Aggression der Tschechoslowakei zu Hilfe kommen würden, war der zentrale Punkt während der Krise, den alle Akteure unbedingt richtig einschätzen wollten. Für die Tschechen ging es dabei um Leben und Tod. Wenn sie auf die westlichen Demokratien zählen konnten, dann waren sie bereit, Hitlers Forderungen und sogar einer Invasion standzuhalten. Für Hitler ging es darum, dass er im einen Fall recht sicher sein konnte, wie die Sache ausging, im anderen Fall ging er ein großes Wagnis ein. Briten und Franzosen standen vor einem Dilemma: Auf der einen Seite ging es um die Frage der Ehre, auf der anderen Seite drohten die Schrecken eines Krieges, von dem sie keineswegs sicher waren, dass sie ihn gewinnen konnten. Dennoch, wenn Hitler Reservisten mobilisierte und sich offensichtlich auf die Invasion einer souveränen Demokratie vorbereitete, konnte die britische Regierung nicht tatenlos zusehen. Sir Nevile Henderson wurde daher aus Berlin zurückgerufen, und am 26. August benachrichtigte der Premierminister das Kabinett, dass sich die Mitglieder in vier Tagen zu einer Krisensitzung einfinden müssten.

Da es August war, befanden sich die meisten Minister und hohen Beamten nicht in London. Halifax war in Yorkshire, Cadogan spielte Golf in Le Touquet an der Côte d'Opale auf der französischen Seite des Ärmelkanals, und der First Lord of the Admiralty, Duff Cooper, war auf einer offiziellen Kreuzfahrt in der Ostsee. Die meisten Kabinettsmitglieder schafften es jedoch, innerhalb der Frist zurück zu sein, und wurden von Halifax auf den neuesten Stand gebracht. Wenn Hitler sich für einen Krieg entschieden hatte, sagte der Außenminister, dann sei «das einzige Abschreckungsszenario, das wahrscheinlich wirken werde, die Ankündigung, dass wir [Deutschland] den Krieg erklären würden, wenn Deutschland in der Tschechoslowakei einmarschiert». Andererseits sei es wichtig, eine Reihe von Erwägungen zu berücksichtigen: Zunächst war die öffentliche Meinung in Großbritannien und im Empire nicht auf einen Krieg vorbereitet und würde in dieser Hinsicht geteilt sein. Dazu war die Tschechoslowakei faktisch nicht zu verteidigen, und es war unwahrscheinlich, dass sie nach Kriegsende wieder so aufgebaut werden konnte, wie sie vorher war. Und letztlich von entscheidender Wichtigkeit: Wenn es im Wesentlichen darum ging, sich Hitler zu widersetzen, war es dann «zu rechtfertigen, jetzt diesen fraglichen Krieg zu führen, um später einen möglichen Krieg zu verhindern»?[5]

Henderson pflichtete jedem einzelnen dieser Einwände bei. Nachdem er in den vorangegangenen zwei Monaten nichts anderes getan hatte, als dem Außenministerium trotz aller Indizien zu versichern, dass Hitler ausschließlich an einer friedlichen Lösung interessiert sei, argumentierte er nun, dass eine Drohung die Verhandlungen mit Hitler nur schwieriger und einen Krieg wahrscheinlicher machen würde. So ein Vorgehen würde, meinte er, «die Position der Extremisten und nicht der Gemäßigten stärken».[6] Kleist-Schmenzin hatte während seines Besuchs versucht, der Vorstellung entgegenzutreten, ein gemäßigter Führer werde von einer Gruppe von Kriegstreibern aufgehetzt, und Vansittart gegenüber geäußert: «Es gibt nur einen echten Extremisten, und das ist Hitler selbst.»[7] Aber Chamberlain hatte seine Meinung als unwesentlich abgetan und schloss sich nun Halifax und Henderson an. Er wies den Vorschlag von Duff Cooper für eine Halbmobilisierung der Flotte als «Nadelstich-Taktik» zurück, und nach zweieinhalbstündiger Diskussion entschied sich das Kabinett einstimmig dagegen, eine Drohung zu übermitteln. Chamberlain dankte seinen Kollegen für ihre Anwesenheit und nahm dann, nachdem er seinen Arzt aufgesucht hatte, den Zug nach Balmoral. Die Regierung, ätzte der sowjetische Botschafter, hatte einen wirklich «wichtigen Beschluss» gefasst: nichts zu tun.[8]

———

Die Kabinettssitzung am 30. August hatte geheim ablaufen sollen, aber ihr Stattfinden sickerte unweigerlich durch, genauso wie die Tatsache, dass Henderson zurückbeordert worden war. Die meisten Zeitungen interpretierten diese Ereignisse richtig als Zeichen dafür, dass der Streit um Tschechien in eine gefährliche neue Phase eingetreten war. Der *Daily Express* konnte seine Leser jedoch beruhigen. «ES WIRD KEINEN KRIEG GEBEN», verkündete am 1. September 1938 die Schlagzeile des Blattes, über einem von Lord Beaverbrook selbst unterzeichneten Leitartikel. Es gebe keinen Grund zur Sorge, erklärte der Pressebaron, «denn die Entscheidung über Frieden und Krieg hängt von einem Mann ab, dem deutschen Führer. Und dieser wird derzeit nicht dafür verantwortlich sein, einen Krieg zu beginnen. Hitler hat sich in seiner Karriere als ein Mann von außergewöhnlicher Scharfsinnigkeit erwiesen.» Das war eine seltsame Logik, denn es war Hitlers präzise Wahrnehmung der britischen und französischen Schwäche, die es ihm erlaubte, die Zerstörung der Tschechoslowakei zu planen. Tatsächlich war es so, wie Halifax gesagt hatte, wenn Hitler davon überzeugt gewesen wäre, dass Großbritannien und Frankreich eingreifen würden, dann hätte er sich vielleicht abschrecken lassen.

Churchill war dieser Ansicht. Obwohl er den größten Teil des Monats August für seine *Geschichte der englischsprachigen Völker* «völlig abgetaucht» war in die Welt der alten Briten, Römer, Angeln und Sachsen, hatte er die Entwicklung der Situation in Böhmen genau im Auge behalten und am 31. August an Halifax geschrieben. In seinem Brief drängte er auf eine gemeinsame Note Großbritanniens, Frankreichs und Russlands, in der man erklären solle, dass eine Invasion der Tschechoslowakei «kapitale Fragen für alle drei Mächte aufwerfen würde»[9]. Zwei Tage später äußerte er die Ansicht, dass das Veto dieser Länder «die Katastrophe eines Krieges zweifellos verhindern würde»[10]. Insbesondere war Churchill bestrebt, die Unterstützung der Sowjetunion zu gewinnen. Am 2. September erhielt er vom sowjetischen Botschafter Iwan Maiski die dringende Bitte um ein Treffen. Churchill antwortete, dass er dem Botschafter zur Verfügung stehe, und Maiski fuhr noch am selben Nachmittag nach Chartwell, Churchills Haus im alten «Weald» (i.e. das altenglische bzw. indogermanische Wort für Wald) von Kent. Dort war er sichtlich beeindruckt von der Pracht des Anwesens, das mit Swimmingpool, Tennisplatz und verschiedenen Goldfischteichen ausgestattet war. «Kein schlechtes Leben, das die Führer der britischen Bourgeoisie da haben!», sinnierte der Botschafter.[11] Zweck seines Besuchs war die Übermittlung der Nachricht, dass sich Russland nach den jüngsten Gesprächen in Moskau zwischen dem französischen Botschafter und dem sowjetischen Außenminister Maxim Litwinow zweifelsfrei für die Verteidigung der Tschechoslowakei engagieren würde, vorausgesetzt, Frankreich würde gemäß den Vereinbarungen des sowjetisch-tschechoslowakischen Vertrags zuerst eingreifen. Im Laufe des Gesprächs ging Maiski dann noch auf Litwinows Vorschlag ein, dass sich Großbritannien, Russland und Frankreich auf Artikel II des Völkerbundes berufen sollten, wonach die Mitglieder verpflichtet waren, sich gemeinsam zu beraten, falls man zur Ansicht gelangte, dass ein Krieg unmittelbar bevorstand. Churchill gab diese Vorschläge an Halifax weiter, aber der Außenminister – der Russland und seinem katzenhafter Botschafter beinahe genauso skeptisch gegenüberstand wie Chamberlain – ließ sich nicht beirren. Er ziehe es vor, sagte er Churchill, die Entwicklung in Deutschland abzuwarten, bevor er einen konkreten Schritt unternehmen werde.

———

Henderson hatte bei der Kabinettssitzung am 30. August keinen guten Eindruck gemacht. Sir Samuel Hoare hielt ihn für «überreizt» und «ein Nervenbündel». «Von seinem Bestreben, den Krieg zu vermeiden, war er so sehr durchdrungen», schrieb der Innenminister, «daß er, zweifellos unbewußt, gegen jeden Partei ergriff, der nach seiner Meinung dem Frieden im Wege stand. Wie im Falle Österreich war er auch im Falle der Tschechoslowakei sichtlich überzeugt, daß diese kleinen Länder, wenn der Frieden erhalten werden sollte, sich damit abfinden müßten, vom Reich aufgesogen zu werden.»[12] Ungeachtet dessen traf sich der Botschafter bei seiner Rückkehr nach Berlin mit Ribbentrop und warnte, er mache einen schweren Fehler, wenn er glaube, dass sich Frankreich und

Großbritannien niemals für die Tschechoslowakei in Marsch setzen würden.

Hitler blieb unbeeindruckt. In der festen Überzeugung, dass sich die Demokratien ebenso wie im Fall der Wehrpflicht, des Rheinlands und Österreichs zurückhalten würden, war er sicher, dass es an der Zeit sei, die Ziele Deutschlands mit Gewalt zu erreichen. Hatte er vormals geglaubt, dass die Gründung eines neuen Deutschen Reiches mehrere Generationen in Anspruch nehmen würde, wollte er nun selbst das «Großgermanische Reich» erleben, befürchtete aber, dass er dafür nicht lange genug leben würde. Hinzu kam, dass die Westmächte – verspätet – wiederaufrüsteten. Er erkannte, dass sich der deutsche Rüstungsvorsprung in den kommenden Jahren verringern würde, und entschied, wie das deutsche Oberkommando 1914, dass es besser sei, eine Abrechnung lieber früher als später zu provozieren. Und schließlich gab es da noch den dunklen, zerstörerischen Größenwahn, der ihn dazu brachte, das zu genießen, was andere fürchteten und verabscheuten. «Es lebe der Krieg – selbst wenn er zwei bis acht Jahre dauert», prostete der Führer Konrad Henlein am 2. September zu.[13]

Die führenden britischen Politiker fragten sich, ob Hitler, so wie er mit der Eventualität eines Krieges spielte, «die Grenze des Wahnsinns überschritten hatte»[14]. Dennoch hofften sie noch immer, den Krieg vermeiden zu können, indem sie die Tschechen zu einer Einigung mit Henlein zwangen. Am 2. September bot Beneš den Sudetendeutschen eine «kantonale Selbstverwaltung» an. Henlein, der mit Hitler in Berchtesgaden war, wurde angewiesen, das Angebot abzulehnen. Der tschechische Präsident – der vom britischen Botschafter aufgefordert worden war, «große Opfer zu bringen» oder sich der Aussicht auf eine Invasion zu stellen – legte dann seinen «Vierten Plan» vor, der praktisch die Zustimmung zu den zuvor inakzeptablen Karlsbader Forderungen bedeutete.[15] Die Anführer der Sudetendeutschen Partei (SdP) waren fassungslos. «Mein Gott, sie haben uns alles gegeben», rief Henleins Stellvertreter aus.[16] Aber Hitler war nicht an einer Lösung interessiert.

Diese Botschaft erreichte die britische Regierung am Abend des 6. September, als ein mysteriöser Besucher durch das Gartentor in die Downing Street Nr. 10 geschmuggelt wurde. Der Besucher – den Cadogan nur als Herrn X bezeichnen würde, da «das Leben des Mannes auf dem Spiel steht» – war Theodor Kordt, Chargé d'Affaires in der Deutschen Botschaft und der Bruder des Stabschefs von Ribbentrop. Wie Kordt erklärte – zuerst Horace Wilson und dann am nächsten Morgen Halifax und Cadogan –, hatte er beschlossen, «sein Gewissen über die Loyalität zu stellen», und war gekommen, um ihnen zu sagen, dass Hitler beabsichtige, am 19. oder 20. September in die Tschechoslowakei einzufallen.[17] Seinen Vorschlag, eine Warnung an Deutschland zu schicken, lehnten die Briten ab, aber die Krise bewegte sich eindeutig auf ihren Höhepunkt zu, und da Hitler in weniger als einer Woche auf dem Nürnberger Parteitag sprechen sollte, bat Halifax Wilson, Chamberlain aus Schottland zurückzuholen.

Während der Premierminister aus dem Norden anreiste, sorgte die *Times* für Furore, indem sie ihre Ansicht wiederholte, dass die Tschechen das Sudetenland an das Reich abtreten sollten, diesmal ohne Volksabstimmung. Der Effekt kam einem Erdbeben gleich. Die Abtretung war das finale Ziel der nationalsozialistischen Bestrebungen, war aber nominell weder von Henlein noch von Hitler jemals gefordert worden. Frankreich war vertraglich verpflichtet, die Integrität des tschechoslowakischen Staates zu verteidigen, und Lord Runciman war noch in Prag und versuchte, eine Lösung auszuhandeln. In dem diplomatischen Tennisspiel, in dem die Demokratien derzeit 0:40 hinten lagen, hatte die *Times* ihnen gerade ein riesiges Loch in den Schläger geschnitten. Es überrascht nicht, dass man im Außenministerium vor Wut «in die Luft ging»[18]. Da die *Times* bekanntermaßen die Ansichten der britischen Regierung widerspiegelte, schien es nun so, dass die Briten bereit waren, die Tschechoslowakei aufzuteilen, um ihre eigene Haut zu retten.

Halifax gab eine Erklärung heraus, in der er bestritt, dass der Artikel der Regierungspolitik entspreche, aber der Schaden war nicht mehr zu reparieren. Der Leitartikel wurde in ganz Deutschland breit publiziert und als Versuchsballon interpretiert, der die unvermeidliche Kapitulation der Demokratien vorausnahm. Die Wirkung, so berichtete Vansittart an Halifax, sei «katastrophal».[19] Maiski nannte es einen «Dolchstoß in den Rücken der Tschechoslowakei im prekärsten Moment ihrer Geschichte.» Oliver Harvey, Halifax' Privatsekretär, wütete gegen «diesen kleinen Defätisten Geoffrey Dawson». Noch in Prag bat Runciman den dortigen Korrespondenten der *Times*, sein Entsetzen über den Artikel zu übermitteln, der nicht nur «nicht hilfreich und unnötig», sondern im gegenwärtigen Stadium der Verhandlungen «sehr gefährlich» sei.[20] Alle schienen erbost über den *Times*-Artikel zu sein. Alle, mit Ausnahme des Außenministers, der an dem Tag, an dem der Artikel erschien, mit Dawson im Travellers Club zu Mittag aß. Der Herausgeber der *Times* kam in Erwartung einer ministeriellen Rüge, konnte aber angenehm überrascht feststellen, dass sein guter Freund, Kollege im Verwaltungsrat von Eton und Nachbar in Yorkshire, «offenbar gar nicht anderer Meinung war als er [der Autor des Leitartikels].»[21]

Der *Times*-Artikel brachte die Meinungsverschiedenheiten über die tschechische Krise ans Licht. Wie Robert Bernays, inzwischen Kabinettsmitglied, seiner Schwester erklärte, sei «ein solcher Vorschlag natürlich eine Unmöglichkeit: Das Gebiet, in dem die Deutschen in der Tschechoslowakei leben, bildet eine hochgradig verteidigungsfähige Grenze, und es abzutreten wäre für die Tschechen gleichbedeutend damit, sich der Gnade der Deutschen zu überantworten, die dann dort und in Osteuropa tun könnten, was sie wollten.»[22] Andererseits war das Sudetenland die Heimat von rund drei Millionen Deutschen, von denen sich viele wünschten, Teil des Reichs zu sein. War es fair, ihnen das zu verweigern? Viele beantworteten diese Frage mit Nein. Doch wie bereits erwähnt, ging die Problematik weit über das – legitime oder weniger legitime – Streben einer Minderheit hinaus. Oliver Stanley, der Präsident des Handelsausschusses, erklärte beim Abendessen mit Harold Nicolson, «daß der Konflikt eigentlich gar nichts mit der Tschechoslowakei zu tun hat, sondern der Endkampf zwischen dem Prinzip des Rechts und dem Prinzip der Gewalt ist»[23]. Nicolson stimmte dem von ganzem Herzen zu, befürchtete aber, dass Chamberlain, der «Geist und Gebaren einer Kleiderbürste» zeigte, dafür blind sei. «Er möchte Deutschland alles geben, was es augenblicklich fordert», schrieb Nicolson am 6. Juni 1938 in seinem Tagebuch, «und kann nicht begreifen, daß wir, wenn wir diesmal kapitulieren, anderen Forderungen nicht mehr widerstehen können. Besänftigen wir das deutsche Krokodil mit Fischen aus anderen Teichen, wird es so fett werden, daß es auch Fische aus unserem Teich verlangt. Und dann werden wir nicht mehr stark genug sein, ihm Widerstand zu leisten.»[24]

Chamberlain lehnte diese Ansicht ab, weil er nicht glauben mochte, dass Hitlers Ambitionen grenzenlos seien könnten und daher ein Krieg mit Deutschland unvermeidlich sei. Tatsächlich war Chamberlain für einen Mann, dessen Spitzname ‹der Gerichtsmediziner› war und als dessen Markenzeichen sein Regenschirm galt, ein unverbesserlicher Optimist, der immer auf der Suche nach positiven Signalen war. Dessen ungeachtet war er trotzdem ernsthaft besorgt über die Situation. Da allgemein erwartet wurde, dass Hitler in seiner Rede beim Nürnberger Parteitag am 12. September seine Absichten erklären würde, gestand der Premier: «Die Sache hängt über mir wie ein Albtraum.»[25] Und von Balmoral aus schrieb er an Ida: «Ist es nicht wirklich schrecklich, wenn man sich vorstellt, dass das Schicksal von Hunderten von Millionen von einem Mann abhängt – und der ist halb verrückt?!» Aber Fatalismus war nicht Chamberlains Stil, und so erklärte er im selben Brief, dass er sich den Kopf darüber zerbrochen habe, welche Mittel denkbar wären, um eine Katastrophe abzuwenden. Tatsächlich habe er bereits eine Idee, die, wenn alles andere fehlschlagen sollte, die Situation retten könnte. Das war der «Plan Z», nach dem der Premierminister in einer dramatischen Geste selbst zu Hitler fliegen wollte, um so den Frieden zu retten. Der Plan war so geheim, dass Chamberlain ihn sogar seinen normalerweise über alles informierten Schwestern vorenthielt. Horace Wilson war von Anfang an eingeweiht, und Henderson hatte den Plan während seines London-Besuchs für gut befunden. Abgesehen von diesen wenigen, wusste nur noch Halifax Bescheid.

———

Unterdessen hatte sich die Situation im Sudetenland weiter verschlechtert. Am 7. September organisierte die SdP einen Aufstand in Moravská Ostrava (Mährisch-Ostrau), bei dem ein Abgeordneter der Partei angeblich von einem tschechischen Polizisten geschlagen wurde. Henlein hatte damit, nach strikter Weisung aus Berlin, eine Ausrede, den «Vierten Plan» von Beneš abzulehnen und die Verhandlungen auszusetzen. Aus Angst, dass schon Truppen auf dem Marsch sein könnten, verließen Halifax und Cadogan gemeinsam eine Dinnerparty, um eine Botschaft an Hitler zu verfassen, nur um in den BBC-Nachrichten zu hören, dass die Situation stabil sei. Dennoch, das unaufhörliche Anwachsen des deutschen Militärkontingents in der Region und der anhaltende Strom an Geheimdienstinformationen – die alle auf eine bevorstehende Invasion hindeuteten – hatten Halifax nun davon überzeugt, dass das «Rätselraten» nicht funktionierte und man der Regierung Hitler umgehend eine Warnung schicken sollte. Er wies Henderson an, der gerade den Nürnberger Parteitag besuchte, Hitler darüber zu informieren, dass, wenn Frankreich eingreife, wie es das zugesagt hatte, Großbritannien unweigerlich folgen würde. Um die Verhärtung der britischen Position zu verdeutlichen, sagte der Außenminister, solle Henderson die Aufmerksamkeit auf die jüngste gemeinsame Erklärung von Labour-Partei und nationalen Gewerkschaften lenken, in der die britische Regierung aufgefordert wurde, «gemeinsam mit der französischen und sowjetischen Regierung zu handeln, um jedweden Angriff auf die Tschechoslowakei abzuwehren»[26]. Allerdings erhielt Hitler diese Botschaft nie. Als Reaktion auf Halifax' Anweisungen argumentierte Henderson in einem den Beteiligten inzwischen vertrauten hysterischen Tonfall nachdrücklich, dass eine solche Warnung «Herrn Hitler direkt die Wände hochgehen lassen würde». «Ich habe die britische Position den relevanten Personen bereits mehr als klargemacht», behauptete er. Dagegen wäre eine Wiederholung der Warnung vom 21. Mai «fatal».[*][27] Die Regierung nahm den Rat des Botschafters an, und die Anweisung wurde fallengelassen.

Die Entscheidung wurde von dem nicht sehr phantasievoll benannten Komitee «Situation in der Tschechoslowakei» getroffen. Bestehend aus Chamberlain, Halifax, Simon und Hoare, war dies das «Innere Kabinett», das für die Bewältigung der Krise verantwortlich war. Nachdem sie sich entschieden hatten, Hendersons Empfehlungen zu akzeptieren, verließen sie den Sitzungssaal und fanden Churchill wartend im Flur. Er forderte, erinnerte sich Hoare, «an Hitler umgehend ein Ultimatum zu richten»[28]. Eden war derselben Meinung und hatte am Vortag das Außenministerium besucht, um auf eine Warnung zu drängen. Zwei Tage später, am 11. September, versuchte er es erneut, während Churchill nach Downing Street zurückkehrte, um dafür zu plädieren, dass man Deutschland sagen solle, dass Großbritannien Deutschland sofort den Krieg erklären werde, sobald Deutschland einen Fuß in die Tschechoslowakei setzt.[29] Aber die Regierung war entschlossen, am «Rätselraten» festzuhalten, und so informierte Chamberlain die Journalisten, dass Deutschland sich «keine Illusionen» über die feste britische Bindung an Frankreich machen sollte,

---

[*] Henderson an Halifax, über Ogilvie-Forbes, 10. September 1938, Nr. 819. Henderson verbrachte in Nürnberg keine angenehme Zeit. Die Hotels waren für Hitlers Gäste reserviert, und das diplomatische Corps war gezwungen, in den Schlafabteilen eines ausrangierten Zuges zu übernachten. Es war extrem eng und, wie die Journalistin Virginia Cowles feststellte, der Anblick «der Botschafter der drei großen Demokratien – Großbritannien, die Vereinigten Staaten und Frankreich –, die sich aus den Fenstern eines abgestellten Speisewagens lehnten, ... führte einem vor Augen, dass die Situation in Europa sich zum Schlechten gewandelt hatte!» Henderson hatte nicht daran gedacht, Papier mitzubringen, und war gezwungen, seine Depeschen auf ausgerissenen, leeren Seiten aus Kriminalromanen zu verschicken. Zudem ging es ihm gesundheitlich nicht gut – er litt an Kehlkopfkrebs, der ihn innerhalb von vier Jahren töten würde. Doch auch das entschuldigt nicht sein Verhalten, das den Eindruck von schierer Angst erweckte. Weit davon entfernt, britische Stärke zu vermitteln, bemühte er sich kaum, seine Nervosität zu verbergen, und äußerte laut eines NS-Beamten «seine Abneigung gegen die Tschechen sehr deutlich».

während Halifax die Franzosen warnte, dass sie nicht davon ausgehen sollten, dass Großbritannien sich automatisch im Krieg mit Deutschland befinden würde, nur «weil Frankreich sich möglicherweise beteilige»[30]. An diesem Abend schrieb Churchill an seinen Freund Lord Moyne, einen ehemaligen konservativen Minister:

> Ach, Unsicherheit hat sich wie eine Wolke über alle derzeitigen Pläne gelegt ... [und] ich kann nicht vorgeben, noch Hoffnung zu haben, was das Resultat betrifft. Aufgrund der Versäumnisse in Bezug auf unsere Verteidigungsfähigkeit und der falschen Handhabung des deutschen Problems in den letzten fünf Jahren scheinen wir sehr nahe an der freudlosen Wahl zwischen Krieg und Schande zu sein. Ich habe das Gefühl, dass wir uns für die Schande entscheiden werden und uns dann etwas später der Krieg einholen wird – zu noch widrigeren Bedingungen als derzeit.[31]

In seiner Weigerung, eine Verpflichtung einzugehen oder sich mit Säbelrasseln zu positionieren, fühlte sich Chamberlain durch ein «sehr interessantes Buch» gestärkt, das er über einen Außenminister des 19. Jahrhunderts, George Canning, gelesen hatte. «Wieder und wieder weist Canning nach», erläuterte er Ida, «dass man nie drohen sollte, wenn man nicht in der Lage ist, seine Drohungen in die Tat umzusetzen, und obwohl ich, wenn wir kämpfen müssen, hoffen möchte, dass wir uns teuer verkaufen werden, befinden wir uns sicherlich nicht in einer Lage, in der unsere Militärberater glücklich damit wären, Feindseligkeiten zu beginnen, wenn wir nicht dazu gezwungen sind.» Dies mag richtig gewesen sein, löste aber die Spannung nicht. «Es war eine ziemlich schreckliche Woche», gestand der Premierminister, «genug, dass die meisten Menschen den Kopf verloren hätten, wenn ihr Kopf nicht ebenso fest verschraubt gewesen wäre wie der meine».[32] Er hatte inzwischen mit dem «Inneren Kabinett» über «Plan Z» gesprochen und breite Unterstützung erhalten. Vansittart war jedoch unversöhnlich dagegen und bekämpfte die Idee «mit Zähnen und Klauen» und verglich sie mit dem Bußgang des Heiligen Römischen Kaisers Heinrich IV. zu Papst Gregor VII. nach Canossa.[33] Chamberlain stützte seinen Kopf in die Hände und hörte seinem Chefberater in diplomatischen Fragen zu. Aber es war lange her, dass Vansittart Einfluss gehabt hatte. «Plan Z» war Chamberlains «kühner Schachzug», sein «Geniestreich», der, wenn er gelingen sollte, nicht nur die tschechoslowakische Krise lösen, sondern «die Chance auf eine völlige Veränderung der internationalen Situation mit sich bringen könnte»[34]. Für diesen Preis war er mehr als bereit, seinen Ruf zu riskieren.

Das gesamte Kabinett tagte zum ersten Mal seit seiner Notsitzung am 30. August am Montagmorgen, dem 12. September. Wie zuvor fasste Halifax die Situation zusammen: Die Tschechen hatten neue Vorschläge unterbreitet, die abgelehnt worden waren; Daladier hatte die Verpflichtung Frankreichs gegenüber der Tschechoslowakei wiederholt; und die Franzosen hatten entlang der Maginot-Linie Soldaten aufgestellt. Am meisten musste Sorgen bereiten, dass die Regierung Informationen erhalten hatte, Hitler habe beschlossen, zwischen dem 18. und 29. September in die Tschechoslowakei einzumarschieren. Halifax erklärte, dass die Regierung eine formelle Warnung an Hitler in Betracht gezogen habe, aber Henderson habe «mit aller Autorität seines Amtes darauf gedrängt, dass er nicht angewiesen werden solle, eine offizielle Demarche zu übergeben», und die Regierung hatte zugestimmt. Obwohl es ursprünglich Halifax gewesen war, der die Drohung vorgeschlagen hatte, schien er nun überzeugt, dass die Regierung machtlos war. Hitler war «womöglich oder sogar sehr wahrscheinlich wahnsinnig», und wenn er «sich zum Angriff entschlossen hatte, sei davon auszugehen, dass nichts, was wir tun könnten, ihn aufhalten würde»[35]. Während die meisten Minister zustimmten, machte Duff Cooper auf anders lautende Meinungen aufmerksam, die argumentierten, dass Großbritannien deutlich machen solle, es sei bereit, für die Tschechoslowakei zu kämpfen: «Dieser Ratschlag kam von der Presse, ...

von der Opposition, von Winston, von der französischen Regierung, von der US-Regierung und sogar vom Vatikan.» Chamberlain, der es hasste, wenn ihm widersprochen wurde, entgegnete scharf, dass Henderson der Mann vor Ort sei und «mehr darüber wissen müsse als der Vatikan»[36].

Am Nachmittag hielt Hitler seine mit Spannung erwartete Rede in Nürnberg. Trotz der Krise waren viele prominente Engländer, Männer wie Frauen, in die Stadt mit der großen mittelalterlichen Tradition gereist, um die Feierlichkeiten zu verfolgen. Neben den üblichen Verdächtigen – darunter Ernest Tennant und Sir Arnold Wilson (konservativer Abgeordneter für Hitchin) – gab es Lord Stamp (Vorsitzender der London, Midland und Scottish Railway) und seine Frau, Sir Frank Sanderson (konservativer Abgeordneter für Ealing), Norman Hulbert (konservativer Abgeordneter für Stockport), Viscount Clive, Lord Hollenden (Präsident der Wholesale Textile Association) und seine Frau sowie Lord McGowan (Vorsitzender der Imperial Chemical Industries). Ebenfalls anwesend waren die Eltern der Hitler-Verehrerin Unity Mitford, Lord und Lady Redesdale. All diese exzentrischen Aristokraten in der Lobby des Nürnberger Grand Hotels zu beobachten fand die amerikanische Reporterin Virginia Cowles durchaus amüsant:

Lady Redesdale war eine kleine, zurückhaltende Frau, die die meiste Zeit (wenn sie nicht mit Unity bei einer der Paraden war) in der Ecke der Hotel-Lobby mit Nähen verbrachte, während Lord Redesdale, ein gut aussehender, großer Mann mit stattlichem weißem Schnurrbart, mit konsternierter Miene umherwanderte, als wäre er auf einer ziemlich ungemütlichen privaten Party eingeladen, wo (merkwürdigerweise) niemand Englisch sprach. ... Die ganze Woche über erreichte Lord Redesdale eine Flut von verzweifelten Briefen, die ihn baten, seinen Einfluss zu nutzen, um den Krieg zu stoppen. Eines Tages erhielt er eine Nachricht von der Buchman Society, die gerade eine Konferenz in Genf abhielt. Man bat ihn, dem Führer einen Leserbrief zu zeigen, der in der *London Times* veröffentlicht worden war, mit der Begründung, dass der Text «den Führer umstimmen und den Lauf der Geschichte verändern könnte». Sein leicht gereizter Kommentar war: «Verdammt noch mal, ich habe keine Ausgabe der *Times*.»* [37]

Einige der Teilnehmer waren keine NS-Sympathisanten. Die Tory-Abgeordnete Thelma Cazalet (Schwester des konservativen Abgeordneten Victor Cazalet) saß hinter Hitler und dachte: «Wenn ich nur eine Waffe und den Mut hätte, diesem Mann ein Ende zu setzen.»[38] Ein weiterer NS-Gegner war der Reiseschriftsteller und Ästhet Robert Byron. Als Freund von Unity Mitford war er aus morbider Neugierde nach Nürnberg gekommen. Zuerst war er geneigt, die komische Seite des Ganzen zu sehen. «Diese Menschen sind so grotesk», kommentierte er, «wenn wir in den Krieg ziehen, dann wird es wie der Kampf gegen einen gigantischen Zoo sein.» Als er sich jedoch einer Gruppe hochrangiger Nationalsozialisten anschloss – darunter Hitlers Pressechef Otto Dietrich – und der berüchtigte *Times*-Leitartikel als Beweis dafür herangezogen wurde, dass man in England verstanden habe, dass die Tschechoslowakei keine britische Angelegenheit war, wurde er ernst. «Was auf dem Kontinent passiert, ist immer auch Englands Angelegenheit», mischte er sich ein und bekam einen roten Kopf vor Zorn. «Ab und an übernimmt unglücklicherweise jemand wie Chamberlain bei uns die Führung – aber das ist nur vorübergehend. Lassen Sie sich davon nicht irreführen. Am Ende erheben wir uns immer wieder und bekämpfen die Tyranneien, die Europa bedrohen. Wir

---

* In ihren Romanen *The Pursuit of Love* (erschienen 1945, deutsch: Englische Liebschaften, Nördlingen 1988) und *Love in a Cold Climate* (erschienen 1949, deutsch: Liebe eisgekühlt, Hamburg 1953) verewigte Nancy Mitford ihren Vater als den wohlwollenden, schlanken Onkel Matthew, der die Deutschen verabscheute und sich gerne an die Zeit erinnerte, als er acht «Hunnen» mit dem einfachen Spaten aus dem Schützengraben getötet hatte. Der wahre Lord Redesdale war in der Tat Mitglied der Anglo-German Fellowship und (wie seine Intervention in der Oberhausdebatte nach dem *Anschluss* zeigt) ein prominenter Verteidiger des deutschen Regimes. Im Januar 1935 stattete er NS-Deutschland den ersten von mehreren Besuchen ab, nachdem er von seinen beiden faschistischen Töchtern ermutigt worden war: «Farve [Vater] ist wirklich von Natur aus Faschist. Er wird den Führer lieben», waren sie sich sicher.

haben sie schon einmal zerschlagen, und ich warne Sie, wir werden sie wieder zerschlagen.»[39]

Es war bedauerlich, dass Byron nicht zu der Tee-Party eingeladen war, zu der von Ribbentrop am 11. September, einen Tag vor Hitlers Rede, wichtige Ausländer zu Gast hatte. Stattdessen hatte der deutsche Außenminister die Gäste sorgfältig so platziert, dass Hitler neben Lord Brocket saß, einem führenden Mitglied der Anglo-German Fellowship und enthusiastischen Befürworter des Regimes, der sich offenbar mit den denunzierenden Tiraden des Führers über die Tschechen und ihren Präsidenten einverstanden erklärte.[40] Am Nachmittag des 12. September wiederholte Hitler diese Anklagen vor aller Welt. Vor braunen Parteiuniformen, so weit das Auge reichte, ereiferte er sich über Beneš und die Tschechen und beschuldigte sie, die deutsche Minderheit «vernichten» zu wollen. Es gebe nur eine Lösung: Den Sudetendeutschen müsse das Recht auf Selbstbestimmung eingeräumt werden.[41] Als Oliver Harvey die Live-Übertragung hörte, die ohne Übersetzung gesendet wurde, dachte er, das höre sich an wie «ein Verrückter oder besser gesagt wie ein afrikanischer Häuptling, der seinen Stamm aufstachelt», während Leo Amery, der gut Deutsch sprach, meinte, er fände vor allem «das Toben und den heftigen Jubel der Menge ... grauenerregend». «Das Einzige, was jetzt für unsere Regierung wichtig ist», so der ehemalige Kolonialminister weiter, «ist, den Fehler von Edward Grey zu vermeiden und sie [die Deutschen] daran zweifeln zu lassen, wo wir stehen.»*[42]

Chamberlain und Halifax hatten zu diesem Zeitpunkt beschlossen, dass das Sudetenland nicht Teil der Tschechoslowakei bleiben konnte. Chamberlain war schon mindestens einen Monat lang dieser Meinung

---

* Sir Edward Grey, britischer Außenminister bei Ausbruch des Ersten Weltkriegs, wurde beschuldigt, die britische Position während der Juli-Krise 1914 nicht deutlich gemacht zu haben, sodass die Deutschen zu dem Schluss kommen konnten, dass Großbritannien in einem nachfolgenden Krieg neutral bleiben würde.

gewesen, während Halifax allmählich überzeugt worden war, dass keine Einigung zwischen den Tschechen und den Sudetendeutschen tragfähig sein würde. Dass der Premierminister und der Außenminister zu diesem Schluss kamen, lag auch am französischen Außenminister Georges Bonnet, der aufgrund von übertriebenen Berichten über die Stärke der deutschen Luftwaffe und den desolaten Zustand der französischen Luftstreitkräfte völlig den Mut verloren hatte und die Briten unablässig bedrängte, Frankreich um jeden Preis einen Krieg zu ersparen. Die Franzosen bevorzugten eine Lösung, mit der das Sudetenland Teil des tschechischen Staates bleiben würde, waren aber letztendlich bereit, einer Volksabstimmung über die Zukunft des Territoriums zuzustimmen. Die Tschechen hatten sich stets geweigert, das in Erwägung zu ziehen. Doch das Wegbrechen des französischen Kampfgeistes erlaubte es den Briten, die Abtretung der Gebiete mit gutem Gewissen auf die Tagesordnung zu setzen. Halifax sprach sich nun für eine Volksabstimmung aus, gefolgt von einer Vier-Mächte-Konferenz zur Überwachung des Transfers.

Abseits der Hauptentscheidungsträger sorgten sich die Menschen wegen der Aussicht auf einen Krieg; einige wenige ärgerten sich auch darüber, dass die Tschechen im Stich gelassen wurden. «Über den Tag verteilt rufen mich immer wieder Leute an und flehen mich an, ‹etwas zu tun›», notierte Harold Nicolson. «Sie haben keine Ahnung, was ich für sie tun soll, aber sie werden hysterisch, und es scheint ihnen eine gewisse Erleichterung zu verschaffen, andere Leute am Telefon zu belästigen.»⁴³ Robert Bernays, der von einem Treffen des Völkerbundes in Genf zurückkehrte, notierte seinen Eindruck, London wirke «wie eine Albtraumszenerie in einem Film.» «Das Lachen – und sogar das Lächeln – ist aus der Stadt verschwunden. Wir sind wie ein Volk, das auf den Tag des Jüngsten Gerichts wartet.» Aufsteller waren überall in der Hauptstadt verteilt worden, die erklärten, wo man Gasmasken abholen konnte, und gespenstische blaue

Linien, die die Londoner zum nächsten Luftschutzkeller leiten sollten, waren auf den Pflastersteinen erschienen. Auf einer Dinnerparty versuchte Bernays, die Stimmung mit einem Witz zu heben, als ihn eine Frau anfuhr: «Verdammt noch mal! Hast du nicht mitbekommen, dass wir nächste Woche vielleicht tot sind?!»[44]

Unter den Appeasement-Gegnern hob eine verzweifelte Suche nach einem Anführer an. Eden blieb der bevorzugte Kandidat, aber bis auf einen Leserbrief in der *Times* weigerte sich der ehemalige Außenminister, eine öffentliche Stellungnahme abzugeben. Das brachte die Menschen, auch auf der Linken, dazu, an Churchill zu denken. «Es gibt eine große Sehnsucht nach Führung», schrieb die unabhängige Abgeordnete Eleanor Rathbone, «und selbst diejenigen, die im politischen Spektrum weit von Ihnen entfernt stehen, erkennen, dass Sie der Einzige sind, der eine realistische Einschätzung der Gefahren unserer militärischen Situation mit dem Glauben an eine gemeinsame internationale Aktion gegen die Aggression in sich vereint.»[45] Wenige Tage später schrieb auch der Labour-Abgeordnete Josiah Wedgwood:

> Mein lieber Winston!
> Meinen unsere Leute es wirklich ernst? Sie scheinen sich mit jedem getroffen zu haben außer mit dir, und es ist für mich unvorstellbar, dass sie sich tatsächlich dem Krieg stellen wollen, ohne dich dazugerufen zu haben. ...
> Nicht einer dieser Menschen hat beim letzten Krieg militärische Erfahrung gesammelt. Sie sind noch Babys, wenn nicht sogar Feiglinge. Du oder Gott werdet helfen müssen, wenn dieses Land nachgerade gerettet werden soll.[46]

Unterdessen hatten sich die Sudetendeutschen in einer bewaffneten Revolte erhoben. Die Sturmtruppen der SdP in der Region Asch-Eger griffen unter Berufung auf Hitlers Rede Polizeiwachen, Postämter, Bahnhöfe und Zollhäuser an. Die Tschechen reagierten, indem sie das Kriegsrecht verhängten und Truppen auf die Straßen schickten. Bis zum Abend des folgenden Tages, Dienstag, den 13. September, waren 13 Tschechen und zehn Sudetendeutsche getötet worden. Die Ereignisse nahmen rasant an Fahrt auf, und bei einem abendlichen Treffen der britischen Minister forderte Duff Cooper Chamberlain auf, die Flotte zu mobilisieren. Chamberlain weigerte sich. Er hatte immer noch «Plan Z» in Reserve und damit gewartet, schrieb er Ida, bis «die Lage am schwärzesten aussah»[47]. Nun entschied er, dass der richtige Moment gekommen war. Auslöser war nicht das Blutvergießen im Sudetenland, sondern dass sich die französische Entschlossenheit vollständig in Luft aufgelöst hatte. Laut Eric Phipps – der am Nachmittag des 13. September sowohl Bonnet als auch Daladier getroffen hatte – hatte der französische Außenminister, nachdem er einen Bericht des amerikanischen Fliegers Charles Lindbergh über den Stand der deutschen Luftwaffe gelesen hatte, einen «Zusammenbruch» erlitten, und selbst Daladier schien seine Tatkraft verloren zu haben. «Ich fürchte, die Franzosen haben geblufft», schrieb der Botschafter an Halifax, bevor er den Vorschlag des französischen Premierministers für eine Dreierkonferenz zwischen Großbritannien, Frankreich und Deutschland weitergab.[48] Das war der letzte Dominostein. Chamberlain wollte nicht zulassen, dass die Franzosen ihn seines Coups beraubten. Er weigerte sich, den Anruf von Daladier entgegenzunehmen, und schickte nach einer abendlichen Sitzung des «Inneren Kabinetts» eine Botschaft an Hitler: «Angesichts der zunehmend kritischen Situation ... [bin ich bereit,] sofort [nach Deutschland] zu kommen, um Sie zu sehen und eine friedliche Lösung zu finden. Ich schlage vor, dass ich auf dem Luftweg anreise, und halte mich für einen morgigen Start bereit.»[49]

So wie sich alles für Hitler fügte, war seine erste Reaktion auf Chamberlains Telegramm der Ausruf, er müsse wohl «vom Himmel gefallen» sein.[50] Er war sichtlich erfreut und behauptete sogar, er habe überlegt, selbst nach London zu fliegen, um dem 69-jährigen Premier die Reise zu ersparen. Doch nachdem ihm bewusst geworden war, dass das möglicherweise nicht klug war, antwortete er am frühen Nachmittag des folgenden Tages, Mittwoch, dem 14. September, dass er einverstanden sei und den Premierminister erwarte – «und würde Frau Chamberlain nicht auch kommen wollen?»[51] Früh am Tag hatte Chamberlain dem Kabinett von seinem Plan berichtet, der selbstredend eine vollendete Tatsache war, da das Kabinett die Selbsteinladung des Premierministers kaum aufheben konnte. Aber die Mehrheit begrüßte den Schritt mit Begeisterung. Obwohl der Plan wie eine «Bombe» einschlug, «kam er allen wie ein Geniestreich vor», notierte der Minister für Indien, Lord Zetland.[52] Einige äußerten jedoch Bedenken. Leslie Hore-Belisha, der Kriegsminister, hielt das Unternehmen für «nicht ohne Risiko» und warnte davor, dass Hitler ein «unerbittliches Programm den Ankündigungen in *Mein Kampf* entsprechend» ins Werk setze. Oliver Stanley sprach sich gegen eine Volksabstimmung aus (Chamberlain hatte sich bereit erklärt, diesen Vorschlag zu akzeptieren) und sagte, dass «dies Herrn Hitler alles geben würde, was er mit Gewalt verlangt hatte, und dass das einer völligen Kapitulation gleichkäme», während Duff Cooper argumentierte, dass «man nicht die Wahl hätte zwischen einem Krieg und einer Volksabstimmung, sondern zwischen Krieg jetzt und Krieg später». Da er jedoch keine Alternative sah, befürwortete Cooper das Vorgehen des Premierministers trotzdem, und als Sir John Simon das Kabinett um einstimmige Zustimmung bat, wurde sie pflichtschuldig erteilt.

Außerhalb des Kabinettssaals waren die Erleichterung und die damit verbundene Begeisterung noch größer. «Es ist eine der größten und inspirierendsten Taten der Geschichte», schwärmte Chips Channon, der an einem Bankett teilnahm, das die britische Delegation anlässlich der Völkerbundkonferenz in Genf gab, als er die Nachricht hörte. Die Gesellschaft «erhob sich, ganz elektrisiert, wie es alle Welt sein muss, und stieß auf seine [Chamberlains] Gesundheit an»[53]. «Viel Glück, Chamberlain», wünschte die Titelseite des Labour-nahen *Daily Herald*, während der liberale *News Chronicle* von «einem der kühnsten und spektakulärsten Schritte der modernen diplomatischen Geschichte» sprach.[54] Staatsanleihen stiegen um 250 Millionen Pfund, und bei Lloyd's of London legte man Überlegungen, «Kriegsrisiken» in Versicherungsverträge einzubeziehen, wieder ad acta.⁵⁵ Laut einer Umfrage, die ein Institut in einem Arbeiterviertel durchgeführt hatte, antworteten 70 von 100 auf der Straße Befragten, dass sie Chamberlains Handeln befürworteten, während sogar einige ausgesprochene Kritiker des Premierministers wie Leo Amery es als zweifellos «kühnen Schachzug» lobten.⁵⁶ Churchill hingegen war der Meinung, es sei «das Dümmste, was je getan worden ist»⁵⁷.

Im Ausland war die Reaktion überwältigend positiv. Die Premier-minister der anderen Commonwealth-Staaten begrüßten das Handeln des Mutterlandes, während Beobachter in Berlin von Entspannung spra-chen. In Paris war die Erleichterung spürbar. Zu Beginn des Tages war die französische Regierung noch bei Phipps Sturm gelaufen, dem Bonnet gesagt hatte, man könne «einfach nicht zehn Millionen Menschen opfern, um zu verhindern, dass dreieinhalb Millionen Sudeten dem Reich bei-treten»*. Sie seien nun bereit, jeder Lösung zuzustimmen, die einen Krieg vermeiden könne, sagte er dem Botschafter. Die Tschechen hin-gegen fielen aus allen Wolken. Weder waren sie konsultiert worden, noch hatte man sie vorgewarnt, was Chamberlain vorhatte, und nun mussten sie erkennen, dass sie, obwohl zu weitestgehenden Konzessionen bereit, von den Verhandlungen ausgeschlossen waren, die über ihr Schicksal bestimmen würden. Die amerikanische Öffentlichkeit, in der das Gefühl der Erleichterung, dass die Spannungen sich lösen mochten, keine Rolle spielte, zeigte viel Verständnis für die missliche Lage der Tschechen. Obwohl Roosevelt Chamberlain seine Unterstützung zugesichert hatte, hatte der britische Botschafter, Sir Ronald Lindsay, erst wenige Tage zuvor berichtet, dass die öffentliche Meinung in den USA für eine «klare Positionierung der Regierung Seiner Majestät gegen die deutsche Aggres-

---

* Nachdem er ein Treffen zu dritt vorgeschlagen hatte, war Daladier ziemlich verärgert, als er erfuhr, dass Chamberlain, ohne ihn zu fragen, beschlossen hatte, sich nach Deutschland einzuladen. Ihm sei mehrmals vorgeschlagen worden, dass er sich mit Hitler treffen solle, aber er habe sich immer geweigert, sagte er gegenüber Phipps, mit der Begründung, dass ein «Vertreter Großbritanniens anwesend sein sollte». (Dokumente britischer Außenpolitik [DBFP], 3. Reihe, Bd. 2, Phipps an Halifax, 14. September 1938, Nr. 874.)

sion» sei und dass jeder Kompromiss zu «einer gewissen Abkühlung der amerikanischen Freundlichkeit» führen könne.[58] Nirgendwo anders als in Rom fiel allerdings die scharfsinnigste Bemerkung: «Es wird keinen Krieg geben», erklärte Mussolini seinem Schwiegersohn und Außenminister Graf Galeazzo Ciano. «Aber das ist die Liquidierung des englischen Prestiges.»[59]

Kurz nach acht Uhr morgens am 1. September 1938 traf Chamberlain in guter Stimmung auf dem Flugplatz Heston im Westen Londons ein. Als er aus dem Auto stieg, rief jemand: «Halten Sie zur Tschechoslowakei! Keine Zugeständnisse an Hitler!» Aber das war ein einsamer Demonstrant hinter einer gesicherten Absperrung.[60] Auf dem Rollfeld hatte sich eine kleine Gesellschaft versammelt, um den Premier zu verabschieden, darunter Lord und Lady Halifax, Sir Alexander Cadogan, Theodor Kordt (in Zylinder und Cutaway), der Vorsitzende und Geschäftsführer von British Airways und Lord Brocket, der gerade aus Nürnberg zurückgekehrt war. Während Chamberlain noch Höflichkeiten mit den Umstehenden austauschte, zog die Ankunft Lord Londonderrys alle Blicke auf sich. Er landete vor aller Augen in seinem eigenen Flugzeug und hatte sich offensichtlich eigens einfliegen lassen, um dem Premierminister Lebewohl zu sagen. Die Sonne schien – ein gutes Omen, wie Halifax meinte –, und Chamberlain machte einen zuversichtlichen Eindruck. In einen grauen Mantel gehüllt, mit gestärktem Kragen und Regenschirm unter dem Arm, posierte er für die Fotografen auf den Stufen des Flugzeugs, bevor er für die Nachrichten – die Filmberichte wurden im Kino gezeigt – eine kurze Rede hielt:

Ich werde mit dem deutschen Kanzler zusammentreffen, weil mir die gegenwärtige Situation so zu sein scheint, dass direkte Gespräche zwischen ihm und mir günstige Konsequenzen zeitigen könnten. Meine Politik war immer darauf ausgerichtet, den Frieden zu sichern, und die bereitwillige Aufnahme meines Vorschlags durch den Führer bestärkt mich in der Hoffnung, dass mein Besuch bei ihm nicht ergebnislos sein wird.

Die Menge jubelte und ließ ihn hochleben, er dankte mit dem Schwenken seines Homburgs und verschwand in der glitzernden zweimotorigen Lockheed Electra.* Wie sein Biograph bemerkte und entgegen der landläufigen Meinung war dies nicht der erste Flug für Chamberlain. Wie eine Figur aus *Die tollkühnen Männer in ihren fliegenden Kisten* hatte er 1923 schon einmal – mitsamt Zylinder – einen kurzen Rundflug unternommen, als er den Duke of York (den zukünftigen George VI.) auf einer Industriemesse in Birmingham zu Gast hatte.[61] Verglichen mit der Reise, die er nun unternahm, zählte das jedoch kaum, und der Mythos des 69-jährigen Premiers, der seinen ersten Flug unternahm, um Europa vor dem Krieg zu retten, war geboren. Als sein Flugzeug in den Himmel stieg, begleiteten Chamberlain zweifellos die Hoffnungen und Gebete der Mehrheit des britischen Volkes – und vieler anderer. Obwohl es einige gab, die wie Duff Cooper dachten, dass die Chancen des Premierministers, mit Hitler einen Ausgleich zu erzielen, ungefähr so gut stünden «wie die des kleinen Lord Fauntleroy, einen für beide Seiten zufriedenstellenden Deal mit Al Capone abzuschließen». Doch sie bildeten eine Minderheit und dazu, für den Moment, eine weitgehend stumme.[62]

Das britische Volk war psychologisch nicht auf einen Krieg vorbereitet, und die Tschechoslowakei schien weit entfernt. Selbst wenn die Briten bereit sein sollten, im Namen der europäischen Freiheit «noch einmal in die Bresche zu springen», wären die Folgen, so die Experten, schwerwiegend. Erst am Vorabend hatte Chamberlain einen Bericht der Stabschefs gelesen, indem sie nachdrücklich die Auffassung vertreten hatten,

---

* Tatsächlich starteten zwei Flugzeuge: eines mit Chamberlain, Horace Wilson und William Strang vom Außenministerium an Bord und eines mit zwei Stenotypisten und den beiden Detektiven des Premiers.

dass Großbritannien und Frankreich nichts tun könnten, um Deutschland daran zu hindern, die Tschechoslowakei innerhalb weniger Wochen zu überrennen. Wenn es Krieg geben sollte, dann würde er langwierig und «unbegrenzt» sein und Großbritannien müsste sich darauf einstellen, schon in den ersten zwei Monaten 500–600 Tonnen Bomben pro Tag zu gewärtigen.* Diese Einschätzung lastete schwer auf Chamberlain, den auf seiner Rückreise Zwangsvorstellungen von einem deutschen Bomber auf der gleichen Route verfolgten. Im Innersten ein Mann des Friedens, malte er sich einen zukünftigen Konflikt in apokalyptischen Farben aus, und er konnte einen Krieg nur dann als gangbare politische Option betrachten, wenn die Grundlagen der europäischen Sicherheit gefährdet waren und alle anderen Optionen ausgeschöpft. Er war nicht bereit, einen Krieg zu erwägen, damit verhindert werden konnte, dass sich dreieinviertel Millionen Deutsche dem Reich anschlossen. Den Frieden zu wahren war daher von größter Bedeutung. Aber wenn es um die Erhaltung des Friedens gehen musste, was war der Preis? Die Antwort hing davon ab, wie man den Führer und seine Ziele einschätzte. Wenn Hitler, wie er selbst behauptete, ein Mann des Friedens war und das Sudetenland seine letzte territoriale Forderung, dann konnte sich Chamberlains Strategie bewähren. Aber es gab noch eine andere Möglichkeit – wie schon von Hore-Belisha bei der Kabinettssitzung am Vortag angesprochen –, nämlich dass Hitler einen groß angelegten Plan verfolgte, der zur deutschen Hegemonie in Europa führen würde. Es war nun an Chamberlain, das zu beurteilen.

<hr />

---

* Einschätzung der Situation im Fall eines Krieges gegen Deutschland, 14. September 1938, FO 371/21737/142–144. Tatsächlich wurden im Laufe des gesamten Krieges weniger als 75 000 Tonnen Bomben auf Großbritannien abgeworfen.

Der Flug über Frankreich hinweg war reibungslos verlaufen, und der Premierminister und Horace Wilson hatten sich an Schinkensandwiches und Whisky gestärkt, als sie sich München näherten und sich ein Sturm zusammenbraute.[63] Das Leichtflugzeug «warf sich hin und her wie ein Schiff bei schwerem Seegang»[64]. Glücklicherweise wurden sie nach einigen Momenten banger Nervosität von einem deutschen Flugzeug heruntergeführt, und Chamberlain trat lächelnd aus der Maschine. Auch wenn der *Manchester Guardian* den Premierminister wortspielerisch als «debonair» oder lässig-eleganten Fluggast beschrieb, hatte ein Mitarbeiter der britischen Botschaft eher den Eindruck, dass die Deutschen recht verblüfft waren, als sie diesen «komischen kleinen Mann mit seinem Regenschirm» aus einem Flugzeug steigen sahen. «Sie konnten einfach nicht glauben, dass jemand, der so aussieht, der Premierminister Großbritanniens sein könnte», erinnerte er sich.[65] Wenn dies der Fall war, ließen sie es sich jedenfalls nicht anmerken, denn, wie Chamberlain an Ida berichtete, war er «erfreut über den enthusiastischen Empfang der Menge an Menschen, die im Regen gewartet hatten, mich mit Hitlergruß grüßten und lauthals ‹Heil› schrien»[66]. Tatsächlich war die Euphorie, wie Hitlers Dolmetscher Paul Schmidt meinte, noch größer als im September des Vorjahres zum Empfang von Mussolini.

Offiziell zur Begrüßung erschienen waren Ribbentrop, Staatssekretär Weizsäcker, Botschafter Henderson und sein deutscher Amtskollege Herbert von Dirksen. Chamberlain inspizierte zur Musik einer, wie Wilson bemerkte, eher «schrill aufspielenden» Kapelle eine Ehrenwache, und dann wurden die Briten in einem Mercedes-Konvoi an jubelnden Zuschauern vorbei zum Bahnhof gefahren, wo sie für die dreistündige Fahrt nach Berchtesgaden in Hitlers Sonderzug stiegen.[67] Chamberlain bedauerte, dass er bei dem schlechten Wetter auf der Reise kaum etwas zu sehen bekam, «da die Landschaft sehr schön sein muss»[68]. Entmutigender als die wolkenverhangenen Berge war jedoch die endlose Abfolge von Militärtransporten mit «neu eingekleideten Soldaten und den in die

Luft ragenden Geschützrohren», die an dem Zug vorbeizogen.[69] Das war kein Zufall und ein Hinweis darauf, welches Spiel Hitler mit dem britischen Premierminister spielen wollte.

Auch in Berchtesgaden säumten «Heil» rufende Menschen die Straßen, und Chamberlain genoss es, so begrüßt zu werden, während er den Weg zum Berghof hinauffuhr. Der Führer trat zu ihm hinaus auf die nassen Stufen und führte ihn und den Rest der Gruppe nach freundlichem Händeschütteln hinein. Von Hitlers Auftritt war Chamberlain wenig beeindruckt. Nachdem er Details wie die Tatsache, dass der Führer «schwarze Hosen trug, wie wir sie abends tragen», weitergegeben hatte, bezeichnete er Hitlers Gesichtsausdruck als «eher unangenehm, vor allem in der Ruhe». «Er sieht völlig unscheinbar aus», erklärte er gegenüber Ida. «Man würde ihn nie in der Menge bemerken und ihn für den Anstreicher halten, der er einmal war.»[70] In seinem Bericht an das Kabinett war er freimütiger und beschrieb Hitler als «den gewöhnlichsten kleinen Hund, den er je gesehen hatte» – wenn er auch zugeben musste, dass man «nicht umhinkonnte, von der Machtfülle des Mannes beeindruckt zu sein»[71]. Dann tranken der ehemalige österreichische Gefreite und der ehemalige Bürgermeister von Birmingham Tee im großen Saal, dessen riesiges Panoramafenster den Blick auf eine in grauen Nebel gehüllte Landschaft freigab. An den Wänden hingen verschiedene deutsche und italienische alte Meister, darunter, wie Chamberlain prüde bemerkte, «ein riesiger italienischer Akt!».[72]

Das Gespräch verlief nicht gerade reibungslos. Chamberlain lobte den Raum. Hitler antwortete, dass es England war, das die großen Räume habe. Chamberlain erwiderte, dass Hitler eines Tages kommen und sie selbst sehen müsse. Hitler entgegnete, dass er auf Demonstrationen der Missbilligung stoßen würde. Chamberlain räumte ein, dass es klug wäre, den Zeitpunkt sorgfältig zu wählen. Und damit hatte sich das Thema erledigt.

Das eigentliche Gespräch fand dann in Hitlers privatem Arbeitszimmer statt, in dem sie, den Dolmetscher Paul Schmidt ausgenommen, allein waren.[*] Chamberlain schlug zunächst vor, den Rest des Nachmittags einer Klärung der grundsätzlichen gegenseitigen Standpunkte zu widmen und die Details der Sudetenfrage auf den nächsten Tag zu verschieben. Aber Hitler unterbrach ihn und sagte, dass dies völlig unmöglich sei. Er habe aktuelle Informationen erhalten (was frei erfunden war, aber während der Krise taktischerweise mehrfach wiederholt werden sollte), die besagten, dass 300 Sudetendeutsche getötet worden seien, daher müsse sofort eine Lösung gefunden werden. Hitler begann dann mit einer ausführlichen Darstellung seiner Vision für Deutschland. Er erklärte, dass er von Jugend an als Anhänger der Rassentheorie gegolten habe, und daher entschlossen sei, alle Deutschen, wo immer möglich, ins Reich zu bringen. Chamberlain unterbrach: Hatte der Kanzler gerade gesagt, dass, wenn diese drei Millionen Sudetendeutschen in das Reich aufgenommen wären, es dann nichts Weiteres gäbe, was er wollen würde? «Ich frage, weil es viele Menschen gibt, die denken, dass das noch nicht alles ist, sondern dass Sie die Tschechoslowakei zerstückeln wollen.» Hitler leugnete dies kategorisch. Er glaube an die Einheit der Rasse und wolle daher aus Prinzip nicht viele Tschechen im Reich haben. Die Tschechoslowakei sei jedoch eine «Speerspitze in seiner Seite» und er würde sich erst dann sicher fühlen, wenn die Verteidigungsabkommen zwischen der Tschechoslowakei und Russland aufgehoben wären. Mehr noch, er glaubte, dass die polnische, ungarische und slowakische Minderheit dasselbe fordern und die Tschechoslowakei aufhören würde zu existieren, sobald den Sudetendeutschen Selbstbestimmung gewährt worden sei.[73]

Während eines Großteils des Gesprächs hatte Hitler leise und zurückhaltend gesprochen. Nun regte er sich plötzlich auf und erklärte in einer «Flut von Worten», dass all dies akademisch sei.[74] 300 seiner Landsleute seien am Vortag getötet worden und er sei nicht bereit, dies weiter hinzunehmen. «Ich bin entschlossen, das zu beenden», rief er. «Es ist mir egal,

---

[*] Dies war bewusst so arrangiert, damit Ribbentrop nicht an der Unterredung teilnahm, eine Strategie, die Henderson und Weizsäcker gemeinsam entwickelt hatten.

ob es einen Weltkrieg gibt oder nicht. Ich werde das beenden, und zwar in kürzester Zeit, und ich bin eher bereit, einen Weltkrieg zu riskieren, anstatt mir das noch länger bieten zu lassen.» Chamberlain war empört. Wenn Hitler sich für den Krieg entschieden hatte, warum hatte er ihn dann den weiten Weg bis nach Berchtesgaden machen lassen? «Ich habe meine Zeit verschwendet.»[75] Hitler nahm die Ansage ohne Kommentar zur Kenntnis und beruhigte sich. Da Chamberlain klargeworden war, dass «schnelle Entscheidungen getroffen werden mussten, um die Situation zu retten», versicherte er dem Führer dann, dass er bereit sei, den Grundsatz der Selbstbestimmung zu akzeptieren. «Mir persönlich», vertraute er Ida an, «war es piepegal, ob die Sudetendeutschen nun zum Reich gehörten oder nicht.»[76] Die Schwierigkeiten, erklärte er Hitler, resultierten aus den Mitteln, nicht aus dem Ziel. Er sei jedoch bereit, dies mit seinen Kollegen zu besprechen. Er würde dann zu einem späteren Zeitpunkt zurückkehren und sie würden die Verhandlungen wiederaufnehmen. Hitler sagte daraufhin, es tue ihm leid, dass Chamberlain dann letztlich zwei Reisen machen müsste, versprach aber, dass er ihn das nächste Mal bei Köln treffen würde. Chamberlain fragte Hitler, ob der Status quo der Situation in der Zwischenzeit beibehalten werden könne, und Hitler versprach, dass er keinen Marschbefehl geben werde, es sei denn, ein unerhörter Vorfall diktiere es ihm in die Hand.

Chamberlain zog ein positives Fazit des Treffens. Obwohl er eine gewisse «Rücksichtslosigkeit» in Hitlers Art wahrgenommen hatte, ging er davon aus, dass er «ein gewisses Vertrauen» zwischen den beiden hatte aufbauen können und dass dies «ein Mann war, auf den man sich verlassen konnte, wenn er sein Wort gegeben hatte».[77] Umso mehr freute er sich, über Horace Wilson von Hitlers angeblich positivem Eindruck von ihm zu erfahren. «Ich habe ein Gespräch mit einem *Mann* geführt», soll Hitler in Anwesenheit des persönlichen Stabschefs von Ribbentrop erklärt haben, der die Bemerkung an Wilson weitergab.[78] Der Staatssekretär Ernst von Weizsäcker notierte jedoch eine ganz andere Szene. Kaum sei Chamberlain gegangen, habe Hitler vor Freude in die Hände geklatscht und geprahlt, dass er «den trockenen Zivilisten in die Ecke manövriert» habe, so Weizsäcker. An diesem Abend beteiligte sich dann sogar Hitlers Geliebte Eva Braun an den Witzen über diesen eigentümlichen Engländer, der so sehr an seinem Regenschirm zu hängen schien.[79]

Hitlers Behauptung, er habe Chamberlain in eine Ecke gedrängt, wurde dem Sachverhalt nicht ganz gerecht, allerdings nur in dem Sinne, dass Hitler überschätzte, inwieweit er zu der Situation beigetragen hatte, in welcher sich der Premierminister nun befand. Da Chamberlain bereits vor dem Treffen beschlossen hatte, den Sudetendeutschen das Recht auf Selbstbestimmung einzuräumen, brauchte es nicht viel Geschick aufseiten des Führers, Chamberlain dazu zu bringen, in diese Forderung offiziell einzuwilligen. Dennoch war es Hitlers Forderung, und Chamberlain stimmte ihr zu. Mehr noch, Chamberlain hatte die Verantwortung dafür übernommen, das Sudetenland in einer Weise zu übergeben, die sowohl für die Tschechen als auch für die französische, britische und internationale öffentliche Meinung akzeptabel war. Wenn er Erfolg hatte, dann würde Hitler bekommen, was er gefordert hatte. Wenn der Premier scheiterte – wie Hitler es erwartete –, dann bekäme der Führer Gelegenheit zu dem kleinen Krieg, von dem er geträumt hatte. So sah kaum ein Triumph der britischen Diplomatie aus.

Zurück in London, traf sich Chamberlain noch am Abend des 16. September, eines Freitags, mit dem Inneren Kabinett und erklärte der Runde recht selbstzufrieden, dass er davon ausgehe, er habe «Hitler für den Moment zum Stillhalten gebracht», aber es sei klar, dass nichts anderes als die Selbstbestimmung für die Sudetendeutschen ihn zufriedenstellen würde.[80] Auf diesen Punkt, meinte der Premierminister, sollte man sich schon einmal verständigen. Es sei undenkbar, dass Großbritannien dieses Prinzip missachtend in den Krieg ziehen sollte. Henlein war am Vortag nach Deutschland geflohen – er verlangte inzwischen die sofortige Abtrennung des Sudetenlandes –, und Lord Runciman, der aus Prag zurückgekehrt war und an dem Treffen teilnahm, hielt es für unmöglich, dass Tschechen und Sudeten jemals in der Lage sein würden, «sich zu einigen und glücklich zusammenzuleben.»[81]

Am nächsten Morgen gab dann der Premierminister seinen Bericht vor dem versammelten Gesamtkabinett ab. Chamberlain machte dabei verächtliche Bemerkungen über Hitler persönlich, zeigte sich aber beeindruckt von seiner Macht und seiner Ernsthaftigkeit. Entscheidend war dabei Chamberlains Überzeugung, dass «Herrn Hitlers Ziele streng begrenzt» seien und dass er «die Wahrheit gesagt» habe, als er behauptete, dass er keine Tschechen ins Reich holen wolle.[82] Als das Treffen am Nachmittag wiederaufgenommen wurde, eröffnete Lord Maugham, der Lordkanzler, die Sitzung mit einem professoralen Vortrag über die Außenpolitik von Canning und Disraeli. Gemäß ihren politischen Vorstellungen «mussten zwei Bedingungen erfüllt sein, bevor man eingreife: Erstens, die britischen Interessen waren ernsthaft betroffen; zweitens, wir sollten nur mit überwältigender Kraft eingreifen.» Duff Cooper konterte und sagte, dass die britische Politik immer darin bestanden habe, die übermäßige Vorherrschaft einer einzelnen Macht auf dem Kontinent zu verhindern. Sie seien nun mit der «wahrscheinlich gewaltigsten Macht, die Europa je beherrscht hatte», konfrontiert, daher war Widerstand ganz offensichtlich in britischem Interesse. Er bezweifelte, dass das Sudetenland Hitlers «letztes Ziel» sei, und wies auf die Reihe von Versprechungen hin, die der Führer bereits gebrochen hatte. Aufgrund der «fürchterlichen Verantwortung, einen Krieg auszulösen», wolle er sich nicht gegen eine Volksabstimmung stellen, sofern sie unter fairen Bedingungen und unter internationaler Aufsicht durchgeführt werde. Er hielt es für äußerst zweifelhaft, dass dies die britischen Probleme beenden werde, aber es war vielleicht den Versuch wert, da eine geringe Chance bestand, dass «ein unvorhergesehenes Ereignis die Herrschaft der NS-Partei aus dem Gleichgewicht bringen könnte», jedenfalls für einige Zeit bis zur nächsten Krise.[83]

Lord De La Warr, der Lordsiegelbewahrer, unterstützte den ersten Teil von Coopers Beitrag und erklärte, dass er «bereit sei, sich dem Krieg zu stellen, um die Welt von der ständigen Bedrohung durch Ultimaten zu befreien». Lord Hailsham stimmte den Äußerungen des Premierministers zu. Es sei bereits Tatsache, sagte der Lord President of the Council, dass eine Macht den Kontinent dominiere und Großbritannien daher «keine andere Wahl habe, als das zu akzeptieren, was der Lordsiegelbewahrer als Demütigung betrachte». Diese Bravourleistung defätistischer Realpolitik provozierte Lord Winterton, Chancellor of the Duchy of Lancaster, der argumentierte, dass die Regierung auf dieser Grundlage ebenso gut «der Invasion von Kent oder der Aushändigung der Isle of Wight» zustimmen könne. Oliver Stanley sah das ähnlich. «Dies war nicht der letzte von Hitlers Coups», warnte er die Kollegen, und wenn es sich, wie er glaubte, um eine Wahl zwischen Kapitulation und Kampf handelte, dann «sollten wir kämpfen».

Die politischen Schwergewichte waren jedoch dafür, sich geschlagen zu geben. Halifax stimmte mit dem Premierminister überein, dass es unmöglich sein würde, das Land gegen das Prinzip der Selbstbestimmung in den Krieg zu führen, während Sam Hoare – nach Runcimans parteilicher Darstellung der Situation – meinte, dass die Tschechen die Sudeten bereits verloren hätten, und bis «diese Tatsache anerkannt sein werde, werde es keinen Frieden in Europa geben».[84] Doch selbst unter denen, die loyal die Partei des Premiers ergriffen hatten, gab es einige Zweifel an Chamberlains Verhandlungsergebnissen. «Der Eindruck, den die Geschichte des Premierministers hinterlassen hat, ist ein wenig peinlich», notierte Sir Thomas Inskip in seinem Tagebuch. «H[itler] hat ihn dazu gebracht, auf die Prahlereien zu hören, dass die deutsche Militärmaschinerie ein schreckliches Instrument sei, ...[und] der P[remierminister] sagte uns mehr als einmal, dass er gerade noch rechtzeitig gekommen sei. Es war jedoch deutlich genug, dass H[itler] das ganze Gerenne veranlasst hatte: Tatsächlich hat er den P[remierminister] erpresst.»[85]

Wenn Hitler Chamberlain erpresst hatte, dann brauchte Chamberlain nun seinerseits die Hilfe der Franzosen, um den Tschechen die Abtretung des Sudetenlandes abzupressen. Erstaunlicherweise waren die Franzosen

– sehr zu ihrem Ärger – bisher bei der diplomatischen Offensive des Premierministers völlig außen vor gewesen. Am Sonntag, den 18. September, kamen Daladier und Bonnet jedoch in London an, um sich die Ergebnisse anzuhören. Das Treffen begann dramatisch, da Chamberlain zunächst ein Telegramm verlas, das er gerade von der tschechischen Regierung erhalten hatte und das ankündigte, dass sie zu einer allgemeinen Mobilisierung übergehen müssten. Er berichtete dann in allen Einzelheiten von seinem Treffen in Berchtesgaden und kam zu dem Schluss, dass eine Ablehnung von Hitlers Bedingungen zwangsläufig zu einer sofortigen Invasion führen musste. Wechselseitig versuchten nun die Beteiligten, die Verantwortung auf den jeweils anderen abzuwälzen, um nicht die Aufgabe übernehmen zu müssen, die Tschechen zu nötigen. Chamberlain sagte, die Frage sei nur, ob die Franzosen bereit seien, den Grundsatz der Selbstbestimmung zu akzeptieren. Daladier war anderer Meinung. Mit einer «Stimme, die vor sorgfältig modulierten Gefühlen zitterte», sprach der französische Premier von einer «heiligen Verpflichtung» Frankreichs gegenüber der Tschechoslowakei und wiederholte seine Überzeugung, dass «Deutschlands eigentliches Ziel der Zerfall der Tschechoslowakei und die Verwirklichung pandeutscher Ideale durch einen Marsch nach Osten» sei. Wenn sie jetzt nachgeben würden, wäre das «Ergebnis, dass Deutschland in sehr kurzer Zeit Herr über Europa wäre».[86]

Das war die Wahrheit, aber es war auch Getöse: Daladier und (weniger ängstlich) Bonnet hatten für sich entschieden, dass nicht etwa Vorsicht, sondern Fahnenflucht die Mutter der Porzellankiste sei, und nach einem guten Mittagessen, bei dem Chamberlain seinen Lieblingswein (Château Margaux) und einen 1865er Cognac servierte, kapitulierten sie pflichtschuldigst.[*] «Bei internationalen Unterredungen ist die dunkelste Stunde

---

[*] Tatsächlich wusste Daladier bereits, dass Beneš bereit war, als letztem Ausweg einer Abtretung von Territorium zuzustimmen. Allerdings war das vom tschechischen Präsidenten vorgeschlagene Gebiet – das absolute Maximum, das die Tschechen meinten erübrigen zu können, ohne dass die Lebensfähigkeit ihres Staates in Frage gestellt war – deutlich kleiner als das, was Hitler verlangte.

in der Regel die vor dem Mittagessen», kommentierte Chamberlain zynisch.[87] Nachdem Daladier den Briten das Versprechen einer Garantie für den tschechischen Rumpfstaat abgerungen hatte, stimmte er einer gemeinsamen Note zu, in der Beneš zur Aufgabe aufgefordert wurde. Was, wenn er sich weigert, fragte Chamberlain. Dann, antwortete der ‹Bulle von Vaucluse›, «müsse der stärkste Druck ausgeübt werden». Chamberlain dankte ihm, und die französischen Minister gingen. Die beiden großen europäischen Demokratien hatten sich nun gegenseitig darauf verpflichtet, die einzige Demokratie östlich des Rheins zu zerstückeln.

Während das Innere Kabinett – das ausschließlich aus Appeasern bestand – die Franzosen zu überzeugen und in die Mangel zu nehmen suchte, dachten die Zweifler innerhalb der weiteren Kabinettsrunde über mögliche persönliche Konsequenzen nach. «Sagen Sie Walter [Elliot, dem Gesundheitsminister], dass ich mitziehen werde, wenn er geht», bat De La Warr seine Freundin und Parteikollegin Blanche Dugdale, Mitglied von National Labour. ‹Baffy›, wie sie allgemein genannt wurde, antwortete, dass sie nichts dergleichen tun werde, ganz im Gegenteil tat sie alles, um De La Warr direkt zum Rücktritt zu bewegen. «Aus einem einzigen Grund (obwohl ich ihm das nicht gesagt habe)», vertraute sie ihrem Tagebuch an, «weil er keine Rolle mehr spielen wird, wenn er bleibt», während, «wenn er aufgibt, er helfen [kann], eine Keimzelle zu bilden».[88] Das war in der Tat ein Problem für die Anti-Appeaser. Von denen, die Chamberlain paradoxerweise als «die schwächeren Brüder» bezeichnete, stand lediglich Duff Cooper einer großen Abteilung vor, während mit dem Rest, wie Oliver Harvey beklagte, nicht viel zu gewinnen war: «Oliver Stanley schlaff, Elliot ein Windbeutel, De La Warr in Ordnung, aber ein [politisches] Leichtgewicht, Morrison inzwischen ziemlich in sich zusammengefallen, wie es scheint.»[89] Außerhalb der Regierung sah es so aus, als ob Eden noch immer nicht bereit war, öffentlich einen Standpunkt zu beziehen, und

Churchill galt als zu egoistisch und kriegerisch, als dass sich die meisten Konservativen hätten hinter ihm versammeln können.

Nicht gerade günstig war zudem, dass große Teile der Presse – und zwar die mächtigeren und auflagenstärkeren Medien – der Regierung gegenüber sklavisch loyal waren. An dem Tag, an dem Chamberlain nach München geflogen war, hatte Lord Beaverbrook an Halifax geschrieben, dass er wie auch andere Verleger den Premierminister aktiv unterstützen wollten, und hatte angefragt, ob nicht ein Kabinettsminister benannt werden könne, der sie über die Regierungslinie auf dem Laufenden halte. Sam Hoare, dessen Karriere Beaverbrook regelmäßig heimlich behinderte, wurde pflichtgemäß dafür abgestellt, und am 22. September konnte der *Daily Express* seinen Lesern «DIE WAHRHEIT» über die Tschechoslowakei berichten. «Es besteht für unser Land keinerlei Verpflichtung, die Verantwortung für die Verteidigung dieser mitteleuropäischen Macht zu übernehmen», erklärte Beaverbrook auf der Titelseite. «Es ist boshaft und unwahr, Großbritannien, euer eigenes Land, zu beschuldigen, dass es die Tschechoslowakei verkaufe und Frankreich im Stich lasse.» Einige der öffentlich profilierten Anti-Appeaser – wie Bob Boothby, Harold Nicolson und natürlich Churchill – publizierten gegenteilige Ansichten, hauptsächlich im *Daily Telegraph*, erhielten aber wenig Resonanz verglichen mit den Pro-Appeasement-Veröffentlichungen in der *Times*, dem *Observer*, der *Daily Mail* und im *Express*.

Die britisch-französische Note wurde am Montagnachmittag, dem 19. September 1938, nach Prag geschickt. Am Vortag hatte der tschechische Botschafter Jan Masaryk in einem Schreiben an Halifax erklärt, dass seine Regierung es für selbstverständlich halte, dass sie konsultiert werde, bevor Entscheidungen über die Zukunft ihres Landes getroffen würden. Nun sagten die Briten und Franzosen den Tschechen, dass das gesamte Sudetenland dem Reich übergeben werden müsse. Kein Wunder, dass Beneš dies sehr schlecht aufnahm und den Demokratien vorwarf, die Tschechoslowakei im Stich zu lassen. Er war Realist genug, dass er damit gerechnet haben dürfte, einen Teil des Territoriums abtreten zu müssen, aber er hatte nicht erwartet, dass seine Verbündeten darauf bestehen würden, die extremsten deutschen Forderungen zu akzeptieren.

In dieser Nacht tagte das tschechische Kabinett in völliger Agonie und konnte bis zum nächsten Morgen nicht zu einer Entscheidung finden. Nach einer zweiten Marathonsitzung am 20. September schickte man den Briten und Franzosen eine Note mit der Bitte, die Forderungen zu überdenken. Aber die Demokratien rückten nicht von ihrem Entschluss ab, und Chamberlain entwarf eine Antwort, «die den armen Tschechen die Sache unmissverständlich klarmacht»[90]. Um zwei Uhr morgens kamen Basil Newton und Victor de Lacroix, die britischen und französischen Gesandten, zum Sitz des Präsidenten in die Burg auf dem Hradschin – mit einer Nachricht für Beneš, die er richtig als ein Ultimatum verstand. Entweder die Tschechen kapitulierten, oder die Franzosen und Briten konnten nicht für das sichere Schicksal verantwortlich gemacht werden, das sie ereilen würde. Obwohl es in Prag große Demonstrationen gegen die Sezession gab, konnten die Tschechen allein keinen Krieg gegen Deutschland in Betracht ziehen, und so gab Beneš nach. Während sich Tausende auf dem Wenzelsplatz versammelten – ihre Banner verkündeten: «Wir werden die Republik nicht dem deutschen Anstreicher überlassen» –, verfasste die tschechische Regierung ihre Kapitulation:

Unter dem Druck des eindringlichen Insistierens, das in den britischen Mitteilungen vom 21. September gipfelte, akzeptiert die tschechoslowakische Regierung mit großem Bedauern die französischen und britischen Vorschläge – verbunden mit der Annahme, dass die beiden Regierungen alles tun werden, um die lebenswichtigen Interessen des tschechoslowakischen Staates zu schützen.[91]

Es war ein mitleiderregendes Dokument: Für den Moment konnte man die Tschechen nur bedauern, angesichts des Schicksals, das noch auf sie wartete, war es tragisch.

Auf einem schmalen Grat

> Wir müssen auch weiterhin bis an unsere Grenzen feige sein,
> aber nicht darüber hinaus.
>
> Sir Alexander Cadogan, 21. September 1938[1]

Bewaffnet mit der tschechischen Kapitulation, brach Chamberlain zu seinem zweiten Treffen mit Hitler auf, das am Donnerstag, den 22. September 1938, um 10:45 Uhr in Bad Godesberg bei Bonn stattfinden sollte. Die Atmosphäre war deutlich anders als eine Woche zuvor. Zu dem Zeitpunkt war das allgemeine Gefühl Erleichterung und Bewunderung gewesen; der Poet Laureate John Masefield hatte sich sogar zu einem hochtrabenden Gedicht inspirieren lassen. Inzwischen waren hier und da Zweifel aufgetaucht, und es gab auf beiden Seiten des Atlantiks eine Pressekampagne gegen den «Verrat» an der Tschechoslowakei.[2] Die wurde von Churchill noch befeuert, als er auf die Nachricht von der tschechischen Kapitulation am Abend des 21. September mit einer vernichtenden Pressemitteilung reagierte:

Die Teilung der Tschechoslowakei unter britisch-französischem Druck bedeutet eine völlige Kapitulation der westlichen Demokratien vor der nationalsozialistischen Androhung von Gewalt. Dieses Einknicken wird Großbritannien und Frankreich keinen Frieden und keine Sicherheit bringen. Im Gegenteil, es wird beide Länder in eine Situation der immer weiter überhandnehmenden Schwäche und Gefahr bringen.

Allein die Neutralisierung der Tschechoslowakei bedeutet, dass 25 deutsche Divisionen nicht mehr gebunden sind und an der Westfront eine Bedrohung darstellen werden. Der Weg zum Schwarzen Meer wird dem triumphierenden Nationalsozialismus weit geöffnet. Die Akzeptanz der Bedingungen von Herrn Hitler geht einher mit der Niederwerfung Europas vor der nationalsozialistischen Macht. ... Die Vorstellung, dass Sicherheit erkauft werden kann, indem man einen kleinen Staat den Wölfen vorwirft, ist eine fatale Illusion. Die deutsche Kriegsmacht wird schneller wachsen, als die Franzosen und Briten ihre Vorbereitungen für die Verteidigung abschließen können.[3]

Am selben Nachmittag hatte sich das Kabinett getroffen, um die Linie zu besprechen, die Chamberlain in Bad Godesberg vertreten sollte. Die allgemeine Stimmung war, dass man sich bis zur Schmerzgrenze auf Konzessionen eingelassen hatte und dass es nun an der Zeit war, dass Hitler etwas guten Willen zeigte. Duff Cooper forderte den Premierminister auf, mit dem deutschen Kanzler in aller Direktheit zu sprechen. Er solle sagen, dass er «alles und jedes getan habe, um ihm den Kopf der Tschechoslowakei auf einem Silbertablett zu servieren – dass er dafür auf sich genommen habe, dass man ihn der Kapitulation, des Verrats und der Feigheit bezichtige. Weiter könne er nicht gehen. Vorher würde er lieber, wenn es denn notwendig wäre, in den Krieg zu ziehen.»[4] Niemand widersprach, und das Kabinett war sich einig, dass Chamberlain Hitler davon abbringen sollte, sich auf die Ansprüche der Ungarn und Polen zu berufen, die mit dem Zuspruch des Führers über dem tschechischen Kadaver kreisten wie die Geier.

Chamberlain landete am 22. September um 12:36 Uhr in Köln, wo er «in der Hand seinen Regenschirm, das Symbol des Friedens» die Parade einer Abteilung der SS-Leibstandarte Adolf Hitler abschritt, bevor er die kurze Strecke nach Bad Godesberg fuhr.[5] Der britischen Delegation, der Sir Nevile Henderson und Ivone Kirkpatrick (Erster Sekretär der britischen Botschaft) sowie der allgegenwärtige Sir Horace Wilson angehörten, hatte man im Hotel Petersberg am rechten Rheinufer ein großzügig ausgestattetes Quartier bereitgestellt. Im Auftrag des Auswärtigen Amtes war eine Suite mit Louis-quinze-Möbeln reserviert worden, in der Obst,

Zigarren, Hortensien und Eau de Cologne in überbordender Menge auf die Gäste warteten. Hitler residierte auf der anderen Seite des Flusses im Hotel Dreesen, einem seiner Lieblingsorte. Dort hatte er im Juni 1934 die Ermordung von Ernst Röhm und dessen Anhängern – die «Nacht der langen Messer» – geplant, jetzt sollte dort sein zweites Treffen mit Chamberlain stattfinden.

Die Briten überquerten den Rhein auf einer Fähre und passierten dabei eine Luxusyacht, auf der Hitler geplant hatte, mit dem Premierminister eine wagnerianisch inspirierte Ausflugsfahrt den Fluss entlang zu unternehmen. Warum Hitler gedacht haben mochte, dass Chamberlain in der Stimmung für ein Besichtigungsprogramm sein könnte, ist schwer zu ergründen – er war schließlich nicht mit der Absicht angereist, den Friedensplan des Premierministers anzunehmen. Tatsächlich war Chamberlain kaum am Ende seiner Erläuterungen der mit den Tschechen getroffenen Vereinbarungen angekommen, als Hitler ihn unterbrach, um zu sagen, dass es ihm leidtue, aber diese würden nicht reichen. Chamberlain war wie vom Blitz getroffen. Er setze sich kerzengerade auf, sein Gesicht plötzlich errötet, und fragte, was sich seit ihrem letzten Treffen geändert haben konnte. Hitler antwortete kühl, dass die Forderungen anderer Nationalitäten berücksichtigt werden müssten, die die Befreiung oder Autonomie vom tschechoslowakischen Staat anstrebten. Darüber hinaus weigerte er sich, den von Chamberlain vorgeschlagenen Zeitplan zu akzeptieren. Die Situation müsse in den nächsten Tagen, spätestens bis zum 1. Oktober, gelöst werden. Fassungslos sagte Chamberlain, dass er von Hitlers Antwort sowohl enttäuscht als auch verwirrt sei. Er hatte es geschafft, Hitlers Forderungen zu verwirklichen, und zwar «ohne dafür einen einzigen Tropfen deutsches Blut zu verschwenden». Dafür habe er sein politisches Schicksal riskieren müssen und werde nun zu Hause beschuldigt, die Tschechen verkauft und sich Diktatoren ergeben zu haben. Er sei bei seiner Abreise sogar ausgebuht worden. Das Gespräch, das inzwischen einen gereizten Ton angenommen hatte, drehte sich im Anschluss eine Weile im Kreis, während

weitere gefälschte Berichte über tschechische Grausamkeiten herein-
gebracht wurden. Hitler verlangte die sofortige Festlegung einer Sprach-
grenze und zeigte Chamberlain eine Karte, die er vorbereitet hatte. Aber
keine noch so schöne Kartographie konnte die entstandene Kluft schließen, und nach einigen weiteren ermüdenden Stunden des Verhandelns
beschloss der Premierminister, das Treffen zu vertagen und in sein
Hotel zurückzukehren.

Daheim in London wartete Halifax gespannt auf Neuigkeiten. Das Außenministerium befand sich bereits in heller Aufregung über Berichte, dass
das paramilitärische sudetendeutsche Freikorps – auf Veranlassung Hitlers am Tag nach dem Berchtesgadener Gipfel gegründet – die Grenze
von Deutschland aus überschritten und die Städte Asch und Eger besetzt
hatte. Konnten die Briten den Tschechen weiterhin raten, unter solchen
Umständen nicht zu mobilisieren? Halifax war der Ansicht, dass das nicht
zu verantworten sei, und schickte eine entsprechende Nachricht nach
Bad Godesberg. Aus dem Hotel Petersberg erhielt er die deprimierende
Nachricht, dass Hitler weit entfernt davon sei, die britisch-französische
Regelung zu akzeptieren, und die Billigung der sofortigen Besetzung
forderte. Halifax, der weiterhin eine faire Behandlung der Tschechen
anstrebte, war entsetzt, nichtsdestoweniger kam er der Bitte Chamberlains nach, für den Moment davon abzusehen, den Tschechen zur Mobilisierung zu raten.

Eine Gruppe von führenden Appeasement-Gegnern traf sich unterdes-
sen in Churchills Wohnung. Harold Nicolson kam zur gleichen Zeit an,
als sein Gastgeber aus einem Taxi ausstieg. «Das ist ... die Hölle», sagte
Nicolson. «Es ist das Ende des Britischen Empires», antwortete Churchill.
Zu den beiden Männern gesellten sich fünf Peers – Lloyd, Horne, Lytton,
Wolmer und Robert Cecil – sowie der Vorsitzende der Liberalen Archie
Sinclair und Brendan Bracken. Churchill goss sich zunächst Whisky und

Soda ein und eröffnete der Gruppe dann, was er gerade von Downing Street erfahren hatte: welche Linie Chamberlain in Deutschland vertreten werde. Jemand fragte, was passieren würde, wenn Hitler die britisch-französischen Vorschläge ablehnen würde. «In dem Fall wird Chamberlain heute Abend zurückkommen, und wir werden Krieg haben», antwortete Churchill. In diesem Fall, räsonierte jemand anderes, könnte es ungünstig sein, wenn Chamberlain sich noch auf deutschem Boden befände. «Nicht einmal die Deutschen werden so dumm sein, uns unseres geliebten Premierministers zu berauben», antwortete Churchill. Später klingelte das Telefon, und die Gruppe erfuhr von Clement Attlee, dass die Labour-Partei bereit war, zusammen mit den Tory-Rebellen weitere Zugeständnisse abzulehnen. Dieser bedeutende Zuwachs an Unterstützung setzte den Schlusspunkt unter das Treffen, und die Teilnehmer waren entschlossen, sich gegen Chamberlain zu stellen, wenn er versuchen würde, einen «unehrenhaften Frieden» mit zurückzubringen.[6]

Churchill und seine Gefolgsleute waren nicht allein mit ihrer Wut auf die britische Politik. An diesem Abend protestierten 10000 Menschen im Regierungsviertel und forderten: «Steht den Tschechen zur Seite!» und «Chamberlain muss gehen!»[7] Meinungsumfragen, die zwar heutigen wissenschaftlichen Standards nicht entsprachen, aber in erfrischend direkter Weise die persönlichen Meinungen in der Bevölkerung einfingen, berichteten von einer wachsenden Unzufriedenheit, insbesondere bei Männern: 67 Prozent von ihnen waren laut einer Umfrage vom 21. bis 22. September über Chamberlains Behandlung der Tschechen «empört», verglichen mit nur 22 Prozent der Frauen.[*] Die aufgezeichneten Einzelmeinungen geben besonders interessante Einblicke. Auf die Frage «Was halten Sie von der Tschechoslowakei?» antwortete ein 30 Jahre alter Busfahrer aus Lewisham:

---

[*] Die Stichprobe bestand aus 350 Personen und zeigte im Laufe der zwei Tage dauernden Umfrage eine wachsende Desillusionierung. (Tom Harrisson, Charles Madge, Britain by Mass-Observation, 2. Ausgabe, London 1986, S. 75.)

Ich denke, sie sollten ihnen [den Deutschen] das abschlagen. Warum zum Teufel hat er [Hitler] das Recht, da rüberzugehen und mit solchen schmutzigen Tricks zu arbeiten? Das wird jetzt die ganze Welt gegen uns aufbringen. Wer wird uns noch vertrauen? Es ist, als würde man sein eigenes Kind den Wölfen zum Fraß vorwerfen. Wir haben dabei geholfen, dass dieses Land entstehen konnte, und dann kommt Chamberlain und will das Schwein [Hitler] damit kaufen. Früher oder später wird es einen Krieg geben, dann wird es niemanden mehr geben, der uns hilft. Dann wird uns Amerika keinen verdammten Cent mehr leihen. Es ist ja wohl mal sicher, dass, wenn sie [die Tschechen] auch nur ein bisschen Mumm in den Knochen haben, sie nicht zustimmen werden.

Ein Lagerarbeiter bei der *Evening News* war der Meinung:

Warum hat er [Chamberlain] nicht schon vor sechs Monaten gesagt, dass er nichts gegen irgendjemanden unternehmen wird, solange derjenige nicht direkt vor unserer Küste auftaucht? Mir scheint, dass, wenn Hitler und Mussolini anfangen, sich für unser Empire zu interessieren, er es ihnen Stück für Stück aushändigen wird, solange sie *uns* nicht antasten – bis wir kein Empire mehr haben werden. Es ist meiner Meinung nach ziemlich schäbig, einem kleinen Kerl nicht zu sagen, was man vorhat, wenn man vorher mehr oder weniger versprochen hat, man will dafür sorgen, dass er nicht ausgeraubt wird.[8]

Selbstverständlich war das nicht jedermanns Meinung, und einige inszenierten geradezu demonstrativ, dass alles in gewohnten Bahnen ablief. «Lieber Rab», schrieb etwa Michael Beaumont, konservativer Abgeordnete für Aylesbury, am 21. September, dem Tag der tschechischen Kapitulation, an den Unterstaatssekretär für auswärtige Angelegenheiten:

Mir ist schon klar, dass eine Einladung zur Jagd für Dich weder zur rechten Zeit noch zum rechten Ort kommt, aber wenn wir nicht alle bis dahin in einem Holocaust [sic] untergegangen sind, könnt Ihr dann beide hier an der Jagd am 17. Dezember teilnehmen? Und schon am 16. Dezember zu uns kommen und das Wochenende hier verbringen?

Was auch immer Du tust, halte uns lange genug aus dem Krieg heraus, dass wir im Oktober mit Dir auf die Jagd gehen können – denn darauf freuen wir uns schon sehr.

Wie Du weißt, bin ich nicht immer voll des Lobes für die Regierung Seiner Majestät, aber meiner Ansicht nach waren Neville und Edward Halifax großartig. Du musst eine aufregende Zeit gehabt haben. Verfluchte Tschechen!⁹

Der bedeutendste Wandel hin zu einer härteren Haltung fand im Außenministerium statt. Beunruhigt durch die Nachrichten aus Bad Godesberg und den Stimmungsumschwung zu Hause, entschied sich Halifax nun, Chamberlains Bitte zu ignorieren, und ermächtigte Basil Newton in Prag am Freitagnachmittag, den 23. September, um vier Uhr, den Rat der britischen Regierung, dass die Tschechen nicht mobilisieren sollten, zurückzunehmen. Dann schickte er, von Sam Hoare nachdrücklich unterstützt, ein «deutlich» formuliertes Telegramm an den Premierminister:

Große Teile der öffentlichen Meinung scheinen eine härtere Gangart zu wollen, in dem Sinne, dass wir die Grenze möglicher Konzessionen erreicht haben. ... Wir können uns natürlich die enormen Schwierigkeiten vorstellen, mit denen Sie konfrontiert sind, aber aus der Perspektive Ihrer Lage, der der Regierung und des Landes erscheint es Ihren Kollegen von entscheidender Bedeutung, dass Sie nicht abreisen sollten, ohne dem Kanzler, wenn möglich in einem Gespräch unter vier Augen, eines klargemacht zu haben: Wenn er nach den großen Zugeständnissen der tschechoslowakischen Regierung die Möglichkeit einer friedlichen Lösung ablehnt zugunsten einer Lösung, die Krieg bedeuten muss, wäre das ein unverzeihliches Verbrechen gegen die Menschheit.¹⁰

In Bad Godesberg war sich Chamberlain nicht sicher, was er überhaupt erreichen konnte. Nach der Pattsituation, in die er am Abend des 22. September geraten war, beschloss er, das für den nächsten Morgen geplante Treffen mit Hitler abzusagen und stattdessen an ihn zu schreiben und um eine schriftliche Erklärung seiner Forderungen zu bitten. Widerwillig stimmte Hitler zu. Nachdem sich die britische Delegation am Abend des 23. um 22:30 Uhr wieder im Hotel Dreesen eingefunden hatte, verlas Hitler ein Memorandum, in dem er forderte, dass die Tschechen am 26. September – drei Tage später – mit der Evakuierung des Sudetenlandes beginnen und dass die deutschen Truppen wiederum drei Tage später die Inbesitznahme vollziehen sollten. Chamberlain sagte, dies sei ein «Ultimatum» – ein «Diktat», ertönte es von Henderson.[11] Hitler wies lediglich darauf hin, dass das Dokument den Titel «Memorandum» trage. In diesem Moment trat ein Adjutant ein und reichte dem Führer eine Notiz. Nachdem er einige Zeit darauf gestarrt hatte, übergab er das Blatt an Schmidt, um es für den Premierminister übersetzen zu lassen. Es war die Nachricht, dass die Tschechen mobilisiert hatten.

Für eine halbe Ewigkeit sagte niemand ein Wort. Chamberlain befürchtete, dass Hitler an Ort und Stelle den Befehl zur Vergeltung geben könnte, aber der Führer überraschte ihn, als er sagte, dass er aufgrund der Achtung, die er vor den Verhandlungen habe, nicht auf diese jüngste Provokation reagieren würde. Tatsächlich stimmte er zu, seine Frist für die Evakuierung auf den 1. Oktober zu verlängern, und schmeichelte Chamberlains Eitelkeit, indem er ihm sagte, dass der Brite einer der wenigen Männer sei, denen er jemals ein Zugeständnis gemacht habe. Die Atmosphäre hatte sich offensichtlich gewandelt. Beeindruckt versicherte Chamberlain, er werde Hitlers Bedingungen an die Tschechen weitergeben, und der Führer sprach vage über die Möglichkeit einer Verbesserung der britisch-deutschen Beziehungen. «Zwischen uns braucht es keine Gegensätze zu geben», erinnerte sich Schmidt, habe er gesagt, «wir werden Ihnen bei der Verfolgung Ihrer außereuropäischen Interessen nicht im Wege stehen, und Sie können uns ohne Schaden auf dem

Festlande in Mittel- und Südosteuropa freie Hand lassen.»[12] Als die beiden Männer sich verabschiedeten, erklärte Chamberlain, er glaube, dass «ein Vertrauensverhältnis zwischen dem Führer und ihm entstanden sei»[13]. Tatsächlich war er erpresst worden.

Am folgenden Nachmittag war Sir Alexander Cadogan in Downing Street Nr. 10 «völlig entsetzt», als er hörte, wie der Premierminister die Annahme der Forderungen Hitlers empfahl.[14] Chamberlain erläuterte dem Inneren Kabinett, er sei «zufrieden, dass Herr Hitler die Wahrheit gesagt hat, als er sagte, dass er diese Frage als Rassenfrage betrachtet», und dass er kämpfen würde, wenn seine Bedingungen nicht akzeptiert würden. Glücklicherweise habe er das Gefühl, dass er einen «gewissen persönlichen Einfluss» auf den Führer ausgeübt habe – einen Mann, der «sein Wort nicht zurücknehmen würde, sobald er es gegeben hatte» – und dass er darin das Potenzial sehe, «einen Wendepunkt in den britisch-deutschen Beziehungen zu erreichen»[15]. Es sei offensichtlich, bemerkte Cadogan, dass Hitler ihn «bis zu einem gewissen Punkt hypnotisiert» haben musste: «Er votierte ganz ruhig für die totale Kapitulation.»[16] Nicht weniger erstaunlich war der Zauber, den der Premierminister über seine Kollegen geworfen zu haben schien. Am Vortag hatten sich Halifax, Hoare und Sir John Simon sämtlich gegen die Vorschläge ausgesprochen, und vor allem Simon war «so kriegerisch wie der *Duke of Plaza Toro*» aufgetreten.* Nun meinte der Schatzkanzler jedoch, dass es sich nur um eine Frage von «Modalitäten» handle, und der Außen- und der Innenminister schlossen sich ihm an und stellten sich widerspruchslos hinter den Premierminister.[17]

Als jedoch um 17:15 Uhr das Gesamtkabinett tagte, stieß Chamberlain auf starken Widerspruch. Er zitierte das Versprechen Hitlers, dass «er keine territorialen Ambitionen mehr in Europa habe», und führte seine

---

* Der Duke of Plaza Toro ist die Titelfigur eines humoristischen Gedichts von W.S. Gilbert (1836–1911). Der Duke liebt den Krieg, findet aber immer einen Weg, dass andere die Kämpfe für ihn ausfechten.

Einschätzung an, dass der Führer «einen Mann, den er respektiere und mit dem er verhandelt habe, nicht absichtlich täuschen würde», und betonte außerdem, dass es «eine große Tragödie wäre, wenn wir diese Gelegenheit verpassen würden, eine Einigung mit Deutschland zu erzielen». Nichtsdestotrotz war mindestens ein Drittel des Kabinetts anderer Ansicht.[18] Duff Cooper sagte, dass er die optimistische Sicht des Premierministers in Bezug auf die Zusicherungen Hitlers nicht teilen könne, und forderte eine sofortige allgemeine Mobilisierung. Zuvor habe er gedacht, dass es nur zwei mögliche Ergebnisse der Krise geben könne: «Frieden der Schande oder Krieg.» Nun sehe er eine dritte Möglichkeit: «Vom Stiefel der öffentlichen Meinung in den Krieg getreten zu werden – zu einem Zeitpunkt, wenn diejenigen, für die wir kämpfen, bereits besiegt sind.»[19] Er wurde von Leslie Hore-Belisha, Oliver Stanley, Lord Winterton und Lord De La Warr unterstützt. Chamberlain lehnte die Forderung nach zusätzlichen Verteidigungsmaßnahmen ab, machte allerdings das Zugeständnis, dass das Kabinett diese Frage bei der Wiederaufnahme der Sitzung am nächsten Morgen erneut prüfen könne.

Halifax war nicht beunruhigt. Nachdem er anscheinend seinen tollkühnen Widerstand vom Vortag vergessen hatte, kehrte er ins Außenministerium zurück – «ganz fröhlich defätistisch-pazifistisch». Sein Ständiger Unterstaatssekretär hingegen war völlig verzweifelt. «Wie können wir danach einem Fremden ins Gesicht sehen? Wie können wir Ägypten, Indien und alle Übrigen halten?», fragte sich Cadogan. Er wusste um die Mängel der britischen Verteidigung, hatte sich aber entschieden, dass es besser sei, «geschlagen als entehrt zu werden», und während er den Außenminister nach Hause fuhr, beschloss er, gegenüber seinem Vorgesetzten nun mit seiner Meinung nicht mehr hinter dem Berg zu halten.[20] Am nächsten Morgen schickte Halifax nach ihm. «Alec, ich bin sehr wütend auf dich», tadelte der Außenminister. «Du hast mir eine schlaflose Nacht bereitet. Ich bin um ein Uhr aufgewacht und konnte nicht wieder einschlafen. Aber ich bin zu dem Schluss gekommen, dass du Recht hattest.»[21] Dementsprechend sagte Halifax seinen Kollegen bei der wiederaufgenommenen Kabinettssitzung am 25. September, dass er nun denke, dass es doch einige Abweichungen zwischen den Auffassungen des Premierministers und der seinen gab. «Mit leiser Stimme und großer Emotion» erklärte er, dass er gestern nicht das Gefühl gehabt habe, dass die Annahme der Forderungen von Bad Godesberg gleichbedeutend damit sei, ein neues Prinzip zu akzeptieren im Vergleich zu dem, was das Kabinett bereits vereinbart hatte.[22] Nun sei er sich dessen nicht mehr so sicher. Es gebe, so denke er, einen Unterschied zwischen einer geordneten und einer ungeordneten Übergabe (eingedenk allem, was Letztere für die Minderheiten in den Gebieten bedeuten mochte), und seine Gedanken würden immer wieder um den einen Punkt kreisen, «dass Herr Hitler uns nichts gegeben hat – und dass er Bedingungen diktiert hat, als ob er einen Krieg gewonnen hätte, ohne dass er überhaupt kämpfen musste». In einer atemberaubenden Kehrtwende eröffnete Halifax dem Kabinett dann, dass das «ultimative Endergebnis», das er sich wünsche, die Zerstörung des Nationalsozialismus sei:

Solange es den Nationalsozialismus gebe, sei Frieden ungewiss. Aus diesem Grund halte er es nicht für richtig, Druck auf die Tschechoslowakei auszuüben, die Forderungen zu akzeptieren. Sie sollten in diesem Fall entscheiden. Wenn sie ablehnten, stelle er sich vor, werde Frankreich ihnen beispringen, und wenn Frankreich dabei sei, sollten wir uns ihnen anschließen.[23]

Halifax' Transformation vom Appeaser zum Gegner der Appeasement-Politik war ein massiver Rückschlag für Chamberlain. Der ließ daraufhin eine Notiz am Kabinettstisch zirkulieren, in der er andeutete, dass er lieber zurücktreten werde, als sein Land in den Krieg zu führen:

Die völlige Änderung Deiner Sichtweise, seit wir uns gestern Abend gesehen haben, ist ein schrecklicher Schlag für mich, aber natürlich musst Du Dir Deine Meinung selbst bilden.

Es bleibt jedoch abzuwarten, was die Franzosen sagen.

Wenn sie sagen, dass sie sich beteiligen – und uns dadurch mit hineinziehen –, glaube ich nicht, dass ich die Verantwortung für die Entscheidung übernehmen könnte.

«Ich fühle mich wie ein Unmensch», schrieb Halifax zurück, «aber ich lag die meiste Zeit heute Nacht wach und habe mich damit herumgequält, und ich hatte nicht das Gefühl, dass ich in diesem Moment, wo wir im Begriff sind, die [Tschechoslowakei] zu nötigen, zu irgendeiner anderen Schlussfolgerung kommen könnte. E[dward].» «Nächtliche Schlussfolgerungen werden selten aus der richtigen Perspektive heraus gezogen», lautete Chamberlains strenge Replik.[24]

Nachdem Halifax ein solch «bemerkenswertes moralisches Vorbild» gegeben hatte, schlossen sich Hore-Belisha und Lord Hailsham eindeutig der Anti-Appeasement-Fraktion an, ebenso wie Stanley, Elliot, De La Warr, Winterton und Cooper.[25] Chamberlain war entsprechend bestürzt. In seinem Kabinett herrschte offene Revolte, angeführt von seinem Außenminister. Zuerst versuchte er, die massiven Risse, die sich aufgetan hatten, zu übertünchen, aber Cooper erklärte, dass er lieber zurücktreten werde, als sich an einem solch schäbigen Tun weiter zu beteiligen. Chamberlain antwortete, dass er dies erwartet habe, bat aber den Ersten Lord der Admiralität, nichts Unbesonnenes zu tun. Und Cooper erklärte sich bereit, mit seiner Entscheidung noch zu warten, bis sich das Innere Kabinett am Nachmittag mit den Franzosen getroffen habe. Nichtsdestotrotz war es eine dramatische Sitzung gewesen – ein Wendepunkt, den Baffy Dugdale in ihrem Tagebuch festhielt als den Moment, in dem die «Abnicker» begannen, «sich wieder in Männer zu verwandeln».[26]

———

In der vergangenen Woche hatte Sir Eric Phipps täglich (oft dreimal täglich) Berichte aus Paris geschickt und darin betont, die Franzosen seien sowohl extrem unwillig als auch unfähig, in den Krieg zu ziehen. Der Inhalt dieser Berichte war allerdings so defätistisch, dass das Außenministerium vermutete, der Botschafter gehe absichtlich selektiv mit den Fakten um, und beschloss, alle britischen Konsulate sollten ihre Partikularberichte direkt nach London schicken. In mancher Hinsicht war dieser Vorwurf Phipps gegenüber ungerecht. Ein weit verbreiteter Defätismus, insbesondere aufseiten der französischen Rechten, war definitiv zu verzeichnen, und das Versagen der Regierung, sich auf den Krieg vorzubereiten (es gab einen gravierenden Mangel an Gasmasken, ganz zu schweigen von der Luftverteidigung), verstärkte ein Gefühl wachsender Panik. Andererseits berief die Regierung Reservisten ein (753 000 am 24. September), und auf einer Sitzung des Ministerrates am Morgen des 25. September 1938 stellte sich Daladier auf die Seite derjenigen, die nicht kapitulieren wollten – Georges Mandel, Paul Reynaud und Auguste Champetier de Ribes –, gegen Bonnet und dessen Mitstreiter. Der französische Premierminister kam dann nach Großbritannien, um Chamberlain zu sagen, dass er lieber kämpfen werde, als sich dem deutschen Diktat zu unterwerfen.

Zu diesem Zeitpunkt hatten die Tschechen die Forderungen aus Bad Godesberg bereits entschieden abgelehnt und erklärt, dass «die Nation des hl. Wenzels, Jan Hus' und Thomas Masaryks sich nicht zu einer Nation von Sklaven machen lasse»[27]. Wie schon im Mai hatte der Aufruf zur Mobilmachung außergewöhnliche Szenen hervorgebracht. «Männer eilten Hals über Kopf durch die verdunkelten Straßen, um ihre Ausrüstung zu holen», erinnerte sich der *Daily Express*-Korrespondent Geoffrey Cox. «Kellner in Restaurants zogen ihre Schürzen aus und gingen, Ladenbesitzer, die sonst die ganze Nacht geöffnet hatten, schlossen ihre Geschäfte, Autos wurden auf der Straße von der Polizei angehalten und die Fahrer gebeten, Männer zu ihren Sammelstellen zu bringen. Bald waren die Straßen voll von Männern, jeder mit seinem kleinen Koffer, die zu den Kasernen oder den Bahnhöfen eilten.»[28]

Chamberlain sah sich in die Ecke gedrängt. Aber er war nicht bereit aufzugeben. Als das Kabinett am Abend nach dem Treffen mit den Franzosen am Sonntag, den 25. September, um 23:30 Uhr wieder zusammenkam, kündigte er an, dass er Horace Wilson nach Berlin schicken werde, um in einem letzten Appell Hitler zu bitten, ein internationales Gremium den Transfer der Gebiete organisieren zu lassen. Wenn Hitler diese Forderung ablehne, fuhr er fast beiläufig fort, solle Wilson ihm sagen, dass Frankreich dann ohne Frage an der Seite der Tschechoslowakei kämpfen würde und Großbritannien sich zweifellos anschließen werde. «Es war ... eine völlige Umkehrung dessen, was er selbst uns am Vortag angeraten hatte. Und es war eine Umkehrung der Politik, die eine Mehrheit des Kabinetts unterstützt hatte», stellte Cooper erstaunt, aber zufrieden fest.[29]

Am nächsten Morgen traf der französische Oberbefehlshaber, General Maurice Gamelin, in London ein und machte dem Premier mit seinen optimistischen Plänen Mut, die für den Kriegsbeginn eine gezielte Offensive gegen den deutschen Westwall – auch Siegfried-Linie genannt – fünf Tage nach Kriegsausbruch vorsahen.[30] Tatsächlich standen die Chancen gut für Frankreich: Die Befestigung der Siegfried-Linie war noch unvollständig, und «acht deutschen Divisionen standen 23 französische Divisionen gegenüber.»[31]

Unterdessen hatte sich der Industrieexperte des Ministerpräsidenten auf den Weg nach Berlin gemacht. Die Stimmung in der Stadt war von «großer Aufregung» geprägt.[32] Es waren nur noch fünf Tage, bis «Fall Grün», der Plan für die Invasion der Tschechoslowakei, in Kraft treten würde, und die antitschechische Propaganda lief auf Hochtouren. Hitler war weiterhin überzeugt, dass Großbritannien nicht eingreifen werde, und bereitete für den Abend im Berliner Sportpalast eine Rede mit rabiaten Anschuldigungen gegen die Tschechen vor. Der Moment war nicht gerade günstig für Wilsons Appell. Tatsächlich hatte Hitler kaum die Geduld, Chamberlains Brief zu Ende anzuhören, und sprang irgendwann vom Stuhl auf, um zu sagen, dass damit fortzufahren keinen Sinn mache, und ging in Richtung der Tür. Da Wilson jedoch nicht aufstand, kehrte er um und bekam dann einen derartigen Wutanfall, wie Schmidt ihn noch nicht erlebt hatte. Die Briten waren so überrascht, dass Ivone Kirkpatrick, der Wilson begleitet hatte, zunächst aufhörte, Notizen zu machen. Dieser drängte ihn, schnellstens wieder den Stift zu ergreifen: «Schreiben Sie alles mit? Es ist ungeheuer wichtig!» Aber der Erste Sekretär der britischen Botschaft konnte Wilson beruhigen, dass er davon sicherlich kein Wort vergessen werde.[33] Nachdem Hitlers Zorn verraucht war, fragte Wilson, ob er bereit sei, sich mit einer tschechischen Delegation zu treffen. Hitler antwortete, dass er dies nur unter der Bedingung tun würde, dass sie zuerst die Godesberger Bedingungen akzeptiert hätten, und gab ihnen bis Mittwoch um 14:00 Uhr dafür Zeit, sprich zwei Tage. Dies wäre der Zeitpunkt gewesen, an dem Wilson die Warnung aus London hätte übermitteln müssen, aber er war von Hitlers Tirade so eingeschüchtert, dass er beschloss, nichts davon zu erwähnen. Anschließend berichtete Kirkpatrick nach London: «Die Epitheta von Herrn Chamberlain und Sir Horace Wilson, deren Übermittlung uns aufgetragen war, konnten bei einem solchen Theater nicht wiederholt werden.»[34]

Als er an diesem Abend im Sportpalast sprach, übertraf Hitler seinen Ausbruch in der Reichskanzlei noch. Der amerikanische Journalist William Shirer beschrieb den Auftritt als völligen Verlust seiner Selbstbeherrschung.[35] Gellend und kreischend wie ein Dämon schrie er Beleidigungen gegen Beneš heraus und versprach dem deutschen Volk, dass er sich bis zum 1. Oktober das Sudetenland holen werde. Als Wilson am nächsten Morgen wieder in der Reichskanzlei erschien, fand er Hitler nicht weniger entschlossen vor. Chamberlains in der Nacht eingetroffene Nachricht, dass Großbritannien für die Übergabe der Sudetengebiete durch die Tschechen sorgen werde, interessiere ihn nicht, und wenn die in Bad Godesberg gesetzten Bedingungen nicht bis zum nächsten Tag um 14 Uhr akzeptiert seien, werde er «die Tschechen zerschmettern!».[36] Das war für Wilson das Stichwort, um die Warnung aus London weiterzugeben, wobei er vorsichtigerweise darauf achtete, dabei «mehr Bedauern als Zorn» durchscheinen zu lassen.[37] Hitler antwortete leichthin, er sei auf alle Eventualitäten vorbereitet. «Wenn Frankreich und England losschlagen [...] so sollen sie es nur tun. Das ist mir völlig gleichgültig. [...] Heute ist Dienstag, und am nächsten Montag werden wir alle Krieg führen.»[38]

────────

Zu Hause in London taten die Anti-Appeaser alles, um zu verhindern, dass die Regierung nachgab. In einem Leserbrief an die *Times* am 26. September erklärte Leo Amery:

> Das Problem ist inzwischen sehr einfach. Sollen wir ein freies Volk, dessen Sache wir unterstützt haben, rücksichtsloser Brutalität überantworten und es jetzt den Wölfen zum Fraß vorwerfen, um unsere eigene Haut zu retten, oder sind wir nach wie vor imstande, einem Tyrannen die Stirn zu bieten? Es ist nicht die Tschechoslowakei, sondern unsere Seele, die auf dem Spiel steht.[39]

Um diese «rücksichtslose Brutalität» zu verhindern, darin waren sich die Anti-Appeaser einig, müsse die Regierung Russland nachträglich in ein Verteidigungsbündnis mit einbeziehen. Fünf Tage zuvor, am 21. September, hatte Litwinow in einer Rede vor der Vollversammlung des Völkerbundes den eindeutigen Entschluss der Sowjetunion verkündet, «eines der ältesten, kultiviertesten und fleißigsten Völker Europas» zu schützen.[40] Zwei Tage später sagte er zu Rab Butler, wenn es den Briten tatsächlich darum gehe, einen deutschen Einmarsch in die Tschechoslowakei zu verhindern, dann sollten sie sich mit den Franzosen und Russen treffen, um eine gemeinsame Reaktion zu koordinieren und Hitler zu zeigen, dass sie es ernst meinten.

Dass die Regierung es versäumte, diesen Vorschlag aufzugreifen, widerstrebte Churchill. Am Nachmittag des 26. September, zur gleichen Zeit, als Wilson Hitlers Wutanfall über sich ergehen lassen musste, gab Churchill eine Erklärung ab. Er argumentierte, die einzige Hoffnung, den Frieden zu erhalten, bestehe darin, den Deutschen zu sagen, dass eine Invasion zu einem Krieg mit Großbritannien, Frankreich und Russland führen werde. An diesem Abend traf sich eine Gruppe von Gegnern der Appeasement-Politik – darunter Robert Cecil, Bob Boothby, Archie Sinclair, Harold Macmillan, Amery und Nicolson – in Churchills Londoner Wohnung in Morpeth Mansions, einem Mehrparteienhaus aus den 1880er Jahren, das eine halbe Meile vom Parlament entfernt lag. Das Kabinett, so erfuhren sie, sei vor Angst zunächst beinah wie gelähmt gewesen, aber die politischen Leichtgewichte hätten sich durchgesetzt – und den Deutschen Kontra zu geben schien die neue Linie zu sein. Sie diskutierten dann die Wilson-Mission und beschlossen, wie Nicolson festhielt: «Wenn Chamberlain wieder umfällt, dann sollten wir einen gemeinsamen Block gegen ihn bilden.»[41] Churchill rechnete nicht damit, dass Chamberlain «umfallen» werde, da ihm versichert worden war, dass das Außenministerium im Begriff sei, eine Erklärung herauszugeben, in der davor gewarnt werden würde, dass ein Angriff auf die Tschechoslowakei dazu führen werde, dass die französische, britische und jetzt auch russische Seite involviert werde. Chamberlain, so berichtete er, sei «sehr erschöpft und ein gebrochener Mann». Seinem alten Freund Amery tat der Premier ausgesprochen leid:

> Der arme Kerl, er hat wacker sein Bestes gegeben, aber er hätte eine solche Aufgabe nie angehen sollen, ohne dafür entsprechend qualifiziert zu sein, und obwohl die Torheiten der Deutschen die Spuren verwischen mögen, wird ohne Zweifel in die Geschichte eingehen, dass er nach seinem ersten Besuch bei Hitler, der ihn offenbar bis zu einem gewissen Grad geblendet hat, ein fürchterliches Durcheinander verursacht hat.[42]

Um 20:00 Uhr veröffentlichte das Außenministerium sein Kommuniqué, das, wie es Churchill angekündigt worden war, warnte: «Wenn trotz aller Bemühungen des britischen Premierministers ein deutscher Angriff auf die Tschechoslowakei erfolgt, muss das unmittelbare Ergebnis sein, dass Frankreich aufgrund seiner Verpflichtungen [der Tschechoslowakei] zu

Hilfe kommen wird, und Großbritannien und Russland werden Frankreich unumstößlich zur Seite stehen.»[43] Dies schien der kompromisslose Standpunkt zu sein, den die Appeasement-Gegner gefordert hatten, aber wer auch immer daraus schlussfolgerte, der Premierminister habe seine Appeasement-Politik aufgegeben, der täuschte sich. Chamberlain zürnte Halifax, weil der die Erklärung ohne Rücksprache mit ihm herausgegeben hatte, und selbst als ihm die Zeit davonlief, tat er weiterhin alles, um die Kluft zwischen Hitlers Forderungen und dem Standpunkt seiner renitenten Kollegen zu überbrücken.

⁂

Im ganzen Land bildeten sich vor den Rathäusern in den Städten und Gemeinden lange Warteschlangen wie vor einem Ausverkauf in einem Kaufhaus, allerdings waren statt Schnäppchen Gasmasken im Angebot. Mussolini hatte gegen die Abessinier Gas eingesetzt, daher schien es wahrscheinlich, dass Hitler im Rahmen des erwarteten «Vernichtungsschlags» aus der Luft das Gleiche tun würde. Auf dem Platz vor dem Buckingham-Palast und auf der Westminster Bridge standen nun Flugabwehrbatterien, und ein einsames Kampfflugzeug zog über der Hauptstadt seine Kreise. Am Dienstag, dem 27. September, begann die erste Evakuierung: 3000 blinde Kinder wurden in Sicherheit gebracht. Das Kriegsministerium verbreitete einen Aufruf, es würden 25 000 Frauen für einen weiblichen Freiwilligendienst gesucht, der als Auxiliary Territorial Service die Territorialarmee unterstützen solle. Die Londoner U-Bahn schloss eine Reihe von Linien – angeblich für Reparaturen, tatsächlich sollten die Stationen als Luftschutzräume genutzt werden, und den Polizeikräften wurde kein Urlaub mehr gewährt. In Sissinghurst beaufsichtigte Harold Nicolsons Frau, die Schriftstellerin Vita Sackville-West, das Ausheben eines Schützengrabens in ihrem Obstgarten. Ähnliches geschah in großem Maßstab in London, wo Freiwillige die Königlichen Parks in riesige Ausgrabungsstätten verwandelten. An den Finanzmärkten brach das Pfund gegenüber dem Dollar stark ein, allerdings verzeichneten die Standesämter einen Boom, da Hunderte von Paaren noch schnell heiraten wollten.

Auch wenn im ganzen Land nicht gerade Hurra-Patriotismus zu verzeichnen war, die führenden Politiker des Landes ergaben sich regelrecht dem Defätismus. Bei einer erweiterten Sitzung des Inneren Kabinetts am Nachmittag des 27. September wiederholten die Stabschefs ihre düsteren Prognosen, an die sich noch ein deprimierender Bericht zur tschechischen Wehrkraft vom britischen Militärattaché in Berlin, Oberst Mason-MacFarlane, anschloss. Bei Cadogan löste dieser Verärgerung aus, da er ihm irreführend und lediglich auf Indizien basierend erschien. Nach dem Bad Godesberger Gipfel war «Mason-Mac» damit beauftragt worden, den Tschechen Hitlers Memorandum auszuhändigen. Dafür war er über Nacht bis zur tschechischen Grenze gefahren und dann noch beinah zehn Kilometer zu Fuß gelaufen, wobei er über Stacheldraht klettern musste und ständig in Gefahr schwebte, erschossen zu werden, bis er endlich auf einen tschechischen Grenzposten traf. Diese abenteuerliche Mission hatte er mutig absolviert, sie war aber die alleinige Grundlage, auf der er nun meinte, dem Premierminister sagen zu können, dass die tschechischen Soldaten «vor Angst wie gelähmt» seien.[44] Tatsächlich hatte nämlich der Militärattaché in Prag, Oberstleutnant Humphrey Stronge, in seinem Bericht Anfang des Monats geschrieben:

> Alles deutet darauf hin, dass sie [die Tschechen] Durchhaltevermögen besitzen. ... Allein die Tatsache, dass es ihnen in den letzten drei Jahrhunderten gelungen ist, ihre kulturelle, sprachliche und ethnographische Individualität angesichts der auf sie einwirkenden assimilierenden Kräfte zu bewahren, zeigt, dass sie ein gewisses Beharrungsvermögen besitzen, das sich nicht leicht unterdrücken lässt.[45]

Als sich die Sitzung ihrem Ende näherte, erkundigte sich Chamberlain bei dem Ersten Seelord und operativen Befehlshaber der Navy, Admiral Sir Roger Backhouse, ob seiner Einschätzung nach alle notwendigen Maßnahmen getroffen worden seien. Woraufhin Backhouse antwortete, er würde gerne weitere Schritte unternehmen, und fragte, ob der Premierminister bereit sei, mobilisieren zu lassen. Chamberlain zögerte, dann nickte er. Der Erste Seelord sammelte seine Unterlagen zusammen und eilte zurück zur Admiralität, um den Befehl weiterzugeben. Kurze Zeit später steckte Wilson den Kopf durch die Tür des Kabinettssaals. «Ist Ihnen klar, dass wir Duff nicht gesagt haben, dass die Flotte mobilisiert werden soll?»[46]

Den ganzen Nachmittag über wurden dem Premierminister verschiedene Telegramme übermittelt. Roosevelt drängte alle Akteure, die Verhandlungen nicht aufzugeben, während Chamberlain aus Prag erfuhr, dass Beneš zugestimmt hatte, den Polen im Gegenzug für ihre Neutralität den westlichen Teil des Olsagebietes zu überlassen. Aus Berlin informierte ihn Henderson, dass die Würfel gefallen seien. Die Vorbereitungen des deutschen Militärs seien abgeschlossen, erklärte der Botschafter, und wenn am folgenden Tag, Mittwoch, den 28. September, nicht bis 14 Uhr eine tschechische Delegation in Berlin eintreffe, dann werde Hitler den Befehl zum Einmarsch geben. Die Briten gaben diese Informationen an Prag weiter und fügten hinzu, dass «die Regierung Seiner Majestät nicht die Verantwortung übernehmen kann, Ihnen zu sagen, was Sie tun sollen.»[47] Die britische Regierung hatte jedoch noch nicht ganz aufgegeben. Mit Chamberlains Segen hatten Halifax und Cadogan einen Plan ausgearbeitet, wonach deutsche Truppen bis zum 1. Oktober die Asch-Eger-Region besetzen dürften, zwei Tage später sollte dann ein Treffen deutscher und tschechischer Bevollmächtigter folgen, um den Abzug der tschechischen Truppen aus den übrigen Gebieten zu organisieren.

Denn auch wenn Halifax bereit war, die Tschechen zu verkaufen, wenn alles in geordneten Bahnen ablief, war er nicht bereit, Hitler ohne Rücksicht auf geregelte rechtliche oder diplomatische Verfahren einmarschieren zu lassen. Um 19:15 Uhr (es war immer noch Dienstag, der 27. September) hatten alle den Kabinettssaal verlassen müssen, damit die Techniker Vorbereitungen für die für 20:00 Uhr geplante Übertragung der Ansprache des Premierministers an die Nation treffen konnten. Chamberlain,

Halifax und Cadogan zogen sich daraufhin in Wilsons angrenzendes Büro zurück. Dort zeigte Wilson dem Außenminister ein Telegramm, das er entworfen hatte, um die Tschechen zur Annahme von Hitlers Forderungen aufzufordern. Es war eine «vollständige Kapitulation», stellte der entsetzte Cadogan fest, und sowohl er als auch Halifax sprachen sich sofort dagegen aus. Chamberlain akzeptierte ihre Argumente ohne Widerrede. «Ich wanke hier nur noch durch die Räume», murmelte er entschuldigend.[48] Er war in der Tat völlig erschöpft. Nach eigenem Bekunden hatte er «jegliches Zeitgefühl» verloren, und nur seine Frau kenne die Angst, die er während dieser «qualvollen Stunden, in denen die Hoffnung fast erloschen schien», durchlitten habe.[49]

Seine Erschöpfung und seine Niedergeschlagenheit spiegelten sich leider auch in der Übertragung seiner Rede wider. Er sprach nur stockend, und jeder seiner Sätze transportierte einen tragischen Unterton. Wie in einem Albtraum sah sich Chamberlain fassungslos der Situation gegenüber, dass «wir hier Schützengräben ausheben und Gasmasken anprobieren sollen, weil es in einem fernen Land zu einem Streit zwischen Menschen gekommen ist, von denen wir nichts wissen». Er sprach von seinen Besuchen in Deutschland und wiederholte, als würde er versuchen, seine Kabinettskollegen zu überzeugen, Hitlers Versprechen, dass dies seine letzte territoriale Forderung sei. Trotz des vorgeblichen Versprechens, die Tschechoslowakei zu unterstützen, sagte er weiter, dass Großbritannien unmöglich nur für die Erhaltung der tschechischen Souveränität kämpfen könne:

Sosehr wir auch mit einer kleinen Nation sympathisieren mögen, die mit einem großen und mächtigen Nachbarn konfrontiert ist, wir können uns nicht unter allen Umständen verpflichten, das gesamte Britische Empire allein ihretwegen in einen Krieg zu verwickeln. Wenn wir kämpfen müssen, dann muss es dabei um mehr gehen als das. Ich selbst bin ein Mann des Friedens – bis in die Tiefe meiner Seele. Ein bewaffneter Konflikt zwischen Nationen ist für mich ein Albtraum; aber wenn ich überzeugt wäre, dass

eine Nation sich entschlossen hätte, die Welt mit Hilfe der Angst zu dominieren, die sie mit ihrer Macht verbreitet, dann ist es meine Überzeugung,
dass man ihr widerstehen müsste. … Krieg ist eine schreckliche Sache, und
es muss, bevor wir ihn beginnen, klar sein, dass es wirklich um die wichtigen Grundsätze geht, die auf dem Spiel stehen, und dass die Forderung,
alles für deren Verteidigung zu riskieren, nach Abwägung aller Konsequenzen alternativlos ist.[50]

Dass dies nicht gerade eine motivierende St.-Crispians-Ansprache war,
wie sie Heinrich V. in Shakespeares gleichnamigem Drama gehalten
hatte, wäre als Einschätzung wohl noch eine starke Untertreibung. Duff
Cooper war wütend, dass Chamberlain die Mobilisierung der Flotte nicht
erwähnt hatte, und hielt die Rede für eine «äußerst deprimierende Einlas-
sung», während Amery glaubte, sie würde die Deutschen nur ermutigen.
«Wenn es jemals einen vollendeten Zivilisten gegeben hat [jemand, der
aus vollster Überzeugung eine zivilistische Perspektive einnimmt], einen
Bürger, der es gewohnt ist, mit seinen Mitbürgern im Stadtrat oder im
Kabinett zu verhandeln, und einen Mann, der völlig unfähig ist, in Begriffen wie Gewalt, Strategie oder Diplomatie zu denken, dann ist es Neville»,
hielt der ehemalige Kolonialminister in seinem Tagebuch fest.[*][51] Tatsächlich konnte man auch an eine erhebliche Verletzung der Pflichten eines
Premierministers denken: Großbritannien stand am Rande eines Krieges,
und sein demokratischer Führer hatte es versäumt, der Nation einen einzigen positiven Grund zu nennen, warum sie kämpfen sollte.

Ganz im Gegenteil hatte er eine Vielzahl von Gründen genannt, warum
die Briten nicht kämpfen sollten, unter anderem hatte er die These ver-

---

[*] Nicht alle teilten diese Ansicht. Alec Hardinge, der Privatsekretär des Königs, rief Downing
Street an, um Chamberlain zu sagen, dass Seine Majestät die Übertragung «wunderbar»
fand, «genau das, was man sich gewünscht hatte». Roosevelt bemerkte sogar Tränen in
den Augen einiger Mitglieder seines Kabinetts, das sich versammelt hatte, um die Sendung
gemeinsam anzuhören.

treten, dass die Tschechoslowakei sowohl zu weit weg als auch zu fremdartig sei, um einen Tropfen britischen Blutes wert zu sein. Vom Sohn eines der größten viktorianischen Imperialisten und von einem Mann, der zu diesem Zeitpunkt die politischen und militärischen Interessen Großbritanniens vertrat, die sich vom Fernen Osten bis zur Karibik und von Südafrika bis Indien erstreckten, war dies, gelinde gesagt, eine ungewöhnliche Argumentation.[52]

Als das Kabinett am Abend des 27. September um 21:30 Uhr wieder zusammentrat, sprach Chamberlain weiterhin mit dieser Grabesstimme und zählte noch einmal die vielen militärischen Schwierigkeiten auf, die gegen einen Krieg sprachen, und verwies auf die ablehnende Haltung der übrigen Commonwealth-Staaten. Wilson sagte dann, dass die einzige Chance, einen Flächenbrand zu vermeiden, darin bestehe, ein Telegramm nach Prag zu schicken und darauf zu bestehen, dass die tschechische Regierung ihre Truppen abziehen und den Deutschen unverzüglich erlauben müsse, die Sudetengebiete zu besetzen. Dies führte zu einer Rücktrittsdrohung von Cooper, der im gleichen Atemzug Chamberlain für seine defätistische Radioansprache anging. Halifax sagte, er sei gegen die Kapitulation, habe aber einen eigenen «Zeitplan» für die deutsche Besetzung ausgearbeitet. Als auch dies auf wütende Widerstände stieß, distanzierte sich Chamberlain von dem Plan und sagte resigniert, dass er es akzeptieren werde, wenn dies der Wille des Kabinetts sei. Auf dem Weg nach draußen erkundigte sich Cooper beiläufig, ob der Premierminister der Meinung war, dass die Mobilisierung der Flotte geheim gehalten werden müsse. Chamberlain verneinte vage, sodass Cooper wieder zur Admiralität zurückkehrte, wo er der Presseabteilung sagte, sie solle die Information an alle Morgenzeitungen weitergeben.[53] Die Idee war, noch in diesem späten Stadium zu versuchen, Hitler mit einem Zeichen der Stärke abzuschrecken. Dabei wussten die britischen Minister nicht, dass dem deutschen Befehlshaber aus eigenem Antrieb Zweifel gekommen waren.

Nach seinem Treffen mit Horace Wilson am Morgen des 27. September 1938 hatte Hitler den Befehl gegeben, dass die sieben Divisionen, die als anfängliche Invasionstruppe fungieren sollten, sich an den jeweils geplanten Ausgangspunkten in der Nähe der tschechischen Grenze einfinden sollten. Dann stand er auf dem Balkon der Reichskanzlei mit Blick auf die Wilhelmstraße, als sich eine Panzerabteilung der Wehrmacht geräuschvoll auf den Weg zur Front machte. Der Abmarsch war eine Propagandaübung, die ausländische Diplomaten und Journalisten beeindrucken sollte, aber am Ende hatte sie den gegenteiligen Effekt. Nevile Henderson, der von einem Fenster in der britischen Botschaft aus zusah, bemerkte, dass «nicht ein Einziger dem Vorbeimarsch Beifall [zollte]. Das Bild entsprach eher dem einer feindlichen Armee, die durch eine eroberte Stadt zieht.»[54] William Shirer bestätigte dies und beschrieb die Szene als «die auffallendste Kundgebung gegen den Krieg, die ich je erlebte»[55]. Hitler war erschüttert. Konnte er Krieg führen, wenn das deutsche Volk so wenig Begeisterung zeigte? Er beschloss wohl, sich etwas zu mäßigen, und schickte noch an diesem Abend auf ein Telegramm von Chamberlain eine Antwort, die so etwas wie einen dürftigen Schritt in Richtung einer Einigung beinhaltete. Die deutschen Truppen, so Hitler, würden sich nicht über die Grenzen der Gebiete hinausbewegen, denen die Tschechen bereits zugestimmt hatten, und die Volksabstimmung solle als freie Wahl ablaufen.

Am nächsten Morgen, am Mittwoch, dem 28. September, kam Annie Chamberlain zum Frühstück und fand ihren Mann in Arbeit vertieft vor. Woran er so fleißig feilte, war das, was er später als «den letzten verzweifelten Griff nach dem letzten Strohhalm am Rande des Abgrunds» bezeichnen würde.[56] Ermutigt durch Hitlers Telegramm, schrieb er an den Führer, dass nach seiner Einschätzung eins «sicher» sei: «dass Sie ohne Krieg und ohne Verzögerung alles Wesentliche bekommen können». Und er bot an, nach Berlin zu fliegen, um «Vereinbarungen für die Übergabe mit Ihnen und Vertretern der tschechischen Regierung und, wenn Sie es wünschen, gemeinsam mit Vertretern Frankreichs und Italiens zu besprechen»[57]. Gleichzeitig appellierte er an Mussolini, als Vermittler zu fungieren und eine Vier-Mächte-Konferenz zur Beilegung des Streits zu initiieren. Sowohl in Berlin als auch in Rom liefen die Drähte der Diplomaten heiß. Alarmierenderweise konnte Henderson keinen Termin bei Hitler bekommen. Er rief daraufhin Göring an, der zu diesem Zeitpunkt noch gegen den Krieg war, und erklärte das Problem. «Sie brauchen nichts weiter zu sagen», beschied der kürzlich beförderte Feldmarschall. «Ich gehe sofort zum Reichskanzler.»[58]

In London wusste niemand außerhalb des Inneren Kabinetts und des Außenministeriums von diesem letzten verzweifelten Ansturm an diplomatischen Aktivitäten, sodass in der Hauptstadt nur eine unheilvolle Ahnung in der Luft hing. Als Harold Nicolson im Regierungsviertel die Straßen entlangging, begegnete ihm eine große Anzahl Menschen, alle «still und besorgt». Einige legten frische Blumen an den Fuß des Kenotaphs, andere warfen ihm stumm inquisitorische Blicke zu.[59] Im Parlamentsgebäude war der Sitzungssaal des Unterhauses zum Bersten gefüllt. Auf der Galerie saßen Lord Baldwin, der Erzbischof von Canterbury, der Duke of Kent und sogar Queen Mary, die Königinmutter. Es wurde gebetet, normalerweise eine Formalität, aber bei dieser Gelegenheit war es möglicherweise mehr als das. Dann trat der Premierminister unter stürmischem Applaus ein. Leider konnte Chamberlain, der bis zwei Uhr morgens an seiner Rede gearbeitet hatte, nicht mit der Vitalität auftreten, die der Begeisterung bei seinem Empfang entsprochen hätte. Er war erschöpft und versuchte erst gar nicht zu verbergen, wie sehr ihn das Schreckgespenst eines nahen Krieges quälte. Doch dass es zum bewaffneten Konflikt kommen musste, schien nahezu unvermeidlich, und Chamberlains wenige Spitzen gegen Hitler fanden bei den Appeasement-Gegnern den entsprechenden Beifall. «Wie geht es denn deinen Freunden den Hunnen gerade?», fragte Anthony Crossley den neben ihm sitzenden Chips Channon hämisch.[60] Chamberlain hatte noch keine Stunde gesprochen, als rund 450 Meter entfernt im Außenministerium das Telefon klingelte. Am Apparat war Henderson, der atemlos berichtete, Hitler habe Mussolini, Daladier und Chamberlain für den nächsten Tag zu einer Konferenz nach München eingeladen. Cadogan schrieb die Nachricht schnell nieder und lief damit ins Unterhaus, wo er Halifax auf der Galerie fand und mit ihm bis hinter den Präsidiumsbereich und den Platz des Parlamentspräsidenten eilte. Dort trafen sie auf Wilson, der den Parlamentarischen Privatsekretär des Premierministers, Alec Dunglass (Alec Douglas-Home), hektisch herbeiwinkte. «Was um alles in der Welt ist passiert? Ist er einmarschiert?», fragte der junge Mann, als er in ihre aufgeregten Gesichter sah.[61] Nachdem sie ihn aufgeklärt hatten, kletterte er zurück an seinen Platz hinter Chamberlain und übergab die Nachricht an John Simon, der nach einigen Minuten des Wartens an der Jacke des Premierministers zupfte. Chamberlain hielt inne. Dann, als er die Nachrichten verdaut hatte, verschwanden die Sorgenfalten aus seinem Gesicht, er räusperte sich und kündigte mit dem ganzen Flair des geübten Showmans an, dass er dem Haus noch etwas zu sagen habe:

> Ich bin gerade von Herr[n] Hitler [sic] darüber informiert worden, dass er mich einlädt, ihn morgen früh in München zu treffen. Er hat auch Signor Mussolini [sic] und Monsieur Daladier [sic] eingeladen. Signor Mussolini [sic] hat zugestimmt, und ich habe keinen Zweifel daran, dass auch Monsieur Daladier [sic] zustimmen wird. Ich brauche Ihnen nicht zu sagen, was meine Antwort sein wird.[62]

Im Unterhaus brach Jubel aus. Als sich Chamberlain setzte, erhoben sich die Abgeordneten auf den Bänken der Konservativen fast wie ein Mann, gefolgt, wenn auch etwas verhaltener, von der Opposition. Churchill, Eden, Amery und Nicolson gehörten zu den wenigen, die sitzen blieben und von ihren Kollegen daraufhin ausgebuht wurden. «Stehen Sie auf, Sie ungehobelter Kerl»,», zischte Walter Liddall, konservativer Abgeordneter für Lincoln, Nicolson zu.[63] Channon, der die ganze Zeit zuvor so unzufrieden gewesen war, wollte sich beinah «überschlagen vor Begeisterung» und hätte Chamberlain am liebsten umarmt. Dem wurde von allen Seiten auf die Schultern geklopft, andere umringten ihn, um ihm die Hand zu schütteln.[64] Schließlich, als sich das Gedränge zu zerstreuen begann, erhob sich Churchill und trat an den Premierminister heran. Er schüttelte Chamberlain die Hand und wünschte: «Viel Erfolg!»[65]

Nur ein Stück Papier

> Heute Nachmittag verkündeten sie, dass Neville einen Pakt mit
> Hitler unterzeichnet habe – der Mann ist verrückt geworden und
> hat sich von einem Irren hypnotisieren lassen. Ach herrje.
>
> Harry Crookshank, Unterhausabgeordneter,
> 30. September 1938[1]

Die Anfahrt nach Heston war ihm beinahe schon vertraut, aber die Art
und Weise, wie Chamberlain am frühen Morgen des 29. September 1938
vor seiner Abreise nach Deutschland verabschiedet wurde, übertraf sogar
die Abschiedsszenen, die er bei den letzten beiden Malen erlebt hatte.
Auf Vorschlag von Sir John Simon hatte sich – als Überraschung – das
gesamte Kabinett eingefunden. «Mit Ausnahme von Eddie Winterton,
diesem absurden, abweichlerischen Besserwisser», bemerkte Chips
Channon. Außerdem waren die australischen, kanadischen, irischen und
südafrikanischen Hochkommissare, der italienische Botschafter, der
Chargé d'Affaires der deutschen Botschaft, mehrere Mitglieder des Parlaments und Lord Brocket erschienen.[2] Die Umstehenden jubelten, und
Chamberlain strahlte und schüttelte links und rechts Hände, während
er zum Flugzeug hinüberging. Vor dem Einsteigen wandte er sich an die
Phalanx der Kameras der Nachrichtensender, um ein sorgfältig vorberei-
tetes Zitat zu liefern:

> Als ich ein kleiner Junge war, habe ich mir immer wieder vorgesagt: «Wenn
> es dir nicht gleich gelingt, versuche es noch einmal und noch einmal und
> noch einmal.» Das ist es auch, was ich nun tue. Wenn ich zurückkomme,
> hoffe ich, dass ich wie *Hotspur* in *Heinrich IV.* sagen kann: «Aus der Nessel
> Gefahr pflücken wir: die Blume Sicherheit.»[3]

Einige Witzbolde im Außeministerium verspotteten diese Sentenz bald als «Wenn du anfangs nichts erhältst, flieg noch mal, noch mal und noch einmal.»[4] Aber ein solcher Zynismus war den meisten Menschen fremd. Noch am Vortag hatte Chamberlain, nachdem er nachmittags beim Verlassen des Unterhauses so ekstatisch gefeiert worden war, die Erwartungen für seinen dritten Besuch in Deutschland weiter hochgeschraubt – und auch gleich einen Satz für die Titelseiten geprägt –, als er den auf ihn in der Downing Street wartenden Reportern zurief: «Diesmal ist alles in Ordnung.»[5] Nun beschworen die Nachrichtenkommentatoren die Briten, auf die Worte ihres Premierministers zu vertrauen und «Mut zu fassen», während der *Daily Sketch* einen Mann feierte, der sich mit «Entschlossenheit im Geiste und Sanftmut im Herzen» zwischen zwei Armeen gestellt und «die Menschlichkeit auf ein neues Niveau gehoben» habe.[6]

Chamberlain selbst war sich da nicht so sicher, wie Alec Dunglass feststellen musste, der neben Horace Wilson, William Strang, Frank Ashton-Gwatkin, William Malkin (dem Rechtsberater des Außenministeriums) und Oscar Cleverly (Chamberlains persönlichem Sekretär) Chamberlain nach München begleitete.[*] Gegenüber Dunglass beschrieb der Premier die bevorstehende Konferenz seinem Lächeln und dem Shakespeare-Zitat zum Trotz als «letzten Wurf», danach würden die Würfel gefallen sein, obwohl er sich «nicht vorstellen konnte, wie es sich für Hitler auszahlen sollte, die Dinge so weit zu treiben, dass es am Ende Krieg geben würde»[7]. Ganz untypisch hatte sich sogar Annie Chamberlain am Vortag eingemischt: «Ich möchte, dass du aus Deutschland mit einem ehrenvollen Frieden zurückkommst», erklärte sie ihrem Mann und fügte hinzu: «Du musst vom Fenster herab sprechen, wie es Dizzy [Premierminister Disraeli][**] getan hat.» Aber Chamberlain wollte davon nichts hören. «Ich

---

[*] In München kamen Sir Nevile Henderson, Ivone Kirkpatrick und Geoffrey Harrison von der britischen Botschaft hinzu.

[**] Als der britische Premierminister Benjamin Disraeli im Juli 1878 vom Berliner Kongress zurückkehrte, der nach dem russisch-türkischen Krieg zu einer neuen territorialen Ordnung

werde nichts dergleichen tun», antwortete er kurz und bündig. «Ich bin nicht im Geringsten wie Dizzy.»[8]

Möglicherweise dachte Chamberlain da bereits über das Problem nach, wie man es rechtfertigen konnte, dass eine Konferenz über das Schicksal der Tschechoslowakei entscheiden sollte, von der die Tschechen selbst ausgeschlossen waren. Sowohl Beneš als auch Masaryk hatten gegen diese massiv ungerechte Verfahrensweise protestiert – vergeblich. Hitler werde weder die Teilnahme der Tschechen noch der Russen tolerieren, hatte Chamberlain erklärt, dafür habe er Beneš versichert, dass er, Chamberlain, «die Interessen der Tschechoslowakei voll und ganz im Blick haben werde», da er eine in geregelten Bahnen ablaufende und fair ausgestaltete Abtretung des Territoriums anstrebe.[9] Verständlicherweise konnte das den erschöpften tschechischen Botschafter nicht beruhigen. «Wenn Sie meine Nation geopfert haben, um den Weltfrieden zu retten, bin ich der Erste, der Ihnen applaudiert», sagte Masaryk am Abend des 28. September zu Lord Halifax und dem Premier. «Aber wenn nicht, meine Herren, dann möge Gott Ihren Seelen beistehen.»[*][10]

Was auch immer Chamberlain innerlich an Ängsten verspürte, er und die übrige britische Delegation ließen sich von dem begeisterten Empfang in München ermutigen. Nach der Landung kurz vor Mittag wurden sie beim Aussteigen aus dem Flugzeug mit riesigem Klamauk begrüßt – Heil-Rufe von allen Seiten, gefolgt von einem nur wenig leiseren «God save the King». Sie wurden dann in offenen Wagen eine Strecke entlanggefahren, die weit und breit von jubelndem Publikum gesäumt war. Chamberlain war offensichtlich erfreut und winkte mit seinem Hut, da ihn aus jeder

---

auf dem Balkan führte, sagte er der jubelnden Menge, die ihn in der Downing Street erwartete: «Lord Salisbury und ich haben Ihnen Frieden mit zurückgebracht – einen ehrenvollen Frieden, wie ich hoffe.»

[*] Beneš schickte unter anderem auch ein Telegramm an Daladier und bat ihn, «die zwanzigjährige politische Zusammenarbeit nicht zu vergessen», auf die er mit Frankreich zurückblicken könne.

Richtung Stafetten an erhobenen Armen grüßten. Seine gehobene Stimmung stand im deutlichen Kontrast zu der Daladiers, der 45 Minuten zuvor angekommen war und «ernst und in Gedanken» zu sein schien, «mit hochgezogenen Schultern» und «eine[r] Stirn mit Sorgenfalten»[11].

Die Konferenz sollte im Münchner Hauptquartier Hitlers an der südöstlichen Ecke des aus dem 19. Jahrhundert stammenden Königsplatzes stattfinden, im Führerbau, einem großen, schlichten, für die NS-Architektur geradezu archetypischen Gebäude. Für die Konferenz hatte man riesige Flaggen der vier Nationen über beiden dorischen Säulengängen drapiert, die dem neoklassischen Gebäude vorgelagert sind.[*] Die Treppe hinauf war ein roter Teppich ausgerollt, auf dem die Delegationen in eine große, protzig mit Marmor ausgelegte Halle schritten. Für François-Poncet erweckte das Innere «den Eindruck eines modernen Palastes»[12]. Die große zentrale Treppe innen war zur Feier des Tages mit Blumen geschmückt und führte auf eine Säulengalerie hinauf. Das Treffen selbst sollte in Hitlers privatem Arbeitszimmer stattfinden, einem eher klein dimensionierten Raum mit einem runden Tisch, der von niedrigen Sesseln umgeben war. An einem Ende befand sich ein Schreibtisch und am anderen ein großer Kamin. Über dem Kaminsims hing ein Porträt von Bismarck – dem Mann, der einst erklärt hatte, dass, «wer Böhmen beherrscht, Europa beherrscht».[13]

Von all dem Protz und leeren Gehabe einmal abgesehen, war die Konferenz jedoch, wie William Strang sich erinnerte, «ein völliges Chaos»[14]. Von deutscher Effizienz war weit und breit nichts zu sehen, denn es gab weder Füllfederhalter noch Bleistifte, noch Papier, die die Delegationsleiter oder ihre Mitarbeiter hätten benutzen können. Die mitgereisten britischen Regierungsbeamten fanden diese unprofessionelle Art scho-

---

[*] Der ehemalige Führerbau ist eines der wenigen noch bestehenden Gebäude der NS-Architektur und beherbergt heute die Hochschule für Musik und Theater München. Der kleine zentrale Raum im ersten Stock mit Blick auf die Arcisstraße ist der Raum, in dem die Konferenz stattfand.

ckierend. Wilson beschwerte sich später, dass er gezwungen gewesen sei, sich Notizen auf allen möglichen Zetteln zu machen, die er zufällig in der Tasche hatte, während Ivone Kirkpatrick sich vor allem daran erinnerte, dass aufgrund der desaströsen Telefonanlage vor Ort die schnellste Art der Kommunikation mit der Außenwelt darin bestand, ein Auto mit einer Nachricht zum Hotel der britischen Delegation zu schicken.[15] Auch die Atmosphäre war freundlichen und friedlichen Gesprächen nicht gerade förderlich. Wie Strang notierte, wimmelte der Führerbau von SS-Offizieren, die ständig die Hacken zusammenschlugen und fragten, ob man etwas brauche, wobei Dunglass meinte, er sei überallhin begleitet worden, fast so, «als ob man verhaftet wäre»[16].

Schockierender als das Fehlen von Briefpapier war allerdings, dass weder die Briten noch die Franzosen sich vor der Konferenz bemüht hatten, den Kurs, den sie einschlagen wollten, miteinander abzustimmen oder wenigstens zu besprechen. Nachdem Daladier am späten Vormittag in seinem Hotel angekommen war, eröffnete er der französischen Delegation seine Strategie, die in allen Einzelheiten der französischen Außenpolitik seit der Wiederbesetzung des Rheinlands entsprach: «Alles hängt von den Engländern ab, ... wir können nichts anderes tun, als ihnen zu folgen.»[17] Die Briten wussten davon jedoch nichts. Wie Wilson festhielt, «waren wir nicht sicher, welche Linie Daladier verfolgen würde», dazu saßen der französische Premierminister und Chamberlain unglücklicherweise während der Eröffnungssitzung «zu weit entfernt» voneinander, sodass sie sich nicht beraten konnten.[18]

Im Gegensatz dazu hatten die Deutschen einen Plan für die Abtretung des Sudetenlandes ausgearbeitet, über den sie die Italiener nicht nur bereits informiert hatten, sie hatten sogar Mussolini überredet, ihn als seinen eigenen auszugeben. Noch am selben Morgen, Donnerstag, dem 29. September, war Hitler in Kufstein an der ehemaligen österreichischen Grenze in den Zug eingestiegen, mit dem Mussolini reiste. Während sich die beiden Diktatoren in Hitlers Sonderzug in Hochgeschwindigkeit München näherten, hatte der Führer seine Pläne erläutert. «[E]r gedenkt, die Tschechoslowakei in ihrer jetzigen Form zu liquidieren», notierte Graf Galeazzo Ciano in sein Tagebuch,

weil sie ihm 40 Divisionen festlegt und ihm Frankreich gegenüber die Hände bindet. Wenn die Tschechoslowakei «gebührend deflationiert» sei, werden 12 Divisionen genügen, um sie in Schach zu halten. Der Duce hörte ihm in ruhiger Sammlung zu. Das Programm ist jetzt klar: entweder hat die Konferenz in kurzer Zeit Erfolg, oder die Lösung wird durch die Waffen herbeigeführt. «Im übrigen» – fügt der Führer hinzu – «wird der Tag kommen, an dem wir uns vereint gegen England und Frankreich werden schlagen müssen: es ist von großem Wert, daß das stattfindet, solange an der Spitze unserer Länder der Duce und ich stehen, und zwar noch jung und in voller Kraft.»[19]

Die Staatsmänner trafen sich kurz nach 12:30 Uhr in einem Salon im ersten Stock des Führerbaus. Die Briten waren die Ersten, die ankamen, angemessenerweise folgten als Nächstes die Franzosen. Keine der beiden Delegationen zog in ihren dunklen Anzügen und gestreiften Krawatten groß die Blicke auf sich. François-Poncet beschrieb Chamberlain als «ergraut und gebeugt, mit dichten Augenbrauen, vorstehenden Zähnen, sein Gesicht wie seine Hände ungesund gerötet, typisch für einen Rheumatiker», während Daladier in seinem Anzug mit den breiten Nadelstreifen und mit den sorgfältig über den kahlen Kopf drapierten Haaren wie ein Börsenmakler aussah, der schon bessere Zeiten gesehen hatte. Der Gegensatz zu der üppig auftrumpfenden Vulgarität der Totalitaristen hätte größer nicht sein können. Göring, der Daladier von seinem Hotel abgeholt hatte, sollte während der Konferenz dreimal seinen Aufzug wechseln. Er begann den Tag in einer eng anliegenden dunklen Uniform, auf der eine Vielzahl an Orden und Litzen prangten. Mussolini, «mit seinem Cäsarenkopf, untersetzt, in straffsitzender Uniform», trug die

Nase hoch, zeigte sich allseits gönnerhaft und fühlte sich wie zu Hause.[20] Schließlich trat Hitler ein, in einer einfacheren Uniform aus brauner Jacke und schwarzer Hose, auf dem Arm prangte ein Hakenkreuz und auf der Brust das Eiserne Kreuz.

Chamberlain bemerkte Hitlers mürrischen Gesichtsausdruck und befürchtete schon, dass «die Zeichen auf Sturm ständen», war dann aber erleichtert, als er vom Führer mit doppeltem Händeschütteln begrüßt wurde, das bei ihm dafür reserviert war, «besondere Freundlichkeit zu demonstrieren»[21]. Tatsächlich hätte er sich keine Sorgen machen müssen. Obwohl Hitler in der Tat schlechter Stimmung war und sich kaum bemühte, seine Irritation darüber zu verbergen, dass er eine «kleine Ausgabe des Völkerbunds» zu Gast hatte, war die grundlegende Entscheidung für den Frieden bereits getroffen. Nicht nur hatten die Briten und Franzosen vor den wesentlichen deutschen Forderungen vom 18. September kapituliert, sie hatten auch noch die Tschechen gezwungen, diese anzunehmen. Nun hatte sich Hitler überzeugen lassen, obwohl seine Präferenz ein lokal begrenzter Krieg gewesen wäre, ihre Kapitulation zu akzeptieren. In diesem Sinne war die Münchner Konferenz nur ein feierliches Zeremoniell – eine Veranstaltung, die allen Beteiligten helfen sollte, das Gesicht zu wahren.

Zu Beginn der Gespräche akzeptierten die Briten und Franzosen zunächst die Forderungen Mussolinis (eigentlich Hitlers) als «Diskussionsgrundlage». Diese sahen vor, dass die Besetzung des Sudetenlandes am 1. Oktober, also in zwei Tagen, beginnen (Klausel 1) und bis zum 10. Oktober abgeschlossen sein sollte (Klausel 2). Chamberlain stimmte Klausel 1 sofort zu, äußerte aber Bedenken, Klausel 2 ohne die Zustimmung der Tschechen zu akzeptieren. Hitler explodierte, als er das hörte. Wenn die Briten und Franzosen nicht bereit seien, die Tschechoslowakei zu zwingen, sollten sie ihn besser wieder zu seinem ursprünglichen Vorhaben zurückkehren lassen, rief er und ließ seine Faust in die offene Hand klatschen.[22] Chamberlain machte einen Rückzieher. Er hatte zuvor offiziell auf die Anwesenheit eines Vertreters der tschechischen Seite gedrängt, aber nun waren weder er noch Daladier bereit, diese Forderung durchzusetzen. Im Gegenteil, die demokratischen Staatenlenker äußerten, dass sie das Beharren Deutschlands auf einer schnellen Abwicklung der Besetzung voll und ganz zu schätzen wüssten, und Hitler beruhigte sich.

Nach einer Vertagung für eine späte Mittagspause, bei der Hitler und Mussolini sich zum Essen zusammensetzten, während die Briten und Franzosen getrennt voneinander aßen, wurde die Konferenz um 16:30 Uhr wiederaufgenommen. Inzwischen waren die italienisch-deutschen Forderungen in die verschiedenen Sprachen übersetzt worden, und die Runde ging sie nun Punkt für Punkt durch. Entweder weil er etwas für die Tschechen retten wollte oder aus typisch britischem Respekt vor dem Recht auf Eigentum brachte Chamberlain immer wieder die Frage nach einer Entschädigung für den Verlust tschechischen Eigentums im Sudetenland auf und wollte sogar wissen, ob Viehbestand aus den Besatzungszonen verlagert werden könnte. Wieder einmal verlor Hitler die Beherrschung. «Unsere Zeit ist mir [zu] schade», schrie er, «um mit derartigen Lappalien vertan zu werden» – und die Angelegenheit wurde fallengelassen.[23]

Der Einzige, der sich zu amüsieren schien, war Mussolini. Obwohl er sich gelegentlich aufgrund der «leicht parlamentarischen Atmosphäre» langweilte, genoss er die Rolle des Drahtziehers zwischen den Mächten – wobei er im Gegensatz zu Hitler über die sprachlichen Kompetenzen verfügte, um die Vorgänge in Echtzeit verfolgen zu können.[24] François-Poncet, der genau wie die anderen Botschafter an der zweiten Hälfte der Sitzung teilnahm, war fasziniert, als er das Verhältnis zwischen den beiden Diktatoren beobachtete:

> Mussolini saß tief in seinem Sessel, seine Züge waren von großer Lebhaftigkeit, sie wechselten ständig. Sein Mund lag eben noch in einem breiten Lächeln, zog sich dann plötzlich unzufrieden zusammen. Die Augenbrauen hoben sich beim Erstaunen, um sich bei Missfallen drohend zusammenzuziehen. Seine Augen hatten einen teils belustigten, teils neugierigen Ausdruck und konnten unversehens Blitze schleudern.

Hitler stand neben ihm, wandte keinen Blick von ihm, befand sich ganz in seinem Bann, wie fasziniert, wie hypnotisiert. Wenn der Duce lachte, lachte auch er; legte der Duce die Stirn in Falten, tat er das Gleiche – eine Szene, die mir unvergesslich bleibt und mich, übrigens zu Unrecht, zu der Annahme verleitete, Mussolini übe einen starken Einfluss auf den Führer aus. Er tat es an diesem Tag.[25]

Schließlich, am späten Abend des 29. September, wurde eine Einigung erzielt, und die bereits in Auflösung begriffene Konferenz teilte sich in getrennte Gruppen auf. Laut Ciano war die Unterhaltung mit Daladier nicht nur freundlich, sondern beinhaltete auch ein Geständnis. «Er sagt, was heute passiere, sei ausschließlich der Sturheit von Benesch' [sic] zu verdanken», und beschuldigt die «Kriegshetzer» in Frankreich, das Land in einen «unsinnigen und vor allem unmöglichen Krieg» stürzen zu wollen.[26] Fast alle anderen bemerkten jedenfalls die offensichtliche tiefe Niedergeschlagenheit des französischen Premierministers. Er stahl sich so schnell wie möglich aus der Nähe des Führers. Hinterher sah man ihn zusammengesunken auf einem Sofa liegen, wie er nach Münchner Bier rief, das ihn wieder aufbauen sollte.

Chamberlain hingegen nutzte die Ruhepause zu weiterer Diplomatie. Mit Mussolini besprach er die Situation in Spanien und schlug dann Hitler ein Tête-à-Tête vor. Nach Angaben von Chamberlain «war der Führer sofort Feuer und Flamme» und bat den Premierminister, ihn am nächsten Morgen in seiner Privatwohnung zu besuchen. Auch Göring machte das Beste aus der Pause. Nachdem er Daladier mit dem Wunsch, Paris zu besuchen, in Verlegenheit gebracht hatte, positionierte sich der Feldmarschall – jetzt in einer weißen Uniform – vor dem Kaminfeuer, wo er nicht nur den größten Teil der Hitze blockierte, sondern auch lauthals Geschichten erzählte und Witze riss. Hitler saß unterdessen finster dreinblickend auf einem der Sofas.

Kurz vor 02:00 Uhr morgens am 30. September 1938 wurde schließlich das Münchner Abkommen unterzeichnet: Ein historischer Moment, der endgültig zur Farce wurde, als Hitler seine Feder in das reich verzierte Tintenfass tauchte, nur um festzustellen, dass es keine Tinte enthielt.[27] Für Göring und Mussolini, die Männer, die bei dieser Konferenz den Ton angaben, war es ein Moment des Triumphs. Der korpulente Feldmarschall klatschte in die Hände, und in den Aufnahmen der Wochenschau ist zu sehen, wie der Duce gemeinsam mit den nationalsozialistischen Gastgebern Witze macht. Auch Chamberlains Erwartungen waren offensichtlich abgegolten worden. William Shirer beobachtete den Premierminister bei dessen Rückkehr in sein Hotel und sah jemanden, der «einen ungewöhnlich zufriedenen Eindruck» machte. Welche Gedanken er sich zur Situation machte, offenbarte Shirer, als er in seinen Notizen festhielt, der Premierminister gleiche «jenen schwarzen Geiern, die ich über toten Parias in Bombay kreisen sah»[28]. Die Franzosen hingegen hatten eine schmerzhafte Demütigung hinnehmen müssen. Nachdem Frankreich sein Versprechen zur Verteidigung der Tschechoslowakei mehrfach erneuert hatte, war es nun – zusammen mit Großbritannien, Italien und Deutschland – dafür verantwortlich, dass das Land ein Fünftel seines Territoriums und 800 000 Tschechen abgeben musste. «Voilà comme la France traite les seuls alliés qui lui étaient restés fidèles?!» (i.e. «Sehen Sie, wie Frankreich die einzigen Verbündeten behandelt, die ihm treu geblieben sind?!») war François-Poncets sarkastisches Klagelied, als er die verschiedenen Dokumente zusammenlegte.[29] Mussolini versuchte, den französischen Premier aufzumuntern, und sagte zu ihm, der Applaus sei ihm bei seiner Rückkehr nach Frankreich sicher, aber Daladier schien ihm nicht zu glauben. Auch den britischen Vorschlag, das Abkommen persönlich nach Prag zu bringen, damit die Tschechen die Vereinbarung bestätigen konnten, lehnte er ab und bestand darauf, dass sich der britische Premierminister ihm anschloss, um die Neuigkeiten direkt an die tschechischen «Beobachter» weiterzugeben.

Dabei handelte es sich um zwei unglückliche Herren – Hubert Masařík, Privatsekretär des tschechischen Außenministers, und Vojtěch Mastný, der tschechische Gesandte in Berlin –, die am frühen Nachmittag auf dem Münchner Flughafen Oberwiesenfeld gelandet waren, wo sie umgehend von der Gestapo in Empfang genommen und wie Kriminelle behandelt worden waren.[30] Sie wurden im Hotel Regina (wo auch die Briten untergebracht waren) unter Polizeischutz festgehalten, und es war ihnen verboten, mit Prag zu kommunizieren. Gegen 22 Uhr tauchten Horace Wilson und Frank Ashton-Gwatkin mit einer Karte auf, die die Gebiete zeigt, die für die sofortige Besetzung vorgesehen waren. Die Tschechen protestierten, aber die Briten blieben hart: «Wenn Sie nicht akzeptieren, müssen Sie Ihre Angelegenheiten mit Deutschland allein regeln», erklärte Ashton-Gwatkin. «Vielleicht werden Ihnen die Franzosen das freundlicher erläutern, aber glauben Sie mir, sie teilen unseren Wunsch. ... Sie sind dabei, ihr Engagement zurückzufahren.»[31]

Inzwischen war es 02:15 Uhr, und nun wurden die tschechischen Diplomaten in Chamberlains Suite gebeten, wo sie hochrangige Mitglieder der britischen Delegation sowie Alexis Léger, Generalsekretär des Quai d'Orsay, François-Poncet und Daladier vorfanden. Ein unangenehmes Treffen, bei dem den Tschechen eine Kopie des Abkommens mit den Worten vorgelegt wurde: Niemand erwarte von ihnen, dass sie eine Erklärung abgäben, da die Angelegenheit als erledigt angesehen würde. Daladier war so übelgelaunt, dass er sich weigerte, ihm gestellte Fragen zu beantworten, und es Léger überließ, die Erklärungen und Ausreden zu liefern. Chamberlain war seinerseits so erschöpft, dass er wiederholt gähnen musste, während Masařík noch versuchte, verschiedene Punkte zu klären. Mastný brach in Tränen aus. Als das Treffen beendet war, wurden die Franzosen von den versammelten Reportern abgepasst, die schon in der Hotellobby warteten. «Monsieur le President [sic], sind Sie mit dem Abkommen zufrieden?», fragte jemand. Der ‹Bulle von Vaucluse› drehte sich langsam um, aber er brachte kein Wort heraus. Müde, besiegt und «schweigend verließ er das Hotel»[32].

Für die britische Delegation war die Arbeit jedoch noch nicht abgeschlossen. Nach nur wenigen Stunden Schlaf wurde William Strang von der Nachricht des Premierministers geweckt, dass er sich vor ihrer

Abreise noch mit Hitler treffen werde und um die Vorbereitung einer kurzen Erklärung zur Zukunft der deutsch-britischen Beziehungen bitte, die die beiden Führer unterzeichnen könnten. Strang quälte sich aus dem Bett und schaffte es während des Frühstücks, drei kurze Absätze zu verfassen – von denen Chamberlain den zweiten neu schrieb. Dann fuhren der Premierminister und Dunglass zu Hitlers Adresse am Prinzregentenplatz.

Chamberlain bezeichnete das anschließende Treffen gegenüber seiner Schwester Hilda als «sehr freundlich und angenehm»[33]. Dolmetscher Paul Schmidt hingegen empfand Hitler als «mißgestimmt» und zerstreut.[34] Schließlich war es der Premierminister, der das Gespräch mit dem Führer auf eine Vielzahl von Themen lenkte, darunter Spanien, die Wirtschaftsbeziehungen in Südosteuropa und die Abrüstung der Luftwaffe. Am Ende nahm er die vorbereitete gemeinsame Erklärung aus der Tasche, deren entscheidende Passage die Erklärung war, dass die beiden führenden Politiker das Münchner Abkommen «als Symbol für den Wunsch unserer beiden Völker» betrachteten, «nie wieder gegeneinander in den Krieg zu ziehen»[35]. Nach Chamberlains Darstellung stimmte Hitler bereitwillig zu, das Papier zu unterzeichnen, nachdem er während der Übersetzung an mehreren Stellen «Ja! Ja!» gerufen hatte.[36] Schmidts Erinnerung dagegen war, dass Hitler «nicht ohne ein gewisses Zögern diesen Formulierungen» zustimmte. Ob dies der Fall war oder nicht, Schmidts zweite Einschätzung, dass Hitler «mit seiner Unterschrift nur Chamberlain einen Gefallen tun wollte», war zweifellos richtig.[37] «Der Führer glaubte, nicht nein sagen zu sollen», erklärte der deutsche Vermittler Prinz Philip von Hessen gegenüber Ciano einige Tage später, während Hitler selbst den verärgerten Ribbentrop noch am selben Nachmittag mit den Worten beruhigte: «Ach, das brauchen Sie nicht alles so ernst zu nehmen. Dieses Papier hat doch weiter keinerlei Bedeutung.»[38]

Während die Staatsmänner in Bayern zur Beratung tagten, wartete die britische Bevölkerung nervös. Die Kriegsvorbereitungen waren nicht ausgesetzt worden, und die Eisenbahn transportierte weiterhin Züge voller Evakuierter aus London heraus. Die Rekrutierungsstationen des nationalen Freiwilligendienstes berichteten über einen stetigen Strom von Neuanmeldungen, und die Arbeiter in der Kathedrale von Canterbury hatten mit der schwierigen Aufgabe begonnen, die mittelalterlichen Glasfenster aus dem südöstlichen Querhaus zu entfernen. An diesem Abend, Donnerstag, dem 29. September 1938, traf sich der *Andere Club* (von Churchill und F.E. Smith, später Lord Birkenhead, 1911 gegründet) im Pinafore Room, dem exklusiven privaten Speiseraum des Savoy Hotel. Churchill war in geladener Stimmung. Er hatte den Nachmittag mit dem Versuch verbracht, Unterschriften für ein Telegramm zu sammeln, mit dem Chamberlain aufgefordert werden sollte, die Tschechen nicht im Stich zu lassen, aber weder Anthony Eden noch Clement Attlee waren bereit gewesen zu unterschreiben. Nun nahm er sich die beiden anwesenden Kabinettsminister Duff Cooper und Walter Elliot vor. Wie können «ehrenwerte Männer mit großer Erfahrung und guten Leistungen im Ersten Weltkrieg eine so feige Politik dulden?», wollte er von ihnen wissen. «Das sei schäbig, verkommen, menschenunwürdig und lebensgefährlich.» Cooper, der bereits tief deprimiert war, verteidigte sich, so gut er konnte. Zunächst stieß er dabei Professor Lindemann vor den Kopf und dann beleidigte er, zusammen mit Bob Boothby, den pro-Appeasement-eingestellten Herausgeber des *Observer*, J.L. Garvin. Brüskiert stürmte Garvin aus dem Saal und weigerte sich sechs Jahre lang, in den Club zurückzukehren. «Dann beleidigte jeder jeden, und Winston schloss mit der Ankündigung, dass er vor den nächsten Parlamentswahlen auf jedem sozialistischen Rednerpult im Land gegen die Regierung zu hören sein werde», notierte Cooper in sein Tagebuch.[39] Gegen ein Uhr nachts huschte einer der Anwesenden schnell auf die Straße, um eine erste Ausgabe der Morgenzeitungen zu kaufen, die bereits in groben Zügen die Ergebnisse des in München erzielten Abkommens berichteten. Cooper wurde ganz grün im Gesicht, als er die vereinbarten Klauseln studierte. «Das geht mir zu weit», sagte er zu Boothby, «ich trete zurück.»[40] Als sich die Abendgesellschaft schließlich auflöste, ging Churchill mit dem jungen konservativen Abgeordneten Richard Law hinaus. Draußen hielten sie vor einem Restaurant mit fröhlichen Gästen inne. «Diese armen Leute», bemerkte Churchill. «Sie haben keine Ahnung, was auf sie zukommt.»[41]

Das Flugzeug von Chamberlain landete kurz nach 17:30 Uhr am 30. September 1938.[*] Es hatte gerade einen Wolkenbruch gegeben, aber das tat der Begeisterung der Menge keinen Abbruch, die sich nicht nur in Heston, sondern entlang der gesamten Great West Road versammelt hatte. Als sich die Flugzeugtür öffnete und Chamberlain erschien, gab es einen riesigen Jubel, gefolgt von drei Hochrufen, dann noch drei und drei weitere. Der Jubel und die Erleichterung hatten an diesem Morgen schon in der Schlagzeile des *Daily Express* ihre valide Entsprechung gefunden, dort stand ganz einfach in großen Lettern zu lesen: «FRIEDEN». Nun wollte der Premierminister, dem Land und der Welt das Ausmaß des Friedens verdeutlichen, den er ihnen gebracht hatte. Vor einer Vielzahl von Radiomikrophonen und laufenden Kameras erklärte er: «Die Lösung des tschechoslowakischen Problems ... ist meiner Meinung nach nur der Auftakt zu einer größeren Lösung, in der ganz Europa Frieden finden kann.» Dann hob er das Blatt Papier, das er in der Hand hielt, in die Höhe, sodass es im Wind flatterte, las die Erklärung vor und schloss mit den Worten: Darunter findet sich die Unterschrift des deutschen Kanzlers, Herrn Hitler, «ebenso wie meine».

[*] Er wäre früher zurückgekommen, hätten die Deutschen Chamberlain nach seinem Gespräch mit Hitler nicht noch zu einigen Sehenswürdigkeiten Münchens gefahren, darunter auch das Sterneckerbräu, eine Bierbrauerei mit Gaststube, wo Hitler in die DAP (Vorgängerpartei der NSDAP) eingetreten war und seine politische Karriere begonnen hatte. Ab 1933 war dort das Parteimuseum der NSDAP untergebracht.

Danach fuhr Chamberlain zum Buckingham Palace, wo der König ihn und Frau Chamberlain einlud, sich dem Königspaar auf dem Balkon anzuschließen, um den Applaus einer großen Menschenmenge entgegenzunehmen. Es war ein schamlos verfassungswidriger Akt, an dessen Popularität es allerdings keinen Zweifel geben konnte. «Rule Britannia», die inoffizielle Nationalhymne, und das gern auch zu Siegesfeiern als Gratulation gesungene «For He's a Jolly Good Fellow» (i.e. weil er ein lustiger und guter Kumpel ist) waren die gesamte Prachtstraße hinunter zu hören, während die vier lächelten und winkten. Der König bedeutete Chamberlain vorzutreten, und so genoss der Premierminister für ganze zwei Minuten allein den anbrandenden Jubel seiner Bewunderer. Tommy Woodroffe von der BBC bemühte sich, seinen Zuhörern die allgemeine Begeisterung zu vermitteln, als dann das Auto des Premierministers den Versuch unternahm, vom Palast zur Downing Street zu gelangen:

Hier kommt er, davor zwei Polizisten, berittene Polizisten, und das Auto kann kaum um die Ecke biegen, weil der Andrang der Menschen so groß ist und sie vorerst gestoppt hat. Die Menschen hier brechen in schiere Begeisterung aus, und es ist eine der beeindruckendsten Szenen, die ich je erlebt habe: ein völlig unorganisiertes, spontanes Willkommen für einen Mann, der sein Bestes für sein Land getan hat. Es ist der wunderbarste spontane Ausdruck gemeinschaftlichen Handelns: Niemand hat ihnen gesagt, dass sie hierherkommen sollen, niemand wurde gebeten, hierherzukommen. Aber irgendwie hat es Menschen aus allen Lebensbereichen hierhergezogen, weil sie sichergehen wollten, hier dabei zu sein.[42]

«Man könnte meinen, dass wir einen großen Sieg errungen und nicht nur ein kleines Land verraten haben», kommentierte Orme Sargent, der von einem Balkon im Außenministerium aus zusah.[43]

Nachdem die Delegation es endlich in die Downing Street Nr. 10 geschafft hatte, hörte Dunglass, wie jemand Annie Chamberlains Vorschlag wiederholte, dass der Premierminister ans Fenster treten und Disraelis berühmte Ruhmessentenz über den «ehrenvollen Frieden» wiederaufleben lassen sollte. Chamberlain sträubte sich abermals, um dann, noch während er die Treppe hinaufging, seine Meinung zu ändern. Um 19:27 Uhr öffnete sich das Fenster im ersten Stock, der Premierminister erschien und sprach die Worte, die seinem Ruf schaden und ihn für immer verfolgen sollten:

> Meine lieben Freunde, dies ist das zweite Mal in unserer Geschichte, dass von Deutschland in die Downing Street ein ehrenvoller Frieden mit zurückgebracht werden konnte. Ich glaube, es ist der Frieden für unsere Zeit. Wir danken Ihnen von ganzem Herzen. ... Jetzt empfehle ich Ihnen, gehen Sie nach Hause und legen Sie sich im eigenen Bett in aller Ruhe schlafen.[44]

Der Kontrast zu den Szenen, die sich zur gleichen Zeit in Prag abspielten, war geradezu tragisch. Am Morgen des 30. September um 06:20 Uhr wurde der tschechische Außenminister Kamil Krofta vom deutschen Chargé d'Affaires aus dem Bett geholt, der ihm mitteilte, dass die Besetzung seines Landes um Mitternacht beginnen werde. Beneš war im Bad, als er die Nachricht erfuhr. «Es ist ein Verrat, der seine Strafe in sich birgt», sagte er voraus. «Sie [die westlichen Demokratien] denken, dass sie sich auf unsere Kosten vor Krieg und Revolution retten können. Sie liegen falsch.» Für einen Moment erwog der Präsident, Widerstand zu leisten, und fragte in Moskau um Rat. Gegen Mittag hatte die Regierung dem Druck jedoch nachgegeben. Im Rat zur Verteidigung der Republik erklärte Beneš unter Tränen, in der Geschichte gebe es «keine Parallele für einen solchen Umgang mit einem souveränen Staat. ... Wir sind verlassen und verraten.» Der Führer der Kommunistischen Partei, Klement Gottwald, wollte kämpfen und versuchte seine Kollegen zu überzeugen, indem er sie daran erinnerte, dass selbst die «barfüßigen Äthiopier» den

Mut gefunden hatten, sich gegen die Italiener aufzulehnen. «Der Vergleich», widersprach ihm Beneš, «sei nicht angemessen. Wir wurden nicht von Hitler besiegt», erklärte er, «sondern von unseren Freunden.»[45]

Später am Nachmittag sprach der Premierminister General Jan Syrový per Radioübertragung zur Nation. Auf dem Wenzelsplatz waren Lautsprecher aufgestellt worden, und die Menge lauschte still weinend, als Syrový die unverblümte Wahrheit aussprach, dass die einzige Wahl, die man ihnen gelassen hatte, die zwischen Kapitulation und «dem Opfern der Leben unserer Frauen und Kinder» gewesen sei.[46] Als die tschechische Nationalhymne verklungen war, machte sich Zorn in der Menge breit, die Menschen steuerten auf den Hradschin zu und schrien: «Nein, nein, nein!», «Nieder mit Beneš!», «Lasst die Tschechoslowakei leben!» und «Lang lebe die Tschechoslowakei!»[47]

So einen Empfang hatte auch Daladier befürchtet. Doch die Pariser begrüßten ihren Premierminister, als wäre er ein siegreicher Held. Bonnet, der François-Poncets Darstellung der Münchner Bedingungen nicht einmal angehört hatte – «Der Frieden ist gerettet», hatte er ihn unterbrochen, «das ist die Hauptsache» –, hatte dafür gesorgt, dass die Strecke, die Daladiers Auto vom Flughafen Le Bourget nehmen würde, im Radio publik gemacht wurde, und die Straßen waren folglich mit jubelnden Menschenmassen gefüllt, die «Vive Daladier!» und «Vive la paix!» riefen.[48] Der Premierminister hielt diese Begeisterung für fehl am Platz, trotzdem verteidigte er vier Tage später das Abkommen in der Abgeordnetenkammer, indem er erklärte, dass er «nichts» bereue, und nannte es «einen moralischen Sieg des Friedens».[49] Nach sechs Stunden ununterbrochener Debatte schlossen sich ihm die Abgeordneten mit Ausnahme der Kommunisten und zweier rechtsorientierter Abgeordneter an, und als in einer Abstimmung über die Vertagung der Sitzung entschieden wurde, bekam die Regierung eine Mehrheit von 535 zu 75 Stimmen.

In London begann die viertägige parlamentarische Debatte über das Münchner Abkommen mit der Rücktrittserklärung von Duff Cooper. «Der Premierminister hat daran geglaubt, es sei richtig, Herrn Hitler mit der Sprache der süßen Vernunft anzusprechen», erklärte er von der Bank der Exilierten unterhalb des Ganges aus. «Ich war überzeugt, dass er offener für die Sprache der gepanzerten Faust ist.»[50] Später sagte er Freunden, es sei die Rede vom «ehrenvollen Frieden» gewesen, die er nicht habe ertragen können. Wäre Chamberlain «aus München zurückgekehrt und hätte über einen ‹schrecklich und ungemildert und beispiellos entehrenden Frieden› gesprochen, wäre ich vielleicht geblieben. Aber *ehrenhafter* Frieden!»[51] Andere Minister teilten diese Ansicht, aber nicht in dem Maße, dass sie bereit waren, Coopers Beispiel zu folgen. Harry Crookshank, der dachte, Chamberlain sei «verrückt geworden und habe sich von einem Irren hypnotisieren lassen», reichte sein Rücktrittsschreiben ein, ließ sich dann aber doch zum Bleiben überreden. Die Übrigen – Stanley, De La Warr, Elliot, Winterton und Bernays – gingen nicht einmal so weit.

Die Debatte, die auf Coopers Erklärung folgte, war eine der leidenschaftlichsten und polarisierendsten in der modernen parlamentarischen Geschichte. Clement Attlee eröffnete den Schlagabtausch für die Opposition und griff das an, was er als «Sieg der rohen Gewalt» bezeichnete, mit dem ein «tapferes, zivilisiertes und demokratisches Volk» an einen «rücksichtslosen Despotismus» verraten worden sei.[52] Ihm folgte der Wortführer der Liberalen, Archie Sinclair, der Chamberlain beschuldigte, vor Drohungen der Nationalsozialisten «eingeknickt» zu sein und «Gerechtigkeit und Achtung vor Verträgen ... über Bord» zu werfen.[53] Vom anderen Ende des Spektrums lobte Victor Raikes, ein rechtsgerichteter, isolationistischer Tory-Abgeordneter, das Abkommen und prophezeite, dass der Premierminister «als der größte europäische Staatsmann dieser oder überhaupt aller Zeiten in die Geschichte eingehen» werde.[54]

Chamberlain hatte zu Beginn der Debatte gesprochen und aus allen Ecken des Hauses Dankesworte erhalten. Doch es war die Kritik aus den eigenen Reihen, die herausstach. «Soll man wirklich glauben», fragte Richard Law, ein vormals recht treuer Anhänger der Regierung und Sohn eines Premierministers, «dass jene Männer, die durch Gewalt und Verrat an die Macht gekommen sind, sich durch Gewalt und Verrat an der Macht gehalten haben, die ihren größten Triumph durch Gewalt und Verrat errungen haben, plötzlich unter dem unwiderstehlichen Blick des Premierministers überzeugt worden sind, ... dass sich Gewalt und Verrat nicht auszahlen?»[55] Es sei wahr, proklamierte Lord Cranborne, dass der Frieden vorübergehend gesichert worden sei, aber nur, indem man «ein kleines Land den Wölfen zum Fraß vorgeworfen hat, dessen Mut und Würde angesichts fast unerträglicher Provokationen eine Offenbarung und Inspiration für uns alle gewesen ist»[56]. Für Leo Amery war das Münchner Abkommen einfach der «größte – und billigste – Sieg, den aggressiver Militarismus je errungen hat»[57].

Als Churchill am dritten Tag sprach, war das Unterhaus bereits gespalten. «Wir haben eine totale und uneingeschränkte Niederlage erlitten», erklärte er. «Unsinn», rief Nancy Astor. Churchill ließ sich nicht unterbrechen. Was, so wollte er wissen, habe der Premierminister tatsächlich erreicht? «Frieden», riefen Tory-Abgeordnete. Aber Churchill ließ sich nicht niederschreien. Was sich durch das Münchner Abkommen geändert habe, so Churchill, sei einzig, dass der deutsche Diktator, «anstatt die Leckerbissen vom Tisch zu angeln, sich jetzt damit arrangiert habe, dass sie ihm Gang für Gang serviert werden». Damit sei alles vorbei. «Stumm, voller Trauer, verlassen, gebrochen, versinkt die Tschechoslowakei in der Dunkelheit.»[58] Churchill ergänzte, er gönne der britischen Bevölkerung die offensichtliche Erleichterung, aber er bleibe dabei, dass die Menschen die Wahrheit wissen sollten:

Sie sollten wissen, dass wir ohne einen Krieg eine Niederlage erlitten haben, deren Folgen uns noch weit auf unserem Weg begleiten werden; sie sollten wissen, dass wir einen schrecklichen Wendepunkt in unserer Geschichte erreicht haben, an dem das gesamte Gleichgewicht in Europa gestört ist, und dass die schrecklichen Worte vorerst über die westlichen Demokratien gesprochen worden sind: «Du bist gewogen und für zu leicht befunden worden.» Und niemand sollte glauben, dass dies das Ende ist. Dies ist nur der Anfang der Abrechnung. Dies ist nur der erste Schluck, der erste Vorgeschmack auf einen bitteren Kelch, den man uns Jahr für Jahr aufs Neue anbieten wird, es sei denn, eine uneingeschränkte Wiederherstellung unserer moralischen Verfassung und Kampfkraft lässt uns wieder auferstehen und für die Freiheit eintreten wie in alten Tagen.[59]

Trotz der «Beredsamkeit eines Demosthenes» standen die Tory-Dissidenten vor einem Dilemma: Sollten Sie es wagen, sich der Stimme zu enthalten oder sogar gegen die Regierung zu stimmen?[60] Seit dem Wochenende kursieren Gerüchte, dass Chamberlain die Euphorie nach München nutzen wollte, um eine vorgezogene Parlamentswahl durchzuführen, bei der nur die Abgeordneten, die ihn unterstützt hatten, von der Partei mit einem «Freifahrtschein» ausgestattet werden würden, während Rebellen für eine Abwahl ausersehen wären oder gegen andere «offizielle» Kandidaten antreten müssten. Harold Macmillan war durch diese Aussichten so beunruhigt, dass er den Labour-Sprecher zur Außenpolitik, Hugh Dalton, aufsuchte, um ihn zu bitten, der von der Opposition gestellte Antrag solle möglichst nicht so extrem formuliert sein, da er sonst die Tory-Abgeordneten, die Gegner des Münchner Abkommens waren, zum Schulterschluss mit der Regierung zwingen würde. Dalton versprach zu versuchen, das so gut wie möglich umzusetzen, und ließ sogar anklingen, im Falle einer vorgezogenen Wahl könnte ein Abkommen geschlossen werden, bei dem die Sozialisten für konservative Appeasement-Gegner möglicherweise das Feld räumen würden. Glücklicherweise erwies sich ein solcher Notfallplan als unnötig. Verärgert über die Gerüchte, beschloss Sir Sidney Herbert – ein hochangesehener Tory-Abgeordneter, der im Ersten Weltkrieg verwundet worden war und von dem man wusste, dass er nicht mehr lange zu leben hatte –, sich in ganz untypischer Weise in das Geschehen einzumischen. Er verurteilte entschieden die Idee einer

«Loyalitätswahl» und forderte die Regierung auf, die Zeit stattdessen für die Aufrüstung zu nutzen.

Die Wirkung dieser Rede eines Mannes, der für «die konservative Tradition in ihrer loyalsten Form» stand und sich trotz offensichtlicher gesundheitlicher Probleme zu der Ansprache entschlossen hatte, war enorm.[61] Das Gerede über eine mögliche Auflösung des Parlaments verflüchtigte sich, und als Chamberlain am vierten Tag der Debatte aufstand, machte er deutlich, dass keine vorgezogenen Parlamentswahlen stattfinden würden. Die konservativen Rebellen fühlten sich bestärkt. Sie konnten sich jedoch noch immer nicht darüber einig werden, ob sie gegen die Regierung stimmen sollten (wie Churchill es für richtig hielt) oder sich nur der Stimme enthalten sollten (was das Äußerste war, auf das sich Eden und Amery verständigen konnten). Am Ende entschieden sie, dass es besser sei, eine einheitliche Front zu bilden und sich als Gruppe der Stimme zu enthalten, anstatt dass einige sich der Opposition anschließen, während andere sitzen bleiben würden. Doch selbst nach diesem Kompromiss positionierten sich diejenigen, die von ihrem Ruf als «Anti-Appeaser» und Gegner des Münchner Abkommens profitieren würden, nicht so eindeutig gegen die Regierung, wie sie später behaupten würden. Wie Amery im Nachhinein gegenüber Chamberlain zugab, waren sowohl er als auch Eden nach der Abschlussrede des Premierministers – die allgemein als Triumph angesehen wurde – versucht gewesen, ihm in die Regierungslobby zu folgen (und so ihre Unterstützung zu bekunden), hatten sich aber dann entschieden, dass sie ihre Freunde nicht enttäuschen konnten.[62] Als die Stimmen ausgezählt waren, hatten sich weniger als 30 Tory-Abgeordnete geweigert, die Regierung zu unterstützen, während 366 für das Abkommen gestimmt hatten.

Das Münchner Abkommen war – und ist – einer der umstrittensten internationalen Verträge, die je ausgehandelt wurden. Eine unehrenhafte Kapitulation, ein «Triumph für ... das Gute und die Aufklärung», eine lebenswichtige Atempause: Die Debatte tobt seit über achtzig Jahren.* Dass das Abkommen für den tschechoslowakischen Staat eine Katastrophe war, kann niemand leugnen. Die Tschechen verloren 30 000 Quadratkilometer ihres Territoriums, in dem 2 800 000 Sudetendeutsche und 800 000 Tschechen lebten, und bedingt durch die geographische Lage befanden sich dort ihre gesamten Befestigungsanlagen und der überwiegende Teil ihrer Bodenschätze. Sie verloren die Fähigkeit, sich zu verteidigen, und die Zukunft des Rumpfstaates – trotz der von den Münchner Mächten gewährten «Garantie» – war bestenfalls prekär. Für diejenigen unter den Sudetendeutschen, die das NS-Regime unterstützten, war das Abkommen ein Grund zur Freude. Für die 400 000 Sozialdemokraten, die kommunistischen Flüchtlinge aus Deutschland oder die Juden sah es düster aus. Als einziger Trost sollte den Tschechen bleiben – und das zeigte sich erst im Nachhinein –, dass sie durch ihre vollständig friedliche Annahme der deutschen Forderungen einen Vernichtungskrieg und die brutale Besetzung ihres Gebiets vermieden hatten. Anders als es die Polen erleben sollten, die Widerstand leisteten und dabei die «Unterstützung» der westlichen Demokratien hatten. Die Tschechen haben zweifelsfrei unter der nationalsozialistischen Besatzung gelitten, doch mit dem, was die Polen erleiden mussten, sind ihre Erfahrungen nicht zu vergleichen.

Für Hitler war das Münchner Abkommen vordergründig ein Triumph. Er hatte alles bekommen, was er in Bad Godesberg gefordert hatte – der einzige greifbare Unterschied bestand darin, wie Churchill betonte, dass die Besetzung nun über zehn Tage gestaffelt stattfand anstatt von

---

* Es war A.J.P. Taylor, der sich zu München folgendermaßen äußerte: Es «war ein Triumph für alles, was am britischen Lebensstil gut und sauber ist, ein Triumph derer, die gleiches Recht für alle gepredigt [hatten]». Später behauptete er allerdings, dass er das ironisch gemeint hätte. (A.J.P. Taylor, Die Ursprünge des Zweiten Weltkriegs, Gütersloh 1962, S. 245.)

jetzt auf gleich. Eigentlich war Hitlers Ziel jedoch, wie man inzwischen weiß, ein lokal begrenzter Krieg gewesen, der es ihm ermöglicht hätte, die gesamte Tschechoslowakei zu annektieren, und so bedauerte er beinahe umgehend das von ihm geschlossene Abkommen. «Dieser Kerl [Chamberlain] hat mir meinen Einzug in Prag verdorben», beschwerte er sich kurz darauf.[63] Das schmälert jedoch nicht die Tatsache, dass er sein offiziell erklärtes Ziel erreicht hatte. Er hatte die Übergabe des Sudetenlandes bis zum 1. Oktober gefordert, und bis Ende September gehörte es ihm. Gleichzeitig hatten sich die Grenzen des Reiches erweitert und die deutsche Macht vergrößert. Die Schwäche der westlichen Demokratien war überdeutlich geworden, während das Ansehen und die Popularität des Führers neue Höhen erreichte.

Zu guter Letzt machte die Münchner Konferenz, auch wenn Hitler das nicht wissen konnte, eine Verschwörung der deutschen Opposition zunichte, ihn zu stürzen, sobald er den Marschbefehl gab. Es ist fraglich, ob dieser Putsch unter Führung von Generalstabschef General Franz Halder, dessen Vorbereitung am 15. September abgeschlossen war, gelungen wäre. Der Plan war jedoch zweifelsohne in dem Moment gestorben, als die westlichen Premierminister ihre Flugzeuge bestiegen. «Wir waren fest davon überzeugt, dass wir erfolgreich sein würden», sagte Halder in Nürnberg. «Aber dann kam Herr Chamberlain, und mit einem Schlag war die Kriegsgefahr abgewendet. ... Der kritische Moment zum Einsatz von Gewalt kam nicht.»[64]

Aus Sicht der Westmächte verweist das Hauptargument zur Verteidigung des Münchner Abkommens darauf, dass weder Großbritannien noch Frankreich 1938 kriegsbereit waren und dass ihnen die Übereinkunft ein zusätzliches Jahr zur Vorbereitung gewährte – die sogenannte «Atempause». «Dankt Gott für München», schrieb Harold Balfour, Unterstaatssekretär für Luftfahrt in der Chamberlain-Regierung, und erinnerte daran, dass Großbritannien im Herbst 1938 nur zwei flugtüchtige Spitfires und kaum mehr Hurricane-Maschinen besaß.[65] Balfour hatte selbstverständlich recht. Die Ausrüstung mit Spitfires, Hurricanes und RADAR –

die den Unterschied zwischen Sieg und Niederlage in der Luftschlacht um England ausmachte – war nicht 1938, sondern erst 1939 abgeschlossen. Was diese Argumentation jedoch ignoriert, ist die Tatsache, dass auch Deutschland 1938 nicht in der Lage gewesen wäre, die Schlacht um Großbritannien auszutragen. Nicht nur weil die Deutschen – wie die Ereignisse von 1939 und 1940 beweisen sollten – zuerst ihre unmittelbaren Nachbarn besiegen und sich die Flugplätze entlang der Kanalküste sichern mussten, bevor sie sich Großbritannien widmen konnten, sondern auch weil die Luftwaffe 1938 noch nicht für einen Langstrecken-Luftkrieg mit strategischen Bombenangriffen gerüstet war. In dieser Deutlichkeit war das den westlichen Führern sicherlich nicht bekannt, wobei sich viele von ihnen auch durch die deutsche Propaganda täuschen ließen. «Die französische Luftwaffe würde im ersten Kriegsmonat 40 Prozent ihrer Maschinen verlieren», erklärte General Joseph Vuillemin, Stabschef der französischen Luftstreitkräfte, nachdem er im August 1938 von einem Besuch bei der Luftwaffe und einer sechstägigen Besichtigungstour durch ihre Einrichtungen zurückgekehrt war, bei der die Deutschen – jeweils kurz vor Eintreffen der französischen Delegation – dieselben glänzend neuen Flugzeuge von Flugplatz zu Flugplatz geflogen hatten.[66] Nichtsdestoweniger war der Zustand der französischen Luftstreitkräfte verheerend. Im September 1938 waren nur 700 der 1126 Flugzeuge einsatzbereit, von denen weniger als 50 als moderne Maschinen gelten konnten. Dagegen schätzte der militärische Auslandsnachrichtendienst der Franzosen, das Deuxième Bureau, dass unter den insgesamt 2760 deutschen Flugzeugen 1368 Bomber waren. Die Franzosen berücksichtigten nicht – auch aufgrund der apokalyptischen Vorhersagen des amerikanischen Fliegers Colonel Charles Lindbergh –,* dass ein erheblicher Teil dieser Flugzeuge

---

* Lindbergh, der mit seiner Atlantiküberquerung berühmt geworden war, zeigte sich tief beeindruckt von der Luftwaffe und den deutschen Luftwaffenherstellern, die er zwischen 1936 und 1938 mehrmals inspizieren durfte. Er war jedoch kein Experte und, wie Hugh Dalton bemerkte, «wusste nicht mehr über Militärflugzeuge als unser Lieschen Müller».

außer Betrieb war. Von den 2760 deutschen Maschinen waren im September 1938 nur 1699 flugbereit.[67] Noch mehr fiel ins Gewicht, dass an der Westfront nur acht deutsche Divisionen 23 französischen gegenüberstanden (was dem Deuxième Bureau bekannt war) und der Westwall bis dato kaum mehr als eine Baustelle war. Und schließlich gab es da noch, obwohl sie selten in die Aufstellung mit einbezogen wurden, 34 gut ausgestattete, hochmotivierte tschechische Divisionen.

Tatsache war – und den Geheimdiensten in Großbritannien und Frankreich war dies sehr wohl bewusst –, dass die Deutschen 1938 nicht bereit für einen großen Krieg waren und in eine äußerst schwierige, möglicherweise unhaltbare Lage geraten wären, wenn Großbritannien, Frankreich und die Sowjetunion sich zur Verteidigung der Tschechoslowakei zusammengetan hätten. In Nürnberg nach den Erfolgsaussichten Deutschlands gefragt, wenn Großbritannien und Frankreich im September 1938 zum Kampf bereit gewesen wären, antwortete General Alfred Jodl: «Es war ganz ausgeschlossen, mit fünf aktiven Divisionen und sieben Panzerdivisionen in einer Westbefestigung, die nur eine große Baustelle war, hundert französischen [sic] Divisionen standzuhalten. Das war militärisch unmöglich.»[68] Zudem verschloss das deutsche Oberkommando nicht die Augen, was die Stärke der tschechischen Befestigungsanlagen anging. «Wenn ein Krieg ausgebrochen wäre», erklärte Feldmarschall Erich von Manstein 1946 (der im Gegensatz zu Jodl nicht zu den Angeklagten gehörte und keine Todesstrafe zu fürchten hatte), «hätten weder unsere Westgrenze noch unsere polnische Grenze von uns wirklich wirksam verteidigt werden können, und es besteht kein Zweifel daran, dass wir,

Im September 1938 versetzte er das französische Kabinett in Schrecken, als er erklärte, die Deutschen besäßen 8000 Militärflugzeuge (fast siebenmal mehr als die tatsächliche Anzahl) und seien in der Lage, 1500 weitere Maschinen pro Monat zu produzieren. «Französische und britische Städte würden ausgelöscht werden», prophezeite er. Der «Einsame Adler», wie Lindbergh auch genannt wurde, hegte dabei durchaus Sympathien für NS-Deutschland und engagierte sich später vermittels des America-First-Komitees gegen den amerikanischen Kriegseintritt.

wenn die Tschechoslowakei sich verteidigt hätte, von ihren Befestigungsanlagen aufgehalten worden wären, denn wir hatten nicht die Mittel, um durchzubrechen.»[69]

Damit sollen weder die schwerwiegenden militärischen Defizite auf Seiten der Westmächte kleingeredet noch geleugnet werden, dass das durch das Münchner Abkommen gewonnene Jahr eine dringend benötigte Aufrüstung ermöglichte. Das Problem war nur, dass auch die Deutschen die «Atempause» nutzten und sowohl die Aufrüstung beschleunigten als auch den Westwall fertigstellten.[*] Dazu kam noch die nicht unerhebliche Beute aus der Annexion des Sudetenlandes: 1,5 Millionen Gewehre, 750 Flugzeuge, 600 Panzer, 2000 Feldgeschütze, ganz zu schweigen von Holz und anderen Rohstoffen.[70] Während die Westmächte in dem «zusätzlichen Jahr» erhebliche Fortschritte machten, überholten die Deutschen die Briten und Franzosen an Land deutlich – und in geringerem Maße auch in der Luft. Die Argumentation der Verfechter des Münchner Abkommens ist weniger angreifbar, wenn sie darauf verweist – wie in der zeitgenössischen Debatte oftmals wiederholt –, dass ein Krieg zur Verteidigung der Tschechoslowakei 1938 die öffentliche Meinung sowohl in Frankreich als auch in Großbritannien gespalten hätte – wobei Großbritannien (zumindest anfänglich) auch noch auf die Unterstützung der anderen Commonwealth-Staaten hätte verzichten müssen, die alle ihre Ablehnung eines Krieges deutlich gemacht hatten.

Dem steht gegenüber, dass durch das Münchner Abkommen die Möglichkeit verloren ging, die Sowjetunion in eine «Große Allianz» gegen NS-Deutschland (wie von Churchill befürwortet) einzubinden, die im Konfliktfall die Deutschen von Anfang an zu einem langwierigen Zwei-Fronten-Krieg gezwungen hätte. Es gab selbstverständlich gute Gründe, Stalin zu misstrauen (wie Churchill später noch feststellen sollte), aber

---

[*] Bis Ende September 1938 waren lediglich 517 Bunker fertiggestellt, zwölf Monate später waren es 11283.

es gab noch bessere Gründe, Hitler zu misstrauen, auf dessen Wort Chamberlain baute. Wiederholt hatte Litwinow die Entschlossenheit der UdSSR bekräftigt, ihren Verpflichtungen gegenüber der Tschechoslowakei nachzukommen (vorausgesetzt, dass, gemäß den Bestimmungen des sowjetisch-tschechoslowakischen Vertrages, Frankreich bereits eingegriffen hatte). Ebenso hatte er deutlich gemacht, dass Russland sich abschotten werde, wenn man diese Gelegenheit verstreichen lasse, die deutsche Aggression unter Kontrolle zu halten. Unbenommen gab es praktische Hürden für eine sowjetische Hilfeleistung, vor allem, da die UdSSR keine gemeinsam Grenze mit der Tschechoslowakei hatte und sowohl Polen als auch Rumänien der Roten Armee nicht bereitwillig erlauben mochten, ihr Gebiet zu durchqueren. Mit zunehmender Verschärfung der Krise deuteten die Rumänen jedoch an, dass sowjetische Flugzeuge möglicherweise ihren Luftraum überqueren könnten, und allein die materielle Hilfe, die die russische Seite hätte bereitstellen können, wäre von erheblichem Wert gewesen. Noch im März hatte Litwinow gegenüber Beneš von einem «absoluten Minimum» von 1000 Flugzeugen gesprochen, und zwischen dem 21. und 24. September führten die sowjetischen Streitkräfte eine Teilmobilisierung von rund 330 000 Mann durch.[71] Doch es war alles vergeblich. Während der Krise lehnten die Briten und Franzosen die sowjetischen Angebote zur Zusammenarbeit immer wieder ab, und als es zur Konferenz in München kam, waren die Russen, wie die Tschechen, von der Teilnahme ausgeschlossen. Litwinows Strategie der kollektiven Sicherheit war gescheitert, und im Kreml begann man, über die offensichtliche Alternative nachzudenken: ein Abkommen mit NS-Deutschland.

Entscheidend war, dass das Münchner Abkommen Hitler davon überzeugte, dass die Westmächte niemals kämpfen, sondern weiterhin seine Forderungen akzeptieren würden. «Chamberlain [...] hat ja geschlottert vor Angst, als ich das Wort Krieg ausgesprochen habe. Der soll gefährlich sein?», hörte man den Führer kurz nach Unterzeichnung des Abkommens spotten.[72] Später, als er seine Generäle auf den Feldzug gegen Polen einschwor, erklärte er: «Unsere Gegner sind kleine Würmchen. Ich sah sie in München.»[73] Eine Fehleinschätzung, deren Folgen die ganze Welt zu spüren bekommen sollte.

Der Frieden für unsere Zeit

Der Friede flatterte einem von den Plakatwänden entgegen,
diesmal kam er nicht wie auf Engelsflügeln.

E. M. Forster, Two Cheers for Democracy (i. e. Ein zweifaches
Hoch auf die Demokratie), Juli 1938

Das Münchner Abkommen führte Neville Chamberlain auf den Gipfel
der Popularität. «Chamberlain-Puppen», einige in Anzügen, andere in
Angelkleidung, wurden zum Verkaufsschlager, und 90 000 Menschen
sammelten Coupons aus dem *Daily Sketch*, um sie gegen einen Sammel-
teller mit dem Porträt des Premierministers einzutauschen. Über 20 000
Glückwunschschreiben wurden an Downing Street Nr. 10 zugestellt,
außerdem Angelruten, Regenschirme, Blumen, Schokolade, Lachsköder,
Hausschuhe, Pfeifen, Räucherfisch, Zigarren, Champagner, Apfelwein,
Bilder, «schön gestrickte, preisgekrönte Socken», Kisten mit Äpfeln, ein
Sattel aus walisischem Lammleder, ein Moorhuhn, eine «Hochzeitstorte»,
ein Flügel, Operngläser, Uhren, eine «Nachbildung einer antiken Jersey-
Milchdose», ein vierblättriges Kleeblatt, Lebkuchen, Tweed, deutscher
Weißwein, Streichsahne, «Glückshufeisen» und ein Paar niederländische
Holzschuhe.[1]

Es war ein erstaunlicher Schatz, der sich da angehäuft hatte, aber einige
der extravaganteren Geschenke machten den Mitarbeitern im Außenministerium Kopfschmerzen. Am 30. September 1938, dem Tag nach der
Konferenz, kündigte *Paris-soir* an, man wolle einen öffentlichen Fonds
einrichten, um dem britischen Premierminister in Frankreich ein Haus
auf dem Land in der Nähe eines Forellenbachs zu kaufen, und bis zum
4. Oktober beliefen sich die Einzahlungen auf nahezu eine halbe Million

Franc. Das Außenministerium war besorgt. Wenn der Premierminister das Angebot ablehnte, riskierte er, die Franzosen zu beleidigen. Wenn er hingegen zustimmte, war er verpflichtet, seinem Besitz Besuche abzustatten und dafür zu sorgen, dass alles ordnungsgemäß gepflegt wurde. Am Ende entschied man, es sei besser, das Geschenk abzulehnen. Der Premierminister habe «keine territorialen Ambitionen in Europa», hieß es in offenkundig ironischem Tonfall vom Außenministerium, das dazu Anweisungen an die Botschaften schickte, alle «Häuser, Flüsse, Berge usw.» abzulehnen.[2]

Nicht, dass dies die Flut an Ehrenbezeugungen hätte eindämmen können, die von überall auf der Welt ankamen. Die Gratulanten reichten von einem fünfzehnjährigen irakischen Jungen, der erkannt hatte, dass «ohne Sie der Führer Europa in einen weiteren Krieg gestürzt hätte, dessen Schrecken man sich unmöglich ausmalen kann», bis zum Präsidenten der Vereinigten Staaten.[3] Einige dieser Dankbarkeitsbekundungen grenzten schon an Frevel. Die *New York Daily News* verkündete, dass der Premierminister etwas «Christusähnliches» an sich habe, während die Bombay Buddha Society dem Premierminister dazu gratulierte, dass er die wahren «Lehren und Prinzipien» Buddhas in die Tat umgesetzt habe.[4] Wenige Wochen später, am 12. November 1938, hörte Chamberlain von einer alten griechischen Bäuerin, die das kleine Loch in dem Kreuz, das sie um ihren Hals trug, als ein Relikt des wahren Kreuzes verehrt hatte, nun aber auf ein kleines Stück von Herrn Chamberlains Regenschirm hoffte.[5]

Aber nicht alle teilten die Freude, wie Duff Coopers – zugegebenermaßen weniger voluminöser – Postsack von rund 4000 Briefen zeigte. «Als einfacher Soldat im Großen Krieg, der den Krieg hasst und fürchtet», schrieb A. E. Whitteridge am 2. Oktober 1938, «möchte ich Ihnen meinen respektvollen Dank für den Schritt aussprechen, den Sie am Tag nach der größten Demütigung unternommen haben, die unser Land seit der Eroberung durch die Normannen erlitten hat».[6] Der Leiter einer kleinen Manufaktur in Ayrshire schrieb, dass das Münchner Abkommen ihn «vor Scham hilflos» mache, während der ehemalige Seemann John Edward

Smith davon ausging, dass die «ganze glorreiche Marine hinter Ihnen steht»[7].

Wer ganz sicher mit Coopers Haltung wenig anfangen konnte, war die königliche Familie. Nachdem er während der Krise mehr als einmal angeboten hatte, an Hitler zu schreiben – von «einem ehemaligen Soldaten an den anderen» –, war George VI. voller Bewunderung für den Kurs, den sein Premierminister eingeschlagen hatte, und unterstützte das von ihm getroffene Abkommen von ganzem Herzen.[8] Ähnlich begeistert war auch der Duke of Windsor, der nach Angaben seiner Frau so verzweifelt gewesen war, als er das Land auf einen Krieg zusteuern sah, dass er schon «entschlossen war, selbst zu Hitler zu reisen, wenn Herr C. das nicht getan hätte»[9]. Nun sandte der Duke seine herzlichen Glückwünsche an den Premierminister – zusätzlich zu denen seines jüngeren Bruders, des Herzogs von Kent, seiner Schwester, der Prinzessin Mary, seiner Schwägerin, der Königin und seiner Mutter, Queen Mary. Besonders die Königinmutter war irritiert über diejenigen, die, wie Cooper, den Premierminister angriffen. «Er hat den Frieden mit nach Hause gebracht», schrieb sie an ihren Sohn, den König, «warum können sie nicht dankbar sein?»[10]

Auch die Mehrheit der Aristokratie stimmte in diesen Jubelchor mit ein, und lobende Briefe von Peers füllten die Ablage des Premierministers, darunter von einem Schwager von Cooper, dem Duke of Rutland, der sich für Coopers Verhalten entschuldigte. Einen weiteren besonders aufschlussreichen Brief erhielt wiederum Cooper vom Duke of Buccleuch, nachdem er als First Lord of the Admiralty zurückgetreten war. Buccleuch, der 1935 nicht nur zum Duke, sondern damit auch zum größten Grundbesitzer in Großbritannien geworden war, hatte vier Jahre lang aktiv am Ersten Weltkrieg teilgenommen. Ihm graute verständlicherweise vor einem weiteren Krieg, und er war der tiefen Überzeugung, dass Großbritannien und Deutschland nie wieder gegeneinander kämpfen dürften. Nach Hitlers Machtübernahme hatte er Deutschland eine Reihe von privaten Besuchen abgestattet, um das Regime zu studieren und freundschaftliche Kontakte zu knüpfen. Wie sein Tagebuch verdeutlicht, fand er vieles an den Nationalsozialisten unangenehm. Ein weiterer Krieg, davon war er überzeugt, könnte das Ende der Zivilisation bedeuten – sicherlich aber das Ende der alten Ordnung in Großbritannien –, sodass keine Anstrengungen gescheut werden sollten, um eine Einigung mit Hitler zu erzielen. Sein sowohl ehrlicher als auch naiv-optimistischer Brief sagt viel über die Denkweise eines bedeutenden Teils der damaligen britischen Oberschicht aus:

Kann einer von uns beweisen oder im Vorhinein beurteilen, dass es unter keinen Umständen möglich ist, Hitler oder Deutschland zu vertrauen? Hitler hat vielleicht noch nie zuvor einen Gentleman und Staatsmann getroffen, der ihm gewachsen war und mit dem er sprechen konnte, und war wohl selbst mehr als überrascht, als er merkte, dass er unserem Premierminister in recht vielem nachgegeben hat. ... Wenn wir kein Abkommen mit Deutschland erzielen, scheint unsere einzige Alternative Krieg zu sein, und die Vorbereitung auf den Krieg ... wird [bedeuten], dass wir Krieg auf Kosten von allem anderen führen werden, einschließlich der enormen Ausgaben für unser Sozialprogramm. ... Ich hatte so sehr gehofft, dass der Albtraum des europäischen Krieges beseitigt und mit einem Anstoß für die Wiederbelebung des Handels das Vertrauen wiederhergestellt werden könnte, der für alle unsere Industrien so notwendig ist, einschließlich der notleidenden Landwirtschaft und der schottischen Wollindustrie, mit der ich eng verbunden bin (ganz zu schweigen von meinen eigenen agrarökonomischen Ängsten), und einem aufblühenden Wohlstand, der es dem Parlament ermöglichen würde, alles umzusetzen, was es sich vornimmt, und [nicht] noch höhere Steuern von uns zu erheben. ... Wenn alle unsere nationalen Ausgaben in die Kriegsvorbereitungen fließen, wird das in anderer Hinsicht zu Verschlechterungen führen, und die unliebsame und verheerende Auswirkung der nachfolgenden Unzufriedenheit wird eine sozialistische Partei an der Regierung sein. ... Glauben Sie nicht, dass unser Premierminister mit Hitler einen sehr guten Anfang gemacht hat? Und dass Hitler möglicherweise davon profitieren und durch weitere Gespräche lernen kann. *Bitte* seien Sie nicht zu kriegerisch?! Mollie [Buccleuchs Ehefrau] wird sehr bekümmert sein, dass Sie die Marine nicht mehr lenken. Ich bin mir von jeher im Unklaren über Sie, aber ich hoffe auf das Beste![11]

Ungeachtet solcher Höflichkeiten war die Spaltung im Land spürbar. Barbara Cartland, Autorin vieler populärer Romane und Schwester des gegen das Münchner Abkommen eingestellten Tory-Abgeordneten Ronald Cartland, erinnerte sich an «das Gefühl, dass es im ganzen Land hoch herging. Menschen, die normalerweise ruhig und unpolitisch waren, verloren die Beherrschung, waren wütend auf diejenigen, die ihnen nicht zustimmten, und reagierten bei der geringsten Provokation unhöflich und beleidigend.»[12] Lady Diana Cooper notierte: «Männer und Frauen hörten auf, miteinander zu sprechen, Väter und Söhne sagten unverzeihliche Dinge zueinander.»[13] Laut ihrem Mann Duff neigten die Männer dazu, das Münchner Abkommen zu unterstützen, während die Frauen dagegen waren. Richard Law und Harold Nicolson meinten jedoch, das Gegenteil sei der Fall. «Die englischen Frauen zeigten Angst, nicht Mut», tadelte Nicolson und wandte sich Anfang November 1938 an den Nationalrat der Frauen. «Man kann neuerlich befürchten, dass der Pazifismus möglicherweise seinen Ursprung in dem allgemeinen Beharren darauf hat, dass die Angst vor dem Krieg das Vorrecht der Frauen ist und dass für sie das Schicksal der Völker von geringerer Bedeutung ist als die unmittelbare Unversehrtheit ihrer Familien.»[14]

Als Law ein Jahr später über die Situation nachdachte, war sein Urteil noch vernichtender:

Wenn Frauen kein Stimmrecht hätten, gäbe es keine konservativen Frauenverbände. Sie sind die Schurken in diesem Stück. Wie dumm von unseren Vätern, anzunehmen, dass Frauen die Politik veredeln und von Sünden befreien würden. Diese Unvernünftigen, die außer von den primitivsten materiellen Überlegungen von allen anderen unberührt geblieben sind, haben der Politik nichts als Erniedrigung und Schande gebracht. Ein Phänomen wie Neville Chamberlain wäre vor 1918 undenkbar gewesen.[15]

Die Ergebnisse der Meinungsforschung unterstützten diese Ansicht tendenziell. Nach einer Überblicksdarstellung zu den während der Krise gesammelten Meinungen waren Männer eher dafür, «sich gegen Hitler zu behaupten», während Frauen eher Chamberlain und seine Bemühungen um Frieden unterstützten. Chamberlain selbst war jedenfalls davon überzeugt und versuchte im Laufe des nächsten Jahres, die Unterstützung für seine Politik auszubauen, indem er gezielt an die Frauen Großbritanniens appellierte.[16]

Eine weitere bedeutende, wenn auch ebenso generalisierte Kluft tat sich zwischen Jung und Alt auf. Im Gespräch mit seinen Wählern in Birmingham stellte Ronald Cartland fest, dass die meisten jungen Menschen gegen das Abkommen waren, während ihre Eltern, denen der Erste Weltkrieg noch sehr präsent war, es standhaft verteidigten. «Mit der allfälligen Ausnahme von Unserem Herrgott hat kein größerer Mann als Herr Chamberlain jemals diese Erde betreten», erklärte ein älterer Birminghamer.[17] Andernorts kehrte ein Student namens Christopher Cadogan aus Oxford nach Hause zurück und traf dort auf seinen Vater, den Kommandanten Francis Cadogan (der während des Ersten Weltkriegs in der Königlichen Marine gedient hatte), der dem Butler auftrug, Champagner zu bringen, damit man auf den Erfolg des Premierministers anstoßen könne. Als sein Sohn es ablehnte, das Glas zu erheben, warf ihn sein Vater aus dem Haus und weigerte sich eine ganze Zeitlang, mit ihm zu sprechen. Christopher ertrank später im aktiven Dienst vor der Küste Zyperns.[18]

Die größte Wut richtete sich gegen die Tory-Abgeordneten, die sich weigerten, für das Münchner Abkommen zu stimmen und den Premierminister offen angriffen. «Ich möchte seinen Kopf zu Gelee zerquetschen», erklärte Lady Willingdon, ehemals Vizekönigin von Indien, nach dem Rücktritt von Duff Cooper.[19] «Diese Verräter – Winston Churchill, dein Bruder und dergleichen – sollten erschossen werden», wurde Barbara Cartland beim Mittagessen in London gesagt.[20] Nicht, dass das die «Verräter» groß interessiert hätte. Churchill «hat mich mit Ausdrücken belegt wie eine Marktfrau vom Billingsgate-Fischmarkt», beschwerte sich nach der München-Debatte ein Tory-Abgeordneter, und Cooper regte sich während eines Streits mit einem Pro-Appeasement-Abgeordneten so auf, dass er ihn am Ende an der Kehle packte.[21] Harold Macmillan verbrannte bei der Guy-Fawkes-Nacht 1938 eine Chamberlain-Puppe (zur Freude der Dorfkinder und zur Bestürzung der aristokratischen Verwandten seiner Frau) und schockierte später das Kinopublikum, indem er «Ombrello! Ombrello!» schrie, als der Premierminister auf der Leinwand erschien.[22]

In den Wochen nach der München-Debatte sahen sich fast alle Abgeordneten, die sich gegen das Abkommen positioniert hatten, mit Misstrauen konfrontiert und, teilweise sogar von der Tory-Parteizentrale angeregt, von der Abwahl durch ihre lokalen Parteiverbände bedroht. «Alle meine prominenten Unterstützer sind wütend, mein Vorgesetzter hat darum gebeten, mich zu sehen, und ich habe ganz allgemein den Eindruck, dass ich wahrscheinlich bei einem oder auch bei allen Treffen, die ich nächste Woche habe, gesteinigt werde», schrieb Lord Cranborne an Anthony Eden kurz nach der München-Debatte.[23] Eine Woche später schrieb er an seinen Onkel, Viscount Cecil: «Ich habe große Schwierigkeiten mit meinen stockkonservativen Lokalhelden, trotzdem habe ich ihnen nach einem sehr langen Streit abgerungen, dass ich zur Außenpolitik der Regierung sagen kann, was ich will. Sie denken allesamt, dass ich (a) ein Sozialist, (b) ein Kriegshetzer und (c) eine Dreckschleuder wider den P[remierminister] bin. Ich weiß nicht, was mit der konservativen Partei passiert ist. Hier erscheinen mir alle wahnsinnig kurzsichtig und fehlgeleitet.»[24]

Andere rebellische Torys kamen weniger gut davon. Duff Cooper bekam von seinen Parteifreunden in St. George's, Westminster, Bewährung, während die Duchess von Atholl erfuhr, dass die lokalen Parteivertreter in Kinross und Western Perthshire für die nächste Wahl einen neuen Kandidaten suchten. Sie reagierte auf die Entscheidung, indem sie

ihren Sitz niederlegte und als Unabhängige antrat.[*] In der anschließenden Nachwahl, die in der Art und Weise, wie Schmierereien, schmutzige
Tricks und an Bestechung grenzende Beeinflussung eingesetzt wurden,
an die Zeit des achtzehnten Jahrhunderts erinnerte, machten die Torys
ihr ganzes politisches Gewicht gegen die Duchess geltend, die denn auch
mit rund 1300 Stimmen unterlag. Kurz darauf erklärte der Nationallibe-
rale Kriegsminister Leslie Hore-Belisha gegenüber dem Militärkorres-
pondenten der *Times*, Basil Liddell Hart: «Die Parteimaschine der Konservativen ist noch stärker als die der Nazis. Sie mag ein anderes Ziel
verfolgen, aber sie ist ähnlich hinterhältig und rücksichtslos.» Sie unter-
drücke jeden, der die Parteilinie nicht einhalte.»[25]

Sogar Churchill sah sich in seinem Wahlkreis in Epping mit Schwierigkeiten konfrontiert – zum Teil dank der Tory-Fraktionsvorsitzenden – und
fühlte sich veranlasst mitzuteilen, dass er sich direkt «an die Wähler wenden» werde, wenn er keine Unterstützung von den lokalen Konservativen
erhalten würde.[26] Als Lord Rothermere davon hörte, schrieb er (der das
Münchner Abkommen unterstützte, aber nicht wollte, dass Churchill aus
dem Unterhaus geworfen wurde) an seinen alten Freund und forderte ihn
auf, es «langsam» angehen zu lassen. «Der Ruf von Neville Chamberlain
wird ungebrochen sein, solange er Premierminister ist, und jedes Mitglied seiner Partei, das diese Tatsache in Frage stellt, läuft Gefahr, von
allen verlassen zu werden», warnte der Pressebaron. «Die Öffentlichkeit
hat so große Angst davor, bombardiert zu werden, dass sie jeden unterstützen wird, der sie aus dem Krieg heraushält. ... Ich traue den Wählern
in Epping nicht, Epping liegt schließlich auf einer der Routen, auf denen
feindliche Flugzeuge nach London fliegen werden.»[27]

---

[*] Die Duchess von Atholl war dank ihrer entschiedenen Unterstützung der spanischen
Republikaner als die ‹Rote Herzogin› bekannt. Zum Zeitpunkt der München-Debatte war
sie auf einer Vortragsreise in den Vereinigten Staaten gewesen. Nach ihrer Rückkehr nach
Großbritannien machte sie ihre Opposition jedoch bald durch das Abkommen kritisierende
Reden und Broschüren deutlich.

Unter diesen Umständen ist es kaum verwunderlich, dass fast keiner der Tory-Rebellen es wagte, sich bei der Nachwahl in Oxford am 27. Oktober 1938 für den Kandidaten der sich gerade bildenden lagerübergreifenden Volksfront gegen das Münchner Abkommen einzusetzen. Tatsächlich war der einzige Konservative mit Sitz im Unterhaus, der mutig oder tollkühn genug war, in Oxford eine Rede gegen den Tory-Kandidaten zu halten, Harold Macmillan. Der sagte bei einer Kundgebung von «Anti-Munichos», dass man «schon immer Löwen *beschwichtigen* konnte, indem man ihnen Christen vorwarf – allerdings hätten die Christen das anders genannt»[28].

Zu jedem anderen Zeitpunkt wäre die Nachwahl in Oxford ein vernachlässigenswertes Votum gewesen. Die Konservativen hatten den Sitz (mit Ausnahme zweier Jahre) seit 1885 inne, und der konservative Kandidat, der 31-jährige Quintin Hogg, war der Sohn von Lord Hailsham, einem amtierenden Mitglied des Kabinetts. Nur vier Wochen nach Abschluss des Münchner Abkommens zogen jedoch die Kandidaten von Labour und den Liberalen ihre Bewerbungen zugunsten eines einzigen Anti-Appeasement-Kandidaten zurück und unterstützten die Kandidatur A. D. ‹Sandie› Lindsays, Rektor des Balliol College. Damit wurde die Wahl in Oxford zu einem Referendum über München. Wie anderswo auch gab die jüngere Generation den Ton an, wenn es darum ging, gegen das Abkommen Stellung zu beziehen. Zwei Wochen vor der Abstimmung überzeugte ein Orgelschüler und Balliol-Grundstudiumsstudent namens Edward Heath, obwohl er ein führendes Mitglied des konservativen Studentenbundes an seiner Unversität war, die Mitglieder der Oxforder Studentenvertretung, den Antrag zu unterstützen, «dass dieses Haus die Regierungspolitik des ehrlosen Friedens verurteilt»[29]. Einige der jungen, hauptsächlich linksorientierten Männer, die sich für Lindsay engagierten, machten später eine herausragende politische Karriere, etwa Roy Jenkins, Denis Healey, Patrick Gordon Walker, Richard Crossman, Frank Pakenham und Christopher Mayhew.

Sandie Lindsay war kein typischer Kandidat der Volksfront. Als Professor für Moralphilosophie und christlicher Sozialist war seine Art, Solidarität mit den Arbeitslosen zu zeigen, das Servieren von Hummer à la Newburg in der Aula zu verbieten. Dank seiner begeisterten Anhänger, ungefähr alle in demselben jugendlichen Alter, wurde die Nachwahl in Oxford zu einer durchaus lautstarken, manchmal impertinenten Angelegenheit. «Eine Stimme für Hogg ist eine Stimme für Hitler», skandierten die Lindsay-Anhänger. «Wählen Sie Hogg und retten Sie Ihren Speck», gab Hogg zurück.[30] Am Ende gewann Hogg mit über 3000 Stimmen, aber die konservative Mehrheit war halbiert. Am Vorabend der Wahl hatte Hogg das Münchner Abkommen als «das größte Wunder der Neuzeit, das von einem einzigen Mann vollbracht worden ist», beschrieben.[31] Vor seinen jubelnden Anhängern sprach er nun davon, dass dieser Wahlerfolg nicht sein, sondern Herrn Chamberlains Sieg sei.[32]

Chamberlain bedauerte bald seinen Überschwang, der ihn wie Disraeli ans Fenster von Downing Street hatte treten lassen. Zum Abschluss der München-Debatte am 6. Oktober 1938 versuchte er, den prägenden Begriff des «Friedens für unsere Zeit» herunterzuspielen, und erklärte, dass diese Wortwahl «in einem emotionalen Moment» zustande gekommen sei, «nach einem langen und anstrengenden Tag, nachdem ich kilometerweit an aufgeregten, enthusiastischen und jubelnden Menschen vorbeigefahren war».[33] Allerdings zeigen seine privaten Briefe, dass er tatsächlich glaubte, in München einen Triumph errungen zu haben, der, wenn man die Beziehungen sorgfältig ausbaue, zu dem dauerhaften Frieden führen könne, den er angestrebt hatte. «Ich bin sicher, dass die Tschechen eines Tages sehen werden, dass wir sie für eine glücklichere Zukunft gerettet haben», schrieb er am 2. Oktober, möglicherweise mit einem Anflug von schlechtem Gewissen, an den Erzbischof von Canterbury. «Und ich glaube aufrichtig, dass wir endlich den Weg zu jener Befriedung geebnet haben, die allein die Welt vor dem Chaos bewahren kann.»[34]

Ekstatischer Jubel, beschämendes Leid: (oben) Der *Anschluss* ist offiziell erklärt; Hitler spricht am 15. März 1938 auf dem Wiener Heldenplatz zu einer über alle Maßen begeisterten Menschenmenge; (unten) Wiener Juden werden dazu gezwungen, das Straßenpflaster zu schrubben.

«Er ist so eitel, wie er dumm ist, und so dumm, wie er eitel ist.»: Der ehemalige Botschafter, nun deutscher Außenminister, Joachim von Ribbentrop verlässt am 13. März 1938 die deutsche Botschaft in London.

Zwei sehr unterschiedliche Auffassungen des «deutschen Problems»: Sir Robert Vansittart (links) und sein Nachfolger als Ständiger Leiter des Auswärtigen Amtes, Sir Alexander Cadogan, in der Downing Street, 11. September 1938.

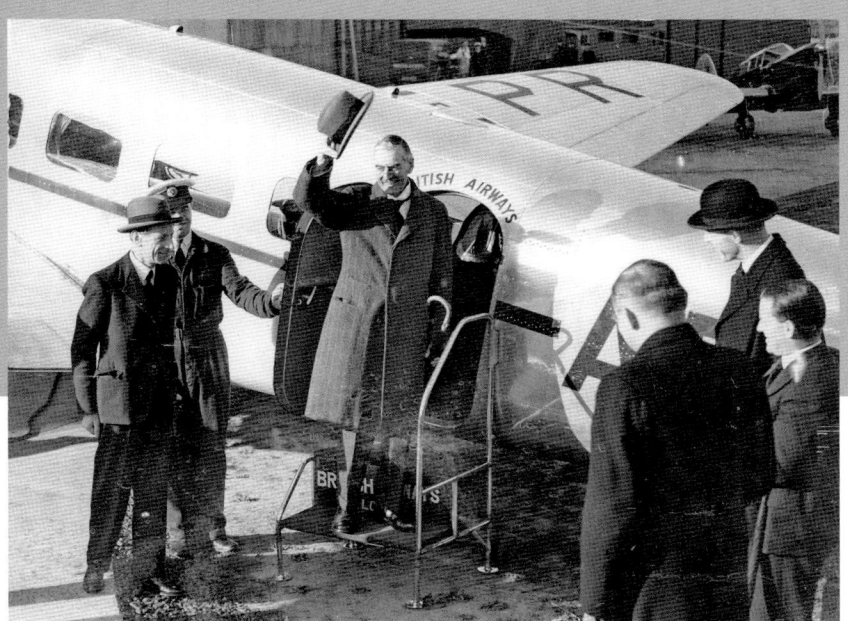

«Der fliegende Botschafter des Friedens»: Neville Chamberlain kurz vor dem Abflug vom Flughafen Heston zu seinem ersten Treffen mit Hitler anlässlich der Tschechien-Krise am 15. September 1938.

Das Gespräch verläuft nicht ganz reibungslos: Chamberlain bemüht sich auf dem Berghof um Smalltalk mit Hitler, 15. September 1938.

Alle lächeln, aber Chamberlains zweites Treffen mit Hitler vom 22. bis 24. September 1938 in Bad Godesberg endet in einer Sackgasse.

«Wie schrecklich ... das ist, dass wir wegen einer Auseinandersetzung in einem fernen Land hier Gräben ausheben und Gasmasken aufprobieren sollen» – Neville Chamberlain, 27. September 1938.

Die Teilnehmer der Münchner Konferenz vom 28. September 1938: Neville Chamberlain, Édouard Daladier, Adolf Hitler, Benito Mussolini und Graf Galeazzo Ciano.

«Frieden!»: So drückt eine Londoner Floristin ihre Dankbarkeit aus, 30. September 1938.

«Frieden für unsere Zeit!»: Chamberlain am Fenster von Downing Street Nr. 10 nach seinem berüchtigten Ausruf.

Mit gemischten Gefühlen: Frauen in Eger im Sudetenland reagieren auf den Einzug der deutschen Truppen nach dem Münchner Abkommen.

Ferien in Italien: Chamberlain inspiziert die persönliche Garde des Duce, 11. Januar 1939.

«Schamlose, nackte Gewalt»: Deutsche Truppen marschieren auf dem Hradschin in die Prager Burg ein, 15. März 1939.

Eine diabolische Allianz: Der sowjetische Volkskommissar für Auswärtige Angelegenheiten Wjatscheslaw Molotow unterschreibt den Hitler-Stalin-Pakt, dabei schauen ihm Joachim von Ribbentrop und ein zufrieden lächelnder Josef Stalin über die Schulter.

Blitzkrieg: Deutsche Truppen rücken auf polnisches Territorium vor, 1. September 1939.

Rivalen in der Not vereint: Winston Churchill und Neville Chamberlain, 23. Februar 1940.

Einige Wochen später vertraute er seiner Stiefmutter an, er «glaube kaum, dass noch einmal eine derart akut gefährliche Krise wie diese eintreten» könne, zumindest für einen längeren Zeitraum nicht. Was er anstrebe, so Chamberlain, sei «eine Wiederherstellung des Vertrauens, das es uns allen ermöglichen würde, das Aufrüsten zu beenden und uns wieder der Aufgabe zuzuwenden, die Welt lebenswerter zu machen»[35].

Diese Analyse teilten nur wenige von Chamberlains Kollegen. Für viele Konservative innerhalb und außerhalb der Regierung war das Münchner Abkommen eine traumatische Erfahrung, die sich jedoch aufgrund der mangelnden Kriegsbereitschaft des Landes nicht hatte vermeiden lassen. Sie wurden jedoch vom Premier kurz abgefertigt, wenn sie argumentierten – wie es die Befürworter des Münchner Abkommens auch später zu Chamberlains Verteidigung tun würden –, dass die durch das Abkommen gewonnene Zeit für eine Verstärkung der britischen Aufrüstungsbemühungen genutzt werden sollte. «Aber sehen Sie denn nicht, dass ich den Frieden wiederhergestellt habe?!», hielt Chamberlain Lord Swinton entgegen, der im Gegenzug für die Unterstützung des Abkommens eine solche Forderung aufgestellt hatte.[36] Wenige Wochen später, am 31. Oktober, kassierten die Kabinettsmitglieder – darunter Elliot, Winterton, De La Warr, Stanley, Hore-Belisha, Kingsley Wood und vor allem Halifax –, die für eine Ausweitung oder Beschleunigung der Aufrüstung plädierten, eine scharfe Zurechtweisung. «Unsere Außenpolitik versteht sich als eine Politik der Befriedung», führte der Premier aus und fügte hinzu: «Zu einem guten Teil ist fälschlicherweise zu viel Augenmerk ... auf die Aufrüstung gelenkt worden, als ob ein Ergebnis des Münchner Abkommens gewesen wäre, dass wir unsere Aufrüstungsprogramme ausweiten müssen.» Die Beschleunigung der bestehenden Programme sei eine Sache, aber die Erhöhung des Umfangs unseres Programms, die zu einem neuen Wettrüsten führen würde, sei etwas ganz anderes. Er «hoffe, dass es möglich sein werde, ... aktive Schritte zu unternehmen und dem Münchner Abkommen andere Maßnahmen zur Sicherung besserer Beziehungen folgen zu lassen». Ebenso hoffe er, dass «wir eines Tages in der Lage sein werden, eine gewisse Begrenzung der Rüstung zu erreichen», aber es sei noch zu früh, dass man sagen könne, wann dies möglich sein werde.[37]

Noch mehr ärgerte sich der Premierminister über die konservativen Abgeordneten, die nicht abließen, ihn und seine große Leistung anzugreifen. «Es ist jedenfalls kein Merkmal totalitärer Staaten, dass sie es dort zu einer Gewohnheit werden lassen, das eigene Nest zu beschmutzen», ätzte er in einer bezeichnenden Nebenbemerkung am 1. November im Unterhaus.[38] Insbesondere fand er es mehr als anstrengend, die «schwächeren Brüder» (wie er sie gern nannte) in seiner eigenen Regierung bei der Stange zu halten, während er sich gleichzeitig gegen Churchill und dessen Anhänger verteidigen musste, die «eine regelrechte Verschwörung gegen mich betreiben»[39]. In dieser Auseinandersetzung verfügte der Premierminister jedoch insgeheim über einen Vorteil. Sir Joseph Ball, der sinistere ehemalige MI5-Offizier in seinen Diensten, war seit Edens Rücktritt bei weitem nicht untätig geblieben und hatte es in der Zwischenzeit geschafft, die Telefone einer Reihe von führenden Anti-Appeasern, darunter Churchill, anzuzapfen. «Selbstverständlich ahnen sie nichts davon, dass ich über alles, was sie vorhaben, Bescheid weiß», rühmte sich Chamberlain vor seiner Schwester Ida. «Ich war fortlaufend informiert, was sie taten und redeten, was zum x-ten Mal den Beweis lieferte, wie sehr Winston zum Selbstbetrug neigt.»[40]

Beunruhigender war für den Premier, wie schnell die Bewunderung für das Münchner Abkommen nachließ. Obwohl es den Konservativen gelungen war, den Sitz in Oxford zu halten, verloren sie in der folgenden Woche in Dartford eine Nachwahl – wo ebenfalls das Thema München die Auseinandersetzung bestimmt hatte –, gefolgt von dem sensationellen Sieg von Vernon Bartlett, der am 17. November in Bridgwater als unabhängiger Anti-Appeasement-Kandidat gewann. Etwa zur gleichen Zeit ergab eine Umfrage des *News Chronicle*, dass 86 Prozent der befragten Briten Hitler seine Aussage nicht glaubten, dass er keine weiteren territorialen Forderungen habe. Dieses Ergebnis wurde zunächst nicht veröffentlicht, weil der Herausgeber der Zeitung, Sir Walter Layton – der von

Regierungsseite stark unter Druck gesetzt worden war – die Stimmung in Deutschland nicht «verschärfen» wollte.[41] Aber es gab auch so zahlreiche Anzeichen dafür, dass sich Unzufriedenheit breitmachte, wie z.B. dieses anonyme Schreiben an die Presse von Mitte Oktober zeigt:

> Wie ich sehe, hat der Herzen exportierende Handel noch immer Konjunktur, nachdem nun der Erzbischof von Canterbury erklärt hat, dass unsere Herzen bei den Tschechen sind. Ich glaube, dass die erste große Lieferung 1935 verschickt wurde, als, wie Sie sich erinnern werden, unsere Herzen an die «tapferen Abessinier» gingen (unser Öl ging natürlich an Mussolini). Seitdem gingen große Lieferungen nach Spanien, Österreich und China. Ich hoffe, die Empfänger waren entsprechend dankbar, obwohl Gerüchten zufolge einige der kleineren Nationen davon flüstern – wie böswillig –, dass wir uns neben unseren Herzen auch von unserem Mut getrennt haben.[42]

Auch Hitler machte es Chamberlain nicht gerade einfacher. Er grollte den Westmächten, weil sie ihn um seinen «kleinen Krieg» betrogen hatten, und war wütend, dass die deutsche Bevölkerung eine solche Begeisterung für die Aufrechterhaltung des Friedens gezeigt hatte. Ergebnis war eine Rede am 9. Oktober in Saarbrücken, die der deutsche Diplomat Ulrich von Hassell «unbegreiflich rüde» nannte und in der Hitler Cooper, Eden und Churchill der Kriegshetze beschuldigte sowie Großbritannien aufforderte, seinen Habitus aus der Versailler Epoche abzulegen und sich aus Deutschlands Angelegenheiten herauszuhalten.[43] «Gouvernantenhafte Bevormundung vertragen wir nicht mehr!», erklärte er.[44] Wenige Wochen später wiederholte er diese Angriffe in Weimar und jubelte noch dazu darüber, dass Deutschland inzwischen nicht mehr von bürgerlichen Politikern, von «Regenschirmtypen» regiert werde.[45] Es sollte noch schlimmer kommen.

Am Morgen des 7. November 1938 wurde in der deutschen Botschaft in Paris einer der Botschaftssekretäre von einem siebzehnjährigen polnischen Juden erschossen. Auf Goebbels' Drängen entschied Hitler, es sei Zeit, dass die deutschen Juden «den Volkszorn zu spüren» bekommen.[46] Die Polizei wurde von den Straßen beordert und die SA entfesselt. In der Nacht vom 9. auf den 10. November verbreitete sich eine Welle antisemitischer Gewalt und Zerstörung in Deutschland und Österreich. 267 Synagogen wurden in Brand gesetzt oder zerstört, über 7500 jüdische Geschäfte verwüstet. Jüdische Häuser und Wohnungen wurden von Sturmtruppen aufgebrochen, die Einrichtung zerschlagen und geplündert, die Bewohner wurden geschlagen und bestialisch misshandelt. Hunderte von Juden wurden ermordet. Andere sahen keinen Ausweg, wollten sich aber zumindest selbst das Leben nehmen und schnitten sich die Pulsadern auf oder stürzten sich von Gebäuden. In den Tagen nach dem Pogrom wurden rund 30000 jüdische Männer verhaftet und nach Dachau, Buchenwald und Sachsenhausen gebracht.

Die britische und die internationale öffentliche Meinung äußerte sich entsetzt über die sogenannte *Reichspogromnacht*, die damals zynisch *Kristallnacht* getauft wurde. Der *News Chronicle* sprach von einem «Pogrom, das in seiner Raserei seit dem finsteren Mittelalter unübertroffen sein dürfte». Für die *Times* hätte sich «kein ausländischer Demagoge, in der Absicht Deutschland in den Augen der Welt zu verunglimpfen, eine solche Geschichte von schikanösen Übergriffen auf wehrlose und unschuldige Menschen ausdenken können. Die willkürliche Gewalt und die Brandschatzungen haben dieses Land gestern entehrt.»[47] Wilson Harris, Herausgeber des den Chamberlain-Kurs unterstützenden *Spectator*, sah mit den «Ereignissen der vergangenen Woche das Wort Appeasement ausgelöscht» – eine Einschätzung, die anscheinend von einer Mehrheit des britischen Volkes geteilt wurde, da laut einer Gallup-Umfrage 73 Prozent der Befragten der Aussage zustimmten, dass «die Verfolgung der Juden in Deutschland ein Hindernis für ein gutes Einvernehmen zwischen Großbritannien und Deutschland ist»[48].

Sogar Sympathisanten der derzeitigen deutschen Regierung reagierten mit Abscheu, obwohl einige hauptsächlich bedauerten, dass so den Bemühungen der Appeasement-Politik geschadet werde. «Leider ist Hitler keine Hilfe und macht Chamberlains Aufgabe nur immer schwieriger», war Chips Channons beiläufiger Kommentar in seinem Tagebucheintrag vom 15. November 1938. Eine Woche später hatten sich seine Befürchtungen weiter konsolidiert:

> Niemand hat mir jemals vorgeworfen, antideutsch zu sein, aber ernsthaft, ich komme mit dem derzeitigen Regime, das offenbar jeden Sinn und Verstand verloren hat, nicht mehr zurecht. Sind die irre? Die Judenverfolgungen in ihrer übertriebenen, niederträchtigen Art sind kurzsichtig, grausam und unnötig. Und nun, so steht es jedenfalls in manchen Zeitungen, sollen auch noch die Katholiken verfolgt werden.[49]

Andere, die sich zuvor gern mit den Nationalsozialisten verbrüdert hatten, äußerten Degout und Enttäuschung. So etwa Lord Londonderry, der nun doch zugeben musste, dass von einem kolonialen Beschwichtigungsangebot keine Rede mehr sein konnte, wenn Deutschland in einer Verfolgungswelle schwelgte, die geradezu «mittelalterlich in ihrer Grausamkeit» war. Lord Mount Temple trat infolge der Ereignisse als Vorsitzender der Anglo-German Fellowship zurück.[50] Lord Brocket fuhr wie geplant zur Jagd zu Göring und verbreitete nach seiner Rückkehr aus Deutschland die Behauptung seines Gastgebers wie auch Hitlers, dass sie weder von den jüngsten Unruhen wüssten noch daran beteiligt gewesen wären. Horace Rumbold fällte dazu ein Urteil, dass man wohl nur als großzügig ansehen kann, und bemerkte: «Er muss der leichtgläubigste aller Esel sein.»[51]

In den USA hatte es besonders lautstarke Proteste gegeben, und die öffentliche Meinung hatte die deutsche Regierung einhellig scharf verurteilt. Auf einer Pressekonferenz am 15. November brandmarkte Präsident Roosevelt die Gewalt und kündigte an, dass er den amerikanischen Botschafter zurückrufen werde. Weitere Verdikte kamen sowohl von

Senat und Repräsentantenhaus als auch vom ehemaligen Präsidenten Herbert Hoover, der vor die Kameras der Nachrichtensender trat und die «brutale Intoleranz» anprangerte, die «in der modernen Geschichte beispiellos» sei.[52] «Die öffentliche Meinung ist ausnahmslos aufgebracht und Deutschland gegenüber feindselig», berichtete der deutsche Botschafter Hans-Heinrich Dieckhoff am 14. November aus Washington. Darüber hinaus komme der Aufschrei «nicht nur von Juden, sondern in gleicher Stärke aus allen Lagern und Klassen», einschließlich des zuvor prodeutsch eingestellten amerikanischen Lagers. «Was mir besonders auffällt», so der Botschafter weiter, «ist, daß mit wenig Ausnahmen die anständigen nationalen Kreise, die durchaus antikommunistisch und zum großen Teil antisemitisch eingestellt sind, anfangen sich von uns abzuwenden.»[53]

Die *Reichspogromnacht* bedeutete das Aus für den bereits schwindenden amerikanischen Glauben an den Erfolg der Appeasement-Politik gegenüber Hitler. Zwar hatte Roosevelt ein Telegramm mit den Worten «Guter Mann» an Chamberlain geschickt, als er von Hitlers Einladung zur Vier-Mächte-Konferenz gehört hatte, aber die Begeisterung des Präsidenten – und der meisten Amerikaner – war nur von kurzer Dauer.[54] Tatsächlich waren viele Amerikaner von Anfang an kritisch gegenüber dem britischen Umgang mit der tschechischen Krise gewesen, und, wie Joseph Kennedy Anthony Eden erklärte, die Belastung durch eine «antibritische» Stimmung in den Vereinigten Staaten sei stärker denn je.[55] Um dem entgegenzuwirken, forderte der amerikanische Botschafter (der immer noch an das Potenzial der Beschwichtigungspolitik glaubte, auch wenn seine Landsleute es nicht taten) Eden auf, einer Einladung der Nationalen Herstellervereinigung zu folgen und auf der Konferenz des größten amerikanischen Industrie-Lobbyverbandes am 9. Dezember in New York zu sprechen. Nachdem Eden die Einladung zunächst abgelehnt hatte, konnte Kennedy ihn doch noch überzeugen, und er bestieg – vom Botschafter zusätzlich mit einer Kiste Champagner ausgestattet – am 3. Dezember 1938 den Transatlantik-Passagierdampfer RMS *Aquitania*.

Edens Empfang glich dem eines Hollywood-Stars. 4000 Menschen versammelten sich im Waldorf Astoria, um seine Rede zu hören, die dazu auch noch von drei nationalen Radiosendern live übertragen wurde. Als er den Speisesaal des Hotels betrat, erklang *Land of Hope and Glory* (i.e. Land der Hoffnung und des Ruhmes), und ein Schwarm von Fotografen schwirrte umher und fotografierte alles und jeden. Kurz bevor er seine Rede beginnen wollte, erhielt er eine Nachricht von einem anderen Tisch: «Was auch immer Sie tun, achten Sie dabei nicht weiter auf die Fotografen – Noël Coward.»[56] Es gebe große Gefahren auf der Welt, mahnte Eden sein Publikum, aber Großbritannien werde ihnen begegnen, wie es das zuvor in seiner Geschichte immer getan habe, da es weder dekadent noch feige sei. Keinesfalls sei man darauf aus, andere dazu zu verleiten, «unsere Kastanien aus dem Feuer zu holen»[57].

All das kam sehr gut an. Der Kongress veröffentlichte die Rede in seinem offiziellen Protokoll, und Eden wurde beklatscht und bejubelt, wohin er auch ging. Die amerikanische Presse überschlug sich geradezu. «Er ist Prinz Charming. Er ist St. George im Kampf gegen die Drachen. Er trat aus Prinzip zurück. Er ist kein Stutzer. Er hält bis zur letzten Runde durch und kann auch nach einem K.o. wieder zurückkommen. Er ist ein Engländer», schwärmte die *New York Herald Tribune*.[58] «Sie könnten hier für das Präsidentenamt kandidieren und mühelos gewinnen», meinte der ehemalige Präsidentschaftskandidat der Demokraten Al Smith anerkennend.[59] Doch auch wenn Eden die Lobeshymnen genoss, war er doch beunruhigt, wie die Amerikaner Chamberlain und seine Regierung wahrnahmen. «Ich war entsetzt, was ich für eine Atmosphäre vorfand», schrieb er nach seiner Rückkehr an Stanley Baldwin.

> Die arme Nancy [Astor] und ihr Cliveden-Set haben viel Schaden angerichtet, und 90 Prozent der USA sind fest davon überzeugt, dass Sie und ich die einzigen beiden Torys sind, die keine verkappten Faschisten sind. ... Den größten Teil meiner Zeit habe ich damit verbracht klarzustellen, dass Neville kein Faschist ist und John Simon nicht schon immer ein «Betrüger» war. ... Ich hoffe doch sehr, dass ich in Bezug auf J.S. nicht allzu oft

einen Meineid geschworen habe. ... Kennedy hat sich zu Recht Sorgen gemacht, und ich bin ebenfalls noch immer besorgt. Diese Regierung steht zu weit rechts, um diese Menschen zurückzugewinnen – und Nancy sollte gezwungen werden, Cliveden zu schließen.[60]

Auf ähnliche Einstellungen traf der schottische Journalist Robert Bruce Lockhart, ein ehemaliger Diplomat und Spion, der im Januar 1939 eine Vortragsreise durch die USA unternahm. «Beinah überall, wo ich hinkam, habe ich eine ausgeprägte Antihaltung gegenüber dem Nationalsozialismus festgestellt. Aber die Kritik an der britischen Regierung fiel noch härter aus», konstatierte er. Die meisten Witze zielten auf den britischen Premierminister – wie etwa Dorothy Parkers Kalauer, Chamberlain sei der erste Premierminister in der Geschichte, der mit 250 Meilen pro Stunde angekrochen komme –, während eine weiße Regenschirmnadel das neueste Modeaccessoire für Damen war, die dachten, Großbritannien hätte zur Tschechoslowakei halten sollen. Die vorherrschende Einstellung brachte eine Broschüre schon in ihrem Titel auf den Punkt: *England – eine sterbende Oligarchie*. Der Schriftsteller und Journalist Louis Bromfield hatte darin «in bewährter Birmingham-Manier» alles zusammengetragen, was sich aus der britischen Appeasement-Politik gegenüber Diktatorenstaaten ergeben hatte oder noch ergeben würde:

1. Immenser Prestigeverlust in Europa, Asien und Amerika.
2. Immenser Schaden für die angloamerikanische Freundschaft und Verringerung des amerikanischen Respekts vor England.
3. Immense Verluste für britische als auch ausländische Investoren, sowohl was den Umsatz als auch was das Gesamtkapital betrifft.
4. Immenser Zuspruch und Ansporn für die Diktatoren und gesetzlosen Elemente der Welt.
5. Verlust der britischen Führungsrolle unter den Demokratien.
6. Fremde Mächte beherrschen das Mittelmeer, das für das Britische Empire lebenswichtig ist.

Die Briten hatten jedoch das Glück, dass die Nationalsozialisten es noch besser als sie verstanden, die amerikanische Meinung gegen sich aufzubringen. Auslöser für die Unzufriedenheit mit den Briten war vor allem die weit verbreitete Abscheu vor dem Nationalsozialismus. Die bekanntgewordenen NS-Verbrechen waren das eine, das andere war die Unverfrorenheit ihrer Propaganda, bestes Beispiel hierfür war eine Broschüre mit dem Titel *George Washington: The first Nazi*. Bruce Lockhart freute sich heimlich: «Der beste britische Botschafter, den wir je in den Vereinigten Staaten hatten, war Adolf Hitler.»[61]

Chamberlain war, wie fast alle anderen, von der *Reichspogromnacht* schockiert. «Es ist klar, dass der Nazi-Hass sich auf alles und jedes richten kann, nur um ihnen einen Vorwand für ihre Barbarei zu geben», schrieb er an Ida. Prinzipiell scheint ihn aber vielmehr beschäftigt zu haben, dass er den Eindruck gewonnen hatte, dass «die britisch-deutschen Beziehungen unter einem schlechten Stern stehen, da ausnahmslos alle Bemühungen, sie zu verbessern, blockiert werden»[62]. Ohne Frage waren weitere offizielle Bemühungen, eine Politik des Appeasements zu betreiben, im Moment unmöglich. Doch Chamberlain war nicht bereit, allein wegen der Brutalität der Deutschen nach innen seine gesamte Politik aufzugeben.

Am 23. November 1938 schlüpfte ein Mann in einem dunkelgrauen Anzug und einem hellen Tweedmantel, etwa 1,75 m groß, mit blauen Augen, einer großen, geraden Nase und dunklen Haaren in die deutsche Botschaft in der Carlton House Terrace. George Steward, der Pressesprecher des Premierministers, war zu einem geheimen Gespräch mit dem deutschen Presseattaché Fritz Hesse gekommen. Die beiden Männer kannten sich bereits, denn Steward hatte schon seit einiger Zeit, wahrscheinlich unter der Anleitung von Sir Joseph Ball, als geheimer Verbindungsmann des Premierministers zu den Deutschen fungiert, so wie Adrian Dingli als Kontaktperson zu den Italienern gedient hatte. Bei seinem letzten Besuch, zwölf Tage nach Abschluss des Münchner Abkommens, hatte Steward Hesse erklärt, dass es die Dinge vereinfachen würde, «wenn [die Deutschen] immer wieder betonten, daß [sie] Chamberlain vertrauten, weil er den Frieden wolle», und «wenn [sie ihren] Willen hervorhöben, in dauernder Freundschaft mit dem englischen Volke zu leben». Das sei so wichtig, erläuterte Steward, weil der Premierminister, wenn er sich für die britisch-deutsche Verständigung engagiere, dies entgegen dem ausdrücklichen Wunsch des Außenministeriums tue, das versuche, seine Pläne zu sabotieren; sogar einige Mitglieder seines Kabinetts arbeiteten gegen ihn.[63]

Jetzt, zwei Wochen nach der *Reichspogromnacht*, war das Anliegen des geheimen Abgesandten des Premiers, Chamberlains dringenden Wunsch weiterzugeben, dass ein «sichtbarer Schritt auf dem im Münchner Abkommen festgelegten Weg» getan werde. Insbesondere schlug Steward eine Vereinbarung zur «Humanisierung» der Luftkriegsführung vor oder sogar eine «gemeinsame deutsch-britische Erklärung über die Anerkennung der jeweiligen Haupteinflusszonen». Dafür wäre es wichtig, dass Ribbentrop oder ein anderer deutscher Minister nach London käme, da es für Chamberlain ohne weitere Fortschritte unmöglich sei, einen weiteren Besuch in Deutschland zu machen. Was die britische Regierung jedoch tun könne, sei zu «garantieren», dass der deutsche Minister eine positive Darstellung in der britischen Presse erhält, da der als NS-Gegner berüchtigte Pressechef im Außenministerium, Rex Leeper, bei einer sich an die Münchner Konferenz anschließenden politisch motivierten Entlassungswelle aus dem Amt entfernt worden sei. In seinem Bericht an Ribbentrop über dieses außergewöhnliche Gespräch kommt Hesse zu folgendem Schluss:

> Dieser überraschende Vorschlag ist, wenn ich eine Stellungnahme abgeben darf, ein weiteres Zeichen dafür, wie groß der Wunsch nach einer Verständigung mit uns hier in England ist, und ist auch ein Beweis dafür, ... dass Großbritannien im nächsten Jahr bereit sein wird, praktisch alles von uns

zu akzeptieren und jeden unserer Wünsche zu erfüllen. Im Übrigen ist es bedeutsam, dass dieser Vertreter [des Premiers] die Gelegenheit genutzt hat, mir im Detail die direkten Maßnahmen zu erläutern, die die englische Regierung zum Abbau unguter Gefühle ergriffen hat, die durch die antisemitischen Aktivitäten entstanden sind, damit diese besondere Ursache für die Spannungen in unseren Beziehungen ausgeräumt wird.[64]

Stewards Besuch blieb nicht unbemerkt. Der MI5 hatte es geschafft, einen Agenten in der deutschen Botschaft zu rekrutieren, und ein Bericht über den Besuch des Pressesprechers, zusammen mit seiner Beschreibung und einer Kopie der Aufzeichnungen von Hesse, lag bald auf dem Schreibtisch des Ständigen Unterstaatssekretärs im Außenministerium. Cadogan war entsetzt über das, was er las. «Selbst wenn die geheimen Verhandlungen erfolgreich sind, können sie für die Gemäßigten in Deutschland nur zu Problemen führen, während die an der Macht befindlichen Extremisten sich ermuntert fühlen werden, und werden in einer [vorgeblichen] ‹Einigung› münden, die der Anfang vom Ende des Britischen Empires sein wird», notierte er.[65] Halifax konfrontierte Chamberlain mit den Erkenntnissen, der gab bei der Enthüllung aber vor, «entsetzt» zu sein.[66] Cadogan war nicht überzeugt, konnte sich aber zumindest damit trösten, dass alle weiteren Kontakte dieser Art nun unmöglich waren. Steward hatte seinen letzten Besuch in der Carlton House Terrace abgestattet.

Chamberlain war zunehmend demoralisiert. Obwohl er Hilda berichtete, dass ihm und Halifax anlässlich ihres Besuchs in Paris vom 23. bis 26. November 1938 ein «wunderbarer Empfang» bereitet worden sei – alles nur, um dem «französischen Volk die Möglichkeit zu geben, seinen angestauten Gefühlen von Dankbarkeit und Zuneigung freien Lauf zu lassen» und Daladier zu stärken. Doch es hatte auch Buhrufe gegeben, und «Vive Eden!» und «A bas Munich!» waren zu hören gewesen.[67]

Gleichzeitig sah sich Chamberlain einer anhaltenden und zunehmenden Kritik aus seiner eigenen Partei gegenüber. Wie er in einem späteren Brief an seine Schwester ausführte, spielte sich in jener Woche Folgendes ab: «Einer der Staatssekretäre [Robert Hudson, für den Überseehandel zuständig] kam zu mir und deutete an, ... dass, wenn ich nicht mindestens zwei bzw. vorzugsweise vier meiner Kollegen loswerde» – von denen Hudson und seine Mitstreiter annahmen, dass sie sich nicht genügend für die Aufrüstung engagierten – «er und eine Reihe anderer nachgeordneter Regierungsmitglieder ihre Position überdenken müssten».[68] Am Ende verlief die sogenannte Revolte der Unterstaatssekretäre im Sande, allerdings hinterließ sie beim Premierminister den Eindruck, umzingelt zu sein, und verstärkte sein Selbstmitleid. «Manchmal habe ich das Gefühl, dass ich die Demokratie zum Teufel wünschen sollte, und ich frage mich oft, welcher P[remierminister] jemals eine solche Tortur wie ich durchmachen musste», beschwerte er sich am 17. Dezember bei Ida.[69]

Weitaus beunruhigender waren die verschiedenen Anzeichen, dass Hitler sich bei weitem nicht damit begnügte, der von Chamberlain erhoffte zufriedene, friedliche Staatsmann zu werden, sondern sich auf neue risikoreiche Unternehmungen vorbereitete. Am 14. Oktober, nur zwei Wochen nach der Münchner Konferenz, kündigte Göring eine massive Ausweitung der deutschen Aufrüstung an (einschließlich einer Verfünffachung der Größe der Luftwaffe), und Anfang Dezember teilte die deutsche Regierung mit, dass sie beabsichtige, eine Klausel aus dem britisch-deutschen Marinevertrag anzuwenden, die es ihr erlaubte, die deutsche U-Boot-Flotte auf bis zu 100 Prozent der gesamten britischen U-Boote auszubauen. Begleitet wurden diese öffentlichen Erklärungen von einer Reihe von Geheimdienstberichten, in denen angeführt wurde, Hitler könne «kaum geistig gesund» sein und werde «von einem unsinnigen Hass auf dieses Land verzehrt», während die deutsche Presse an einer Defamationskampagne strickte, um Großbritannien als «Volksfeind Nr. 1» darzustellen.[70]

Zunächst wurde davon ausgegangen, dass der nächste deutsche Coup im Osten stattfinden würde. Die Geheimdienste glaubten, dass die Ukraine Hitlers neues Ziel sei, eine Annahme, die durch die Kontakte von Sir Robert Vansittart gestützt wurde. Mitte Dezember wurde Ivone Kirkpatrick, Erster Sekretär der britischen Botschaft in Berlin, jedoch von einem pensionierten hochrangigen deutschen Beamten mit engen Verbindungen zur Wehrmacht mitgeteilt, dass Hitler beabsichtige, im März London zu bombardieren.[71] Wie sich herausstellte, beruhte dieses Gerücht auf einer Falschmeldung und war möglicherweise vom Chef der Abwehr, Admiral Wilhelm Canaris, in die Welt gesetzt worden, der die Briten ängstigen und zu einer entschlosseneren Politik animieren wollte. In begrenztem Umfang funktionierte das. Halifax war entsprechend alarmiert, und man hatte eine Flakbatterie an der Wellington-Kaserne platziert, mitten im Blickfeld der deutschen Botschaft. Etwa zur gleichen Zeit stimmte das Kabinett dem Bau einer neuen Rüstungsfabrik nahe Glasgow zu, die mehr als 300 Flakgeschütze pro Jahr produzieren sollte. Für diejenigen, die sich seit Jahren für eine verstärkte Beschaffung von Verteidigungsgütern eingesetzt hatten, war dies eine noch etwas kümmerliche, aber gute Nachricht. «Auf diesen Wellen der Angst werden wir jedes Mal ein wenig weiter vorangetrieben», bemerkte Generalmajor Henry Pownall, «und wenn es noch genug weitere von diesen Krisen gibt, dann werden wir vielleicht am Ende sogar eine gut ausgerüstete Landarmee haben, ohne dass der Schatzkanzler, Sam Hoare und derlei Kaliber es bemerken!»[72]

In jeder anderen Hinsicht gab es jedoch wenig zu feiern. Am 22. Dezember 1938 notierte Cadogan in sein Tagebuch, was man seiner Ansicht nach über dieses «anstrengende und angsterfüllte» Jahr maximal Positives sagen konnte: «Wir sind alle am Leben und gesund.» Würde das Gleiche für 1939 gelten? Cadogan bezweifelte das. «Mir scheint, wenn es keine Revolution in Deutschland gibt, werden wir zweifellos in einen Krieg hineinstolpern. Und zur Hoffnung besteht in der Tat kaum noch Anlass. Ich kann nur Gott bitten, mir zu helfen, das wenige zu tun, was ich in meinem Einflussbereich tun kann, und uns alle zu segnen und uns sicher hindurchzubringen.»[73] Die Szenerie von Sissinghurst aus überblickend

– das Tudor-Schloss und das Gelände für den Garten im Weald von Kent hatten die Nicolsons 1930 gekauft –, verabschiedete Harold Nicolson das Jahr 1938 ähnlich düster, wenn auch sein trockener Humor nichtsdestoweniger zu erkennen blieb: «Es war ein schlechtes Jahr. Chamberlain hat das Gleichgewicht der Kräfte zerstört, und Niggs [Nicolsons zweiter Sohn] hat nur mit Ausreichend bestanden. Ein übles Jahr. Das nächste wird noch schlechter sein.»[74]

Verrat an Chamberlain

Niemand in ganz Birmingham hatte jemals ein dem Bürgermeister gegebenes Versprechen gebrochen; ohne Frage würde
niemand in ganz Europa ein dem Premierminister von England
gegebenes Versprechen brechen.

Duff Cooper, Chamberlain: Ein intimes Porträt[1]

Pünktlich um 16:20 Uhr am Nachmittag des 11. Januar 1939 fuhr der
Sonderzug in Roms Hauptbahnhof ein. Gleich zwei Paar Gleise waren
abgedeckt worden, um eine vergrößerte Plattform zu schaffen, und der
Bahnhof war, wie der Rest der Stadt, mit Union Jacks und italienischen
Tricolore-Fahnen geschmückt. Mussolini wartete auf der Plattform, ein
«ironisches Lächeln» im Gesicht, zusammen mit Ciano, der seine Uni-
formmütze ganz modisch schräg aufgesetzt trug, und einer Entourage
diverser faschistischer Größen.[2] Anwesend waren auch der britische
Botschafter Lord Perth und rund 1000 in Italien lebende Briten. Als der
Zug zum Stehen kam, begann eine Kapelle zu spielen, und Chamberlain
tauchte lächelnd aus seinem Waggon auf, ihm wurde mit dem faschistischen Gruß salutiert, dann schüttelte ihm der Duce, seine Hand noch
im Handschuh, die Hand. Laut des Kommentators der Nachrichtensendung ging beinah ein Seufzen der Erleichterung durch die Menge, als
man bemerkte, dass der Premierminister seinen Regenschirm nicht vergessen hatte. Nun schritt er mit Stockschirm und glänzendem Zylinder
die Reihen der sardischen Grenadiere und der persönlichen Leibwache
des Duce ab.[3] Die vier Männer – Chamberlain, Mussolini, Halifax und
Ciano – machten sich dann auf den Weg aus dem Bahnhof heraus, wo sie
der applaudierenden Menge winkten.

Trotz des herzlichen Empfangs war der Besuch von Chamberlain und Halifax in Rom umstritten. Am 16. November 1938 hatten die Briten das britisch-italienische Abkommen endgültig ratifiziert, allerdings erst nachdem Mussolini sie mit einem möglichen deutsch-italienischen Militärbündnis erpresst hatte, das er unterzeichnen wollte, falls das Abkommen nicht sofort in Kraft gesetzt werde. Darauf folgte eine fanatische Propagandakampagne gegen Frankreich, die am 30. November 1938 damit begann, dass die faschistische Abgeordnetenkammer den Ruf «Tunisi, Corsica, Nizza, Savoya» skandierte.[4] Die französische Öffentlichkeit war verärgert, und Daladier erklärte, dass er keinen Zentimeter französischen Territoriums aufgeben werde. Britische Zeitungen lobten Daladiers klare Reaktion – und seine viel beachtete, demonstrative Neujahrsreise durch die französischen Besitztümer in Nordafrika und im Mittelmeerraum – und verurteilten die italienische Provokation entschieden. Die französische Besorgnis ob eines britisch-italienischen Gipfels konnte dies jedoch kaum aufwiegen. Sir Alexander Cadogan notierte daher am 2. Dezember, der französische Botschafter habe die Briten beschworen, «den Eis schleckenden Traumtänzern einen Schlag auf den Kopf zu verpassen»[5].

Wie sich herausstellte, hätten sich die Franzosen keine Sorgen machen müssen. Obwohl Chamberlain privat dafür war, dass Frankreich territoriale Zugeständnisse machen sollte, um eine Annäherung an Italien zu erreichen, sprach er das Thema weder an, noch versuchte er, auf eigene Rechnung einen diesbezüglichen Handel zu initiieren. Tatsächlich war der Besuch, wie Ciano an Ribbentrop weitergab, lediglich «grande limonata» («zweckloses Getändel»).[6] Die Briten wurden in die Oper eingeladen, legten einen Kranz am Grab des unbekannten Soldaten nieder und schauten zu, wie eine athletische Signorina nach der anderen seltsame Übungen mit dem Medizinball vollführte. Auch den *passo romano*, den Mussolini so offenkundig vom deutschen Stechschritt abgekupfert hatte, fanden sie verständlicherweise eher lächerlich, auch wenn der Anblick italienischer Jungen mit Miniaturgewehren eine ernüchternde Wirkung hatte.

Chamberlain amüsierte sich großartig. Überall jubelten ihm spontan ganze Menschenmassen zu, und als er sich zu seinem ersten Gespräch mit dem Duce zurückziehen wollte, musste erst nach der Polizei geschickt werden, um den Tumult vor dem Palazzo Venezia einzudämmen. Chamberlain mochte Mussolini. Im Gegensatz zu Hitler wirkte er nicht «fanatisch» und hatte sogar einen gewissen Sinn für Humor. In einem Brief an den König beschrieb der Premierminister nach seiner Rückkehr den italienischen Diktator anschaulich mit dunkler Haut – «dunkler als viele Inder» – und schlammigen braunen Augen. Obwohl er offensichtlich große Anstrengungen unternahm, um sich fit zu halten, hatte Chamberlain den Eindruck, Mussolini habe zugenommen, auch wenn «er geistig und körperlich immer noch sehr wach und energisch» wirkte.[7] Eine mögliche Quelle dieser Vitalität war, so spekulierten die Briten, dass «Musso» (wie Chamberlain ihn immer nannte) dem neuesten Klatsch zufolge seit kurzem eine andere Geliebte hatte. «Er hatte eine Italienerin, die ihn erschöpft haben soll», notierte Halifax' Privatsekretär Oliver Harvey, «jetzt hat er eine deutsche oder tschechische Geliebte, die angeblich von ruhigerem Temperament ist!» Diese Informationen gab Chamberlain allerdings nicht an den König weiter.[8]

Seine Hauptziele meinte der Premierminister mit der Reise erreicht zu haben. Vor allem sollte die deutsch-italienische Achse geschwächt und Mussolini überzeugt werden, Hitler von allen «tolldreisten» Aktionen abzuhalten.[9] «Ich bin zuversichtlich, dass die persönlichen Kontakte, die wir geknüpft haben, dazu beitragen werden, Mussolini in der Spur zu halten», erläuterte er dem König, während das Protokoll der Kabinettssitzung vom 18. Januar 1939 die Überzeugung des Premierministers festhält, dass «Signor Mussolini [sic] und Herr Hitler [sic] sich gegenseitig nicht sehr wohlwollend gegenüberstehen»[10]. Die Realität, wie wohl jeder Botschafter mit Ausnahme des ineffektiven Perth (Harvey glaubte, dass er noch nicht einmal Italienisch sprechen könne) hätte bemerken können, sah ganz anders aus. Auch wenn er mitunter Befürchtungen hegte, was Hitlers Ambitionen betraf, stand Mussolini fest aufseiten der Deutschen und hatte nur zehn Tage vor dem britischen Besuch beschlossen, den

Anti-Komintern-Pakt zwischen Deutschland, Italien und Japan in ein volles Militärbündnis umzuwandeln. Darüber hinaus war der Duce, im tragischen Gegensatz zu Chamberlains schöngefärbter Wertschätzung für ihn, von den britischen Ministern eindeutig nicht beeindruckt. Im Anschluss an das festliche Abendessen im Palazzo Venezia am ersten Abend des Besuchs verkündete er das vernichtende Urteil, dass Chamberlain und Halifax nicht aus dem gleichen Holz geschnitzt seien «wie Francis Drake und die anderen prächtigen Abenteurer, die das Weltreich geschaffen haben». Sie erinnerten ihn eher an die «müden Söhne einer langen Reihe von reichen Generationen; sie werden das Weltreich verlieren.»[11] Schlimmer noch, er machte sich über Chamberlains Regenschirm lustig.

Unterdessen kursierten weiterhin Gerüchte über einen bevorstehenden deutschen Angriff. Dank der Arbeit von Admiral Canaris und seinem Stabschef Hans Oster – die immer noch versuchten, die Westmächte mit Schreckensmeldungen zur Beschleunigung ihrer Aufrüstung zu bewegen – schienen nun die Niederlande in den Fokus der deutschen Vorhaben gerückt zu sein, und sogar die Schweiz wurde als potenzielles Ziel genannt. Gleichzeitig gab es weitere Berichte, dass Hitler einen massiven Luftangriff auf Großbritannien plane, da er anscheinend glaubte, dass «London in ein paar Tagen unaufhörlicher Bombardierungen zerstört werden könnte»[12]. «Alle Berichte stimmen darin überein, dass die kritische Phase gegen Ende Februar beginnen wird», legte Halifax in einem Telegramm an Präsident Roosevelt dar.

> Die Regierung Seiner Majestät will keine Panik schüren, aber es ist bemerkenswert, dass es aktuell eine allgemeine Tendenz gibt, genau wie im Juli, August und September letzten Jahres, die sich durch alle Berichte zieht, und man sollte sie daher nicht ignorieren. ... Mehr noch, Hitlers geistiger Zustand, seine unmäßige Wut auf Großbritannien und sein Größenwahn,

die bei den Gemäßigten um ihn herum inzwischen Besorgnis auslösen, deuten alle auf die Ausführung eines riskanten *Coups* gegen die Westmächte hin.[13]

Als der Ausschuss für Außenpolitik am 23. Januar 1939 tagte, wurde vereinbart, dass ein Angriff auf die Niederlande einen *casus belli* darstellen würde, und am 6. Februar sah sich Chamberlain aufgerufen, im Unterhaus zu erklären, dass jede Bedrohung der «lebenswichtigen Interessen Frankreichs ... die sofortige Kooperation dieses Landes zur Folge haben wird.»[14]

Die Geheimdienstberichte und das Versprechen an Frankreich waren Anzeichen dafür, dass die Strategie der beschränkten Haftung Geschichte war. Nachdem Halifax eine Zeitlang befürchtet hatte, dass die mangelnde Bereitschaft, sich zu einer Verpflichtung gegenüber dem Kontinent zu bekennen, die Franzosen so in den Defätismus treiben könnte, dass sie nicht einmal mehr in der Lage sein würden, ihre eigenen Grenzen zu verteidigen, oder sich sogar zu einem Abkommen mit Deutschland gezwungen sähen, sagte er am 26. Januar vor dem Ausschuss für die Verteidigung des Empires, dass er nun für ein uneingeschränktes Engagement auf dem Kontinent eintrat, einschließlich einer Verdreifachung der britischen Expeditionstruppen, der Verdoppelung der Territorialarmee, der Gespräche auf Stabsebene und der entsprechenden Einberufungsbefehle. Der Außenminister sprach sich damit für Pläne von Leslie Hore-Belisha aus, der darüber hinaus auf die Einrichtung eines Versorgungsministeriums gedrängt hatte. «Ich sagte, wenn wir in einen Krieg verwickelt werden würden, wäre das ein Kampf um unsere Existenz und kein Krieg, in dem wir unsere Haftung begrenzen könnten», schrieb der Kriegsminister in sein Tagebuch. Darüber hinaus wäre bei einem neuerlicher Krieg mit derart überwältigenden Auswirkungen zu rechnen, dass, «wenn nicht schon zu Beginn auf ein Versorgungsministerium zurückgegriffen werden könne, die Gefahr bestehe, dass der Krieg verloren wäre, bevor noch die organisatorischen Bedingungen geschaffen werden konnten»[15].

Zunächst widersetzte sich Chamberlain weiterhin diesen Forderungen. Wie er dem Kabinett am 2. Februar mitteilte, «könnte man unabweisbar für eine verstärkte Bewaffnung in jedem Truppenteil argumentieren, wenn der finanzielle Aspekt der Vorschläge ignoriert würde. Aber die Finanzen können nicht ignoriert werden, da unsere Finanzkraft in jedem Krieg, der nicht nach kurzer Zeit beendet ist, eine unserer stärksten Waffen ist.» Er wurde vom Schatzkanzler Sir John Simon unterstützt, der selbst vor der vorgeschlagenen Summe von 81 Millionen Pfund für die Ausrüstung einer bescheidenen Landstreitkraft zurückscheute.[16] Innerhalb von zwei Wochen hatten die beiden Hüter des Schatzamtes jedoch kapituliert. Vier Divisionen der regulären Armee würden für einen Einsatz auf dem Kontinent ausgerüstet werden (anstatt zwei, wie ursprünglich geplant), zusammen mit zwei mobilen Divisionen und vier Divisionen der Territorialarmee. Indem der frühestmögliche Einschiffungstermin Letzterer von vier auf sechs Monate nach Kriegsausbruch verschoben wurde, wurden zwar noch Ausgaben eingespart, aber weder dieser Kompromiss noch der fortdauernde Widerstand gegen ein Versorgungsministerium konnte verhehlen, welche Wende die Entscheidung darstellte. Nachdem das Kabinett so darum gekämpft hatte, eine Situation zu verhindern, in der britische Soldaten so wie ihre Väter auf dem europäischen Festland kämpfen müssten, hatte man nun akzeptiert, dass dies im Kriegsfall eine unvermeidliche Realität sein würde. Am 29. Januar erbat die Regierung die Aufnahme detaillierter Stabsgespräche mit den Franzosen, um für einen Krieg zu planen, bei dem man es nicht nur mit Deutschland, sondern auch mit Italien zu tun haben würde.[17]

Trotz der Warnungen des Geheimdienstes blieb Chamberlain bemerkenswert optimistisch. Auf Halifax' Vorschlag, in eine Rede, die er am 28. Januar in Birmingham halten sollte, ein paar Passagen mit deutlichen Worten einzubauen, ging er nicht ein, sondern appellierte stattdessen an Hitler, der solle seinen «Beitrag» zum Frieden leisten.[18] Zwei Tage später, als Hitler am sechsten Jahrestag seines Regierungsantritts vor dem Reichstag sprach und keine neuen territorialen Forderungen stellte –

obwohl er die «Vernichtung der jüdischen Rasse in Europa» im Falle eines weiteren Krieges heraufbeschwor –, glaubte Chamberlain, dass sein Ruf gehört worden sei.[19] «Ich beginne selbst endlich zu spüren, dass wir die Oberhand gegenüber den Diktatoren gewinnen», trumpfte er am 5. Februar in seinem Brief an Hilda auf und fügte hinzu, dass Hitler im September letzten Jahres seine Chance verpasst habe. Jedenfalls freue er sich, dass die Deutschen «uns jetzt nicht annähernd so in Schwierigkeiten bringen können, wie sie es damals hätten tun können, während wir sie in viel größere Schwierigkeiten bringen können».[20]

Chamberlains Optimismus wurde von Sir Nevile Henderson noch befördert, der, obwohl er wegen einer Kehlkopfkrebs-Operation seit drei Monaten nicht mehr in Berlin gewesen war, den kursierenden Gerüchten über eine drohende deutsche Aggression direkt widersprach. «Mein erster Eindruck ist, dass die Deutschen keine wilden Abenteuer planen, sondern dass ihr Kompass auf Frieden ausgerichtet ist», teilte der Botschafter am 16. Februar 1939 mit.[21] Am Vorabend hatte Henderson an einem Abendessen der Deutsch-Englischen Gesellschaft teilgenommen, bei dem der Vorsitzende, der Herzog von Sachsen-Coburg und Gotha (ein Enkel von Königin Victoria und Eton-Mitschüler des Botschafters), ermutigend über die Zukunft der deutsch-britischen Beziehungen gesprochen hatte. Laut Henderson war die Rede des Herzogs im letzten Moment noch einmal umgeschrieben worden und hatte wahrscheinlich die «persönliche Zustimmung von Herrn Hitler selbst» erhalten.[22] Chamberlain reagierte euphorisch. «Es scheint der Antwort, um die ich gebeten habe, näher zu kommen als alles, was ich bisher gesehen habe», antwortete er Henderson und verlor sich direkt in Gedankenspielen über mögliche kommende Abrüstungsgespräche und einen neuen Versuch zur Lösung der deutschen Kolonialansprüche.[23] Der Außenminister teilte seinen Enthusiasmus jedoch nicht und schrieb an den Botschafter, die «eher optimistische» Einschätzung der Situation durch den Premierminister kritisierend: «Ich selbst glaube nicht, dass es irgendeine Hoffnung auf eine sinnvolle Diskussion der kolonialen Fragen gibt, ... es sei denn, Ihre deutschen Freunde können tatsächlich mehr als sanfte Worte als Beweis vorlegen, dass sie uns im tiefsten Inneren freundlich gesinnt sind.»[24]

Wie dieser Seitenhieb beweist, hatte Halifax' Entwicklung vom Appeaser zum standhaften Gegner von Beschwichtigungsversuchen seit dem Münchner Abkommen nur noch an Tempo zugelegt. Oliver Harvey hielt ihn für fast «nicht wiederzuerkennen im Vergleich zu dem H[alifax] von vor einem Jahr» und bemerkte, dass der Außenminister Hitler nun als «kriminellen Wahnsinnigen» betrachtete, dem man entgegentreten müsse.[25] Für Chamberlain war dies ein Schlag ins Kontor, der ihn erneut zwang, eine Vielzahl von heimlichen Maßnahmen zu bemühen, um seine Politik fortsetzen zu können. Eine davon war weiterhin die Förderung halboffizieller Besuche in Deutschland, wie etwa des Appeasement-Befürworters Montagu Norman, Gouverneur der Bank of England, im Januar 1939. Dem Außenministerium war von dieser Reise nichts bekannt, und man erfuhr davon dort nur zufällig durch einen «Tipp von deutscher Seite». «Wir sehen also, dass der P[remierminister] sich weiterhin einer politischen Praxis bedient, die ihm erlaubt, hinter dem Rücken seines Außenministers zu arbeiten und verdeckt Verbindung zu den Diktatoren zu halten», notierte Harvey empört.[26] Ein weiterer Amateurdiplomat, der dem Außenministerium völlig unbekannt war (und blieb), war der ehemalige Tory-Abgeordnete und Sympathisant faschistischer Parteien, Henry Drummond Wolff. Nach Angaben von Drummond Wolff selbst kam sein Besuch in Berlin im Januar 1939 (der erste von vier Besuchen, die er in jenem Jahr unternehmen sollte) auf rein persönliche Initiative hin zustande. Allerdings erklärte er einem Beamten der deutschen Botschaft, er habe für seine Reise die Zustimmung von einem der «Hauptberater» des Premierministers – sehr wahrscheinlich ist Joseph Ball gemeint.[27] In Berlin wurden Drummond Wolff einige Türen geöffnet, und so hatte er nach kurzer Zeit ein Treffen mit Göring, dem es gelang, den völlig unkritischen ehemaligen Abgeordneten davon zu überzeugen, dass Hitler noch immer «äußerst bestrebt war, eine allgemeine Einigung mit dem Vereinigten Königreich zu erzielen»[28].

Solche Nachrichten sowie die Tatsache, dass er sich der zunehmenden wirtschaftlichen Schwierigkeiten in Deutschland bewusst war, beflügelten Chamberlains bereits blühenden Optimismus geradezu. «Alle Informationen, die ich erhalte, scheinen in Richtung Frieden zu weisen», schrieb er am 19. Februar an Hilda, «und ich wiederhole es direkt noch einmal, dass wir meiner Meinung nach endlich die Oberhand über die Diktatoren haben.»[29] Eine Woche später sagte er eine «Epoche der allmählich zunehmenden Friedfertigkeit» voraus und erläuterte am 7. März bei einem Abendessen konservativer Abgeordneter, dass «die Gefahren eines von den Deutschen begonnenen Krieges mit fortschreitender Aufrüstung jeden Tag geringer» würden.[30] Zwei Tage später empfing er die im Unterhaus akkreditierten Journalisten, um ihnen seine Ansicht darzulegen, dass die Situation so «wenig beunruhigend» wie schon lange nicht mehr sei, und die Möglichkeit einer neuen Abrüstungskonferenz zu lancieren. Dieses Briefing, das in weiten Teilen von der Presse wörtlich zitiert wurde, konnte Halifax nur scharf kritisieren, der befürchtete, dass die Deutschen «auf den Gedanken gebracht werden, dass wir den Druck spüren»[31]. Chamberlain täuschte Reue vor, schrieb an seinen Außenminister und entschuldigte sich für den «Fauxpas». Privat bedauerte er jedoch nichts. In einem Brief an Ida am 12. März 1939 erklärte der Premierminister, dass er immun gegen Kritik sei, wenn er wisse, dass er recht habe. Dann zitierte er einen seiner berühmten Vorgänger, William Pitt, 1. Earl of Chatham (Premier von 1766–1768): «Ich weiß, dass ich dieses Land retten kann, und ich glaube nicht, dass jemand anderes das tun kann.»[32] Drei Tage später fiel Hitler in den Teil der Tschechoslowakei ein, der den Tschechen noch geblieben war.

———

Die Inbesitznahme der Tschechoslowakei durch die Deutschen hätte nicht überraschen dürfen. Mitte Februar 1939 trafen aus dem nachrichtendienstlichen Netzwerk von Vansittart Warnungen vor einer Invasion ein, und Anfang März bestätigten sowohl SIS als auch MI5 diese Meldungen mit eigenen Berichten. In einem Memorandum, das Vansittart am 20. Februar an Halifax schickte, zitierte er den stellvertretenden Vorsitzenden der Anglo-German Fellowship, T. P. Conwell-Evans – einst ein Apologet des NS-Regimes, inzwischen ein überzeugter Appeasement-Gegner –, der nachdrücklich davon gesprochen hatte, dass Hitler in naher Zukunft in die Tschechoslowakei einmarschieren wolle. «Die Methode, die Hitler anwenden will, besteht darin, eine Bewegung für die Unabhängigkeit der Slowaken zu schüren. Der tschechische Widerstand gegen diese Forderungen wird Hitler dann die Möglichkeit geben, in manu militari [i.e. mit militärischer Hand] einzugreifen, d.h., in die Überreste der Tschechoslowakei einzudringen.»[33] Wie die folgenden Wochen zeigen sollten, erwies sich dies als eine auf allen Ebenen zutreffende Prognose.

In einem verzweifelten Versuch, sein geschrumpftes Land zusammenzuhalten, entließ Dr. Emil Hácha – Beneš' Nachfolger im Amt des tschechisch-slowakischen* Präsidenten – am 9. März 1939 das nachgeordnete slowakische Kabinett, das in seinen Augen kurz davor war, die Unabhängigkeit des Landesteils zu erklären, und ließ den abgesetzten slowakischen Ministerpräsidenten Pater Jozef Tiso verhaften. Hitler erkannte seine Chance. Am nächsten Tag sagte er Goebbels, Ribbentrop und Keitel, dass er die Situation nutzen wolle, um die Überreste der Tschechoslowakei zu besetzen, und hatte innerhalb von weiteren drei Tagen Tiso kontaktiert, der sich inzwischen wieder auf freiem Fuß befand, und ihn angewiesen, die Unabhängigkeit der Slowakei zu verkünden und offiziell den «Schutz» des Reiches zu beantragen. Am nächsten Morgen, dem 14. März 1939, erklärte das Landesparlament in Bratislava dann in der Tat die slowakische Unabhängigkeit. Am selben Nachmittag saß der gebrechliche Dr. Hácha zusammen mit seinem Außenminister, seinem Sekretär und

---

* Um der sich an das Münchner Abkommen anschließenden Fragmentierung des Staates Rechnung zu tragen, wurde der Bindestrich hinzugefügt.

seiner Tochter in einem Zug nach Berlin, um für den Fortbestand des ihm anvertrauten Staates letzte Fürsprache einzulegen.

Nachdem Hitler den Präsidenten auf nervenaufreibende Weise bis 01:15 Uhr hatte warten lassen, hörte er sich Háchas mitleiderregende Rede an, nur um dann eine bereits eingeübte Routine zu bemühen. Die deutsche Armee werde um sechs Uhr morgens in die Tschechoslowakei einmarschieren, und wenn der Präsident nicht wolle, dass tschechisches Blut vergossen und Prag zerstört werde, solle er der tschechischen Armee befehlen, keinen Widerstand zu leisten. Unterdessen wurde Hácha ohnmächtig, möglicherweise hatte er auch einen leichten Herzinfarkt, jedenfalls musste er mit einer Injektion von Hitlers Leibarzt Dr. Theodor Morell wiederbelebt werden. Hitlers Dolmetscher Paul Schmidt kam der Gedanke, dass, wenn dem tschechischen Präsidenten etwas zustoßen würde, «morgen die ganze Welt [sagen werde], er sei hier in der Nacht in der Reichskanzlei umgebracht worden».[34] Doch ob glückliche Fügung oder nicht – Hácha erholte sich. Kurz vor vier Uhr morgens unterzeichnete er dann die Erklärung, die die Zukunft der tschecho-slowakischen Nation in die Hände des deutschen Führers legte. Zwei Stunden später überschritten sieben deutsche Armeekorps die Grenze nach Böhmen. Ohne auf Widerstand zu stoßen, erreichten die Einheiten der Vorhut am Morgen des 15. März um neun Uhr Prag. Hitler folgte mit einem Sonderzug, aus dem er in Leipa (heute: Česká Lípa) knapp 100 Kilometer nördlich der Hauptstadt ausstieg, um die Reise mit dem Auto fortzusetzen. Inzwischen hatte es zu schneien begonnen, Hitler stand trotzdem einen Großteil der Fahrt im offenen Wagen, sein Gesicht starr, sein Arm ausgestreckt. Noch in der Nacht kam er auf dem Hradschin an und nahm die alte Residenz der böhmischen Könige in Besitz. Als die Bewohner von Prag am nächsten Morgen erwachten, sahen sie dort das Hakenkreuz von der Balustrade flattern.

Die Invasion der Tschechoslowakei – eine offenkundige Verletzung des Münchner Abkommens – löste in Großbritannien Empörung aus. «In der Menschheitsgeschichte ist nie ein armseligerer, dreisterer Bruch eines unterschriebenen Bundes begangen worden», notierte ein empörter Chips Channon. «Die Art und Weise übersteigt jedes Verständnis, und seine [Hitlers] kaltschnäuzige Art, wie er den Premierminister im Stich gelassen hat, ist markerschütternd. Das werde ich ihm nie verzeihen.»[35] Der *News Chronicle* prangerte einen Akt der «nackten und schamlosen Aggression» an, während der Herausgeber des *Observer*, J.L. Garvin (seit dem Münchner Abkommen zu einem Gegner der deutschen wie auch der italienischen Außenpolitik geworden), vom «schändlichsten und unheilvollsten Eintrag in den modernen Annalen Europas» sprach.[36] In jeder Zeitung wurde auf den Zynismus bzw. die Verlogenheit von Hitlers Legitimationsversuchen in Bezug auf seine Außenpolitik hingewiesen. «Bis zu diesem Zeitpunkt hat Herr Hitler [sic] wiederholt erklärt, dass sein Ziel die Vereinigung des deutschen Volkes sei, und seine militärischen Aktionen hatten zumindest die Rechtfertigung, dass sie die Vereinigung eines großen Volkes herbeigeführt haben, dem das lange vorenthalten worden war», schrieb die *Times*, während der *Daily Telegraph* erklärte, dass der deutsche Führer, nun, wo er die Tschechen brutal dem Reich einverleibt hatte, «die Maske fallengelassen» habe.[37]

Der Konsens, dass das für die Beschwichtigungspolitik das endgültige Aus bedeutete, war sofort spürbar. Hitler hatte mit einem schnellen Schlag sein Wort gebrochen – und damit die Behauptung vom Tisch gewischt, dass das Sudetenland seine letzte territoriale Forderung sei – und jene «Eroberungslust» enthüllt, die seine Kritiker ihm immer vorgehalten hatten. Es konnte keine weiteren Verhandlungen mit einem solchen Mann mehr geben, und, wie ein Chamberlain-Loyalist in seinem Tagebuch festhielt, es müsse zum Kampf kommen, «sobald wir stark genug sind»[38]. In Paris umriss Daladier die Stimmung, als er vor der französischen Abgeordnetenkammer sagte, dass es nichts anderes zu tun gebe, als sich auf den Krieg vorzubereiten. Das Münchner Abkommen war «zerstört», die am 6. Dezember 1938 unterzeichnete deutsch-französische Deklaration – das «Stück Papier» der Franzosen – mit Füßen getreten worden, sowohl «dem Buchstaben nach als auch im Geist»[39]. Daraufhin stimmten die französischen Parlamentarier den Notstandsbefugnissen für den Premierminister zu, sodass die Regierung per Dekret alle für die Landesverteidigung notwendigen Maßnahmen ergreifen konnte.

Chamberlain hingegen hatte den transformativen Charakter der Ereignisse nicht sofort begriffen. Von Hitlers Niedertracht verblüfft, betonte er bei der Kabinettssitzung am Morgen der Invasion vor allem, dass die Garantie zur Verteidigung der Rest-Tschechoslowakei – die sowohl von Großbritannien als auch von Frankreich nach dem Münchner Abkommen übernommen worden war – nicht länger existierte, da der Staat inzwischen «auseinandergebrochen» sei.[40] Dann gab er im Unterhaus eine Erklärung von solch sparsamer Sachlichkeit und Gefühlskälte ab, dass der *News Chronicle* ihn mit «einem Firmenchef verglich, der die Schließung von Niederlassungen in fernen Ländern ankündigte»[41]. Noch schockierender war allerdings die Ankündigung, dass er seine Politik der Beschwichtigung fortsetzen wolle. Dies führte zu einer sofortigen Gegenreaktion. Als Sprecher der Labour-Partei griff David Grenfell eine «Gutgläubigkeit an, die jedes Verständnis übersteigt», während Josiah Wedgwood den Premierminister beschuldigte, «von seiner Zuneigung zu den Diktatoren geblendet zu sein»[42]. Obwohl sie sich während der Debatte weitgehend still verhielten, waren die Kritiker auf Tory-Seite der Meinung, dass «Chamberlain entweder gehen oder seine Politik vollständig ändern müsse», und nicht wenige hochrangige Minister waren um den Fortbestand der Regierung besorgt.[43]

Chamberlain erkannte seinen Fehler gerade noch rechtzeitig. Zwei Tage nach der Debatte, am Vorabend seines siebzigsten Geburtstags, schlug er bei einer Rede in Birmingham einen kompromissloseren Ton an. Er verurteilte die Verletzung des Münchner Abkommens und zeigte eine neue Skepsis, indem er die unvermeidliche Frage nach Hitlers zukünftigen Ambitionen aufwarf: «Ist dies der letzte Angriff auf einen kleinen

Staat, oder sollen ihm andere folgen? Ist dies de facto ein Schritt in Richtung des Bestrebens, die Welt mit Gewalt zu beherrschen?» Dann sprach er zum ersten Mal die Warnung aus, dass Großbritannien lieber in den Krieg ziehen werde, als eine solche Situation entstehen zu lassen. Es gebe nichts, was er nicht bereit sei, für den Frieden zu opfern – nichts, außer jener «Freiheit, die wir seit Jahrhunderten genießen und die wir nie aufgeben werden». Es könne daher «kein größerer Fehler» gemacht werden, als «anzunehmen, dass diese Nation, weil sie den Krieg für eine sinnlose und grausame Sache hält, ihre Charakterstärke verloren hätte und sich nicht mit all ihrer Kraft daran beteiligen wird, sich einer solchen Herausforderung zu widersetzen, wenn sie sich denn stellt».[44]

Zunächst zögerte Chamberlain, «neue, noch undefinierte Verpflichtungen einzugehen, die unter Bedingungen wirksam werden würden, die heute noch nicht vorhersehbar sind»[45]. Innerhalb weniger Stunden war jedoch eine neue Krise aufgetreten, die ihm nicht nur abverlangte, diese Einstellung zu revidieren, sondern auch zu einer drastischen Neuorientierung in der britischen Außenpolitik führen sollte. Am Nachmittag des 17. März 1939 – zwei Tage nach der Besetzung Prags – rief Virgil Tilea, der leicht reizbare rumänische Gesandte in London, bei Halifax an und informierte ihn, dass die Deutschen ein Monopol auf die rumänischen Exporte forderten und bereit schienen, sein Land anzugreifen. Diese Informationen waren nicht nur fehlerhaft, sondern auch absichtlich irreführend. Das Außenministerium, noch vom Prager Coup erschüttert, nahm die Sache jedoch ernst und brach in hektische Betriebsamkeit aus. Die Mitglieder des Kabinetts stornierten ihre Wochenendpläne, und Telegramme waren bald auf dem Weg nach Warschau, Ankara, Athen, Belgrad, Paris und Moskau, um zu erfragen, wie die Reaktionen auf einen deutschen Angriff aussehen würden. Innerhalb von 24 Stunden hatte der britische Botschafter in Bukarest nach London telegraphiert, dass es an

Tileas Geschichte «kein Körnchen Wahrheit» gebe, aber bis dahin war es schon zu spät. Das Kabinett war alarmiert, und in der Presse waren Gerüchte über eine drohende deutsche Gräueltat veröffentlicht worden.[46] Die Suche nach einer diplomatischen Abschreckungsmöglichkeit hatte begonnen.

Chamberlains erster Gedanke war eine Vier-Mächte-Erklärung, in der sich Großbritannien, Frankreich, Russland und Polen bereit erklären würden, sich zu beraten und «gemeinsamen Widerstand» zu leisten, falls die Sicherheit oder Unabhängigkeit eines anderen europäischen Staates gefährdet sein sollte.[47] Die Russen stimmten zu, aber die Polen, die den Sowjets misstrauisch gegenüberstanden und Angst hatten, sich Hitler entgegenzustellen, weigerten sich. Chamberlain ließ den Plan fallen. Er teilte das «tiefe Misstrauen der Polen gegenüber Russland» und bezweifelte die Fähigkeit der Sowjetunion, «eine effektive Offensive zu führen, selbst wenn sie es wollte»[48]. Für den Premier war in dieser Situation Polen der Schlüssel zur Lösung. Zudem erinnerten ihn die Stabschefs daran, dass es wichtig sei, die Deutschen zu zwingen, an zwei Fronten zu kämpfen, und Polen mit seinen Grenzen zu Deutschland und Rumänien schien in strategischer Hinsicht – ganz zu schweigen von der ideologischen – eine bessere Wahl als die Sowjetunion. Daher wurde auf einer Sitzung des Ausschusses für Außenpolitik am 27. März 1939 beschlossen, jeden Versuch aufzugeben, eine Mehrparteien-Koalition mit der Sowjetunion als zentralem Partner aufzubauen, und stattdessen ein System von ineinandergreifenden zwischenstaatlichen Verteidigungsabkommen zu entwickeln, durch das die Polen veranlasst würden, den Rumänen zu Hilfe zu kommen, während ihnen vertraglich zugesichert wäre, dass sich Großbritannien und Frankreich anschließen würden, sobald es zu einer gewaltsamen Auseinandersetzung käme. Eine Reihe von Kabinettsmitgliedern, insbesondere Sir Samuel Hoare, argumentierte gegen den Ausschluss der Russen, aber Chamberlain und Halifax bestanden darauf. Es sei von entscheidender Bedeutung, in kürzester Zeit ein wirksames diplomatisches Abschreckungsinstrument zu entwickeln, und das einzige derzeit in greifbarer Reichweite sei eines, in dessen Fokus sich Polen und Rumänien befänden, nicht aber die Sowjetunion.[49]

Dass sich Chamberlain in Richtung einer Beistandsgarantie für Polen bewegte – eine Verpflichtung, die für ihn noch zehn Tage zuvor ein Tabu gewesen war –, war Ergebnis einer Reihe von Schreckensgeschichten, die in rascher Abfolge seine Gegenwehr unterminierten. Abgesehen von der «Bedrohung» Rumäniens gab es die hartnäckigen Gerüchte über einen Luftangriff auf Großbritannien und ab dem 20. März Berichte über deutsche Pläne für eine Invasion in Polen. Am 21. März – dem Tag, an dem der französische Präsident Albert Lebrun zu einem Staatsbesuch in London eintraf – kam die Nachricht von Hitlers jüngstem Ultimatum, diesmal an Litauen, mit der Forderung der Rückgabe des Memellandes, des nördlichsten Teils von Ostpreußen, der infolge des Versailler Vertrages von Deutschland abgetrennt worden war. Als Chamberlain am Abend zum Staatsbankett im Buckingham Palace ankam, teilte man ihm mit, dass die Deutschen 20 Divisionen entlang ihrer Westgrenze mobilisiert hatten. Die Nachricht ruinierte dem Premierminister das Abendessen und sorgte dafür, wie er sich bei Ida beschwerte, dass der einzige Moment, der seine Stimmung etwas heben konnte, der war, als sich zwei mit Juwelen behangene Herzoginnen bei ihm über einen hochrangigen Franzosen aus der präsidentiellen Entourage beschwerten, der ihnen mehrfach an die Wäsche gegangen sei.[50]

Der Wendepunkt kam, als sich der kurz zuvor aus Deutschland ausgewiesene Berlin-Korrespondent des *News Chronicle*, der 26-jährige Ian Colvin, am 29. März 1939 im Außenministerium einfand und haarsträubende Details zu einem bevorstehenden deutschen Angriff auf Polen zu berichten wusste.[51] Halifax war beeindruckt und brachte den jungen Mann zum Premierminister, damit er dort seine Geschichte selbst vortragen konnte. Chamberlain fand, das vieles von dem, was er da hörte – ein direkt bevorstehender «Überraschungsangriff auf Polen», sukzessive eine Eingliederung Litauens ins Reich und ein deutsch-russisches Bündnis – so unwahrscheinlich war, dass die Schilderungen für ihn ins Reich der Phantasie gehörten und er am Wahrheitsgehalt der Informationen zweifelte.[52] An diesem Tag traf jedoch auch eine Meldung des in Berlin stationierten britischen Militärattachés ein, die die Geschichte von Colvin zu bestätigen schien. Halifax drängte auf eine sofortige Unterstützungserklärung für Polen, und Chamberlain gab nach. Auf einer Dringlichkeitssitzung des Kabinetts am folgenden Morgen einigten sich die Minister darauf, «sich einen Ruck zu geben», und bereits vorbereitete Telegramme wurden nach Warschau und Paris verschickt.[53] Der polnische Außenminister, Oberst Józef Beck, der sich nur ungern hatte festlegen wollen und die Briten in Bezug auf ihren Wunsch nach einer Erklärung Polens zur Unterstützung Rumäniens hingehalten hatte, stimmte plötzlich ohne Zögern zu – «schneller schnipst er nur die Asche von seiner Zigarette». In der Folge kündigte Chamberlain am Freitag, den 31. März 1939, um 14:45 Uhr vor einem bis zum letzten Platz besetzten Unterhaus an, dass sich im Falle eines Angriffs auf Polen sowohl die Regierung Seiner Majestät als auch die Regierung Frankreichs verpflichtet sehen würden, «der polnischen Regierung alle Hilfe, die in ihrer Macht läge, angedeihen zu lassen».[54]

Als Rab Butler einige Monate später über den Charakter des Außenministers nachdachte, kam er zu dem Schluss, dass man diesen am besten erfasste, wenn man sich bewusst machte, dass Halifax bei der Parforcejagd als Anführer der Hetzhunde ritt. Viele seiner Metaphern kamen aus dem Umfeld der Hatz, eine seiner liebsten Bemerkungen war, dass man «nicht in ein Feld hineinspringen sollte, solange man nicht sieht, wo man wieder herausspringen kann». Im Falle der polnischen Garantie musste dann «von einer gefährlichen Hauptstraße aus plötzlich ein kaltblütiger Sprung über eine hohe Hecke gewagt werden».[55] Abgesehen davon, dass Butler es vorgezogen hätte, wenn man weiter aktiv versucht hätte, Deutschland in Bezug auf dessen Ansprüche an Polen zu besänftigen (womit er unter den hochrangigen Politikern allerdings fast allein dastand), war dies eine recht treffende Beschreibung des Außenministers. Die Entscheidung zur Garantieerklärung für Polen war getroffen worden, ohne die militärischen Möglichkeiten Polens zu berücksichtigen und ohne einen Plan, wie die

Westmächte ihr Versprechen umsetzen sollten, wenn sie dazu aufgefordert würden. Schlimmer noch, durch die bedenkenlose Abgabe einer einseitigen Garantie hatten die Briten den einen Hebel verloren, den sie besaßen, um den wenig vorausschauend agierenden Beck davon zu überzeugen, einer Reihe von Verteidigungsabkommen mit den Nachbarn Polens zuzustimmen. Die Rumänen waren trotz der «Bedrohung» ihres Landes nicht Teil der Erklärung, und der sowjetische Botschafter wurde lediglich zwei Stunden vor der Ankündigung durch Chamberlain über die Initiative informiert. Verständlicherweise waren die Russen erbost. «Chamberlain fordert Hitler auf, seine Aggression nach Nordosten zu lenken», schrieb der leidgeprüfte Maxim Litwinow an Iwan Maiski. «Er zählt darauf, dass wir uns der Besetzung des Baltikums widersetzen, und erwartet, dass dies zu dem von ihm erhofften sowjetisch-deutschen Konflikt führen wird.»[56] Es gab jedoch neben den Sowjets noch andere kritische Stimmen. Zwar war die Beistandsgarantie im Unterhaus beinah von allen Seiten begrüßt worden, und die Mehrheit der Pressestimmen hatte sich angeschlossen, aber Lloyd George warnte Chamberlain, dass der Ausschluss der Russen «verdammt gefährlich» sei, während Bob Boothby die Garantieerklärung später als «eine der leichtfertigsten Gesten in der britischen Geschichte» bezeichnete.[57]

Will man Chamberlain und Halifax gerecht werden, muss man dazu anmerken, dass niemand die Garantie für Polen als das letzte Wort in der Angelegenheit auffasste – noch darin, isoliert betrachtet, eine Absichtserklärung zu konkretem militärischem Eingreifen sah. Im Gegenteil, die Ankündigung vom 31. März war als Übergangslösung konzipiert und sollte zunächst Hitler von einem sofortigen Schlag gegen Polen abhalten und dann als Eckpfeiler eines umfassenderen Verteidigungsabkommens in Osteuropa dienen. Leider konnten die Briten, nachdem sie den Hauptgewinn nun schon herausgerückt hatten, die Polen nicht mehr dazu bewegen, in ihrem Spiel mitzuspielen. Beck kam am 4. April zu Gesprächen nach London, weigerte sich aber trotz Chamberlains und Halifax' Appellen, das Abkommen unter Einbeziehung Russlands zu erweitern oder polnische Hilfe im Falle eines deutschen Angriffs auf Rumänien zuzusagen. Chamberlain fand diese Haltung, insbesondere was Rumänien betraf, enttäuschend. Er konnte sich jedoch damit beruhigen, dass sein Handeln breite Unterstützung gefunden hatte und dass «Hitler eine definitive Ansage erhalten hat, sich zu bremsen».[58] Kaum schien jedoch die eine Krise abzuebben, tauchte eine neue auf.

Um nicht hinter Hitler zurückstehen zu müssen, fiel Mussolini am 7. April 1939 im Morgengrauen in das Königreich Albanien ein. König Zogu I. ermahnte seine Untertanen, «bis zum letzten Tropfen Blut zu kämpfen», und floh dann zusammen mit seiner ungarischen Königin, ihrem zwei Tage alten Sohn und einem Großteil der Goldreserven des Landes. Chamberlain, der wieder einmal gezwungen war, auf einen Angelurlaub zu verzichten, glühte vor Zorn. Er hatte seinen Ruf aufs Spiel gesetzt, um Mussolini einzubinden, und erst in der Woche zuvor hatte er über Joseph Ball und Adrian Dingli mitteilen lassen, dass er bereit sei, als Vermittler zwischen Italien und Frankreich zu fungieren. Jetzt lamentierte er wie ein verschmähter Liebhaber über den italienischen Diktator, der sei ein «Heimlichtuer und Schuft», und gestand: «Der Glaube, den ich je an die Zusicherungen von Diktatoren hatte, schwindet mir zusehends.» Er weigerte sich, das britisch-italienische Abkommen aufzukündigen, hatte aber keinen Zweifel daran, dass der Weg zu einer «Annäherung an Italien durch Musso[lini] versperrt sei, so wie Hitler jede Annäherung an Deutschland blockiert hatte».[59]

Wie der Prager Coup löste auch der italienische Abstecher nach Albanien geradezu eine Lawine an Aktivitäten aus. Halifax, der direkt aus einem dreistündigen Gottesdienst kam – es war Karfreitag –,[*] stimmte

---

[*] Laut Harold Macmillan war die unmittelbare Reaktion des Außenministers auf die Nachricht von der Invasion: «Und auch noch am Karfreitag!»

mit Cadogan überein, dass Großbritannien rasch handeln musste, um gemeinsam «mit Griechenland und der Türkei eine Barriere» zur Absicherung des Mittelmeerraums einzurichten. Daher beschloss der Ausschuss für Außenpolitik am 10. April, dass für Griechenland eine Garantieerklärung abgegeben werden solle.[60] Gerüchte über eine italienische Invasion in Korfu machten die Runde, was die Admiralität leicht nervös machte, da verschiedene britische Kriegsschiffe derzeit vor einer Reihe italienischer Häfen ahnungslos «vor sich hin schaukelten»[61]. Zur gleichen Zeit fuhren die Rumänen eine Kampagne auf, um für den Schutz ihres Landes zu werben. Der melodramatische Tilea hatte seinen Auftritt, bekam aber vom Außenministerium eine knappe Absage. So weit war es noch nicht, dass die Briten für Gott und die Welt einseitige Garantien ausgaben. Wo die Briten jedoch zögerten, hatten die Franzosen schon längst angebissen. Verunsichert von Gerüchten über einen deutschen Überraschungsangriff auf das ölreiche Rumänien, forderte Daladier eine sofortige Erklärung zur westlichen Rückendeckung für das Land. Die Briten protestierten – britische Strategie sei es, einen «Staudamm» von Staaten zu bauen, nicht mit einer Ansammlung loser Felsbrocken zu enden –; als sich die Franzosen allerdings unnachgiebig zeigten, willigte Großbritannien doch ein. Am 13. April 1939 kündigte Chamberlain Garantien für Griechenland und Rumänien an, einen Monat später folgte eine britisch-türkische Erklärung zur gegenseitigen Verteidigung.

Parallel zu diesen hektischen diplomatischen Aktivitäten war eine Reihe von großen Schritten in der britischen Aufrüstungspolitik zu verzeichnen. Am 29. März, zwei Wochen nach der Annexion der Tschechoslowakei, beschloss das Kabinett, die Größe der Territorialarmee zu verdoppeln, und am 20. April gab Chamberlain schließlich die Schaffung eines Versorgungsministeriums bekannt. Am selben Tag musste er sich dem beinah unerträglichen Druck beugen, der vonseiten der französischen Regierung, seiner eigenen Partei und nicht zuletzt von Hore-Belisha (der damit gedroht hatte, im Streitfall als Kriegsminister zurückzutreten) in der Frage der Wehrpflicht auf ihn ausgeübt worden war, und stimmte ihrer Einführung zu. Am 27. April verabschiedete das Unterhaus trotz der bemerkenswerten Opposition der Labour-Partei ein Gesetz zur verpflichtenden militärischen Ausbildung. Es war eine begrenzte Maßnahme, die nur Männer im Alter von 20 und 21 Jahren betraf, aber es war ein bedeutsames Signal der Entschlossenheit: Das erste Mal seit fast 300 Jahren wurde in Großbritannien in Friedenszeiten ein verbindlich vorgeschriebener Wehrdienst eingeführt.

———

Für viele, die sich für die Appeasement-Politik eingesetzt hatten, stellte die Invasion der Tschechoslowakei einen Wendepunkt dar. «Wenn auch widerstrebend, bin ich inzwischen davon überzeugt, dass der Nationalsozialismus nichts Geringeres anstrebt als die Weltherrschaft», schrieb Douglas Douglas-Hamilton. Der angehende Duke war früher ein Befürworter der deutsch-britischen Freundschaft gewesen und der Mann, zu dem Hitlers Parteivize Rudolf Heß wollte, als er am 10. Mai 1941 mit dem Fallschirm über Südschottland absprang.[62] Lord Lothian gab zu, dass er sich in Bezug auf Hitler geirrt hatte: Er ist «in Wirklichkeit ein fanatischer Gangster, der vor nichts haltmachen wird.» Sogar Lord Londonderry beschwerte sich gegenüber einem anderen NS-Sympathisanten, dass «der deutsche Kanzler leider alle Grenzen [des Nachvollziehbaren] überschritten hat und ich keine Möglichkeit sehe, dass jemals wieder Vertrauen in seine Äußerungen und Vorhaben gesetzt wird». Selbst der Apologet der Diktatoren schlechthin, George Ward Price von der *Daily Mail*, ließ sich bekehren und erklärte in seinem neuen Buch *Year of Reckoning* (i. e. Jahr der Abrechnung), dass die Möglichkeit «herzlicher Beziehungen» zwischen Großbritannien und Deutschland «gestorben» sei. Er gab in diesem Zusammenhang auch zum ersten Mal zu, dass die Nationalsozialisten in Deutschland selbst «viel Böses getan» hätten.[63]

Für einige wenige war der Einsatz jedoch zu hoch, um den Versuch aufzugeben, Hitler durch vernünftige Zugeständnisse zufriedenzustellen.

Die düstere Aussicht auf einen nun als «unvermeidlich» bezeichneten Krieg scheint bei einigen britischen Aristokraten tatsächlich ein solches Grauen ausgelöst zu haben, dass sie beschlossen, die politische Kampfarena zu betreten – gerade in dem Moment, in dem einige zuvor aktive Deutschland-Reisende und Hobbydiplomaten sich von der politischen Bühne zurückzogen. Der Duke of Wellington etwa trat als eines der ersten Mitglieder dem im Mai 1939 vom Unterhausabgeordneten Captain Archibald Ramsay gegründeten Right Club bei, einer elitären, antisemitischen Organisation, die prodeutsch und friedensorientiert auftrat. Der Duke of Westminster engagierte sich bei «The Link» – einer prodeutschen, in vielen Punkten mit dem Nationalsozialismus sympathisierenden, antisemitischen Gruppierung ansonsten unabhängiger Einzelpersonen, die sich in dem Wunsch verbunden sahen, die deutsch-britischen Beziehungen zu verbessern. Zu gleicher Zeit gründete der Marquess von Tavistock, der bald darauf Duke of Bedford werden sollte, die Britische Volkspartei (BPP) – eine prodeutsche «Bewegung» mit radikalen sozial-ökonomischen Positionen, die sich klar gegen einen Krieg mit Deutschland positionierte.[*]

Ein weiterer Aristokrat, der hinter den Kulissen aktiv wurde und eine kleine, wohl von wachsender Verzweiflung angetriebene Rolle in der Auseinandersetzung um die Appeasement-Politik spielen sollte, war der Duke of Buccleuch. Als entschiedener Befürworter des Münchner Abkommens und unerbittlicher Gegner eines Krieges mit Deutschland war Buccleuch der Ansicht, dass der Prager Coup nichts an der Politik der Regierung ändern sollte. Im Gegenteil, wie er kurz nach Bekanntwerden des Vorstoßes an Rab Butler schrieb, war er der Überzeugung, dass «weder Hitler noch Ribbentrop wohl ganz so unmenschlich sind, wie man sie darstellt, ... ich bin der Ansicht, dass Großbritannien selbst in diesen

---

[*] Mit einiger Verzögerung entschied der Regionalkommissar für Innere Sicherheit in Schottland am 7. Dezember 1941, dass der damalige Duke of Bedford im Falle einer deutschen Invasion inhaftiert werden sollte.

Zeiten eine allgemeine Politik hin zu größerer Sicherheit verfolgen kann.» Insbesondere war Buccleuch besorgt über die entstandene Atmosphäre des Misstrauens zwischen den beiden Ländern, die die Gefahr von sich selbst erfüllenden Prophezeiungen mit sich bringe. Wenn jede Seite glaube, dass die andere Seite unbedingt Krieg führen wolle, dann wäre das Endergebnis sicherlich ein Krieg. Unter diesen Umständen hielt er es für wichtig, dass «inoffizielle Besucher» ihre Kontakte zu prominenten Mitgliedern des Regimes pflegen und so das Misstrauen verringern, und «selbst der Effekt, den die häufigen Treffen von Miss Mitford mit dem Führer haben können, sollte nicht unterschätzt werden»[64].

Ganz in diesem Sinne beschloss Buccleuch, zusammen mit Lord Brocket nach Berlin zu fahren, und zwar kurz vor den Feierlichkeiten zu Hitlers fünfzigstem Geburtstag am 20. April 1939. Das Außenministerium, das nach außen eine Haltung britischer Entschlossenheit zu kommunizieren suchte, war entsetzt. «Oh, ihr Mühseligen und Beladenen! Steht die Welt denn Kopf?!», kommentierte Sir Alexander Cadogan, als er die Nachricht erfuhr. Der Ständige Unterstaatssekretär wollte dem Führer definitiv kein glückliches, langes Leben wünschen («Jedes weitere Jahr ist eines zu viel!») und war insbesondere entsetzt über den hehren Plan des Pfarrers der anglikanischen St.-Paul's-Kirche in Knightsbridge im Zentrum Londons, der Hitler dazu veranlassen wollte, seinen Geburtstag als Gelegenheit zu nutzen, eine internationale Friedenskonferenz einzuberufen. Sowohl Halifax als auch Cadogan trafen sich mit dem Pfarrer und erklärten ihm, dass sie «nichts von seiner Idee hielten», aber Buccleuch, dem der Pfarrer seinen Plan ebenfalls anvertraut hatte, war schon nach Deutschland abgereist, bevor ihn jemand aus dem Außenministerium erreichen konnte. Cadogan blieb nur zu hoffen, dass «diese beiden Wahnsinnigen» (Brocket und Buccleuch) «klar und deutlich machen, dass sie von offizieller Seite keine Bevollmächtigung für irgendetwas haben»[65].

Glücklicherweise konnte die britische Botschaft die Peers in ihrem Tatendrang etwas bremsen. Als die beiden Männer am 15. April in Berlin ankamen, wandten sie sich praktisch unverzüglich mit der Frage an die Botschaft, wie sie reagieren sollten, wenn sie gedrängt würden, eine Einladung zum Geburtstag des Führers anzunehmen. Der britische Geschäftsträger, Sir George Ogilvie-Forbes, reagierte mehr als taktvoll. Er widerstand der Versuchung, den Herrschaften zu sagen, dass sie dieses Dilemma hätten vermeiden können, indem sie in England geblieben wären, und setzte ihnen stattdessen auseinander, dass Brocket Privatmann sei und sich daher auf sein eigenes Urteil verlassen müsse (so es existierte), Buccleuch allerdings war Lord Steward of the Household und damit ein «hoher Beamter des königlichen Hofes». Angesichts dessen müsse Buccleuch in Betracht ziehen, dass seine Anwesenheit bei der Veranstaltung «bekanntgemacht» und «groß herausgestellt werden würde» und dass von einigen das als «nicht ganz im Einklang mit der gegenwärtigen Einstellung der Regierung Seiner Majestät» angesehen werden könnte. Es stelle sich daher die Frage, ob es nicht ratsam wäre, die Problematik im Buckingham Palace vorzulegen, damit dort darüber entschieden werde, oder alternativ «überraschend festzustellen», dass er eine anderweitige Verpflichtung «außerhalb Deutschlands» habe, die seine dringende Anwesenheit erfordere.[66] Buccleuch nahm den Rat an. Der Privatsekretär des Königs wurde konsultiert, und als die Antwort kam, dass Seine Majestät es wirklich vorziehen würde, wenn sein Lord Steward es vermeiden könnte, an den Geburtstagsfeiern des Führers teilzunehmen, nahm er den nächsten Flug zurück nach England.

Ungeachtet dessen verließ Buccleuch Deutschland mit wiedergewonnenem Optimismus. Er hatte eine große Anzahl von Menschen – hauptsächlich Angehörige des deutschen Adels – getroffen und ein längeres Gespräch mit Ribbentrop geführt. In einem Bericht über seinen Besuch, den er für den Premierminister und das Außenministerium anfertigte, legte er dar, dass bei seinen Gesprächspartnern eine «große Zuversicht und Entschlossenheit» geherrscht habe, dass sich ein Krieg vermeiden lasse, und der «Wunsch nach Verbesserung der britisch-deutschen Beziehungen» weit verbreitet sei. Entscheidend sei seiner Meinung nach, dass man das Problem mit Polen lösen könne. Hitlers Forderungen – die Rückgabe von Danzig (einer fast vollständig deutschen Stadt) und freier Transit durch den polnischen Korridor – seien «im Vergleich zu den jüngsten gewaltsamen Übergriffen … sehr vernünftig und folgerichtig, und das entsprechende Zugeständnis dürfte sowohl das Risiko von Komplikationen in einer sehr gefährlichen Region minimieren als auch [die Gefahr], dass unser Volk in einen Krieg für eine schlechte Sache hineingezogen wird.» Das Wichtigste sei nun, die Polen von der Notwendigkeit von Verhandlungen zu überzeugen.[67]

In einem Begleitschreiben an Butler äußerte sich Buccleuch sogar noch optimistischer, andererseits machte er aber auch deutlich, dass er das politische Gewicht von Kriegstreibern in Westminster fürchtete:

Die Atmosphäre und der West-End-Klatsch sowie die Voreingenommenheit gegen Deutschland hier in London sind deprimierend, und das hat in letzter Zeit sogar noch zugenommen. Es erscheint einem derzeit kaum möglich, dass sich einige wenige erfolgreich gegen den mächtigen Einfluss von Persönlichkeiten des öffentlichen Lebens vom Typ Churchill, Amery, Eden und anderen ihrer Art, die die Presse kontrollieren, werden behaupten können. Meiner Meinung nach verweigern sie schon die ganze Zeit, mögliche Kompromisse einzugehen oder die Argumente, die die andere Seite vorbringt, in Erwägung zu ziehen, und bringen uns so dem Krieg ein ganzes Stück näher. Dass Herr Chamberlain auf einer friedlichen Basis einen möglichst schnellen Erfolg erzielt, scheint entscheidend zu sein, wenn wir Winston Churchill und seinesgleichen nicht im Kabinett sehen wollen – und ein komplett antideutscher Block uns in einen Weltkrieg führt, der auf Kosten vieler Millionen Menschen entscheiden soll, ob Winston oder Hitler die Nummer eins ist.[68]

––––––

Chamberlain fühlte sich von den Berichten von Buccleuch und Brocket ermutigt. Im Gegensatz zu Buccleuch war Brocket in Berlin geblieben, um die Parade zu Hitlers Geburtstag anzuschauen. Dort wurde ihm versichert, Hitler sei nicht der Ansicht, dass er das Münchner Abkommen gebrochen habe – die Tschechoslowakei, behaupte er, sei einfach implodiert –, und man hätte den Führer erst kürzlich sagen hören, dass der «stolzeste Tag» in seinem Leben der Tag sein werde, an dem er den König und die Königin in Berlin begrüßen könne.[69] «Also sind wir alle einem Missverständnis aufgesessen», scherzte Chamberlain, «Hitler ist ‹ganz wirklich ein guter junger Mann›, und wir alle haben ihn falsch eingeschätzt!» Etwas aufgemuntert war der Premier trotz allem. «Jeder Monat, der ohne Krieg verstreicht, macht einen Krieg unwahrscheinlicher», schrieb er Ende April 1939 an seine Schwestern, und fuhr fort: Obwohl «ich mich darauf einstelle, dass es weitere Phasen akuter Angst geben wird», ist es vielleicht möglich, dass «Hitler erkannt hat, dass er jetzt das Limit erreicht hat, und beschlossen hat, das Ganze möglichst gut aussehen zu lassen».[70]

Es war eine vergebliche Hoffnung. Hitler hatte bereits entschieden, die «polnische Frage» mit Gewalt zu lösen, da seine Versuche, die Polen zu zwingen, den ehemaligen deutschen Hafen von Danzig herauszugeben und Zugeständnisse in Bezug auf den polnischen Korridor (der Deutschland in zwei Teile teilte) zu machen, zu nichts als Frustration geführt hatten. Die britische Garantieerklärung hatte ihn entsprechend wütend gemacht, aber nicht abgeschreckt. «Denen werde ich einen Teufelstrank brauen», schwor er, als er die Nachricht hörte.[71] Am 3. April war die Direktive vorbereitet, die die Planung für «Fall Weiß», die Invasion Polens, anordnete, und am 11. April wurde sie von Hitler abgezeichnet. Die Streitkräfte, so lautete der Befehl, müssten jederzeit nach dem 1. September 1939 bereit sein, die Operation durchzuführen. Der Countdown hatte begonnen.

Weder Tod noch Teufel ...

Ich sage nicht, dass Sowjetrussland eine freiheitsliebende
Nation ist, aber augenblicklich geht es nicht ohne sie. ... Ich weiß,
sie haben viele Menschen erschossen – aber es sind immer noch
etwa 170 000 000 übrig.

Robert Bower, Abgeordneter, in der Unterhausdebatte
am 15. März 1939[1]

Die britische Garantie gegenüber Polen barg sowohl großes Risiko als auch
große Ironie. Auf einen Schlag hatten die Regierungsverantwortlichen die
Entscheidung, ob ihr Land in einen Krieg verwickelt werden würde, einem
«fernen Land» überlassen, von dem sie praktisch nichts wussten, und
einem Mann, den H. G. Wells erst kurz zuvor als «nachgewiesenermaßen
verrückt» bezeichnet hatte.[2] Schon vor einiger Zeit hatte Austen Chamberlain geäußert, dass der Polnische Korridor nicht die Knochen eines
einzigen britischen Grenadiers wert sei, während sich sein Halbbruder
erst im Jahr zuvor geweigert hatte, eine Garantieerklärung zugunsten der
Tschechoslowakei abzugeben – mit der Begründung, dass die Regierung
Seiner Majestät eine so wichtige Entscheidung nicht der Willkür ausländischer Mächte überlassen könne. Selbstverständlich war die Beistands-
erklärung für Polen nicht dazu gedacht, den Krieg herbeizuführen, sondern sollte Hitler davon abhalten, einen Krieg zu beginnen. Um jedoch
eine wirksame Abschreckung zu erreichen, mussten die Westmächte
zusätzlich eine Einigung mit Sowjetrussland erzielen, einer Nation, der
man allseits misstraute und gegen die NS-Deutschland ursprünglich als
Bollwerk angesehen worden war.

Zunächst hatten weder die Briten noch die Franzosen die UdSSR als
besonders wichtig eingestuft. Die Stabschefs hatten Zweifel an ihrem

militärischen Potenzial geltend gemacht, und die Diplomaten hatten auf die mangelnde Bereitschaft anderer Staaten hingewiesen, mit den Sowjets ein Bündnis einzugehen. Nach dem Scheitern der Briten, in Osteuropa das gewünschte System von Allianzen zu etablieren, und auf das lautstarke Drängen der Opposition in Westminster hin rückte die Frage einer möglichen Beteiligung der Sowjetunion jedoch in den Vordergrund. Am 14. April 1939 beauftragte Lord Halifax den britischen Botschafter in Moskau, Sir William Seeds, bei Litwinow anzufragen, ob die Russen bereit seien, eine Erklärung abzugeben, in der sie sich verpflichten würden, jeden Nachbarn entlang ihrer Westgrenze zu unterstützen, der Opfer einer unprovozierten Aggression würde. Litwinow reagierte freundlich, lehnte aber ab. Stattdessen schlug er einen dreiseitigen Pakt zur gegenseitigen Unterstützung zwischen Großbritannien, Frankreich und Russland vor, der alle Staaten zwischen Ostsee und Schwarzem Meer in den Blick nehmen sollte. Das wiederum lehnten die Briten ab. Der Ausschuss für Außenpolitik konnte in einem Bündnis mit Russland keine Vorteile sehen – im Gegenteil, ein solcher Schritt dürfte die britischen Verbündeten in Osteuropa stören –, und obwohl Chamberlain der Labour-Führung versichert hatte, dass er «keinen ideologischen Einwand gegen ein Abkommen mit Russland» habe, gab er privat zu, gegenüber der UdSSR «zutiefst misstrauisch» zu sein.[3]

Chamberlain stand mit seinem Misstrauen nicht allen. Chips Channon war der Ansicht, eine Zusammenarbeit mit den Bolschewiki sei «Wahnsinn», und der ehemalige britische Botschafter in Japan, Sir Francis Lindley, sagte dem Tory-Ausschuss für Außenpolitik (kurz nachdem er die Chamberlains für einen Pfingsturlaub zu Gast gehabt hatte), er «bete jede Nacht, dass das britisch-russische Theater bald ein Ende haben werde, da es Krieg bedeuten würde und nicht Frieden – und die kommunistische Propaganda sei das größte Übel dieses Jahrhunderts»[4]. Innerhalb weniger Wochen stand Chamberlain jedoch unter starkem Druck seines eigenen Kabinetts, seine Bedenken zu begraben und die sowjetischen Annäherungsversuche nicht länger zu ignorieren.

Am 4. Mai 1939 kam die Nachricht, dass Litwinow entlassen worden war und Wjatscheslaw Molotow, Stalins rechte Hand und Vorsitzender des Ministerrates, zum neuen Volkskommissar für auswärtige Angelegenheiten ernannt worden war. Das Außenministerium zeigte sich verwirrt und besorgt. Obwohl Maiski darauf bestand, dass die Ernennung keine Änderung der sowjetischen Politik mit sich brachte, befürchtete Seeds, dass sie die Aufgabe der Politik der kollektiven Sicherheit und einen Rückzug in die Isolation signalisierte. Sechs Tage später vollzogen die Stabschefs eine überraschende Wende und empfahlen ein vollwertiges Militärbündnis mit der Sowjetunion. «Eine aktive und rückhaltlos geleistete Hilfe Russlands als unseres Verbündeten wäre von großem Wert, insbesondere da dies eine erhebliche Zahl feindlicher Kräfte binden würde», schrieben sie, während es umgekehrt wichtig sei, «nicht die Gefahr zu übersehen, die sich aus einer Annäherung zwischen Deutschland und Russland ergeben würde – ein Ziel, das der deutschen Generalität seit vielen Jahren vorschwebt»[5].

Diese Entwicklungen überzeugten die Mehrheit des Kabinetts, einschließlich Halifax, davon, dass das russische Angebot nun tatsächlich angenommen werden sollte. Lord Chatfield, der Sir Thomas Inskip als Verteidigungsminister ersetzt hatte, war der Meinung, dass die Möglichkeit eines Krieges mit Russland eine «enorme Abschreckung» für Deutschland darstellen würde, während Sir Samuel Hoare betonte, dass «wir alles in unserer Macht Stehende tun sollten, um Russland auf unserer Seite einzubinden» und das Albtraumszenario eines deutsch-russischen Abkommens zu vermeiden.[6] Die Franzosen hatten sich schon bereit erklärt, den sowjetischen Vorschlag anzunehmen, und setzten sich nun dafür ein, dass die Briten sich anschließen sollten, während bei Chamberlains Gegnern im Parlament – Labour, Lloyd George und Churchill – der nach Ansicht des Premierministers «erbärmliche Glauben, dass Russland der Schlüssel zu unserer Rettung ist», nie ins Wanken geraten war.[7]

Chamberlain war und blieb von ganzem Herzen gegen die Idee eines solchen Bündnisses. Er hegte weiter Zweifel am militärischen Wert Russlands, erkannte aber vor allem, dass dieses Bündnis die endgültige Aufteilung Europas in «gegensätzliche Blöcke» bedeuten würde und sich damit die Tür für künftige Verhandlungen oder gar «Gespräche mit den Totalitaristen» schließen würde.[8] «Ich werde den Verdacht nicht los, dass sie [die Russen] nur darauf bedacht sind, dass sich die ‹kapitalistischen› Mächte gegenseitig in Stücke reißen, während sie sich heraushalten», gestand er Ida am 21. Mai. Am Tag zuvor sagte er zu Sir Alexander Cadogan, dass er eher zurücktreten würde, als ein Bündnis mit der Sowjetunion zu unterzeichnen.[9]

Zu Chamberlains Leidwesen stimmte fast keiner seiner Kollegen mit ihm überein. Halifax war widerstrebend zu dem Schluss gekommen, dass sie «keine halben Sachen» machen und die sowjetischen Vorschläge akzeptieren sollten, und selbst Sir John Simon schien jetzt für das Bündnis zu sein.[10] Gerade als alles verloren schien, fand Sir Horace Wilson jedoch eine teuflisch geniale Lösung. Anstatt die russischen Vorschläge einfach zu akzeptieren, sollten die Briten darauf bestehen, dass sich ihre Verpflichtungen aus der Charta des Völkerbundes ergaben. So würden sie als Unterstützer noch dazu «alle Gutmenschen» (Russophile, Völkerbund-Sonderlinge, Enthusiasten der kollektiven Sicherheit) gewinnen, dem Abkommen einen «temporären Charakter» verleihen und vor allem die Deutschen nicht verärgern.[11] Es war ein erstaunlich zynischer Schachzug. Chamberlain hatte den Völkerbund – eine Institution, die er missachtete – seit seinem Amtsantritt als Premierminister kaum erwähnt, nichtsdestoweniger war das Versagen der Genfer Liga, die Aggression in der Mandschurei, in Abessinien, in Österreich und in der Tschechoslowakei zu stoppen, eines der meistdiskutierten Themen des Jahrzehnts. Den Bund jetzt wiederaufleben zu lassen, würde lediglich sowjetischen Argwohn wecken und gleichzeitig nichts bieten, was die Deutschen schrecken könnte. «Es wird die Nazis nur veranlassen, sich über uns lustig zu machen», frohlockte Channon, der befürchtete, dass ein konventionelles Bündnis «das Signal für einen sofortigen Krieg gewesen wäre»[12]. Mit Blick auf die Konsequenzen hat denn auch ein Historiker das britische

Vorgehen als «ein Beispiel für tödlich dummen und kriminell törichten Einfallsreichtum» bezeichnet. Molotows Weigerung zu erkennen, dass es im Interesse der Sowjetunion war, ein Bündnis mit dem Westen einzugehen – genauso wie es im Interesse des Westens lag, sich mit den Sowjets zu verbünden und dementsprechend Kompromisse zu machen –, war jedoch ebenso starrköpfig und aus der Perspektive von 1941 bis 1945 und 26 Millionen sowjetischen Toten geradezu strafbar.[13]

Dass Chamberlain so sehr gegen das russische Bündnis war, lag unter anderem daran, dass er die Appeasement-Politik noch nicht ganz aufgegeben hatte. Obgleich er die Gefahr, die mit den deutschen Polen-Plänen verbunden war, erfasst hatte und es zunehmend schwierig zu erkennen fand, wie eine Entspannung der Lage erreicht werden konnte, «solange die Juden sich weiterhin hartnäckig weigern, Hitler zu erschießen», glaubte er dennoch, dass die Situation durch sorgfältig überlegte und gegebenenfalls geheime Diplomatie gerettet werden könnte.[14] Am 3. Mai 1939 bekam Cadogan Einblick in das Abhörprotokoll eines Telefongesprächs, das darauf hinwies, dass in «Nr. 10 wieder ‹Beschwichtigung› betrieben wurde», und Oliver Harvey vermutete, dass ein Leserbrief von Lord Rushcliffe in der *Times*, in dem er sich kurz danach für Verhandlungen zwischen Polen und Deutschland aussprach, von Horace Wilson angeregt worden sei. Einige Wochen später startete Chamberlain ein geheimes Vorhaben, in dem die «Skandinavier» als Vermittler in der Danzig-Frage fungieren sollten.[15] Ein Ergebnis zeichnete sich nicht ab, aber es ist ein Hinweis darauf, dass er weiterhin Vertrauen in seine politische Strategie hatte oder, wie General Sir Edmund Ironside, Generalinspekteur der britischen Überseetruppen, es ausdrückte, in seinen «festen Glauben, dass Gott ihn als Instrument zur Verhinderung dieses drohenden Krieges ausgewählt hat»[16].

Auch wenn Chamberlain immer noch hoffte, dass Verhandlungen zu den gewünschten Ergebnissen führen könnten, war die öffentliche Meinung sowohl skeptischer als auch entschlossener. «Mein alter Herr sagt: Jetzt, wo wir Hitler nicht mehr trauen können, ist es sinnlos, mit ihm herumzustreiten; jetzt müssen wir ihm eine ordentliche Tracht Prügel versetzen», erklärte Virginia Cowles' Vermieterin kurz nach der Invasion in Prag.[17] Etwa zu gleicher Zeit beschloss der Duke of Devonshire, ein Staatssekretär der Regierung, die Ansichten seines Chauffeurs in Erfahrung zu bringen: «Na, Gibson, und was halten Sie von Hitler?» «Tja, Euer Durchlaucht, mir scheint, er sollte allmählich wissen, daß er in unserer Gegend nicht allzu beliebt ist», kam die untertriebene Antwort.[18]

Solche Ansichten scheinen typisch gewesen zu sein. Im Juli ergab eine Meinungsumfrage, dass 76 Prozent der Briten der Meinung waren, dass Großbritannien seinen Verpflichtungen nachkommen und den Krieg erklären sollte, wenn Deutschland und Polen wegen Danzig einen Krieg beginnen würden, während eine französische Erhebung ergab, dass 70 Prozent der Franzosen sich dafür aussprachen, sich weiteren deutschen Forderungen zu widersetzen. Überwältigende 87 Prozent der Briten unterstützten ein Bündnis mit der Sowjetunion, und selbst der *Daily Express*, die Bastion des Isolationismus, bemerkte den neuen Geist der Unbeugsamkeit: «Wir haben in diesen Tagen 49 Millionen Außenminister in Großbritannien, und sie scheinen alle für aktive Gegenwehr zu plädieren.»[19]

Ende April erschien eine Flut von Artikeln, in denen Chamberlain aufgefordert wurde, Churchill zurückzuholen. Die *Evening News* sah ihn als Ersten Lord der Admiralität oder als Luftfahrtminister, während die *Sunday Pictorial* vorschlug, ihn zum Lord President of the Council zu ernennen, da Amtsinhaber Lord Runciman die «Unverschämtheit besaß, einen viermonatigen Urlaub zu beginnen»[20]. Drei Tage später schrieb der *Pictorial*-Herausgeber an Churchill, er habe über 2000 Briefe erhalten, die seine Position unterstützten. «In der Regel besagen die Kommentare: ‹Kein Stiefellecken bei Hitler mehr.›»[21] Etwa zur gleichen Zeit notierte Victor Cazalet, dass seiner Ansicht nach «Winston» schleunigst ins Kabinett geholt werden sollte. «Er hat in den letzten fünf Jahren mit allem recht gehabt, und ihn in die Regierung aufzunehmen würde Deutschland mehr als alles andere zeigen, dass wir es ernst meinen.»[22]

Viele hatten gehofft, Churchill bekäme die Leitung des neu geschaffenen Versorgungsamts übertragen – eine Neuerung, für die er sich seit 1936 eingesetzt hatte. Aber als der Premierminister am 20. April im Unterhaus aufstand und die Besetzung des Postens ankündigte, benannte er mit dem vormaligen Verkehrsminister, dem national-liberalen Leslie Burgin, eine unbedeutende Figur als Amtsleiter. Harold Nicolson war Zeuge der Reaktion, die diese Ankündigung bei den Abgeordneten auslöste, und vermochte nicht zu sagen, ob es sich dabei um ein «erschrockenes Nach-Luft-Schnappen» oder ein «schmerzerfülltes Aufstöhnen» handelte. Nicht in Frage stand jedoch, dass Chamberlains Entscheidung, Churchill zu übergehen und nur einen weiteren Jasager zu ernennen, einen bedauernswerten Eindruck hinterließ, und Nicolson und andere davon überzeugte, der Premierminister spiele ein «doppeltes Spiel – ostentativ eine Politik der Aufrüstung und als secret de l'Empereur [sic]: die Appeasement-Politik plus Horace Wilson».[23]

Das war im Großen und Ganzen richtig eingeschätzt. In einem Brief an Ida am 23. April erklärte Chamberlain, dass das Versorgungsministerium nicht der richtige Posten für Churchill sei. Er sei jedoch ganz grundsätzlich entschlossen, ihn nicht zu berufen: «Wenn sich eine Möglichkeit ergibt, die Spannung zu verringern und zu normalen Beziehungen zu den Diktatoren zurückzukehren, will ich das nicht durch [eine Entscheidung] in Gefahr bringen, die sie sicherlich als Herausforderung sehen würden.»[24] In der folgenden Woche verriet er, dass er über eine neuerliche Annäherung an Mussolini nachdenke, um Hitler zum Stillhalten zu veranlassen, und zeigte sich erleichtert darüber, dass Hitlers Reichstagsrede vom 28. April – in der er die Aufkündigung sowohl des deutsch-polnischen Nichtangriffspakts als auch des deutsch-britischen Marineabkommens verkündet hatte – «versöhnlicher und weniger provokativ als erwartet» ausgefallen sei. «Ich kann mir nicht vorstellen, dass Hitler wegen Danzig einen Weltkrieg beginnt», konstatierte er zuversichtlich.[25]

Halifax hingegen war seiner früheren Illusionen beraubt und hatte sich, wie Channon bemerkte, «inzwischen in vielen Punkten von Neville abgenabelt»[26]. Anfang Juni hatte er die Anti-Appeaser mit einer Rede vor dem Oberhaus aufgeschreckt, in der er dem deutschen Volk zugesichert hatte, dass Großbritannien nicht etwa «jeden Wunsch nach einer Verständigung mit Deutschland aufgegeben» habe, zudem hatte er von «konkurrierenden Ansprüchen» gesprochen, die möglicherweise angepasst werden könnten, um «einen dauerhaften Frieden zu sichern»[27]. Dies war jedoch weitgehend dazu gedacht, der nationalsozialistischen Propaganda etwas entgegenzusetzen, die behauptete, dass Großbritannien darauf bedacht sei, Deutschland mit Hilfe einer Politik der Einkreisung zu zermalmen. Wenige Wochen später lieferte seine Rede vor dem Königlichen Institut für Internationale Angelegenheiten ganz andere Einblicke. Die Quintessenz lautete, wie Cadogan zusammenfasste: «Wir wollen nicht kämpfen, aber, wenn wir es tun, dann mit ‹Hurra!›», und diesem Motto sei Halifax dann auch gerecht geworden, indem er seinem Publikum sagte, dass diejenigen, die mit militärischer Gewalt drohten, die «Welt erpressen» wollten und dass die vordringlichste Aufgabe darin bestehen müsse, «sich gegen die Aggression zu wehren».[28]

In der Zwischenzeit erreichte die «Churchill ins Kabinett»-Kampagne ihren Höhepunkt. Am 3. Juli 1939, nach Lobbyarbeit von Nicolson, Anthony Eden und Lord Astor (der sich nach dem Münchner Abkommen in einen entschlossenen Appeasement-Gegner verwandelt hatte), brachte der *Daily Telegraph* einen groß aufgemachten, doppelspaltigen Leitartikel, der Churchills Aufnahme in die Regierung forderte. Dem war ein ähnlicher Aufruf von Garvin im *Observer* vorausgegangen, gefolgt von Appellen in der *Yorkshire Post*, dem *Manchester Guardian*, dem *Daily Mirror*, dem *News Chronicle*, dem *Star* und der *Evening News*. Am 5. Juli feuerte Lord Rothermere noch in der *Daily Mail* eine Breitseite zur Unterstützung ab, und bald war nahezu die gesamte Presse vereint, nur die Beaverbrook-Titel und die *Times* hatten Abstand zu der Kampagne gehalten. Für den konservativen Peer Lord Selborne stellte sich die Sache sehr einfach dar: «Ich war nie ein Anhänger Churchills», erklärte das ehemalige Kabinettsmitglied in einem Leserbrief an den *Daily Telegraph*, «aber ich stimme denen zu, die der Meinung sind, dass [seine] Aufnahme ... in die Regierung in diesem speziellen Moment eine Geste wäre, die selbst Dr. Goebbels nicht missverstehen könnte.»[29]

Diesen Punkt sollte auch Oberstleutnant Gerhard Graf von Schwerin der britischen Regierung deutlich machen. Der Offizier des deutschen Generalstabs und Gegner eines möglichen Krieges war Anfang Juli nach London gereist, um die Briten aufzufordern, ihre Entschlossenheit, weiteren Aggressionen entgegenzutreten, durch einen ostentativen Akt zu demonstrieren. Zunächst musste er jedoch darum kämpfen, überhaupt angehört zu werden. «Wenn Sie wissen wollen, was ich davon halte, dass er hierherkommt in einer Zeit, in der die Beziehungen unseres Landes zu seinem Land derart schlecht sind, dann denke ich, dass es eine verdammte Frechheit ist», bemerkte ein Offizier des militärischen Geheimdienstes.[30] Schließlich gelang es dem Grafen dann doch, einige wichtige Persönlichkeiten zu treffen, darunter den stellvertretenden Fraktionsvorsitzenden James Stuart, den ehemaligen britischen Militärattaché in Berlin, General James Marshall-Cornwall, und Gladwyn Jebb vom Außenministerium. Diese drei berichteten danach, Schwerin habe ihnen erläutert, dass «Hitler davon überzeugt sei, dass die britische Außenpolitik ausgesprochen nachgiebig sei». Er glaube nicht, dass Großbritannien bereit sei, sein Empire für Polen zu riskieren, und nur Taten hätten eine Chance, ihn eines Besseren zu belehren. Schwerin schlug eine Demonstration der britischen Seestreitkräfte im Baltikum und die Entsendung einer Lufteingreiftruppe nach Frankreich vor. Das bei weitem wirksamste Mittel, um den Führer zu beeindrucken, wäre jedoch, Churchill ins Kabinett zu berufen. «Churchill ist der einzige Engländer, vor dem Hitler Angst hat», erklärte der Offizier. Die bloße Tatsache, dass man einen führenden Ministerposten mit ihm besetzte, «würde Hitler davon überzeugen, dass wir tatsächlich beabsichtigen, uns ihm zu widersetzen».[31] Chamberlain konnte das nicht überzeugen. Er schätzte Churchills Fähigkeiten, bezweifelte aber, dass dessen Berufung in das Kabinett seine eigene Aufgabe erleichtern würde. Er hatte die Erfahrung gemacht, dass Churchill dazu neigte, das Geschehen zu dominieren. Außerdem bestehe die Gefahr, dass er mit der Flut an Ideen und Memoranden, die er zu produzieren pflegte, «die Zeit des gesamten Ministeriums beanspruchen» würde. Er hatte sich jedoch noch aus einem anderen wesentlichen Grund dagegen entschieden, Churchill ins Kabinett zu berufen – weil er «die Hoffnung auf Frieden noch nicht aufgegeben» hatte. Die polnisch-deutsche Auseinandersetzung sei gefährlich, aber «wenn Hitler auf normale Weise nach Danzig fragen würde, wäre es vielleicht möglich, die Dinge zu regeln».[32]

Woher auch immer Chamberlain seinen Optimismus nahm, die Entwicklungen auf der internationalen Bühne gaben ihm keinen Anlass dazu. Am 22. Mai 1939 unterzeichneten Ciano und Ribbentrop ein deutsch-italienisches Militärbündnis, den sogenannten ‹Stahlpakt›, und Mitte Juni blockierten die Japaner das britische Konzessionsgebiet in Tianjin in Nordchina. Chamberlain fand es «unerträglich, angesichts solcher Erniedrigungen keinen Finger rühren zu können», erkannte aber, dass es zu gefährlich war, «Hitler solche Versuchungen auf dem Silbertablett zu servieren», indem man sich in einen Konflikt mit den «Japsen» verwickeln ließ.[33] Auch die Berichte aus Deutschland konnten nicht als ermutigend angesehen werden. Gerüchte über einen Putsch in Danzig – wo es anscheinend von SS-Männern nur so wimmelte – begannen sich ab Mitte April zu verbreiten. Am 5. Mai gab dann Sir Nevile Henderson Einzelheiten eines Gesprächs zwischen General Karl-Heinrich Bodenschatz, Verbindungsoffizier zwischen Göring und Hitler, und dem polnischen Militärattaché weiter, in dem der General erklärt hatte, dass ein «Krieg in diesem Jahr unvermeidlich sei»[34].

Vielleicht noch alarmierender waren die Gerüchte über eine Annäherung zwischen Berlin und Moskau. Aus Sir Robert Vansittarts geheimem

Netzwerk waren ab Anfang Mai Berichte über deutsch-sowjetische Verhandlungen eingegangen, und am 8. des Monats informierte der neue französische Botschafter in Berlin, Robert Coulondre, Henderson, dass seine Quellen glaubten, Hitler ziele auf einen Nichtangriffspakt mit Stalin ab. Im folgenden Monat traf Erich Kordt, Stabschef von Ribbentrop, in London ein. Kordt gehörte der militärischen Opposition an und war gekommen, um die Briten zu warnen, dass die deutsch-sowjetischen Verhandlungen bereits in vollem Gange seien. Wenn die Briten ein Bündnis mit Russland wünschten, «sollten [sie] sich besser beeilen!».[35] Laut Kordt hatte Hitler noch nicht entschieden, wann er die Polen angreifen werde, aber weitere Geheimdienstmeldungen, die Ian Colvin geliefert hatte, ließen darauf schließen, dass der 25. August für «einen Showdown» vorgesehen war.[36]

In diesem Klima war es eindeutig unmöglich, öffentlich oder gar über offizielle Kanäle Versuche zu einer Wiederaufnahme der Appeasement-Bemühungen zu lancieren. Großbritannien war entschlossen, die Unabhängigkeit Polens zu verteidigen, und die Aufgabe der britischen Regierungsvertreter bestand darin, Hitler davon zu überzeugen, dass es ihnen ernst damit war. Hinter den Kulissen fand jedoch eine Reihe von halboffiziellen Gesprächen statt, die diese Position unterhöhlten. Im Juni traf Görings Untergebener Dr. Helmut Wohltat, der leitende Beamte des deutschen Vierjahresplans, im Londoner Haus des Duke of Westminster mit Sir Horace Wilson, Sir Joseph Ball und Henry Drummond Wolff zusammen. Der Gastgeber war nicht anwesend, und es scheint keine Mitschrift des Gesprächs angefertigt worden zu sein. Aus nachträglichen Aufzeichnungen geht jedoch hervor, dass Wohltat einen ökonomisch ausgerichteten Appeasement-Plan vorlegte, der beinhaltete, dass Großbritannien «die wirtschaftliche Interessensphäre Deutschlands in Südost- und Osteuropa anerkennt». Am nächsten Tag, als er seinen Plan Frank Ashton-Gwatkin, vormaliger Befürworter solcher beziehungsfördernder Maßnahmen, vorstellte, stieß er auf wenig Gegenliebe. «Wenn wir nach einem Symbol des Friedens suchten, wäre es meiner Meinung nach effektiver, wenn Herr Hitler sein Kabinett umgestalten und einigen seiner Berater zu mehr Freizeit verhelfen würde, die sie durch ihre Dienste sicher reichlich verdient hätten», kommentierte der Mitarbeiter des Außenministeriums trocken.[37] Dennoch fühlte sich Wohltat durch sein Treffen mit den beiden engsten Beratern des Premierministers in seinem Vorhaben bestärkt – jedenfalls in ausreichender Weise, um einen Bericht über das Gespräch an Göring zu schicken. Und als er am 17. Juli nach London zurückkehrte, verlor er keine Zeit, sich sowohl Wilson als auch das Thema erneut vorzunehmen.

Nach seinen Aufzeichnungen über die beiden Gespräche, die er am 19. und 20. Juli mit Wohltat führte, trat Wilson entschieden auf und blieb unverbindlich. Wie jeder gute Mann in seiner Straße, erklärte der Chef-Industrieberater, seien die Briten durchaus nachbarschaftlich eingestellt, aber sie mochten es nicht, «wenn einer der Hausbesitzer des Nachts jede Menge schrecklicher Geräusche macht und am nächsten Tag hingeht und die Türen anderer Nachbarn einschlägt». An sich sei die britische Regierung bereit, auf alle Ideen zur Verbesserung der Beziehungen zwischen ihren beiden Ländern einzugehen, aber angesichts der jüngsten Ereignisse eines nicht gerade nachbarschaftlichen Verhaltens «muss die Initiative von deutscher Seite ausgehen».[38]

Wohltats Bericht von diesen Treffen las sich allerdings anders. Nach Angaben des deutschen Beamten hatte Wilson ein Memorandum vorbereitet, das offenbar mit Zustimmung von Chamberlain die Aufnahme geheimer Verhandlungen zwischen den beiden Ländern vorschlug, die zu einer deutsch-britischen Erklärung führen sollten. Zentraler Punkt solle der Verzicht auf Aggressionen sein – dies, so Wilson, würde die britische Garantieerklärung gegenüber Polen «gegenstandslos» machen –, es sollten aber auch «Nichteinmischungserklärungen» in die Wirtschaftsbereiche des anderen, ein Abrüstungsabkommen und eine Erklärung zur «gemeinsamen Erschließung Afrikas» enthalten sein.[39] Bleibt zu bemerken, dass dieses Dokument nie gefunden wurde und dass Wohltats Ziel und das seines Verbündeten, des deutschen Botschafters Herbert von Dirksen, darin bestand, einen Krieg zu vermeiden. Dazu sollte Hitler überzeugt werden, die Verhandlungen mit den Briten wiederaufzunehmen. Aus diesen Gründen haben Historiker – wahrscheinlich zu Recht – die Aufzeichnungen Wohltats als nicht valide verworfen. Es gibt jedoch eine andere Quelle, die darauf hindeutet, dass bei dem Treffen mehr besprochen wurde, als Wilson in seinen Aufzeichnungen zugab. Am 21. Juli, dem Tag nach Wilsons zweitem Treffen mit Wohltat, schrieb Jim Thomas, Edens ehemaliger Parlamentarischer Privatsekretär, aufgeregt an Lord Cranborne, um ihm mitzuteilen, dass er von jemandem mit größter Autorität in dieser Frage gehört hätte, dass Horace Wilson den Plan verfolge, Deutschland ein «riesiges Darlehen» als Gegenleistung für die Abrüstung und die Wiederherstellung der Selbständigkeit von Böhmen und Mähren anzubieten. Laut Thomas' Quelle erwartete niemand in der Regierung, dass dieser Plan akzeptiert würde, aber man war der Meinung, dass er den Kern des Wahlprogramms für eine Parlamentswahl im Oktober bilden könne. «Sie werden sagen: ‹Wir haben ein vernünftiges Angebot gemacht, das hat Deutschland abgelehnt, wir brauchen daher eine geeinte Nation, die hinter dem Gerichtsmediziner [Chamberlain] steht, um diesem unversöhnlichen Deutschland entgegenzutreten›», und dann wird es «einen zweiten Versuch à la Hoare–Laval zu einem Abkommen geben»[40]. Interessanterweise erwähnte Wohltat auch, dass Ball ihm gesagt habe, dass vorläufig für den 14. November eine Parlamentswahl geplant sei und dass der Premierminister entscheiden müsse, ob er bei seinem Wahlkampf auf das Thema Frieden oder die Kriegsvorbereitung gegen Deutschland setzen werde.

Es ist natürlich mehr als möglich, dass Thomas' Quelle (die möglicherweise jemand in der französischen Botschaft war) falschlag, übertrieben hatte oder einfach versuchte, mögliche deutsch-britische Verhandlungen zu verhindern. Cranborne reagierte nicht übermäßig aufgeregt, sondern kommentierte: «Bei aller gebührenden Achtung vor Sir H. Wilson denke ich, dass sein neuer Plan der dümmste der vielen Pläne ist, die sein kindliches Gehirn bereits hervorgebracht hat.»[41] Wie dem auch sein mochte, es war nicht Wilson, der einen diplomatischen Zwischenfall großen Maßstabs verursachte, sondern das unbesonnene Verhalten von Robert Hudson, dem Minister für den Überseehandel.

Laut Hudsons Bericht über sein Gespräch mit Wohltat – das am Abend des 20. Juli, fast unmittelbar nach Wilsons zweitem Treffen, stattfand – hatte er eine Reihe ehrgeiziger Pläne vorgelegt, die internationale Spannungen abbauen sollten. Es gebe riesige Gebiete wie Russland und China, die «beinah unbegrenzte Möglichkeiten für Investitionen» böten, und Großbritannien, die USA und Deutschland sollten Devisenbeschränkungen und Importquoten abschaffen. Außerdem sei da noch Chamberlains alte Idee eines neuen Systems der kolonialen Verwaltung in Afrika. Leider bedeute der instabile Zustand Europas, dass viele Menschen glaubten, Großbritannien werde sich bald mit Deutschland im Krieg befinden. Wenn jedoch eine grundlegende Veränderung eintreten würde und Hitler bereit wäre, einigen Abrüstungsmaßnahmen zuzustimmen, dann bestehe die Möglichkeit, «Deutschland auf einer starken wirtschaftlichen Basis aufzubauen»[42]. Das war das Stichwort. Am nächsten Abend prahlte Hudson, der laut eines anderen Tory-Abgeordneten aussah, «als hätte er gerade ein Vermögen geerbt und sein Glück mit einem heißen Bad gefeiert», mit seiner «friedensrettenden» Initiative bei einem Abendessen, an dem die Journalisten Victor Gordon-Lennox und Vernon Bartlett teilnahmen.[43] Und am nächsten Morgen, dem 22. Juli, gaben sowohl der *Daily Telegraph* als auch der *News Chronicle* die sensationelle Nachricht bekannt, dass Großbritannien Deutschland im Austausch für die Abrüstung ein Darlehen von 100 Millionen Pfund angeboten hatte.

Augenblicklich herrschte Aufruhr. Paris und Warschau reagierten mit verständlicher Bestürzung, während die deutsche und die italienische Presse das Ganze als einen Shylock-typischen Vorschlag verspotteten, der Großbritanniens «haifischartige Manie, die ganze Welt aufkaufen zu wollen», veranschauliche.[44] Die britischen Zeitungen überboten sich gegenseitig mit empörten Spekulationen, und im Parlament stellte man Fragen. Chamberlain bestritt, dass ein britisches Darlehen aktuell oder jemals zuvor Thema von Gesprächen gewesen sei. Hudson habe keinen solchen Vorschlag gemacht und ohnedies auf eigene Initiative hin gehandelt. Aber das Kind war in den Brunnen gefallen. Auch wenn die Franzosen und die Polen das britische Dementi akzeptierten, war die Affäre ein Propagandageschenk an die Achsenmächte, wobei der folgenschwerste Effekt dieses Paradebeispiels an «Super-Appeasement-Politik» darin bestand, das ohnehin schon erhebliche Misstrauen der Russen noch zu verstärken. «Ich bezweifle, dass diese bis zum Äußersten getriebene Torheit überboten werden kann», kommentierte Gladwyn Jebb vom Außenministerium.[45]

Chamberlain ärgerte sich über Hudsons «Fauxpas», der erheblichen Schaden angerichtet hatte und es seinen Feinden erlaubte zu sagen: «Bitte sehr, ich habe es dir gesagt. Er will die Polen verkaufen.» Nichtsdestoweniger war er jedoch gerne bereit, Gespräche über «diskretere Kanäle» zu führen.[46] Am 27. Juli führte Lord Kemsley, der pro-Appeasement-eingestellte Eigentümer der *Sunday Times*, eine einstündige Unterredung mit Hitler in Bayreuth und schaffte es, dem Gespräch mit dem Führer den Vorschlag zu entnehmen, dass Großbritannien und Deutschland ihre Forderungen zu Papier bringen sollten – in der Hoffnung, dass «dies zu einer Diskussion führen könnte.»[47] Downing Street war begeistert, und eine geheime Antwort wurde verschickt.

Gleichzeitig standen Chamberlain und Halifax in Kontakt mit zwei schwedischen Geschäftsfreunden von Göring, Axel Wenner-Gren und Birger Dahlerus, die es sich zur Aufgabe gemacht hatten, als Vermittler zwischen dem Feldmarschall und der britischen Regierung zu fungieren. Dahlerus machte den Vorschlag, es wäre hilfreich, wenn Göring eine Gruppe britischer Geschäftsleute treffen könnte, die ihm den «britischen Standpunkt» erläutern.[48] Halifax stimmte zu, und am 7. August trafen sieben führende Männer aus Handel und Industrie den Feldmarschall auf einem Anwesen der Frau von Dahlerus in Schleswig-Holstein. Dort gaben sie eine sorgfältige Zusammenfassung der britischen Position und betonten, dass das Land zwar keinen Krieg wolle, aber beschlossen habe, «daß der willkürlichen Anwendung militärischer Macht irgendwo eine Grenze gesetzt werden müsse»[49]. Während sie sprachen, zog Göring unzufrieden Grimassen und kritzelte sarkastische Kommentare sowie eine wütende Fratze auf das Memorandum, das ihm übergeben worden war. Kaum hatten seine britischen Gesprächspartner ihre Ausführungen beendet, ging er sie mit einer Tirade an, in der er auf die Heuchelei der Briten schimpfte, ihre Einmischung in die Angelegenheiten anderer Nationen kritisierte und ihre Kriegstreiberei anprangerte. Die Danzig-Frage müsse von Großbritannien und Polen sofort mit Deutschland gelöst werden, es müsse direkte Gespräche zwischen der britischen und der deutschen Regierung geben und es müsse eine Vier-Mächte-Konferenz geben, um alle offenen Fragen zu klären, forderte er.[50]

Noch deprimierender war der Bericht von Ernest Tennant, dieses unermüdlichen Gralsritters einer deutsch-britischen Entspannungspolitik, der Ende Juli zu einer letzten «Friedensmission» zu Ribbentrop aufgebrochen war. Wie Tennant sich erinnerte, hatte das vorherige Treffen der beiden Männer im Juni in Berlin unter keinem guten Stern gestanden. Der deutsche Außenminister hatte sich an Aufgeblasenheit selbst übertroffen, und der Handelsbankier hatte sich sowohl von Ribbentrop als auch von Hitler anhören müssen, wie schockiert sie über eine Reihe von Briefen waren, die aus England eingetroffen seien und in denen die Menschen fragten, «ob er bitte so gut wäre, den Krieg erst nach Ascot oder nach dem Spiel zwischen Eton und Harrow oder nach verschiedenen anderen sportlichen oder sozialen Veranstaltungen zu beginnen»[51]. Dennoch glaubte Tennant der Vielzahl gegenteiliger Beweise zum Trotz immer noch, dass Ribbentrop an einer deutsch-britischen Verständigung «unbedingt gelegen» sei. Dementsprechend schrieb er an Chamberlain und bat um dessen Erlaubnis, einen neuen Ansatz zu versuchen. Am 10. Juli übermittelte Horace Wilson den Segen des Premierministers, der allerdings an die Bedingungen geknüpft war, dass die Mission geheim bleiben würde und dass der Bankier sich strikt an die Regierungslinie halten sollte, die da lautete, dass die Regierung entschlossen sei, «jedem Staat zu helfen, dessen Unabhängigkeit bedroht sei», aber bereit sei, «mit vernünftigen Leuten zu reden»[52].

Leider war, wie Tennant hätte wissen müssen, mit Ribbentrop nicht vernünftig zu reden. Beim Treffen mit dem deutschen Außenminister in Salzburgs altem Schloss durfte er nur schnell eine Tasse Tee trinken, bevor sich sein Gastgeber auf eine vierstündige Schimpfkanonade zum Thema englische Dummheit und Ruchlosigkeit verlegte. Der Führer habe nicht weniger als sieben Freundschaftsangebote gemacht. «Nach Jahrhunderten der Weltherrschaft und [der] Oxford- und Cambridge-Erziehung zu versnobt, um zuzugeben, dass Deutschland oder irgendjemand anderes auf gleicher Augenhöhe mit ihnen existierte», hätten die Engländer sie jedoch allesamt abgelehnt. Die gegenwärtigen Spannungen in den internationalen Beziehungen seien ausschließlich den Briten und diesem «lächerlichen» Pakt zu verdanken, den sie mit den Polen geschlossen hatten. Der Krieg sei jetzt eine ernstzunehmende Eventualität, und es würde der schrecklichste und rücksichtsloseste Krieg der Geschichte werden:

> Es wird entweder das Ende des Deutschen Reiches und die Zerstörung der deutschen Rasse oder das Ende des Britischen Empires und die Zerstörung der britischen Rasse bedeuten – der Führer hat entschieden, dass dies unvermeidlich und notwendig sein wird, und wenn Großbritannien Krieg will (und die Partei der Kriegsbefürworter scheint zu wachsen), kann es ihn jederzeit haben – Deutschland ist bereit.

Als Tennant auf die britische Überlegenheit zu See und die (aktuell erreichte) Ebenbürtigkeit in der Luft hinwies, antwortete der deutsche Außenminister mit dem Bombast, für den er berühmt war: «Mein lieber Tennant, die Stärke oder Schwäche Großbritanniens geht nie in unsere Berechnungen ein, denn Großbritannien wird niemals auch nur in unsere

Nähe kommen. Einer Maginot-Linie stehen sieben oder acht uneinnehmbare Siegfried-Linien gegenüber, und je stärker Sie sind, desto mehr Männer werden Sie verlieren.» Nein, Krieg würde für Großbritannien und Frankreich eine Katastrophe bedeuten, und wenn sie dies wirklich vermeiden wollten, dann würden sie die Polen davon überzeugen, sich den Forderungen des Führers zu beugen.

Am nächsten Tag, dem 27. Juli, begleitete Tennant Ribbentrop auf der elfstündigen Zugfahrt zurück nach Berlin. Mit an Bord war auch Walther Hewel, Leiter von Ribbentrops persönlichem Stab und einer von Hitlers wenigen engen Freunden. «Wird es ein friedlicher oder stürmischer August werden?», fragte Tennant. Hewel dachte, er hätte «Herbst» (= «autumn») und nicht «August» gesagt, und antwortete, dass es ein stürmischer Herbst werden würde, wenn die Polen nicht zur Vernunft kämen. «Ja, aber was ist mit August?», bestand der Bankier auf seiner konkreten Frage. «Ach so, August, im August wird wahrscheinlich nichts passieren. Der Führer ist bereit zu warten – möglicherweise wartet er sogar ein ganzes Jahr oder länger, aber Danzig wird in jedem Fall ins Reich zurückkehren.»[53]

KAPITEL 21

Die letzte Saison

> Und so machen wir weiter: Wir spielen Cricket, warten auf die
> großen Pferderennen, planen die Sommerferien ... Aber sind wir
> wach? Schlimmer noch, haben uns die Götter in den Wahnsinn
> getrieben, noch bevor die Zerstörung herabsinkt?
>
> Ronald Cartland, Headway, Sommer 1939[1]

Die Briten und Franzosen waren, was Danzig betraf, nicht an der Stadt selbst interessiert. Danzig (oder Gdańsk, wie die Polen es nannten) hatte bis zum Versailler Vertrag zu Deutschland gehört und dann den Status «freie Stadt» unter der Schirmherrschaft des Völkerbundes verliehen bekommen. Innerhalb der Stadt herrschten die Nationalsozialisten, nach außen hin wurde sie von den Polen vertreten, eine Situation, die beinahe von jedermann als unbefriedigender Kompromiss angesehen wurde. Am 4. Mai 1939 erklärte die *Times*, dass «Danzig wirklich keinen Krieg wert ist», und am selben Tag äußerte Marcel Déat, ehemaliger französischer Luftfahrtminister, in *L'Œuvre*, dass man von französischen Soldaten nicht erwarten sollte, dass sie «für Danzig sterben»[2]. Für den Botschafter Seiner Majestät in Berlin – einen Mann, der nach den Worten seines französischen Kollegen aus der Invasion der Tschechoslowakei «nichts gelernt hatte» – war diese Ankündigung nur konsequent.[3] «Ich bin persönlich überzeugt, dass es in Europa keinen dauerhaften Frieden geben kann, bis Danzig an Deutschland zurückgegeben worden ist», schrieb Sir Nevile Henderson am 24. Mai. «Die Polen können nicht die Herren über 400 000 Deutsche in Danzig sein – ergo muss es Deutschland sein.»[4] Einige Wochen zuvor hatte er die deutsche Argumentation hinsichtlich des polnischen Korridors gutgeheißen – und selbst so argumentiert: «Wenn Schottland durch einen irischen Korridor von England getrennt wäre, würden wir mindestens das fordern, was Hitler jetzt verlangt.» Außerdem hatte er die Ansicht vertreten, dass es «ein Frevel wäre», wegen eines dieser Themen «in einen Weltkrieg hineinzuschlittern».[5]

Das verfehlte jedoch den Kern der Sache, wie Chamberlain selbst am 18. März dem Kabinett mitteilte. Es ging in der Danzig-Frage nicht um Recht oder Unrecht oder den Korridor, sondern darum, «ob Deutschland beabsichtigte, Europa gewaltsam zu dominieren»[6]. In diesem Zusammenhang war die Garantieerklärung für Polen eine bewusste Herausforderung: eine Warnung an Deutschland, dass es sich, wenn es seinen derzeitigen Kurs fortsetzte, im Krieg mit dem Britischen Empire wiederfinden würde. Indessen stimmte Chamberlain auch mit Henderson überein. Obgleich er in seinen öffentlichen Äußerungen konsequent dabei blieb, dass ein Versuch Deutschlands, Danzig gewaltsam einzunehmen, Krieg bedeuten würde, dachte er privat anders: Wenn Hitler «ein wenig Geduld hätte, kann ich mir vorstellen, dass ein Weg gefunden werden könnte, deutschen Ansprüchen gerecht zu werden und gleichzeitig die Unabhängigkeit und wirtschaftliche Sicherheit Polens zu wahren»[7]. Am 10. Juli bat er General Edmund Ironside nach Downing Street. Ironside hatte den Spitznamen «Tiny» (er war über 1,90 m groß) und war kürzlich nach einer Zeit als Gouverneur von Gibraltar nach Großbritannien zurückgekehrt. Nun betraute Chamberlain ihn, wie Ironside in seinem Tagebuch festhielt, mit der Mission, die Polen festzunageln:

> Er sagte mir, dass sie keine Ahnung hätten, was die Polen vorhätten, und wollte, dass ich dorthin gehe und es herausfinde. Beck hatte sie immer mit der Aussage abgewimmelt, dass ihr Handeln davon abhängig sei, wie sehr sie provoziert würden. Ich sagte ihm, dass unsere Trumpfkarte in der Garantieerklärung bestand, die wir für den Fall abgegeben hatten, dass Polen sich in seiner Unabhängigkeit bedroht fühle, und dass sie uns daher sagen müssten, was sie zu tun gedachten. ... Chamberlain sagte, dass das, was Hitler in der Frage unternehme, nicht ins Gewicht falle. Wir bräuchten eine definitive, konkrete Garantie, dass Polen, wenn Danzig Teil des Rei-

ches würde, in der Praxis die gleichen Rechte hätte wie jetzt. Die Alliierten sollten doch genug Köpfchen haben, um einige Garantien zu entwickeln, die Hitler unter Kontrolle bringen können.[8]

Sieben Tage später – eine Verzögerung, die auf einen eklatanten Mangel an Dringlichkeitsempfinden hinweist – kam Ironside in Warschau an. In vielerlei Hinsicht war sein Besuch ein großer Erfolg. Ironside, ein verwegener und flotter Offizier (er soll die Figur des Spions *Richard Hannay* in den Kriminalromanen John Buchans mit inspiriert haben, dessen Roman *Die 39 Stufen* später von Alfred Hitchcock verfilmt worden ist), wurde von der Warschauer Bevölkerung mit Jubel begrüßt und verstand sich gut mit Marschall Edward Rydz-Śmigły, dem polnischen Oberbefehlshaber. Zur Erleichterung Londons fand er heraus, dass die Polen nicht die Absicht hatten, etwas Unüberlegtes zu tun. Als er den Marschall fragte, was er im Falle einer Besetzung Danzigs durch deutsche Truppen tun würde, antwortete Rydz-Śmigły, dass er einen Offizier mit weißer Fahne hinschicken würde, um zu fragen, «was sie dort machen»[9]. Ironside war beeindruckt von den polnischen Militäreinrichtungen, und die Polen waren – obwohl verbittert über die Weigerung Großbritanniens (aus finanziellen Gründen), einen substantiellen Kredit für ihre Aufrüstungsbemühungen beizusteuern – heilfroh, dass der General ihnen zusicherte, «die Regierung Seiner Majestät» sei entschlossen, «ihre Verpflichtungen in der Garantie gegenüber Polen zu erfüllen»[10].

In der Zwischenzeit nahmen die Gespräche mit den Russen keinen guten Verlauf. Wie man hätte vorhersehen können, hatte die bloße Erwähnung des Völkerbundes sowjetisches Misstrauen geweckt. Am 27. Mai warf Molotow den Briten vor, das von den Russen vorgeschlagene Bündnis handlungsunfähig machen zu wollen, indem sie es den schwerfälligen Verfahren in Genf unterwarfen. Der britische Botschafter, Sir William Seeds, protestierte energisch. Die Briten hätten nicht die Absicht, die *Maschinerie* des Völkerbundes auf den Plan zu rufen, sondern wollten lediglich die *Prinzipien* anwenden. Aber der sowjetische Außenminister war nicht überzeugt. Er verschanzte sich hinter seinem riesigen Schreibtisch, der noch dazu erhöht auf einem Podium stand, ließ die Zusicherungen des britischen Botschafters ungehört verhallen und klammerte sich weiter hartnäckig an seinen Verdacht. Seeds war verzweifelt. Nach einem zweiten frustrierenden Besuch im Kreml beklagte er in einem Brief an Lord Halifax, dass es sein Schicksal sei, mit einem Mann zu tun zu haben, der «von Außenpolitik keine Ahnung habe und dem die Idee von Verhandlungen – was etwas anderes ist, als den Willen seines Parteiführers durchzusetzen – völlig fremd ist». Ungeachtet dessen verfüge der Außenminister über eine «dümmliche Gerissenheit». Die Bemerkung von Seeds, dass es ihm zumindest gelungen sei, einige der «offensichtlicheren Missverständnisse» beim Kommissar auszuräumen, deutet allerdings darauf hin, dass der Botschafter Molotow dessen Begriffsstutzigkeit nicht ganz abnahm.[11]

Was auch immer die Absichten des wendigen, wenn auch wenig subtilen sowjetischen Kommissars sein mochten – mit seinem kugelrunden Kopf, seinen Knopfaugen und seinem frostigen Lächeln, das einen an den sibirischen Winter denken ließ –, sein Londoner Kollege engagierte sich weiterhin unmissverständlich für einen britisch-sowjetischen Pakt.[12] Als das Außenministerium bekanntgab, dass es Sir William Strang nach Moskau schickte, um Seeds über die Position der Regierung zu informieren, forderte Iwan Maiski Halifax auf, das selbst zu übernehmen. «Wenn Sie sich bereit erklären, diese Woche noch, äußersten Falls aber nächste Woche, nach Moskau zu fahren, dort die Verhandlungen zum Abschluß zu bringen und den Pakt zu unterzeichnen, bliebe der Frieden in Europa gewahrt.»[13] Anthony Eden äußerte sich ganz ähnlich Halifax gegenüber und wies darauf hin, dass der Premierminister nicht weniger als dreimal per Flugzeug zu Hitler gereist sei, dass sowohl Chamberlain als auch Halifax Mussolini besucht hätten und dass es nicht unangemessen sei, wenn die Sowjets die gleiche Behandlung erwarten würden. Wenn der

Außenminister nicht selbst gehen wolle, bot Eden an, ihm die Aufgabe abzunehmen. Halifax fand das einen guten Vorschlag, aber Chamberlain legte Einspruch ein. «Du würdest kaum glauben, dass jemand so dumm sein kann», schrieb er Ida. «Einen Minister oder einen Exminister zu schicken wäre die schlechteste Taktik gegenüber dem hartgesottenen Feilscher Molotoff [sic].» Halifax «stimmte zu und ließ den Vorschlag fallen», aber dann «wiederholte Lloyd George ihn gegenüber Butler und schlug sogar vor, wenn wir nichts davon hielten, Anthony zu schicken, dass Winston gehen sollte! Ich habe keinen Zweifel daran, dass die drei das gemeinsam vorher besprochen hatten und dass sie darin ein Mittel sahen, ihm Aufnahme in das Kabinett zu verschaffen und vielleicht später den P[remierminister] mit einem zugänglicheren zu ersetzen!»[14]

In den nächsten sechs Wochen führte man harte, verwickelte und äußerst frustrierende Verhandlungen. Am 2. Juni übergab Molotow Seeds und dem französischen Botschafter Paul-Emile Naggiar den sowjetischen Vertragsentwurf. Zu den wichtigsten Änderungen gehörten Garantien für Lettland, Estland und Finnland sowie für Belgien, Griechenland, die Türkei, Rumänien und Polen (wenn auch nicht, wie von den Briten und Franzosen gewünscht, für die Schweiz oder die Niederlande), das Verbot eines Separatfriedens und ein militärisches Abkommen, das gleichzeitig mit dem politischen Abkommen in Kraft treten sollte. Zu jedem dieser Punkte gab es Einwände, wobei der offensichtlichste war, dass weder die Finnen, die Esten, noch die Letten eine Garantieerklärung zu ihren Gunsten wünschten, während die Polen und Rumänen unbedingt eine Garantie wollten – nur nicht von den Russen. Die Franzosen, die verzweifelt nach einer Einigung suchten, forderten die Briten auf, schnell zu reagieren. Dennoch dauerte es zwei Wochen und brauchte drei Sitzungen des Ausschusses für Außenpolitik, bis die Briten mit einer Antwort aufwarten konnten. Als sie schließlich ihre Neufassung der Neufassung vorlegten, wurde darin die Frage der baltischen Staaten umgangen, indem keiner der unter den Vertrag fallenden Staaten namentlich benannt und auf Konsultationen zwischen den Unterzeichnern bestanden wurde, bevor in einem Staat eingegriffen würde, der nicht vertraglich berücksichtigt sei. Die sowjetische Klausel, der einen Separatfrieden verbot, sollte fallengelassen werden, und der Völkerbund hatte gleich im ersten Absatz seinen Auftritt. Molotow war wütend, sein sonst oft steinerner Gesichtsausdruck zeigte tatsächlich Emotionen, und er beschuldigte Briten und Franzosen, die Sowjets wie «Idioten und Einfaltspinsel» zu behandeln.[15] «Wenn die Regierung Seiner Majestät und die französische Regierung die Sowjetregierung wie naive oder dumme Menschen behandelten, könne er selbst nur lächeln, aber er könne nicht garantieren, dass alle eine so gelassene Haltung einnehmen würden» – ein deutlicher Hinweis auf Stalin.[16]

Als die Franzosen darauf drängten, die russischen Forderungen zu akzeptieren, begannen die Briten, Zugeständnisse zu machen. In der Tat zeigt die Geschichte der Verhandlungen in Moskau, wie sich die Briten langsam an die sowjetische Position annäherten, während Molotow sich keinen Zentimeter bewegte und weiter auf seinem absurden Podest thronte. Es dauerte nicht lange, bis die Briten Anzeichen von akuter Frustration zeigten. «Die Russen sind unmöglich», krittelte Sir Alexander Cadogan am 20. Juni. «Wir geben ihnen alles, was sie wollen, mit vollen Händen, und sie schlagen nur danach. Molotow ist ein ignoranter und argwöhnischer Bauer.»[17] Drei Tage später beschuldigte Halifax die Sowjets in einem Gespräch mit Maiski, sich «deutscher Verhandlungsmethoden» zu bedienen, bevor er den Botschafter unverblümt fragte, ob seine Vorgesetzten tatsächlich eine Einigung wollten.[18] In Moskau schrieb Strang, er wage zu sagen, dass «wir am Ende zu etwas kommen werden», aber es bestehe ein beträchtliches Risiko, dass alle Beteiligten bis zu diesem Zeitpunkt «die Pensionsgrenze erreicht und sich in den Ruhestand verabschiedet» hätten.[19]

Frustration herrschte jedoch nicht nur auf britischer Seite. Am 29. Juni griff Andrej Schdanow, stellvertretender Vorsitzender des Obersten Sowjets und Befürworter einer Annäherung an Deutschland, die britisch-französische Verhandlungstaktik in der *Prawda* an und beschuldigte Briten und Franzosen, keine «echte Einigung» zu wollen, sondern die

Gespräche lediglich als Instrument zu nutzen, um «ihre eigene Öffentlichkeit auf ein mögliches Abkommen mit den Aggressoren vorzubereiten»[20]. Dass dies geschah, nachdem die Briten gerade auf die Einwände in Bezug auf die baltischen Staaten eingegangen waren, während die Russen sich noch immer weigerten, die Schweiz oder die Niederlande in das Abkommen aufzunehmen, war ebenso ungerechtfertigt wie alarmierend. Die Franzosen waren jedoch schnell dabei, den Briten die Schuld für das Scheitern einer raschen Einigung zu geben. So schrieb Georges Bonnet am 5. Juli 1939 an Charles Corbin, den französischen Botschafter in London, dass die jüngsten russischen Vorschläge – die getrennte, aber gleichzeitig gleichlautende Verträge zwischen der UdSSR, Polen und der Türkei vorsahen sowie eine Definition von «indirekter Aggression», die es den Russen erlauben würde, sich in den baltischen Staaten einzumischen, auch wenn dort keine Invasion stattgefunden hatte – wesentlich ungünstiger waren als zu Beginn der Verhandlungen. «Es scheint, dass wir zu Recht darauf bestanden haben, die Verhandlungen zügig zu führen und – um zusätzliche Schwierigkeiten zu vermeiden – die sowjetischen Texte direkt zu akzeptieren, sofern keine Grundsatzfrage auf dem Spiel steht», schrieb der französische Außenminister. Am selben Tag beklagte ein Memorandum des Quai d'Orsay in Bezug auf den Verhandlungsverlauf die «extreme Langsamkeit» der Briten.[21]

In den ersten drei Juliwochen ging dennoch alles weiter wie zuvor. Die Briten machten schrittweise Zugeständnisse, aber die Russen blieben schwierig. Strang fand, es sei eine «demütigende Erfahrung». «Immer wieder haben wir zunächst einen Standpunkt eingenommen, nur um ihn eine Woche später aufzugeben – und wir haben den Eindruck, dass Molotow von Anfang an davon überzeugt war, dass wir dazu gezwungen werden sollten», schrieb er am 20. Juli.*

---

* Diese diplomatische Weitsicht Molotows war nicht nur auf frühere Erfahrungen mit dem britischen Verhalten bei Verhandlungen zurückzuführen. Wie sich erst viel später herausstellte, hatten die Sowjets einen Spion in der Fernmeldeabteilung des Außenministeriums

Ihr Misstrauen und ihr Argwohn uns gegenüber haben sich während der Verhandlungen nicht verringert, und ich denke auch nicht, dass ihr Respekt vor uns gestiegen ist. Die Tatsache, dass wir immer wieder Schwierigkeiten gemacht haben bei Punkten, die ihnen unwesentlich erscheinen, hat den Eindruck erweckt, dass wir eine Einigung möglicherweise nicht ernsthaft anstreben. Während die Tatsache, dass wir am Ende nachgegeben haben, sie eher daran erinnern muss, dass wir immer noch die gleichen Mächte sind, die (wie sie es sehen) in der Vergangenheit vor Japan, Italien und Deutschland kapituliert haben und dies in Zukunft wahrscheinlich wieder tun werden. Es wäre vielleicht klüger gewesen, den Preis für dieses Abkommen zu einem früheren Zeitpunkt zu zahlen. Denn wir sind in keiner guten Verhandlungsposition, und der Preis, den die sowjetische Seite verlangt, wird mit der Verschlechterung der internationalen Situation wahrscheinlich steigen.[22]

Chamberlain war nicht beunruhigt – obwohl Henderson Cadogan bereits gesagt hatte, dass er rein «intuitiv» das Gefühl habe, «dass die Deutschen auf Stalin zugehen», und obwohl Göring kürzlich erklärt hatte, dass «Deutschland und Russland nicht immer Feinde sein werden». Es war eine von rund 20 Warnungen, die die Briten im Sommer erhalten hatten, die aber weder beim Premierminister noch der Mehrheit der britischen Entscheidungsträger dazu führte, dass die Möglichkeit einer deutsch-sowjetischen Annäherung ernst genommen wurde.[23] Am 10. Juli übermittelte Chamberlain jedenfalls eine gegenteilige Einschätzung Hendersons, dass «es unter den gegenwärtigen Umständen für Deutschland und Sowjetrussland relativ unmöglich wäre zusammenzufinden», und meinte auch neun Tage später gegenüber seinen Kollegen, dass er sich «nicht vorstellen könne, dass ein echtes Bündnis zwischen Russland und Deutschland möglich sei»[24]. Tatsächlich war der Premierminister mehr

installieren können. Dadurch waren sie den Briten immer einen Schritt voraus und konnten gleichzeitig in Rekordzeit auf die britisch-französischen Vorschläge reagieren.

als froh, als die Gespräche zum Stillstand kamen. In einem Brief an Hilda am 15. Juli bemerkt er mit deutlicher Erleichterung, dass Halifax endlich die Nase voll von Molotow habe, der einen «in den Wahnsinn treiben» könne. Und eine Woche später gestand er: «Wir spielen nur noch auf Zeit, bevor der unvermeidliche Abbruch [der Verhandlungen] erfolgen wird. Es ist nur ziemlich ungerecht, dass mir die Schuld für die Verzögerungen angelastet wird, wenn ich doch, wäre ich nicht von anderen daran gehindert worden, die Gespräche schon lange auf die eine oder andere Weise beendet hätte.»[25] Bevor es jedoch so weit kam, machten beide Seiten Zugeständnisse, die eine neue Phase der Verhandlungen und sogar die Aussicht auf ein Abkommen wieder möglich erscheinen ließen.

Am 23. Juli forderte Molotow die sofortige Aufnahme von Militärgesprächen und versicherte den Briten und Franzosen, dass die noch bestehenden politischen Schwierigkeiten leicht behoben werden könnten, sobald diese begonnen hätten. Nicht ohne Grund hatten sich die Briten immer gegen einen solchen Schritt ausgesprochen. Zum einen würden militärische Gespräche eine Einigung weiter verzögern, zum anderen, wie Strang bemerkte, sei «es doch mehr als außergewöhnlich, dass von uns erwartet wird, mit der sowjetischen Regierung über Militärgeheimnisse zu sprechen, obwohl wir bis jetzt nicht sicher sind, dass sie unsere Verbündeten sein werden»[26]. Um das Zustandekommen des Bündnisses nicht zu gefährden, waren die Briten jedoch bereit, sich mit diesem Punkt einverstanden zu erklären, und am 25. Juli wies Halifax Seeds an, Molotow die gute Nachricht zu übermitteln. Das war, zum Leidwesen der Beteiligten, der Moment, an dem ernsthafte Verhandlungen in Teilen den Charakter einer Farce oder, wenn man so will, einer makabren Komödie annahmen.

In Erwartung der Notwendigkeit militärischer Gespräche (die die Russen seit Beginn der Verhandlungen gefordert hatten) hatten die Franzosen Anfang Juli ihre Militärdelegation ausgewählt. Unter der Leitung von General Aimé Doumenc, einem Spezialisten für die Kriegsführung mit Panzerstreitkräften, wurde die Delegation nun von Bonnet angewiesen, mit aller Eile nach Moskau zu reisen und «uns eine Einigung um jeden Preis zu verschaffen»[27]. Die Briten waren weniger gut organisiert. Die Delegationsmitglieder waren noch nicht ausgewählt, geschweige denn in den Stand der Vehandlungen eingewiesen, und Halifax erklärte, es werde mindestens zehn Tage dauern, bis die Delegation abreisen könne. Verspätet begannen die Briten nun, alles Notwendige zu arrangieren. Bereits am 20. Juli hatte Strang darauf aufmerksam gemacht, dass der Leiter der Mission mindestens einen mit General Ironside vergleichbaren Rang haben müsse. Ironsides Reise nach Warschau hatte in der Presse viel Beachtung gefunden, und die Russen, die bereits beleidigt waren, weil die Briten es versäumt hatten, ein Kabinettsmitglied mit Ministerrang zur Führung der Verhandlungen zu entsenden, würden nichts Geringeres erwarten. Die britische Regierung folgte diesem Rat jedoch nicht. Ausgewählt wurde Admiral the Honourable Sir Reginald Aylmer Ranfurly Plunkett-Ernle-Erle-Drax. Das klang wie eine Figur aus einer Gilbert-und-Sullivan-Operette. Tatsächlich handelte es sich bei dem Admiral um einen der besten Köpfe der Royal Navy. Er hatte im Ersten Weltkrieg mit Auszeichnung gekämpft und war einer der Pioniere der Solarthermie. Leider war er außerhalb des Militärs fast völlig unbekannt und gehörte nicht einmal zum Marinestab. Als Stalin über die Zusammensetzung der britisch-französischen Delegationen informiert wurde, war seine Reaktion genau so, wie Strang es befürchtet hatte. «Sie meinen es nicht ernst», bemerkte er gegenüber Molotow. «Diese Männer können einfach nicht die nötige Autorität haben. London und Paris spielen wieder Poker ...» «Dennoch sollten die Gespräche weitergehen», regte sein Außenminister an. «Na, dann schauen wir mal», antwortete der sowjetische Diktator.[28]

––––––––––

Gesucht war nun die schnellste Möglichkeit, die Delegationen nach Moskau zu befördern: entweder per Bahn oder per Flugzeug. Die Franzosen bevorzugten den Zug, aber die Briten wiesen darauf hin, dass man über

Berlin fahren müsste und dass dies kaum taktvoll sei. Aus verschiedenen Gründen wurde die Flug-Option ebenfalls verworfen. An einen Nonstop-Flug war bei der Entfernung nicht zu denken, und es gab Befürchtungen, dass das auf russischen Flugplätzen verfügbare Benzin für westliche Triebwerke nicht geeignet sein könnte. Damit blieb der Weg übers Meer. Die Frage kam auf, ob ein Kriegsschiff benutzt werden sollte, aber Halifax meinte, «dies würde dazu führen, dass der Mission zu viel Bedeutung beigemessen wird». General ‹Pug› Ismay, Staatssekretär des Komitees für die Verteidigung des Empires, schlug vor: «Sie könnten mit dem Fahrrad fahren.»[29] Schließlich entschieden sich die Briten für die *City of Exeter*, ein antiquiertes Handelsschiff, das gerade einmal 13 Knoten schaffte und mit dem es beinahe eine Woche dauern würde, Leningrad zu erreichen. Als Maiski auf den Labour-Sprecher für Außenpolitik traf, konnte er Hugh Dalton gegenüber seine Wut kaum zügeln. «Die russische Verärgerung über die britischen Methoden ist grenzenlos», notierte der Abgeordnete.

Wir senden doch keinen Minister nach Moskau, wir schicken den Sachbearbeiter aus dem Außenministerium. Wenn man sich auf Stabsgespräche einigt, kommandieren wir nur zweit- und drittklassige Militärvertreter ab, von denen keiner auf Augenhöhe mit Woroschilow [dem sowjetischen Kriegsminister] verhandeln kann. Und dann schicken wir sie nicht per Flugzeug oder in einem schnellen Kriegsschiff, beschwerte er sich, sondern mit einem langsamen Frachtschiff. Danach schloss er: «Ihr habt uns schon immer wie die arme Verwandtschaft behandelt.»[30]

Weder Chamberlain noch Halifax waren wegen der Verzögerung beunruhigt. Während Bonnet gegenüber Doumenc die Notwendigkeit in den Vordergrund gerückt hatte, so schnell wie möglich eine Einigung zu erzielen, hieß es in den offiziellen Anweisungen an Drax, dass er «sehr bedächtig bei den Gesprächen vorgehen, den Fortgang der politischen Verhandlungen beobachten und sehr eng mit dem Botschafter seiner Majestät in Kontakt bleiben» sollte.[31] Am 4. August hatte er eine Unterredung mit dem

Premierminister. Drax fand, Chamberlain sei «etwas besorgt und beunruhigt über die Situation mit Russland». Das «Unterhaus hätte ihn gedrängt, weiter zu gehen, als er selbst es gewollt hätte», und mit schönster, aber scheinbar unbewusster Ironie äußerte er «einige Zweifel, ob ‹Appeasement› hier das gewünschte Ergebnis bringen würde»[32].

Am 5. August 1939 setzte die *City of Exeter* schließlich die Segel für die fünftägige Reise. Nicht ahnend, dass ihnen die Zeit davonlief, und vor dem Hintergrund, wie Drax feststellte, dass in London alle davon überzeugt waren, die Russen seien bereit, eine zufriedenstellende Einigung zu erzielen, begann für die beiden Delegationen eine wunderbare Zeit. Jeden Morgen trafen sie sich in der Messe des Schiffes, um über Verhandlungstaktiken zu diskutieren, während jeden Abend von Kellnern in Turbanen ein Curry zum ausgedehnten Dinner serviert wurde. In der Freizeit spielten sie Shuffle-Board und veranstalteten an Deck ein Tennisturnier. In den frühen Morgenstunden des 10. August kamen sie in Leningrad an und nahmen nach einem Besichtigungstag (sie hatten den Zug verpasst, den sie am 9. August hätten nehmen sollen) den Mitternachtszug nach Moskau. Dort wurden sie von den Russen herzlich empfangen. Zu ihren Ehren fand ein Bankett statt, bei dem reichlich Wodka konsumiert wurde, da es selbstverständlich dazugehörte, zu einer endlosen Reihe von Toasts jeweils ein Glas Wodka zu trinken. Leider stellte sich heraus, dass dies den Höhepunkt der britisch-französisch-sowjetischen Zusammenarbeit markieren sollte.

Am folgenden Morgen, Samstag, den 12. August 1939, trafen sich die drei Delegationen im Spiridonovka-Palast zu ihrer ersten Sitzung. Schnell wurde deutlich, dass es hier keinen guten Start in die Verhandlungen geben konnte. Woroschilow, der rücksichtslose sowjetische Kriegsminister,[*] begann mit der Verlesung der Vollmachten, die ihm die Befugnis gaben, «mit der britischen und französischen Delegation ein

---

[*] Er hatte während der Säuberungen 185 Todeslisten persönlich unterzeichnet.

Militärabkommen auszuhandeln und zu unterzeichnen», und forderte die anderen Anwesenden auf, dasselbe zu tun. Die Briten müssen sich wie Schuljungen gefühlt haben, die ihre Hausaufgaben vergessen hatten. Denn während Doumenc einen Brief von Daladier hervorziehen konnte, hatte Drax nichts. «Obwohl ich vielleicht selbst daran hätte denken müssen, war es doch erstaunlich, dass die Regierung und das Außenministerium uns ohne Legitimation oder ein ähnliches Dokument segeln ließen», kommentierte er später.[33] Woroschilow zeigte sich sehr enttäuscht. Die Sowjetunion habe geglaubt, erwarten zu können, dass sie mit Vertretern verhandeln werde, die über umfassende Vollmachten verfügten. Nach einem unangenehmen Moment – und nachdem Drax versprochen hatte, sich seine Beglaubigung aus London schicken zu lassen – stimmte der Marschall zu, die Gespräche fortzusetzen. Welche Vorschläge hatten die Briten und Franzosen mitgebracht, wie könne die Sowjetunion am besten mit ihnen zusammenarbeiten, um das gemeinsame Ziel zu erreichen? Drax begann, die «Prinzipien» einer Zusammenarbeit aufzuzählen, aber Woroschilow unterbrach ihn. Die Sowjetunion interessiere sich nicht für «Prinzipien», sondern nur für «konkrete Pläne».[34] Widerwillig begannen Briten und Franzosen mit einer übertriebenen Darstellung ihrer Streitkräfte und wie sie sie im Kriegsfall einsetzen wollten. Woroschilow zeigte sich unbeeindruckt und nahm seine Gesprächspartner zu jeder ihrer Aussagen ins Kreuzverhör.

Es sollte jedoch bis zum dritten Treffen am 14. August dauern, bis der eigentliche springende Punkt erreicht war. Damit die Sowjetunion in einem Krieg gegen Deutschland – ein Land, mit dem sie keine gemeinsame Grenze hatte – eine Hilfe sein konnte, war es notwendig, dass die Rote Armee Polen und Rumänien durchquerte. Hatten diese beiden Länder, denen Großbritannien und Frankreich eine Beistandsgarantie gegeben hatten, dem zugestimmt? Drax versuchte abzulenken: «Wenn ein Mann in einem Fluss zu ertrinken droht und ein anderer Mann hat gesagt, dass er bereit und willens ist, ihm einen Rettungsring zuzuwerfen, wird er es unterlassen, danach zu fragen?»[35] Aber Woroschilow ließ sich nicht beirren. Es müsse der Sowjetunion erlaubt sein, ihre Streitkräfte durch die Wilno-Lücke (Wilno, polnisch für Vilnius) und den polnischen Teil Galiziens zu schicken (Rumänien war in den Überlegungen zweitrangig). Ohne Zusicherungen, dass sein Land dies tun könne, sei das weitere Gespräch sinnlos und die Gespräche seien als Misserfolg zu werten.

Jetzt erst beeilten sich Briten und Franzosen, die Polen zu überzeugen. Am 17. August traf sich der französische Botschafter mit Beck, der britische Botschafter am folgenden Nachmittag. Die Antwort blieb dieselbe. Da sie fürchteten, die Rote Armee nie wieder aus dem Land herauszubekommen, weigerten sich die Polen kategorisch, den Sowjets Zutritt zu ihrem Territorium zu gewähren. In Anbetracht der Tatsache, dass es noch keine 20 Jahre her war, dass die Russen vor den Toren Warschaus gestanden hatten, und Polen in den vergangenen 200 Jahren nicht weniger als vier Teilungen durch den großen Nachbarn hatte hinnehmen müssen, war das verständlich. Die Polen fürchteten die Russen mindestens genauso sehr wie die Deutschen, wenn nicht mehr. Und es wäre in der Tat ein schaler Sieg, wenn sie (wie durch ein Wunder) den deutschen Wolf abwehren könnten, nur um dann in der Umarmung des russischen Bären zu enden.

Auf dieses Riff waren die Delegationen mit ihrer Mission aufgelaufen. Man traf sich am 15. August und erneut am 16., aber am 17. August drängte Woroschilow auf eine Vertagung, bis Briten und Franzosen Antworten aus Warschau und Bukarest erhalten hätten. Um die Zeit zu füllen, erkundeten die Briten als Touristen die Metropole, besuchten das Lenin-Mausoleum – «keine angenehme Ergänzung zu den Attraktionen der Stadt», wie Drax meinte – und schlenderten durch den «Volkspark für Kultur und Erholung» – ein antagonistisches Konzept, da die ‹Kultur›, zusammen mit viel Propaganda, wahllos über eine Reihe von Lautsprechern vermittelt wurde.[36] Und wohin sie auch gingen, die Geheimpolizei folgte ihnen. Später entdeckten sie sogar ein paar NKWD-Männer in Zivil, die sich in den Büschen des Botschaftsgartens versteckt hatten. Am 21. August traf man sich wieder im Spiridonowka-Palast, aber ohne Erfolg. Briten und Franzosen hatten es nicht geschafft, die Polen zu überzeugen, und die

Russen wurden bereits von einem anderen Verehrer umworben. Die Verhandlungsmission der Militärs war gescheitert.

―――――

Trotz der drohend am Horizont aufziehenden Wolken beging man die traditionellen Rituale des englischen Sommers mit unverminderter Begeisterung. Eine halbe Million Menschen strömte nach Epsom, um zu sehen, wie Lord Roseberys Hengst Blue Peter das Derby gewann, und ähnlich große Menschenmengen versammelten sich in Ascot, Henley und Cowes. Eine bunte «Parade an Sommerkleidern und Hüten» war beim Cricket-Match Eton gegen Harrow zu bewundern – bei dem Harrow eine dreißigjährige Niederlagenserie beendete. Derweil sorgte die Eleganz von Damen der besseren Gesellschaft wie der Duchess von Northumberland (bedrucktes Crêpe-Kleid in Butterblumengelb und kurzes ärmelloses Cape aus rauchgrauem Fell) und der Duchess von Norfolk (hell lavendelfarbener Crêpe mit Federbüscheln auf einem bretonischen Matrosenhut aus blauem Stroh) dafür, dass der Galopprenntag in Goodwood dem gesellschaftlichen Ereignis von Ascot in nichts nachstand.[37]

Was die Bälle, Dinner und Partys – die Abendveranstaltungen der Londoner «Saison» – betraf, so waren sie, wenn möglich, noch beschwingter und extravaganter als in den Vorjahren. Über 1000 Gäste besuchten den Ball am 6. Juli im Holland House, und die elektrisierende, wenn auch umstrittene Präsenz einer Gruppe schwarzer Musiker unter der Leitung von Ken ‹Snakehips› Johnson inspirierte die Partygäste, in einer ellenlangen Conga-Polonaise durch das Doppel-Treppenhaus von Lady Twysdens Domizil an der Stanhope Gate Nr. 6 zu tanzen. Das unbestrittene Highlight war jedoch der Ball, den der Duke und die Duchess von Marlborough in Schloss Blenheim anlässlich des gesellschaftlichen Debüts ihrer ältesten Tochter Lady Sarah Spencer-Churchill gaben. Beinah alles, was in Politik, Gesellschaft und diplomatischen Kreisen Rang und Namen hatte, war dort und ließ sich von unzähligen Bediensteten aufwarten, die in gelbe und blaue Livreen gekleidet waren, wie man sie im 18. Jahrhundert getragen hatte. Chips Channon hatte noch nie zuvor etwas Vergleichbares gesehen:

> Der Palast war lichtdurchflutet und seine grandiose barocke Schönheit weithin sichtbar. Auch die Seen waren beleuchtet, und beinah noch schöner: Die berühmten Terrassen erstrahlten in Blau und Grün, während dort Sänger in Tiroler Trachten umherflanierten. Und obwohl es 700 oder mehr Gäste gewesen sein müssen, war es nicht im Geringsten überfüllt. Alles war fröhlich, frisch, brillant, kurz gesagt: perfekt. Ich wollte gar nicht gehen, tat es dann aber doch gegen 04:30 Uhr und warf einen letzten Blick auf die barocken Terrassen mit dem See darunter, die goldenen Statuen und den großen Palast. Werden wir solche Dinge jemals wieder erleben? Ist ein solches Fest nicht unzeitgemäß? Es war ganz das England, das von allen für tot erklärt wird und es nicht ist. Der Champagner floss buchstäblich in Strömen.[38]

Ronald Cartland war erstaunt, ja sogar beunruhigt, dass die Leute weiter Cricket spielen mochten, auf die Ereignisse der Galoppsaison warten und ihre Sommerferien planen konnten. «Haben uns die Götter vor unserem Untergang in den Wahnsinn getrieben?», fragte er sich.[39] Doch es wäre falsch anzunehmen, dass diejenigen, die den Sommer 1939 genossen, entweder unwissend oder gleichgültig gegenüber der sich verschlechternden internationalen Situation waren. Im Gegenteil, so ein junger Nachtschwärmer, der sich gerade zur Territorialarmee gemeldet hatte: «Wir waren uns sehr wohl bewusst, dass der Krieg gleich hinter der nächsten Ecke warten könnte», und so war es «aus männlicher Sicht eine Atmosphäre von ‹Esst, trinkt und seid fröhlich, denn morgen geht es ans Sterben›.»[40] Peter Studd, der Kapitän der Ersten Mannschaft des Sportclubs der Universität Cambridge, zeigte eine ähnliche Carpe-Diem-Einstellung, als er einem Interviewer sagte, dass er «zu Gott bete, dass Hitler keinen Krieg erklären werde, solange die Cricket-Saison noch lief».[41]

Chamberlains Plan, die Parlamentssitzungen für die volle Sommerpause vom 4. August bis zum 3. Oktober zu vertagen, ließ jedoch berechtigte Bedenken aufkommen. Auf den Oppositionsbänken bei Labour und bei den Liberalen war man von dem Vorschlag entsetzt, aber auch Konservative wie Churchill äußerten sich negativ. Deutsche Truppen waren mobilisiert worden, die Spannungen in Danzig nahmen zu, die russischen Verhandlungen waren noch nicht abgeschlossen, und der Premierminister wollte die Abgeordneten in einen zweimonatigen Urlaub schicken. In einer Rede, in der er «all sein Können an Redekunst, Witz und Ironie» ausspielte, griff Churchill die geplante Vertagung an und argumentierte, dass man den britischen Feinden ein fataleres Signale gar nicht senden könne. Das Unterhaus stelle den «respekteinflößenden Ausdruck des britischen nationalen Willens» dar und es wäre «katastrophal», «erbärmlich» und «beschämend», wenn die Regierung den Abgeordneten zu einem solchen Zeitpunkt sagen würde: «Los, ab nach draußen! Geht spielen. Und vergesst eure Gasmasken nicht!»[42] Als Arthur Greenwood für die Labour-Partei sprach, sagte er, dass die Opposition dem Premierminister nicht trauen würde und sich frage, ob er die Abwesenheit des Parlaments nicht nutzen werde, um seine Politik der Beschwichtigung wiederaufleben zu lassen – eine Einschätzung, der sich der führende Liberale Archie Sinclair anschloss.

Auf diese Angriffe sowie auf die Bitten von Leo Amery, Vyvyan Adams und Richard Law antwortete Chamberlain mit einer «knappen, verbitterten, einseitigen Rede», in der er erklärte, dass die Abstimmung über die Vertagung als Vertrauensbeweis gegenüber der Regierung behandelt würde.[43] Damit war die Angelegenheit beendet (die konservativen Abgeordneten würden auf keinen Fall so abstimmen, dass darüber die Regierung stürzen würde). Allerdings sprach dann noch der Abgeordnete Ronald Cartland, der die Entscheidung des Premierministers in dramatischen Worten angriff. Als der 32-Jährige erklärte, dass es in diesem Land den «abenteuerlichen und grotesken Eindruck gäbe, ... dass der Premierminister mit dem Gedanken an eine Diktatur spielt», war entsetztes Nach-

Luft-Schnappen von den konservativen Bänken zu hören. Das sei natürlich lächerlich, fuhr Cartland fort, aber es sei ein Eindruck, der durch die Weigerung des Premierministers, die baldige Wiederaufnahme der parlamentarischen Sitzungen zu gestatten, untermauert werde. Es sei eine einfache Tatsache zu bedenken, so Cartland weiter, und dabei wurde er emotional: «Unsere Situation ist so, dass wir innerhalb eines Monats vielleicht kämpfen und sterben werden.» Darüber lachten Sir Patrick Hannon und eine Reihe anderer Tory-Abgeordneter. Inzwischen mit hochrotem Kopf, wandte sich Cartland ihnen zu. Es sei schön und gut zu spotten, ließ er sich nicht abbringen, aber: Es «gibt im Moment Tausende von jungen Männern in der Ausbildung in Lagern … und das Mindeste, was wir hier tun können, wenn wir uns schon nicht von Zeit zu Zeit treffen und die Parlamentssitzungen beibehalten, ist, dieser demokratischen Institution unser großes Vertrauen zu zeigen.»[44]

Die Wirkung von Cartlands Rede kam einer «galvanischen Reaktion» gleich.[45] Innerhalb weniger Minuten war Hannon auf den Beinen und verurteilte die «giftigen» Worte des ehrenwerten Abgeordneten für King's Norton, während Churchill sich beeilte, seine Glückwünsche an den Mann zu bringen: «Gut gemacht, mein Junge, gut gemacht!»[46] Chamberlain gewann die Abstimmung mit komfortablem Vorsprung, aber fast vierzig Konservative, darunter Churchill, Cartland, Harold Macmillan, Anthony Eden und Bob Boothby, enthielten sich der Stimme. Am nächsten Tag prangte auf der Titelseite des *Evening Standard*: «Der Premier fordert eine Liste der Abgeordneten, die gestern Abend nicht mit abgestimmt haben. SIE KOMMEN ALLE AUF DIE SCHWARZE LISTE.»[47] Insbesondere für Cartland wurden schon die Messer gewetzt. Zwanzig Tory-Abgeordnete sprachen bei den Parlamentarischen Geschäftsführern der Regierung vor und verlangten Cartlands Ausschluss. Der Leiter des Tory-Parteibüros in Birmingham schrieb an Chamberlain, dass sowohl er als auch der Vorsitzende des Ortsvereins in King's Norton der Ansicht waren, dass «ein anderer Kandidat gesucht werden sollte», um in der nächsten Parlamentswahl für den Sitz anzutreten.[48] Chamberlain war erfreut.

Zum Thema Cartland schrieb er drei Tage nach der Debatte an Ida: «Ich hoffe, er hat sein Heft in King's Norton ordentlich vollgekleckst, und ich unternehme schon Schritte, um vor Ort die Opposition zu animieren. ... Wir verlieren vielleicht den Sitz, aber das ist mir (vorübergehend) lieber, als einen Verräter in unseren Reihen zu haben.»[49] Neun Monate später, während er seine Männer in Richtung Dünkirchen führte, wurde Major Ronald Cartland durch eine deutsche Kugel getötet.

Am 6. August nahm Chamberlain den Nachtzug nach Schottland, wo er hoffte, zwei Wochen lang auf dem Sutherland-Anwesen des Dukes von Westminster fischen zu können. Die Nachrichten aus Deutschland, wo inzwischen angeblich etwa zwei Millionen Männer zu den Waffen gerufen worden waren, waren beunruhigend, aber kein Grund, um zu verzweifeln, glaubte der Premier. «Alle meine Informationen deuten darauf hin, dass Hitler jetzt merkt, dass er sich ohne einen großen Krieg nichts mehr schnappen kann», vertraute er seiner Schwester Hilda kurz vor seiner Abreise an, «und deshalb beschlossen hat, Danzig auf Eis zu legen.» Er erwartete, dass sie in Kürze von großen Truppenbewegungen entlang der polnischen Grenze hören würden und von «einer Reihe von Geschichten über bedrohliche Vorbereitungen, die Winston in Hysterie versetzen werden». Aber das seien nur die notwendigen Zutaten für einen «Krieg der Nervenstärke».[50]

Leider war Sutherland, obwohl der Rest des Landes einen Regenguss nach dem anderen erlebte, «knochentrocken», und die Wasserhöhe des Flusses lag daher um sechs Zentimeter unter dem Üblichen. Unglaublicherweise gelang es Chamberlain trotzdem gleich zu Beginn der Woche, zwei Lachse zu fangen, aber das war es dann auch schon mit seinem Glück. Am 14. August erhielt er einen Bericht über ein Gespräch zwischen Hitler und Carl Burckhardt, dem Kommissar des Völkerbundes in Danzig, in dem der Führer gedroht hatte, «die Polen zu zermalmen, ... sodass hinterher keine Spur von Polen mehr zu finden ist»[51]. Fünf Tage später schrieb Halifax mit Geheimdienstinformationen an ihn, die von einer der Quellen von Sir Robert Vansittart stammten, und erklärte, dass die Invasion in Polen irgendwann zwischen dem 25. und 28. August beginnen würde.[52] Halifax schlug vor, dass Chamberlain einen Brief an Hitler schicken und darin die britische Entschlossenheit betonen sollte, Gewalt mit Gewalt zu begegnen, und er bat den Premierminister, aus Schottland zurückzukehren. Chamberlain kam am Morgen des 21. August in London an und begann damit, das Schreiben aufzusetzen. Gleichzeitig erhielt das Außenministerium eine kryptische Nachricht aus Deutschland, in der Göring vorschlug, zu einem Krisengespräch mit dem Premierminister nach London zu fliegen. Chamberlain akzeptierte diesen «seltsamen Vorschlag», und es wurden entsprechend Vorkehrungen getroffen. Der Feldmarschall sollte auf einem stillgelegten Flugplatz landen, bevor er nach Chequers gefahren werden würde, wo man das Personal wegschicken und das Telefon vom Netz trennen würde.[53] Der anvisierte Termin war Mittwoch, der 23. August 1939. Aber das Treffen kam nie zustande. Der Grund war so einfach wie verheerend. Spät in der Nacht des 21. August verkündete die offizielle deutsche Nachrichtenagentur, dass «die deutsche und die sowjetische Regierung sich darauf geeinigt haben, einen gegenseitigen Nichtangriffspakt abzuschließen», und dass der «Außenminister, Herr von Ribbentrop, am Mittwoch, den 23. August, nach Moskau zum Abschluss der Verhandlungen reisen wird»[54]. Stalin hatte seine Wahl getroffen.

Letzte Stunden

> Wir durchleben schwierige Zeiten, aber ich hoffe, es kann uns
> noch gelingen, das Schlimmste zu verhindern. Wenn ja, hoffe ich
> noch immer auf eine Gelegenheit, ein paar von Ihren Moor-
> hühnern zu erlegen.
>
> Neville Chamberlain an den Duke of Buccleuch,
> 30. August 1939[1]

Bei den Westmächten schlug der Pakt zwischen Sowjets und Nationalsozialisten ein «wie eine Bombe.»[2] Oliver Harvey fand das Außenministerium in einem Schockzustand vor, während der französische Premierminister Édouard Daladier sich beschwerte, «dass er nicht verstehen
könne, wie die französischen Diplomaten und Verhandlungsführer so
getäuscht werden konnten»[3]. Diejenigen, die den Sowjets immer miss-
traut hatten, fühlten sich bestätigt. «In dem Moment wurde mir klar, dass
die Russen ein doppeltes Spiel mit uns getrieben hatten, wie ich es immer
vermutet hatte», war Chips Channons Kommentar, als er seine Ausgabe
des *Daily Express* am Morgen des 22. August 1939 aufschlug. «Sie sind die
verdorbensten Menschen auf der ganzen Welt. Jetzt sieht es nach Krieg
und der unmittelbaren Teilung Polens aus.»[4] Harold Nicolson, der sich im
Hafen von Plymouth an Bord eines Segelbootes befand, als er die Nachricht hörte, kam zu dem gleichen Schluss:

> Das zerschlägt unsere Friedensfront und macht unsere Garantien für
> Polen, Rumänien und Griechenland sehr fragwürdig. Ribbentrop muß
> sich ins Fäustchen lachen. Ich fühle mich von dieser Nachricht ziemlich
> erschlagen und sitze verwirrt an Deck, ringsum von Fischbooten umgeben.
> Ich fürchte, das bedeutet, dass wir bis in den Staub gedemütigt werden.[5]

Chamberlain war mehr als niedergeschlagen. Obwohl er ein Bündnis mit Russland nie gewollt hatte und zu einem großen Teil dafür verantwortlich war, dass der britisch-französische Versuch, ein solches Bündnis zu schmieden, gescheitert war, erkannte er, dass einer deutschen Invasion in Polen nun der Weg bereitet war. «Er scheint ein gebrochener Mann zu sein», notierte der amerikanische Botschafter Joseph Kennedy, der ihn am Abend des 23. August besuchte. «Er sagte mir, ihm falle nichts mehr ein, was er noch sagen oder tun könnte. Er denkt, dass seine ganzen Bemühungen umsonst gewesen sind, und sagte: ‹Ich kann nicht noch einmal fliegen – das hat nur einmal geholfen.›»⁶ Doch auch wenn der Premierminister nicht ohne eine gehörige Portion Selbstmitleid auszukommen schien, stand es nie zur Debatte, vor dieser neuen und unheiligsten aller Allianzen einzuknicken. Im Gegenteil, nachdem man eine Bestätigung der Nachricht erhalten hatte, gab das Kabinett innerhalb weniger Stunden die Erklärung ab, dass dieser Pakt in keiner Weise die Verpflichtungen Großbritanniens gegenüber Polen berühre, und nur wenige Stunden später war der britische Botschafter auf dem Weg nach Berchtesgaden, um einen Brief an Hitler zu übergeben, der diese Zusicherungen wiederholte.

Sir Nevile Henderson fand einen äußerst kriegslüsternen Hitler vor. Der Führer beschuldigte die Briten, eine friedliche Lösung der polnischen Frage verhindert zu haben, und wetterte gegen die Polen wegen ihrer angeblichen Angriffe auf die deutsche Minderheit. Hendersons ruhig vorgetragene Verteidigung der britischen Position änderte daran nichts. Hitler warf den Engländern vor, den Polen einen «Blankoscheck» ausgestellt zu haben, und warnte, dass er nicht vor Krieg zurückschrecken werde, wenn die polnischen Provokationen sich fortsetzten. Als er dann später dem Botschafter seine Antwort auf Chamberlains Schreiben übergab, in dem er seine Entschlossenheit wiederholte, die Situation in Polen gegebenenfalls mit Gewalt zu lösen, erklärte Hitler, es sei offensichtlich, dass England entschlossen sei, «Deutschland zu vernichten», und er ziehe es vor, jetzt Krieg zu führen, wo er 50 Jahre alt sei, als in fünf oder zehn Jahren. Henderson protestierte, bekräftigte jedoch, dass Großbritannien in jedem Fall für Polen kämpfen werde, aber Hitler schien in einer Stimmung zu sein, in der «vernünftige Argumente ihm nichts bedeuteten»[7]. Tatsächlich dachte der Führer, er habe sich taktisch extrem klug verhalten. Sobald Henderson gegangen war, schlug er sich erfreut auf die Oberschenkel und erklärte: «Dieses Gespräch überlebt Chamberlain nicht, sein Kabinett wird heute abend stürzen.»[8]

Am nächsten Tag, Donnerstag, den 24. August, traf sich das britische Kabinett und beschloss, die Reserve-Einheiten zur Verstärkung der Küstenverteidigung und der Flugabwehr einzuberufen. Zuvor waren bereits umfangreiche Verteidigungsvorbereitungen angeordnet worden, darunter die Aushebung von zivilem Hilfspersonal für die Luftstreitkräfte und die Mobilisierung von 5000 Marinereservisten sowie die Beschlagnahmung von rund 80 Handelsschiffen und Fischfangtrawlern für Kriegseinsätze. Das Warnsystem für den Fliegeralarm wurde in den Bereitschaftszustand versetzt und Anordnungen zum Schutz neuralgischer Infrastruktur vor Sabotage erlassen. Frankreich war dabei, 900 000 Männer zu den Fahnen zu rufen, und an der Côte d'Azur musste auf Regierungsgeheiß eine Veranstaltung abgesagt werden, die ansonsten als erstes internationales Filmfestival von Cannes in die Geschichtsbücher eingegangen wäre. Am Vortag, während Henderson noch mit Hitler stritt, traf sich der gesamte Zirkel französischer Führungskräfte, die mit der Landesverteidigung betraut waren, in Daladiers Büro, um die Situation zu erörtern. Georges Bonnet schlug vor, Frankreich solle versuchen, sich gegenüber den Polen herauszureden, aber die Falken im Kabinett setzten sich mit Unterstützung der Stabschefs durch. Die Vorbereitungen für eine vollständige Mobilisierung der französischen Streitkräfte wurden fortgesetzt, und am Abend des 25. August hielt Daladier eine mitreißende Radioansprache an die Nation.

Chamberlains Rede, am Vortag vor dem Unterhaus gehalten, war weniger inspirierend ausgefallen. Nicolson verglich ihn mit «einem Untersuchungsrichter, der über einen Mordfall berichtet»[9]. Er bekräftigte jedoch, dass sich an Großbritanniens Verpflichtung gegenüber Polen nichts geändert habe, und erklärte im Gegensatz zu seiner berüchtigten Radioansprache während der Sudeten-Krise, dass Großbritannien, sollte der Danzig-Konflikt zum Kriegsausbruch führen, nicht für «die politische Zukunft einer fernen Stadt in einem fremden Land» kämpfen würde, sondern für «die Wahrung der Grundsätze, ... deren Zerstörung die Vernichtung jeglicher Aussicht auf Frieden und Sicherheit für die Völker der Welt bedeuten würde»[10]. Die Abgeordneten hörten in stillem Schweigen zu. Im Gegensatz zu der nervösen Aufgeregtheit, wie sie im September des vergangenen Jahres geherrscht hatte, dominierten nun Schicksalsergebenheit und Entschlossenheit. «Die Angst ist verschwunden», schrieb der Abgeordnete und Appeasement-Gegner General ‹Louis› Spears.[11] An diesem Abend besuchte Joseph Kennedy Downing Street, wo er den Premierminister deprimiert, aber entschlossen vorfand. «Keine Sorge, Neville, ich glaube noch immer, dass Gott dich unterstützt», suchte der Botschafter ihn zu beruhigen. Man hätte Chamberlain keinen Vorwurf machen können, wenn er gedacht hätte, Gott hätte ihn ruhig ein wenig mehr unterstützen können.[12]

Die Invasion Polens sollte am 26. August im Morgengrauen beginnen, die Befehle dazu waren unmittelbar nach der Unterzeichnung des Hitler-Stalin-Paktes herausgegangen. Mehr denn je war Hitler zuversichtlich, dass die Westmächte nicht eingreifen würden. «Ich habe die Schirmträger, Chamberlain und Daladier, in München gesehen und kenne sie», versicherte er seinen Generälen, als sie Zweifel an der Sache äußerten. «Von der Lösung der polnischen Frage können sie mich niemals abhalten. Die Kaffeeschlürfer in London und Paris werden auch diesmal stillhalten.»[13] Nachdem er am Morgen des 25. August die Übersetzungen zu britischen Zeitungsartikeln gelesen hatte – alle Kommentatoren hatten deutliche Zustimmung zu Chamberlains Rede formuliert –, begann er jedoch Zweifel zu hegen und beschloss, dass ein letzter Versuch unternommen werden sollte, Großbritannien aus dem Spiel zu nehmen. (Hitler scheint Frankreich kaum in Betracht gezogen zu haben.) Um 13:30 Uhr kam Henderson in die Reichskanzlei. Dort teilte der Führer dem Botschafter mit, dass er beschlossen habe, sich endgültig um eine Einigung mit England zu bemühen. Die polnische Frage, erklärte er, müsse gelöst werden. Es sei nicht hinnehmbar, dass Deutschland an seiner Grenze «mazedonische Zustände» zugemutet würden.[14] Sobald sich eine Lösung gefunden habe, sei er bereit, England ein weitreichendes, großzügiges Angebot zu machen. Er könne gegenüber dem Britischen Empire eine Garantieerklärung abgeben und die Streitkräfte des Reiches zur Verfügung stellen – vorausgesetzt, Großbritannien habe sich vorher bereit erklärt, die «begrenzten» kolonialen Forderungen Deutschlands zu erfüllen.[15] Henderson solle sofort nach London fliegen – er stelle ihm ein Flugzeug zur Verfügung – und dies dem Kabinett gegenüber wiederholen. Hitler setzte als Schlusspunkt des Gesprächs bewusst auf eine launige Bemerkung: Er sei von Natur aus Künstler, und wenn die polnische Frage gelöst sei, wolle er «ein Leben als Künstler führen und nicht als Kriegstreiber». Er wolle schließlich nicht, dass «sich Deutschland in eine einzige Militärkaserne verwandelt»[16].

Als der Botschafter entlassen war, gab Hitler den Befehl, um 15:02 Uhr die Truppen in Bewegung zu setzen. Die Operation gegen Polen würde dann am nächsten Morgen beginnen, während die Briten – die dann immer noch über sein Angebot diskutieren würden – so überrascht und verwirrt wären, dass sie sich heraushalten würden. Fünf Stunden später wurde der Befehl jedoch hastig zurückgenommen. Hitler hatte den ganzen Tag auf Mussolinis Antwort auf ein Schreiben gewartet, in dem er erklärt hatte, dass die Invasion in Polen unmittelbar bevorstehe und dass er erwarte, dass sein Achsenpartner ihm dabei zur Seite stehe. Die Antwort des Duce, die um 17:45 Uhr eintraf – drei Stunden nachdem die deutschen Truppen begonnen hatten, ihre Ausgangspositionen für die Invasion einzunehmen –, erschütterte Hitler zutiefst. Italien, so Mussolini, sei derzeit nicht in der Lage, in den Krieg zu ziehen, und bleibe in diesem Konflikt neutral.

Nur wenige Minuten zuvor hatte Hitler den französischen Botschafter Robert Coulondre empfangen, der als französischer Offizier sein Wort gegeben hatte, dass Frankreich kämpfen werde, wenn Polen angegriffen werde. Das wurde noch von der fast gleichzeitig eingehenden Nachricht übertroffen, dass die Briten am selben Nachmittag ein formales Militärbündnis mit Polen unterzeichnet hatten. Hitler war mehr als konsterniert. Er war davon überzeugt gewesen, dass die Briten nur blufften, und nun wiesen sie sein «Angebot» auf eine Art und Weise zurück, die Kriegsbereitschaft signalisierte. (Tatsächlich hatte die britische Regierung nichts von dem «Angebot» gewusst, als sie ihre Unterschrift unter das Bündnis mit Polen setzte.) Seine Rechnung war nicht aufgegangen, seine Zuversicht erschüttert. Innerhalb einer Stunde hatte er den Verbündeten verloren, auf den er sich verlassen wollte, und zwei Gegner gewonnen, die er längst abgeschrieben hatte. In Panik schickte Hitler nach dem Chef des Oberkommandos der Wehrmacht, General Wilhelm Keitel.

«Ich brauche mehr Zeit», konstatierte der Führer. «Können die Truppen gestoppt werden?»

«Ich müsste mir den Zeitplan ansehen», antwortete der General.

«Dann holen Sie ihn her, Mann!»

Nachdem er den Zeitplan geprüft hatte, erklärte Keitel, dass die Truppen gestoppt werden könnten, dass der Befehl dafür aber sofort erfolgen müsse. Hitler gab den Befehl. Für den Moment war der Krieg vom Tisch.[17]

Für die Briten stellte Hitlers Vorschlag keine große Versuchung dar. Seine Entschlossenheit, die polnische Frage auf seine Weise zu lösen, war bereits abgelehnt worden, und sein Angebot, dem Britischen Empire eine Garantie auszustellen, wurde als Frechheit angesehen. Es schien jedoch so zu sein, als ob Hitler nach einem Ausweg suche, und nun sollten die Briten ihm helfen, einen solchen zu finden. Nachdem Halifax am späten

Abend des 25. August eine Antwort verfasst hatte, die als «sehr schlecht» abgeurteilt worden war, produzierten Horace Wilson und Rab Butler – die einzigen Menschen, die zusammen mit Henderson bienenfleißig einem zweiten Münchner Abkommen entgegenarbeiteten – eine noch schlimmere.[18] Das Kabinett zerriss den Entwurf in der Luft. Leslie Hore-Belisha verurteilte den Vorschlag als «anbiedernd, servil und unterwürfig». – «Unter keinen Umständen» sollte man den Eindruck erwecken, dass «wir von unseren Verpflichtungen gegenüber Polen abrücken»[19]. Die Kollegen stimmten zu, und Chamberlain empfahl, die Minister könnten eigene Vorschläge an den Schatzkanzler weiterleiten. In dieser Nacht arbeiteten Chamberlain, Halifax, Butler, Sir John Simon und Sir Alexander Cadogan an einem neuen Entwurf, und am nächsten Morgen setzten Halifax und Cadogan zusammen mit Sir William Strang und Sir William Malkin vom Außenministerium die Arbeit fort. Am Nachmittag, am Sonntag, dem 27. August, wurden die Minister um ihre Beiträge gebeten. Sir Thomas Inskip fühlte sich an die Schule erinnert: «Jeder beugte sich schweigend über seine Kladde, und ab und an ein geflüsterter Austausch von Kommentaren.»[20]

In derselben Sitzung gab Chamberlain dem Kabinett weitere Einzelheiten über einen «mysteriösen Mann» bekannt, der als Vermittler zwischen dem Außenministerium und Göring fungiert hatte.[21] Es handelte sich um Birger Dahlerus, den naiven, aber unermüdlichen Schweden, der schon das Treffen zwischen den britischen Geschäftsleuten und dem Feldmarschall Anfang des Monats ermöglicht hatte. Am 25. August hatte Dahlerus Halifax im Außenministerium aufgesucht. Da gerade auf offiziellem Weg Verhandlungen geführt wurden, hatte der Außenminister seine Dienste abgelehnt. An diesem Abend erhielt Dahlerus jedoch einen Anruf von Göring, in dem der Feldmarschall erklärte, die Situation sei äußerst ernst und der Krieg könne jeden Moment ausbrechen. Am nächsten Morgen kehrte Dahlerus daher ins Außenministerium zurück, wo er bei Halifax anfragte, ob dieser bereit sei, Göring einen Brief zu schreiben, in dem er Großbritanniens Bereitschaft zur Zusammenarbeit im Sinne einer friedlichen Lösung nachdrücklich betonen könnte. Nach einer kurzen Rücksprache mit Chamberlain war Halifax einverstanden, und Dahlerus flog kurz darauf mit dem entsprechenden Brief nach Deutschland.

Um 19 Uhr landete er auf dem Berliner Flughafen Tempelhof und wurde direkt zu Göring eskortiert, der in seinem Sonderzug auf halbem Weg zwischen Berlin und seinem Landsitz wartete. Dahlerus fand den Feldmarschall ernsthaft besorgt und nervös vor. Er riss den Brief von Halifax auf, erinnerte sich dann daran, dass sein Englisch nicht gut genug war, um alle Einzelheiten richtig zu verstehen, und befahl: «Herr Dahlerus, übersetzen Sie den Brief ins Deutsche und denken Sie daran, wie außerordentlich wichtig es ist, daß jede Silbe in Ihrer Übersetzung ihre rechte Bedeutung bekommt.»[22] Halifax zufolge war dieses Schreiben nicht mehr als eine «platitudenhafte Botschaft», die den britischen Wunsch nach Frieden wiederholte.[23] Göring war jedoch beeindruckt von dem, was er hörte, und befahl, den Zug zu stoppen, damit er und Dahlerus nach Berlin zurückkehren konnten. Dort weckte Göring Hitler und stellte ihm Dahlerus vor. Obwohl es mitten in der Nacht war, erging sich Hitler in einem zwanzigminütigen Monolog, griff die Polen an und wetterte über die Briten, bevor Dahlerus und Göring überhaupt den Grund ihres Kommens erläutern durften. Während er noch zuhörte, schien er sich extrem aufzuregen und schließlich beinah durchzudrehen. «Ich werde U-Boote bauen, U-Boote bauen, U-Boote bauen», rief er in kurzen Stakkato-Sätzen und sprach dann darüber, was er tun werde, wenn der Krieg zwischen England und Deutschland ausbrechen würde. «Ich werde Flugzeuge bauen, Flugzeuge bauen, Flugzeuge, Flugzeuge … Wenn es keine Butter gibt, dann bin ich der Erste, der aufhört, Butter zu essen, Butter zu essen.»[24]

Schließlich beruhigte sich Hitler so weit, dass er Dahlerus eine Reihe von Vorschlägen mitgeben konnte, die denen ähnelten, die er Henderson am Vortag präsentiert hatte. Er wolle ein Bündnis mit Großbritannien, aber er wolle auch Danzig und den polnischen Korridor. Dahlerus sollte sich nach London begeben und dieses Angebot an die Briten dort wiederholen. Eilfertig verabschiedete sich der Schwede. Er glaubte, dass der Frieden der Welt von seiner Mission abhing, und machte vor seiner Abreise um acht Uhr morgens in einem Flugzeug der deutschen Regierung kein Auge zu. Am Nachmittag, Sonntag, den 27. August, übergab er die Botschaft an Chamberlain, Halifax und Cadogan.

Die drei Männer mochten zunächst gar nicht reagieren. Verwirrenderweise unterschieden sich Hitlers jüngste Vorschläge von denen, die er Henderson vorgelegt hatte, allerdings schienen sie im Wesentlichen das Gleiche zu meinen. Dazu «fügten sie dem, was wir schon wussten», wie Cadogan bemerkte, «nicht viel hinzu»[25]. Chamberlain war von Dahlerus wenig beeindruckt, im Außenministerium dachte man ähnlich und nannte ihn nur «das Walross».[26] Er konnte jedoch ein nützlicher Verbindungsmann zu Göring sein, und das Kabinett stimmte mit dem Premierminister überein, dass sie den Kontakt weiterhin nutzen sollten, vorausgesetzt, Dahlerus verträte verlässlich die Linie, dass die Briten zwar um eine friedliche Lösung bemüht waren, aber ihre Verpflichtungen gegenüber Polen nichtsdestoweniger halten würden. Außerdem seien die Briten der Meinung, dass eine Lösung direkt zwischen der deutschen und der polnischen Regierung ausgehandelt werden sollte, frei von Drohungen und Einschüchterungen. Wenn dies erreicht wäre, seien sie bereit, sich gemeinsam mit anderen Mächten an der Absicherung der Einhaltung einer solchen Vereinbarung zu beteiligen.

Dies war auch der Inhalt der offiziellen Antwort auf Hitlers «Angebot», die nach drei Tagen, bearbeitet von mindestens drei separaten Redaktionsausschüssen und in drei Kabinettssitzungen abgestimmt, am Montagnachmittag, dem 28. August, endgültig vorlag. Nichts könne die Regierung Seiner Majestät dazu veranlassen, die Seite Polens zu verlassen, man sei jedoch um eine friedliche Lösung bemüht und fordere den Kanzler auf, direkte Verhandlungen mit der polnischen Regierung aufzunehmen. In London und Paris hatte sich über das Wochenende wieder so etwas wie Optimismus eingestellt, als Berichte über die Absage des deutschen Angriffs eintrafen. Hitler schien zu schwanken, während alle Anzeichen aus Rom darauf hindeuteten, dass Mussolini nicht bereit war, seinen

Verbündeten im Kampf zu unterstützen. «Die Kraftprobe ist zu unseren Gunsten ausgegangen», schrieb Coulondre am Nachmittag des 30. August jubelnd an Daladier:

> Ich habe aus einer zuverlässigen Quelle gehört, dass M[onsieur] Hitler seit fünf Tagen zögert, dass es innerhalb der NS-Partei Unentschlossene gibt und dass die Unzufriedenheit unter den Menschen wächst. Der Angriff war für die Nacht vom 25. auf den 26. August beordert. Aus ungewissen Gründen ist Hitler im letzten Moment davor zurückgeschreckt. ... Wir müssen standhalten, standhalten, standhalten.[27]

Das Außenministerium teilte diese Ansicht. Der SIS meldete Meinungsverschiedenheiten innerhalb des deutschen Oberkommandos, und der Botschaftsrat der deutschen Botschaft bestätigte William Strang gegenüber, dass es «in Berlin ein Zögern» in Bezug auf den einzuschlagenden Kurs gab. «Ich habe ihn so verstanden, dass seiner Ansicht nach mit absoluter Entschlossenheit unsererseits (ohne dabei provokativ aufzutreten) und mit Vernunft und Mäßigung seitens der Polen ein friedlicher Ausweg immer noch möglich ist», schrieb Strang.[28] Hitler hatte jedoch andere Pläne.

Nachdem er beinah einen Zusammenbruch erlitten hatte, weil er seine Entscheidung zur Invasion in Polen hatte aufschieben müssen, fand der deutsche Diktator bald wieder zu seiner typischen Unverfrorenheit zurück. Dass dies auch ohne Zutun von außen geschehen wäre, kann als so gut wie sicher gelten, aber es ist bedauerlich, dass Dahlerus mit seiner enthusiastischen und übertriebenen Darstellung, wie begierig die Briten seien, eine Lösung zu finden, dazu beitrug. Als man im Außenministerium später den damaligen Bericht des Schweden las, war man entsetzt über dessen Einfältigkeit – und so verdeutlicht die Geschichte von Birger Dahlerus in den letzten Tagen vor dem Zweiten Weltkrieg – als ob noch weitere Beispiele nötig wären – die überwältigend negativen Auswirkungen der Amateurdiplomatie in dieser Zeit.

Zunächst waren die offiziellen Kanäle jedoch noch in Aktion. Um

22:30 Uhr am Abend des 28. August kam Henderson – er hatte sich zunächst mit einer halben Flasche Champagner gestärkt – in der Reichskanzlei an, um die britische Antwort zu präsentieren. Hitler, der bereits damit begonnen hatte, die Pläne so anzupassen, dass die Invasion am 1. September stattfinden konnte, täuschte Interesse vor. Im Vergleich zu ihrem letzten Treffen blieb er ruhig, und obwohl er von der «Vernichtung Polens» sprach, gab es keine der üblichen theatralischen Tiraden. Der Führer wiederholte seine Forderungen, und Henderson bekräftigte die Entschlossenheit Großbritanniens, den Polen zur Seite zu stehen. Am Ende fragte Hitler den Botschafter – der ausnahmsweise den deutlich größeren Redeanteil gehabt hatte –, ob Großbritannien bereit sei, ein Bündnis mit Deutschland zu akzeptieren. Henderson antwortete, dass er, «wenn er nur für sich spräche», eine solche «Möglichkeit nicht ausschließe, sofern die Entwicklung der Ereignisse dies rechtfertigte»[29]. Nach dieser gewagten Aussage verabschiedete er sich, wobei Hitler ihm versprach, das Dokument zu studieren und zu gegebener Zeit seine offizielle Antwort zu schicken.

Am nächsten Morgen, Dienstag, den 29. August, schickte Dahlerus, von Göring präpariert, eine Nachricht an das Außenministerium, dass Hitler nun glaube, dass eine friedliche Lösung definitiv eine Möglichkeit sei. Wieder einmal stieg der britische Optimismus. Weitere ermutigende Nachrichten folgten. Obwohl inzwischen der Großteil der deutschen Armee entlang der polnischen Grenze aufgestellt war, bestand der Schwede darauf, dass Hitler «so sehr auf freundschaftliche Beziehungen zu Großbritannien bedacht sei, dass er bereit sei, einiges an Zugeständnissen zu machen, um sich mit den Polen zu einigen»[30]. Der überarbeitete Henderson begann sich zu entspannen. Obwohl er Dahlerus seine Einmischung verübelte, bewirtete er den Vermittler mit Sherry und freute sich über dessen gutherzigen Dackel. Um 19:15 Uhr, rote Nelke im Knopfloch, sprach er noch einmal in der Reichskanzlei vor, um Hitlers Antwort in Empfang zu nehmen.

Innerhalb weniger Minuten verflog sein Optimismus. Hitler schrie Anschuldigungen gegen die Polen und etwas von «barbarischen Taten» und «Misshandlungen», die sie zu verantworten hätten.[31] Die deutsche Regierung werde sich diese Provokationen nicht mehr bieten lassen. Aus dem aufrichtigen Wunsch nach Freundschaft mit England wäre man jedoch zur Aufnahme von Verhandlungen bereit, sofern am Mittwoch, den 30. August 1939, also innerhalb der nächsten 20 Stunden, ein polnischer Abgesandter mit vollumfänglicher Verhandlungsvollmacht in Berlin einträfe. Als Henderson diese Forderung las, warf er Hitler vor, ein Ultimatum zu stellen, woraufhin sich das Klima weiter verschlechterte. Hitler begann wieder zu schreien und beschuldigte die Briten, sich nicht «für fünf Pfennige darum zu kümmern, ob Deutsche in Polen abgeschlachtet werden oder nicht». Beleidigt echauffierte sich nun Henderson seinerseits und bemühte sich, Hitler zu übertönen. «Ich machte ihm deutlich, dass ich eine solche Sprache nicht von ihm oder irgendjemand anderem hören wolle.» Seine Verleumdungen in Bezug auf die humanitäre Gesinnung der britischen Regierung seien unerträglich. «Wenn er einen Krieg wolle, könne er ihn haben.» Das deutsche Militär sei vielleicht stark, aber England sei nicht weniger entschlossen «und würde etwas länger durchhalten, als Deutschland es könne und so weiter und so fort»[32]. Am nächsten Tag schrieb Henderson an Halifax, dass er hoffte, er sei nicht zu weit gegangen. Es gehöre normalerweise nicht zu den Pflichten eines britischen Botschafters zu schreien, aber Hitler sei eben kein normaler Fall, erklärte er. Er hatte sich während seines Gesprächs mit Hitler in Berchtesgaden sehr bemühen müssen, um auf Hitlers Wutausbrüche lediglich mit gemessener Ruhe zu reagieren, aber das hatte keinen Effekt gehabt, daher habe er gedacht, «ausnahmsweise sollte Hitler einmal eine Dosis seiner eigenen Medizin verabreicht werden»[33].

Trotz dieser Bravourleistung empfahl Henderson der polnischen Regierung, der Forderung Hitlers zuzustimmen, und forderte den französischen Botschafter sogar auf, seine Regierung dazu zu bringen, die Polen zu überzeugen. Das provozierte eine scharfe Kritik des britischen Botschafters in Warschau, Sir Howard Kennard. Er telegrafierte, dass die Polen «lieber kämpfen und untergehen würden, als eine solche Demü-

tigung hinzunehmen, insbesondere nach den Beispielen der Tschechoslowakei, Litauens und Österreichs»[34]. Halifax stimmte zu: Der deutsche
Zeitplan sei völlig unangemessen, und er wies Henderson an, dies der
deutschen Regierung mitzuteilen – eine Aufgabe, die der Botschafter mit
einem Telefonanruf bei Ribbentrop um vier Uhr morgens erledigte.

Am nächsten Tag, Mittwoch, dem 30. August, forderte Henderson London weiterhin auf, die Polen davon zu überzeugen, «diese Bemühungen,
um fünf vor zwölf einen direkten Kontakt zu Herrn Hitler herzustellen,
hinzunehmen», und schlug sogar vor, Papst Pius XII. zu bitten, eine
«unparteiische Lösung» herbeizuführen.[35] Die britische Regierung blieb
jedoch standhaft. Es habe, wie Rab Butler sich später beschwerte, eine
«absolute Hemmung» aufseiten des Außenministeriums gegeben, die
Polen zu Verhandlungen zu drängen – wohl ein Ergebnis der «Scham ...
infolge von München», von der sich einige Beteiligte nicht frei machen
konnten.[36] Chamberlain sagte dem Kabinett, dass dies ein weiteres Beispiel für Hitlers schikanöse Methoden sei und dass es wichtig sei zu zeigen, dass «wir in diesem Punkt nicht nachgeben werden»[37]. Früher am
Tag hatte er mit bemerkenswerter Zuversicht auf einen Brief des Herzogs
von Buccleuch geantwortet: «Wir durchleben schwierige Zeiten, aber ich
hoffe, es kann uns noch gelingen, das Schlimmste zu verhindern. Wenn
ja, hoffe ich noch immer auf eine Gelegenheit, ein paar von Ihren Moor-
hühnern zu erlegen.»[38] Irreführende, von Dahlerus übermittelte Berichte
behaupteten, Hitler sei bereit, eine Volksabstimmung im polnischen
Korridor in Betracht zu ziehen, aber das änderte nichts an der Frage des
polnischen Verhandlungsführers. Oberst Józef Beck teilte Kennard mit,
dass die polnische Regierung beschlossen habe zu mobilisieren – eine
nur folgerichtige Reaktion auf die 60 deutschen Divisionen entlang ihrer
Grenze –, und Henderson gab am Nachmittag Informationen weiter, die
anscheinend einen neuen deutschen Schlachtplan enthielten.

Um Mitternacht, gerade als das deutsche Ultimatum für das Eintreffen eines polnischen Abgesandten abgelaufen war, betrat Henderson das altehrwürdige Gebäude, in dem das Außenministerium residierte, um Ribbentrop zu treffen und die formelle britische Antwort zu übergeben. Seit der Verschiebung der Invasion fünf Tage zuvor hatte der streitbare Außenminister – der Hitler versichert hatte, dass die Briten nie kämpfen würden – verzweifelt versucht, sein Prestige wiederherzustellen, und war, wie ein Beamter des Außenministeriums sagte, definitiv «wieder kriegslustiger».[39] An diesem Abend war Ribbentrop «fast zitternd» vor Aufregung in Bismarcks altem Büro angekommen, erinnerte sich der Dolmetscher Paul Schmidt später. Er konnte kaum ruhig sitzen bleiben, während der britische Botschafter seine Mitteilung machte, mehrmals sprang er auf, kreuzte die Arme vor der Brust und verlangte zu wissen, ob Henderson noch Weiteres zu sagen hätte. Als der Botschafter wiederholte, dass es unzumutbar sei, zu erwarten, dass ein polnischer Bevollmächtigter so kurzfristig bereitstehen könne, schnitt ihm der Außenminister das Wort ab. «Die Frist ist abgelaufen», erklärte er in affektiertem, eisigem Ton, «wo bleibt der Pole, den Ihre Regierung herbeischaffen wollte?» Henderson wiederholte, was er gerade gesagt hatte, und erklärte, dass die Briten die Polen aufgefordert hätten, alle möglichen Maßnahmen zur Vermeidung von Grenzzwischenfällen zu ergreifen, und forderte nun die deutsche Regierung auf, dasselbe zu tun. Aufbrausend zischte Ribbentrop, die Polen seien die Angreifer. Henderson antwortete, nun selbst schon zunehmend aufgebracht, die Briten forderten die deutsche Regierung nachdrücklich auf, der polnischen Regierung ihre Vorschläge in der üblichen Weise mitzuteilen, indem sie den polnischen Botschafter einberief. Außerdem hätten sie Berichte über Sabotageakte von Deutschen in Polen erhalten. Bei dieser Bemerkung verlor Ribbentrop völlig die Beherrschung. «Das ist eine unverschämte Lüge der polnischen Regierung», brüllte er, sprang auf die Füße, sein Gesicht hochrot. «Ich kann Ihnen nur sagen, Herr Henderson, die Lage ist verdammt ernst!» Schockiert von dieser wenig diplomatischen Ausdrucksweise erhob sich der sonst so förmliche Botschafter und schrie zurück: «Sie haben soeben ‹verdammt› gesagt! Das ist nicht die Sprache eines Staatsmannes in einer so ernsten Situation!» Für einen Moment dachte Schmidt, dass die beiden Männer mit den Fäusten aufeinander losgehen würden. Nachdem sie sich schwer atmend einige Zeit finster angeblickt hatten, ließ die Spannung jedoch nach, und die Diplomaten nahmen ihre Plätze wieder ein. Ribbentrop verlas dann eine Reihe von Vorschlägen zur Lösung des «polnischen Streitfalls». Henderson bat um eine Kopie, aber Ribbentrop weigerte sich, eine auszuhändigen. Die Vorschläge seien «ja sowieso überholt, da der polnische Unterhändler nicht erschienen ist».[40] Spät begann es Henderson zu dämmern, dass der deutsche Außenminister sich aktiv für den Krieg einsetzte. Dies hinderte ihn jedoch nicht daran, den polnischen Botschafter zu bitten, ihn um zwei Uhr morgens zurückzurufen, und ihn dann aufzufordern, direkt nach Warschau zu telefonieren, damit Beck eine Kopie der deutschen Vorschläge anfordern konnte.[41]

Donnerstag, der 31. August 1939, war ein Tag der schwankenden Emotionen, widersprüchlichen Berichte und letzten Versuche. Es begann damit, dass die Entscheidungsträger in London Hendersons Bericht über sein Gespräch mit Ribbentrop entschlüsselten und lasen. «Es klang nicht sehr ermutigend», erinnerte sich Halifax mit charakteristischem Understatement. Dann folgte ein neues Telegramm des Botschafters (der erst um vier Uhr morgens ins Bett gegangen war), in dem es hieß, dass die deutsche Regierung, wenn nicht in den nächsten zwei bis drei Stunden etwas passiere, Polen den Krieg erklären werde.* Das Kabinett weigerte sich jedoch weiter, Hitlers Druck nachzugeben. Stattdessen wurde die

---

* Der «Informant», der dies weitergegeben hatte, war Ernst von Weizsäcker – über den italienischen Botschafter Bernardo Attolico. Es stellte einen letzten Versuch des Staatssekretärs dar, den Frieden zu wahren, indem er die Briten dazu bringen wollte, die Polen zu zwingen, Zugeständnisse zu machen. In Wirklichkeit hatte Hitler nie die Absicht, etwas so Anständiges wie eine formelle «Kriegserklärung» abzugeben. Allerdings lag die Frist, ab der der Befehl zur Invasion nicht mehr zurückgenommen werden konnte, bei 16:00 Uhr und nicht am Vormittag.

Flotte mobilisiert und der Beschluss gefasst, mit der Evakuierung von drei Millionen Frauen und Kindern aus gefährdeten Gebieten (hauptsächlich in London) zu beginnen. Zur Erleichterung von Generalmajor Henry Pownall wurde schließlich die Genehmigung erteilt, die restliche Armeereserve in voller Stärke zu mobilisieren und weiteres Bodenpersonal für die Royal Air Force einzuziehen.

In Berlin erfuhr General Franz Halder um 06:30 Uhr, dass Hitler beschlossen hatte, den Angriff durchführen zu lassen, der vorläufig für den nächsten Morgen, Freitag, den 1. September, geplant war. «Es sieht so aus, als ob die Würfel endlich gefallen sind», notierte Goebbels. Aber auch jetzt gab es diejenigen, die darum kämpften, den Frieden zu retten. Um 11:00 Uhr rief Ciano bei Halifax an, um ihm zu sagen, dass Mussolini seinen Einfluss nutzen und Hitler zur Einberufung einer Konferenz überreden wolle, wenn die Briten die Polen dazu bringen könnten, Danzig aufzugeben. Die Briten lehnten ab. Noch während Chamberlain und Halifax über den Vorschlag diskutierten, rief der italienische Außenminister – der sich aufgrund seiner ablehnenden Haltung zum Krieg und seiner Antipathie gegenüber den Deutschen vorübergehend in einen der engagiertesten Anglophilen verwandelt hatte – erneut an, um einen neuen Vorschlag zu übermitteln: die Einberufung einer internationalen Konferenz zur Revision des Versailler Vertrags. Chamberlain antwortete, dass es nur dann möglich sei, einen solchen Vorschlag in Betracht zu ziehen, wenn es zuerst ein signifikantes Maß an Demobilisierung gebe. In Frankreich war Daladier noch nicht einmal zu einer solchen Aussage bereit. Er würde lieber zurücktreten, sagte er dem britischen Botschafter, als Mussolinis Einladung zu einer zweiten Münchner Konferenz anzunehmen. Bonnet, seinem Ruf getreu, war für die Annahme des Vorschlags, wurde aber vom Premierminister überstimmt, der Auszüge aus Coulondres Brief vom Vortag verlas: Wir müssen «standhalten, standhalten, standhalten», zitierte der ‹Bulle von Vaucluse› und schlug dazu mit der Faust auf den Tisch.[42]

Unterdessen spielte der leichtgläubige Dahlerus weiterhin die von

Göring beabsichtigte Rolle. Nachdem er den Briten spät in der Nacht vom 30. auf den 31. August eine Kopie der deutschen Vorschläge zur Verfügung gestellt hatte, besuchte er am nächsten Morgen um 11:00 Uhr den polnischen Botschafter Józef Lipski und riet ihm, den Feldmarschall zu konsultieren, zu unterschreiben, was immer der wollte, und dann «wäre das ganze Problem gelöst, und wir könnten gemeinsam Hirsche schießen.»[43] Als der empörte Lipski auf einen solchen Vorschlag eines völlig Fremden ohne diplomatische oder politische Autorität nicht eingehen wollte, entschied der Schwede, dass es die kriegstreiberischen Polen waren, die die letzte Gelegenheit auf Frieden zerstörten, und rief London auf einer unsicheren Leitung aus der britischen Botschaft an, um sich zu beschweren. Die deutschen Vorschläge seien «extrem liberal», sagte er Horace Wilson. Er sei gerade bei Lipski gewesen und ... An diesem Punkt hörte Wilson eine Stimme, die die Worte von Dahlerus auf Deutsch wiederholte. Verzweifelt versuchte er, den Schweden dazu zu bringen aufzuhören, aber Dahlerus redete immer weiter. Es sei offensichtlich, dass «die Polen die Möglichkeiten zu weiteren Verhandlungen blockierten», sagte er. Menschen in Hitlers Nähe täten «ihr Bestes, um ihn zurückzuhalten, aber, ... wenn die Polen nicht nach Berlin kommen würden –». Wilson legte auf.[44]

Fast zur gleichen Zeit unterzeichnete Hitler den Befehl zur Invasion Polens. Die Vorschläge (die Ribbentrop Henderson vorgelesen, aber den Polen nicht mitgeteilt hatte) waren lediglich seine Art, ein Alibi zu schaffen: ein Kabinettstück, nach dessen Aufführung er dem deutschen Volk sagen konnte, dass er Warschau vernünftige Bedingungen angeboten hatte, aber die Polen sie abgelehnt hatten. Als Beck Lipski anwies, die Verhandlungsbereitschaft der polnischen Regierung zu kommunizieren, war es dem Botschafter zunächst nicht möglich, einen Termin zu bekommen. Schließlich sah er Ribbentrop um 18:30 Uhr, aber der Außenminister beendete das Gespräch, sobald Lipski zugab, dass er nicht über die Befugnis verfügte, im Namen seines Landes Konzessionen zu machen. Um 21:00 Uhr wurden die deutschen Vorschläge im deutschen Radio ausgestrahlt, begleitet von der Behauptung, dass die Polen sie seit zwei

Tagen vorliegen hätten. In London beauftragte Cadogan die Presseabteilung des Außenministeriums, das als Lüge zu entlarven, aber irgendwoher hatten die Deutschen eine Abschrift des Telefongesprächs, das Dahlerus aus der britischen Botschaft heraus geführt hatte und in dem er davon sprach, dass die Vorschläge «extrem liberal» seien und dass es offensichtlich sei, dass die Polen die vorgeschlagenen Verhandlungen sabotierten.[45] Eine Stunde zuvor hatten SS-Angehörige, die als polnische Nationalisten verkleidet waren, den Radiosender Gleiwitz an der polnischen Grenze übernommen, wo sie Leichen deponiert hatten – zwei der Toten stammten aus einem Konzentrationslager, der dritte war durch eine tödliche Injektion ermordet worden – und mit gestellten antideutschen Parolen auf Sendung gegangen waren. Weitere inszenierte Vorfälle ereigneten sich im Zollhaus Hochlinden (mit weiteren KZ-Opfern, erschossen im nahen Wald) und in einer verlassenen Forsthütte bei Pitschen. Am Freitag, den 1. September, um 04:45 Uhr, feuerten die ersten Geschütze. Der Krieg hatte begonnen.

Die folgenden achtundvierzig Stunden waren eine Zeit der Hochspannung und der akuten Frustration. Als Churchill am frühen Freitagnachmittag auf Chamberlain traf, sagte ihm der Premierminister, dass die Würfel gefallen seien: Er habe keine Hoffnung mehr, dass sich ein Konflikt mit Deutschland vermeiden lasse, und schlug seinem Rivalen vor, er solle Mitglied des verkleinerten Kriegskabinetts werden, das Chamberlain bilden wollte. Nachdem Churchill so lange vor der Gefahr gewarnt hatte und ignoriert worden war, war es ein Moment der persönlichen Genugtuung für den jüngeren Mann, aber anders als erwartet, folgte diesem Treffen nicht der Aufruf zu den Waffen.

Aus Angst, bombardiert zu werden, bevor sie ihre Mobilmachung abgeschlossen und Frauen und Kinder evakuiert hatten, versuchte die französische Regierung, die Kriegserklärung so lange wie möglich hinauszuzögern, während Bonnet alles in seiner Macht Stehende tat, um grundsätzlich zu verhindern, dass Frankreich seinen Verpflichtungen nachkommen musste. Als sich die Briten weigerten, seine Bemühungen zu unterstützen – die im Wesentlichen auf Mussolinis Vorschlag für eine internationale Konferenz abzielten –, forderte der französische Außenminister eine 48-stündige Verzögerung zwischen der Zustellung eines britisch-französischen Ultimatums und der Kriegserklärung.[46] Dabei wurde er von Daladier unterstützt, der von General Gamelin von den militärischen Vorteilen eines Aufschubs überzeugt worden war. Die Briten protestierten, aber ohne Erfolg. Bonnet nutze jede Möglichkeit, sich herauszuwinden und weiter auf Zeit zu spielen, notierte Oliver Harvey.[47]

Zu diesem Zeitpunkt, am Nachmittag des 2. September, wurde die Geduld selbst des unerschütterlichsten Frankophilen auf die Probe gestellt. «Wenn Frankreich wieder versagt und die Polen verrät ... wie die Tschechen», schnauzte Churchill am Telefon den französischen Botschafter an, dann wäre ihm, der immer ein Freund Frankreichs gewesen sei, «ihr Schicksal völlig gleichgültig». Als der unglückliche Charles Corbin, der privat das Verhalten seiner Regierung nur beklagen konnte, etwas von «technischen Schwierigkeiten» murmelte, unterbrach ihn Churchill: «Technische Schwierigkeiten, zur Hölle damit! Ich vermute, Sie würden es gegenüber einem Polen auch als technische Schwierigkeit bezeichnen, wenn ihm eine deutsche Bombe auf den Kopf fällt.»[48]

Der Aufruhr im Unterhaus später am Abend – als Leo Amery die Labour-Partei aufforderte: «Sprecht für England!», und selbst die treuesten Anhänger der Regierung am Rande einer Revolte standen – beendete den Schwebezustand. Ein Ultimatum könne nicht länger aufgeschoben werden, sagte Chamberlain Daladier am Telefon um 21:30 Uhr, die Regierung könne das nicht überleben. Wenn Frankreich nicht in der Lage wäre, koordiniert mit Großbritannien zu handeln, dann würde Großbritannien allein handeln. Drei Stunden später schickte Halifax Henderson ein Telegramm. Der Botschafter solle am selben Morgen um 09:00 Uhr das Gespräch mit dem deutschen Außenminister suchen und ihm ein britisches Ultimatum stellen, das drei Stunden später – 11:00 Uhr britischer Sommerzeit – ablaufen würde.

Die Emotionen in der Reichskanzlei schwankten zwischen sämtlichen Extremen. Hitler war davon überzeugt, dass die Briten nicht eingreifen würden, und Ribbentrop hatte ihn darin bestärkt, das Versagen auf britisch-französischer Seite, mit einem sofortigen Ultimatum zu reagieren, als Bestätigung seiner ursprünglichen Annahme zu betrachten. Nun, da die Briten am Morgen des 3. September für 09:00 Uhr nach einem Termin verlangten, konnte es keinen Zweifel daran geben, dass der Außenminister spektakulär – und mutwillig – falschlag. Schließlich doch mit der Realität konfrontiert, weigerte sich Ribbentrop, Henderson zu sehen, und schickte Schmidt, der den Botschafter an seiner Stelle zu empfangen hatte. Das britische Ultimatum forderte die Einstellung der Feindseligkeiten und den sofortigen Abzug aller deutschen Streitkräfte – alles andere bedeute Krieg. Es «herrschte völlige Stille», erinnerte sich der Dolmetscher später, nachdem er das Schriftstück eine halbe Stunde später im Arbeitszimmer des Führers für Hitler und Ribbentrop übersetzt hatte. «Wie versteinert saß Hitler da und blickte vor sich hin.» Dann wandte er sich Ribbentrop zu «mit einem wütenden Blick in den Augen, als wolle er zum Ausdruck bringen, daß ihn Ribbentrop über die Reaktion der Engländer falsch informiert habe», und fragte: «Was nun?»[49]

Nur etwas mehr als anderthalb Stunden später hörten Millionen von Hörern in Großbritannien und auf der ganzen Welt an ihren Radiogeräten eine dürre, gebrochene Stimme wie aus Grabestiefe: «Ich spreche hier zu Ihnen aus dem Kabinettssaal Downing Street Nr. 10 ...»

KAPITEL 23

Die Geister des Appeasements

> Auf geht's, Nevilles Krieger,
> marschieret in den Krieg,
> mit der Royal Navy
> auf zum nächsten Sieg:
> Mit der Friedens-Trophy
> weist er hier den Weg,
> wagt sich mit dem Schirme
> weit auf schmalem Steg.
>
> Länder, noch so kleine,
> schrumpfen jetzt noch mehr.
> Nur des Nevilles Brüder,
> die sind bald ein Heer.
> Tschechen, Polen, Finnen
> gequält bis zum Exzess.
> Neville ruft von Sinnen:
> Wir fordern bald Regress.
>
> Anonyme Verse auf dem Tisch eines Abgeordneten
> und Chamberlain-Anhängers, Februar 1940[1]

Zwanzig Minuten lang schien es, als würde der Krieg genau so beginnen, wie die Briten es befürchtet hatten. Kaum hatte Chamberlain seine Sendung mit der Ankündigung der Kriegserklärung beendet, begannen die Luftangriffssirenen zu heulen. «Das ist die Warnung vor einem Luftangriff», sagte der Premierminister zu den versammelten Kollegen im Kabinettssaal, zu denen Lord Halifax, Sir Alexander Cadogan und Rab Butler gehörten. Die Reaktion war allgemeines Gelächter. «Es wäre lustig, wenn es so wäre», bemerkte jemand. Aber Chamberlain blieb dabei. «Das ist eine Luftangriffswarnung.» Das Treffen begann sich zu zerstreuen. Annie Chamberlain erschien mit einem Korb mit Proviant, und Rab Butler – der beschloss, wenn er sterben müsse, sollte es im Außenministerium sein – machte sich auf den Weg zur King Charles Street.[2]

547

Gar nicht weit entfernt verließ eine Gruppe von Anti-Appeasement-Abgeordneten, darunter Anthony Eden, Duff Cooper, Harold Nicolson und Leo Amery, ein Treffen in Ronnie Trees Haus in der Queen Anne's Gate. «Nach allem, was wir im Rundfunk gehört haben, sollten sie das nicht tun», kommentierte Amery das Heulen der Sirenen, «[d]ie Leute werden glauben, das sei eine Luftschutzwarnung.» «Mein Gott!», rief Nicolson aus, «das *ist* eine Luftschutzwarnung!» Die Gruppe schlenderte weiter und machte sich, unter beherzten Versuchen, die ungezwungene Unterhaltung fortzuführen, auf den Weg in Richtung Parlament. Sie waren jedoch nur wenige Schritte gegangen, als Louis Spears in einem Auto neben ihnen auftauchte. Alle stiegen ein und stapelten sich über-einander – Nicolson auf Amerys Schoß und Eden auf Nicolsons – und der Wagen schoss los in Richtung Unterhaus.[3]

Ein paar Straßen weiter hatte sich Churchill auf das Dach der Mor-peth Mansions begeben und beobachtete die Szenerie. Als die fünfzehn Minuten Vorwarnzeit abgelaufen waren, stieg er hinunter, holte sich eine Flasche Brandy und machte sich auf den Weg in den Schutzraum.[4] Kurz bevor er eintrat, stellte er sich die Zerstörung vor, die folgen könnte: die berühmten «Katarakte des Mauerwerks», die der lang erwartete «K.-o.-Schlag» aus der Luft vorraussichtlich hinterlassen würde.[5] Aber es fielen keine Bomben.

***

Im Nachhinein war der Fehlalarm von 11:28 Uhr am Sonntag, den 3. Sep-tember 1939, ein angemessener Beginn für den Krieg im Westen, dessen erste acht Monate, außer auf See, von einem bemerkenswerten Mangel an Aktivitäten auf beiden Seiten gekennzeichnet waren. Was ausblieb, war nicht etwa nur der befürchtete «K.-o.-Schlag», die Luftwaffe ließ überhaupt, von Angriffen auf die britische Schifffahrt abgesehen, die Bri-tischen Inseln zwischen September 1939 und Juli 1940 unbehelligt. Im Gegenzug warf die Royal Air Force Flugblätter statt Bomben auf deutsche

Städte ab, und die Franzosen unternahmen einen symbolischen Vorstoß von unter zehn Kilometern ins Saarland, bevor sie innehielten und sich auf die sichere Maginot-Linie zurückzogen.

In Polen sah es jedoch ganz anders aus. Deutsche Bomben regneten auf polnische Städte herab, während sich die Panzerdivisionen der Wehrmacht in ungekannter Geschwindigkeit bewegten und die tapfere, aber schlecht ausgerüstete polnische Armee bald eingekreist hatten.[*] Am 17. September, dem Tag, an dem die Franzosen versprochen hatten, eine Offensive entlang der Westfront zu starten, erhielten die Polen einen «Dolchstoß in den Rücken», als die Rote Armee die polnische Ostgrenze überschritt, um den Teil des Landes zu annektieren, den Stalin im Rahmen des Hitler-Stalin-Paktes für sich beansprucht hatte.[6]

Zu diesem Zeitpunkt war die Lage schon hoffnungslos. «Es ist wie auf der Jagd», klagte der polnische Botschafter in London, Graf Edward Raczyński, verzweifelt bei Hugh Dalton. «Wir sind die Rebhühner, und sie sind die Schützen.»[7] Als die letzten Tage anbrachen, spielten die Radiosender unaufhörlich Chopins «Militärpolonaise» (Polonaise Nr. 3 in A-Dur, Opus 40, Nr. 1) sowie die Nationalhymne, aber es war nicht der Patriotismus, der den Polen fehlte. Warschau kapitulierte am 28. September 1939, seine nicht konkurrenzfähigen Luftstreitkräfte waren vernichtend geschlagen, und kontinuierliche Bombenangriffe hatten die Hauptstadt binnen zehn Tagen «in ein Flammeninferno» verwandelt.[8] 70000 polnische Soldaten waren im Kampf gegen die Deutschen getötet worden; 133000 waren verwundet und 700000 gefangen genommen worden. Unzählige Zivilisten waren bei den Bombardements gestorben, während Tausende, vielleicht Zehntausende, sowohl von der SS als auch von der Wehrmacht erschossen wurden. Im Osten meldeten die Sowjets

---

[*] Gelinde gesagt war es wenig hilfreich, dass die Polen dem britisch-französischen Druck nachgegeben und den Mobilisierungsbefehl am 29. August aufgehoben hatten, bevor sie ihn am nächsten Tag wieder ausgaben. Das Ergebnis war weit verbreitete Verwirrung, und nur etwa ein Drittel der polnischen Armee war zum Zeitpunkt der Invasion richtig positioniert.

50 000 polnische Todesopfer, aber keine Verwundeten – eine Statistik, die Massenhinrichtungen wie die im Wald von Katyn zwischen März und Mai 1940 impliziert.[9] In den nächsten sechs Jahren wurden schätzungsweise 5,7 Millionen Polen unter deutscher und (vorübergehender) sowjetischer Besatzung getötet bzw. ermordet – ein Fünftel der Bevölkerung der Vorkriegszeit.[10]

Zu Recht fühlten sich die Polen von ihren westlichen Verbündeten verraten. Jeden Tag erschien Raczyński im Außenministerium und bat um britische Hilfe, hatte aber nicht mehr Erfolg als sein Botschaftskollege in Paris. Polen würde gerettet werden, das hatten die führenden Politiker in Großbritannien und Frankreich längst entschieden, allerdings nicht durch direkte Militärhilfe, sondern allein dank des Triumphs der Alliierten nach einem langen Krieg. Für diejenigen, die in dem britisch-polnischen Abkommen mehr sahen als nur eine Verpflichtung auf dem Papier bzw. einen fehlgeschlagenen Abschreckungsversuch, war dies sowohl schändlich als auch unsinnig. Louis Spears drohte, das Thema im Parlament anzusprechen, ließ sich aber von Sir Kingsley Wood, dem für die Luftstreitkräfte zuständigen Minister, davon abhalten, der deutlich machte, dass die Briten nichts tun könnten, um den Polen zu helfen. Als Leo Amery bei Wood darauf drängte, man solle den Schwarzwald (ein bekanntes Depot für deutsche Munition) mit Brandbomben zerstören, erhielt er eine noch absurdere Antwort: «Sind Sie sich bewusst, dass es sich dabei um Privatbesitz handelt? ... Als Nächstes werden Sie mich bitten, Essen zu bombardieren» – dass sich das Zentrum der deutschen Rüstungsindustrie im Ruhrgebiet befand, war allgemein bekannt.[11]

Es gab jedoch in der Tat vernünftige Gründe für die Entscheidung der Alliierten, den Luftkrieg zu verschieben. Wie Churchill, der zum Ersten Lord der Admiralität ernannt worden war, Hugh Dalton erklärte, lag es im britischen Interesse, die Konfrontation am Himmel zu verzögern, denn jeder Monat, der verging, ermöglichte es der Royal Air Force, die gerade in beeindruckender Geschwindigkeit mit Hurricane- und Spitfire-Maschinen beliefert wurde, den Abstand zur Stärke der Luftwaffe ein Stück weiter zu verringern. Darüber hinaus war es aus der Sicht neutraler Länder, insbesondere der Vereinigten Staaten, von Vorteil, wenn die Deutschen die Verantwortung für den ersten Bombenangriff trugen, der unweigerlich zu zivilen Verlusten führen würden. Selbst wenn man auf militärische Ziele zielte, ein «Spritzer» ginge immer daneben, erklärte Churchill, und Nicht-Kombattanten würden unweigerlich getötet werden. «Wenn es möglich ist, sollten wir sicherstellen, dass die ersten Frauen und Kinder, die getroffen werden, britischer Nationalität sind und nicht deutscher.»[12]

Diese Strategie ließ jedoch die zermürbende Wirkung der Angriffe auf die Moral von Briten und Franzosen außer Acht sowie den Umstand, dass neutrale Länder (sowohl befreundete als auch gegnerische) daraus schlussfolgerten, dass die Alliierten nicht wirklich Ernst machten. «Überall hört man jetzt ein Lamento darüber, dass wir hier gravierende Unannehmlichkeiten aushalten müssen – Verdunkelungen, steigende Lebensmittelpreise ... Evakuierte in den Gästebetten – und nichts kommt dabei heraus – und die Polen bombardieren sie in Schutt und Asche», schrieb Jim Thomas am 25. September an Lord Cranborne.[13] Der italienische Botschafter in Paris bemerkte, er habe schon von mehreren Kriegen gehört, die «geführt wurden, ohne erklärt zu werden», aber dies sei das erste Mal, dass er von einem höre, der «erklärt wurde, ohne geführt zu werden», und amerikanische Journalisten begannen, vom «unechten» Krieg zu sprechen.[14]

Die Aktion, die den meisten Spott nach sich zog, war das Abwerfen von Millionen von Propagandaflugblättern über deutschen Städten, während die Luftwaffe ihre Bomben über den polnischen Städten abwarf. Als «Konfetti-Krieg» bezeichnet, kursierten bald eine Menge Witze über diese grotesken ‹Überfälle›. Im *Daily Telegraph* erschien eine Geschichte über einen Piloten, der zwei Stunden früher als erwartet von dem Einsatz zurückkehrte, bei dem er hatte Flugblätter abwerfen sollen. Auf die Frage seines befehlshabenden Offiziers, was passiert sei, erklärte der junge Mann, dass er sich nicht die Mühe gemacht habe, die Schnüre durchzuschneiden und die zusammengebundenen Bündel einfach aus dem Flugzeug geworfen habe. «Guter Gott, Mann!», stotterte der Offizier, «Sie hätten jemanden töten können!»[15] Bei einer anderen Gelegenheit rief der amerikanische Journalist John Gunther das neu geschaffene Informationsministerium an, um sich den Text eines Flugblattes geben zu lassen, und bekam zur Antwort: «Wir dürfen keine Informationen preisgeben, die für den Feind von Wert sein könnten.»[16] Noch bemerkenswerter war die Entscheidung der BBC, Sir Horace Rumbold nicht im Rundfunk über Deutschland sprechen zu lassen, da der ehemalige Botschafter ein zu ausgeprägter «Nazi-Gegner» sei.[17]

Schon damals war zu hören, und bis heute wird immer wieder vorgebracht, dass die Alliierten die Gelegenheit, die sich mit dem deutschen Angriff auf Polen bot, hätten nutzen sollen, um eine ernsthafte Offensive gegen Deutschland zu lancieren. «Dass wir nicht bereits 1939 gescheitert sind, war nur dem Umstand zu verdanken», dass Briten und Franzosen während des Polen-Feldzugs «komplett inaktiv» blieben, bezeugte General Alfred Jodl bei seinem Nürnberger Prozess.[18] Doch obwohl es wahr ist, dass die Alliierten entlang der Westfront zahlenmäßig überlegen waren – 85 französischen und vier britischen Divisionen standen 35 deutsche gegenüber –, war ein solches Vorgehen nie eine realistische Möglichkeit. Abgesehen von den Faktoren, die einen Erfolg unwahrscheinlich machten – Defizite in der Ausstattung der alliierten Truppen, der Westwall, die belgische Neutralität –, fehlte einfach der Wille, in die Offensive zu gehen – sowohl bei den britischen und französischen Entscheidungsträgern (die eine tief verwurzelte defensive Mentalität hatten) als auch bei der Bevölkerung in Frankreich und Großbritannien.

Letzten Endes hielt Chamberlain eine Offensive nicht für notwendig. Nachdem er zuvor geglaubt hatte, dass die wirtschaftlichen Schwierigkeiten Deutschlands Hitler vom Krieg abhalten würden, hoffte er nun, dass diese, verschärft durch die Blockade deutscher Häfen, eine Krise an der deutschen Heimatfront auslösen würden. «In einem solchen Stillhaltekrieg, denke ich, können wir länger durchhalten als die Deutschen», schrieb er am 23. September an Ida und fügte hinzu: «Ich glaube nicht, dass erst eine Reihe von Holocausts [sic] erforderlich sind, um den Sieg zu erringen, während wir damit allemal den Frieden gefährden könnten.» Zwei Wochen später war er sogar noch zuversichtlicher:

> Meine Politik ist nach wie vor die gleiche: nicht lockerlassen, den wirtschaftlichen Druck aufrechterhalten, die Munitionsproduktion und die militärischen Vorbereitungen mit größter Energie vorantreiben, nicht in die Offensive gehen, es sei denn, Hitler beginnt damit. Ich gehe davon aus, dass wir, wenn wir diese Politik fortsetzen können, den Krieg bis zum Frühjahr gewonnen haben werden.[19]

Selbst für Chamberlains Verhältnisse war das übertrieben optimistisch. Es hatte vier Jahre gedauert, bis die Blockade der Royal Navy Deutschland 1918 in die Knie gezwungen hatte, und dieses Mal erhielten die Deutschen dank des Abkommens mit Stalin Zugladungen an Getreide, Öl und anderen Rohstoffen aus der Sowjetunion. Darüber hinaus überließen die Alliierten mit der Entscheidung für einen ‹Stillhaltekrieg› oder ‹Sitzkrieg›, wie er in Deutschland hieß, Hitler die Initiative, der das für eine Reihe verheerender ‹Überraschungen› nutzte. Noch dazu provozierte die Fortführung eines «langweiligen Krieges», wie er in Großbritannien schon genannt wurde, ein nachvollziehbar negatives Echo.[20] «Dass an der Front Totenstille herrscht, was britische Kampfhandlungen betrifft, strapaziert die öffentlichen Nerven schon sehr», schrieb Lord Salisbury, der ehemalige Lordsiegelbewahrer, am 22. September an Lord Halifax. «Sie [die Briten] empfinden zweifellos nicht nur tiefes Mitgefühl für die Menschen, denen wir Hilfe versprochen haben, sondern auch Erstaunen darüber, dass man die Schwierigkeiten der Deutschen nicht schon längst ausgenutzt hat.» Selbstverständlich könne es gute Gründe für die ausbleibende britische Aktivität geben, räumte Salisbury ein. «Aber was die Öffentlichkeit wahrscheinlich übermäßig misstrauisch machen wird, ist der Beigeschmack von ‹Appeasement›, der damit einhergeht.»²¹ Dass Chamberlain nicht gerade die Vitalität und Entschlossenheit zeigte, die man von einem Anführer zu Kriegszeiten erwartete, war dabei ebenfalls nicht hilfreich. Seine wöchentlichen Erklärungen vor dem Parlament waren fade und deprimierend – er spricht «wie der Schriftführer eines Beerdigungsunternehmens ..., der das Protokoll der letzten Vorstandssitzung verliest», so Harold Nicolson. Dass er vormalige Appeasement-Befürworter wie Sir John Simon und Sir Samuel Hoare im Kabinett beließ, untergrub das Vertrauen in die Fähigkeit der Regierung, einen Krieg zu führen, noch weiter.²²

Als bekannt wurde, dass der Alliierte Oberste Kriegsrat, der am 12. September zum ersten Mal in Abbeville tagen sollte, nur aus Chamberlain, Lord Chatfield, dem Minister für die Koordinierung der Verteidigung, Daladier und General Gamelin bestehen sollte, konnte der Appeasement-Gegner Richard Law seine Verzweiflung kaum verbergen: «Ich bin über diesen Obersten Kriegsrat entsetzt», schrieb er an seinen Gesinnungsfreund Paul Emrys-Evans.

Glaubt er [Chamberlain] wirklich, dass er ein großer Heerführer ist? ... Schon das Kriegskabinett fand ich ziemlich beunruhigend, aber diese Nachricht macht einem Angst und Bange. Man kann gut und gerne denken, und ich tue das nebenbei, dass dieser alte Mann nicht mehr lange durchhalten wird, aber er kann uns leicht alle ruinieren, solange er sich noch hält. Manchmal tröste ich mich damit, dass ich an Anthony [Eden, in seiner Rolle als Kolonialminister] und Winston denke, aber sie sind so in der Minderheit, dass ich mich frage, was sie tun können, außer zurückzutreten?! ... Ich liege nachts wach und denke daran, wie ich meinen Wählern seit Jahren sage, dass es Krieg bedeuten würde, wenn sie für einen Sozialisten stimmen, und dass sie die Regierung unterstützen müssen, wenn sie Frieden wollen. Wenn man darüber nachdenkt – all jene, die beim letzten

Mal getötet wurden, all jene, die dieses Mal getötet werden – eine einzige Verschwendung, der Sturheit und Phantasielosigkeit einiger weniger alter Männer geschuldet – und der Rückgratlosigkeit vieler junger Männer. Wenn ich mich jemals wieder politisch engagiere, werde ich aus der Konservativen Partei austreten. ... Diese Theorie, dass es möglich ist, die Konservative Partei zu «erziehen», hat weder Hand noch Fuß. Aber ich gehe nicht davon aus, dass einer von uns jemals wieder in der Politik aktiv sein wird.[23]

Am selben Tag, an dem Law diesen Brief schrieb, wurde bekannt gegeben, dass Chamberlain den ehemaligen Innenminister Sir John Gilmour aus der Versenkung geholt hatte, um das neu geschaffene Seetransportministerium zu besetzten. Es lässt einen «zweifeln, ob er tatsächlich versucht, den Krieg zu gewinnen», kommentierte Violet Bonham Carter, Tochter Herbert Asquiths und prominente Appeasement-Gegnerin.[24]

Churchills Aktien hingegen stiegen. Bereitwillig hatte er das Marineministerium übernommen, das er in den ersten Jahren des Ersten Weltkriegs bereits einmal geleitet hatte, und profitierte nun von der Tatsache, dass der Seekrieg während des achtmonatigen Sitzkriegs der einzige Aktivposten war. Am 26. September schilderte er mitreißend die Aktivitäten der Marine in den vergangenen vier Wochen. Dabei ließ er jede Saite klingen, «von tiefster Besorgnis bis zur Leichtfertigkeit, von Entschlossenheit bis zur Jungenhaftigkeit»[25]. «Man merkte, wie sich die Stimmung des Hauses mit jedem Wort besserte», notierte Nicolson, der nicht der Einzige war, der diesen rhetorischen Hochgenuss mit den glanzlosen Auftritten von Chamberlain verglich. «In diesen zwanzig Minuten ist Churchill dem Amt des Premierministers näher gekommen als je zuvor. In den Lobbys sagten danach sogar Chamberlain-Anhänger: ‹Jetzt haben wir unseren Anführer gefunden.›»[26] Jim Thomas schätzte, er habe die Herren in der ersten Reihe «noch nie so wütend gesehen»[27].

Am 12. Oktober 1939 lehnte Chamberlain Hitlers mit Spannung erwartetes «Friedensangebot» ab, nachdem der Führer in einer Rede vor dem Reichstag die Möglichkeit einer internationalen Konferenz angedeutet hatte, sollten die Westmächte die Teilung Polens akzeptieren. Auch wenn der Premierminister bei seiner optimistischen Einschätzung blieb, den Krieg innerhalb eines Jahres beenden zu können, urteilte er, dass die Deutschen noch nicht ausreichend davon überzeugt worden seien, «dass sie nicht gewinnen konnten»[28]. Außerdem betrachtete er die Absetzung des «verfluchten Wahnsinnigen» Adolf Hitler als eine wesentliche Voraussetzung für Friedensgespräche.[29] «Er muss entweder sterben oder nach St. Helena gehen oder einen echten Beitrag für das Gemeinwesen leisten – vorzugsweise in einer geschlossenen Anstalt», schrieb er am 5. November an Ida.

> Seine Entourage muss ebenfalls gehen, vielleicht mit Ausnahme von Göring, der in einer Übergangsregierung eine dekorative Position einnehmen könnte. Wenn wir die Nazis erst einmal losgeworden sind, gehe ich davon aus, dass wir mit Deutschland keine ernsthaften Schwierigkeiten mehr haben werden, was Polen, die Tschechoslowakei, die Juden, die Abrüstung usw. betrifft. Viel wahrscheinlicher ist es, dass wir ein gravierendes Problem mit Frankreich bekommen.[30]

Schon vor seiner Rede vom 12. Oktober – die mit der Aufforderung an die deutsche Regierung, ihren «Friedenswunsch durch konkrete Taten» zu beweisen, der deutschen Seite den Schwarzen Peter zuschob – hatte Chamberlain zugegeben, dass er «mehr Angst vor einem Friedensangebot als vor einem Luftangriff» habe, da ein solches Angebot den Anhängern eines «Friedens um jeden Preis» Vorschub leisten würde.[31] Dass es viele solcher Menschen gab, daran bestand für ihn kein Zweifel. Erst in der Vorwoche hatten 1860 von insgesamt 2450 eingegangenen Briefen ihn gedrängt, den Krieg auf die eine oder andere Weise zu stoppen.[32]

Noch unheilverkündender war ein Treffen, das am 12. September im

Haus des Duke of Westminster stattfand. Anwesend waren der Duke of Buccleuch, Lord Arnold (Mitglied der Anglo-German Fellowship), Lord Mottistone (ebenfalls dort Mitglied und ein Freund Ribbentrops), Lord Rushcliffe (der ehemalige Arbeitsminister), Sir Philip Gibbs (Journalist und bekannter Appeasement-Befürworter), Henry Drummond Wolff und der Pfarrer der St. Alban's Church in London. Zu Beginn verlas Westminster ein Manifest, in dem er die «von der Linken und den Juden kontrollierten» Zeitungen angriff, die die Ansicht propagieren würden, dass «kein Frieden möglich ist, bis der Nationalsozialismus an der Wurzel zerstört ist». Das Gegenteil sei der Fall. Es sei eine Katastrophe, dass die «beiden am nächsten miteinander verwandten Rassen» gegeneinander kämpfen sollten, und die Regierung müsse bereit sein, so schnell wie möglich Friedensoptionen zu prüfen. Sicherlich gebe es keinen Grund, den Kampf nach der abgeschlossenen Eroberung Polens fortzusetzen. Deutschland sei «auf dem Landweg sowohl von Osten aus als auch von Westen her uneinnehmbar», während London (von dem der Duke einen beträchtlichen Teil sein Eigen nannte) «das beste Luftangriffsziel auf diesem Erdball» biete.[33]

Als Reaktion auf dieses Manifest, das bald sowohl in der Downing Street als auch im Außenministerium zirkulieren sollte, schrieb Churchill an den Duke, mit dem er seit langem befreundet war und in Frankreich auf Wildschweinjagd ging, und warnte ihn vor solchen defätistischen Reden.[*] Zur gleichen Zeit warnte Sir Joseph Ball Chamberlain, dass es «für die Regierung sehr gefährlich wäre, zum jetzigen Zeitpunkt auch nur anzudeuten, dass man solchen Vorschlägen Gehör schenke»[34]. Da

---

[*] Churchills Brief und ein anschließender Besuch von Ball scheinen Wirkung gehabt zu haben. Bei einem zweiten, ähnlich defätistischen Treffen, das am 26. September in Westminsters Haus stattfand, war der Duke selbst nicht anwesend. Es handelte sich jedoch um ein größeres Treffen, zu dem alle bisherigen Teilnehmer (mit Ausnahme des Pfarrers von St. Alban) gehörten, komplettiert von dem Labour-Peer Lord Noel-Buxton, dem Pfarrer von St. Paul, Knightsbridge, und einem der Kanoniker der St.-Pauls-Kathedrale, darunter mischten sich dann noch eine Reihe von Unterhausabgeordneten (einschließlich Sir Arnold Wilson).

er gerade erst Westminsters Gastfreundschaft in Schottland genossen hatte, scheint Chamberlain durch das Manifest in Verlegenheit gebracht worden zu sein. Er war jedoch erfreut, als sein alter Gegner Lloyd George am 30. Oktober von Duff Cooper einiges einstecken musste, nachdem er die Regierung aufgefordert hatte, alle Friedensbedingungen, die Hitler anbieten könnte, sorgfältig zu prüfen. «Als er sich hinsetzte, sprang ich auf», erinnerte sich Cooper, «schäumend vor Wut.» «Ich beschuldigte ihn, die Kapitulation zu predigen. Ich sagte, dass seine Rede in Deutschland mit Freude aufgenommen werden würde, wo man sagen werde, dass der Mann, der behauptete, den letzten Krieg gewonnen zu haben, bereits seine Niederlage in diesem Krieg zugab.»[35]

Laut Charles Waterhouse, Parlamentarischer Geschäftsführer der Regierung, zeigte sich eine überwältigende Mehrheit der Abgeordneten nicht überzeugt von den Äußerungen des ehemaligen Premiers, der die Kammer «wie ein geschlagener Welpe» verließ. Bei einer Sitzung des konservativen Hinterbänkler-Ausschusses «1922 Committee» am selben Abend hörte er jedoch, wie Cyril Culverwell (Abgeordneter für Bristol-West) «Frieden um fast jeden Preis» forderte, Sir Archibald Southby (Epsom) «Frieden um einen möglichst geringen Preis» verlangte, und Reden «im gleichen Stil» von Sir Arnold Wilson (Hitchin), Sir Charles Cayzer (Chester) und Captain Archibald Ramsay (Peebles und South-Midlothian, der auch Gründer des Right Club war).[36] Wenige Wochen zuvor war Waterhouse auf den geschwätzigen Robert Hudson gestoßen, der im Carlton Club die Vorzüge «eines weiteren Münchner Abkommens» und «etwas mehr Appeasement» anpries. Und am 4. Oktober schrieb der stellvertretende Fraktionsvorsitzende, James Stuart, an den Duke of Buccleuch:

> Ich kann nicht so tun, ... als wäre ich unbedingt traurig darüber, dass einmal jemand ausspricht, was L[loyd George] gestern gesagt hat – obwohl einige ihn natürlich als Verräter betrachten. Ich würde alles begrüßen, was diesen dummen Krieg beendet – wobei es nichts bringt, wenn das nur zu

einer vorübergehenden Einigung führt, auf die in einem Jahr oder so weitere Feindseligkeiten folgen.[37]

Die Wahrheit war, dass die Regierung durchaus bereit war, Friedensofferten – die in dieser Zeit aus verschiedensten Quellen in einem stetigen Strom hereinkamen –, wenn auch nicht direkt in Betracht zu ziehen, so wenigstens zu prüfen. An ihrer Weigerung, mit Hitler direkt zu verhandeln, hielt sie aber entschlossen fest. «Maßgeblich ist, dass niemand im Traum auf die Idee käme, auch nur das geringste Vertrauen in ein Versprechen zu setzen, das Hitler abgibt. Daher ist es äußerst schwierig, einen Weg zu finden, an dessen Ende eine friedliche Lösung steht – abgesehen vom Sturz der deutschen Regierung, was nur als das Ergebnis eines blutigen Kampfes vorstellbar ist, in dem Deutschland sehr leiden müsste», notierte Sir John Simon, der normalerweise als einer der Appeaser galt, in einem Tagebucheintrag vom 13. Oktober 1939.[38]

Halifax, der viel Geduld im Umgang mit allen zeigte, die gerne die Fühler in Richtung Frieden ausstrecken wollten, antwortete einen Monat später auf einen Brief des Earl von Lytton:

> Ich kann mir vorstellen, dass es eigentlich nicht besonders schwierig wäre, die Dinge, die wir uns zur Tschechoslowakei, zu Polen, zu Österreich, zur Abrüstung, zur politischen und wirtschaftlichen Zusammenarbeit in Europa usw. wünschen, auf einem Blatt Papier festzuhalten. Aber wenn wir das alles festgelegt hätten, könnte ich noch immer kein Vertrauen in die Verlässlichkeit des Vereinbarten haben, solange ich es mit Hitler und dem NS-Regime, wie wir es kennen, zu tun hätte.[39]

Der neu ernannte Stellvertretende Privatsekretär von Chamberlain, Jock Colville, notierte Ende Oktober 1939, dass der Premierminister «acht von neun Punkten» eines vorgeschlagenen Friedensabkommens zustimme, das die Wiederherstellung der Unabhängigkeit Polens und Tschechiens unter einer von Göring geführten Regierung vorsah. Er bestehe jedoch darauf, dass «Hitler selbst keine Rolle bei der vorgeschlagenen neuen Ordnung spielen wird»[40]. Drei Monate später war seine Haltung sogar noch entschlossener. Als Reaktion auf ein Schreiben des Duke of Buccleuch, das die britischen Kriegsziele in Frage stellte und anfragte, ob es die Möglichkeit gebe, Verhandlungen unter Vermittlung von Göring zu führen, schlug Chamberlain einen Ton an, der fast von Churchill hätte sein können:

> Mein lieber Walter ...
>
> ... Ich habe alles, was Du sagst, sorgfältig studiert, und es scheint mir, dass die Meinungsverschiedenheiten zwischen uns die im letzten maschinengeschriebenen Absatz Deines Schreibens aufgeworfene Frage betreffen. In diesem Absatz scheinst Du nahezulegen, dass wir von einem entschlossenen Kampf gegen Deutschland entbunden sind, weil dessen wiederholte Akte der Aggression nicht direkt gegen das Britische Empire gerichtet sind. Wenn das Deine Implikation ist [Buccleuch hat dazu ein «NEIN» an den Rand geschrieben], dann liegen unsere Ansichten tatsächlich weit auseinander. Meiner Ansicht nach beweist die Geschichte der letzten Jahre zweifellos, dass Deutschland ein Programm der Aggression und Expansion verfolgt und dass, so wie auf den Anschluss die Eroberung der Tschechoslowakei und auf die Eroberung der Tschechoslowakei die Invasion Polens folgte, bald darauf Frankreich überfallen und das Britische Empire angegriffen worden wäre.
>
> Du weißt, wie sehr ich mir gewünscht habe, diese tragische Abfolge von Ereignissen mit friedlichen Mitteln zu stoppen. München war, glaube ich, die letzte Chance auf eine friedliche Lösung und der letzte Test, ob Deutschland es aufrichtig meint, aber Hitler hat diese Chance bewusst nicht genutzt und seine Unehrlichkeit unter Beweis gestellt. Als Deutschland trotz ausreichender Warnungen vor den Konsequenzen, die folgen würden, in Polen einmarschiert ist, war die letzte Gelegenheit gekommen, den Fortgang der Ereignisse, wenn auch nur durch Krieg, zu stoppen, wobei ich nicht den geringsten Zweifel daran habe, dass unser Eintritt

in den Krieg im September nicht ausschließlich zur Verteidigung Polens, sondern auch zum Schutz Frankreichs und des Britischen Empires erfolgt ist. Wenn dies der Fall ist, folgt daraus, wie Du selbst erkennen wirst, dass wir gegebenenfalls bereit sein müssen, bis zum bitteren Ende zu kämpfen. Dennoch hoffe ich, dass sich in Deutschland zu gegebener Zeit klügere Berater durchsetzen und dass wir unser Ziel erreichen können, die Aggression zu stoppen, ohne dass es in dem Maße zu Leid und Verlusten kommen muss wie im letzten Krieg. ...

Ich weiß sehr wohl, dass bereits zahlreiche «Friedenssondierer» von deutscher Seite ausgesandt worden sind und dass diese «Sondierer» häufig mit dem Namen Göring in Verbindung gebracht wurden, aber noch keiner von ihnen hat bisher einen überzeugenden Beweis für den unverzichtbaren Sinneswandel erbringen können. ...

Du fürchtest auch, dass ein Krieg, der als Krieg gegen Hitler begonnen wurde, jetzt zu einem Krieg gegen Deutschland geworden ist. Ich möchte Dich noch einmal daran erinnern, dass wir in Wirklichkeit gegen die Aggression kämpfen. Aggression war und ist, da es gewiss keine Beweise für eine Änderung gibt, Hitlers Politik. Deshalb haben wir auf Hitler mit Krieg reagiert, und deshalb müssen wir, solange er Deutschland davon überzeugen oder dazu zwingen kann, ihn in einer solchen Politik zu unterstützen, Krieg gegen Deutschland führen. ...

Ich möchte noch einmal betonen, dass wir mit Sicherheit keine Gelegenheit verstreichen lassen werden, einen gerechten Frieden zu schaffen, wenn wir davon überzeugt sein können, dass ein solcher Frieden dauerhaft sein wird. Ich werde das Land jedoch weiterhin mahnen, dass nichts schlimmer sein könnte als ein halbherziger Frieden oder eine Kehrtwende zu einem Waffenstillstand und dass wir gemeinsam mit unseren Verbündeten bereit sein müssen, diesen Krieg entschlossen zu führen, bis ein Sieg einen echten Frieden möglich macht.[41]

Will man über Buccleuch und die vielen anderen, die wie er dachten, nicht vorschnell urteilen, muss man der Fairness halber festhalten, dass sich die Regierung damit schwertat, die britischen Kriegsziele präzise zu benennen. Großbritannien war zur Verteidigung Polens in den Krieg eingetreten, aber Anfang Oktober war die Eroberung dieses Landes abgeschlossen, und Hitler bestand darauf, dass es von seiner Seite aus keinen Disput mit den Westmächten gebe. «Ich wünschte, ich wüsste, wofür wir kämpfen», schrieb Lord Derby an Lord Beaverbrook gegen Ende des Polen-Feldzuges:

> Wenn es darum geht, Hitler zu Brei zu schlagen, verstehe ich das und habe großes Verständnis dafür, aber wenn es darum geht, Polen wieder aufzubauen, bin ich nicht so begeistert. Wenn es nicht für den Völkerbund ist, den ich verabscheue – oder für Locarno, das ich immer für einen stark überbewerteten Vertrag gehalten habe –, dann sollten wir derzeit nicht für Polen kämpfen.[42]

Der Einmarsch der Roten Armee nach Polen erschwerte die Angelegenheit zusätzlich. Wenn Großbritannien für die Unabhängigkeit Polens kämpfte, dann sollte es logischerweise sowohl die Sowjetunion als auch NS-Deutschland bekämpfen. «H[alifax] fragte mich nach unseren ‹Kriegszielen›», notierte Cadogan am 23. September.

> Ich sagte ihm, dass ich da gravierende Probleme sehe. Wir können nicht mehr sagen: «Raus aus Polen!», ohne gegen Russland in den Krieg zu ziehen – was wir nicht wollen! Ich nehme an, der Schlachtruf ist: «Schafft den Hitlerismus ab!» [Aber] was ist, wenn Hitler an Göring übergibt?! ... Was, wenn Deutschland jetzt einfach abwartet? Bei Gamelin sieht es für mich nicht danach aus, als würde er sich auf die Siegfried-Linie werfen. Was machen wir jetzt? Unser Waffenarsenal fieberhaft ausbauen? Zu welchem Zweck? ... Muss versuchen, das zu Ende zu denken.[43]

Es dauerte nicht lange, bis sich die Verwirrung über die britischen Kriegsziele in schwarzem Humor niederschlug. Ein Limerick, der seinen

Ursprung im Außenministerium hatte, nahm vor allem Chamberlain aufs Korn:

> Ein alternder Staatsmann auf Fragen,
> warum wird gekämpft dieser Tagen:
> «Auf Ehr' und Gewissen?»
> Das Kabinett nickt beflissen.
> Er weiß es partout nicht zu sagen.»[44]

Das war Chamberlain gegenüber unfair, der, obwohl er den Krieg verabscheute, sich sehr wohl bewusst war, wofür Großbritannien kämpfte. Doch weil es ihm nicht gelang, das Land zu inspirieren, und er weiterhin keine militärischen Initiativen vorweisen konnte (außer auf See), wuchsen die Zweifel an seinen Führungskompetenzen. In entsprechend verbittertem Ton beschwerte sich Chamberlain darüber bei seinen Schwestern, insbesondere über die Labour-Partei, deren Verhalten seiner Meinung nach unehrenhaft war. Er war jedoch keineswegs unzufrieden mit dem Verlauf des Krieges. Da er von Beginn an daran gezweifelt hatte, Hitler könne einen Krieg im Westen beginnen wollen – da dies «so schreckliche Verluste mit sich bringen würde, dass das gesamte NS-System gefährdet» wäre –, stieg sein Optimismus, dass dies nicht passieren würde, je länger es nicht dazu kam.[45] Am 5. November berichtete er Ida, dass die Gefahr eines Angriffs auf die Maginot-Linie – anders als «von den Soldaten prophezeit» –, sich verringert zu haben schien. Und obwohl «uns gesagt wird, *die* entscheidende Phase werde ... im März oder im April sein, ... habe ich eine ‹Ahnung›, dass der Krieg vor dem Frühjahr vorbei sein wird»[46]. Im weiteren Verlauf des November erhielt er Informationen, dass Hitler im Begriff war, die Niederlande anzugreifen, weigerte sich aber, diese ernst zu nehmen, nachdem ihm bei so vielen früheren Gelegenheiten «feste Termine für Offensiven genannt worden waren». Tatsächlich sah er keinen Grund, von seiner Einschätzung abzuweichen, dass Hitler sich weiterhin «jeder Handlung enthalten würde, die wirklich schwere Kämpfe nach sich ziehen würde.» Er fing jedoch an, sich zu fragen, «ob wir uns mit ihnen [den Deutschen] wieder gutstellen sollen, bevor sie nicht einen wirklich harten Schlag in die Magengrube gekriegt haben».[47]

Wie sich herausstellte, waren es die Deutschen, die den Schlag landeten.

Chamberlains Sturz

Auf geht's, Nevilles Krieger,
marschieret in den Krieg.
Weckruf der Geschichte,
auf zum nächsten Sieg.
Kein Parteienzanken,
Einheit! Nicht geklagt.
Die Insel soll nicht wanken,
Ideen sind gefragt.

Auf geht's, Englands Krieger,
marschieret in den Krieg.
Mit 'nem neuen Leader
wird's ein echter Sieg!

Schlussverse eines anonymen Gedichts
auf dem Schreibtisch des Abgeordneten
Captain Charles Waterhouse, 1. Mai 1940[1]

Falls zum Jahreswechsel 1939 auf 1940 die Mehrheit der britischen Bevölkerung den Eindruck hatte, sie würde bloß an einer Kostümprobe für den Krieg teilnehmen, hätte man ihr das nicht übelnehmen können. Gebäude waren mit Sandsäcken versehen, überall sah man Uniformen, sogar Gasmasken wurden getragen, aber das Bewusstsein für eine tatsächliche Gefahr fehlte. Krankenhausbetten – für die erwarteten 30 000 Verletzten pro Tag – blieben leer, während die britische Expeditionstruppe – weit davon entfernt, ihre Wäsche auf der Siegfried-Linie zum Trocknen aufzuhängen, wie es in einem beliebten Phoney-War-Lied besungen wurde – Unterstände baute und Schützengräben aushob. Die einzige wirkliche Gefahr für die Briten stellte in dieser Zeit ein selbstverschuldeter Stromausfall dar, der in den letzten vier Monaten des Jahres 1939 zu zahlreichen Autounfällen mit über 2000 Toten führte, verglichen mit nur drei britischen Todesfällen an der Westfront. Doch auch wenn es im Westen kaum nach Krieg aussah, galt das nicht für andere Teile der Welt.

Nachdem sich auf dem Verhandlungsweg seine territorialen Forderungen nicht erfüllt hatten, befahl Stalin am 30. November 1939 der Roten Armee, in das neutrale Finnland einzumarschieren. Die Öffentlichkeit im Westen war empört. Die Sowjetunion wurde aus dem Völkerbund ausgeschlossen (eine Vergeltungsaktion, die im Kreml wenig Emotionen hervorrief), während die «Empörung» der Briten über diesen Aggressionsakt, wie Iwan Maiski notierte, in der Tat höhere Wellen schlug als bei der deutschen Invasion in Polen.[2] Inspiriert vom heldenhaften Widerstand der Finnen – die es zwischen Dezember 1939 und Februar 1940 schafften, zahlenmäßig weit überlegenen sowjetischen Streitkräften eine Reihe erstaunlicher Niederlagen zuzufügen –, gab es bald Rufe danach, militärische Hilfe nach Finnland zu schicken. Abgesehen davon, dass es nur wenige solcher Forderungen zugunsten der Polen gegeben hatte, denen die Briten und Franzosen vertraglich verpflichtet waren, schienen sich weder die Öffentlichkeit noch die alliierten Entscheidungsträger bewusst zu sein, was für ein katastrophaler Wahnwitz es war, einen Krieg mit der Sowjetunion zu riskieren, solange das nationalsozialistische Deutschland nicht besiegt war.

«Ich halte es für unerlässlich, der Sowjetunion in Finnland das Rückgrat zu brechen», schrieb General Maxime Weygand an General Maurice Gamelin in einer Bemerkung, die wohl auch den französischen Wunsch zum Ausdruck brachte, den Krieg so weit wie möglich vom französischen Territorium wegzuverlagern.[3] Die Briten waren da vorsichtiger. Lord Halifax wollte vermeiden, mit Russland einen weiteren Feind zu gewinnen, und Chamberlain war der Ansicht, dass Stalins Abenteuer keine westliche Antwort erforderten. Im Februar 1940 war die Idee, den Finnen zu helfen, allerdings inzwischen untrennbar mit einem anderen Vorhaben verquickt: die Lieferung von schwedischem Eisenerz nach Deutschland zu stoppen.

Die Idee, die Eisenerzexporte von Schweden nach Deutschland zu unterbinden, entstand folgerichtig aus der alliierten Strategie der Wirtschaftskriegsführung. Die schwedische Ressource war für die deutsche Rüstungsindustrie von wesentlicher Bedeutung: Das Londoner Ministerium für Wirtschaftskriegsführung schätzte, dass die Deutschen im ersten Kriegsjahr neun Millionen Tonnen importieren mussten. Die Einfuhr zu verhindern, so wurde argumentiert, würde der deutschen Kriegsproduktion einen schweren Schlag versetzen. Es würde «den Krieg verkürzen und viele tausend Menschenleben retten», erklärte Winston Churchill, der maßgebliche Fürsprecher des Plans, am 16. Dezember 1939 im Kriegskabinett.[4] Andere stimmten zu. «Ein Vorstoß, um den Eisenerznachschub [der Deutschen] aus Schweden zu stoppen, ... hat viele Vorteile und kann entscheidend sein», schrieb General Sir Edmund Ironside, Chef des Empire-Generalstabs, in einem an das Kriegskabinett gerichteten Papier. Sogar der stets vorsichtige Chamberlain musste zugeben, dass es sich dabei um «einen der Wendepunkte des Krieges» handeln könnte.[5] Das Problem war die Neutralität der Skandinavier. Das Erz, das zu großen Teilen im Norden Schwedens in der Nähe der Stadt Gällivare abgebaut wurde, konnte in den Sommermonaten durch den Bottnischen Meerbusen verschifft werden und im Winter (wenn der nördlichste Ausläufer der Ostsee zufror) vom norwegischen Hafen Narvik aus. Um die Erzlieferungen zu stoppen, hätten die Briten die skandinavische Neutralität missachten müssen, indem sie norwegische Hoheitsgewässer verminten (um damit die deutschen Schiffe auf das offene Meer zu zwingen, wo sie von der Royal Navy beschlagnahmt werden konnten) oder indem sie die Erzregion selbst besetzten. Dies stellte ein Dilemma dar. Wie konnten die Alliierten, die zur Verteidigung der Rechte kleiner Nationen in den Krieg gezogen waren, die Verletzung der skandinavischen Neutralität rechtfertigen? Noch wichtiger war: Wie würden andere neutrale Länder, insbesondere die Vereinigten Staaten, auf diese Verletzung des Völkerrechts reagieren? Die Antwort, versicherte Halifax seinen Kollegen, sei: Sie würden «nicht positiv» reagieren.

Der Sowjetisch-Finnische Krieg schien einen Ausweg aus dieser Zwickmühle zu bieten. Unter dem Vorwand, den Finnen zu helfen, könnten die Alliierten eine Expeditionstruppe entsenden, um die Kontrolle über die schwedischen Erzfelder sowie eine Reihe norwegischer Häfen zu erlangen. Zum Glück (für die Briten, nicht so sehr für sie selbst) kapitulierten die Finnen am 12. März 1940 und beendeten damit diese «hirnrissigen» Planspiele, die schon vor der Ausführung das Risiko eines Krieges mit Norwegen und Schweden sowie Russland heraufbeschworen.[6] Aber das war noch keineswegs das endgültige Aus in dieser Angelegenheit. Churchill, der entschlossen war, die Erzlieferungen zu stoppen, gelang es schließlich, seine Kollegen zu überzeugen und ihnen die Erlaubnis abzuringen, norwegische Gewässer zu verminen, und so wurden am frühen Morgen des 8. April 234 Mark-17-Minen im Vestfjord vor Narvik gelegt. Gleichzeitig hatte man im Firth of Forth an der schottischen Ostküste eine aktionsbereite Expeditionstruppe versammelt für den Fall, dass Hitler mit einer Invasion Norwegens reagieren sollte. Was die Briten nicht wussten: Die Deutschen waren bereits unterwegs.

In Erwartung eines alliierten Versuchs, die Erzlieferungen zu blockieren, hatte Hitler angeordnet, für Mitte Dezember 1939 eine Invasion Norwegens vorzubereiten. In den Wochen nach dieser Entscheidung waren die deutschen Absichten deutlich auszumachen. «Berichte weisen darauf hin, dass die deutschen Streitkräfte und die Marine in verschiedenen Ostseehäfen Vorbereitungen für mögliche Kampfhandlungen in Skandinavien treffen, Aktivitäten werden nicht geheim gehalten, eher im Gegenteil», hießen die Stichworte in den Vorabunterlagen für die Sitzung des Gemeinsamen Geheimdienstausschusses (JIC) vom 4. Januar 1940. «Truppen werden in Kiel und anderen deutschen Ostseehäfen für Landeeinsätze ausgebildet», präzisierte ein Bericht vom 7. Januar: «48 Transporte sollen sich in den Ostseehäfen für den 23. Januar vorbereiten.»[7] Am 26. März warnte eine hochrangige schwedische Quelle den britischen Luftwaffenattaché in Stockholm, dass die Deutschen «Flugzeuge und Schiffe» für eine mögliche «Übernahme norwegischer Flugplätze und

Häfen zusammenzögen», und am 30. März informierte der französische Marineminister seinen neuen Ministerpräsidenten Paul Reynaud, dass die Deutschen «Material für eine Expedition gegen Basen in Südnorwegen» gesammelt hätten.[*][8]

Dass man versäumte, diese Informationen zu beachten und sich auf einen deutschen Angriff vorzubereiten – oder besser noch, die Häfen, in denen die Invasionstruppe vorbereitet wurde, zu bombardieren –, ist erstaunlich. Schwer verständlich ist auch Chamberlains zunehmender Optimismus, der ihn dazu veranlasste, in einer viel beachteten Rede am 4. April zu erklären, dass für Hitler bildlich gesprochen «der Zug abgefahren» sei.[9] Fünf Tage später – vierundzwanzig Stunden nach der britischen Minenplatzierungsoperation – landeten die deutschen Luft- und Seestreitkräfte und eroberten die norwegischen Häfen Kristiansand, Stavanger, Bergen, Trondheim, Narvik und Oslo und überrannten dabei auch Dänemark. Verspätet erkannten die Briten, was für einen schweren Fehler sie gemacht hatten. «Es ist bedauerlich, dass wir weiter gestritten haben, und jetzt sitzen wir da, mit den Deutschen [in Norwegen]», kommentierte General Ironside in seinem Tagebuch.[10] Der Finanzminister, Sir John Simon, war ganz seiner Meinung. Die Deutschen seien «sehr clever» gewesen, sagte er zu Jock Colville. Und «wir waren Idioten, wir waren Idioten!».[11]

Der britische Versuch, die Häfen zurückzuerobern und die Deutschen aus Norwegen zu vertreiben, entpuppte sich als Fiasko, das ist gut dokumentiert.[12] Es mangelte an Karten, Fahrzeugen und Funkgeräten, und vor allem fehlte die Luftunterstützung, bemerkte ein französischer Offizier, sodass man meinen konnte, die Briten hätten «diesen Einsatz wie eine Strafexpedition gegen die Zulus konzipiert»[13]. Schlimmer waren nur die ständigen Änderungen an Plänen und Zielen, was, wie nicht anders zu erwarten, zu Konfusion und letztlich in die Katastrophe führte. Die

---

[*] Daladier war am 20. März zurückgetreten, nachdem die Vertrauensfrage gestellt worden war, weil die Regierung Finnland nicht unterstützt hatte, und sich in der folgenden Abstimmung 300 französische Abgeordnete enthalten hatten.

Deutschen kämpften mit Beharrlichkeit, während sich die Alliierten als unfähig erwiesen, ihre wechselnden Operationen miteinander zu koordinieren oder mit den jeweiligen Truppenteilen abzustimmen. Als Ziel für einen Marineangriff wurde Trondheim ausgegeben, die alte Hauptstadt im Zentrum des Landes, auch wenn das nur möglich war, wenn man den Plan einer frühen Rückeroberung von Narvik zurückstellte, doch dann wurde zurückgerudert – auf Kosten der Landstreitkräfte, die eine Zangenbewegung versucht hatten. Am 27. April beschloss das Kriegskabinett wegen der unsicheren Aussichten auf Erfolg, die ganze Sache endgültig abzuschreiben. Britische Streitkräfte, die in starkem Schnee ohne Skier, Schneeschuhe oder Tarnung und unter ständigen Luftangriffen gekämpft hatten, sollten nun aus Mittelnorwegen evakuiert werden, sodass nur eine kleine Truppe im Norden übrig blieb, die sich auf die Rückeroberung Narviks konzentrieren sollte. Es war, in den Worten eines amerikanischen Kriegsberichterstatters, ein «höllischer Schlamassel».[14]

Der Schock, den die Katastrophe in Norwegen auslöste, war beträchtlich. Von unzutreffenden Presseberichten optimistisch eingestimmt, hatten die Briten einen Sieg erwartet. Stattdessen war die Royal Navy überlistet worden (auch wenn man später eine Reihe von deutschen Zerstörern und U-Booten versenken konnte), dazu hatten die britischen Landstreitkräfte eine eindeutige Niederlage erlitten. «Demütigung und Empörung waren die Schlüsselbegriffe», notierte Robert Bruce Lockhart, nachdem er die Geschichte vom *Times*-Journalisten Colin Coote gehört hatte.[15] Als Harold Nicolson am Nachmittag des 30. April zu einer Sitzung des Watching Committee – eines Gremiums hochrangiger Regierungskritiker unter Vorsitz von Lord Salisbury – kam, fand er eine «bedrückte» Gesellschaft vor: «Der allgemeine Eindruck ist, dass wir den Krieg verlieren könnten.»[16]

Die Schuld für die Niederlage gab man Chamberlain. Dass dies keineswegs fair war, war denjenigen klar, die in die Wendungen der letzten Wochen eingeweiht waren. Wenn es einen Mann gab, der für das Debakel verantwortlich war, dann war es Churchill, der im Gegensatz zu dem Bild, das er in seinen Kriegsmemoiren malt, seine Meinung darüber, ob Narvik oder Trondheim den Fokus für die alliierten Operationen bilden sollte, immer wieder änderte. «Wir müssen den P[remierminister] dazu bringen, bei der Sache mitzuwirken, bevor Winston und Tiny [Ironside] den ganzen Krieg ruinieren», lautete der verzweifelte Kommentar von P. J. Grigg, Ständiger Unterstaatssekretär im Kriegsministerium und Freund von Churchill, am 12. April.[17] Ein paar Tage später war Chamberlain gezwungen, abermals den Vorsitz im Militärkoordinierungsausschuss zu übernehmen, nachdem Churchill die Stabschefs bis an den Rand der Meuterei gebracht hatte. Die Wirkung war durchschlagend: Die Gemüter beruhigten sich, die Sitzungen liefen geordnet ab, und die Entscheidung, sich auf Trondheim zu konzentrieren, wurde einstimmig getroffen. Außerhalb der verschwiegenen Welt von Whitehall wusste man davon jedoch nur wenig, und die Ansicht, dass Chamberlain nicht über die rücksichtslose Entschlossenheit verfügte, die notwendig war, um den Krieg zu gewinnen, zog immer weitere Kreise und erwies sich als entscheidend.

Eine «Flutwelle gegen den Premierminister [habe sich] im Unterhaus» abgezeichnet, hielt Hugh Dalton am 1. Mai fest, nachdem die Nachricht von der Entscheidung, die Truppen aus Südnorwegen zu evakuieren, durchzusickern begann. Sogar konservative Abgeordnete hätten gesagt: «Er muss jetzt gehen.»[18] Am nächsten Tag fand einer der Parlamentarischen Geschäftsführer der Regierung, Charles Waterhouse, ein treuer Chamberlain-Anhänger, ein anonymes Gedicht auf seinem Schreibtisch, das mit Zeilen wie «Kein Parteienzanken» und «Einheit! Nicht geklagt» die konservativen Abgeordneten auf Geschlossenheit einschwören und ihnen deutlich machen wollte, dass für einen Sieg ein «neuer Leader» gebraucht werde.[19] Später bemerkte er, dass es auf den Korridoren «viel Geflüster und vertrauliche Gespräche» unter den Abgeordneten gab. Chamberlains Kritiker sahen aus «wie kleine Jungen, die den Schlüssel zum Süßigkeitenschrank gefunden haben», bemerkte er. «Ich frage mich, ob da etwas dran ist!?»[20]

Trotz aller Intrigen gab es nichts Unvermeidliches an den Ereignissen, die aus der Katastrophe in Norwegen folgten. Chamberlain verfügte im Unterhaus über eine Mehrheit von über 200 Abgeordneten, und Churchill war durch das Fiasko ebenfalls beschädigt. Die Parlamentarischen Geschäftsführer der Regierung begannen eine Flüsterkampagne, in der sie den Marineminister als «den wahren Schuldigen für die norwegische Katastrophe» brandmarkten, und bemühten sich intensiv, die Position Chamberlains zu stärken.[21] Diejenigen, die hofften, dass die Debatte über das Debakel den baldigen Sturz des Premierministers ankündigte, waren pessimistisch. Orme Sargent vom Außenministerium war sich sicher, dass «nichts passieren» und Chamberlain in der Parlamentskammer einen Sieg davontragen werde. Er habe immer geglaubt, dass es erst eine «Katastrophe» geben musste, «um dieses Land aufzuwecken und diese Regierung loszuwerden», bezweifelte aber jetzt, ob die Norwegen-Episode katastrophal genug war, um die konservativen Abgeordneten aus ihrem Stupor herauszureißen. «Wir werden auf mehr warten müssen», bemerkte er düster, «vielleicht eine Invasion Schottlands.»[22] Andere waren sich jedoch weniger sicher. Chips Channon befürchtete, dass die Tage von Chamberlain gezählt sein könnten, während der Erste Parlamentarische Geschäftsführer der Regierung, David Margesson, erklärte, dass sie sich mit der «größten politischen Krise seit August 1931» konfrontiert sahen.[*][23] Alles hing von der Debatte über die Kriegsführung der Regierung ab, die für die folgende Woche, für den 7. und 8. Mai 1940, geplant war.

---

[*] Im August 1931 spaltete die Frage nach einer Kürzung der Arbeitslosenunterstützung, um einen Run auf das Pfund abzuwehren, die Labour-Regierung von Ramsay MacDonald – und die Nationalregierung war geboren.

Mit der Norwegen-Debatte verbindet man die allgemeine Einschätzung, sie könne als die wichtigste in der britischen Geschichte gelten. Sicherlich war es eine Debatte, die seit den Tagen von Cromwell, dessen Worte mit verheerender Wirkung zitiert werden sollten, an Dramatik kaum überboten wurde. Als Chamberlain kurz vor 16:00 Uhr den Plenarsaal betrat, wurde er aus den Reihen der Labour-Abgeordneten mit «Der Zug ist abgefahren»-Rufen begrüßt, was von den Konservativen mit bühnenreifem Jubel gekontert wurde.[24] Seine Rede fiel dürftig aus. Müde und vom Johlen der Opposition irritiert, stolperte er über seine eigenen Worte, sah verlegen aus und zeigte im Allgemeinen nicht das Selbstvertrauen, das die Abgeordneten von ihm gewohnt waren. Seine Verteidigung der norwegischen Expedition langweilte seine Zuhörer (der ägyptische Botschafter schlief ein) und war nach Ansicht vieler realitätsfern. Nachdem er die erfolgreiche Evakuierung lobend hervorgehoben und auf die Verluste auf deutscher Seite hingewiesen hatte, vertrat er die Ansicht, dass die Auswirkungen des Fehlschlags «stark übertrieben» worden seien.[25] «Niemand, der seine Rede hörte, hätte angenommen, dass Großbritannien eine schwere Niederlage erlitten hatte», erinnerte sich der liberale Abgeordnete Dingle Foot, und als Chamberlain sich setzte, waren es nur die «Jasager» der Regierung, die applaudierten.[26]

Dennoch war der allgemeine Eindruck, dass die Regierung «damit durchkommen würde»[27]. Dass dies nicht der Fall war, lag an Admiral Sir Roger Keyes, dem konservativen Abgeordneten für Nord-Portsmouth, der sich in der vollen Uniform eines Admirals der Flotte, mit sechs Reihen Orden auf der Brust, kurz nach 19 Uhr erhob, um eine verheerende Anklage gegen die Regierung und ihre Handhabung des Norwegen-Feldzugs zu führen.

Keyes, ein Held des Ersten Weltkriegs, der 1918 den Angriff in Zeebrugge angeführt hatte,* erklärte, er trage seine Uniform, weil er im

---

* Der Überfall in Zeebrugge vom 23. April 1918 war ein erfolgloser Versuch der Royal Navy, den belgischen Hafen zu blockieren und damit den dort liegenden deutschen U-Booten und Schiffen den Zugang zum Ärmelkanal zu verwehren.

Namen der vielen Offiziere und Männer der kämpfenden, zur See fahrenden Marine sprechen wolle, die sich schwer im Stich gelassen fühlten. Es sei nicht ihre Schuld gewesen, behauptete er mit nervöser Stimme, was seinem Argument noch mehr Gewicht verlieh, dass es deutschen Kriegsschiffen gelungen sei, in norwegische Gewässer einzudringen und eine Invasionstruppe zu landen. Es sei nicht ihre Schuld, dass ungeschützte Häfen und Flugplätze fast einen Monat lang unbehelligt geblieben waren. Es sei nicht ihre Schuld, dass die Deutschen ihre anfängliche Streitmacht mit schwerer Artillerie und Panzern hatten verstärken können. Und es sei nicht ihre Schuld, dass der Marineangriff auf Trondheim, der von entscheidender Bedeutung für die britischen Landstreitkräfte gewesen wäre, nicht zustande gekommen war. Nein, der Kleinmut der Londoner Regierung sei schuld und die Art und Weise, wie im Whitehall-Ausschuss Entscheidungen getroffen worden seien. Es sei eine «schockierende Geschichte des Unvermögens», die, so versicherte er den Abgeordneten, «niemals hätte passieren dürfen». Die Gallipoli-Tragödie sei «Schritt für Schritt» wiederholt worden, und wenn die Regierung den Krieg nicht verlieren wolle, dann täte sie gut daran, sich an Nelsons Diktum zu erinnern, dass «die kühnsten Maßnahmen die sichersten sind»[28]. Die Rede übertraf alles, was Harold Nicolson je an dramatischen Reden gehört hatte. Aber das war noch nicht der Schlusspunkt.

Um 20:03 Uhr erteilte der stellvertretende Sitzungsleiter dem Anführer der konservativen Dissidenten, Leo Amery, das Wort. Amerys berüchtigt wortreiche Reden hatten meist eine einschläfernde Wirkung auf sein Publikum. Anders bei diesem Mal. Entschlossen, den Sturz der Chamberlain-Regierung zu erzwingen, hatte er den Morgen damit verbracht, seine Rede sorgfältig vorzubereiten und sogar ein paar seiner Lieblingszitate von Oliver Cromwell nachgeschlagen. Als er noch einmal las, wie der zukünftige Lordprotektor 1653 die Entlassung des Rumpfparlaments durchsetzte, fragte er sich, ob es sich dabei nicht um «zu starken Tobak» handelte, beschloss aber, das Zitat parat zu haben, falls der Moment es erforderte. Nachdem Amery mit der Behauptung begonnen hatte, dass es das Parlament selbst sei, das vor Gericht stand – denn «wenn wir diesen Krieg verlieren, ist es nicht diese oder jene kurzlebige Regierung, sondern das Parlament als Institution, die für immer und ewig verurteilt werden wird» –, begann er mit einer vernichtenden Offenlegung der Ereignisse des gesamten skandinavischen Abenteuers: «Es ist eine Geschichte der mangelnden Voraussicht und fehlenden Vorbereitung, eine Geschichte der Unentschlossenheit, Langsamkeit und Angst vor Risiken.» Und es wäre eine Sache, wenn es sich um eine einmalige Katastrophe handeln würde, aber so sei es nicht. Die gesamte Kriegsführung, so behauptete er, leide unter der Trägheit der Regierung. «Wir können nicht so weitermachen wie bisher», erklärte er unter wachsendem Applaus aus allen Teilen des Hauses. «Es muss eine Veränderung geben.» Hochrufe waren zu hören. «Auf die eine oder andere Art und Weise müssen wir Männer in die Regierung bekommen, die unseren Feinden in Kampfgeist und Wagemut, in Entschlossenheit und Siegeswillen ebenbürtig sind.» Noch mehr Jubel. «Wir kämpfen heute für unser Leben, für unsere Freiheit, für alles, was uns wichtig ist. Wir können uns nicht länger so führen lassen wie bisher.»[29]

Amery hielt inne. Er hatte den Höhepunkt seiner Rede erreicht: den Moment, in dem er sich entscheiden musste, ob er die Worte, die er an diesem Morgen aufgeschrieben hatte, verlesen sollte oder nicht. Der Gefahr, zu weit zu gehen, war er sich bewusst. «Ich war nicht auf einen dramatischen Schlusspunkt aus, sondern verfolgte einen reellen Zweck: die Regierung zu stürzen», erinnerte er sich. Aber er hatte die Stimmung im Unterhaus unverkennbar auf seiner Seite, und «von dem Gefühl, das [seine] Rede auf den Bänken ... hervorgerufen hatte, mitgerissen», beschloss er, alle Vorsicht in den Wind zu schlagen.[30]

Er hatte bereits Cromwells Worte an John Hampden zitiert, als der Hampden dafür tadelte, dass er «altersschwache Diener» in der Parlamentarischen Armee (eine Spitze in Richtung Chamberlain, Simon und Hoare) beschäftigt habe, nun kündigte er an, noch mehr von Cromwell zu zitieren. Er tue dies nur zögerlich, da er von «alten Freunden und

Weggefährten» spreche,* aber es seien Worte, die er für die gegenwärtige Situation für anwendbar halte.

> Das sind die Worte, die Cromwell zum Langen Parlament sprach, als er zu dem Schluss gekommen war, dass es nicht mehr geeignet sei, die Angelegenheiten der Nation zu regeln: «Für das wenige, was ihr an Gutem geleistet habt, habt ihr hier lange genug gesessen. Verabschiedet euch, sage ich, und lasst uns nicht länger warten. Im Namen Gottes, geht!»[31]

Auch wenn es unterschiedliche Angaben darüber gibt, ob Chamberlain zum Zeitpunkt dieser Aufforderung im Saal war oder nicht, sicher ist, wie sein Parlamentarischer Privatsekretär Alec Douglas-Home notierte, die Worte trafen wie «ein Dolch ins Herz»[32].

———

Der zweite Tag der Debatte war nicht minder dramatisch. Es begann damit, dass Herbert Morrison von der Labour-Partei entgegen allen Erwartungen ankündigte, dass die Opposition am Ende der Debatte eine Abstimmung einfordern werde – de facto ein Vertrauensvotum über die Regierung. Sofort sprang Chamberlain auf, «seine Zähne fletschend wie eine in die Ecke getriebene Ratte», und nahm die Herausforderung an.[33] «Ich habe Freunde hier im Parlament», erklärte er – und wählte damit eine ebenso unglückliche und schädliche Formulierung wie «der Zug ist abgefahren» oder «Frieden für unsere Zeit», da er damit an die Loyalität einer Partei in einem Moment der nationalen Krise appellierte –, «und ich fordere meine Freunde auf, uns heute Abend in der Lobby zu unterstützen.»[34]

Der nächste große Moment kam, als David Lloyd George eine Rede hielt,

---

* Chamberlain hatte nicht nur dafür gesorgt, dass Amery seinen Sitz bekam, sondern Amery war auch der Pate von Chamberlains Sohn Frank.

von der Violet Bonham Carter (deren Vater Herbert Asquith während des Ersten Weltkriegs von Lloyd George verdrängt worden war) sagte: Das war «die beste und tödlichste Rede, die ich je von ihm gehört habe».[35] Er kritisierte die Regierung für ihre Handhabung der Norwegen-Expedition und versuchte dennoch, Churchill abzuschirmen, indem er sagte, er glaube nicht, dass der Marineminister für all die Dinge verantwortlich sei, die in Norwegen passiert waren. Als Churchill darauf bestand, die volle Verantwortung zu übernehmen, forderte sein Freund und ehemaliger Mitarbeiter ihn dazu auf, sich nicht «in einen Luftschutzkeller zu verwandeln, nur um zu verhindern, dass die Splitter seine Kollegen treffen».[36] Die Abgeordneten der Opposition brachen in schallendes Gelächter aus, nachdem sie sich zuvor heiser geschrien hatten, um die Rede zu unterstützen. Horace Wilson, der von der Galerie aus zusah, war erstaunt über den Hass, der auf vielen Gesichtern geschrieben stand: «Es war die aufgestaute Bitterkeit und persönliche Feindseligkeit ... ganzer Jahre.»[37] Aus dem Oberrang schaute noch jemand zu: Annie Chamberlain. Ganz in Schwarz gekleidet, bis auf einen kleinen Strauß Veilchen, den sie angesteckt hatte, «sah sie unendlich traurig aus, wie sie auf das verrückte Schauspiel in der Arena hinunterblickte, wo die Löwen auf das Blut ihres Mannes aus waren». In der Hoffnung, ihn mit einer «Aura der Zuneigung» umgeben zu können, hatte sich der wie immer dienstbeflissene Chips Channon einen Platz direkt hinter Chamberlain gesucht. Aber auch das war kein Schutz vor den sorgfältig gezielten Pfeilen von Lloyd George.[38] Das Problem seien nicht die Freunde des Premierministers, betonte der ‹walisische Zauberer›, sondern der eine große Feind des Landes. Der Premierminister sei mit Hitler sowohl in Friedenszeiten als auch im Krieg aufeinandergetroffen und sei «immer besiegt worden». Dann rief er zum Opfergang auf. «Ich sage feierlich, dass der Premierminister ein Beispiel geben und ein Opfer bringen sollte, denn es gibt nichts, was mehr zum Sieg in diesem Krieg beitragen kann, als wenn er die Amtssiegel opfert.»[39]

Unterdessen versuchten die Parlamentarischen Geschäftsführer und die Parlamentarischen Privatsekretäre verzweifelt, die Rebellion aufzuhalten. «Nur noch einmal», flehten sie.[40] Die Regierung würde wieder umgebaut werden, boten sie an, Simon und Hoare würden gehen. Der Premierminister sei bereit, alle Forderungen zu akzeptieren, die sie stellen würden. Aber es war zu spät. Die Rebellen waren nicht mehr umzustimmen, und auf einer gemeinschaftlichen Sitzung der verschiedenen Dissidentengruppen wurde beschlossen, sich mit aller Kraft gegen die Regierung zu stellen. Noch beunruhigender für die Anhänger des Premierministers war, von wie vielen ehemaligen Chamberlain-Anhängern zu hören war, dass auch sie zu rebellieren beabsichtigten. «Tatsache ist, dass ich keinen jungen Offizier kenne, der die Regierung von ganzem Herzen unterstützen kann», erklärte Quintin Hogg, der als Offizier in der Schützendivision von Tower Hamlets seine Männer selbst ohne Bren-Gewehre und Munition «ausgebildet» hatte, gegenüber dem ihn flehentlich beknienden Alec Dunglass.[41] Ein weiterer Loyalist, der auf die Seite der Rebellen gewechselt hatte, war Roy Wise, Abgeordneter für Smethwick. Der Oberstleutnant der Infanterie im Queen's Royal Regiment war in Norwegen mit dabei gewesen und nun entschlossen, gegen die Regierung zu stimmen – im Namen seiner Männer, die fortwährend «von deutschen Flugzeugen bombardiert worden waren und nichts hatten, um den Beschuss zu beantworten, nicht einmal ein Maschinengewehr»[42].

Als es schließlich im Anschluss an Churchills achtbare Verteidigung der Regierung zur Entscheidung kam, war Hugh Dalton überwältigt von der Anzahl der Tory-Abgeordneten, viele von ihnen in Uniform, die sich in der Oppositionslobby tummelten.

> Ein paar Stunden zuvor hatte ich nicht geglaubt, dass wir mehr als ein Dutzend, allerhöchstens fünfzehn Regierungsanhänger auf unsere Seite bringen könnten. ... Tatsächlich waren es zwischen vierzig und fünfzig. Ich hatte Tränen in den Augen. Viele von ihnen gaben das letzte Votum, das sie je abgeben würden, für ihr Land und gegen ihre Partei ab.[43]

«Verräter!» schrien die Chamberlain-Anhänger die Überläufer an. «Ratten!» und «Jasager!» bekamen sie zur Antwort.[44] Langsam gingen David Margesson und drei weitere Auszähler zum Schreibtisch unterhalb des Präsidialstuhls. Auf den bis zum letzten Platz besetzten Bänken waren die Abgeordneten «so angespannt, dass sie wie straffgespannter Draht zu vibrieren schienen», erinnerte sich Louis Spears.[45] Die Auszähler verbeugten sich, und dann las Margesson mit seiner klaren, weit tragenden Stimme das Ergebnis vor:

Die Ja-Stimmen auf der Rechten – 281, die Nein-Stimmen auf der Linken – 200.

Chaos brach aus. Die Mehrheit der Regierung von über 200 Stimmen war auf nur noch 81 zusammengeschmolzen. 41 Regierungsabgeordnete (33 von ihnen Konservative) hatten gegen die Regierung gestimmt, während sich rund 40 weitere enthalten hatten.* Es war eine vernichtende moralische Niederlage. Vor der Auszählung waren sich die Anhänger von Chamberlain einig gewesen, dass er zurücktreten müsse, wenn er nicht eine Mehrheit von mehr als hundert Stimmen erhalten würde – das in Kriegszeiten notwendige Minimum an Unterstützung. Auf den Oppositionsbänken brach Jubel aus, bald folgten Rufe wie «Zurücktreten!» und «Raus!». Violet Bonham Carter war schockiert, als sie sah, wie «biedere, respektable Konservative, darunter Harold Macmillan mit seinem hohen weißen Kragen und strammsitzenden Kneifer, wie die Paviane ‹Raus! Raus! Raus!› brüllten.»[46] Josiah Wedgwood begann, «Rule Britannia» zu singen, Macmillan stimmte mit seinem unmelodiösen Organ mit ein, «verrückt grinsend wie ein Schuljunge», zum Schluss wurden die beiden von Tory-Loyalisten niedergeschrien.[47]

---

* Die genaue Zahl der bewussten Stimmenthaltungen ist nicht festzustellen, da eine Reihe von Abgeordneten aufgrund von Krankheit oder eines Auslandseinsatzes nicht anwesend waren.

Chamberlain sah aus, als hätte ihm jemand einen Schlag in die Magengrube verpasst. Er erhob sich jedoch mit Würde, und mit einem kurzen Lächeln in Richtung seiner Anhänger – denen Margesson ein Zeichen gegeben hatte, dass sie jubeln sollten – begann er, sich an seinen Kabinettskollegen vorbei und über deren Füße steigend durch die Sitzreihen zu tasten, um zum Ausgang zu gelangen. Als Spears ihn gehen sah, merkte er, dass sein Zorn verflogen war, obgleich er gerade gegen die Regierung gestimmt hatte:

> Er verließ das Haus und ging mit schweren Schritten durch die Lobby, eine wirklich traurige und erbärmliche Gestalt. Seine Gedanken müssen so düster gewesen sein wie die Kleidung, die er trug. Ich, der ich mich seiner Politik so bitterlich widersetzt hatte, hatte großes Mitgefühl mit ihm, als er so allein von dannen zog, im Kielwasser all seiner verflossenen Hoffnungen und vergeblichen Bemühungen.[48]

Die nächsten 24 Stunden verbrachte Chamberlain mit dem Versuch, die Labour-Führung davon zu überzeugen, einer wahrhaft nationalen Regierung unter seiner Führung beizutreten – seine einzige Überlebenschance –, während alle anderen über seine Nachfolge diskutierten. Dass Halifax und nicht Churchill der Kandidat der meisten konservativen Abgeordneten, der Labour-Partei und der Liberalen, des Kabinetts, der Presse, Chamberlains und des Königs war, ist gut dokumentiert. Von allen hochgeschätzt, hatte Halifax trotz seiner dreißigjährigen politischen Karriere praktisch keine Feinde und erschien als der Hohepriester eines respektablen Konservatismus im Gegensatz zum unberechenbaren Architekten der Dardanellen-Expedition fast jedem als die naheliegende Wahl. Das Problem war, dass Halifax den Job nicht wollte. Schon im Mai 1939 hatte Victor Cazalet gegenüber Lord Tweedsmuir geltend gemacht, dass Halifax «sich absolut weigert, die Idee, P[remierminister] zu werden, in Betracht zu ziehen»[49]. Ein Jahr später hatte sich daran wenig geändert. Dass er Peer war, war dabei lediglich das offensichtlichste Hindernis: Es wäre ihm unmöglich, so Halifax, beide Positionen auszufüllen und sich dann zeitweise aus dem Zentrum des politischen Handelns im Unterhaus zurückzuziehen. Aber er hatte wohl auch seine eigenen Unzulänglichkeiten als potenzieller Anführer in Kriegszeiten erkannt, insbesondere im Gegensatz zu Churchills offensichtlichen Qualitäten. Angesichts der Tatsache, dass Halifax während des Sitzkrieges wesentlich weniger Initiative und noch weniger Kampfgeist als Chamberlain gezeigt hatte, ist es überraschend, dass dieser Gedanke nur wenigen kam. Wie dem auch sein mochte, es sollte nicht sein.

Halifax weigerte sich, den Bitten von mehreren Seiten nachzugeben, und als die Labour-Führung am 10. Mai um 16:45 Uhr (40 Stunden nach der Abstimmung) bestätigte, dass man dort nicht bereit war, unter Chamberlain einem Kabinett beizutreten, blieb dem Premierminister keine Alternative. Er hatte gehofft, dass die deutsche Invasion in den Niederlanden, die früh am Morgen begonnen hatte, ihm eine Gnadenfrist verschaffen würde, aber er wurde bald eines Besseren belehrt. Um 18 Uhr bot er dem König seinen Rücktritt an und empfahl Churchill als seinen Nachfolger.*

Kurz darauf trafen sich Alec Dunglass und Jock Colville mit Chips Channon und Rab Butler in Butlers Büro im Außenministerium. «Ich öff-

---

* «Ich akzeptierte seinen Rücktritt», schrieb George VI. in dieser Nacht in sein Tagebuch, «und sagte ihm, wie außerordentlich ungerecht er meiner Meinung nach behandelt worden sei und dass es mir schrecklich leidtäte, dass all diese Kontroversen stattgefunden hätten. Dann führten wir ein informelles Gespräch über seinen Nachfolger. Ich schlug natürlich Halifax vor, aber er sagte mir, dass H. verzichten wolle, da er als Oberhausmitglied dort, wo all die eigentliche Arbeit stattfand, im Unterhaus, lediglich wie ein Schatten oder Geist agieren könne. Ich war enttäuscht über diese Aussage, da ich der Ansicht war, H. sei die offensichtliche Wahl und dass seine Zugehörigkeit zum Oberhaus vorerst in der Schwebe gehalten werden könnte. Dann wurde mir klar, dass es nur eine Person gab, die ich auffordern konnte, eine Regierung zu bilden, in die das Land Vertrauen hatte, und das war Winston. Ich fragte Chamberlain nach seinem Rat, und er sagte mir, Winston sei der Mann, den man aufstellen solle.»

nete eine Flasche Champagner», notierte Channon, «und wir vier treuen Anhänger von Herrn Chamberlain prosteten uns mit dem alten Jakobiter-Trinkspruch zu: ‹To the King over the water› (i.e. Auf den König jenseits des Wassers; James Francis Edward Stuart, 1688–1766).»[50] Danach äußerten sich Dunglass und Butler – die 23 Jahre später Rivalen um das Amt des Premierministers sein sollten –, ohne ein Blatt vor den Mund zu nehmen. «Rab sagte, dass die gute saubere Tradition der englischen Politik, die von Pitt im Gegensatz zu Fox, an den größten Abenteurer der modernen politischen Geschichte verkauft worden sei», schrieb Colville. «Dieser plötzliche Staatsstreich von Winston und seinem Pöbel sei eine schwerwiegende Katastrophe und unnötig dazu. Unsere Sache sei von Herrn C[hamberlain], Lord Halifax und Oliver Stanley verkauft worden. [Letzterer hatte einen besonders dürftigen Beitrag zur Norwegen-Debatte geleistet.] Schwach, wie sie waren, hatten sie vor einem halben Amerikaner kapituliert, der hauptsächlich von ineffizienten, aber großsprecherischen Menschen seines Schlages unterstützt wird.»[51]

Unterdessen hatte Churchill einen weiteren Schritt auf einem schicksalhaften Weg getan.

KAPITEL 25

Das letzte Gefecht

Wir werden uns niemals ergeben.

Winston Churchill, 4. Juni 1940[1]

Zum letzten Gefecht der Appeasement-Politik kam es rund zwei Wochen später. Überrascht von der deutschen Offensive (obwohl sie lange erwartet worden war), befanden sich die alliierten Truppen bald in Auflösung, und die Wehrmacht drang tief in niederländisches und belgisches Gebiet ein. Am 14. Mai 1940 durchbrach General Gerd von Rundstedts Heeresgruppe A die französische Linie bei Sedan – dem Ort der entscheidenden Niederlage Napoleons III. gegen die Preußen 1870 – und erreichte bis zum 20. Mai den Kanal, sodass sich die britische und die nordfranzösische Armee eingekreist sahen. Den Zusammenbruch Frankreichs und den potenziellen Verlust des britischen Expeditionskorps (BEF) vor Augen, begann das Kriegskabinett, das aktuell aus Winston Churchill (Premierminister), Neville Chamberlain (Lord President), Lord Halifax (Außenminister), Clement Attlee (Lordsiegelbewahrer) und Arthur Greenwood (Minister ohne Zuständigkeitsbereich) bestand, die Möglichkeit von Friedensgesprächen zu diskutieren.

Der Mann, der diese Debatte erzwang, war Halifax. Entsetzt über den Zusammenbruch der französischen Gegenwehr und pessimistisch, was die britischen Aussichten anging, hielt er es für seine Pflicht herauszufinden, welche Bedingungen Hitler anbieten würde. Am 25. Mai erhielt er Churchills Einverständnis, sich an den italienischen Botschafter Giuseppe Bastianini zu wenden, vordergründig, um zu besprechen, ob durch bestimmte Maßnahmen (Bestechungsgelder) Italien zur Neutralität bewegt werden könne, aber auch um Mussolinis Bereitschaft auszuloten, als Vermittler zwischen den Alliierten und Hitler zu fungieren. Bastianini war aufgeschlossen. Als er die eigentliche Absicht des Außenministers durchschaut hatte, fragte er, ob es möglich sei, «nicht nur Großbritannien und Italien, sondern weitere Länder» – mit anderen Worten Deutschland – an einem möglichen Gespräch zu beteiligen. Als Halifax antwortete, dass es schwierig sei, sich solche Gespräche vorzustellen, während der Krieg noch andauere, versicherte ihm der Botschafter, dass, sobald solche Gespräche begonnen hätten, «Krieg sinnlos wäre».[2]

Am nächsten Tag, Sonntag, dem 26. Mai, begann die britische Expeditionstruppe, sich in Richtung Dünkirchen zurückzuziehen. Vor diesem Hintergrund kam Halifax bei drei separaten Sitzungen des Kriegskabinetts auf die Frage zu sprechen, ob möglicherweise Friedensbedingungen ausgelotet werden sollten. «Wir müssten der Tatsache ins Auge sehen, dass es jetzt weniger darum gehe, Deutschland vollständig zu besiegen, als vielmehr darum, die Unabhängigkeit unseres eigenen Empires und wenn möglich auch die Frankreichs zu schützen», konstatierte er. Unter diesen Umständen war Churchill bereit, ein Gespräch zu führen, vorausgesetzt, dass Englands «vollständige Freiheit und Unabhängigkeit» unangetastet bliebe.[3] Churchill hatte zwar einen aufmunternden Bericht der Stabschefs mit dem verklausulierten Titel «Britische Strategie für das Eintreten einer gewissen Situation» (d. h. des Zusammenbruchs Frankreichs) vorliegen, in dem es hieß, dass Großbritannien, auf sich allein gestellt, überleben *könne* – vorausgesetzt, dass die britische Marine und die Luftstreitkräfte intakt blieben, um eine deutsche Invasion abzuwehren –, er hielt es aber trotzdem in der momentanen Lage nicht für möglich, Halifax' Überlegungen uneingeschränkt abzulehnen. Seine eigene Position als Premierminister war alles andere als sicher, und ein offener Bruch mit seinem Außenminister (den die meisten konservativen Abgeordneten als Chamberlains Nachfolger gewollt hatten) hätte sie womöglich vollständig unterminiert. Er erklärte daher, dass er es zwar für «undenkbar hielt, dass Hitler Bedingungen zustimmen werde, die wir akzeptieren könnten, ... wenn wir allerdings aus dieser misslichen Lage herauskommen könnten, indem wir Malta und

Gibraltar [an Italien] und einige afrikanische Kolonien [an Deutschland] abgeben, sei er sofort einverstanden.» Der einzig sichere Weg sei jedoch, «Hitler davon zu überzeugen, dass er uns nicht schlagen könne».[4]

Die folgenden 24 Stunden brachten nur die düstersten Nachrichten. Hitler hatte seinen intern umstrittenen Haltebefehl am Morgen des 26. Mai aufgehoben,[*] und am 27. Mai waren die deutschen Speerspitzen weniger als zehn Kilometer von Dünkirchen entfernt. Effektiv endete der Widerstand am Nachmittag des 26. Juni in Calais, aber Churchill sah sich gezwungen, den örtlichen Kommandanten aufzufordern, den Kampf fortzusetzen, um die Flanke des Großteils der britischen Streitkräfte zu schützen, die sich noch in Richtung Dünkirchen zurückzogen.

Um 19:00 Uhr wurde der Befehl zur Operation Dynamo, der Evakuierung des BEF aus Frankreich, erteilt. Später am Abend erfuhr das Außenministerium, dass der König von Belgien, Leopold III., sich zu einem Separatfrieden mit Deutschland entschlossen hatte. Um 07:15 Uhr am folgenden Morgen, Montag, den 27. Mai, wurde Churchill durch einen Telefonanruf geweckt. Es war Vizeadmiral Somerville, der berichtete, dass die Deutschen ihre Geschütze nördlich von Calais verschoben hatten und nun Schiffe beschossen, die sich Dünkirchen näherten. Den Rest des Tages flog die Luftwaffe unerbittliche Angriffe auf die in Dünkirchen gestrandeten alliierten Streitkräfte. Die entscheidende Schlacht wurde jedoch in London geschlagen.

Um 16:30 Uhr traf sich zum zweiten Mal an diesem Tag das Kriegskabinett, erweitert um Sir Archibald Sinclair – den neuen Minister für die Luftstreitkräfte und vor allem ein Verbündeter Churchills. Das Treffen dauerte nur anderthalb Stunden. Mit guten Gründen lässt sich jedoch davon spre-

---

[*] Aus Angst, dass sich das Gelände für Panzer als zu sumpfig erweisen würde und weil er von Göring zugesichert bekommen hatte, dass die Luftwaffe die eingeschlossene britische Expeditionstruppe ohne weitere Unterstützung zerstören könne, hatte Hitler die deutschen Panzerdivisionen angewiesen, am 24. Mai nur 25 Kilometer vor Dünkirchen zu stoppen. So entstand das entscheidende Zeitfenster, in dem die Evakuierung «Operation Dynamo» erfolgen konnte.

chen, dass dies wohl die wichtigsten neunzig Minuten des Krieges waren – ohne Zweifel waren es diejenigen, in denen Hitler einem Sieg am nächsten kam.[5] Churchill hatte zuvor von Halifax ein Memorandum über die «Empfohlene Vorgehensweise gegenüber Signor [sic] Mussolini» erhalten, nun erklärte er, dass er ernsthafte Zweifel gegenüber einem solchen Schritt habe. Sinclair sprang dem Premierminister sofort bei. «Er sei überzeugt, dass eine Annäherung an Italien zu diesem Zeitpunkt nutzlos sei», heißt es im Protokoll des Kriegskabinetts. «Jede Schwäche unsererseits würde die Deutschen und die Italiener ermutigen und könnte möglicherweise die Moral sowohl in diesem Land als auch in den anderen Commonwealth-Staaten untergraben.» Sowohl Attlee als auch Greenwood stimmten zu. «Wenn herauskäme, dass wir Bedingungen ausgehandelt haben, die die Abtretung britischen Territoriums beinhalten, wären die Folgen schrecklich», argumentierte Greenwood. «Wir steuern auf eine Katastrophe zu, wenn wir diese Ansätze weiterverfolgen.»

Churchill erklärte dann seine eindeutige Ablehnung des Halifax-Plans. Eine Annäherung an Mussolini würde mit ziemlicher Sicherheit «mit Verachtung» aufgenommen werden und «die Glaubwürdigeit unserer kämpferischen Haltung in diesem Land ruinieren».

> Unser Ansehen in Europa hat derzeit sehr gelitten. Wir können es nur zurückgewinnen, indem wir der Welt zeigen, dass Deutschland uns nicht geschlagen hat. ... Selbst wenn wir geschlagen werden würden, sollten wir damit nicht schlechter dran sein, als wenn wir den Kampf jetzt aufgeben. Vermeiden wir es daher, mit Frankreich auf die schiefe Bahn zu geraten. Dieses ganze Manöver war nur dazu da, uns so tief in Verhandlungen hineinzuziehen, dass wir nicht mehr kehrtmachen können.[6]

Nachdem Halifax diesem «verheerenden Blödsinn» – Worte, die er in seinem Tagebuch wählte – zugehört hatte, drohte er indirekt mit seinem Rücktritt.[7] Dies führte zu dem berühmten Spaziergang im Garten von Downing Street Nr. 10, in dem Churchill, auch wenn er es nicht schaffte, den Außenminister von seiner Sichtweise zu überzeugen, dank seines immensen Charmes offensichtlich Erfolg damit hatte, ihn von diesem Schritt abzubringen, der, wie beide Männer wussten, das Ende der Regierung bedeuten konnte.

Dennoch kam Halifax am nächsten Tag, Dienstag, den 28. Mai, neuerlich auf seinen Standpunkt zurück, als das Kriegskabinett um 16 Uhr im Unterhaus tagte. Nachdem der Außenminister die Annäherung an Mussolini (die auch die französische Regierung forderte) zur Sprache gebracht hatte, bat er seine Kollegen, «die Tatsache nicht zu ignorieren, dass wir bessere Bedingungen bekommen können, solange weder Frankreich aus dem Krieg ausgestiegen ist noch unsere Flugzeugfabriken bombardiert wurden – wie es in drei Monaten der Fall sein wird». Wieder einmal war Churchill anderer Meinung. Die Wahrscheinlichkeit sei hoch, dass Hitler Bedingungen anbieten werde, die für die britische Unabhängigkeit oder Integrität von Nachteil wären, und wenn dann die britischen Verhandlungsführer vom Konferenztisch aufstünden, wie es zwangsläufig der Fall sein werde, «werden wir feststellen, dass alle Entschlusskraft, die uns jetzt zur Verfügung steht, bis dahin verschwunden wäre». In diesem entscheidenden Moment schlug sich Chamberlain – der in den vorangegangenen Sitzungen versucht hatte, für ein Gleichgewicht zwischen Halifax und Churchill zu sorgen, obwohl er zu Letzterem neigte – auf die Seite des Premierministers. «Der Lord President ... stimmte dieser allgemeinen Analyse zu», so das Kabinettsprotokoll. Und Chamberlain wies darauf hin, dass die Fortsetzung des Kampfes zwar ein ernstzunehmendes Wagnis darstelle, aber die Alternative zum Kampf «auch ein beträchtliches Risiko mit sich bringe». Er kam daher zu dem Schluss, dass es zum jetzigen Zeitpunkt «nicht hilfreich sei, eine Annäherung, so wie vorgeschlagen, zu unternehmen». Das war eine unverzichtbare Intervention – und im Vergleich zu der Situation achtzehn Monate zuvor, als Halifax sich Chamberlain wegen der Bad Godesberger Forderungen widersetzt hatte, ein Rollentausch, der, wenn er sich andersherum abgespielt hätte, das Potenzial gehabt hätte, den Lauf der Geschichte zu verändern.[8]

Churchills nächster Zug sollte Halifax Schachmatt setzten. Zum Abschluss der Sitzung bat er darum, dass das Kriegskabinett um 19 Uhr wieder zusammenkommen solle, nachdem er sich mit dem gesamten Kabinett getroffen habe, das bisher von den Beratungen ausgeschlossen gewesen war. Vor diesen 25 Ministern – darunter Vertreter der Konservativen, der Labour-Partei, der National-Liberalen und des Labour-Pendants sowie der Liberalen – gab Churchill einen Überblick über die Situation in Dünkirchen und «minimierte keineswegs das Ausmaß der Katastrophe oder weiterer Katastrophen, die sich nach einem erfolgreichen deutschen Marsch bis nach Paris und einer französischen Kapitulation ergeben könnten»[9]. Es sei offensichtlich, dass die Deutschen bald anfangen würden, ihre Aufmerksamkeit den Britischen Inseln zuzuwenden: «Versuche einer Invasion wird es zweifellos geben.» Unter diesen Umständen, so zeichnete es Hugh Dalton auf, der neu ernannte Minister für Wirtschaftskriegsführung, habe sich Churchill gefragt, ob es seine «Pflicht sei, die Aufnahme von Verhandlungen mit *diesem Mann* in Betracht zu ziehen», er habe aber entschieden, dass es «müßig sei zu denken, dass wir, wenn wir jetzt versuchen, Frieden zu schließen, bessere Bedingungen bekommen, als wenn wir kämpfen».[10]

Die Deutschen würden unsere Flotte – das nennt sich dann «Abrüstung» –, unsere Marinestützpunkte und vieles mehr verlangen. Wir würden in einen Sklavenstaat verwandelt werden, auch wenn eine britische Regierung, als Marionette Hitlers, gebildet würde – «unter [Oswald] Mosley [dem Führer der Britischen Union der Faschisten] oder einer ähnlichen Person». Und wo stünden wir dann am Ende all dessen? Entschieden wir uns anders, hätten wir immense Reserven und Vorteile. Deshalb sagte er: «Wir werden weitermachen und bis zur Entscheidung kämpfen, hier oder anderswo, und wenn schlussendlich unsere lange Geschichte auf dieser Insel doch einmal enden soll, dann erst, wenn jeder Einzelne von uns an seinem eigenen Blut erstickend am Boden liegt.»[11]

Niemand äußerte «auch nur den leisesten Anflug von Widerspruch», im Gegenteil, als Churchill die Rede beendet hatte, beeilten sich mehrere Minister, ihm zu gratulieren. Er könne sich nicht erinnern, dass er «jemals zuvor gehört hatte, wie sich eine Versammlung von hochrangigen Persönlichkeiten aus dem politischen Leben mit so viel Nachdruck äußert», sagte er dem Kriegskabinett, als er es um 19 Uhr wieder einberief. «Sie hätten keine Besorgnis über die Situation in Frankreich artikuliert, sondern die größte Befriedigung, als er ihnen gesagt habe, dass wir den Kampf auf gar keinen Fall aufgeben.»[12]

Konfrontiert mit einem solchen einstimmigen Ergebnis, hatte Halifax keine andere Wahl, als die Niederlage zu akzeptieren. Er erinnerte noch an den französischen Wunsch, einen Appell an Präsident Roosevelt zu richten, aber als Churchill dies ablehnte und argumentierte, dass die Vereinigten Staaten einer «mutigen Haltung» Respekt zollen würden, «aber ein kriecherischer Appell ... würde die schlimmstmögliche Wirkung haben», hatte er nichts mehr einzuwenden. Churchill hatte gewonnen.

In der Zwischenzeit begann die Evakuierung aus Dünkirchen besser zu funktionieren. Am nächsten Tag, Mittwoch, den 29. Mai, konnten trotz anhaltender Luftangriffe 47 000 Männer gerettet werden, am darauffolgenden Tag 53 800. Am Tag danach waren es 68 000 Menschen. Bis Ende Juni – neun Tage nach Beginn der Operation Dynamo – waren 338 226 Mann evakuiert worden, darunter mehr als 125 000 französische Soldaten.[13] In Anbetracht der Tatsache, dass 45 000 das Maximum gewesen waren, das die Stabschefs für möglich gehalten hatten, grenzte das Ergebnis an ein Wunder und gab der Entschlossenheit, den Kampf fortzusetzen, sowohl im Kriegskabinett als auch im ganzen Land beträchtlichen Auftrieb. Als Reaktion auf ein Memorandum des Außenministeriums mit dem Vorschlag, Vorbereitungen zu treffen, um die königliche Familie und die Regierung «in einen Teil des Empires in Übersee zu evakuieren, von wo aus der Krieg weitergeführt werden würde», betonte Churchill nachdrücklich, dass die Antwort «Nein» sei. «Ich denke, wir sollten dafür sorgen, dass sie den Tag bereuen werden, an dem sie versuchen, unsere

Insel zu erobern. Eine solche Diskussion kann nicht zugelassen werden»,
konstatierte er am 1. Juni.[14] Als der Direktor der Londoner Nationalgalerie,
Kenneth Clark, vorschlug, die Gemälde des Museums zur sicheren Auf-
bewahrung nach Kanada zu schicken, erhielt er eine ähnliche Antwort:
«Nein. Verstecken Sie sie in Höhlen und Kellern. Alles muss hierbleiben.
Wir werden sie schlagen.»[15]

Drei Tage später, noch während die letzten alliierten Soldaten aus Dünkirchen evakuiert wurden, fasste Churchill diese Haltung in Worte, die
über Generationen hinweg widerhallen. Er habe volles Vertrauen, sagte
er vor dem Unterhaus, dass Englands Soldaten in der Lage sein würden,
ihre Heimatinsel zu verteidigen und «den Ansturm des Krieges zu überstehen, ... wenn nötig jahrelang, wenn nötig allein.» Das jedenfalls sei der
Entschluss der Regierung Seiner Majestät, «eines jeden einzelnen Mannes
darin».

Wir werden in Frankreich kämpfen, wir werden auf den Meeren und
Ozeanen kämpfen, wir werden mit wachsender Zuversicht und wachsender Stärke in der Luft kämpfen, wir werden unsere Insel verteidigen, was
immer es kosten mag. Wir werden an den Stränden kämpfen, wir werden
an den Landeplätzen kämpfen, wir werden auf den Feldern und auf den
Straßen kämpfen, wir werden auf den Hügeln kämpfen; wir werden uns
niemals ergeben, und selbst wenn, was ich nicht für einen Moment glaube,
diese Insel oder ein großer Teil davon unterworfen und ausgehungert
würde, dann würde unser von der britischen Flotte unter Waffen bewach-
tes Empire jenseits der Meere den Kampf weiterführen, bis, mit Gottes
Hilfe rechtzeitig, die neue Welt hervortritt mit all ihrer Macht und Stärke
zur Rettung und Befreiung der alten.[16]

Es war das ultimative Signal von Churchills Sieg über Halifax und die
Appeaser, der emphatische Ausdruck jener Widerstandskraft, die Hitler
1940 den Sieg verweigern würde. Etwas mehr als zwei Wochen später
unterzeichnete Frankreich einen Waffenstillstand mit Deutschland. Die

Hälfte Europas befand sich nun unter Hitlers Kontrolle. Großbritannien war allein, aber es würde weiterkämpfen. Das Zeitalter des Appeasements war vorbei, das Zeitalter des Krieges hatte erneut begonnen.

Schuldige Männer

> All jene, die beim letzten Mal getötet wurden, all jene, die dieses
> Mal getötet werden: eine einzige Verschwendung, der Sturheit
> und Phantasielosigkeit einiger weniger alter Männer geschuldet –
> und der Rückgratlosigkeit vieler junger Männer.
>
> Richard Law an Paul Emrys-Evans, 13. September 1939[1]

> Er hatte recht damit, den Versuch zu unternehmen, die Welt vor
> einer großen Katastrophe zu retten, und die Geschichte wird
> ein entsprechendes Urteil fällen.
>
> Sir Samuel Hoare an Annie Chamberlain, 11. November 1940[2]

Eines Abends während des Sitzkrieges diskutierten Mitglieder der Abteilung für Politische Nachrichtendienstliche Informationen (PID) im Außenministerium darüber, welche Politiker als «in krimineller Weise für den Krieg verantwortlich angesehen werden können – und an Laternenpfählen aufgehängt werden sollten». Wie der ehemalige Journalist und Spion Robert Bruce Lockhart feststellte, gab es einen Konsens über die Kandidaten, die an erster Stelle kamen. Sir John Simon, Außenminister zwischen 1931 und 1935, sollte zuerst im Henkerskarren Platz nehmen, gefolgt von Stanley Baldwin und Sir Samuel Hoare. Andere, die Strafen für ihr Kapitalverbrechen erhalten sollten, waren «Labour-Verrückte, die alle und jeden angreifen wollten und gegen die Aufrüstung stimmten, Beaverbrook (wegen Isolationismus und Antikriegspropaganda), Geoffrey Dawson und die *Times*» und, natürlich, der Premierminister, Neville Chamberlain.[3]

Vier Monate später, nach der Evakuierung der britischen Expeditionsstreitmacht aus Dünkirchen, fand ein ähnliches Gespräch zwischen drei Beaverbrook-Journalisten statt, die auf dem Dach der Büros des *Evening*

Standard standen. Entsetzt über die Niederlage – die unheilvollste in der britischen Geschichte – und über die Umstände, die dazu geführt hatten, beschlossen Frank Owen, ein ehemaliger liberaler Abgeordneter, Peter Howard, ein Konservativer, und Michael Foot, der zukünftige Chef der Labour-Partei, ein Buch zu schreiben, in dem sie die Männer, die sie für das Debakel verantwortlich machten, zur Verantwortung ziehen wollten. Nach nur vier Tagen hatten sie es fertiggestellt, und da sie darin ein bemerkenswertes Talent für Gehässigkeiten zeigten, verkaufte sich *Guilty Men* (i.e. Schuldige Männer), wie einer seiner Autoren meinte, «wie ein pornographischer Klassiker»[4]. Im Oktober war bereits die 22. Auflage erschienen, und bis zum Ende des Jahres war es gelungen, nicht nur in den Köpfen der Zeitgenossen, sondern auch bei großen Teilen der Nachwelt die Vorstellung zu verewigen, dass die Schuld für die Katastrophe der Führungskreis der Nationalregierung im Allgemeinen und Neville Chamberlain im Besonderen trug.

Die überwältigende Verantwortung für den Zweiten Weltkrieg liegt selbstverständlich bei Adolf Hitler. Nur er und seine fanatischen Handlanger wollten es so. Hitler war die treibende Kraft hinter einer ganzen Reihe von Ereignissen, die letztlich zum Krieg führten. Doch während Hitler allein für die Tragödie verantwortlich war, bleibt die Frage: Warum ließ man ihn all dieses Elend über die Welt bringen? Wie kam es, dass ein 1918 besiegtes, verkleinertes, in der Bewaffnung seiner Armee eingeschränktes und von potenziellen Feinden umgebenes Land in der kurzen Zeitspanne von zwanzig Jahren in eine Position aufsteigen durfte, aus der heraus es wagen konnte, einen Kampf um die globale Vorherrschaft zu beginnen und dieses Ziel fast zu erreichen?

Die Antwort für viele Zeitgenossen war ein schlichtes Scheitern der europäischen Diplomatie. «Mit einem geringen Maß von staatsmännischem Geist hätte der letzte Krieg sehr leicht verhindert werden können», behauptete Bob Boothby 1947.[5] Churchill nannte ihn den «unnötigen Krieg», und der britisch-polnische Historiker Lewis Namier war der Ansicht, dass er «ohne besondere Anstrengung oder Opfer [hätte] auf-

gehalten werden können».[6] Angesichts seiner engen, einen Großteil des
Jahrzehnts andauernden Zusammenarbeit mit Chamberlain lässt das vernichtende Resümee noch tiefer blicken, das der ehemalige Staatssekretär
im Finanzministerium, Sir Warren Fisher, drei Jahre nach Kriegsende
über die britische Außenpolitik zieht:

> Im Jahr 1935 haben wir an die Italiener moralische Platituden über die
> Integrität Abessiniens adressiert – ohne jeglichen Vorteil für die Letzte-
> ren – und Italien lediglich in die Arme der Deutschen getrieben; und im
> Jahr 1936 haben wir den Deutschen einen Fragebogen nach dem anderen
> über ihre militärische Wiederbesetzung des Rheinlands geschickt.
> Als der Spanische Bürgerkrieg ausbrach, haben wir uns mit einem Nicht-
> interventionsabkommen etwas vorgemacht, das niemand außer uns ein-
> gehalten hat. Und 1938 haben wir die Tschechoslowakei aufgeteilt.
> Diese kurze Skizze lässt viele Dinge aus, einschließlich unseres törichten
> Auftritts bzw. Nichtauftritts anlässlich der [japanischen Invasion in der]
> Mandschurei. Aber die Konsequenzen, die sich daraus für die Zukunft
> ergeben, liegen klar auf der Hand ...
> Hätten das Britische Empire, die Vereinigten Staaten und Frankreich sich
> den Tatsachen gemeinsam gestellt, so hätten die Schrecken, die mit der
> Vergewaltigung der Mandschurei begannen, gefolgt von den empörenden
> Ereignissen in Abessinien, dem umfassenden Angriff auf China, der Ein-
> nahme Österreichs und der Tschechoslowakei, die in den Jahren ab Sep-
> tember 1939 gipfelten, verhindert werden können, und deshalb kann kei-
> nes dieser Länder ein hohes Maß an Verantwortung abstreiten oder [dem
> entsprechenden Verdikt] entkommen.[7]

Die Verteidigung der Appeasement-Politik hat sich auf vier Hauptargu-
mente gestützt: Wegen des prekären Rückstands, den Großbritannien
und Frankreich bei der Aufrüstung hatten, seien beide vor dem Herbst
1939 nicht kriegsbereit gewesen; ein Kriegsbeginn vor diesem Datum
hätte die öffentliche Meinung und höchstwahrscheinlich das Britische

Empire gespalten; es habe sich erst nach der Invasion der Tschechoslowakei im März 1939 erwiesen, dass Hitler nicht vertrauenswürdig war; und es sei eine vernünftige Politik gewesen, die einen Versuch wert gewesen sei, die Schrecken eines neuen Weltkriegs abzuwenden, indem man Zugeständnisse an NS-Deutschland machte.

Dass das britische und das französische Militär 1938 – in dem Jahr, in dem die Westmächte eine härtere Linie gegen die deutsche Expansion hätten einschlagen können und in dem der Krieg beinahe ausbrach – schwerwiegende Defizite aufwiesen, steht außer Frage. Nur 29 der 52 britischen Jagdgeschwader, die für die Landesverteidigung als notwendig erachtet wurden, waren zum Zeitpunkt des Münchner Abkommens flugbereit (die Mehrheit bestand aus veralteten Gladiator-, Fury-, Gauntlet- und Demon-Modellen), während die Franzosen ihren verspäteten Versuch, den Abstand zur Luftwaffe zu verringern, erst sechs Monate zuvor begonnen hatten. Ebenso wahr ist aber auch, dass die Deutschen 1938 ebenfalls nicht in der Lage gewesen wären, einen großen Krieg zu führen. Zur Zeit der tschechischen Krise besaß die Wehrmacht nur drei leichtgepanzerte Panzerdivisionen und gerade genug Munition, um sechs Wochen schwere Kämpfe zu überstehen. Im September 1938 gab es über 2700 deutsche Kampfflugzeuge, aber nur zwei Drittel davon waren einsatzbereit, und nur die Hälfte davon waren moderne Maschinen.[8] Zudem war die Luftwaffe nicht in der Lage, die Art von strategischen Bombenangriffen auszuführen, die die Briten und Franzosen im Herbst 1938 befürchteten, und dazu bestand ihre Hauptaufgabe darin – wie selbst der französische Generalstab in einem Moment der Besonnenheit bestätigte –, bei der Zerstörung der Tschechoslowakei zu helfen.

Sicherlich hatten die Briten und Franzosen keine vollständige Kenntnis der Defizite der Wehrmacht. Sie ließen sich allerdings von der NS-Propaganda blenden und überschätzten, in Angst und Schrecken versetzt, die Stärke des deutschen Militärs in den Jahren nach der Wiederbesetzung des Rheinlands regelmäßig enorm. Was sie jedoch hätten erkennen müssen, waren die Bereiche, in denen sie selbst sowohl strategisch als auch militärisch im Vorteil waren. Abgesehen von einem informellen Bündnis mit Italien (das sich im Verlauf der Ereignisse mehr als ein Hindernis als eine Hilfe erweisen sollte) war Deutschland im September 1938 diplomatisch isoliert, sah sich mit einem Mangel an natürlichen Ressourcen konfrontiert und war entlang der Westflanke gefährlich exponiert. Die Westmächte hingegen konnten auf die Ressourcen der größten Weltmacht zurückgreifen, sie beherrschten die Meere und hatten 23 Divisionen (und potenziell sogar weitere 30) vor Ort, denen entlang der deutschen Westgrenze nur acht deutsche Divisionen und eine Reihe unvollständiger Bunker gegenüberstanden. Und dann gab es da auch noch den tschechoslowakisch-sowjetischen Bündnisvertrag.

Die Rolle, die die Sowjetunion in einem Krieg um die Tschechoslowakei gespielt hätte, wird immer eine Frage bleiben, über die man lediglich Spekulationen anstellen kann, die aber deswegen nicht völlig unberücksichtigt bleiben sollte. Abgesehen von den logistischen Schwierigkeiten, die sich bei dem Versuch ergeben hätten, zum Verbündeten zu gelangen, waren die Effektivität des sowjetischen Militärs und die Zuverlässigkeit Stalins fraglich. Was jedoch mit relativer Sicherheit festgestellt werden kann, ist, dass die Sowjetunion einen erheblichen Gesichtsverlust erlitten hätte, wenn sie ihren Verpflichtungen gegenüber der Tschechoslowakei nicht nachgekommen wäre. Zudem lag es im alliierten Interesse, die UdSSR wenigstens zu einem wenn auch möglicherweise nur nominalen Bündnis mit dem Westen zu bewegen, damit sie sich nicht in die Isolation zurückzog oder in das deutsche Lager wechselte. Faktisch waren die Alliierten im Herbst 1938 jedenfalls strategisch im Vorteil – und das deutlicher als im darauffolgenden Jahr, als Deutschland die Tschechoslowakei absorbiert und einen Pakt mit der Sowjetunion geschlossen hatte. Aber Briten und Franzosen waren nicht fähig, die tatsächliche Lage zu erkennen, geschweige denn zu nutzen.

Dies ist zu einem großen Teil auf die politische und psychologische Disposition beider Nationen zurückzuführen. Die vom Ersten Weltkrieg traumatisierte und sich vor Bombenangriffen ängstigende britische und französische politische Klasse hatte sich dem Pazifismus verschrieben, wenn ihn nicht sogar zu einer Doktrin erhoben. Außerdem waren sie als Demokraten, aus durchaus nachvollziehbaren Gründen, davon überzeugt, dass eine so folgenschwere Entscheidung wie die für einen Krieg die Unterstützung der Öffentlichkeit erforderte und dass diese nur dann gegeben wäre, wenn die britische und die französische Bevölkerung das Gefühl gehabt hätte, ihre eigene Sicherheit sei direkt bedroht. Diese Einschätzung sehen viele Historiker als angemessen an. Die Euphorie, die sich nach dem Münchner Abkommen abzeichnete, schien eine weitreichende Unterstützung für die Politik Chamberlains zu signalisieren, dazu hatten die Commonwealth-Staaten in Übersee ihre Haltung zu einem Krieg deutlich gemacht, als sie ein Eingreifen zugunsten der Tschechoslowakei ablehnten. Damit war jedoch keineswegs das ganze Bild erfasst. In einer kurz nach dem *Anschluss* durchgeführten Meinungsumfrage beantwortete weniger als die Hälfte der Teilnehmer die Frage, ob Großbritannien den Tschechen für den Fall eines Angriffs Unterstützung zusichern sollte, mit einem klaren Nein (ein Drittel sagte Ja, ein Viertel hatte keine Meinung dazu). Eine ähnliche Untersuchung zum Zeitpunkt des Bad Godesberger Gipfels ergab, dass nur 22 Prozent der Befragten für die Appeasement-Politik waren, 43 Prozent dagegen.[9] Der rasante Stimmungswechsel, mit dem die Erleichterung über München in Gefühle der Scham und des Misstrauens umschlug, scheint sich in diesen Stichproben bereits anzukündigen, zumal die Ruhe, mit der sich die britische Öffentlichkeit im Herbst 1938 auf den Krieg vorbereitete, darauf hindeutet, dass die Politiker die Menschen unterschätzten. Schon der konservative Abgeordnete Paul Emrys-Evans merkte nach der Wiederbesetzung des Rheinlands an, dass sich die britische Regierung immer wieder weigerte, in solchen Fragen mit einer Haltung aufzutreten, die politische Orientierung bieten konnte, sondern stattdessen beschloss, sich hinter der öffentlichen Meinung zu verstecken. Hätten die führenden britischen Politiker klar das Ausmaß der Bedrohung aus Deutschland benannt und deutlich gemacht, warum es notwendig war, dem etwas entgegenzusetzen, so wie Churchill es tat, dann hätte die öffentliche Meinung möglicherweise völlig anders ausgesehen.[10] Das hätte jedoch vorausgesetzt, dass die britischen Entscheidungsträger die Dimension der deutschen Bedrohung selbst voll und ganz erfasst hätten.

Den wahren Charakter des NS-Regimes und Adolf Hitlers nicht erkannt zu haben, muss als das größte Versäumnis der politischen Entscheidungsträger Großbritanniens in dieser Zeit gelten, denn daraus ergaben sich erst alle nachfolgenden Versäumnisse – das Versäumnis, ausreichend aufzurüsten, das Versäumnis, Allianzen zu schmieden (nicht zuletzt mit der Sowjetunion), das Versäumnis, die britische Machtfülle zu vermitteln, und das Versäumnis, die Öffentlichkeit aufzuklären. Wer die Beschwichtigungspolitik verteidigen möchte, nennt diese Argumente ahistorisch. Seine Verlogenheit habe Hitler erst bewiesen, als er das Münchner Abkommen mit Füßen trat und in Prag einmarschierte, außerdem seien die vollen Schrecken des NS-Regimes erst nach Kriegsende sichtbar geworden.[*] Diese Argumentation beruht jedoch auf einer selektiven Interpretation der Fakten. 1933 bestand Hitler darauf, dass er lediglich ein militärisches Gleichgewicht zwischen den europäischen Mächten anstrebe, lehnte dann aber den britischen Plan zur vertraglich geregelten Begrenzung von Landstreitkräften auf 200 000 Mann ab, beendete die deutsche Beteiligung an der Abrüstungskonferenz und verließ den Völkerbund. Er versprach, den Vertrag von Locarno einzuhalten, in dem das Rheinland als entmilitarisierte Zone festgeschrieben war, und verkündete dann, nachdem er gegen dieses Abkommen verstoßen hatte, dass er «in Europa keine territorialen Forderungen zu stellen» habe.[11] Er bestritt, dass er auf einen *Anschluss* Österreichs abziele oder diesen bereits plane,

---

[*] «Es bestand immer die Chance, dass das ‹Appeasement›, das dort [in München] seinen Höhepunkt erreichte, erfolgreich sein würde», betonte der damalige Gesundheitsminister Malcolm MacDonald noch im November 1940. Und Keith Feiling argumentierte in seiner autorisierten Chamberlain-Biographie *The Life of Neville Chamberlain*, dass «derjenige einer Selbsttäuschung aufsitzt, der behauptet, dass er 1937 vorausgesehen hat, was auf höheren Ratschluss der Vorsehung 1939–1941 geschah».

und wiederholte dann nach der Eingliederung Österreichs die gleichen Zusicherungen an die Adresse der Tschechen. Schließlich behauptete er, dass alles, was er für die Sudetendeutschen erreichen wolle, die Gleichstellung innerhalb des tschechischen Staates sei.

Die wahre Natur des NS-Regimes war, wenn das überhaupt möglich war, noch offensichtlicher. Die Unterdrückung der politischen Gegner und die Verfolgung der Juden begannen innerhalb weniger Wochen nach Hitlers Machtübernahme, dazu hinterließen die «Nacht der langen Messer» und der massive Ausbau der Konzentrationslager einen tiefgreifenden Eindruck bei der internationalen Öffentlichkeit. Für diejenigen, die vor der Realität des Regimes nicht die Augen verschlossen – eines Regimes, dessen Fahnenträger Totenschädel und gekreuzte Knochen an den Mützen trugen und das seine Jugend zu Kriegern erzog und mit dem Glauben an ihre rassische Überlegenheit impfte –, war die Vorstellung, dass friedliebende Demokraten jemals eine freundschaftliche Übereinkunft mit dem nationalsozialistischen Deutschland erzielen könnten, immer eine Illusion. «Sie haben Ihr Buch mit ‹Das Scheitern einer Mission›» betitelt», schrieb Sir Horace Rumbold an Sir Nevile Henderson, nachdem er dessen Bericht über seine zweieinhalb Jahre als britischer Botschafter gelesen hatte, ...

... aber aus zwei Gründen konnte niemand in Berlin Erfolg haben. Diese Gründe sind: a) der besondere Charakter der Bestie, mit dem jeder Repräsentant Großbritanniens hätte umgehen müssen, und b) der törichte Glaube Chamberlains und vermutlich seiner gesamten Regierung, dass es im Jahr 1937 möglich sein könne, durch eine Politik der Beschwichtigung in Deutschland irgendetwas zu erreichen. Hitler ist ein ruchloser Mann, und sein Regime und seine Philosophie sind ruchlos. Man kann mit dem Bösen schlechthin keine Kompromisse eingehen.[12]

Abgesehen von Rumbold – der aufgrund seiner aufmerksamen Lektüre von *Mein Kampf* die britische Regierung bereits im April 1933 vor der aggressiven und expansionistischen Ideologie des neuen Kanzlers hatte warnen können – seien hier lediglich Sir Robert Vansittart, Brigadier A.C. Temperley, Sir Austen Chamberlain, Ralph Wigram und natürlich Churchill exemplarisch für alle diejenigen genannt, die den «Charakter der Bestie» von Anfang an erkannten und sich für Gegenmaßnahmen einsetzten.

Aus all diesen Gründen ist es schwierig, für das Handeln der Appeasement-Befürworter und insbesondere für Neville Chamberlain mildernde Umstände in Anschlag zu bringen. Auch wenn man nicht außer Acht lassen sollte, dass die kontrafaktische historische Betrachtungsweise per Definition spekulativ ist, fällt es nicht schwer, sich vorzustellen, dass eine entschlossenere Außenpolitik ein besseres Ergebnis hätte erzielen können als das, mit dem die Welt im September 1939 konfrontiert war. Hätten die Briten und Franzosen die Klauseln des Versailler Vertrages zur Begrenzung von Rüstungsgütern und Truppenstärken durchgesetzt, hätten sie Mussolinis Bluff durchschaut und die Royal Navy benutzt, um die Eroberung Abessiniens zu verhindern (um so den Völkerbund zu erhalten und eine wichtige Botschaft an Hitler zu senden), hätten sie Hitlers Inszenierung der Rheinland-Besetzung durchschaut und die dort eingesetzten 22000 deutschen Soldaten vertrieben, hätten sie eine internationale Koalition zur Verhinderung weiterer deutscher Angriffe gebildet, anstatt Hitler zu erlauben, dass er sich seine Opfer eins nach dem anderen vornahm, und wären sie bereit gewesen, sich Hitler entgegenzustellen und gegebenenfalls während der tschechischen Krise in den Krieg zu ziehen, dann wäre die Geschichte möglicherweise anders verlaufen. Sehr wahrscheinlich hätte es trotzdem Krieg gegeben. Solange Hitler an der Macht war, war das Risiko eines Krieges permanent extrem hoch. Aber dieser Krieg hätte nicht so enorm raumgreifend, so immens langwierig und so heillos grausam sein müssen.

Stattdessen versuchten die Briten, mit Hitler zu reden. Dass die ersten Bemühungen in diese Richtung nicht direkt von einem mit Dringlichkeit verfolgten Aufrüstungsprogramm begleitet waren, bleibt der Hauptvorwurf an Stanley Baldwin;[*] dass diese Linie fortgesetzt wurde, obwohl nichts auf einen Erfolg hinwies, und man, anstatt umzusteuern, auf Kosten von Bündnissen auf die Eindämmung der Gefahr setzte, der Hauptvorwurf gegen seinen Nachfolger. Es war nicht so, dass Chamberlain nicht alle Fakten zur Verfügung gestanden hätten. Er hatte Auszüge aus *Mein Kampf* sowie Stephen Roberts' 1937 veröffentlichte Analyse des NS-Staates *Das Haus, das Hitler baute* gelesen. Aber da Chamberlain mehr an sein eigenes Urteilsvermögen glaubte und ein von Grund auf optimistischer Mensch war, ignorierte er die Warnsignale. «Würde ich die Schlussfolgerungen des Autors akzeptieren, müsste ich verzweifeln», schrieb er nach der Lektüre von Roberts' Darstellung, «aber das tue ich nicht und werde ich auch nicht.»[13] Liest man seine private Korrespondenz, wundert es nicht, dass ihm von vielen Seiten Arroganz und Eitelkeit vorgeworfen worden ist. Er war «völlig überzeugt», dass der Kurs, den er einschlug, der richtige war, und er weigerte sich, ihn zu korrigieren. Was hätte ihn umstimmen sollen? Hitlers ablehnende Haltung zu seinem Vorschlag zur Neuverteilung der Kolonien? Der *Anschluss*? Godesberg? München? Die *Reichspogromnacht*? Nichts davon konnte Chamberlains Haltung ändern.[14] Für den konservativen Abgeordneten und Appeasement-Geg-

---

[*] Wie schon an anderer Stelle erwähnt, war es ironischerweise ein Glück, dass Großbritannien erst in den Jahren 1936 bis 1939 ernsthaft mit der Wiederaufrüstung begann, da ein früherer Start die Royal Air Force lediglich mit einer großen Anzahl technisch bald überholter Maschinen ausgestattet hätte. Diese ironische Wendung zeichnete sich jedoch erst im Nachhinein ab. Die Zeitgenossen wussten nicht, dass der Krieg nicht vor September 1939 ausbrechen würde (tatsächlich wäre es fast ein Jahr zuvor schon so weit gewesen), wobei gerade die Mängel in der britischen Verteidigung – insbesondere in der Luftabwehr – zu den Faktoren gehörten, die die Entscheidungsträger daran hinderten, eine entschlossenere Haltung gegenüber den Diktatorenstaaten einzunehmen.

ner Vyvyan Adams war die «Unfähigkeit des Premierministers, den Hitlerismus richtig einzuschätzen», geradezu «ein Mysterium infernalischen Ursprungs».[15] Aber es gab weltlichere Erklärungen für das Phänomen.

Chamberlain verabscheute den Krieg, in einem Maß wie sonst nur aktive Pazifisten, und obwohl der Spott darüber, dass er aus der Kommunalpolitik kam, meistenteils ungerecht war – «einen guten Oberbürgermeister von Birmingham in einem mageren Jahr» nannte ihn David Lloyd George –, betrachteten sowohl Chamberlain als auch seine rechte Hand Horace Wilson Außenpolitik aus derselben Warte, von der sie auf Handels- oder Tarifkonflikte schauten.[16] In ähnliche Richtung argumentierte auch Duff Cooper, als er Anfang 1939 in einer kurzen Charakterskizze seines ehemaligen Chefs schrieb:

Chamberlain war in Birmingham nie jemandem begegnet, der auch nur die geringste Ähnlichkeit mit Adolf Hitler aufwies. Die Menschen, die er getroffen hatte, sei es in der Wirtschaft oder in der örtlichen Verwaltung, waren seiner Erfahrung nach nicht sehr viel anders als er selbst – sie waren vernünftig und ehrlich, und es war immer möglich gewesen, mit einem gewissen Maß an Geben und Nehmen eine Übereinkunft zu erzielen, die für beide Seiten zufriedenstellend war.

Diese Diktatoren, das war seine Annahme, müssten auch vernünftige Männer sein. Sie wollten bestimmte Zugeständnisse, und es gab bestimmte Zugeständnisse, die Großbritannien machen konnte. Und je früher er sie damit in den Griff bekommen konnte, desto besser. Das Motiv war nicht unehrenhaft, die Methode nicht unangemessen. Sein Fehler war vergleichbar mit dem des kleinen Jungen, der mit dem Wolf spielt, weil er denkt, der Wolf sei ein Schaf – ein verzeihlicher zoologischer Fehler –, der jedoch für denjenigen, der ihn begeht, tödlich enden kann.[17]

Für Chamberlains Fürsprecher ist das «zusätzliche Jahr», das er in München erkauft hat, von zentraler Bedeutung. Obwohl die Beschwichtigungspolitik ihr Hauptziel nicht erreichen konnte, habe die Politik «nichts von ihrer Wichtigkeit» eingebüßt, behauptete Malcolm MacDonald im November 1940, da «sie Großbritannien durch die Verschiebung des gegenwärtigen Krieges um ein ganzes Jahr die Zeit gab, militärische Vorbereitungen zu treffen, die aus einer Lage, die wahrscheinlich die Niederlage bedeutet hätte, eine Situation geschaffen hat, die nun ... zweifelsfrei den Sieg für die europäische Zivilisation bringen wird»[18]. Problematisch an diesem Argument ist nicht nur, dass Deutschland Großbritannien in der Zeit zwischen dem Münchner Abkommen und dem Ausbruch des Krieges in der Waffenproduktion überholt hat – während sich auch die strategische Situation noch verschlechterte –, sondern auch, dass es sich um eine Ex-post-facto-Rechtfertigung handelt, was selbst die davon Begünstigten zugaben. Wie Alec Dunglass im Februar 1940 gegenüber John Colville gestand, lastete Großbritanniens mangelnde Kriegsbereitschaft «während der Münchner Krise sehr schwer auf dem Premierminister, aber es sei nur fair zuzugeben, dass er und Horace [Wilson] glaubten, dass sie durch die Preisgabe der Tschechoslowakei einen dauerhaften Frieden erreichen könnten und dass Hitler damit zufriedengestellt sein würde»[19]. Dass dies der Wahrheit entsprach, wurde später von Wilson selbst bestätigt, der bezeugte: «Unsere Politik war nie nur darauf ausgerichtet, den Krieg zu verschieben oder uns zu ermöglichen, mit größerer Geschlossenheit in den Krieg einzutreten. Das Ziel der Beschwichtigungsbemühungen war es, den Krieg grundsätzlich abzuwenden – für alle Zeiten.» (Daher zögerte Chamberlain auch, die Aufrüstung nach München zu beschleunigen.)[20]

Daran ist Chamberlain ganz offensichtlich gescheitert. Angesichts des Charakters und der Ideologie des Mannes, mit dem er es zu tun hatte, ist es auch nicht vorstellbar, dass es ihm hätte gelingen können, den Krieg zu vermeiden. Weit weniger unvermeidlich war jedoch, dass er es versäumte, ein System von Allianzen aufzubauen, das Hitler abschrecken oder, wenn es zum Krieg kam, ihm so schnell wie möglich eine Niederlage hätte beibringen können. Im Gegensatz zu seinem Nachfolger behandelte Chamberlain die Vereinigten Staaten mit mehr als kühler Verachtung, und dass unter seiner Ägide die Unterzeichnung eines Abkommens mit der Sowjetunion scheiterte, kann als einer der größten Fehler in diesem katastrophalen Jahrzehnt gelten. Unbestritten hat er erreicht, dass Großbritannien, als es sich letztlich zu dem Entschluss durchgerungen hatte, Hitler gewaltsam zu stoppen, vereint und mit Unterstützung des gesamten Empires in den Krieg zog. Aber selbst diese Leistung verdankt sich dem endgültigen Scheitern seiner Politik. Chamberlains Beweggründe standen nie in Frage. Für seine Bemühungen war ihm kein Aufwand zu groß, sein Handeln war von Beharrlichkeit geprägt. Aber seine Politik fußte in entscheidender Weise auf einem Missverständnis im Hinblick auf den Charakter des Mannes, mit dem er es zu tun hatte, und vernachlässigte darüber hinaus Handlungsoptionen, die dazu beigetragen hätten, Hitler in Schach zu halten oder schneller zu besiegen. Und das war in jeder Hinsicht eine Tragödie.

Danksagung

Zunächst gilt mein Dank all den Personen und Institutionen, die mir im Rahmen meiner Forschung freundlicherweise die relevanten Quellen zugänglich machten und mir erlaubten, aus privaten Papieren zu zitieren. In diesem Sinne bin ich Ihrer Majestät der Königin, Viscount Astor, der Countess of Avon, dem BBC-Archiv in Caversham, der British Library, Robert Bell, der Bodleian Library (Universität Oxford), dem Duke of Buccleuch und Queensberry, der Cadbury Research Library (Universität Birmingham), Sir Edward Cazalet, den Churchill Archives (Churchill College, Cambridge), Lord Coleraine, Lord Crathorne, dem Earl of Halifax, der Hartley Library (Universität Southampton), dem Liddell Hart Centre for Military Archives (King's College London), der London School of Economics, dem Marquess of Lothian, Julian Metcalfe, Juliet Nicolson, dem verstorbenen Viscount Norwich sowie Artemis Cooper, Sir Henry Rumbold, dem Marquess of Salisbury, Charles Simon, der Wren Library (Trinity College, Cambridge), Michael Waterhouse und der Duchess of Westminster äußerst dankbar.

Alle Urheberrechtsinhaber haben wir versucht zu kontaktieren. Wenn ich jedoch unbeabsichtigt gegen das Urheberrecht von jemandem verstoßen haben sollte, dann bitte ich dies mir als auch der Verlagsseite nachzusehen.

Für das Beantworten meiner vielen Fragen sowie für hilfreiche Ratschläge und Hinweise auf Materialien möchte ich Lord Arnold of Ilminster, Dr. Catherine Andreyev, Professor Jeremy Black, Denys Blakeway, Professor Sir Richard Evans, Dr. Kit Kowol, Lord Lexden, Lord Lisvane, Andrew Riley, Sir Nicholas Soames und Pippa Quarrell danken.

Dido Connolly, Elizabeth Gausseron, Ingo und Michelle Maerker und Dr. Lyuba Vinogradova danke ich für die Übersetzung einer Reihe von Dokumenten und Büchern und Laura Bailey, Ben Francis und Hilary

McClellen für ihre Hilfe bei der Überprüfung einiger Zitate und Verweise. Jeff Hulbert nahm sich dankenswerterweise die Zeit, mit mir Audioaufnahmen und Nachrichtensendungen aus dieser Zeit sowie anderes Material aus dem BBC-Archiv in Caversham durchzugehen.

Mein Freund Robert de Lille hat mir netterweise einen Besuch im ehemaligen «Führerbau» ermöglicht – dem Ort der Münchner Konferenz, wo heute, zum Glück, die Hochschule für Musik und Theater zu finden ist – und mich dann nach Berchtesgaden begleitet, wo wir nach einer Wanderung, die uns durch Wald und Wiesen und (unbeabsichtigt) durch einige private Gärten führte, die Überreste des Berghofs gefunden haben.

Mein ehemaliger Redakteur bei Channel 4 News, Ben de Pear, war so großzügig, mir eine Auszeit für die Recherche und ersten Vorarbeiten für dieses Buches zu gewähren, und ich möchte Katherine Davenport und dem unvergleichlichen Politik-Team von Channel 4 News danken, dass sie dies ermöglicht haben.

Der größte Teil des Manuskripts wurde in der Londoner Bibliothek geschrieben, wo mir die stets hilfsbereiten Mitarbeiter sowie die Freunde, die ich gewonnen habe, während wir gemeinsam auf den Stufen warteten, dass sich die Türen öffnen, oftmals weitergeholfen haben.

Dieses Buch wäre ohne meinen großartigen Agenten Bill Hamilton nicht zustande gekommen. Nach nur einem kurzen Treffen im November 2015 hat er sich meiner und dieses Projekts angenommen, das Interesse der Verleger geweckt und mir immer wieder entscheidend Mut zugesprochen.

Für die deutsche Ausgabe meines Buches möchte ich Moritz Schuller und den Mitarbeitern des Rowohlt Verlags danken. Außerdem danke ich Karin Hielscher für ihre wunderbare Übersetzung sowie Martin Kulik und Clemens Voigt für die gewissenhafte Redaktion.

Eine Reihe von Freunden und Kollegen haben Zeit in ihren prall gefüllten Terminkalendern geschaffen, um das Buch oder Teile davon im Manuskript zu lesen und mir ihre Gedanken dazu mitzuteilen. In diesem

Sinne möchte ich mich bei Michael Crick, Andrew Gilmour und Professor Brian Young herzlich bedanken. Richard Davenport-Hines las jedes Kapitel schon in der Entstehung, gab wertvolle Hinweise und ermutigte mich. Unnötig zu erwähnen, dass alle verbleibenden Fehler sowie die in diesem Buch vertretenen Urteile von mir, und nur von mir, stammen.

Abschließend möchte ich meiner Familie danken. Meine Schwestern Lara und Clare begleiteten mich in mehrere Archive, mein Bruder Jamie hat das Manuskript gelesen und mir mit wichtiger Kritik weitergeholfen. Meinen Eltern gegenüber stehe ich jedoch in der größten Schuld: Mein Vater Peter las gleich mehrere Entwürfe und hat unermüdlich korrigiert, wo immer sich meine Legasthenie bemerkbar gemacht hatte; meine Mutter Jane tat das Gleiche, überprüfte zusätzlich noch meine Zitate und tippte meine praktisch unleserlichen Bleistiftnotizen ab. Was ich ihnen verdanke, geht natürlich weit über diese praktische Hilfe hinaus, und das kann ich leider nie zurückzahlen, aber dieses Buch ist ihnen als kleines Zeichen der Liebe und Dankbarkeit gewidmet.

Anhang

Quellen und Bibliographie

Archivalien

Vyvyan Adams, Nachlass, London School of Economics and Political
Science
Leopold Amery, Nachlass, Churchill College, Cambridge
Frank Ashton-Gwatkin, Nachlass, National Archives
Lady Astor, Nachlass, Reading University
Earl of Avon, Nachlass, Birmingham University Library
Stanley Baldwin, Nachlass, Cambridge University Library
Harold Balfour, Nachlass, Churchill College, Cambridge
Sir Joseph Ball, Nachlass, Bodleian Library, Oxford
BBC Schriftarchiv, Caversham
Rear Admiral Tufton Beamish, Nachlass, Churchill College, Cambridge
Commander Robert Bower, Nachlass, Churchill College, Cambridge
Brendan Bracken, Nachlass, Churchill College, Cambridge
Arthur Bryant, Nachlass, Liddell Hart Military Archives, Kings College
London
Duke of Buccleuch and Queensberry, privater Nachlass
Patrick Buchan-Hepburn, Nachlass, Churchill College, Cambridge
R. A. Butler, Nachlass, Trinity College, Cambridge
Sir Alexander Cadogan, Nachlass, Churchill College, Cambridge
Lord Caldecote, Nachlass, Churchill College, Cambridge
Thelma Cazalet, Nachlass, Eton College
Victor Cazalet, Nachlass, Eton College
Neville Chamberlain, Nachlass, Birmingham University Library
Lady Diana Cooper, Nachlass, Churchill College, Cambridge
Duff Cooper, Nachlass, Churchill College, Cambridge
Lord Crathorne, privater Nachlass

Harry Crookshank, Nachlass, Bodleian Library, Oxford
Geoffrey Dawson, Nachlass, Bodleian Library, Oxford
Alec Douglas-Home, privater Nachlass
Admiral Sir Reginald Drax, Nachlass, Churchill College, Cambridge
Henry Drummond Wolff, Nachlass, Leeds University Library
Paul Emrys-Evans, Nachlass, British Library
General Sir Ian Hamilton, Nachlass, Liddell Hart Military Archives,
    Kings College London
Sir Maurice Hankey, Nachlass, Churchill College, Cambridge
Hickleton, Nachlass, Borthwick Institute, University of York
Leslie Hore-Belisha, Nachlass, Churchill College, Cambridge
Kabinettsprotokolle, National Archives
Sir Roger Keyes, Nachlass, Churchill College, Cambridge
Basil Liddell Hart, Nachlass, Liddell Hart Archives, Kings College
    London
Lord Lloyd, Nachlass, Churchill College, Cambridge
Marquess of Lothian, Nachlass, Scottish Records Office
Ramsay MacDonald, Nachlass, National Archives
David Margesson, Nachlass, Churchill College, Cambridge
Lady Alexandra Metcalfe, privater Nachlass
Lord Mount Temple, Nachlass, Hartley Library, Southampton Univer-
    sity
Harold Nicolson, Nachlass, Balliol College, Oxford
Philip Noel-Baker, Nachlass, Churchill College, Cambridge
Sir Henry Page Croft, Nachlass, Churchill College, Cambridge
Sir Eric Phipps, Nachlass, Churchill College, Cambridge
Akten der Regierung Seiner Majestät, National Archives
Sir John Reith, Nachlass, BBC Archives, Caversham
Royal Archives, Windsor Castle
Lord Runciman, Nachlass, National Archives
Marquess of Salisbury, privater Nachlass
Duncan Sandys, Nachlass, Churchill College, Cambridge

Sir Orme Sargent, Nachlass, National Archives
Sir John Simon, Nachlass, Bodleian Library, Oxford
Sir Archibald Sinclair, Nachlass, Churchill College, Cambridge
Edward Spears, Nachlass, Churchill College, Cambridge
William Strang, Nachlass, Churchill College, Cambridge
Lord Swinton, Nachlass, Churchill College, Cambridge
Lord Templewood, Nachlass, Cambridge University Library
Sir Robert Vansittart, Nachlass, Churchill College, Cambridge
Charles Waterhouse, privater Nachlass
Sir Horace Wilson, Nachlass, National Archives
Marquess of Zetland, Nachlass, British Library

Zeitungen und Zeitschriften

Contemporary Review
Daily Express
Daily Herald
Daily Mail
Daily Telegraph
English Review
Evening Standard
Fortnightly Review
Leeds Mercury
Manchester Guardian
Morning Post
New Statesman
News Chronicle
Nineteenth Century and After
Nottingham Evening Post
Observer
Reynold's News

Scotsman
Spectator
Sunday Times
The Times
Yorkshire Post

Offizielle Dokumentensammlungen

Akten zur deutschen auswärtigen Politik 1918–1945, Reihe C und Reihe D,
   Göttingen 1950–1995
Documents diplomatiques français 1932–1939, 1re série et 2e série
Documents on British Foreign Policy 1919–1939, Second and Third
   Series, London 1946–84
Foreign Relations of the United States: Diplomatic Papers, 1938 and 1939,
   Washington 1954–57
Parliamentary Debates, House of Commons, Official Report, Fifth
   Series
Parliamentary Debates, House of Lords, Official Report, Fifth Series
Peace and War: United States Foreign Policy 1931–1941, Washington
   1943

Veröffentlichte Primärquellen

Allen of Hurtwood, Lord, Britain's Political Future: A Plea for Liberty
   and Leadership, London 1934
Amery, L. S., My Political Life, Bd. 3, The Unforgiving Years 1929–40,
   London 1955
Annan, Noel, Our Age: Portrait of a Generation, London 1990
Ashton-Gwatkin, F. T. A., The British Foreign Service, Syracuse 1950
Atholl, Duchess of, Working Partnership: Being the Lives of John

George, 8th Duke of Atholl, and His Wife Katharine Marjory Ramsay, London 1958

Attlee, Clement, As It Happened, London 1954

Avon, Earl of, The Memoirs of the Rt Hon. Sir Anthony Eden, KG, PC, MC, Bd. 3, The Reckoning, London 1965

Balfour, Harold, Wings over Westminster, London 1973

Ball, Stuart (Hrsg.), Parliament and Politics in the Age of Baldwin and MacDonald: The Headlam Diaries 1923–1935, London 1992; Parliament and Politics in the Age of Churchill and Attlee: The Headlam Diaries 1935–1951, Cambridge 1999

Barnes, John; Nicholson, David (Hrsg.), The Leo Amery Diaries, Bd. 2, The Empire at Bay 1929–1945, London 1988

Bartlett, Vernon, Nazi Germany Explained, London 1933; This is My Life, London 1937; And Now, Tomorrow, London 1960; I Know What I Liked, London 1974

Baxter, Beverley, Men, Martyrs and Mountebanks: Beverley Baxter's Inner Story of Personalities and Events behind the War, London 1940

Bedford, John, Duke of, A Silver-Plated Spoon, London 1959

Bernays, Robert, Naked Fakir, London 1931; Special Correspondent, London 1934

Bond, Brian (Hrsg.), Chief of Staff: The Diaries of Lieutenant-General Sir Henry Pownall, Bd. 1, 1933–1940, London 1972

Boothby, Robert, Europa vor der Entscheidung. Erinnerung und Ausblick eines englischen Politikers, Düsseldorf 1951; My Yesterday, Your Tomorrow, London 1962; Boothby: Recollections of a Rebel, London 1978

Braunbuch über Reichstagsbrand und Hitlerterror, Basel 1933

Brooks, Collin, Can Chamberlain Save Britain? The Lesson of Munich, London 1938

Brown, W. J., So Far ..., London 1943

Bruce Lockhart, R. H., Guns or Butter: War Countries and Peace Countries of Europe Revisited, London 1938;
Comes the Reckoning, London 1947;
Jan Masaryk: A Personal Memoir, London 1951;
Your England, London 1955
Bruce Lockhart, Sir Robert, Friends, Foes and Foreigners, London 1957;
Giants Cast Long Shadows, London 1960
Bryant, Arthur, The Man and the Hour: Studies of Six Great Men of Our Time, London 1934
Burckhardt, Carl Jacob, Meine Danziger Mission 1937–1939, München 1960
Butler, Lord, The Art of the Possible: The Memoirs of Lord Butler, KG, CH, London 1971
‹Cato›, Guilty Men, London 1940
Cazalet-Keir, Thelma, From the Wings, London 1967
Chair, Somerset de, Die? I Thought I'd Laugh, Braunton 1993
Churchill, Randolph S., Twenty-One Years, London 1964
Churchill, Winston S., Great Contemporaries, London 1937
Der Zweite Weltkrieg. Band 1. Der Sturm zieht auf, Bern 1948;
Der Zweite Weltkrieg. Band 2. Englands größte Stunde, Bern 1949
Ciano, Galeazzo, Tagebücher 1937/38, Hamburg 1949;
Tagebücher. 1939–1943, Bern 1947
Citrine, Lord, Men and Work: An Autobiography, London 1964;
Two Careers, London 1967
Clark, Kenneth, Another Part of the Wood: A Self-Portrait, London 1974
Cockburn, Claud, In Time of Trouble: An Autobiography, London 1956;
I, Claud, Harmondsworth 1967
Colville, John, The Fringes of Power: Downing Street Diaries 1939–1955, Bd. 1, September 1939–September 1941, London 1985
Colvin, Ian, None So Blind: A British Diplomatic View of the Origins of World War II, New York, 1965;
The Chamberlain Cabinet, London 1971

Cooper, Diana, The Light of Common Day, London 1959

Cooper, Duff, Old Men Forget: The Autobiography of Duff Cooper, London 1953

Coote, Colin, Editorial: The Memoirs of Colin R. Coote, London 1965

Cowles, Virginia, Looking for Trouble, London 1941

Cox, Geoffrey, Countdown to War: A Personal Memoir of Europe 1938–1940, London 1988

Cross, Colin (Hrsg.), Life with Lloyd George: The Diary of A.J. Sylvester 1931–1945, London 1975

Crowson, N. J. (Hrsg.), Fleet Street, Press Barons and Politics: The Journals of Collin Brooks 1932–1940, Cambridge 1998

Dahlerus, Birger, Der letzte Versuch, München 1973

Dalton, Hugh, The Fateful Years: Memoirs 1931–1945, London 1957

Dietrich, Otto, Zwölf Jahre mit Hitler, Köln 1955

Dilks, David (Hrsg.), The Diaries of Sir Alexander Cadogan, OM, 1938–45, London 1971

Dodd, William E. und Martha Dodd, Diplomat auf heißem Boden. Tagebuch des USA-Botschafter William E. Dodd in Berlin, Berlin 1977

Domarus, Max, Hitler. Reden und Proklamationen 1932–1945. Kommentiert von einem deutschen Zeitgenossen, Leonberg 1988

Donner, Patrick, Crusade: A Life against the Calamitous Twentieth Century, London 1984

Eberle, Henrik; Uhl, Matthias (Hrsg.), Das Buch Hitler. Geheimdossier des NKWD für Josef W. Stalin, Köln 2005

Eden, Anthony, Angesichts der Diktatoren, Köln 1964

François-Poncet, André, Botschafter in Berlin 1931–1938, Berlin 2018

Fry, Michael, Hitler's Wonderland, London 1934

Fuller, J. F. C., The Reformation of War, London 1923

Gafencu, Grigore, Europas letzte Tage. Eine politische Reise im Jahre 1939, Zürich 1946

Gedye, G. E. R., Fallen Bastions: The Central European Tragedy, London 1939

Germains, Victor Wallace, The Tragedy of Winston Churchill, London 1931

Gilbert, Martin, Plough My Own Furrow: The Story of Lord Allen of Hurtwood as Told through His Writings and Correspondence, London 1965;

Winston S. Churchill, Bd. 5, Companion, Teil 2, The Wilderness Years 1929–1935, London 1981;

Winston S. Churchill, Bd. 5, Companion, Teil 3, The Coming of War 1936–1939, London 1982

Gladwyn, Lord, The Memoirs of Lord Gladwyn, London 1972

Gorodetsky, Gabriel (Hrsg.), Die Maiski-Tagebücher. Ein Diplomat im Kampf gegen Hitler 1932–1943, München 2016

Grant Duff, Shiela, Europe and the Czechs, Harmondsworth 1938; The Parting of Ways: A Personal Account of the Thirties, London 1982

Graves, Robert, Goodbye to All That, Harmondsworth 1960

Grigg, Sir Edward, Britain Looks at Germany, London 1938

Grimond, Jo, Memoirs, London 1979

Gunther, John, Inside Europe, überarbeitete Neuauflage, New York/London 1938

Hadley, W. W., Munich Before and After, London 1944

Hailsham, Lord, A Sparrow's Flight: The Memoirs of Lord Hailsham of St Marylebone, London 1990

Halifax, Lord, Fullness of Days, London 1957

Harvey, John (Hrsg.), The Diplomatic Diaries of Oliver Harvey 1937–1940, London 1970

Harvie-Watt, G. S., Most of My Life, London 1980

Hassell, Ulrich von, Die Hassell-Tagebücher 1938–1944, Berlin 1988

Healey, Denis, The Time of My Life, London 1989

Heath, Edward, The Course of My Life, London 1998

Henderson, Nevile, Fehlschlag einer Mission. Berlin 1937–1939, Zürich 1940;
 Wasser unter den Brücken, Erlenbach-Zürich 1949
Hesse, Fritz, Das Spiel um Deutschland, München 1953
Hoare, Sam Samuel, Neun bewegte Jahre, Düsseldorf 1955
Hill, Leonidas E. (Hrsg.), Die Weizsäcker-Papiere 1933–1950, Frankfurt am Main 1974
Hitler, Adolf, Mein Kampf. Eine kritische Edition, Berlin, München 2016
Hogg, Quintin, The Left was Never Right, London 1945
Home, Lord, The Way the Wind Blows: An Autobiography, London 1976;
 Letters to a Grandson, London 1983
James, Robert Rhodes (Hrsg.), «Chips»: The Diaries of Sir Henry Channon, London 1967;
 Memoirs of a Conservative: J.C. C. Davidson's Memoirs and Papers 1910–1937, London 1969;
 Winston S. Churchill: His Complete Speeches, Bd. 5, 1928–1935, New York 1974;
 Winston S. Churchill: His Complete Speeches, Bd. 6, 1935–1942, New York 1974
Jay, Douglas, Change and Fortune: A Political Record, London 1980
Jedrzejewicz, Wacław (Hrsg.), Diplomat in Berlin 1933–1939: Papers and Memoirs of Józef Lipski, Ambassador of Poland, New York/London 1968
Johnson, Gaynor (Hrsg.), Our Man in Berlin: The Diary of Sir Eric Phipps 1933–1937, Basingstoke 2007
Jones, F. Elwyn, Hitler's Drive to the East, London 1937
Jones, Thomas C. H., A Diary with Letters 1931–1950, London 1954
Kennedy, A. L., Britain Faces Germany, London 1937
Kennedy, John F., Why England Slept, London 1940
Keynes, John Maynard, The Economic Consequences of the Peace, London 1919

King, Cecil H., Strictly Personal: Some Memoirs of Cecil H. King, London 1969;
With Malice toward None: A War Diary, London 1970
Kirkpatrick, Helen, This Terrible Peace, London 1939;
Under the British Umbrella: What the English Are and How They Go to War, New York 1939
Kirkpatrick, Ivone, Im Inneren Kreis. Erinnerungen eines Diplomaten, Berlin 1964.
Kordt, Erich, Wahn und Wirklichkeit, Stuttgart 1947;
Nicht aus den Akten, Stuttgart 1950
Liddell Hart, B. H., Lebenserinnerungen, Düsseldorf, Wien 1966
Lindbergh, Charles A., Kriegstagebuch 1938–1945, Wien 1972
Lloyd George, David, Mein Anteil am Weltkrieg: Kriegsmemoiren, Bd. 1, Berlin 1935
Londonderry, Marquess of (Vane-Tempest-Stewart, Charles), England blickt auf Deutschland. Um die deutsch-englische Verständigung, Essen 1938
Macleod, Roderick; Kelly, Denis (Hrsg.), The Ironside Diaries 1937–1940, London 1962
Macmillan, Harold, Winds of Change 1914–1939, London 1966;
The Past Masters: Politics and Politicians 1906–1939, London 1975
Macnamara, J. R. J., The Whistle Blows, London 1938
Martel, Gordon (Hrsg.), The Times and Appeasement: The Journals of A. L. Kennedy 1932–1939, Cambridge 2000
Maugham, Viscount, The Truth about the Munich Crisis, London 1944;
At the End of the Day, London 1954
Minney, R. J., The Private Papers of Hore-Belisha, London 1960
Mitford, Jessica, Hunnen und Rebellen. Meine Familie und das 20. Jahrhundert, Berlin 2013.
Mosley, Charlotte (Hrsg.), Love from Nancy: The Letters of Nancy Mitford, London 1993

ANHANG

Muggeridge, Malcolm, The Thirties: 1930–1940 in Great Britain, London 1940

Muggeridge, Malcolm (Hrsg.), Ciano's Diplomatic Papers, London 1948;

Namier, L. B., In the Margin of History, London 1939

Nicolson, Harold, Friedensmacher 1919, Berlin 1933;

Why Britain is at War, Harmondsworth 1939

Tagebücher und Briefe. Erster Band 1930–1941, Frankfurt 1969

Tagebücher und Briefe. Zweiter Band 1942–1962, Frankfurt 1969

Nicolson, Nigel (Hrsg.), Harold Nicolson Diaries and Letters 1930–1939, London 1966;

Harold Nicolson Diaries and Letters 1939–1945, London 1967;

The Harold Nicolson Diaries 1907–1963, London 2004

Noakes, Jeremy; Pridham, Geoffrey (Hrsg.), Documents on Nazism 1919–1945, London 1974

Norwich, John Julius (Hrsg.), The Duff Cooper Diaries 1915–1951, London 2005

Paul-Boncour, Joseph, Entre deux guerres: Souvenirs sur la IIIe République, Paris 1946

Pertinax, The Gravediggers of France: Gamelin, Daladier, Reynaud, Pétain, and Laval, Garden City/New York 1944

Pimlott, Ben (Hrsg.), The Political Diary of Hugh Dalton 1918–1940, 1945–1960, London 1986;

The Second World War Diary of Hugh Dalton 1940–1945, London 1986

Pottle, Mark, Champion Redoubtable: The Diaries and Letters of Violet Bonham Carter 1914–1945, London 1998

Price, George Ward, Führer und Duce wie ich sie kenne, Berlin 1939;

Extra-Special Correspondent, London 1957

Public Opinion Survey 1: British Institute of Public Opinion, Public Opinion Quarterly, Bd. 4, Nr. 1 (1940)

Raczynski, Count Edward, In Allied London, London 1962

Ravensdale, Baroness, In Many Rhythms: An Autobiography, London 1953

Reed, Douglas, Insanity Fair, London 1938;
  Disgrace Abounding, London 1939;
  A Prophet at Home, London 1941
Reith, J. C. W., Into the Wind, London 1949
Reynaud, Paul, In the Thick of the Fight 1930–1945, London 1955
Reynolds, Rothay, When Freedom Shrieked, London 1939
Ribbentrop, Joachim von, Zwischen London und Moskau. Erinnerungen
  und letzte Aufzeichnungen, Leoni am Starnberger See 1953
Roberts, Stephen H., Das Haus, das Hitler baute, Amsterdam 1938
Rose, Norman (Hrsg.), Baffy: The Diaries of Blanche Dugdale 1936–1947,
  London 1973
Rothermere, Viscount, My Fight to Rearm Britain, London 1939;
  Warnungen und Prophezeiungen, Zürich 1939
Rowse, A. L., All Souls and Appeasement: A Contribution to Contempo-
  rary History, London 1961;
  A Man of the Thirties, London 1979
Salter, Arthur, Slave of the Lamp: A Public Servant's Notebook, London
  1967
Salter, Lord, Memoirs of a Public Servant, London 1961
Schmidt, Paul, Statist auf diplomatischer Bühne, 1923–45. Bonn 1949
Selected Speeches of His Imperial Majesty Haile Selassie First,
  1918–1967, Addis Ababa 1967
Self, Robert (Hrsg.), The Austen Chamberlain Diary Letters, Cambridge
  1995;
  The Neville Chamberlain Diary Letters, Bd. 1, The Making of a
  Politician 1915–1920, Aldershot 2000;
  The Neville Chamberlain Diary Letters, Bd. 2, The Reform Years
  1921–1927, Aldershot 2000;
  The Neville Chamberlain Diary Letters, Bd. 3, The Heir Apparent
  1928–1933, Aldershot 2002;
  The Neville Chamberlain Diary Letters, Bd. 4, The Downing Street
  Years 1934–1940, Aldershot 2005

Shinwell, Emanuel, I've Lived through It All, London 1973

Shirer, William L., Berliner Tagebuch. Aufzeichnungen eines Auslandskorrespondenten, Bonn 1949

Simon, Viscount, Retrospect: The Memoirs of the Right Honourable Viscount Simon, London 1952

Smart, Nick (Hrsg.), The Diaries and Letters of Robert Bernays 1932–1939: An Insider's Account of the House of Commons, Lewiston/New York 1996

Smith, Amanda (Hrsg.), Hostage to Fortune: The Letters of Joseph P. Kennedy, New York 2001

Smith, Howard K., Feind schreibt mit. Ein amerikanischer Korrespondent erlebt Nazi-Deutschland, Berlin 1942

Spears, Major-General Sir Edward, Assignment to Catastrophe, Bd. 1, Prelude to Dunkirk July 1939–May 1940, London 1954

Spier, Eugen, Focus: A Footnote to the History of the Thirties, London 1963

Spitzy, Reinhard, So haben wir das Reich verspielt. Bekenntnisse eines Illegalen, Wien 1986

Steed, Henry Wickham, The Press, Harmondsworth 1938

Stowe, Leland, No Other Road to Freedom, London 1942

Strang, Lord, Home and Abroad, London 1956

Stuart, Charles (Hrsg.), The Reith Diaries, London 1975

Stuart, James, Within the Fringe: An Autobiography, London 1967

Swinton, Earl of, Sixty Years of Power: Some Memories of the Men Who Wielded It, London 1966

Swinton, Viscount, I Remember, London 1948

Sylvester, A. J., The Real Lloyd George, London 1947

Taylor, A. J. P. (Hrsg.), Lloyd George: A Diary by Frances Stevenson, London 1971

Tennant, Ernest W. D., True Account, London 1957

Toynbee, Arnold J., Acquaintances, London 1967

Tree, Ronald, When the Moon Was High: Memoirs of Peace and War 1897–1942, London 1975

Urquhart, Brian, A Life in Peace and War, London 1987
Vansittart, Robert, The Mist Procession: The Autobiography of Lord
    Vansittart, London 1958
Watchman, Right Honourable Gentlemen, London 1939;
    What of the Night?, London 1940
Wedgwood, Josiah C., Memoirs of a Fighting Life, London 1940
Weizsäcker, Ernst von, Erinnerungen, München 1950
Welles, Sumner, Jetzt oder nie!, Stockholm 1944;
    Seven Major Decisions, London 1951
Wells, H. G., The Shape of Things to Come, London 1933
Werth, Alexander, France and Munich: Before and After the Surrender,
    London 1939
Westminster, Loelia, Duchess of, Grace and Favour: The Memoirs of
    Loelia, Duchess of Westminster, London 1961
Wheeler-Bennett, John W., Munich: Prologue to Tragedy, London 1948;
    Knaves, Fools and Heroes, London 1974
Williams, Francis, Press, Parliament and People, London 1946
Williamson, Philip; Baldwin, Edward (Hrsg.), Baldwin Papers: A Conser-
    vative Statesman 1908–1947, Cambridge 2004
Wilson, Sir Arnold, Walks and Talks Abroad: The Diary of a Member of
    Parliament in 1934–1936, London 1936;
    More Thoughts and Talks: The Diary and Scrap-Book of a Member of
    Parliament from September 1937 to August 1939, London 1939
Winterton, Earl, Orders of the Day, London 1953
Woolton, Earl of, The Memoirs of the Right Honourable the Earl of
    Woolton, London 1959
Wrench, Evelyn, I Loved Germany, London 1940
Young, Kenneth (Hrsg.), The Diaries of Sir Robert Bruce Lockhart, Bd. 1,
    1915–1938, London 1973);
    The Diaries of Sir Robert Bruce Lockhart, Bd. 2, 1939–1965, London
    1980

Sekundärquellen

Adamthwaite, Anthony, France and the Coming of the Second World War 1936–1939, London 1977

Adamthwaite, Anthony, French Military Intelligence and the Coming of War 1935–1939, in: Christopher Andrew and Jeremy Noakes (Hrsg.), Intelligence and International Relations 1900–1945, Exeter 1987

Aldrich, Richard J.; Cormac, Rory, The Black Door: Spies, Secret Intelligence and British Prime Ministers, London 2016

Alexander, Martin S., The Republic in Danger: General Maurice Gamelin and the Politics of French Defence 1933–1940, Cambridge 1992

Andrew, Christopher, Secret Service: The Making of the British Intelligence Community, London 1985

Anievas, Alexander, The International Political Economy of Appeasement: The Social Sources of British Foreign Policy During the 1930s, in: Review of International Studies, Bd. 37, Nr. 2 (2011)

Aster, Sidney (Hrsg.), Appeasement and All Souls: A Portrait with Documents 1937–1939, Cambridge 2004

Aster, Sidney, 1939: The Making of the Second World War, London 1973

Aster, Sidney, Appeasement: Before and After Revisionism, in: Diplomacy and Statecraft, Bd. 19, Nr. 3 (2008), S. 443–480

Ball, Simon, The Guardsmen: Harold Macmillan, Three Friends, and the World They Made, London 2004

Barnes, James J.; Barnes, Patience P., Hitler's Mein Kampf in Britain and America: A Publishing History 1930–1939, Cambridge 1980

Beevor, Antony, Der Zweite Weltkrieg, München 2014

Bell, P.M. H., France and Britain 1900–1940: Entente and Estrangement, London 1996

Bell, Phillip M. H., Great Britain and the Rise of Germany 1932–1934, in: International Relations, Bd. 2, Nr. 9 (1964), S. 609–618

Benson, Timothy S., Low and the Dictators, London 2008

Berg, A. Scott, Charles Lindbergh. Ein Idol des 20. Jahrhunderts, München 1999

Bethell, Nicholas, The War Hitler Won: September 1939, London 1972

Bew, John, Citizen Clem: A Biography of Attlee, London 2016

Birkenhead, Earl of, Halifax: The Life of Lord Halifax, London 1965

Blake, Robert, The Conservative Party: From Peel to Major, London 1997

Blakeway, Denys, The Last Dance: 1936, The Year of Change, London 2010

Bloch, Michael, Ribbentrop, London 1992

Bowd, Gavin, Fascist Scotland: Caledonia and the Far Right, Edinburgh 2013

Boyce, Robert; Robertson, Esmonde M. (Hrsg.), Paths to War: New Essays on the Origins of the Second World War, Basingstoke 1989

Boyd, Julia, Travellers in the Third Reich: The Rise of Fascism through the Eyes of Everyday People, London 2017

Boyle, Andrew, «Poor, Dear Brendan»: The Quest for Brendan Bracken, London 1974

Brendon, Piers, The Dark Valley: A Panorama of the 1930s, London 2000

Brodrick, Alan Houghton, Near to Greatness: A Life of the Sixth Earl Winterton, London 1965

Butler, Ewan, Mason-Mac: The Life of Lieutenant-General Sir Noel Mason-Macfarlane, London 1972

Butler, J. R. M., History of the Second World War: Grand Strategy, Bd. 2, September 1939–June 1941, London 1957; Lord Lothian (Philip Kerr) 1882–1940, London 1960

Cannadine, David, Class in Britain, New Haven 1998; The Decline and Fall of the British Aristocracy, New Haven/London 1990

Carr, Richard, Veterans of the First World War and Conservative Anti-Appeasement, in: Twentieth Century British History, Bd. 22, Nr. 1 (2011), S. 28–51

Cartland, Barbara, Ronald Cartland, London 1942

Ceadel, Martin, The «King and Country» Debate, 1933: Student Politics, Pacifism and the Dictators, in: Historical Journal, Bd. 22, Nr. 2 (1979), S. 397–422

Charmley, John, Chamberlain and the Lost Peace, London 1991; Churchill. Das Ende einer Legende, Berlin 1997
A History of Conservative Politics 1900–1996, Basingstoke 1996

Chisholm, Anne; Davie Michael, Beaverbrook: A Life, London 1992

Clarke, Peter, Hope and Glory: Britain 1900–1990, London 1996

Cockett, Richard, Twilight of Truth: Chamberlain, Appeasement and the Manipulation of the Press, London 1989

Conquest, Robert, Der große Terror. Sowjetunion 1934–1938, Wien 1992

Cooke, Alistair (Hrsg.), Tory Policy-Making: The Conservative Research Department 1929–2009, London 2010

Coote, Colin R., The Other Club, London 1971

Courcy, Anne de, The Viceroy's Daughters: The Lives of the Curzon Sisters, London 2000

Cowling, Maurice, The Impact of Hitler: British Politics and British Policy 1933–1940, Cambridge 1975

Cross, J. A., Sir Samuel Hoare: A Political Biography, London 1977

Crowson, N. J., Facing Fascism: The Conservative Party and the European Dictators 1935–40, London 1997

Dallek, Robert, Franklin D. Roosevelt and American Foreign Policy 1932–1945, Oxford 1979

Davenport-Hines, Richard, Universal Man: The Seven Lives of John Maynard Keynes, London 2015

Deist, Wilhelm; Messerschmidt, Manfred; Volkmann, Hans-Erich; Wette, Wolfram (Hrsg.), Ursachen und Voraussetzungen der deutschen Kriegspolitik. Frankfurt 1990

Dinshaw, Minoo, Outlandish Knight: The Byzantine Life of Steven Runciman, London 2016

Dullin, Sabine, Men of Influence: Stalin's Diplomats in Europe 1930–1939, Edinburgh 2008

Duroselle, Jean-Baptiste, France and the Nazi Threat: The Collapse of French Diplomacy 1932–1939, New York 2004

Dutton, David, Simon: A Political Biography of Sir John Simon, London 1992;
Anthony Eden: A Life and Reputation, London 1997;
Neville Chamberlain, London 2001

Edgerton, David, Britain's War Machine: Weapons, Resources, and Experts in the Second World War, London 2011

Egremont, Max, Under Two Flags: The Life of Major-General Sir Edward Spears, London 1997

Emmerson, James Thomas, The Rhineland Crisis 7 March 1936: A Study in Multilateral Diplomacy, London 1977

Evans, Richard J., Das Dritte Reich. Diktatur. München 2006

Faber, David, Munich: The 1938 Appeasement Crisis, London 2008

Farrell, Nicholas, Mussolini: A New Life, London 2003

Feiling, Keith, The Life of Neville Chamberlain, London 1946

Ferguson, Niall, Krieg der Welt. Was ging schief im 20. Jahrhundert?, Berlin 2006

Fest, Joachim C., Hitler. Eine Biographie. Frankfurt 1973

Foot, Sir Dingle, British Political Crises, London 1976

Gannon, Franklin Reid, The British Press and Germany 1936–1939, Oxford 1971

Gibbs, N. H., History of the Second World War: Grand Strategy, Bd. 1, Rearmament Policy, London 1976

Gilbert, Martin; Gott, Richard, The Appeasers, London 1963

Gilbert, Martin, Horace Wilson: Man of Munich?, in: History Today, Oktober 1982, S. 3–9

Gilbert, Martin, The Roots of Appeasement, London 1966;
Sir Horace Rumbold: Portrait of a Diplomat 1869–1941, London 1973;

Winston S. Churchill, Bd. 5, 1922–1939, London 1976;
Winston Churchill: The Wilderness Years, London 1982;
Winston S. Churchill, Bd. 6, 1939–1941, London 1983;
Churchill: A Life, London 1991

Gilmour, Andrew, The Changing Reactions of the British Press towards Mussolini's Italy from 1935–1940, unver. Diss., Oxford 1986

Gilmour, David, Auf der Suche nach Italien. Eine Geschichte der Menschen, Städte und Regionen von der Antike bis zur Gegenwart, Stuttgart 2013

Glenton, George; Pattinson, William, The Last Chronicle of Bouverie Street, London 1963

Gottlieb, Julie V., «Guilty Women», Foreign Policy, and Appeasement in Inter-War Britain, Basingstoke 2015

Granzow, Brigitte, A Mirror of Nazism: British Opinion and the Emergence of Hitler 1929–1933, London 1964

Grayzel, Susan R., At Home and under Fire: Air Raids and Culture in Britain from the Great War to the Blitz, Cambridge 2012

Greene, Nathanael, From Versailles to Vichy: The Third French Republic 1919–1940, New York 1970

Griffiths, Richard, Fellow Travellers of the Right: British Enthusiasts for Nazi Germany 1933–1939, Oxford 1980

Grimwood, Ian, Aftermath of Munich: Strategic Priorities in British Rearmament October 1938–August 1939, unver. Diss., London School of Economics 1996

Harrisson, Tom; Madge, Charles, Britain by Mass-Observation, zweite Ausgabe, London 1986

Hart-Davis, Duff, Hitler's Olympics: The 1936 Games, Sevenoaks 1988

Haslam, Jonathan, The Soviet Union and the Struggle for Collective Security in Europe 1933–1939, Basingstoke 1984;
The Vices of Integrity: E. H. Carr 1892–1982, London 1999

Hastings, Max, All Hell Let Loose: The World at War 1939–1945, London 2011

Heimann, Mary, Czechoslovakia: The State That Failed, New Haven/ London 2009

Hermiston, Roger, All Behind You, Winston: Churchill's Great Coalition 1940–45, London 2016

History of The Times, Bd. 4, The 150th Anniversary and Beyond, 1912–1948, London 1952

Hobsbawm, Eric, Das Zeitalter der Extreme. Weltgeschichte des 20. Jahrhunderts. München 1995

Holt, Andrew, «No More Hoares to Paris»: British Foreign Policymaking and the Abyssinian Crisis, 1935, in: Review of International Studies, Bd. 37, Nr. 3 (2011), S. 1383–1401

Horne, Alistair, Harold Macmillan 1894–1956, Bd. 1 der offiziellen Biografie, London 1988

Howard, Michael, The Continental Commitment: The Dilemma of British Defence Policy in the Era of the Two World Wars, London 1972

Howarth, T. E. B., Cambridge between Two Wars, London 1978

Hucker, Daniel, Public Opinion and the End of Appeasement in Britain and France, Farnham 2011

Hucker, Daniel, Public Opinion between Munich and Prague: The View from the French Embassy, Contemporary British History, Bd. 25, Nr. 3 (2011), S. 407–427

Jackson, Peter, France and the Nazi Menace: Intelligence and Policy Making 1933–1939, Oxford 2000

Jago, Michael, Rab Butler: The Best Prime Minister We Never Had?, London 2015

James, Robert Rhodes, Churchill: A Study in Failure 1900–1939, London 1970;

Victor Cazalet: A Portrait, London 1976;

Anthony Eden, London 1986;

Bob Boothby: A Portrait, London 1991

Jeffery, Keith, MI6: The History of the Secret Intelligence Service 1909–1949, London 2010

Jenkins, Roy, Baldwin, London 1987;

The Chancellors, London 1998;

Churchill, London 2001

Johnson, Gaynor, Sir Eric Phipps, the British Government, and the Appeasement of Germany 1933–1937, in: Diplomacy and Statecraft, Bd. 16, Nr. 4 (2005), S. 651–669

Jukes, G., The Red Army and the Munich Crisis, Journal of Contemporary History, Bd. 26, Nr. 2 (1991), S. 195–214

Kaufmann, J. E.; Kaufmann H. W., The Forts and Fortifications of Europe 1815–1914: The Central States – Germany, Austria-Hungary and Czechoslovakia, Barnsley 2014

Kelly, Bernard, Drifting towards War: The British Chiefs of Staff, the USSR and the Winter War, November 1939–March 1940, in: Contemporary British History, Bd. 23, Nr. 3 (2009), S. 267–291

Kemp, Anthony, The Maginot Line: Myth and Reality, London 1981

Kennedy, Paul M., «Appeasement» and British Defence Policy in the Inter-War Years, in: British Journal of University Studies, Bd. 4, Nr. 2 (1978), S. 161–177

Kennedy, Paul, The Realities behind Diplomacy: Background Influences on British External Policy 1865–1980, London 1981

Kershaw, Ian, Hitler. 1889–1936, Stuttgart 1998;

Hitler. 1936–1945, Stuttgart 2000.

Hitlers Freunde in England. Lord Londonderry und der Weg in den Krieg, München 2005;

Höllensturz. Europa 1914 bis 1949, München 2016

Kersten, Lee, The Times and the Concentration Camp at Dachau, December 1933–February 1934: An Unpublished Report, in: Shofar, Bd. 18, Nr. 2 (2000), S. 101–109

Klemperer, Klemens von, Die verlassenen Verschwörer. Der deutsche Widerstand auf der Suche nach Verbündeten 1938–1945. Berlin 1994.

Kocho-Williams, Alastair, Russian and Soviet Diplomacy 1900–1939, Basingstoke 2012

Kupferman, Fred, Laval, Paris 1987

Lamb, Richard, Mussolini and the British, London 1997

Lambert, Angela, 1939: The Last Season of Peace, London 1989

Lee, John, A Soldier's Life: General Sir Ian Hamilton, 1853–1947, London 2000

Leitz, Christian, Nazi Foreign Policy 1933–1941: The Road to Global War, London 2004

Lewis, Geoffrey, Lord Hailsham: A Life, London 1997

Longerich, Peter, Joseph Goebbels. Biographie, London 2015

Luckhurst, Tim, When Yorkshire Ruled the World, in: British Journalism Review, Bd. 27, Nr. 3 (2016), S. 59–65

Lukacs, John, Fünf Tage in London England und Deutschland im Mai 1940, Berlin 2000.

Lukes, Igor, Czechoslovakia between Stalin and Hitler: The Diplomacy of Edvard Beneš in the 1930s, New York 1996

Lysaght, Charles, Brendan Bracken, London 1979

MacDonald, C. A., The United States, Britain and Appeasement 1936–1939, London 1981

Mack Smith, Denis, Mussolini, London 1981

Macleod, Iain, Neville Chamberlain, London 1961

MacMillan, Margaret, Peacemakers: The Paris Peace Conference of 1919 and its Attempt to End War, London 2001

Maier, Klaus A.; Rohde, Horst; Stegemann, Bernd; Umbreit, Hans (Hrsg.), Das Deutsche Reich und der Zweite Weltkrieg, Bd. 2, Die Errichtung der Hegemonie auf dem europäischen Kontinent, Stuttgart 1979

Maiolo, Joseph A., The Royal Navy and Nazi Germany 1933–39: A Study in Appeasement and the Origins of the Second World War, Basingstoke 1998

Manchester, William, The Caged Lion: Winston Spencer Churchill 1932–1940, London 1988

Marder, Arthur, The Royal Navy and the Ethiopian Crisis of 1935–36, in: American Historical Review, Bd. 75, Nr. 5 (1970), S. 1327–1356

Materski, Wojciech; Szarota, Tomasz (Hrsg.), Polska 1939–1945:
Straty osobowe i ofiary represji pod dwiema okupacjami (i.e. Polen
1939–1945: Todesopfer und Leidtragende von Repressionen unter
zwei Besatzungen), Warschau 2009

McCarthy, Helen, Democratizing British Foreign Policy: Rethinking the
Peace Ballot 1934–1935, in: Journal of British Studies, Bd. 49, Nr. 2
(2010), S. 358–387

Meehan, Patricia, The Unnecessary War: Whitehall and the German
Resistance to Hitler, London 1992

Middlemas, Keith; Barnes, John, Baldwin: A Biography, London 1969

Middleton, Roger, British Monetary and Fiscal Policy in the 1930s, in:
Oxford Review of Economic Policy, Bd. 26, Nr. 3 (2010), S. 414–441

Mills, William C., Sir Joseph Ball, Adrian Dingli, and Neville Chamberlain's «Secret Channel» to Italy 1937–1940, in: International History
Review, Bd. 24, Nr. 2 (2002), S. 278–317

Morris, Benny, The Roots of Appeasement: The British Weekly Press and
Nazi Germany during the 1930s, London 1991

Mosley, Leonard, Der gespenstische Friede. Europäische Politk 1938/39,
Bergisch Gladbach 1970.

Mulvey, Paul, The Political Life of Josiah C. Wedgwood: Land, Liberty
and Empire 1872–1943, Woodbridge 2010

Murray, Williamson, The Change in the European Balance of Power
1938–1939: The Path to Ruin, Princeton 1984

Namier, L. B., Diplomatisches Vorspiel 1938–1939, Berlin 1949

Neilson, Keith, Stalin's Moustache: The Soviet Union and the Coming of
War, in: Diplomacy and Statecraft, Bd. 12, Nr. 2 (2001), S. 197–208

Neville, Peter, Appeasing Hitler: The Diplomacy of Sir Nevile Henderson
1937–1939, Basingstoke 2000

Olson, Lynne, Troublesome Young Men: The Rebels Who Brought
Churchill to Power and Helped Save England, New York 2007

Overy, Richard, Die letzten zehn Tage. Europa am Vorabend des Zweiten
Weltkriegs, München 2009

Owen, Frank, Tempestuous Journey: Lloyd George, His Life and Times, London 1954

Parker, R. A. C., Chamberlain and Appeasement: British Policy and the Coming of the Second World War, London 1993); Churchill and Appeasement, London 2000

Peden, G. C., British Rearmament and the Treasury 1932–1939, Edinburgh 1979

Peden, G. C., Sir Horace Wilson and Appeasement, in: Historical Journal, Bd. 53, Nr. 4 (2010), S. 983–1014

Phillips, Hugh D., Between the Revolution and the West: A Political Biography of Maxim M. Litvinov, Boulder 1992

Pimlott, Ben, Hugh Dalton, London 1985

Preston, Adrian (Hrsg.), General Staffs and Diplomacy before the Second World War, London 1978

Pugh, Martin, «Hurrah for the Blackshirts!» Fascists and Fascism in Britain between the Wars, London 2005

Reynolds, David, Churchill's Writing of History: Appeasement, Autobiography and The Gathering Storm, in: Transactions of the Royal Historical Society, Reihe 6, Bd. 11 (2001), S. 221–247

Reynolds, David, The Long Shadow: The Great War and the Twentieth Century, London 2013

Robbins, Keith G., Konrad Henlein, the Sudeten Question and British Foreign Policy, in: Historical Journal, Bd. 12, Nr. 4 (1969), S. 674–697

Roberts, Andrew, The Holy Fox: A Biography of Lord Halifax, London 1991; Churchill. Das Ende einer Legende. München 1998

Rose, Kenneth, The Later Cecils, London 1975; King George V., 1983

Rose, Norman, Vansittart: Study of a Diplomat, London 1978;

Roskill, S. W., Hankey: Man of Secrets, Bd. 3, 1931–1963, London 1974

Rostow, Nicholas, Anglo-French Relations 1934–1936, London 1984

Schwarz, Ted, Joseph P. Kennedy: The Mogul, the Mob, the Statesman, and the Making of an American Myth, Hoboken 2003

Sebag Montefiore, Simon, Stalin. Am Hof des Roten Zaren, Frankfurt 2005.

Self, Robert, Neville Chamberlain: A Political Life, Aldershot 2006

Shakespeare, Nicholas, Six Minutes in May: How Churchill Unexpectedly
    Became Prime Minister, London 2017

Shay, Robert Paul, British Rearmament in the Thirties: Politics and
    Profits, Princeton 1977

Shepherd, Robert, A Class Divided: Appeasement and the Road to
    Munich 1938, London 1988

Shirer, William, Aufstieg und Fall des Dritten Reiches, Köln 1961

Sisman, Adam, Hugh Trevor-Roper: The Biography, London 2010

Sked, Alan; Cook, Chris (Hrsg.), Crisis and Controversy: Essays in
    Honour of A.J. P. Taylor, London 1976

Skidelsky, Robert, Oswald Mosley, London 1975;
    Britain since 1900: A Success Story?, London 2014

Soucy, Robert J., French Press Reactions to Hitler's First Two Years in
    Power, in: Contemporary European History, Bd. 7, Nr. 1 (1998),
    S. 21–38

Stannage, C. T., The East Fulham By-Election, in: Historical Journal,
    Bd. 14, Nr. 1 (1971), S. 165–200

Steiner, Zara, The Soviet Commissariat of Foreign Affairs and the Cze-
    choslovakian Crisis in 1938: New Material from the Soviet Archives,
    in: Historical Journal, Bd. 42, Nr. 3 (1999), S. 751–779

Steiner, Zara, The Triumph of the Dark: European International History
    1933–1939, Oxford 2011

Stone, Dan, Responses to Nazism in Britain 1933–1939: Before War and
    Holocaust, Basingstoke 2003

Strobl, Gerwin, The Germanic Isle: Nazi Perceptions of Britain, Cam-
    bridge 2000

Symons, Julian, The Thirties: A Dream Revolved, London 1975

Taylor, A.J. P., Die Ursprünge des Zweiten Weltkriegs, Gütersloh 1962,
    S. 245

Taylor, S. J., The Great Outsiders: Northcliffe, Rothermere and the Daily
    Mail, London 1996

Taylor, Telford, Sword and Swastika: The Wehrmacht in the Third Reich, London 1953;

Munich: The Price of Peace, Sevenoaks 1979

The Cliveden Set: Portrait of an Exclusive Fraternity, London 2000;

Harold Nicolson, London 2005

Thompson, Neville, The Anti-Appeasers: Conservative Opposition to Appeasement in the 1930s, Oxford 1971

Thorpe, D. R., Eden: The Life and Times of Anthony Eden, First Earl of Avon, 1897–1977, London 2003;

Supermac: The Life of Harold Macmillan, London 2010

Tooze, Adam, Sintflut. Die Neuordnung der Welt 1916–1931, München 2015

Ullrich, Volker, Adolf Hitler, Die Jahre des Aufstiegs, Frankfurt 2013

Urbach, Karina, Hitlers heimliche Helfer. Der Adel im Dienst der Macht, Darmstadt 2016

Vyšný, Paul, The Runciman Mission to Czechoslovakia 1938: Prelude to Munich, New York 2003

Wainewright, Will, Reporting on Hitler: Rothay Reynolds and the British Press in Nazi Germany, London 2017

Waley, Daniel, British Public Opinion and the Abyssinian War 1935–1936, London 1975

Wapshott, Nicholas, The Sphinx: Franklin Roosevelt, the Isolationists, and the Road to World War II, New York 2015

Wark, Wesley K., The Ultimate Enemy: British Intelligence and Nazi Germany 1933–1939, London 1985

Watt, D. C., Personalities & Policies: Studies in the Formulation of British Foreign Policy in the Twentieth Century, London 1965

Watt, Donald Cameron, How War Came: The Immediate Origins of the Second World War 1938–1939, London 1989

Weber, Eugen, The Hollow Years: France in the 1930s, London 1995

Wedgwood, C. V., The Last of the Radicals: Josiah Wedgwood, Member of Parliament, London 1951

Weinberg, Gerhard L., The Foreign Policy of Hitler's Germany: Diplomatic Revolution in Europe 1933–1936, Chicago/London 1970

West, Nigel, MI6: British Secret Intelligence Service Operations 1909–1945, London 1983

Wheeler-Bennett, John W., King George VI.: His Life and Reign, London 1958

Wilson, Jim, Nazi Princess: Hitler, Lord Rothermere and Princess Stephanie von Hohenlohe, Stroud 2011

Wrench, Evelyn, Geoffrey Dawson and Our Times, London 1955

Zeman, Zbyněk; Klimek, Antonín, The Life of Edvard Beneš 1884–1948: Czechoslovakia in Peace and War, Oxford 1997

Ziegler, Philip, King Edward VIII., The Official Biography, London 1990

Bildnachweis

Nummerierung der Bilder nach Platzierung in den Tafelteilen (01–18 Tafelteil I; 19–35 Tafelteil II)

Getty Images: 01 (Hulton Archive), 02 (Hulton-Deutsch Collection/Corbis), 05 (Popperfoto), 06 (Keystone-France/Gamma-Rapho), 07 (Margaret Bourke-White/The LIFE Picture Collection), 08 (Keystone/Hulton Archive), 10 (Keystone-France/Gamma-Rapho), 11 (Bettmann), 17 (Keystone/Hulton Archive), 18 (Keystone/Hulton Archive), 20 (Bettmann), 21 (Harry Todd/Fox Photos/Hulton Archive), 22 (H.F. Davis/Topical Press Agency/Hulton Archive), 23 (Imagno), 24 (Heinrich Hoffmann/Hulton-Deutsch Collection/Corbis), 25 (Bettmann), 26 (Keystone-France/Gamma-Keystone), 27 (PhotoQuest/Archive Photos), 28 (Harry Todd/Hulton Archive), 30 (Bettmann), 32 (Three Lions/Hulton Archive), 34 (Ann Ronan Pictures), 35 (Hulton-Deutsch Collection/Corbis)

Alamy Stock Photo: 03 (ART Collection), 04 (Pictorial Press Ltd), 14 (World History Archive)

ullstein bild: 09, 12, 13 (Heinrich Hoffmann), 15 (Heinrich Hoffmann), 16 (Heinrich Hoffmann), 19 (Heinrich Hoffmann), 31, 33 (Heinrich Hoffmann),

picture-alliance: 29 (empics)

Anmerkungen

VORBEMERKUNG
«Nie wieder Krieg!»

1 Vgl. New Statesman, 1944, zitiert in: Sidney Aster, Appeasement: Before and After Revisionism, in: Diplomacy & Statecraft, Band 19, Nr. 3 (2008), S. 443–380; Martin Gilbert, The Roots of Appeasement, London 1966, S. xi.

PROLOG
Der Sturm bricht los

1 John Julius Norwich (Hrsg.), The Duff Cooper Diaries 1915–1951, London 2005, Eintrag vom 3. September 1939, S. 274.
2 Hugh Dalton, The Fateful Years: Memoirs 1931–1945, London 1957, S. 263.
3 Parlamentarische Debatte im Unterhaus vom 1. September 1939 (zitiert nach den protokollarischen Sitzungsaufzeichnungen des «Hansard»), Schriftenreihe 5, Bd. 351, Spalte 125–133.
4 Nigel Nicolson (Hrsg.), Harold Nicolson Diaries: 1907–1963, London 2004, 27. September 1939, S. 203.
5 Nachlass Tufton Beamish, Tagebucheintrag 2. September 1939, Archiv des Churchill College, Cambridge, BEAM 3/3.
6 Nachlass Maurice Hankey, Brief Hankeys an seine Frau, 3. September 1939, Archiv des Churchill College, Cambridge, HNKY 3/43.
7 Beverley Baxter, Men, Martyrs and Mountebanks: Beverley Baxter's Inner Story of Personalities and Events behind the War, London 1940, S. 14.
8 N. A. Rose (Hrsg.), Baffy: The Diaries of Blanche Dugdale 1936–1947, London 1973, 2. September 1939, S. 149.
9 Robert Rhodes James (Hrsg.), ‹Chips›: The Diaries of Sir Henry Channon, London 1967, 2. September 1939, S. 212.
10 Nicolson (Hrsg.), Harold Nicolson Diaries and Letters, 2. September 1939, S. 418.
11 Major-General Sir Edward Spears, Assignment to Catastrophe, Bd. 1, Prelude to Dunkirk July 1939–May 1940, London 1954, S. 20.
12 Parlamentsprotokoll, Unterhausdebatte vom 2. September 1939, Bd. 351, Spalte 281.
13 Spears, Assignment to Catastrophe, S. 20.
14 John Barnes, David Nicholson (Hrsg.), The Leo Amery Diaries, Bd. 2, The Empire at Bay 1929–1945, London 1988, 2. September 1939, S. 570.
15 Parlamentsprotokoll, Unterhausdebatte vom 2. September 1939, Bd. 351, Spalte 282–283.
16 James (Hrsg.), ‹Chips›, 2. September 1939, S. 213.
17 Nicolson (Hrsg.), Harold Nicolson Diaries and Letters, 2. September 1939, S. 419.

18 Sir Reginald Dorman-Smith, Erinnerungen, Sunday Times, Ausgabe vom 6. September 1966.

19 Ebenda.

KAPITEL 1
Das Experiment «Hitler»

1 Documents on British Foreign Policy (DBFP), 2. Veröffentlichungsreihe, Band 5, London 1956, Rumboid an Sir John Simon, 30. Juni 1933, Nr. 229.

2 Vgl. Times, Ausgabe vom 31. Januar 1933.

3 Stuart Ball (Hrsg.), Parliament and Politics in the Age of Baldwin and MacDonald: The Headlam Diaries 1923–1935, London 1992, S. 258.

4 Daily Telegraph, Ausgabe vom 31. Januar 1933.

5 News Chronicle, Ausgabe vom 31. Januar 1933; Daily Herald, Ausgabe vom 31. Januar 1933.

6 The Times, Ausgabe vom 30. Januar 1933.

7 The Times, Ausgabe vom 31. Januar 1933.

8 New Statesman, Ausgabe vom 4. Februar 1933. Der New Statesman wurde von Kingsley Martin herausgegeben, der in dem Magazin zu dieser Zeit für pazifistische Ideen warb und sich später für die Politik des Appeasements stark machte.

9 Morning Post, Ausgabe vom 30. Januar 1933.

10 Zitiert nach: Scotsman, Ausgabe vom 31. Januar 1933.

11 Vgl. L'Ami du Peuple, Ausgabe vom 31. Januar 1933; vgl. Coty in: L'Ami du Peuple, Ausgabe vom 7. Februar 1933.

12 Zitiert nach Martin Gilbert, Sir Horace Rumbold: Portrait of a Diplomat 1869–1941, London 1973, S. 367.

13 Documents diplomatiques français (DDF), Reihe 1, Bd. 2, François-Poncet an Paul-Boncour, 1. Februar 1933, Nr. 253.

14 Scotsman, Ausgabe vom 4. April 1933.

15 Kenneth Young (Hrsg.), The Diaries of Sir Robert Bruce Lockhart, Bd. 1, 1915–1938, London 1973, 6. März 1933, S. 248–249.

16 Nachlass Hamilton, Heyne an Hamilton, 1. April 1933, Hamilton 14/2/3.

17 Nachlass Hamilton, Hamilton an Heyne, 23. Oktober 1933, Hamilton.

18 Nachlass Hamilton, Hamilton an die Ehefrau von Flesch-Brunningen, 30. November 1933.

19 Nachlass Hamilton, Hamilton an Rebecca West, 15. März 1933.

20 John Lee, A Soldier's Life: General Sir Ian Hamilton, 1853–1947, London 2000, S. 263.

21 Zitiert nach Richard Griffiths, Fellow Travellers of the Right: British Enthusiasts for Nazi Germany 1933–1939, Oxford 1980, S. 76.

22 (DBFP), 2. Reihe, Bd. 5, Simon an Rumbold, 10. Mai 1933, Nr. 126.

23 The Scarlet Pimpernel, London Films/United Artists, 1934, dt. Die scharlachrote Blume.

24 Martin Gilbert, The Roots of Appeasement, London 1966, Anhang 1, Das «Fontaine-bleau-Memorandum», S. 189.

25 Außenministerium der Vereinigten Staaten, Peace and War: United States Foreign Policy 1931–1941, Washington 1943, S. 179–181.

26 Robert Graves, Goodbye to All That, Harmondsworth 1960, S. 240.
27 Nachlass MacDonald Tagebucheintrag, 2. Februar 1930, MS MacDonald, PRO 30/69/1753; Gilbert, The Roots of Appeasement, S. 127, S. 131.
28 Thomas C. H. Jones, A Diary with Letters 1931–1950, London 1954, 29. April 1933, S. 108.
29 Harold Nicolson, zitiert nach Gilbert, Sir Horace Rumbold, S. 318.
30 Robert Vansittart, The Mist Procession: The Autobiography of Lord Vansittart, London 1958, S. 476.
31 Documents on British Foreign Policy (DBFP), 2. Reihe, Bd. 5, Rumbold an Simon, 26. April 1933, Nr. 36.
32 Ebenda, Anlage Nr. 127.
33 Nachlass Vansittart, Notizen, 6. Mai 1933, VNST 2/3.
34 Kabinettsprotokoll, 17. Mai 1933, CAB 23/76/7/88.
35 Max Domarus, Hitler. Reden und Proklamationen 1932–1945. Kommentiert von einem deutschen Zeitgenossen, Leonberg 1988, S. 273.
36 Zitiert nach Peter Jackson, France and the Nazi Menace: Intelligence and Policy Making 1933–1939, Oxford 2000, S. 64.
37 Vgl. Joseph Goebbels, vertrauliche Ansprache an Vertreter der deutschen Presse, 5. April 1940, zitiert in: Volker Ullrich, Adolf Hitler, Die Jahre des Aufstiegs, Frankfurt 2013, S. 529.
38 Vgl. Adolf Hitler, Mein Kampf: Eine kritische Edition, Berlin/München 2016.
39 Documents diplomatiques français (DDF), 1. Reihe, Bd. 3, Nr. 259.
40 Ivone Kirkpatrick, Im Inneren Kreis. Erinnerungen eines Diplomaten, Berlin 1964, S. 55.
41 Gaynor Johnson (Hrsg.), Our Man in Berlin: The Diary of Sir Eric Phipps 1933–1937, Basingstoke 2007, S. 30–31.
42 Vernon Bartlett, Nazi Germany Explained, London 1933, S. 199.
43 Brian Bond (Hrsg.), Chief of Staff: The Diaries of Lieutenant-General Sir Henry Pownall, Bd. 1, 1933–1940, London 1972, 7. Juli 1933, S. 20.
44 Nachlass Phipps, Hankey an Phipps, September 1933, PHPP 1 3/3.
45 Robert Rhodes James, Bob Boothby: A Portrait, London 1991, S. 60.
46 Ebenda, S. 138.
47 Robert Boothby, Boothby: Recollections of a Rebel, London 1978, S. 110–111.
48 Vgl. Robert Boothby, Europa vor der Entscheidung. Erinnerung und Ausblick eines englischen Politikers, Düsseldorf 1951, S. 167.

KAPITEL 2
«Waffen besing ich und den einen Mann ...»

1 Winston Churchill, Rede vom 23. Februar 1931, Winchester House, Epping (Churchills Wahlkeis).
2 Parlamentsprotokoll, Unterhausdebatte vom 23. November 1932, Bd. 272, Spalte 81.
3 Vgl. Parlamentsprotokoll, Unterhausdebatte vom 23. März 1933, Bd. 276, Spalte 542.
4 Parlamentsprotokoll, Unterhausdebatte vom 13. April 1933, Bd. 276, Spalte 2792.
5 David Lloyd George, Mein Anteil am Weltkrieg. Kriegsmemoiren, Bd. 1, Berlin 1935, S. 41.

6   Daily Express, Ausgabe vom 13. Februar 1933.

7   Martin Gilbert, Winston Churchill, Bd. 5, 1922–1939; Daily Telegraph, Ausgabe vom 11. Februar 1933.

8   Parlamentsprotokoll, Unterhausdebatte vom 30. Juli 1934, Bd. 292, Spalte 2401.

9   Vgl. Denis Mack Smith, Mussolini, London 1981, S. 194–195.

10 Zitiert nach Nottingham Evening Post, Ausgabe vom 9. März 1933.

11 Keith Middlemas, John Barnes, Baldwin: A Biography, London 1969, S. 745.

12 Parlamentsprotokoll, Unterhausdebatte vom 12. November 1936, Bd. 317, Spalte 1144.

13 Winston S. Churchill, Der Zweite Weltkrieg, Bd. 1: Der Sturm zieht auf, Bern 1949, Erstes Buch, S. 269.

14 Nick Smart (Hrsg.), The Diaries and Letters of Robert Bernays 1932–1939: An Insider's Account of the House of Commons, Lewiston 1996, 9. Juli 1936, S. 271.

15 Vgl. Robert Boothby, Europa vor der Entscheidung, S. 46.

16 Zitiert nach Middlemas, Barnes, Baldwin, S. 722.

17 Parlamentsprotokoll, Unterhausdebatte vom 10. November 1932, Bd. 270, Spalte 632.

18 John Frederick Charles Fuller, The Reformation of War, London 1923, S. 150.

19 Parlamentsprotokoll, Unterhausdebatte vom 30. Juli 1934, Bd. 292, Spalte 2368.

20 Leeds Mercury, Ausgabe vom 29. Juni 1933.

21 Kriegskabinett, Sitzungsprotokoll vom 15. August 1939, CAB 23/15/270.

22 Vgl. Nachlass Simon, Admiralsstabsmemorandum vom 31. Januar 1932.

23 Jährlicher Bericht der Stabschefs zur Verteidigungspolitik, Februar 1932, CAB 53/22/10.

24 Documents on British Foreign Policy (DBFP), 2. Reihe, Bd. 5, London 1956, Rumbold an Simon, 27. Juni 1933, Nr. 223.

25 S. W. Roskill, Hankey: Man of Secrets, Bd. 3, 1931–1963, London 1974, S. 86.

26 Parlamentsprotokoll, Unterhausdebatte vom 7. November 1933, Bd. 281, Spalte 138.

27 Parlamentsprotokoll, Unterhausdebatte vom 7. Februar 1934, Bd. 285, Spalte 1197.

28 Documents on British Foreign Policy (DBFP), 2. Reihe, Bd. 5, Rumbold an Simon, 27. Juni 1933, Nr. 223.

29 Ebenda, Vansittart, Memorandum zur deutschen Wiederbewaffnung, 14. Juli 1933, Nr. 253.

30 N. H. Gibbs, History of the Second World War: Grand Strategy, Bd. 1, Rearmament Policy, London 1976, S. 135.

31 Kabinettssitzungsprotokoll, 28. Februar 1934, CAB 23/78/7.

32 Parlamentsprotokoll, Unterhausdebatte vom 8. März 1934, Bd. 286, Spalte 2027.

33 Ebenda, Spalte 2048.

34 Ebenda, Spalte 2057.

35 Vgl. ebenda, Spalte 2072.

36 Vgl. ebenda, Spalte 2078.

37 Bericht des Verteidigungsbedarfsunterausschusses (DRC), 28. Februar 1934, PREM 1/175/79.

38 Vgl. Zusammenfassung der 52. Sitzung, 2. Juli 1934, CAB 27/504; Michael Howard, The Continental Commitment: The Dilemma of British Defence Policy in the Era of the Two World Wars, London 1972, S. 108.

39 Vgl. Gibbs, History of the Second World War: Grand Strategy, S. 106.

40 Ministerialkomitee für Abrüstung (DC(M)) von 1932, Dokument 120, Kommentar des Schatzkanzlers zum Bericht des DRC, 20. Juni 1934, CAB 16/111.

41 Parlamentsprotokoll, Unterhausdebatte vom 10. November 1932, Bd. 270, Spalte 632.
42 Brian Bond (Hrsg.), Chief of Staff: The Diaries of Lieutenant-General Sir Henry Pownall, Bd. 1, 1933–1940, London 1972, 3. Mai 1934, 21. Juni 1934, S. 42 resp. S. 46.
43 Ebenda.
44 Ebenda, S. 48.
45 Zu Beziehung zwischen dem französischen Geheimdienst und der französischen Politik siehe die detaillierte Studie von Peter Jackson: France and the Nazi Menace: Intelligence and Policy Making 1933–1939, Oxford 2000, insbesondere S. 53–76.
46 Zitiert nach Piers Brendon, The Dark Valley: A Panorama of the 1930s, London 2000, S. 139.
47 Zitiert nach Martin Gilbert, Winston S. Churchill, Bd. 5, 1922–1939, London 1976, S. 552.
48 Ebenda.
49 Parlamentsprotokoll, Unterhausdebatte vom 30. Juli 1934, Bd. 292, Spalte 2349.
50 Vgl. ebenda, Spalte 2373–2374.
51 Parlamentsprotokoll, Unterhausdebatte vom 13. Juli 1934, Bd. 292, Spalte 675.
52 Protokoll Kabinettssitzung vom 26. November 1934, CAB 23/80/10.
53 Documents on British Foreign Policy (DBFP), 2. Reihe, Bd. 12, London 1972, Memorandum von Phipps zur deutschen Wiederaufrüstung vom 23. November 1934, Nr. 208.
54 Documents on British Foreign Policy (DBFP), 2. Reihe, Bd. 12, London 1972, Notiz von Simon, 28. November 1934, Nr. 231.
55 Vgl. Protokoll Kabinettssitzung vom 21. November 1934, CAB 23/80/214.
56 Zitiert nach Gilbert, Winston S. Churchill, Bd. 5, S. 571–572.
57 Parlamentsprotokoll, Unterhausdebatte vom 28. November 1934, Bd. 295, Spalte 863.
58 Harold Macmillan, Winds of Change 1914–1939, London 1966, S. 575.
59 Parlamentsprotokoll, Unterhausdebatte vom 28. November 1934, Bd. 295, Spalte 883.
60 Vgl. Daily Telegraph, Ausgabe vom 29. November 1934.
61 Daily Mail, Ausgabe vom 29. November 1934.
62 Parlamentsprotokoll, Unterhausdebatte vom 28. November 1934, Bd. 295, Spalte 917.

KAPITEL 3
Zum Tee bei Hitler

1 Thomas C. H. Jones, A Diary with Letters 1931–1950, London 1954, S. 125.
2 Anthony Eden, Angesichts der Diktatoren. Memoiren 1923–1938, Köln 1962, S. 88.
3 Ebenda, S. 97.
4 Nachlass Avon, Tagebuch, Eintrag vom 20. Februar 1934, AP 20/1/14.
5 Nachlass Baldwin, Eden an Baldwin, 21. Februar 1934, Bd. 122, S. 31–33.
6 Nachlass Avon, Eden an MacDonald, 22. Februar 1934, AP 14/1/338/4.
7 Robert Vansittart, The Mist Procession: The Autobiography of Lord Vansittart, London 1958, S. 346.
8 Documents on British Foreign Policy (DBFP), 2. Reihe, Bd. 6, London 1957, Simon an Phipps, 23. Februar 1934, Nr. 308.
9 Nachlass Avon, Tagebucheintrag vom 24. Februar 1934, AP 20/1/14.
10 Documents on British Foreign Policy (DBFP), 2. Reihe, Bd. 6, London 1957, Phipps an Simon, 21. März 1934, Nr. 360.

11 Zitiert nach Times, Ausgabe vom 12. März 1934.
12 Robert Rhodes James, Anthony Eden, London 1986, S. 135; D. R. Thorpe, Eden: The Life and Times of Anthony Eden, London 2003, S. 130.
13 Nachlass Nicolson, Tagebucheintrag vom 2. Februar 1934.
14 Parlamentsprotokoll, Unterhausdebatte vom 13. April 1933, Bd. 276, Spalte 2759.
15 John Hallett (E. H. Carr), ‹The Prussian Complex›, in: Fortnightly Review, 1. Januar 1933, S. 37–45.
16 John Maynard Keynes, The Economic Consequences of the Peace, London 1919, S. 209.
17 Vgl. Martin Gilbert, The Roots of Appeasement, London 1966, S. 52.
18 Times, Ausgabe vom 13. März 1933.
19 Ben Pimlott (Hrsg.), The Political Diary of Hugh Dalton 1918–40, 1945–60, London 1986, Eintrag zum 18. August 1933, S. 179.
20 Times, Ausgabe vom 10. April 1933.
21 Parlamentsprotokoll, Unterhausdebatte vom 23. März 1933, Bd. 276, Spalte 617.
22 Zitiert nach Michael Bloch, Ribbentrop, London 1992, S. 52.
23 Manchester Guardian, Ausgabe vom 12. Mai 1933.
24 Vgl. Akten zur deutschen auswärtigen Politik 1918–1945, Reihe C, Bd. 2, Göttingen 1973, Botschafter in Großbritannien an das Außenministerium, 10. November 1933, Nr. 57.
25 Jones, A Diary with Letters, Eintrag vom 3. Juli 1932, S. 44; J. R. M. Butler, Lord Lothian (Philip Kerr) 1882–1940, London 1960, S. 237.
26 Leserbrief an den Manchester Guardian vom 10. Mai 1935.
27 Butler, Lord Lothian, S. 197.
28 Vernon Bartlett, Nazi Germany Explained, London 1933, S. 267.
29 Akten zur deutschen auswärtigen Politik 1918–1945, Reihe C, Bd. 3, Botschafter in Großbritannien an Auswärtiges Amt, Nr. 445.
30 Documents on British Foreign Policy (DBFP), 2. Reihe, Bd. 12, London 1972, Nr. 391; Nachlass Lothian, Lothian an Simon, 30. Januar 1935.
31 Times, Ausgabe vom 1. Februar 1935.
32 Pimlott (Hrsg.), The Political Diary of Hugh Dalton, S. 164.
33 Allen an Ellen Wilkinson, 30. April 1934, zitiert nach Martin Gilbert, Plough My Own Furrow: The Story of Lord Allen of Hurtwood as Told through His Writings and Correspondence, London 1965, S. 354–355.
34 Ebenda, S. 358.
35 Daily Telegraph, Ausgabe vom 28. Januar 1935, zitiert ebenda, S. 358.
36 Nachlass Butler, Dorothy Bonareies an R. A. Butler, 9. November 1932, RAB G4-73; Nick Smart (Hrsg.), The Diaries and Letters of Robert Bernays 1932–1939: An Insider's Account of the House of Commons, Lewiston, NY, 1996, 9. Mai 1933, S. 75.
37 Vgl. Eric Hobsbawm, Das Zeitalter der Extreme. Weltgeschichte des 20. Jahrhunderts. München 1995.
38 Zitiert nach Martin Gilbert, Winston S. Churchill, Bd. 5, 1922–1939, London 1976, S. 226; zitiert nach Andrew Gilmour, The Changing Reactions of the British Press towards Mussolini's Italy (unveröffentlichte Dissertation, Oxford University 1986), S. 3; zitiert nach Alexander Anievas, The International Political Economy of Appeasement: The Social Sources of British Foreign Policy During the 1930s, in: Review of International Studies, Bd. 37, Nr. 2 (2011), S. 617.

39 Vgl. S. J. Taylor, The Great Outsiders: Northcliffe, Rothermere and the Daily Mail, London 1996, S. 191.
40 Gavin Bowd, Fascist Scotland: Caledonia and the Far Right, Edinburgh 2013, S. 19–20.
41 Daily Mail, Ausgabe vom 10. Juli 1933.
42 Daily Mail, Ausgabe vom 28. November 1933.
43 Daily Mail, Ausgabe vom 28. Dezember 1934.
44 Brief von Rothermere an Churchill vom 13. Mai 1935, zitiert nach Martin Gilbert, Winston S. Churchill, Bd. 5, The Coming of War 1936–1939, London 1982, S. 1171.
45 Daily Mail, Ausgabe vom 7. November 1933; Daily Mail, Ausgabe vom 13. November 1934.
46 Zitiert nach Taylor, The Great Outsiders, S. 290.
47 Zitiert nach Griffiths, Fellow Travellers of the Right, S. 157; Arnold Wilson, ‹Germany in May›, in: English Review, Ausgabe vom Juni 1934.
48 Zitiert nach Karina Urbach, Hitlers heimliche Helfer. Der Adel im Dienst der Macht, Darmstadt 2016, S. 322f.
49 Vgl. Documents on British Foreign Policy (DBFP), 2. Reihe, Bd. 12, Phipps an Simon, 16. Dezember 1934, Nr. 294.
50 Gaynor Johnson (Hrsg.), Our Man in Berlin: The Diary of Sir Eric Phipps 1933–1937, Basingstoke 2007, S. 85.
51 Documents on British Foreign Policy (DBFP), 2. Reihe, Bd. 12, Vansittart an Phipps, 2. Februar 1935, Nr. 453, Fußnote 5.
52 Nachlass Phipps, Hankey an Phipps, 3. September 1933, PHPP I 3/3.
53 Manchester Guardian, Ausgabe vom 24. Mai 1934.
54 Nachlass Phipps, Hankey an Phipps, 3. September 1933, PHPP I 3/3.
55 Adam Sisman, Hugh Trevor-Roper: The Biography, London 2010, S. 39.
56 Documents on British Foreign Policy (DBFP), 2. Reihe, Bd. 12, Phipps an Simon, 26. September 1934, Nr. 120.
57 Documents on British Foreign Policy (DBFP), 2. Reihe, Bd. 12, Drummond an Simon, 18. Februar 1935, Nr. 466.
58 Vgl. Ian Kershaw, Hitlers Freunde in England. Lord Londonderry und der Weg in den Krieg, München 2005, S. 52.
59 L. S. Amery, My Political Life, Bd. 3, The Unforgiving Years 1929–1940, London 1955, S. 380.
60 Vgl. Nachlass Hamilton, Hamilton an T. J. Schwartz, 24. Juli 1934, 14/2/3.
61 Gordon Martel (Hrsg.), The Times and Appeasement: The Journals of A. L. Kennedy 1932–1939, Cambridge 2000, 19. September 1934, S. 146.
62 Manchester Guardian, Ausgabe vom 2. Juli 1934.
63 Smart (Hrsg.), The Diaries and Letters of Robert Bernays, 2. Juli 1934, S. 145–146.
64 Daily Telegraph, Ausgabe vom 7. Juli 1934.
65 Robert Self (Hrsg.), The Neville Chamberlain Diary Letters, Bd. 4, The Downing Street Years 1934–1940, Aldershot 2005, 7. Juli 1934, S. 78.
66 Robert Self (Hrsg.), The Neville Chamberlain Diary Letters, Bd. 4, The Downing Street Years 1934–1940, Aldershot 2005, 28. Juli 1934, S. 81.
67 Nachlass Avon, Astor an Eden, 2. Oktober 1933, AP 14/1/139.
68 Kenneth Young (Hrsg.), The Diaries of Sir Robert Bruce Lockhart, Bd. 1, 1915–1938, London 1973, 7. Juli 1933, S. 260.
69 Richard Davenport-Hines, Universal Man: The Seven Lives of John Maynard Keynes,

London 2015, S. 308; Stuart Ball (Hrsg.), Parliament and Politics in the Age of Baldwin and MacDonald: The Headlam Diaries 1923–1935, London, 1992, 23. Juni 1933, S. 273.

70 Martin Gilbert, Sir Horace Rumbold: Portrait of a Diplomat 1869–1941, London 1973, S. 319.

71 Nachlass Hamilton, Londonderry an Hamilton, 9. August 1938, 14/2/10.

72 Robert Bernays, Special Correspondent, London 1934, S. 234.

73 Ebenda, S. 239, S. 228, S. 239.

74 Ebenda, S. 210.

75 Ebenda, S. 213–214.

76 Ebenda.

77 Ian Kershaw, Hitler 1889–1936, Stuttgart 1998, S. 688.

78 Documents on British Foreign Policy (DBFP), 2. Reihe, Bd. 12, Phipps an Simon, 4. Februar 1935, Nr. 412.

79 Nachlass Lloyd, Lloyd an Blanche Lloyd, Februar/März 1935, GLLD 4/3.

80 Vgl. Documents on British Foreign Policy (DBFP), 2. Reihe, Bd. 12, Vansittart, Memorandum vom 21. Februar 1935, Nr. 484.

81 N. J. Crowson (Hrsg.), Fleet Street, Press Barons and Politics: The Journals of Collin Brooks 1932–1940, Cambridge 1998, 25. Januar 1934, S. 56.

82 Vgl. Martel (Hrsg.), The Times and Appeasement, 11. Juli 1934, S. 143; vgl. Vansittart, The Mist Procession, S. 427–428; vgl. Colin R. Coote, Editorial. The Memoirs of Colin R. Coote, London 1965, S. 175.

83 Vgl. Roy Jenkins, The Chancellors, London 1998, S. 367.

84 Vgl. Coote, Editorial, S. 175.

85 David Dutton, Simon: A Political Biography of Sir John Simon, London, 1992, S. 337.

86 Nachlass Simon, Tagebucheintrag vom 11. März 1935, Manuskript Simon Nr. 7.

87 Parlamentsprotokoll, Unterhausdebatte vom 11. März 1935, Bd. 299, Spalte 35.

88 Ebenda, Spalte 77.

89 Documents on British Foreign Policy (DBFP), 2. Reihe, Bd. 12, Campbell an Simon, 17. März 1935, Nr. 587.

90 Ebenda, Campbell an Simon, 18. März 1935, Nr. 590.

91 Paul Schmidt, Statist auf diplomatischer Bühne: 1923–45, Bonn 1949, S. 292.

92 Nachlass Salisbury, Cranborne an Ormsby-Gore, März 1935, Archivkasten Nr. 63.

93 Ball (Hrsg.), Parliament and Politics in the Age of Baldwin and MacDonald, 18. März 1935, S. 327; Gilbert, Sir Horace Rumbold, S. 393.

94 Martel (Hrsg.), The Times and Appeasement, 14. Mai 1936, S. 225.

95 Nachlass Salisbury, Cranborne an Ormsby-Gore, März 1935, Archivkasten Nr. 63.

96 Schmidt, Statist auf diplomatischer Bühne, S. 294–295.

97 Akten zur deutschen auswärtigen Politik 1918–1945, Reihe C, Bd. 3, Nr. 555.

98 Anthony Eden, Angesichts der Diktatoren, S. 169.

99 Documents on British Foreign Policy (DBFP), 2. Reihe, Bd. 12, Nr. 651.

100 Nachlass Avon, Tagebucheintrag vom 25. März 1935, AP 20/1.

101 Nachlass Salisbury, Cranborne, Tagebucheintrag vom 23. März 1935, Archivkasten Nr. 63.

102 Anthony Eden, Angesichts der Diktatoren, S. 174.

103 Nachlass Salisbury, Cranborne an William Ormsby-Gore, März 1935, Archivkasten 63.

104 Nachlass Salisbury, Cranborne, Tagebucheintrag vom 23. März 1935, Archivkasten 63.

105 Nachlass Simon, 27. März 1935, Manuskript Simon Nr. 7.
106 Nachlass Avon, Tagebucheintrag vom 26. März 1935, AP 20/1.
107 Paul Schmidt, Statist auf diplomatischer Bühne, S. 312.
108 Documents on British Foreign Policy (DBFP), 2. Reihe, Bd. 12, Notizen zu den eng-lisch-französisch-italienischen Gesprächen, 18 April 1935, Nr. 722 (Fußnote 43).
109 Parlamentsprotokoll, Unterhausdebatte vom 11. Juli 1935, Bd. 304, Spalte 543.
110 Joachim von Ribbentrop, Zwischen London und Moskau. Erinnerungen und letzte Aufzeichnungen. Leoni am Starnberger See 1953, S. 64.
111 Vgl. Fred Kupferman, Laval, Paris 1987, S. 150.

KAPITEL 4
Abessinische Irrungen und Wirrungen

1 Documents diplomatiques français (DDF), 2. Reihe, Bd. 1, Nr. 288; zitiert nach Zara Steiner, The Triumph of the Dark: European International History 1933–1939, Oxford 2011, S. 31.
2 Daily Telegraph, Ausgabe vom 17. Juli 1935; Times, Ausgabe vom 17. Juli 1935.
3 Nick Smart (Hrsg.), The Diaries and Letters of Robert Bernays 1932–1939: An Insider's Account of the House of Commons, Lewiston 1996, Bernays an Lucy Brereton, 19. Juli 1935, S. 214.
4 Documents on British Foreign Policy (DBFP), 2. Reihe, Bd. 14, London 1976, Barton an Simon, 11. April 1935, Nr. 229.
5 Nicholas Farrell, Mussolini: A New Life, London 2003, S. 261.
6 Kenneth Rose, The Later Cecils, London 1975, S. 130.
7 Helen McCarthy, Democratizing British Foreign Policy: Rethinking the Peace Ballot 1934–1935, in: Journal of British Studies, Bd. 49, Nr. 2 (2010), S. 358–387.
8 Daily Express, Ausgabe vom 25. Oktober 1934.
9 Vgl. Robert C. Self (Hrsg.), The Austen Chamberlain Diary Letters, Cambridge 1995, S. 487.
10 Smart (Hrsg.), The Diaries and Letters of Robert Bernays, 5. Mai 1934, S. 134.
11 Zitiert nach John Charmley, Churchill: The End of Glory, London 1993, S. 202.
12 Times, Ausgabe vom 24. Juli 1935.
13 Documents on British Foreign Policy (DBFP), 2. Reihe, Bd. 14, Notiz von Vansittart, Nr. 301.
14 Anthony Eden, Angesichts der Diktatoren, S. 268.
15 William E. Dodd jr. und Martha Dodd (Hrsg.), Diplomat auf heißem Boden: Tagebuch des USA-Botschafter William E. Dodd in Berlin 1933–1938, Berlin 1977, 22. Mai 1935, S. 256.
16 Daily Mail, Ausgabe vom 15. Juli 1935.
17 Evening Standard, Ausgabe vom 13. Februar 1935; vgl. Robert Rhodes James (Hrsg.), ‹Chips›: The Diaries of Sir Henry Channon, London 1967, 30. Juli 1935, S. 40.
18 Kenneth Rose, King George V, London 1983, S. 387.
19 Nachlass Victor Cazalet, Manuskript 9170205.
20 Times, Ausgabe vom 30. August 1935; Daily Herald, Ausgabe vom 10. Juli 1935.
21 A. Cross, Sir Samuel Hoare: A Political Biography, London 1977, S. 219–220.
22 Nachlass Salisbury, Cranborne an Ormsby-Gore, 24. September 1935, Archivkasten 63.

23 Philip Williamson and Edward Baldwin (Hrsg.), Baldwin Papers: A Conservative Statesman 1908–1947, Cambridge 2004, S. 352.

24 Nachlass Chamberlain, Hoare an Chamberlain, 18. August 1935, NC 7/11/28/24–5.

25 Documents on British Foreign Policy (DBFP), 2. Reihe, Bd. 15, London 1976, Phipps an Hoare, 13. November 1935, Nr. 213.

26 Cross, Sir Samuel Hoare, S. 235.

27 Anthony Eden, Angesichts der Diktatoren, S. 353.

28 Times, Ausgabe vom 16. Dezember 1935.

29 Zitiert nach Documents on British Foreign Policy (DBFP), 2. Reihe, Bd. 15, Lindsay an Hoare, 17. Dezember 1935, Nr. 387.

30 Robert Self (Hrsg.), The Neville Chamberlain Diary Letters, Bd. 4, The Downing Street Years 1934–1940, Aldershot 2005, 15. Dezember 1935, S. 166.

31 Harold Nicolson, Tagebücher und Briefe 1930–1941, Frankfurt 1969, 10. Dezember 1935, S. 197.

32 Nachlass Victor Cazalet, Tagebucheintrag Dezember 1935.

33 Anthony Eden, Angesichts der Diktatoren, S. 373.

34 David Gilmour, Auf der Suche nach Italien: Eine Geschichte der Menschen, Städte und Regionen von der Antike bis zur Gegenwart, Stuttgart 2013, S. 331.

35 Selected Speeches of His Imperial Majesty Haile Selassie I, 1918–1967, Addis Abeba 1967, S. 313–314.

KAPITEL 5
Jenseits des Rheins

1 Nachlass Liddell Hart, 11/1938/98.

2 Vgl. Ian Kershaw, Hitler 1888–1936, S. 738.

3 William L. Shirer, Berliner Tagebuch: Aufzeichnungen 1934–1941, Köln 1991, 7. März 1936, S. 56–57.

4 Gaynor Johnson (Hrsg.), Our Man in Berlin: The Diary of Sir Eric Phipps 1933–1937, Basingstoke 2007, 14. Dezember 1935, S. 140.

5 Vgl. Jonathan Haslam, The Vices of Integrity: E. H. Carr 1892–1982, London 1999, S. 59.

6 Norman Rose, Vansittart: Study of a Diplomat, London 1978, S. 190.

7 Vgl. Nachlass Hankey, Hankey an Phipps, 2. Januar 1936, HNKY 5/5.

8 Documents on British Foreign Policy (DBFP), 2. Reihe, Bd. 15, London 1976, «The German Danger», Eden-Memorandum, 17. Januar 1936, Nr. 460.

9 Martin S. Alexander, The Republic in Danger: General Maurice Gamelin and the Politics of French Defence 1933–1940, Cambridge 1992, S. 258.

10 Vgl. ebenda, S. 259.

11 Times, Ausgabe vom 9. März 1936.

12 Zitiert nach Zara Steiner, The Triumph of the Dark: European International History 1933–1939, Oxford 2011, S. 144.

13 Harold Nicolson, Tagebücher und Briefe 1930–1941, 9. März 1936, S. 248.

14 Documents on British Foreign Policy (DBFP), 2. Reihe, Bd. 16, London 1977, Law an Sargent, 9. März 1936, Nr. 55; Times, Ausgabe vom 9. März 1936.

15 Thomas C. H. Jones, A Diary with Letters 1931–1950, London 1954, 8. März 1936, S. 180–181.

16 Documents on British Foreign Policy (DBFP), 2. Reihe, Bd. 16, Eden, Kabinetts-Memorandum, 8. März 1936, Nr. 48.

17 Ebenda, Bericht zu einem Treffen der Locarno-Staaten, 10. März 1936, Nr. 61.

18 Nachlass Avon, Notiz, «Punkte, die mit M. Flandin besprochen werden müssen», undatiert, 13/1/33 B.

19 Nachlass Victor Cazalet, Tagebucheintrag, März 1936.

20 N. A. Rose (Hrsg.), Baffy: The Diaries of Blanche Dugdale 1936–1947, London 1973, S. 8.

21 Akten zur deutschen auswärtigen Politik 1918–1945, Reihe C, Bd. 5, Botschafter in Großbritannien an Außenministerium, 9. März 1936, Nr. 33.

22 Anthony Eden, Angesichts der Diktatoren, S. 406.

23 N. J. Crowson, Facing Fascism: The Conservative Party and the European Dictators 1935–1940, London 1997, S. 41.

24 Harold Nicolson, Tagebücher und Briefe 1930–1941, 12. März 1936, S. 213.

25 Kabinettsmittschrift, 11. März 1936, CAB 23/83/18.

26 Ben Pimlott (Hrsg.), The Political Diary of Hugh Dalton 1918–40, 1945–60, London 1986, 11. März 1936, S. 196.

27 Harold Nicolson, Tagebücher und Briefe 1930–1941, 17. März 1936, S. 214.

28 Keith Feiling, The Life of Neville Chamberlain, London 1946, S. 279.

29 Jones, A Diary with Letters, 22. März 1936, S. 183–184.

30 Nachlass Avon, Simon an Baldwin, 26. März 1936, 14/1/621.

31 Harold Nicolson, Tagebücher und Brief 1930–1941, 23. März 1936, S. 216.

32 Ian Colvin, None So Blind: A British Diplomatic View of the Origins of World War II, New York 1965, S. 99.

33 Parlamentsprotokoll, Unterhausdebatte vom 26. März 1936, Bd. 310, Spalte 1439.

34 Brian Bond (Hrsg.), Chief of Staff: The Diaries of Lieutenant-General Sir Henry Pownall, Bd. 1, 1933–1940, London 1972, 15. April 1936, S. 109.

35 Steiner, The Triumph of the Dark, S. 151.

36 Zitiert nach William Shirer, Aufstieg und Fall des Dritten Reiches, Köln 1961, S. 283.

37 Nachlass Emrys-Evans, Emrys-Evans an Margesson, 13. Juli 1936, MS 58248.

KAPITEL 6
Verteidigung des Reiches

1 Morning Post, Ausgabe vom 16. Januar 1936.

2 Robert C. Self (Hrsg.), The Austen Chamberlain Diary Letters, Cambridge 1995, Austen Chamberlain an Hilda, 15. Februar 1936, S. 499.

3 Nachlass Victor Cazalet, Tagebucheintrag, 13. Februar 1936.

4 Martin Gilbert, Winston S. Churchill, Bd. 5, 1922–1939, London 1976, S. 687.

5 Martin Gilbert, Winston S. Churchill, Bd. 5, The Coming of War 1936–1939, London 1982, S. 18.

6 Ebenda, S. 7.

7 Gilbert, Winston S. Churchill, Bd. 5, S. 703.

8 N. J. Crowson (Hrsg.), Fleet Street, Press Barons and Politics: The Journals of Collin Brooks 1932–1940, Cambridge 1998, 14. März 1936, S. 160.

9 Nachlass Lloyd, GL an George Lloyd, März 1936, GLDD 5/5.

10 ‹Cato›, Guilty Men, London 1940, S. 75; Times, Ausgabe vom 16. März 1936.

11 Nachlass Victor Cazalet, Tagebuch, 4. März 1936.

12 Thomas C.H. Jones, A Diary with Letters 1931–1950, London 1954, 22. Mai 1936, S. 204.

13 Gilbert, Winston S. Churchill, Bd. 5, S. 686.

14 Nachlass Chamberlain, Hoare an Chamberlain, 23. Februar 1936, NC 7/11/29/29.

15 Evening Standard, Ausgabe vom 1. Mai 1936.

16 Brian Bond (Hrsg.), Chief of Staff: The Diaries of Lieutenant-General Sir Henry Pownall, Bd. 1, 1933–1940, London 1972, 27. Januar 1936, S. 99.

17 Parlamentsprotokoll, Unterhausdebatte vom 10. März 1936, Bd. 309, Spalte 1973.

18 Gilbert, Winston S. Churchill, B. 5, S. 164.

19 Vgl. B.H. Liddell Hart, Lebenserinnerungen, Düsseldorf/Wien 1966, S. 178.

20 Philip Williamson, Edward Baldwin (Hrsg.), Baldwin Papers: A Conservative Statesman 1908–1947, Cambridge 2004, S. 379.

21 Nigel Nicolson (Hrsg.), Harold Nicolson: Diaries and Letters 1930–1939, London 1966, 12. November 1938, S. 278.

22 Parlamentsprotokoll, Unterhausdebatte vom 10. November 1936, Bd. 317, Spalte 742.

23 Parlamentsprotokoll, Unterhausdebatte vom 12. November 1936, Bd. 317, Spalte 1107.

24 Ebenda, Spalte 1145.

25 Michael Fry, Hitler's Wonderland, London 1934.

KAPITEL 7

Hitlers Wunderland

1 Nachlass Dawson, Horace Rumbold an Dawson, 10. Juni 1936, Manuskript Dawson 78.

2 Nachlass Mount Temple, Tennant-Bericht zum Nürnberger Parteitag 1935, BR 81/10.

3 Ernest W.D. Tennant, True Account, London 1957, S. 169.

4 Zitiert nach Kenneth Rose, The Later Cecils, London 1975, S. 179.

5 Douglas Reed, Insanity Fair, London 1938, S. 420–421, S. 362; Harold Nicolson, Tagebücher 1930–1941, 18. Mai 1938, S. 283.

6 Harold Nicolson, Tagebücher 1930–1941, 6. Juni 1938, S. 287.

7 Kenneth Young (Hrsg.), The Diaries of Sir Robert Bruce Lockhart, Bd. 1, 1915–1938, London 1973, 14. September 1934, S. 305; Ebenda, 8. August 1933, S. 267.

8 Jessica Mitford, Hunnen und Rebellen: Meine Familie und das 20. Jahrhundert, Berlin 2013, S. 85.

9 Young (Hrsg.), The Diaries of Sir Robert Bruce Lockhart, Bd. 1, 13. Juli 1933, S. 263.

10 Philip Ziegler, King Edward VIII: The Official Biography, London 1990, S. 206; Robert Rhodes James (Hrsg.), ‹Chips›: The Diaries of Sir Henry Channon, London 1967, Whitsuntide 1935, S. 35.

11 Graham Wootton, The Official History of the British Legion, London 1956, S. 185, zitiert nach Richard Griffiths, Fellow Travellers of the Right: British Enthusiasts for Nazi Germany 1933–1939, Oxford 1980, S. 130.

12 James Murphy, Who Sent Rudolf Hess? London 1941, S. 11, zitiert nach Griffiths, Fellow Travellers of the Right, S. 130.

13 Stuart Ball (Hrsg.), Parliament and Politics in the Age of Churchill and Attlee: The

Headlam Diaries 1935–1951, Cambridge 1999, 21. November 1938, S. 145; Stuart Ball (Hrsg.), Parliament and Politics in the Age of Baldwin and MacDonald: The Headlam Diaries 1923–1935, London 1992, 1. November 1926, S. 103.

14 A. J. P. Taylor (Hrsg.), Lloyd George: A Diary by Frances Stevenson, London 1971, 22. November 1934, S. 292; Robert Rhodes James (Hrsg.), Memoirs of a Conservative: J. C. C. Davidson's Memoirs and Papers 1910–1937, London 1969, S. 405.

15 Ian Kershaw, Hitlers Freunde in England, S. 161

16 Paul Schmidt, Statist auf diplomatischer Bühne, S. 335.

17 Ian Kershaw, Hitlers Freunde in England,, S. 173.

18 Harold Nicolson, Tagebücher und Briefe 1930–1941, 20. Februar 1936, S. 209.

19 Marquess of Londonderry, England blickt auf Deutschland, Um die deutsch-englische Verständigung, Essen 1938, S. 7.

20 Thomas C. H. Jones, A Diary with Letters 1931–1950, London 1954, März 1936, S. 179.

21 Zitiert nach Martin Gilbert, The Roots of Appeasement, London 1966, S. 165.

22 Neville Thompson, The Anti-Appeasers: Conservative Opposition to Appeasement in the 1930s, Oxford 1971, S. 156–157.

23 A. L. Rowse, A Man of the Thirties, London 1979, S. 4.

24 Gaynor Johnson (Hrsg.), Our Man in Berlin: The Diary of Sir Eric Phipps 1933–1937, Basingstoke 2007, 10. November 1936, S. 188.

25 Zitiert nach Gilbert, The Roots of Appeasement, S. 166–167.

26 Nachlass Dawson, Horace Rumbold an Dawson, 10. Juni 1936, MS.Dawson 78.

27 KV 5/3, Anglo-German Fellowship, Jahresbericht 1935–36.

28 Michael Bloch, Ribbentrop, London 1992, S. 110.

29 Ebenda, S. 117.

30 So der amerikanische Romancier Thomas Wolfe, einer der Zuschauer, zitiert nach Duff Hart-Davis, Hitler's Olympics, London 1986, S. 151.

31 Joachim von Ribbentrop, Zwischen London und Moskau, S. 94.

32 Vgl. ebenda; vgl. André François-Poncet, Botschafter in Berlin 1931–1938, Berlin 2018, S. 322–323.

33 James (Hrsg.), ‹Chips›, 6., 11. und 13. August 1936, S. 106; Harold Nicolson, Tagebücher und Briefe 1930–1941, 20. September 1936, S. 228.

34 François-Poncet, Botschafter in Berlin 1931–1938, S. 323.

35 T. P. Conwell-Evans, Notizen zu einem Gesprächs zwischen Lloyd George und Hitler in Berchtesgaden, 4. September 1936, zitiert nach Gilbert, The Roots of Appeasement, Anhang 2, S. 209.

36 Daily Express, Ausgabe vom 17. September 1936.

37 KV 5/6, Geheimdienstbericht zum Nürnberger Parteitag 1937.

38 Nachlass Avon, Tagebucheintrag, 20. Mai 1936, AP 20/1/16.

39 James (Hrsg.), ‹Chips›, 22. November 1936, S. 84.

40 Fritz Hesse, Das Spiel um Deutschland, München 1953, S. 81.

41 Ebenda, S. 84.

KAPITEL 8

Auftritt Chamberlain

1 Robert Self (Hrsg.), The Neville Chamberlain Diary Letters, Bd. 4, The Downing Street Years 1934–1940, Aldershot 2005, 8. August 1937, S. 265.

2 Zitiert nach Times, Ausgabe vom 1. Februar 1937.

3 Es handelt sich bei diesem Zitat um die erste Zeile eines Gedichts von John Cornford, geschrieben kurz vor seinem Tod an der Cordoba-Front im Dezember 1936 im Alter von 21 Jahren.

4 Diese Summe umfasst sowohl die Anzahl der Hinrichtungen als auch die Zahl derjenigen, die in sowjetischen Lagern an Misshandlungen gestorben sind. Vgl. Robert Conquest, The Great Terror: A Reassessment, London 2008, S. 485–486.

5 Martin Gilbert, Winston S. Churchill, Bd. 5, Companion, The Coming of War 1936–1939, London 1982, S. 2.

6 Ebenda, S. 143.

7 Thomas C. H. Jones, A Diary with Letters 1931–1950, London 1954, 19. Februar 1937, S. 316.

8 Times, Ausgabe vom 31. Mai 1937; Sunday Times, Ausgabe vom 30. May 1937.

9 Daily Telegraph, Ausgabe vom 29. Mai 1937.

10 Vgl. Winston. S. Churchill, Great Contemporaries, London, 1937, S. 52.

11 Vgl. Robert Self, Neville Chamberlain: A Political Life, Aldershot 2006, S. 19.

12 Ebenda, S. 20.

13 Vgl. Nachlass Douglas-Home, Charakterskizze Neville Chamberlain.

14 Self, Neville Chamberlain, S. 25

15 Vgl. ebenda, S. 27.

16 Robert Self (Hrsg.), The Neville Chamberlain Diary Letters, Bd. 1, The Making of a Politician 1915–1920, Aldershot 2000, Neville Chamberlain an Hilda, 1. Juli 1917, S. 208.

17 Self (Hrsg.), The Neville Chamberlain Diary Letters, Bd. 4, 30. Mai 1937, S. 253.

18 Vgl. Roger Middleton, British Monetary and Fiscal Policy in the 1930s, in: Oxford Review of Economic Policy, Bd. 26, Nr. 3, 2010, S. 414–441.

19 Self (Hrsg.), The Neville Chamberlain Diary Letters, Bd. 4, 12. Mai 1934, S. 70.

20 Ebenda, 23. März 1935, S. 125.

21 Nachlass Douglas-Home, 20th Century Remembered, BBC-Interview vom 11. Mai 1983.

22 Robert Self (Hrsg.), The Neville Chamberlain Diary Letters, Bd. 12, The Reform Years 1921–1927, Aldershot 2000, Neville Chamberlain an Ida, 19. Juni 1927, S. 412.

23 Nachlass Douglas-Home, Notizen «Neville Chamberlain 1940».

24 Zitiert nach Self, Neville Chamberlain, S. 13; Earl of Swinton, Sixty Years of Power: Some Memories of the Men Who Wielded It, London 1966, S. 111.

25 Dies war der Name, mit dem ihn Churchill gegenüber Lloyd George am Mittag des 21. Februar 1938 belegte (Colin Cross (Hrsg.), Life with Lloyd George: The Diary of A. J. Sylvester 1931–1945, London 1975, S. 196). Allerdings weist Robert Self darauf hin, dass der Name im Juni 1937 auch schon von Aneurin Bevan verwendet wurde (Michael Foot, Aneurin Bevan: A Biography, Band 1, 1897–1945, London 1962, S. 257).

26 Swinton, Sixty Years of Power, S. 110; Harold Macmillan, The Past Masters: Politics and Politicians 1906–1939, London 1975, S. 134; Alistair Horne, Macmillan 1894–1956, Bd. 1 der offiziellen Biographie, London 1988, S. 80.

27 Lord Salter, Memoirs of a Public Servant, London 1961, S. 251.
28 Nachlass Douglas-Home, 20th Century Remembered, BBC-Interview vom 11. Mai 1983.
29 Self (Hrsg.), The Neville Chamberlain Diary Letters, Bd. 4, Neville Chamberlain an Ida, 29. Februar 1936, S. 178.
30 Malcolm Muggeridge, The Thirties: 1930–1940 in Great Britain, London 1940, S. 77.
31 Self, Neville Chamberlain, S. 4; Self (Hrsg.), The Neville Chamberlain Diary Letters, Bd. 4, Neville Chamberlain an Ida, 16. Oktober 1937, S. 275.
32 Anthony Eden, Angesichts der Diktatoren, S. 517.
33 Self (Hrsg.), The Neville Chamberlain Diary Letters, Bd. 4, Neville Chamberlain an Hilda, 28. Juli 1934, S. 82–83.
34 Vgl. Nachlass Chamberlain, Neville Chamberlain an Hilda, 4. Februar 1933, NC 18/1/815.
35 Times, Ausgabe vom 11. Juni 1936.
36 Self (Hrsg.), The Neville Chamberlain Diary Letters, Bd. 4, Neville Chamberlain an Hilda, 14. Juni 1936, S. 194–195.
37 Parlamentsprotokoll, Unterhausdebatte vom 26. März 1936, Bd. 310, Spalte 1446.
38 Keith Feiling, The Life of Neville Chamberlain, London 1946, S. 324.
39 Self (Hrsg.), The Neville Chamberlain Diary Letters, Bd. 4, 18. März 1935, S. 123.
40 Ebenda, 14. November 1936, S. 219.
41 Gabriel Gorodetsky (Hrsg.), Die Maiski-Tagebücher: Ein Diplomat im Kampf gegen Hitler 1932–1943, München 2016, 29. Juli 1937, S. 167.
42 Nachlass Cadogan, Tagebucheintrag vom 24. September 1936, ACAD 1/5.
43 Nachlass Lothian, ‹Deutsches Memorandum›, 11. Mai 1937, 250–260.
44 Nachlass Avon, Ormsby-Gore an Eden, 19. Oktober 1936, AE 13/1/50 L.
45 Nachlass Avon, Vansittart an Eden, 21. September 1936, AE 13/1/50 F.
46 Vgl. Self, Neville Chamberlain, S. 280.
47 Nachlass Chamberlain, Chamberlain an Leo Amery, 15. November 1937, NC7/11/30/6-7.
48 Nachlass Avon, Churchill an Eden, 3. September 1937, AE 13/1/58 F.
49 Nachlass Avon, Churchill an Eden, 3. September 1937, AE 13/1/58 I.
50 Galeazzo Ciano, Tagebücher 1937/38, 21. September 1937, S. 18.
51 Kabinettsmitschrift, 6. Oktober 1937, CAB 23/89/7.
52 Self (Hrsg.), The Neville Chamberlain Diary Letters, Bd. 4, Neville Chamberlain an Ida, 30. Oktober 1937, S. 280.
53 Ebenda, Neville Chamberlain an Ida, 4. Juli 1937, S. 259.

KAPITEL 9
Jagen für den Frieden

1 Helen P. Kirkpatrick, Under the British Umbrella: What the English Are and How They Go to War, New York 1939, S. 260.
2 Robert Bernays, Naked Fakir, London 1931, S. 52.
3 Zitiert nach Robert Self, Neville Chamberlain: A Political Life, Aldershot 2006, S. 291.
4 Thomas C. H. Jones, A Diary with Letters 1931–1950, London 1954, 2. Juni 1936, S. 215.

5   Andrew Roberts, The Holy Fox: A Biography of Lord Halifax, London 1991, S. 64.
6   Anthony Eden, Angesichts der Diktatoren, S. 582.
7   Nevile Henderson, Wasser unter den Brücken, Erlenbach-Zürich 1949, S. 149.
8   Nevile Henderson, Fehlschlag einer Mission. Berlin 1937–1939, Zürich 1940, S. 15.
9   John Harvey (Hrsg.), The Diplomatic Diaries of Oliver Harvey 1937–1940, London
     1970, S. 41; Documents on British Foreign Policy (DBFP), 2. Reihe, Bd. 19, London
     1982, Nr. 53.
10   Times, Ausgabe vom 2. Juni 1937.
11   Anthony Eden, Angesichts der Diktatoren, S. 583.
12   Henderson, Fehlschlag einer Mission, S. 20.
13   Documents on British Foreign Policy (DBFP), 2. Reihe, Bd. 19, Nr. 273.
14   Nachlass Hickleton, Henderson an Halifax, 29. Oktober 1937, A4/410/3/2/ii.
15   Nachlass Hickleton, Henderson an Halifax, 4. November 1937, A4/410/3/2/ii.
16   Halifax an Chamberlain, 8. November 1938, PREM 1/330/175.
17   R.A.C. Parker, Chamberlain and Appeasement: British Policy and the Coming of the
     Second World War, Basingstoke 1993, S. 98.
18   Zitiert nach Roberts, The Holy Fox, S. 67.
19   Nachlass Hickleton, Tagebucheintrag vom 17. November 1937, A4/410/3/3/vi.
20   Nachlass Hickleton, Tagebuch Lord Halifax: Besuch des Lord Präsidenten in Deutsch-
     land, 17. bis 21. November 1937, A4/410/3/3/vi.
21   Sir Ivone Kirkpatrick, Im Inneren Kreis, S. 61.
22   Lord Halifax, Fullness of Days, London 1957, S. 184–185.
23   Der Inhalt dieses Gesprächs ist durch Halifax' Reisetagebuch (das er sowohl an das
     Außenministerium als auch an Chamberlain schickte), die offizielle deutsche Auf-
     zeichnung und die Memoiren von Paul Schmidt (Hitlers Dolmetscher) sowie die
     Memoiren von Kirkpatrick belegt.
24   Kirkpatrick, Im Inneren Kreis, S. 61.
25   Akten zur deutschen auswärtigen Politik 1918–1945, Reihe D, Bd. 1, Aufzeichnung,
     10. November 1937, Nr. 19.
26   Akten zur deutschen auswärtigen Politik 1918–1945, Reihe D, Bd. 1, Deutsche Bot-
     schaft in Großbritannien an Außenministerium in Deutschland, 18. November 1937,
     Nr. 29.
27   Nachlass Hickleton, Tagebucheintrag vom 19. November 1937, A4/410/3/3/vi.
28   Paul Schmidt, Statist auf diplomatischer Bühne, S. 378.
29   Kirkpatrick, Im Inneren Kreis, S. 65.
30   Nachlass Hickleton, Tagebuchentrag vom 19. November 1937, A4/410/3/3/vi.
31   Paul Schmidt, Statist auf diplomatischer Bühne, S. 379.
32   Gaynor Johnson (Hrsg.), Our Man in Berlin: The Diary of Sir Eric Phipps 1933–1937,
     Basingstoke 2007, S. 58.
33   Nachlass Hickleton, Tagebucheintrag vom 20. November 1937, A4/410/3/3/vi.
34   Ebenda.
35   Ebenda.
36   Documents on British Foreign Policy (DBFP), 2. Reihe, Bd. 19, Henderson an Eden,
     23. November 1937, Nr. 343, Anlage.
37   Nachlass Hickleton, Tagebucheintrag vom 21. November 1937, A4/410/3/3/vi.
38   Ebenda.
39   Kabinettsprotokoll, 24. November 1937, CAB 23/90A/5.

40 Robert Self (Hrsg.), The Neville Chamberlain Diary Letters, Bd. 4, The Downing Street Years 1934–1940, Aldershot 2005, 26. November 1937, S. 286–287.

41 Nachlass Lothian, Dawson an Lothian, 23. Mai 1937, CD 40/17/337/340.

42 Daily Herald, Ausgabe vom 1. Dezember 1937.

43 Nachlass Hickleton, Halifax an Southwood, 1. Dezember 1937, A4/410/3/2.

44 Ebenda.

45 Zitiert nach Timothy S. Benson, Low and the Dictators, London 2008.

46 Henderson, Fehlschlag einer Mission, S. 72.

47 Documents on British Foreign Policy (DBFP), 2. Reihe, Bd. 19, Henderson an Eden, 29. November 1937, Nr. 353.

48 Nachlass Hickleton, A4/410/3/2/ii.

49 Nachlass Hickleton, Halifax an Ormsby-Gore, 12. November 1937.

50 Akten zur deutschen auswärtigen Politik 1918–1945, Reihe D, Bd. 1, Nr. 93.

KAPITEL 10
«Die Bowlerhüte sind zurück!»

1 Anthony Eden, Angesichts der Diktatoren, S. 644.

2 Sumner Welles, Seven Major Decisions, London 1951, S. 41.

3 Documents on British Foreign Policy (DBFP), 2. Reihe, Bd. 19, London 1982, Lindsay an Außenministerium, 12. Januar 1938, Nr. 422.

4 Ebenda, Lindsay an Außenministerium, 12. Januar 1938, Nr. 423.

5 Ebenda, Lindsay an Außenministerium, 12. Januar 1938, Nr. 425.

6 Parlamentsprotokoll, Unterhausdebatte vom 3. November 1937, Bd. 328, Spalte 583.

7 David Dilks (Hrsg.), The Diaries of Sir Alexander Cadogan, OM (i.e. Träger des Verdienstordens), 1938–1945, London 1971, 13. Januar 1938, S. 36.

8 Documents on British Foreign Policy (DBFP), 2. Reihe, Bd. 19, Außenministerium an Lindsay, 13. Januar 1938, Anlage Nr. 431.

9 Sumner Welles, Jetzt oder Nie!, Stockholm 1944, S. 85.

10 Robert Self, Neville Chamberlain: A Political Life, Aldershot 2006, S. 281.

11 Documents on British Foreign Policy (DBFP), 2. Reihe, Bd. 19, Außenministerium an Lindsay, 13. Januar 1938, Anlage Nr. 431.

12 Richard Lamb, Mussolini and the British, London 1997, S. 180.

13 Documents on British Foreign Policy (DBFP), 2. Reihe, Bd. 19, Notiz Chamberlains über ein Gespräch mit Grandi, 27. Juli 1937, Nr. 64.

14 Nachlass Chamberlain, Tagebucheintrag vom 19. Februar 1938, NC 2/24 A; PREM 1/276/340.

15 Robert Self (Hrsg.), The Neville Chamberlain Diary Letters, Bd. 4, The Downing Street Years 1934–1940, Aldershot 2005, 8. August 1937, S. 265.

16 John Harvey (Hrsg.), The Diplomatic Diaries of Oliver Harvey 1937–1940, London 1970, 19. bis 23. Dezember 1937, S. 65.

17 Anthony Eden, Angesichts der Diktatoren, S. 528.

18 Self (Hrsg.), The Neville Chamberlain Diary Letters, 12. September 1937, S. 270.

19 Harvey (Hrsg.), The Diplomatic Diaries of Oliver Harvey, 17. November 1937, S. 61.

20 Ebenda.

21 Nachlass Avon, Eden an Chamberlain, 3. November 1937, AE 13/1/49 I.

22 Nachlass Avon, Tagebucheintrag vom 8. November 1937, AP 20/1/18.

23 Documents on British Foreign Policy (DBFP), 2. Reihe, Bd. 19, Memorandum der Stabschefs, Unterausschuss des Ausschusses für Verteidigung des Commonwealth, 4. Februar 1938, Nr. 491.

24 Self (Hrsg.), The Neville Chamberlain Diary Letters, 12. Dezember 1937, S. 292.

25 Ebenda.

26 Nachlass Avon, Tagebucheintrag vom 16. Januar 1938, AP 20/1/18.

27 Harvey (Hrsg.), The Diplomatic Diaries of Oliver Harvey, 16. Januar 1938, S. 71.

28 Documents on British Foreign Policy (DBFP), 2. Reihe, Bd. 19, Lindsay an Eden, 18. Januar 1938, Nr. 446.

29 Harvey (Hrsg.), The Diplomatic Diaries of Oliver Harvey, 18. Januar 1938, S. 73.

30 Nachlass Avon, Tagebucheintrag vom 18. Januar 1938, AP 20/1/18.

31 Anthony Eden, Angesichts der Diktatoren, S. 645.

32 Ebenda, S. 648.

33 Documents on British Foreign Policy (DBFP), 2. Reihe, Bd. 19, Eden an Lindsay, 21. Januar 1938, Nr. 456.

34 Ebenda, Lindsay an Halifax, 25. Februar 1938, Nr. 588.

35 Robert Rhodes James (Hrsg.), Memoirs of a Conservative: J. C. C. Davidson's Memoirs and Papers, 1910–1937, London 1969, S. 272.

36 William C. Mills, Sir Joseph Ball, Adrian Dingli, and Neville Chamberlain's «Secret Channel» to Italy 1937–1940, in: International History Review, Bd. 24, Nr. 2 (2002), S. 278–317, S. 284–286.

37 Dingli, Tagebucheintrag vom 10. January 1938, zitiert ebenda, S. 292.

38 Ebenda, S. 294.

39 Nachlass Chamberlain, Tagebucheintrag vom 19. Februar 1938, NC 2/24 A.

40 Documents on British Foreign Policy (DBFP), 2. Reihe, Bd. 19, Earl of Perth an Eden, 6. Februar 1938, Nr. 497.

41 Eden an Chamberlain, 8. Februar 1938, PREM 1/276/99–100.

42 Chamberlain an Eden, 8. Februar 1938, PREM 1/276/96.

43 Documents on British Foreign Policy (DBFP), 2. Reihe, Bd. 19, Perth an Eden, 17. Februar 1938, Nr. 538.

44 Ebenda, Nr. 543.

45 Nachlass Chamberlain, Tagebucheintrag vom 19. Februar 1938, NC 2/24 A.

46 Galeazzo Ciano, Tagebücher 1937/38, 16. Februar 1938, S. 105.

47 Ebenda, 7. Februar 1938, S. 98.

48 Mills, Sir Joseph Ball, Adrian Dingli, and Neville Chamberlain's «Secret Channel» to Italy, S. 297.

49 Nachlass Chamberlain, Tagebucheintrag vom 19. Februar 1938, NC 2/24 A.

50 Anthony Eden, Angesichts der Diktatoren, S. 669.

51 Malcolm Muggeridge (Hrsg.), Ciano's Diplomatic Papers, London 1948, S. 183.

52 Nachlass Chamberlain, Tagebucheintrag vom 19. Februar 1938, NC 2/24 A.

53 Muggeridge (Hrsg.), Ciano's Diplomatic Papers, S. 171.

54 Anthony Eden, Angesichts der Diktatoren, S. 670.

55 Muggeridge (Hrsg.), Ciano's Diplomatic Papers, S. 183.

56 Nachlass Hickleton, Aufzeichnung der Ereignisse im Zusammenhang mit Anthony Edens Rücktritt am 19. und 20. Februar 1938, A4/410/4/11.

57 Protokoll Kabinettssitzung vom 19. Februar 1938, CAB 23/92/6/187.

58 John Julius Norwich (Hrsg.), The Duff Cooper Diaries 1915–1951, London 2005, S. 242.

654

59 Nachlass Chamberlain, Tagebucheintrag vom 19. Februar 1938, NC 2/24 A.

60 Galeazzo Ciano, Tagebücher 1937/38, 20. Februar 1938, S. 108–109.

61 Winston S. Churchill, Der Zweite Weltkrieg, Bd. 1: Der Sturm zieht auf, Erstes Buch, S. 317..

62 Robert Rhodes James (Hrsg.), ‹Chips›: The Diaries of Sir Henry Channon, London 1967, 21. Februar 1938, S. 145.

63 Nachlass Astor, Zeitungsausschnitt, handschriftlich datiert, vom 12. März 1938.

64 Vgl. Public Opinion Survey 1, British Institute of Public Opinion, Public Opinion Quarterly, Bd. 4, Nr. 1 (1940), S. 77–82, S. 78.

65 Nachlass Avon, Lord Auckland an Eden, AP 8/2/11; Rumbold zitiert nach Martin Gilbert, Sir Horace Rumbold: Portrait of a Diplomat 1869–1941, London 1973, S. 432.

66 Harvey (Hrsg.), The Diplomatic Diaries of Oliver Harvey, 27. Februar 1938, S. 103.

67 Parlamentsprotokoll, Unterhausdebatte vom 21. Februar 1938, Bd. 332, Spalte 51.

68 Martin Gilbert, Winston S. Churchill, Bd. 5, Companion, London 1982, S. 914, Fußnote 4.

69 Parlamentsprotokoll, Unterhausdebatte vom 22. Februar 1938, Bd. 332, Spalte 243, 247.

70 Nachlass Chamberlain, Neville Chamberlain an Ivy Chamberlain, 3. März 1938, NC1/15/5.

71 James (Hrsg.), ‹Chips›, 5. März 1938, S. 148–149.

72 Ebenda, 4. März 1938, S. 148.

73 Harvey (Hrsg.), The Diplomatic Diaries of Oliver Harvey, 23. Februar 1938, S. 100.

74 James (Hrsg.), ‹Chips›, 7. März 1938, S. 149.

KAPITEL 11
Die «Vergewaltigung Österreichs»

1   Zitiert nach Robert C. Self (Hrsg.), The Austen Chamberlain Diary Letters, Cambridge 1995, S. 505.

2   Stuart Ball (Hrsg.), Parliament and Politics in the Age of Churchill and Attlee: The Headlam Diaries 1935–1951, Cambridge 1999, 10. März 1938, S. 125.

3   Mögliche Einladung an General Göring, England für das Grand National zu besuchen, Außenministerium 954/10A/3594/70.

4   Parlamentsprotokoll, Unterhausdebatte vom 10. Februar 1938, Bd. 331, Spalte 1239.

5   Hugh Dalton, The Fateful Years: Memoirs 1931–1945, London 1957, S. 108.

6   Harold Nicolson, Tagebücher 1930–1941, 26. Mai 1938, S. 286.

7   Stephen H. Roberts, Das Haus, das Hitler baute, S. 473.

8   Robert Self (Hrsg.), The Neville Chamberlain Diary Letters, Bd. 4, The Downing Street Years 1934–1940, Aldershot 2005, 30. Januar 1938, S. 300.

9   Protokoll Sitzung des Komitees für Außenpolitik vom 24. Januar 1938, CAB 27/623/4–30.

10 Ian Kershaw, Hitler 1936–1945, Stuttgart 2000, S. 95.

11 Ebenda, S. 59.

12 John Julius Norwich (Hrsg.), The Duff Cooper Diaries 1915–1951, London 2005, 13. Februar 1938, S. 240.

13 Henderson an Halifax, 24. Mai 1938, FO 800/269/153.

14 Henderson an Halifax, 27. Februar 1938, FO 800/313/1.

15 Henderson an Halifax, 9. März 1938, FO 800/313/20.

16 Reinhard Spitzy, How We Squandered the Reich, Wilby 1997, S. 68; deutsch: So haben wir das Reich verspielt: Bekenntnisse eines Illegalen, München/Wien 1986, S. 100.

17 Documents on British Foreign Policy (DBFP), 2. Reihe, Bd. 19, London 1982, Henderson an Halifax, 5. März 1938, Nr. 615.

18 Ebenda, Henderson an Halifax, 4. März 1938, Nr. 609; Akten zur deutschen auswärtigen Politik 1918–1945, Reihe D, Bd. 1, Ribbentrop an Henderson, 4. März 1938, Nr. 138; Paul Schmidt, Statist auf diplomatischer Bühne, S. 390–392; Nevile Henderson, Fehlschlag einer Mission, S. 135–138.

19 Documents on British Foreign Policy (DBFP), 2. Reihe, Bd. 19, Henderson an Halifax, 5. März 1938, Nr. 615.

20 Akten zur deutschen auswärtigen Politik 1918–1945, Reihe D, Bd. 1, Aufzeichnung des Gesprächs zwischen Halifax und Ribbentrop, 10. März 1938, Nr. 145.

21 Ebenda, Ribbentrop an Hitler, 10. März 1938, Nr. 146.

22 Spitzy, So haben wir das Reich verspielt, S. 238.

23 Michael Bloch, Ribbentrop, London 1992, S. 171.

24 A. J. P. Taylor (Hrsg.), Lloyd George: A Diary by Frances Stevenson, London 1971, 21. Mai 1934, S. 262.

25 Charles Stuart (Hrsg.), The Reith Diaries, London 1975, 10. März 1938, S. 219.

26 Documents on British Foreign Policy (DBFP), 3. Reihe, Bd. 1, London 1949, Palairet an Halifax, 11. März 1938, Nr. 10.

27 Ebenda, Henderson an Halifax, 11. März 1938, Nr. 13.

28 Documents on British Foreign Policy (DBFP), 3. Reihe, Bd. 1, London 1949, Henderson an Halifax, 11. März 1938, Nr. 37.

29 Akten zur deutschen auswärtigen Politik 1918–1945, Reihe D, Bd. 1, Aufzeichnung des [deutschen] Außenministers, 11. März 1938, Nr. 150.

30 Self (Hrsg.), The Neville Chamberlain Diary Letters, 13. Mai 1938, S. 304.

31 John Harvey (Hrsg.), The Diplomatic Diaries of Oliver Harvey 1937–1940, London 1970, 11. März 1938, S. 113.

32 Documents on British Foreign Policy (DBFP), 3. Reihe, Bd. 1, London 1949, Henderson an Halifax, 11. März 1938, Nr. 44.

33 David Dilks (Hrsg.), The Diaries of Sir Alexander Cadogan, OM, 1938–1945, London, 1971, 11. März 1938, S. 60.

34 Spitzy, So haben wir das Reich verspielt, S. 241.

35 Vgl. Volker Ullrich, Adolf Hitler, Die Jahre des Aufstiegs, S. 791f.

36 Spitzy, So haben wir das Reich verspielt, S. 243.

37 Ebenda, S. 246.

38 Vgl. George Ward Price, Extra-Special Correspondent, London 1957, S. 229.

39 Times, Ausgabe vom 15. März 1938; vgl. Ullrich, Adolf Hitler, Die Jahre des Aufstiegs, S. 792.

40 Documents on British Foreign Policy (DBFP), 3. Reihe, Bd. 1, Palairet an Halifax, 14. März 1938, Nr. 76.

41 Times, Ausgabe vom 17. Februar 1938.

42 Times, Ausgabe vom 14. März 1938.

43 Nachlass Victor Cazalet, Tagebucheintrag zum 12. und 11. März 1938.

44 Leserbrief an die Times, abgedruckt in der Ausgabe vom 14. März 1938.

45 History of The Times, Bd. 4, The 150th Anniversary and Beyond, 1912–1948, London 1952, S. 917.

46 Martin Gilbert, Sir Horace Rumbold: Portrait of a Diplomat 1869–1941, London 1973, S. 432.

47 Leserbriefe an die Times, 14. und 17. März 1938.

48 Gilbert, Sir Horace Rumbold, S. 433–434.

49 Nachlass Mount Temple, Memorandum von Tennant nach der österreichischen Volksabstimmung, BR 81/10.

50 Nachlass Buccleuch, Halifax an Buccleuch, 16. Februar 1938.

51 Dilks (Hrsg.), The Diaries of Sir Alexander Cadogan, 15. Februar 1938, S. 47.

52 Harvey (Hrsg.), The Diplomatic Diaries of Oliver Harvey, 15. Februar 1938, S. 90.

53 Dilks (Hrsg.), The Diaries of Sir Alexander Cadogan, 21. Februar 1938, S. 55.

54 Self (Hrsg.), The Neville Chamberlain Diary Letters, Neville Chamberlain an Hilda, 13. März 1938, S. 304–305.

55 Ebenda, S. 305.

56 Earl of Woolton, The Memoirs of the Right Honourable the Earl of Woolton, London 1959, S. 132.

57 William Shirer, Aufstieg und Fall des Dritten Reiches, Köln 1961, S. 334.

58 George Glenton and William Pattinson, The Last Chronicle of Bouverie Street, London 1963, S. 73–74; Will Wainewright, Reporting on Hitler: Rothay Reynolds and the British Press in Nazi Germany, London 2017, S. 206–207.

59 G. E. R. Gedye, Fallen Bastions: The Central European Tragedy, London 1939, S. 305–307.

60 Sitzungsprotokoll, Oberhausdebatte vom 29. März 1938, Bd. 108, Spalten 448–449, 452, 465.

61 Gabriel Gorodetsky (Hrsg.), Die Maiski-Tagebücher, 29. März 1938, S. 202.

62 Parlamentsprotokoll, Unterhausdebatte vom 24. März 1938, Bd. 333, Spalte 1454.

63 Nick Smart (Hrsg.), The Diaries and Letters of Robert Bernays 1932–1939: An Insider's Account of the House of Commons, Lewiston 1996, 28. März 1938, S. 348.

KAPITEL 12
Der letzte Zug aus Berlin

1 Vgl. John Julius Norwich (Hrsg.), The Duff Cooper Diaries 1915–1951, London 2005, 27. März 1938, S. 245.

2 David Dilks (Hrsg.), The Diaries of Sir Alexander Cadogan, OM, 1938–1945, London 1971, 12. März 1938, S. 62.

3 G. E. R. Gedye, Fallen Bastions: The Central European Tragedy, London 1939, S. 396.

4 Documents on British Foreign Policy (DBFP), 3. Reihe, Bd. 2, London 1949, Notizen Chamberlains zu einem Gespräch mit Hitler, 15. September 1938, Nr. 340.

5 John Barnes, David Nicholson (Hrsg.), The Leo Amery Diaries, Bd. 2, The Empire at Bay 1929–1945, London 1988, 12. März 1938, S. 496.

6 Times, Ausgabe vom 19. März 1938.

7 Martin Gilbert, Winston S. Churchill, Bd. 5, 1922–1939, London 1976, S. 922.

8 Nachlass Butler, Beaumont an Butler, 16. März 1938, RAB G9/5.

9 Memorandum des Außenministers, Mögliche Maßnahmen zur Abwendung eines deutschen Eingreifens in der Tschechoslowakei, PREM 1/265/290.

10 Mitschrift Kabinettsausschuss für Außenpolitik, 18. März 1938, CAB 27/623/161.

11 Documents on British Foreign Policy (DBFP), 3. Reihe, Bd. 1, London 1949, Newton an Halifax, 15. März 1938, Nr. 86.

12 Kabinettsausschuss für Außenpolitik, 18. März 1938, CAB 27/623/159–165.

13 Dilks (Hrsg.), The Diaries of Sir Alexander Cadogan, 18. März 1938, S. 63.

14 Robert Self (Hrsg.), The Neville Chamberlain Diary Letters, Bd. 4, The Downing Street Years 1934–1940, Aldershot 2005, Neville Chamberlain an Ida, 20. März 1938, S. 307.

15 Roderick Macleod and Denis Kelly (Hrsg.), The Ironside Diaries 1937–1940, London 1962, 24. Mai 1938, S. 57; Dilks (Hrsg.), The Diaries of Sir Alexander Cadogan, 16. März 1938, S. 63.

16 Kabinettsausschuss für Außenpolitik, 18. März 1938, CAB 27/623/164.

17 Halifax an Henderson, 19. März 1938, FO/800/269/56.

18 Vgl. Self (Hrsg.), The Neville Chamberlain Diary Letters, Neville Chamberlain an Ida, 20. März 1938, S. 307.

19 Protokoll Kabinettssitzung vom 22. März 1938, CAB 23/93/2.

20 Parlamentsprotokoll, Unterhausdebatte vom 24. März 1938, Bd. 333, Spalte 1405–1406.

21 J. L. Garvin, Observer, Ausgabe vom 27. März 1938. Garvin, Herausgeber des Observer, war der Tschechoslowakei gegenüber feindlich eingestellt und ein führender Verfechter der Appeasement-Politik.

22 Documents on British Foreign Policy (DBFP), 3. Reihe, Bd. 1, Sowjetischer Botschafter an Halifax, 17. März 1938, Nr. 90.

23 Self (Hrsg.), The Neville Chamberlain Diary Letters, Neville Chamberlain an Ida, 20. März 1938, S. 307.

24 Vgl. Documents on British Foreign Policy (DBFP), 3. Reihe, Bd. 1, Chilston an Halifax, 19. April 1938, Nr. 148.

25 Documents on British Foreign Policy (DBFP), 3. Reihe, Bd. 1, Phipps an Halifax, 15. März 1938, Nr. 81.

26 Phipps an Halifax, 11. April 1938, FO 800/311/27.

27 Vgl. Joseph Paul-Boncour, Entre deux guerres: souvenirs sur la IIIe République, Paris 1946, S. 97–101.

28 Self (Hrsg.), The Neville Chamberlain Diary Letters, Neville Chamberlain an Hilda, 27. März 1938, S. 309; Neville Chamberlain an Ida, 3. April 1938, S. 313.

29 Ebenda, Neville Chamberlain an Hilda, 9. April 1938, S. 314.

30 Parlamentsprotokoll, Unterhausdebatte vom 5. Mai 1938, Bd. 335, Spalte 583.

31 Self (Hrsg.), The Neville Chamberlain Diary Letters, Neville Chamberlain an Hilda, 13. März 1938, S. 306.

32 Ebenda, Neville Chamberlain an Ida, 16. April 1938, S. 316.

33 Akten zur deutschen auswärtigen Politik 1918–1945, Reihe D, Bd. 1, Woermann an Ribbentrop, 22. April 1938, Nr. 750.

34 Documents on British Foreign Policy (DBFP), 3. Reihe, Bd. 1, Aufzeichnungen zu den britisch-französischen Gesprächen, 28. April 1938, Nr. 164.

35 Dilks (Hrsg.), The Diaries of Sir Alexander Cadogan, 29. April 1938, S. 73.

36 Vgl. Akten zur deutschen auswärtigen Politik 1918–1945, Reihe D, Bd. 2, Dirksen an Ribbentrop, 6. Mai 1938, Nr. 147.

37 Documents on British Foreign Policy (DBFP), 3. Reihe, Bd. 1, Henderson an Halifax, 6. Mai 1938, Nr. 184.

38 Akten zur deutschen auswärtigen Politik 1918–1945, Reihe D, Bd. 2, unsignierter Bericht mit Anhängen, 28. März 1938, Nr. 107.

39 Documents on British Foreign Policy (DBFP), 3. Reihe, Bd. 1, Henderson an Halifax, 20. Mai 1938, Nr. 240.

40 Self (Hrsg.), The Neville Chamberlain Diary Letters, Neville Chamberlain an Hilda, 22. Mai 1938, S. 323.

41 Shiela Grant Duff, Europe and the Czechs, Harmondsworth 1938, S. 175.

42 Virginia Cowles, Looking for Trouble, London 1941, S. 123.

43 Ebenda, S. 125.

44 Robert Rhodes James (Hrsg.), ‹Chips›: The Diaries of Sir Henry Channon, London 1967, 22. Mai 1938, S. 196.

45 Documents on British Foreign Policy (DBFP), 3. Reihe, Bd. 1, Henderson an Halifax, 21. Mai 1938, Nr. 249; Nevile Henderson, Fehlschlag einer Mission, S. 154.

46 Dilks (Hrsg.), The Diaries of Sir Alexander Cadogan, 21. Mai 1938, S. 79.

47 Documents on British Foreign Policy (DBFP), 3. Reihe, Bd. 1, Halifax an Henderson, 21. Mai 1938, Nr. 250.

48 Akten zur deutschen auswärtigen Politik 1918–1945, Reihe D, Bd. 2, Aufzeichnung des Außenministers, 21. Mai 1938, Nr. 186.

49 Henderson, Fehlschlag einer Mission, S. 156–157.

50 Vgl. David Faber, Munich: The 1938 Appeasement Crisis, London 2008, S. 178.

51 Henderson, Fehlschlag einer Mission, S. 159

52 Volker Ullrich, Adolf Hitler: Die Jahre des Aufstiegs, S. 803.

53 Akten zur deutschen auswärtigen Politik 1918–1945, Reihe D, Bd. 2, Weisung für Fall ‹Grün›, 30. Mai 1938, Nr. 221.

54 Ebenda.

55 Brian Bond (Hrsg.), Chief of Staff: The Diaries of Lieutenant-General Sir Henry Pownall, Bd. 1, 1933–1940, London 1972, 23. Mai 1938, S. 147.

56 Self (Hrsg.), The Neville Chamberlain Diary Letters, Neville Chamberlain an Ida, 28. Mai 1938, S. 325.

57 Norwich (Hrsg.), The Duff Cooper Diaries, 29. Mai 1938, S. 249–250.

58 Documents on British Foreign Policy (DBFP), 3. Reihe, Bd. 1, Halifax an Newton, 25. Mai 1938, Nr. 315.

59 Ebenda, Phipps an Halifax, 23. Mai 1938, Nr. 286.

KAPITEL 13
Honoratioren und Rebellen

1 Nachlass Avon, 14/1/731.

2 Harold Nicolson, Tagebücher und Briefe 1930–1941, 16. März 1938, S. 276.

3 Ben Pimlott (Hrsg.), The Political Diary of Hugh Dalton 1918–40, 1945–60, London 1986, 7. April 1938, S. 225; Hugh Dalton, The Fateful Years: Memoiren 1931–1945, London 1957, S. 162.

4 Nachlass Avon, Sir Timothy Eden an Anthony Eden, 16. März 1938, 14/1/731.

5 Nachlass Avon, Sir Timothy Eden an Anthony Eden, 26. März 1938, 14/1/732.

6 Nachlass Avon, Sandys an Eden, 28. April 1938, 14/1/803.

7 Nachlass Avon, Cranborne an Eden, 8. Juni 1938, 14/1/174.

8 Robert Rhodes James, Anthony Eden, London 1986, S. 203.

9   Harold Nicolson, Tagebücher 1930–1941, 18. Juli 1939, S. 334.
10 Zitiert nach Kenneth Rose, The Later Cecils, London 1975, S. 103.
11 Thomas C. H. Jones, A Diary with Letters 1931–1950, London 1954, Abraham Flexner an Jones, 8. März 1938, S. 392.
12 Vgl. ebenda, Lord Astor an Jones, März 1938, S. 389–90.
13 Zitiert nach Times, Ausgabe vom 6. Oktober 1937.
14 Zitiert nach C. A. MacDonald, The United States, Britain and Appeasement 1936–1939, London 1981, S. 73–74.
15 Times, Ausgabe vom 18. März 1938.
16 Ted Schwarz, Joseph P. Kennedy: The Mogul, the Mob, the Statesman, and the Making of an American Myth, Hoboken 2003, S. 236.
17 Times, Ausgabe vom 19. März 1938.
18 Amanda Smith (Hrsg.), Hostage to Fortune: The Letters of Joseph P. Kennedy, New York 2001, S. 227.
19 Nachlass Margesson, Lord Bruntisfield an Margesson, 1. Dezember 1938, MRGN 2/1; G. S. Harvie-Watt, Most of My Life, London 1980, S. 133; J. L. P. Thomas, zitiert nach Andrew Roberts, Churchill und seine Zeit, München 1998, S. 206.
20 Nachlass Margesson, Harold Macmillans Betrachtungen zu David Margesson, MRGN 2/1.
21 ‹Cato›, Guilty Men, London 1940, S. 91.
22 Zitiert nach Piers Brendon, The Dark Valley: A Panorama of the 1930s, London 2000, S. 50.
23 Nachlass Chamberlain, Ball an Chamberlain, 21. Februar 1938, NC 7/11/31/10.
24 Robert Self (Hrsg.), The Neville Chamberlain Diary Letters, Bd. 4, The Downing Street Years 1934–1940, Aldershot 2005, 23. Juli 1939, S. 432.
25 Kenneth Clark, Another Part of the Wood: A Self-Portrait, London 1974, S. 271.
26 Robert Vansittart, The Mist Procession: The Autobiography of Lord Vansittart, London 1958, S. 442–443; W. J. Brown, So Far …, London 1943, S. 220–221.
27 Akten zur deutschen auswärtigen Politik 1918–1945, Reihe D, Bd. 1, Aufzeichnung, 25. Februar 1938, Nr. 128.
28 Nachlass Emrys-Evans, Emrys-Evans an Julian Amery, 22. Mai 1956, MS 58247.
29 Rose, The Later Cecils, S. 171.
30 Alistair Horne, Macmillan 1894–1956, Bd. 1 der offiziellen Biografie, London 1988, S. 115; Norman Rose, Harold Nicolson, London 2005, S. 213.
31 Reynold's News, Ausgabe vom 27. Februar 1938.
32 Claud Cockburn, I, Claud, Harmondsworth 1967, S. 180.
33 Roberts, Churchill und seine Zeit, S. 23.
34 Vgl. Richard Carr, Veterans of the First World War and Conservative Anti-Appeasement, Twentieth Century British History, Bd. 22, Nr. 1 (2011), S. 28–51.
35 Zitiert nach Andrew Boyle, ‹Poor, Dear Brendan›: The Quest for Brendan Bracken, London 1974, S. 218.
36 Zitiert nach Rose, The Later Cecils, S. 280.

KAPITEL 14

Ein weit entferntes Land

1 Henderson an Halifax, 20. März 1938, FO 800/309/127.

2 Vgl. Lord Ponsonby, Sitzungssprotokoll, Oberhausdebatte vom 29. März 1938, Bd. 108, Spalte 461.

3 Robert Bruce Lockhart, Jan Masaryk: A Personal Memoir, London 1951, S. 18.

4 Henderson an Halifax, 7 April 1938, FO 800/269/90–91.

5 Ebenda.

6 Documents on British Foreign Policy (DBFP), 3. Reihe, Bd. 1, London 1949, Henderson an Halifax, 1. April 1938, Nr. 121; Mount Temple Papers, Henderson an Mount Temple, 7. März 1938, BR 76/2.

7 Nachlass Mount Temple, Henderson an Mount Temple, 14. März 1938, BR 76/2.

8 Harold Nicolson, Tagebücher 1930–1941, 11. April 1938, S. 277.

9 Henderson an Cadogan, 2. Juni 1938, FO 800/269/158; David Dilks (Hrsg.), The Diaries of Sir Alexander Cadogan, OM, 1938–1945, London 1971, 31. Mai 1938, S. 81.

10 Documents on British Foreign Policy (DBFP), 3. Reihe, Bd. 1, Halifax an Phipps, 31. Mai 1938, Nr. 354.

11 Times, Ausgabe vom 3. Juni 1938.

12 Documents on British Foreign Policy (DBFP), 3. Reihe, Bd. 1, Halifax an Newton, 4. Juni 1938, Nr. 374.

13 Ebenda, Halifax an Newton, 4. Juni 1938, Nr. 374; The History of The Times, Bd. 4, The 150th Anniversary and Beyond, 1912–1948, London 1952, S. 921.

14 Gordon Martel (Hrsg.), The Times and Appeasement: The Journals of A. L. Kennedy 1932–1939, Cambridge 2000, Kennedy an Dawson, 18. März 1938, S. 263.

15 Robert Self (Hrsg.), The Neville Chamberlain Diary Letters, Bd. 4, The Downing Street Years 1934–1940, Aldershot 2005, Neville Chamberlain an Ida, 18. Juni 1938, S. 328.

16 David Gilmour, Obituary of Mary, Duchess of Buccleuch, Scotsman, Ausgabe vom 13. Februar 1993.

17 Times, Ausgabe vom 4. Juli 1938.

18 Robert Rhodes James (Hrsg.), ‹Chips›: The Diaries of Sir Henry Channon, London 1967, 22. Juni 1938, S. 160.

19 Dilks (Hrsg.), The Diaries of Sir Alexander Cadogan, 18. Juli 1938, S. 87.

20 Nachlass Zetland, Zetland an Brabourne, 8. August 1938, Mss Eur D609/10/35; Lord Halifax, Notiz zu seinen Gesprächen mit Hauptmann Wiedemann, 18. Juli 1938, FO 371/217/185.

21 Nachlass Zetland, Zetland an Brabourne, 2. August 1938, Mss Eur D609/10/31.

22 Parlamentsprotokoll, Unterhausdebatte vom 26. Juli 1938, Bd. 338, Spalte 2963.

23 Ebenda, Spalte 2959.

24 Ebenda, Spalte 2994.

25 John Barnes, David Nicholson (Hrsg.), The Leo Amery Diaries, Bd. 2, The Empire at Bay 1929–1945, London 1988, 26. Juli 1938, S. 508.

26 Times, Ausgabe vom 27. Juli 1938; Observer, Ausgabe vom 31. Juli 1938.

27 Robert Coulondre, French Ambassador to Berlin 1938–39, zitiert nach Paul Vyšný, The Runciman Mission to Czechoslovakia 1938: Prelude to Munich, Basingstoke 2003, S. 81; vgl. Horace Wilson an Halifax, 22. Juni 1938, FO 800/309/194.

28 Zitiert nach Piers Brendon, The Dark Valley: A Panorama of the 1930s, London 2000, S. 450.

29 Sitzungsprotokoll, Oberhaushausdebatte vom 27. Juli 1938, Bd. 110, Spalte 1282.

30 Documents on British Foreign Policy (DBFP), 3. Reihe, Bd. 2, DBFP, London 1949, Ashton-Gwatkin an Strang, 9. August 1938, Nr. 598; ebenda, Runciman an Halifax, 10. August 1938, Nr. 602.

31 Ebenda, Halifax an Runciman, 18. August 1938, Nr. 643.

32 Documents on British Foreign Policy (DBFP), 3. Reihe, Bd. 1, Strang an Henderson, 21. Juli 1938, Nr. 538.

33 Memorandum von Vansittart, 25. Juli 1938, FO 371/21729/198.

34 Documents on British Foreign Policy (DBFP), 3. Reihe, Bd. 2, Mason-MacFarlane an Henderson, 25. Juli 1938, Nr. 533, Anhang 2.

35 Henderson an Halifax, 3. August 1938, FO 800/269/219.

36 Henderson an Halifax, 26. Juli 1938, FO 800/269/205-8.

37 Documents on British Foreign Policy (DBFP), 3. Reihe, Bd. 2, Henderson an Halifax, 6. August 1938, Nr. 590.

38 Halifax an Henderson, 5. August 1938, FO 800/314/25-31.

39 Self (Hrsg.), The Neville Chamberlain Diary Letters, Neville Chamberlain an Hilda, 13. August 1938, S. 340.

40 Henderson an Halifax, 8. August 1938, FO 800/269/222.

41 Documents on British Foreign Policy (DBFP), 3. Reihe, Bd. 2, Mason-MacFarlane an Henderson, 7. August 1938, Nr. 595, Anhang.

42 Ebenda, Memorandum, verschickt an den Botschafter seiner Majestät in Berlin, zur Weiterleitung an Herrn Hitler, 11. August 1938, Nr. 608, Anhang.

43 Zitiert nach Ian Kershaw, Hitler 1936-1945, S. 160.

KAPITEL 15
Die Krise bricht aus

1 Documents on British Foreign Policy (DBFP), 3. Reihe, Bd. 2, London 1949, Henderson an Halifax, 21. August 1938, Nr. 658.

2 Nachlass Vansittart, Vansittart an Halifax, 18. August 1938, VNST, 1/2/37.

3 Chamberlain an Halifax, 19. August 1938, FO 800/314/60.

4 Sir John Simon, Rede, PREM 1/265/186, Berichterstattung in der Times, Ausgabe vom 29. August 1938.

5 Protokoll Kabinettssitzung vom 30. August 1938, CAB 23/94/10.

6 Ebenda.

7 Nachlass Vansittart, Vansittart an Halifax, 18. August 1938, VNST 1/2/37.

8 Gabriel Gorodetsky (Hrsg.), Die Maiski-Tagebücher, 30. August 1938, S. 213.

9 Churchill to Halifax, 31. August 1938, PREM 1/265/120.

10 Martin Gilbert, Winston S. Churchill, Bd. 5, The Coming of War 1936-1939, London 1982, S. 1123, 1139.

11 Gorodetsky (Hrsg.), Die Maiski-Tagebücher, 4. September 1938, S. 219.

12 Samuel Hoare, Neun bewegte Jahre, Düsseldorf 1955, S. 274.

13 Ian Kershaw, Hitler 1936-1945, S. 137.

14 Henderson an Halifax, 13. September 1938, FO 800/269/285.

15 Documents on British Foreign Policy (DBFP), 3. Reihe, Bd. 2, Newton an Halifax, 4. September 1938, Nr. 758.
16 John W. Wheeler-Bennett, Munich: Prologue to Tragedy, London 1948, S. 92.
17 David Dilks (Hrsg.), The Diaries of Sir Alexander Cadogan, OM, 1938–1945, London 1971, 6. bis 7. September 1938, S. 94–95.
18 Nachlass Dawson, Tagebucheintrag vom 7. September 1938, Manuskript Dawson 42.
19 Vansittart an Halifax, 7. September 1938, PREM 1/265/40.
20 Gorodetsky (Hrsg.), Die Maiski-Tagebücher, 7. September 1938, S. 221; John Harvey (Hrsg.), The Diplomatic Diaries of Oliver Harvey 1937–1940, London 1970, 8. September 1938, S. 171; Gordon Martel (Hrsg.), The Times and Appeasement: The Journals of A. L. Kennedy 1932–1939, Cambridge 2000, 7. September 1938, S. 276–277.
21 Nachlass Dawson, Tagebucheintrag vom 7. September 1938, Manuskript Dawson 42; Nachlass Dawson, Dawson an Barrington-Ward, 7. September 1938, 80/24.
22 Nick Smart (Hrsg.), The Diaries and Letters of Robert Bernays 1932–1939: An Insider's Account of the House of Commons, Lewiston 1996, Bernays an Lucy Brereton, 9. September 1938, S. 370.
23 Harold Nicolson, Tagebücher 1930–1941, 11. September 1938, S. 297.
24 Ebenda, 6. Juni 1938, S. 286.
25 Nachlass Chamberlain, Neville Chamberlain an Annie Chamberlain, 2. September 1938, NC 1/26/530.
26 Documents on British Foreign Policy (DBFP), 3. Reihe, Bd. 2, Halifax an Kirkpatrick, 9. September 1938, Nr. 815.
27 Ebenda, Henderson an Halifax, über Ogilvie-Forbes, 10. September 1938, Nr. 819.
28 Hoare, Neun bewegte Jahre, S. 276.
29 Vgl. Protokoll Kabinettssitzung vom 12. September 1938, CAB 23/95/1/8.
30 Documents on British Foreign Policy (DBFP), 3. Reihe, Bd. 2, 7. September 1938, Nr. 798.
31 Gilbert, Winston S. Churchill, Bd. 5, S. 1155.
32 Robert Self (Hrsg.), The Neville Chamberlain Diary Letters, Bd. 4, The Downing Street Years 1934–1940, Aldershot 2005, Neville Chamberlain an Ida, 11. September 1938, S. 344.
33 Nachlass Caldecote, Tagebuch, 26. August bis 19. September 1938 – München, 7. September 1938, INKP 1.
34 Self (Hrsg.), The Neville Chamberlain Diary Letters, Neville Chamberlain an Ida, 11. September 1938, S. 345.
35 Protokoll Kabinettssitzung vom 12. September 1938, CAB 23/95/1/4–11.
36 John Julius Norwich (Hrsg.), The Duff Cooper Diaries 1915–1951, London 2005, 12. September 1938, S. 258.
37 Virginia Cowles, Looking for Trouble, London 1941, S. 154–155.
38 Nachlass Thelma Cazalet, Nürnberg 1938 und 1946.
39 Cowles, Looking for Trouble, S. 155–156.
40 Vgl. Lord Brocket, Notizen zu Gesprächen mit Hitler und Ribbentrop, 10. September 1938, PREM 1/249/70.
41 Max Domarus, Hitler. Reden und Proklamationen 1932–1945, S. 901–904.
42 Harvey (Hrsg.), The Diplomatic Diaries of Oliver Harvey, 12. September 1938, S. 176; John Barnes, David Nicholson (Hrsg.), The Leo Amery Diaries, Bd. 2, The Empire at Bay 1929–1945, London 1988, 11. September 1938, S. 508.
43 Nicolson (Hrsg.), Harold Nicolson Diaries and Letters, 11. September 1938, S. 171.

44 Smart (Hrsg.), The Diaries and Letters of Robert Bernays, Bernays an Lucy Brereton, 28. September 1938, S. 371.

45 Gilbert, Winston S. Churchill, Bd. 5, S. 1154.

46 Ebenda, S. 1158–1159.

47 Self (Hrsg.), The Neville Chamberlain Diary Letters, Neville Chamberlain an Ida, 19. September 1938, S. 345.

48 Phipps an Halifax, 13. September 1938, FO 371/21737/39–44.

49 Documents on British Foreign Policy (DBFP), 3. Reihe, Bd. 2, Halifax an Henderson, 13. September 1938, Nr. 862.

50 L. B. Namier, Diplomatisches Vorspiel. 1938–1939, Berlin 1949, S. 55.

51 Self (Hrsg.), The Neville Chamberlain Diary Letters, Neville Chamberlain an Ida, 19. September 1938, S. 346.

52 Nachlass Zetland, Zetland an Brabourne, 16./20. September 1938, Manuskripte Eur D609/10/57.

53 Robert Rhodes James (Hrsg.), ‹Chips›: The Diaries of Sir Henry Channon, London 1967, 14. September 1938, S. 166.

54 David Faber, Munich: The 1938 Appeasement Crisis. London 2008, S. 284.

55 Daily Express, Ausgabe vom 16. September 1938; Times, Ausgabe vom 16. September 1938.

56 Barnes, Nicholson (Hrsg.), The Leo Amery Diaries, 14. September 1938, S. 509.

57 Harvey (Hrsg.), The Diplomatic Diaries of Oliver Harvey, 15. September 1938, S. 180.

58 Ebenda, Lindsay an Halifax, 12. September 1938, Nr. 841.

59 Galeazzo Ciano, Tagebücher 1937/38, 14. September 1938, S. 225.

60 Times, Ausgabe vom 16. September 1938.

61 Robert Self, Neville Chamberlain: A Political Life, Aldershot 2006, S. 312.

62 Nachlass Margesson, Duff Cooper, Chamberlain: ein intimes Portrait, MRGN 1/5.

63 Vgl. Tom Harrisson, Charles Madge, Britain by Mass-Observation, 2. Ausgabe, London 1986, S. 64.

64 Self (Hrsg.), The Neville Chamberlain Diary Letters, Neville Chamberlain an Ida, 19. September 1938, S. 346.

65 Manchester Guardian, Ausgabe vom 16. September 1938; Geoffrey Harrison, Interview von BBC 2 für die Sendung God Bless You, Mr Chamberlain, 23. September 1988.

66 Self (Hrsg.), The Neville Chamberlain Diary Letters, Neville Chamberlain an Ida, 19. September 1938, S. 346.

67 Horace Wilson, Notizen zu München, CAB 127/158.

68 Self (Hrsg.), The Neville Chamberlain Diary Letters, Neville Chamberlain an Ida, 19. September 1938, S. 346.

69 Paul Schmidt, Statist auf diplomatischer Bühne, S. 395.

70 Self (ed.), The Neville Chamberlain Diary Letters, Neville Chamberlain an Ida, 19. September 1938, S. 346.

71 Nachlass Caldecote, Tagebuch 26. August bis 19. September 1938 – München, 17. September 1938, INKP 1; Protokoll Kabinettssitzung vom 17. September 1938, CAB 23/95/3/72.

72 Self (Hrsg.), The Neville Chamberlain Diary Letters, Neville Chamberlain an Ida, 19. September 1938, S. 347.

73 Documents on British Foreign Policy (DBFP), 3. Reihe, Bd. 2, Notizen von Herrn Chamberlain zu seinem Gespräch mit Herrn Hitler in Berchtesgaden am 15. Septem-

ber 1938, Nr. 895; Ebenda, Übersetzung der Notizen von Herrn Schmidt zum Gespräch zwischen Herrn Chamberlain und Herrn Hitler in Berchtesgaden am 15. September 1938, Nr. 896.

74 Self (ed.), The Neville Chamberlain Diary Letters, Neville Chamberlain an Ida, 19. September 1938, S. 347.

75 Documents on British Foreign Policy (DBFP), 3. Reihe, Bd. 2, DBFP, Notizen von Herrn Chamberlain zu seinem Gespräch mit Herrn Hitler in Berchtesgaden am 15. September 1938, Nr. 895.

76 Self (ed.), The Neville Chamberlain Diary Letters, Neville Chamberlain an Ida, 19. September 1938, S. 348.

77 Ebenda.

78 Nachlass Chamberlain, Notizen von Sir Horace Wilson zu den Gesprächen während des Besuchs von Herrn Chamberlain in Berchtesgaden, 16. September 1938, NC 8/26/2.

79 Volker Ullrich, Adolf Hitler, Die Jahre des Aufstiegs, S. 812.

80 Dilks (Hrsg.), The Diaries of Sir Alexander Cadogan, 16. September 1938, S. 99.

81 Die Tschechoslowakische Krise 1938 – Notizen zu den informellen Ministertreffen, 16. September 1938, CAB 27/646/36.

82 Protokoll Kabinettssitzung vom 17. September 1938, CAB 23/95/3/72–86.

83 Protokoll Kabinettssitzung vom 17. September 1938, CAB 23/95/86–87; Norwich (Hrsg.), The Duff Cooper Diaries, 17. September 1938, S. 261; Protokoll Kabinettssitzung vom 17. September 1938, CAB 23/95/88–89.

84 Protokoll Kabinettssitzung vom 17. September 1938, CAB 23/95/3/92.

85 Nachlass Caldecote, Tagebuch 26. August bis 19. September 1938 – München, 17. September 1938, INKP 1.

86 Dilks (Hrsg.), The Diaries of Sir Alexander Cadogan, 18. September 1938, S. 100; Documents on British Foreign Policy (DBFP), 3. Reihe, Bd. 2, Niederschrift der britisch-französischen Gespräche in Downing Street Nr. 10 am 18. September, 1938, Nr. 928.

87 Nachlass Caldecote, Tagebuch 26. August bis 19. September 1938 – München, 17. September 1938, INKP 1.

88 N. A. Rose (Hrsg.), Baffy: The Diaries of Blanche Dugdale 1936–1947, London 1973, 18. September 1938, S. 98.

89 Self (Hrsg.), The Neville Chamberlain Diary Letters, Neville Chamberlain an Ida, 9. Oktober 1938, S. 351; Harvey (Hrsg.), The Diplomatic Diaries of Oliver Harvey, 10. September 1938, S. 175.

90 Dilks (Hrsg.), The Diaries of Sir Alexander Cadogan, 20. September 1938, S. 102.

91 Documents on British Foreign Policy (DBFP), 3. Reihe, Bd. 2, Newton an Halifax, 21. September 1938, Nr. 1002.

KAPITEL 16
Auf einem schmalen Grat

1 David Dilks (Hrsg.), The Diaries of Sir Alexander Cadogan, OM, 1938–1945, London 1971, 21. September 1938, S. 102.

2 Ebenda.

3 Martin Gilbert, Winston S. Churchill, Bd. 5, Companion, Teil 3: The Coming of War 1936–1939, London 1982, S. 1171–2.

4 John Julius Norwich (Hrsg.), The Duff Cooper Diaries 1915–1951, London 2005, 21. September 1938, S. 262–263.
5 Ivone Kirkpatrick, Im Inneren Kreis, S. 83.
6 Harold Nicolson, Tagebücher 1930–1941, 22. September 1938, S. 300–301.
7 David Faber, Munich: The 1938 Appeasement Crisis, London 2008, S 333.
8 Ebenda, S. 72–73.
9 Nachlass Butler, Beaumont an Butler, 21. September 1938, RAB G9/8.
10 John Harvey (Hrsg.), The Diplomatic Diaries of Oliver Harvey 1937–1940, London 1970, 23. September 1938, S. 194; Documents on British Foreign Policy (DBFP), 3. Reihe, Bd. 2, London 1949, Halifax an britische Delegation in Bad Godesberg, 23. September 1938, Nr. 1058.
11 Paul Schmidt, Statist auf diplomatischer Bühne, S. 405; Nevile Henderson, Fehlschlag einer Mission, S. 179; Kirkpatrick, Im Inneren Kreis, S. 93.
12 Paul Schmidt, Statist auf diplomatischer Bühne, S. 407.
13 Akten zur deutschen auswärtigen Politik 1918–1945, Reihe D, Bd. 2, Aufzeichnung über die Unterredung zwischen dem Führer und Reichskanzler und dem englischen Premierminister Neville Chamberlain, in Godesberg am 23. September 1938 abends, Nr. 583.
14 Dilks (Hrsg.), The Diaries of Sir Alexander Cadogan, 24. September 1938, S. 103.
15 Die tschechoslowakische Krise – Notizen zum informellen Ministertreffen vom 24. September 1938, CAB 27/646/91-92.
16 Dilks (Hrsg.), The Diaries of Sir Alexander Cadogan, 24. September 1938, S. 103.
17 Dilks (Hrsg.), The Diaries of Sir Alexander Cadogan, 24. September 1938, S. 103.
18 Protokoll Kabinettssitzung vom 24. September 1938, CAB 23/95/6/178-180.
19 Norwich (Hrsg.), The Duff Cooper Diaries, 24. September 1938, S. 264.
20 Dilks (Hrsg.), The Diaries of Sir Alexander Cadogan, 24. September 1938, S. 103–104.
21 Ebenda, 25. September 1938, S. 105.
22 Norwich (Hrsg.), The Duff Cooper Diaries, 25. September 1938, S. 265.
23 Vgl. Protokoll Kabinettssitzung vom 25. September 1938, CAB 23/95/7/197-199.
24 Nachlass Hickleton, Bleistiftnotizen, ausgetauscht zwischen Neville Chamberlain und Halifax, 25. September 1938, A4/410/3/7
25 R. J. Minney, The Private Papers of Hore-Belisha, London 1960, 25. September 1938, S. 146.
26 N. A. Rose (Hrsg.), Baffy: The Diaries of Blanche Dugdale 1936–1947, London 1973, 25. September 1938, S. 105.
27 Masaryk an Halifax, 23. September 1938, PREM 1/266a/122.
28 Geoffrey Cox, Countdown to War: A Personal Memoir of Europe 1938–1940, London 1988, S. 71.
29 Norwich (Hrsg.), The Duff Cooper Diaries, 25. September 1938, S. 267.
30 Dilks (Hrsg.), The Diaries of Sir Alexander Cadogan, 27. September 1938, S. 106.
31 Protokoll Kabinettssitzung vom 26. September 1938, CAB 23/95/7/258.
32 Horace Wilson, Notizen zu München, CAB 127/158.
33 Kirkpatrick, Im Inneren Kreis, S. 96.
34 Documents on British Foreign Policy (DBFP), 3. Reihe, Bd. 2, DBFP, Notizen zum Gespräch von Sir Horace Wilson und Herrn Hitler in Berlin am 26. September 1938, 17 Uhr, Nr. 1118.
35 Vgl. William Shirer, Aufstieg und Fall des Dritten Reiches, Köln 1961, S. 374.
36 Kirkpatrick, Im Inneren Kreis, S. 99; Henderson, Fehlschlag einer Mission, S. 182.

37 PREM 1/266A.
38 Henderson, Fehlschlag einer Mission,, S. 182–183.
39 Times, Ausgabe vom 26. September 1938.
40 League of Nations Official Journal, Sonderausgabe Nr. 183, 1938, S. 74.
41 Nicolson (Hrsg.), Harold Nicolson Diaries and Letters, 26. September 1938, S. 367.
42 John Barnes, David Nicholson (Hrsg.), The Leo Amery Diaries, Bd. 2, The Empire at Bay 1929–1945, London 1988, 26. September 1938, S. 517.
43 Documents on British Foreign Policy (DBFP), 3. Reihe, Bd. 2, Halifax an Henderson, 26. September 1938, Nr. 1111.
44 Die tschechoslowakische Krise – Notizen zum informellen Ministertreffen vom 27. September 1938, CAB 27/646/101.
45 Documents on British Foreign Policy (DBFP), 3. Reihe, Bd. 2, Newton an Halifax, 6. September 1938, Nr. 794, Anhang.
46 Dilks (Hrsg.), The Diaries of Sir Alexander Cadogan, 27. September 1938, S. 108.
47 Documents on British Foreign Policy (DBFP), 3. Reihe, Bd. 2, Halifax an Newton, 27. September 1938, Nr. 1136.
48 Dilks (Hrsg.), The Diaries of Sir Alexander Cadogan, 27. September 1938, S. 107.
49 Robert Self (Hrsg.), The Neville Chamberlain Diary Letters, Bd. 4: The Downing Street Years 1934–1940, Aldershot 2005, Neville Chamberlain an Hilda, 2. Oktober 1938, S. 349.
50 BBC National Programme, Übertragung vom 27. September 1938, online unter www.bbc.co.uk/archive/chamberlain-addresses-the-nation-on-his-negotiations-for-peace/zjrjgwx (letzter Zugriff 12. November 2019, in Deutschland aus rechtlichen Gründen nicht abspielbar).
51 Barnes, Nicholson (Hrsg.), The Leo Amery Diaries, Eintrag vom 27. September, 1938, S. 519.
52 Auf diesen Punkt hat besonders gekonnt Andrew Roberts in The Holy Fox: A Biography of Lord Halifax, London 1991, S. 120 aufmerksam gemacht.
53 Protokoll Kabinettssitzung vom 27. September 1938, CAB 23/95/10; vgl. Norwich (Hrsg.), The Duff Cooper Diaries, Eintrag vom 27. September 1938, S. 267–269.
54 Henderson, Fehlschlag einer Mission, S. 183.
55 Shirer, Aufstieg und Fall des Dritten Reiches, S. 376.
56 Self (Hrsg.), The Neville Chamberlain Diary Letters, Neville Chamberlain an Hilda, 2. Oktober 1938, S. 349.
57 Documents on British Foreign Policy (DBFP), 3. Reihe, Bd. 2, Halifax an Henderson, 28. September 1938, Nr. 1158.
58 Henderson, Fehlschlag einer Mission, S. 185.
59 Harold Nicolson, Tagebücher 1930–1941, 28. September 1938, S. 304.
60 Robert Rhodes James (Hrsg.), ‹Chips›: The Diaries of Sir Henry Channon, London 1967, Eintrag vom 28. September 1938, S. 171.
61 Nachlass Douglas-Home, Notizen zu München.
62 Times, Ausgabe vom 29. September 1938.
63 Harold Nicolson, Tagebücher 1930–1941, 28. September 1938, S. 306, Fußnote 42.
64 James (Hrsg.), ‹Chips›, Tagebucheintrag vom 28. September 1938, S. 171.
65 Gilbert, Winston S. Churchill, Bd. 5, Companion, S. 1184.

KAPITEL 17

Nur ein Stück Papier

1 Nachlass Crookshank, Tagebucheintrag vom 30. September 1938, Manuskript, Bodleiana (Hauptbibliothek Universität Oxford), Abteilung englische Geschichte 359.

2 Robert Rhodes James (Hrsg.), ‹Chips›: The Diaries of Sir Henry Channon, London 1967, Tagebucheintrag vom 29. September 1938, S. 172.

3 Die Krise: Vier-Mächte-Konferenz, Beitrag von Pathé Großbritannien, vom 3. Oktober 1938.

4 R. H. Bruce Lockhart, Comes the Reckoning, London 1947, S. 9.

5 Times, Ausgabe vom 29. September 1938.

6 Die Krise: Vier-Mächte-Konferenz, Beitrag von Pathé Großbritannien, vom 3. Oktober 1938; Ausgabe vom Daily Sketch, 29. September 1938.

7 Lord Home, The Way the Wind Blows: An Autobiography, London 1976, S. 65.

8 Nachlass Douglas-Home Papers, Notizen zu München.

9 Documents on British Foreign Policy (DBFP), 3. Reihe, Bd. 2, London 1949, Halifax an Newton, 28. September 1938, Nr. 1184, Anhang.

10 Zitiert nach John W. Wheeler-Bennett, Munich: Prologue to Tragedy, London 1948, S. 171.

11 André François-Poncet, Botschafter in Berlin 1931–1938, S. 397.

12 Ebenda, S. 398.

13 Zitiert nach E. Kaufmann, H. W. Kaufmann, The Forts and Fortifications of Europe 1815–1914: The Central States – Germany, Austria-Hungary and Czechoslovakia, Barnsley 2014, S. 173.

14 Lord Strang, Home and Abroad, London 1956, S. 144.

15 Horace Wilson, Notizen zu München, CAB 127/158; Ivone Kirkpatrick, Im Inneren Kreis, S. 102.

16 Vgl. Strang, Home and Abroad, S. 145; Nachlass Douglas-Home, Notizen zu München.

17 An diese Bemerkung erinnerte sich später Paul Stehlin, der stellvertretende Luftwaffenattaché der Franzosen. Zitiert nach Telford Taylor, Munich: The Price of Peace, Sevenoaks 1979, S. 18.

18 Horace Wilson, Notizen zu München, CAB 127/158.

19 Galeazzo Ciano, Tagebücher 1937/38, 29. bis 30. September 1938, S. 240.

20 François-Poncet, Botschafter in Berlin 1931–1938, S. 398.

21 Robert Self (Hrsg.), The Neville Chamberlain Diary Letters, Bd. 4, The Downing Street Years 1934–1940, Aldershot 2005, Neville Chamberlain an Hilda, 2. Oktober 1938, S. 350.

22 Horace Wilson, Vor Ort niedergeschriebene Notizen zu München, T 273/407/4.

23 Paul Schmidt, Statist auf diplomatischer Bühne, S. 415.

24 Galeazzo Ciano, Tagebücher 1937/38, 29. bis 30. September 1938, S. 242.

25 François-Poncet, Botschafter in Berlin 1931–1938, S. 400.

26 Galeazzo Ciano, Tagebücher 1937/38, 29. bis 30. September 1938, S. 242.

27 Horace Wilson, Notizen zu München, CAB 127/158.

28 William L. Shirer, Berliner Tagebuch, Tagebucheintrag vom 30. September 1938, S. 140.

29 Galeazzo Ciano, Tagebücher 1937/38, 29. bis 30. September 1938, S. 243.

30 Bericht von Dr. Hubert Masařík zur Münchner Konferenz, fertiggestellt um vier Uhr früh am Morgen des 30. September 1938, T 273/408.

31 Ebenda.

32 Shirer, Berliner Tagebuch, S. 140–141.

33 Self (Hrsg.), The Neville Chamberlain Diary Letters, Neville Chamberlain an Hilda, 2. Oktober 1938, S. 350.

34 Paul Schmidt, Statist auf diplomatischer Bühne, S. 417.

35 Documents on British Foreign Policy (DBFP), 3. Reihe, Bd. 2, Halifax an Newton, 28. September 1938, Nr. 1228, Anhang.

36 Self (Hrsg.), The Neville Chamberlain Diary Letters, Neville Chamberlain an Hilda, 2. Oktober 1938, S. 350.

37 Paul Schmidt, Statist auf diplomatischer Bühne, S. 417.

38 Galeazzo Ciano, Tagebücher 1937/38, 2. Oktober 1938, S. 245; Reinhard Spitzy, So haben wir das Reich verspielt, S. 320.

39 John Julius Norwich (Hrsg.), The Duff Cooper Diaries 1915–1951, London 2005, Tagebucheintrag vom 29. September 1938, S. 270.

40 Robert Boothby, Europa vor der Entscheidung, S. 222.

41 Zitiert nach Colin R. Coote, The Other Club, London 1971, S. 91.

42 Daily Express, Ausgabe vom 30. September 1938.

43 München, Interview mit Sir John Colville, London School of Economics Archive, 1/1/5/26.

44 Times, Ausgabe vom 1. Oktober 1938.

45 Zbyněk Zeman, Antonín Klimek, The Life of Edvard Beneš 1884–1948: Czechoslovakia in Peace and War, Oxford 1997, S. 134–137.

46 Manchester Guardian, Ausgabe vom 1. Oktober 1938.

47 Virginia Cowles, Looking for Trouble, London 1941, S. 178.

48 François-Poncet, Botschafter in Berlin 1931–1938, S. 403; Times, Ausgabe vom 1. Oktober 1938.

49 Taylor, Munich, S. 59; Alexander Werth, France and Munich: Before and After the Surrender, London 1939, S. 328–329.

50 Parlamentsprotokoll, Unterhausdebatte vom 3. Oktober 1938, Bd. 339, Spalte 34.

51 Cowles, Looking for Trouble, S. 188.

52 Parlamentsprotokoll, Unterhausdebatte vom 3. Oktober 1938, Bd. 339, Spalte 51.

53 Ebenda, Spalte 70.

54 Ebenda, Spalte 97.

55 Ebenda, Spalte 112–113.

56 Parlamentsprotokoll, Unterhausdebatte vom 4. Oktober 1938, Bd. 339, Spalte 233.

57 Ebenda, Spalte 203.

58 Parlamentsprotokoll, Unterhausdebatte vom 5. Oktober 1938, Bd. 339, Spalte 361, Spalte 365.

59 Ebenda, Spalte 373.

60 John Barnes, David Nicholson (Hrsg.), The Leo Amery Diaries, Bd. 2, The Empire at Bay 1929–1945, London 1988, Tagebucheintrag vom 5. Oktober 1938, S. 527.

61 Harold Macmillan, Winds of Change 1914–1939, London 1966, S. 570.

62 Nachlass Amery, Amery an Chamberlain, 6. Oktober 1938.

63 William Shirer, Aufstieg und Fall des Dritten Reiches, S. 398.

64 Zitiert nach Patricia Meehan, The Unnecessary War: Whitehall and the German Resistance to Hitler, London 1992, S. 180.

65 Harold Balfour, Wings over Westminster, London 1973, S. 111.

66 Anthony Adamthwaite, France and the Coming of the Second World War 1936–1939, London 1977, S. 240.

67 Vgl. Peter Jackson, France and the Nazi Menace: Intelligence and Policy Making 1933–1939, Oxford 2000, S. 270–271.

68 Zitiert nach Shirer, Aufstieg und Fall des Dritten Reiches, S. 395.

69 Ebenda.

70 Vgl. Niall Ferguson, Krieg der Welt. Was ging schief im 20. Jahrhundert?, Berlin 2006, S. 476.

71 Vgl. Hugh D. Phillips, Between the Revolution and the West: A Political Biography of Maxim M. Litvinov, Boulder, 1992, S. 164; Zara Steiner, The Triumph of the Dark: European International History 1933–1939, Oxford 2011, S. 619.

72 Fritz Hesse, Das Spiel um Deutschland, S. 155.

73 Zitiert nach Ian Kershaw, Hitler 1936–1945, S. 294.

KAPITEL 18
Der Frieden für unsere Zeit

1 Nachlass Chamberlain, NC 13/7/183, 13/7/195.

2 Nachlass Chamberlain, Memorandum des Außenministeriums für den Premierminister, NC 7/914; Nachlass Chamberlain, Brief des Außenministeriums an Sir Nevile Bland (Britischer Botschafter in Den Haag), 7. Oktober 1938, NC 13/7/639.

3 Nachlass Chamberlain, Alex. O. Kouyoumdjian an Chamberlain, 9. Oktober 1938, NC 13/7/720.

4 Nachlass Chamberlain, New York Daily News, NC 13/7/844; Nachlass Chamberlain, Buddha Society Bombay an Chamberlain, NC 13/10/109.

5 Robert Self (Hrsg.), The Neville Chamberlain Diary Letters, Bd. 4, The Downing Street Years 1934–1940, Aldershot 2005, Neville Chamberlain an Ida, 13. November 1938, S. 363.

6 Nachlass Cooper, DUFC 2/25.

7 Nachlass Cooper, DUFC 2/26, DUFC 2/25.

8 Kronarchiv, Schloss Windsor, Brief vom Privatsekretär des Königs Alec Hardinge an George VI., 15. September 1938, GVI/235/04.

9 Nachlass Victor Cazalet, Tagebucheintrag 24. bis 28. Februar 1939.

10 Zitiert nach John W. Wheeler-Bennett, King George VI: His Life and Reign, London 1958, S. 356.

11 Nachlass Duff Cooper, Duke of Buccleuch an Cooper, 2. Oktober 1938, DUFC 2/19.

12 Barbara Cartland, Ronald Cartland, London 1942, S. 185.

13 Zitiert nach William Manchester, The Caged Lion: Winston Spencer Churchill 1932–1940, London 1988, S. 372.

14 Julie V. Gottlieb, ‹Guilty Women›, Foreign Policy, and Appeasement in Inter-War Britain, Basingstoke 2015, S. 173.

15 Nachlass Emrys-Evans, Law an Emrys-Evans, 30. Dezember 1939, Manuskripte 58239.

16 Zitiert nach Gottlieb, ‹Guilty Women›, S. 187.

17 Cartland, Ronald Cartland, S. 185.

18 Robert Shephard, Appeasement and the Road to War, London 1988, S. 230–231.

19 Kenneth Clark, Another Part of the Wood: A Self-Portrait, London 1974, S. 274.
20 Cartland, Ronald Cartland, S. 185.
21 Robert Shepherd, A Class Divided: Appeasement and the Road to Munich 1938, London 1988, S. 247; Nachlass Victor Cazalet, Tagebuch, München.
22 Harold Macmillan, Winds of Change 1914-1939, London 1966, S. 573; Lynne Olson, Troublesome Young Men: The Rebels Who Brought Churchill to Power and Helped Save England, New York 2007, S. 174.
23 Avon Papers, Cranborne an Eden, 9. September 1938, AE 14/1/718.
24 Zitiert nach Neville Thompson, The Anti-Appeasers: Conservative Opposition to Appeasement in the 1930s, Oxford 1971, S. 193.
25 B. H. Liddell Hart, Lebenserinnerungen, S. 444.
26 Martin Gilbert, Winston S. Churchill, Bd. 5, Companion, Teil 3, The Coming of War 1936-1939, London 1982, S. 1229.
27 Ebenda, S. 1216.
28 Zitiert nach Geoffrey Lewis, Lord Hailsham: A Life, London 1997. S. 56.
29 Edward Heath, The Course of My Life, London 1998, S. 58.
30 Lord Hailsham, A Sparrow's Flight: The Memoirs of Lord Hailsham of St Marylebone, London 1990, S. 123.
31 Lewis, Lord Hailsham, S. 56.
32 Times, Ausgabe vom 28. Oktober 1938.
33 Parlamentsprotokoll, Unterhausdebatte vom 6. Oktober 1938, Bd. 339, Spalte 551.
34 Zitiert nach Keith Feiling, The Life of Neville Chamberlain, London 1946, S. 375.
35 Nachlass Chamberlain, Neville Chamberlain an Mary Endicott Chamberlain, 5. November 1938, 1/20/180-202.
36 Ian Colvin, The Chamberlain Cabinet, London 1971, S. 168.
37 Protokoll Kabinettssitzung vom 31. Oktober 1938, CAB 23/96/3.
38 Parlamentsprotokoll, Unterhausdebatte vom 1. November 1938, Bd. 340, Spalte 73.
39 Self (Hrsg.), The Neville Chamberlain Diary Letters, Neville Chamberlain an Ida, 9. Oktober 1938, S. 351.
40 Ebenda, S. 352.
41 Zitiert nach Richard Cockett, Twilight of Truth: Chamberlain, Appeasement and the Manipulation of the Press, London 1989, S. 101.
42 Nachlass Avon, Zeitungsausschnitt, verschickt von Timothy Eden an Anthony Eden, circa 20. Oktober 1938, 14/1/736B.
43 Ulrich von Hassell, Die Hassell-Tagebücher 1938-1944. Aufzeichnungen vom andern Deutschland, Berlin 1988, 15. Oktober 1938, S. 59.
44 Max Domarus, Hitler. Reden und Proklamationen 1932-1945. S. 956.
45 Ebenda, S. 963.
46 Zitiert nach Ian Kershaw, Hitler 1936-1945, S. 196.
47 News Chronicle, Ausgabe vom 11. November 1938; Times, Ausgabe vom 11. November 1938.
48 Spectator, Ausgabe vom 18. November 1938; News Chronicle, Ausgabe vom 28. November 1938.
49 Robert Rhodes James (Hrsg.), ‹Chips›: The Diaries of Sir Henry Channon, London 1967, Tagebucheintrag vom 15. November 1938, S. 177; Tagebucheintrag vom 21. November 1938, S. 178.
50 Times, Ausgabe vom 14. Dezember 1938, Bericht zur Rede von Lord Londonderry vor

der Overseas League, einer gemeinnützigen Organisation für kulturellen und wirtschaftlichen Austausch mit den anderen Commonwealth-Staaten.

51 Martin Gilbert, Sir Horace Rumbold: Portrait of a Diplomat 1869–1941, London 1973, S. 440.

52 Fox Movietone News (i.e. vertonte Bewegtbild-Nachrichtensendung), «Amerika verurteilt den NS-Terrorismus».

53 Akten zur deutschen auswärtigen Politik 1918–1945, Reihe D, Bd. 4, Dieckhoff an das deutsche Außenministerium, 14. November 1938, Nr. 501.

54 Zitiert nach Robert Dallek, Franklin D. Roosevelt and American Foreign Policy 1932–1945, Oxford 1979, S. 166.

55 Earl of Avon, The Memoirs of the Right Honourable Sir Anthony Eden, KG, PC, MC, Bd. 3, The Reckoning London 1965, S. 39.

56 Ebenda, S. 40.

57 Ebenda, S. 41

58 Zitiert nach D. R. Thorpe, Eden: The Life and Times of Anthony Eden, First Earl of Avon, 1897–1977, London 2003, S. 230.

59 Ebenda, S. 230–231.

60 Nachlass Baldwin Papers, Eden an Baldwin, 19. Dezember 1938, Außenpolitik Reihe B, Bd. 124, Blatt 155.

61 R. H. Bruce Lockhart, Comes the Reckoning, London 1947, S. 23–29.

62 Self (Hrsg.), The Neville Chamberlain Diary Letters, Neville Chamberlain an Ida, 13. November 1938, S. 363.

63 Akten zur deutschen auswärtigen Politik 1918–1945, Reihe D, Bd. 4, Fritz-Hesse-Aufzeichnung, 11. Oktober 1938, Nr. 251, Anhang 2.

64 Geheime Verhandlungen zwischen George Steward und Dr. Fritz Hesse, 25. November 1938, FO 1093/107.

65 Ebenda.

66 David Dilks (Hrsg.), The Diaries of Sir Alexander Cadogan, OM, 1938–1945, London 1971, 24. November 1938, S. 127.

67 Self (Hrsg.), The Neville Chamberlain Diary Letters, Neville Chamberlain an Hilda, 27. November 1938, S. 364; John Harvey (Hrsg.), The Diplomatic Diaries of Oliver Harvey 1937–1940, London 1970, 23. November 1938, S. 223.

68 Self (Hrsg.), The Neville Chamberlain Diary Letters, Neville Chamberlain an Hilda, 11. Dezember 1938, S. 368.

69 Ebenda, Neville Chamberlain an Ida, 17. Dezember 1938, S. 369–370.

70 Memorandum, Zusammenfassung der Geheimdienstberichte zu Deutschland, von Gladwyn Jebb, 19. Januar 1939, CAB 27/627/177–179; Nachlass Zetland, Zetland an Lord Linlithgow, 22. November 1938, Manuskripte Eur D609/9/140.

71 Dilks (Hrsg.), The Diaries of Sir Alexander Cadogan, 15. Dezember 1938, S. 130.

72 Brian Bond (Hrsg.), Chief of Staff: The Diaries of Lieutenant-General Sir Henry Pownall, Bd. 1, 1933–1940, London 1972, S. 174–175.

73 Dilks (Hrsg.), The Diaries of Sir Alexander Cadogan, 31. Dezember 1938, S. 131–132.

74 Harold Nicolson, Tagebücher 1930–1941, 31. Dezember 1938, S. 315.

KAPITEL 19

Verrat an Chamberlain

1 Nachlass Margesson, Duff Cooper, Chamberlain: Ein intimes Portrait, MRGN 1/5.
2 William L. Shirer, Berliner Tagebuch, 11. Januar 1939, S. 152.
3 Pathé Nachrichtensendung, Der Premierminister in Rom, 16. Januar 1939.
4 Galeazzo Ciano, Tagebücher 1937/38, 30. November 1938, S. 289.
5 David Dilks (Hrsg.), The Diaries of Sir Alexander Cadogan, OM, 1938–1945, London 1971, 2. Dezember 1938, S. 127.
6 Galeazzo Ciano, Tagebücher 1939–1943, Bern 1947, 12. Januar 1939, S. 24.
7 Kronarchiv, Chamberlain an Seine Majestät den König, 17. Januar 1939, PS/PSO/GVI/C/47/14.
8 John Harvey (Hrsg.), The Diplomatic Diaries of Oliver Harvey 1937–1940, London 1970, 14. Januar 1939, S. 242.
9 Protokoll Kabinettssitzung vom 21. Dezember 1938, CAB 23/96/12/430.
10 Protokoll Kabinettssitzung vom 18. Januar 1939, CAB 23/97/1/6.
11 Galeazzo Ciano, Tagebücher 1939–1943, 11. Januar 1939, S. 23.
12 Zitiert nach Keith Jeffery, MI6: The History of the Secret Intelligence Service 1909–1949, London 2010, S. 310.
13 Documents on British Foreign Policy (DBFP), 3. Reihe, Bd. 4, London 1951, Halifax an Mallet, 24. Januar 1939, Nr. 5.
14 Parlamentsprotokoll, Unterhausdebatte vom 6. Februar 1939, Bd. 343, Spalte 623.
15 R.J. Minney, The Private Papers of Hore-Belisha, London 1960, Tagebucheintrag vom 26. Januar 1939, S. 171.
16 Protokoll Kabinettssitzung vom 2. Februar 1939, CAB 23/97/5/176–178.
17 Documents diplomatiques français (DDF), Reihe 2, Bd. 13, 29. Januar 1939, Nr. 454.
18 Times, Ausgabe vom 30. Januar 1939.
19 Max Domarus, Hitler: Reden und Proklamationen 1932–1945, S. 1058.
20 Robert Self (Hrsg.), The Neville Chamberlain Diary Letters, Bd. 4: The Downing Street Years 1934–1940, Aldershot 2005, Neville Chamberlain an Hilda, 5. Februar 1939, S. 377.
21 Henderson an Cadogan, 16. Februar 1939, FO 800/270/5.
22 Documents on British Foreign Policy (DBFP), 3. Reihe, Bd. 4, Henderson an Außenministerium, 16. Februar 1939, Anhang 1, Teil, Fußnote 1.
23 Chamberlain an Henderson an Cadogan, 19. Februar 1939, FO 800/270/12.
24 Halifax an Henderson, 20. Februar 1939, FO 800/270/13.
25 Harvey (Hrsg.), The Diplomatic Diaries of Oliver Harvey, Tagebucheintrag vom 17. Februar 1939, S. 255; Tagebucheintrag vom 29. September 1938, S. 202.
26 Ebenda, Tagebucheintrag vom 4. Januar 1939, S. 235.
27 Zitiert nach Martin Gilbert, Richard Gott, The Appeasers, London 1963, S. 201.
28 Nachlass Drummond Wolff, Bericht zu einem Besuch in Berlin, Januar 1939, Manuskript 709/875.
29 Self (Hrsg.), The Neville Chamberlain Diary Letters, Neville Chamberlain an Hilda, 19. Februar 1939, S. 382.
30 Ebenda, Neville Chamberlain an Ida, 26. Februar 1939, S. 387; Robert Rhodes James (Hrsg.), ‹Chips›: The Diaries of Sir Henry Channon, London 1967, 7. März 1939, S. 185.
31 Nachlass Chamberlain, Halifax an Neville Chamberlain, 10. März 1939, NC7/11/32/111.

32 Self (Hrsg.), The Neville Chamberlain Diary Letters, Neville Chamberlain an Hilda, 12. März 1939, S. 391–392.
33 Vansittart an Halifax, 20. Februar 1939, FO 371/22965/199.
34 Paul Schmidt, Statist auf diplomatischer Bühne, S. 427.
35 James (Hrsg.), ‹Chips›, 15. März 1939, S. 185–186.
36 News Chronicle, Ausgabe vom 16. März 1939; Observer, Ausgabe vom 19. März 1939.
37 Times, Ausgabe vom 15. März 1939; Daily Telegraph, Ausgabe vom 16. März 1939.
38 Stuart Ball (Hrsg.), Parliament and Politics in the Age of Churchill and Attlee: The Headlam Diaries 1935–1951, Cambridge 1999, 15. März 1939, S. 151.
39 Daladier an die Abgeordnetenkammer, 17. März 1939; Daladier an den Senat, 19. März 1939, zitiert nach Daniel Hucker, Public Opinion and the End of Appeasement in Britain and France, Farnham 2011, S. 136.
40 Protokoll Kabinettssitzung vom 15. März 1939, CAB 23/98/1/3.
41 News Chronicle, Ausgabe vom 17. März 1939.
42 Parlamentsprotokoll, Unterhausdebatte vom 15. März 1939, Bd. 345, Spalten 446, 462.
43 Harold Nicolson, Tagebücher 1930–1941, 17. März 1939, S. 323.
44 Bericht in der Times, Ausgabe vom 18. März 1939.
45 Zitiert nach Robert Self, Neville Chamberlain: A Political Life, Aldershot 2006, S. 353.
46 Documents on British Foreign Policy (DBFP), 3. Reihe, Bd. 4, Hoare an Halifax, 19. März 1939, Nr. 399, Anhang.
47 Ebenda, Halifax an Phipps, Seeds und Kennard, 20. März 1939, Nr. 446.
48 Self (Hrsg.), The Neville Chamberlain Diary Letters, Neville Chamberlain an Ida, 26. März 1939, S. 396.
49 Ebenda.
50 Ebenda, Neville Chamberlain an Ida, 26. März 1939, S. 398.
51 Dilks (Hrsg.), The Diaries of Sir Alexander Cadogan, 29. März 1939, S. 164.
52 Self (Hrsg.), The Neville Chamberlain Diary Letters, Neville Chamberlain an Hilda, 1. April 1939, S. 400.
53 Protokoll Kabinettssitzung vom 30. März 1939, CAB 23/98/6/161.
54 L. B. Namier, Diplomatisches Vorspiel, S. 129; Parlamentsprotokoll, Unterhausdebatte vom 31. März 1939, Bd. 345, Spalte 2415.
55 Nachlass Butler, Notizen, Juni 1939, RAB G110/28.
56 Zitiert nach Zara Steiner, The Triumph of the Dark: European International History 1933–1939, Oxford 2011, S. 739.
57 Robert Boothby, Europa vor der Entscheidung, S. 252.
58 Self (Hrsg.), The Neville Chamberlain Diary Letters, Neville Chamberlain an Hilda, 1. April 1939, S. 402.
59 Ebenda, Neville Chamberlain an Hilda, 15. April 1939, S. 405; Neville Chamberlain an Ida, 9. April 1939, S. 403; Neville Chamberlain an Hilda, 15. April 1939, S. 405.
60 Dilks (Hrsg.), The Diaries of Sir Alexander Cadogan, 7. April 1939, S. 170.
61 Parlamentsprotokoll, Unterhausdebatte vom 13. April 1939, Bd. 346, Spalte 31.
62 Zitiert nach Martin Pugh, ‹Hurrah for the Blackshirts!› Fascists and Fascism in Britain between the Wars, London 2005, S. 284.
63 Richard Griffiths, Fellow Travellers of the Right: British Enthusiasts for Nazi Germany 1933–1939, Oxford 1980, S. 349.
64 Nachlass Buccleuch, Buccleuch an Butler, 24. April 1939.
65 Nachlass Cadogan, Tagebuch, Eintrag vom 15. und 20. April 1939, ACAD 1/8.

66 Ogilvie-Forbes an Außenministerium, 17. April 1939, FO/800/315/94.
67 Nachlass Buccleuch, Berlin, 15. bis 18. April 1939: Einige Anmerkungen und Eindrücke nach Gesprächen mit dem [deutschen] Außenminister und anderen.
68 Nachlass Buccleuch, Buccleuch an Butler, 24. April 1939.
69 Lord Brocket, Memorandum Besuch in Berlin, 16. bis 22. April 1939, FO 800/315/103–115.
70 Self (Hrsg.), The Neville Chamberlain Diary Letters, Neville Chamberlain an Hilda, 29. April 1939, S. 412–413; Neville Chamberlain an Ida, 23. April 1939, S. 409.
71 Zitiert nach Ian Kershaw, Hitler 1936–1945, S. 242.

KAPITEL 20
Weder Tod noch Teufel ...

1 Parlamentsprotokoll, Unterhausdebatte vom 15. March 1939, Bd. 345, Spalte 488.
2 Zitiert nach Franklin Reid Gannon, The British Press and Germany 1936–1939, Oxford 1971, S. 46.
3 Ian Colvin, The Chamberlain Cabinet, London 1971, S. 201; Robert Self (Hrsg.), The Neville Chamberlain Diary Letters, B. 4, The Downing Street Years 1934–1940, Aldershot 2005, Neville Chamberlain an Hilda, 29. April 1939, S. 412.
4 Robert Rhodes James (Hrsg.), ‹Chips›: The Diaries of Sir Henry Channon, London 1967, 23. April 1939, S. 194; Nachlass Salisbury, Jim Thomas an Lord Cranborne, 15. Juni 1939, Karton 63.
5 Bericht des Stabschefsunterausschusses, FO 371/22972/265-6, Analyse des strategischen Wertes im Krieg in Bezug auf Spanien als Feind und Russland als Bündnispartner.
6 Colvin, The Chamberlain Cabinet, S. 213.
7 Self (Hrsg.), The Neville Chamberlain Diary Letters, Neville Chamberlain an Ida, 9. April 1939, S. 404.
8 Ebenda, Neville Chamberlain an Hilda, 28. Mai 1939, S. 418.
9 Ebenda, Neville Chamberlain an Ida, 21. Mai 1939, S. 417; David Dilks (Hrsg.), The Diaries of Sir Alexander Cadogan, OM, 1938–1945, London 1971, 20. Mai 1939, S. 182.
10 John Harvey (Hrsg.), The Diplomatic Diaries of Oliver Harvey 1937–1940, London 1970, 20. Mai 1938, S. 290.
11 Self (Hrsg.), The Neville Chamberlain Diary Letters, Neville Chamberlain an Hilda, 28. Mai 1939, S. 418.
12 James (Hrsg.), ‹Chips›, 24. Mai 1939, S. 201.
13 Donald Cameron Watt, How War Came: The Immediate Origins of the Second World War 1938–1939, London 1989, S. 247.
14 Self (Hrsg.), The Neville Chamberlain Diary Letters, Neville Chamberlain an Hilda, 29. April 1939, S. 411; Neville Chamberlain an Hilda, 28. Mai 1939, S. 419.
15 Dilks (Hrsg.), The Diaries of Sir Alexander Cadogan, 3. Mai 1939, S. 178; 22. Mai 1939, S. 182.
16 Roderick Macleod, Denis Kelly (Hrsg.), The Ironside Diaries 1937–1940, London 1962, 25. Juli 1939, S. 83.
17 Virginia Cowles, Looking for Trouble, London 1941, S. 245.
18 Harold Nicolson, Tagebücher 1930–1941, 3. April 1939, S. 325.

19 Zitiert nach Geoffrey Cox, Countdown to War: A Personal Memoir of Europe 1938–1940, London 1988, S. 109.

20 Zitiert nach Martin Gilbert, Winston S. Churchill, Bd. 5, 1922–1939, London 1976, S. 1064.

21 Martin Gilbert, Winston S. Churchill, Bd. 5, Companion, Teil 3, The Coming of War 1936–1939, London 1982, Hugh Cudlipp an Churchill, 26. April 1939, S. 1475.

22 Nachlass Victor Cazalet, Tagebuch, Eintrag vom April 1939.

23 Nicolson (Hrsg.), Harold Nicolson Diaries and Letters, Tagebucheintrag vom 20. April 1939, S. 399.

24 Self (Hrsg.), The Neville Chamberlain Diary Letters, Neville Chamberlain an Ida, 23. April 1939, S. 410.

25 Ebenda, Neville Chamberlain an Hilda, 29. April 1939, S. 411–413.

26 James (Hrsg.), ‹Chips›, 13. April 1939, S. 193.

27 Sitzungsprotokoll, Oberhaushausdebatte vom 8. Juni 1939, Bd. 113, Spalten 358–361.

28 Dilks (Hrsg.), The Diaries of Sir Alexander Cadogan, 29. Juni 1939, S. 190.

29 Daily Telegraph, Ausgabe vom 8. Juli 1939.

30 Zitiert nach Watt, How War Came, S. 391.

31 Gilbert, Winston S. Churchill, Bd. 5, Companion, Teil 3, Generalmajor James Marshall-Cornwall an Halifax, Gespräch mit Graf Schwerin, 6. Juli 1939, S. 1553–1554.

32 Ebenda, Lord Camrose: Notizen von einem Gespräch mit Neville Chamberlain, S. 1544.

33 Self (Hrsg.), The Neville Chamberlain Diary Letters, Neville Chamberlain an Ida, 25. Juni 1939, S. 424; Neville Chamberlain an Hilda, 17. Juni 1939, S. 421.

34 Documents on British Foreign Policy (DBFP), 3. Reihe, Bd. 5, London 1952, Henderson an Halifax, 5. Mai 1939, Nr. 377.

35 Gespräch mit Dr. Kordt, 16. Juni 1939, FO 371/22973/31226.

36 Ian Colvin, Memorandum, 17. Juli 1939, FO 371/22975/3.

37 Documents on British Foreign Policy (DBFP), 3. Reihe, Bd. 5, Notiz von Ashton-Gwatkin, 7. Juni 1939, Nr. 741.

38 Horace Wilson, Notizen zu einem Gespräch mit Herrn Wohltat, 19. Juli 1939, PREM 1/330/32–33.

39 Akten zur deutschen auswärtigen Politik 1918–1945, Reihe D, Bd. 6, Vermerk des Ministrialdirektors z. b. V. Wohltath im Amt des Beauftragten für den Vierjahresplan, 24. Juli 1939, Nr. 716.

40 Nachlass Salisbury, Thomas an Cranborne, 21. Juli 1939, Karton 63.

41 Ebenda, Cranborne an Thomas, Juli 1939.

42 Protokoll eines Gesprächs zwischen R. S. Hudson und Dr. Wohltat, 20. Juli 1939, PREM 8/1130.

43 Watchman, What of the Night?, London 1940, S. 154.

44 Documents on British Foreign Policy (DBFP), 3. Reihe, Bd. 4, London 1953, Loraine an Halifax, 24. Juli 1939, Nr. 425.

45 Lord Gladwyn, The Memoirs of Lord Gladwyn, London 1972, S. 93.

46 Self (Hrsg.), The Neville Chamberlain Diary Letters, Neville Chamberlain an Ida, 23. Juli 1939, S. 430–431; Neville Chamberlain an Hilda, 30. Juli 1939, S. 435.

47 Lord Kemsley, Notizen des Gesprächs mit Herrn Hitler, Bayreuth, 27. Juli 1939, FO 800/316/157. Weniger hilfreich war Kemsleys Zusicherung an Alfred Rosenberg, den Chefideologen der NSDAP und selbsternannten Außenpolitiker, dass Chamberlain

nur «widerwillig mit Moskau verhandeln würde und kurz davor sei, sich zurückzuziehen», während seine Frau erklärte, dass «nur die Juden einen Krieg zwischen
Deutschland und England anzetteln wollten».

48 Halifax, Notizen über das Treffen mit Dahlerus, 25. Juli 1939, FO 800/316/135.
49 Akten zur deutschen auswärtigen Politik 1918–1945, Reihe D, Bd. 6, Aufzeichnung
    ohne Unterschrift, Nr. 783.
50 Documents on British Foreign Policy (DBFP), 3. Reihe, Bd. 6, Aufzeichnung der
    Gespräche mit Feldmarschall Göring, 10. August 1939, Anhang 4 (3); Akten zur deut-
    schen auswärtigen Politik 1918–1945, Reihe D, Bd. 6, Aufzeichnung ohne Unterschrift,
    Nr. 783; Watt, How War Came, S. 404.
51 Ernest W. D. Tennant, True Account, London 1957, S. 214–217.
52 Horace Wilson, Notizen zu einem Treffen mit Ernest Tennant, 10. Juli 1939, PREM
    1/335/53–55.
53 Aufzeichnung von E. W. D. Tennant, 31. Juli 1939, PREM 1/335/15–28.

KAPITEL 21
Die letzte Saison

1   Zitiert nach Barbara Cartland, Ronald Cartland, London 1942, S. 218.
2   Times, Ausgabe vom 4. Mai 1939; Times, Ausgabe vom 5. Mai 1939.
3   Jean-Baptiste Duroselle, France and the Nazi Threat: The Collapse of French Diplo-
    macy 1932–1939, New York 2004, S. 337.
4   Henderson an Wilson, 24. Mai 1939, PREM 1/331A.
5   Henderson an Halifax, 26. April 1939, FO 800/270/40–41.
6   Protokoll Kabinettssitzung vom 18. März 1939, CAB 23/98/2.
7   Robert Self (Hrsg.), The Neville Chamberlain Diary Letters, Bd. 4: The Downing
    Street Years 1934–1940, Aldershot 2005, Neville Chamberlain an Hilda, 15. Juli 1939,
    S. 428.
8   Roderick Macleod, Denis Kelly (Hrsg.), The Ironside Diaries 1937–1940, London 1962,
    10. Juli 1939, S. 77.
9   Documents on British Foreign Policy (DBFP), 3. Reihe, Bd. 4, London 1953, Norton an
    Halifax, 20. Juli 1939, Nr. 374.
10 Macleod, Kelly (Hrsg.), The Ironside Diaries, 18. Juli 1939, S. 81; Documents on British
    Foreign Policy (DBFP), 3. Reihe, Bd. 4, Norton an Halifax, 20. Juli 1939, Nr. 374.
11 Documents on British Foreign Policy (DBFP), 3. Reihe, Bd. 5, London 1952, Seeds an
    Halifax, 30. Mai 1939, Nr. 665.
12 Winston S. Churchill, Der Zweite Weltkrieg, Bd. 1: Der Sturm zieht auf, Erstes Buch,
    S. 447.
13 Gabriel Gorodetsky (Hrsg.), Die Maiski-Tagebücher, 12. Juni 1939, S. 317.
14 Self (Hrsg.), The Neville Chamberlain Diary Letters, Neville Chamberlain an Ida,
    10. Juni 1939, S. 420–421.
15 Lord Strang, Home and Abroad, London 1956, S. 176.
16 Documents on British Foreign Policy (DBFP), 3. Reihe, Bd. 4, Seeds an Halifax, 17. Juni
    1939, Nr. 73.
17 David Dilks (Hrsg.), The Diaries of Sir Alexander Cadogan, OM, 1938–1945, London
    1971, 20. Juni 1939, S. 189.

18 Gorodetsky (Hrsg.), Die Maiski-Tagebücher, 23. Juni 1939, S. 319.

19 Documents on British Foreign Policy (DBFP), 3. Reihe, Bd. 4, Strang an Sargent, 21. Juni 1939, Nr. 122.

20 Ebenda, Nr. 193, Anhang.

21 Documents diplomatiques français (DDF), 2. Reihe, Bd. 17, Paris 1984, Bonnet an Corbin, 5. Juli 1939, Nr. 100; Französisch-Britisch-Russische Verhandlungen, 12. Mai 1939 bis 5. Juli 1939, 5. Juli 1939, Nr. 107.

22 Documents on British Foreign Policy (DBFP), 3. Reihe, Bd. 6, Strang an Sargent, 20. Juli 1939, Nr. 376.

23 Henderson an Cadogan, Juni 1939, FO 800/294/68.

24 CAB 27/625/269; Protokoll Kabinettssitzung vom 19. Juli 1939, CAB 23/100/6/187.

25 Self (Hrsg.), The Neville Chamberlain Diary Letters, Neville Chamberlain an Hilda, 15. Juli 1939, S. 428; Neville Chamberlain an Ida, 23. Juli 1939, S. 432.

26 Documents on British Foreign Policy (DBFP), 3. Reihe, Bd. 6, Strang an Sargent, 20. Juli 1939, Nr. 376.

27 Zitiert nach Duroselle, France and the Nazi Threat, S. 357.

28 Simon Sebag Montefiore, Stalin: Am Hof des Roten Zaren, Frankfurt 2006, S. 354.

29 Nachlass Drax, Reise nach Moskau, August 1939, DRAX 6/14.

30 Hugh Dalton, The Fateful Years: Memoirs 1931–1945, London 1957, S. 257.

31 Documents on British Foreign Policy (DBFP), 3. Reihe, Bd. 6, Instruktionen der britischen Militärdelegation für Moskau, August 1939, Anlage 5.

32 Nachlass Drax, Reise nach Moskau, August 1939, DRAX 6/14.

33 Nachlass Drax, Reise nach Moskau.

34 Ebenda.

35 Ebenda.

36 Ebenda.

37 Times, Ausgabe vom 17. Juli 1939; Times, Ausgabe vom 28. Juli 1939.

38 Robert Rhodes James (Hrsg.), ‹Chips›: The Diaries of Sir Henry Channon, London 1967, 7. Juli 1939, S. 205

39 Cartland, Ronald Cartland, S. 218.

40 Angela Lambert, 1939: The Last Season of Peace, London 1989, S. 97.

41 T. E. B. Howarth, Cambridge between Two Wars, London 1978, S. 236.

42 Parlamentsprotokoll, Unterhausdebatte vom 2. August 1939, Bd. 350, Spalten 2438, 2440, 2441.

43 Geoffrey Mander, ebenda, Spalte 2490.

44 Ebenda, Spalten 2494, 2495; Cartland, Ronald Cartland, S. 225.

45 Nigel Nicolson (Hrsg.), Harold Nicolson Diaries and Letters 1907–1964, London 2004, 2. August 1939, S. 407.

46 Parlamentsprotokoll, Unterhausdebatte vom 2. August 1939, Bd. 350, Spalte 2503.

47 Cartland, Ronald Cartland, S. 225.

48 Nachlass Chamberlain, Richard Edwards an Chamberlain, 4. August 1939, NC 711/32/38.

49 Self (Hrsg.), The Neville Chamberlain Diary Letters, Neville Chamberlain an Ida, 5. August 1939, S. 438.

50 Ebenda, Neville Chamberlain an Hilda, 30. Juli 1939, S. 435.

51 Documents on British Foreign Policy (DBFP), 3. Reihe, Bd. 6, Aufzeichnungen zu einem Gespräch zwischen Burckhardt und Hitler, 14. August 1939, Nr. 659, Anhang.

52 Vgl. Halifax an Chamberlain, 19. August 1939, FO 800/316/204–206.

53 Nachlass Butler, Aufzeichnung von Ereignissen vor dem Krieg von Lord Halifax, G10/01.

54 Documents on British Foreign Policy (DBFP), 3. Reihe, Bd. 7, London 1954, Henderson an Halifax, 22. August 1939, Nr. 153.

KAPITEL 22
Letzte Stunden

1 Nachlass Buccleuch, Chamberlain an Buccleuch, 30. August 1939.

2 Nachlass Hore-Belisha, Tagebuch, Eintrag vom 21. August 1939, HOBE 1/7.

3 Foreign Relations of the United States (FRUS), 1939, Bd. 1, Washington D.C. 1956, Bullitt an Hull, 22. August 1939, S. 302.

4 Robert Rhodes James (Hrsg.), ‹Chips›: The Diaries of Sir Henry Channon, London 1967, 22. August 1939, S. 208.

5 Harold Nicolson, Tagebücher 1930–1941, 22. August 1939, S. 338.

6 Amanda Smith (Hrsg.), Hostage to Fortune: The Letters of Joseph P. Kennedy, New York 2001, Tagebucheintrag vom 25. August 1939, S. 362.

7 Henderson an Halifax, 24. August 1939, FO 800/316/221.

8 Ian Kershaw, Hitler 1936–1945, S. 300.

9 Harold Nicolson, Tagebücher 1930–1941, 24. August 1939, S. 338.

10 Parlamentsprotokoll, Unterhausdebatte vom 24. August 1939, Bd. 351, Spalte 10.

11 James (Hrsg.), ‹Chips›, 24. August 1939, S. 209; Major-General Sir Edward Spears, Assignment to Catastrophe, Bd. 1: Prelude to Dunkirk July 1939–May 1940, London 1954, S. 13.

12 Smith (Hrsg.), Hostage to Fortune, Tagebucheintrag vom 24. August 1939, S. 360.

13 Zitiert nach Donald Cameron Watt, How War Came: The Immediate Origins of the Second World War 1938–1939, London 1989, S. 480.

14 Paul Schmidt, Statist auf diplomatischer Bühne, S. 449.

15 Documents on British Foreign Policy (DBFP), 3. Reihe, Bd. 7, London 1954, Henderson an Halifax, 25. August 1939, Nr. 283.

16 Ebenda, Henderson an Halifax, 25. August 1939, Nr. 284.

17 Keitel zitiert nach Leonard Mosley, Der gespenstische Friede: Europäische Politik 1938/39, Bergisch Gladbach 1970, S. 365f.

18 David Dilks (Hrsg.), The Diaries of Sir Alexander Cadogan, OM, 1938–1945, London 1971, 25. August 1939, S. 201; John Harvey (Hrsg.), The Diplomatic Diaries of Oliver Harvey 1937–1940, London 1970, 27. August 1939, S. 307.

19 Nachlass Hore-Belisha, Tagebuch, Eintrag vom 26. August und 2. September 1939, HOBE 1/7.

20 Nachlass Caldecote, Tagebuch, Eintrag vom 27. August 1939, INKP 2.

21 Dilks (Hrsg.), The Diaries of Sir Alexander Cadogan, 27. August 1939, S. 202.

22 Birger Dahlerus, Der letzte Versuch, München 1973, S. 58. Die Darstellung über die Aktivitäten von Dahlerus fußt auch auf seinem «Bericht über die Verhandlungen zwischen Großbritannien und Deutschland von Donnerstag, dem 24. August, bis zum 3. September 1939», Nachlass Hickleton, A4/410/3/10/10/i.

23 Nachlass Butler, Lord Halifax, Bericht zu den Ereignissen vor dem Krieg, 1939, RAB G10/101.

24 Dahlerus, Der letzte Versuch, S. 69 f.
25 Dilks (Hrsg.), The Diaries of Sir Alexander Cadogan, 27. August 1939, S. 202.
26 James (Hrsg.), ‹Chips›, 28. August 1939, S. 210.
27 Documents diplomatiques français (DDF), 2. Reihe, Bd. 19, Paris 1986, Coulondre an Daladier, 30. August 1939, Nr. 235.
28 Strang an Cadogan, 26. August 1939, PREM 1/331a.
29 Documents on British Foreign Policy (DBFP), 3. Reihe, Bd. 7, Henderson an Halifax, 29. August 1939, Nr. 455.
30 Ebenda, Henderson an Halifax, 29. August 1939, Nr. 467.
31 Ebenda, Henderson an Halifax, 30. August 1939, Nr. 502.
32 Ebenda, Henderson an Halifax, 30. August 1939, Nr. 508.
33 Henderson an Halifax, 30. August 1939, FO 800/316/237–238.
34 Documents on British Foreign Policy (DBFP), 3. Reihe, Bd. 7, Kennard an Halifax, 30. August 1939, Nr. 512.
35 Ebenda, Henderson an Halifax, 30. August 1939, Nr. 520.
36 Nachlass Butler, September 1939, RAB G10/110.
37 Protokoll Kabinettssitzung vom 30. August 1939, CAB 23/100/14/425.
38 Nachlass Buccleuch, Chamberlain an Buccleuch, 30. August 1939.
39 Ulrich von Hassell, Die Hassell-Tagebücher 1938–1944, 30. August 1939, S. 118.
40 Die Darstellung dieser bekannten Konfrontation beruht auf Paul Schmidt, Statist auf diplomatischer Bühne, S. 456–459; Nevile Henderson, Fehlschlag einer Mission, S. 311–313; Documents on British Foreign Policy (DBFP), 3. Reihe, Bd. 7, Nr. 571, Nr. 574; Akten zur deutschen auswärtigen Politik 1918–1945, Reihe D, Bd. 7, London 1956, Aufzeichnung des Gesandten Schmidt, 31. August 1939, Nr. 461.
41 Vgl. Documents on British Foreign Policy (DBFP), 3. Reihe, Bd. 7, Henderson an Halifax, 31. August 1939, Nr. 575.
42 Anthony Adamthwaite, France and the Coming of the Second World War 1936–1939, London 1977, S. 346.
43 Wacław Jedrzejewicz (Hrsg.), Diplomat in Berlin 1933–1939: Papers and Memoirs of Józef Lipski, Ambassador of Poland, New York/London 1968, S. 608.
44 Horace Wilson Notiz, 31. August 1939, PREM 1/331a/82; Documents on British Foreign Policy (DBFP), 3. Reihe, Bd. 7, Notiz von Cadogan, 31. August 1939, Nr. 589.
45 Dilks (Hrsg.), The Diaries of Sir Alexander Cadogan, 31. August 1939, S. 206.
46 Jean-Baptiste Duroselle, France and the Nazi Threat: The Collapse of French Diplomacy 1932–1939, New York 2004, S. 408.
47 Vgl. Harvey (Hrsg.), The Diplomatic Diaries of Oliver Harvey, 2. September 1939, S. 314.
48 Hugh Dalton, The Fateful Years: Memoirs 1931–1945, London 1957, S. 271.
49 Paul Schmidt, Statist auf diplomatischer Bühne, S. 464.

KAPITEL 23
Die Geister des Appeasements

1 Nachlass Waterhouse, Tagebuch, Eintrag vom 21. Februar 1940.
2 Nachlass Butler, Erinnerungen an den Ausbruch des Krieges, September 1939, RAB G10/110.
3 Harold Nicolson, Tagebücher 1930–1941, 3. September 1939, S. 344.

4   Vgl. Winston S. Churchill, Der Zweite Weltkrieg, Bd. 1: Der Sturm zieht auf, Zweites
    Buch, S. 11.
5   Parlamentsprotokoll, Unterhausdebatte vom 7. Februar 1934, Bd. 285, Spalte 1197;
    Parlamentsprotokoll, Unterhausdebatte vom 15. November 1937, Bd. 329, Spalte 55.
6   Halifax an Salisbury, 31. Oktober 1939, FO 800/325/14731.
7   Ben Pimlott (Hrsg.), The Political Diary of Hugh Dalton 1918–40, 1945–60, London
    1986, 11. September 1939, S. 299.
8   Offizielle polnische Nachrichten, berichtet im Manchester Guardian, 28. September
    1939.
9   Vgl. Antony Beevor, Der Zweite Weltkrieg, München 2014, S. 49.
10 Wojciech Materski, Tomasz Szarota (Hrsg.), Polska 1939–1945: Straty osobowe i ofiary
    represji pod dwiema okupacjami (i. e. Polen 1939–1945: Todesopfer und Leidtragende
    von Repressionen unter zwei Besatzungsmächten), Warschau 2009, S. 9.
11 Major-General Sir Edward Spears, Assignment to Catastrophe, Bd. 1, Prelude to Dun-
    kirk July 1939–May 1940, London 1954, S. 32.
12 Hugh Dalton, The Fateful Years: Memoirs 1931–1945, London 1957, S. 277–278.
13 Nachlass Salisbury, Thomas an Cranborne, 25. September 1939, Karton 63.
14 John Colville, The Fringes of Power: Downing Street Diaries 1939–1955, Bd. 1, Septem-
    ber 1939–September 1941, London 1985, 27. September 1939, S. 28.
15 Lynne Olson, Troublesome Young Men: The Rebels Who Brought Churchill to Power
    and Helped Save England, New York 2007, S. 221.
16 Harold Nicolson, Tagebücher 1930–1941, 14. September 1939, S. 347–348.
17 Nachlass Salisbury, Thomas an Cranborne, 29. Oktober 1939, Karton 63.
18 Martin Gilbert, Richard Gott, The Appeasers, London 1963, S. 342.
19 Robert Self (Hrsg.), The Neville Chamberlain Diary Letters, Bd. 4, The Downing Street
    Years 1934–1940, Aldershot 2005, Neville Chamberlain an Ida, 8. Oktober 1939, S. 456.
20 Ebenda, Neville Chamberlain an Ida, 23. September 1939, S. 451.
21 Salisbury an Halifax, 22. September 1939, FO 800/317/30–34.
22 Harold Nicolson, Tagebücher 1930–1941, 20. September 1939, S. 350
23 Nachlass Emrys-Evans, Law an Emrys-Evans, 13. September 1939, MS 58239.
24 Nachlass Avon, Violet Bonham Carter an Eden, 13. September 1939, AP 20/7/67.
25 Harold Nicolson, Tagebücher 1930–1941, 26. September 1939, S. 351.
26 Ebenda.
27 Nachlass Salisbury, Thomas an Cranborne, 28. September 1939, Karton 63.
28 Vgl. Parlamentsprotokoll, Unterhausdebatte vom 12. Oktober 1939, Bd. 352, Spalten
    563–565; Self (Hrsg.), The Neville Chamberlain Diary Letters, Neville Chamberlain an
    Ida, 8. Oktober 1939, S. 454.
29 Self (Hrsg.), The Neville Chamberlain Diary Letters, Neville Chamberlain an Hilda,
    15. Oktober 1939, S. 458.
30 Ebenda, Neville Chamberlain an Ida, 5. November 1939, S. 467.
31 Parlamentsprotokoll, Unterhausdebatte vom 12. Oktober 1939, Bd. 352, Spalte 568.
32 Vgl. Self (Hrsg.), The Neville Chamberlain Diary Letters, Neville Chamberlain an Ida,
    8. Oktober 1939, S. 454.
33 Hankey an Halifax, 12. September 1939, FO 800/317/7–14.
34 PREM 1/443.
35 Duff Cooper, Old Men Forget: The Autobiography of Duff Cooper, Viscount Norwich,
    London 1953, S. 267.

36 Nachlass Waterhouse, Tagebuch, Einträge vom 4. Oktober 1939 und 6. Oktober 1939.
37 Nachlass Buccleuch, Stuart an Buccleuch, 4 Oktober 1939.
38 Nachlass Simon, Tagebuch, Eintrag vom 13. Oktober 1939, Manuskript Simon 11.
39 Halifax an Lytton, 11. November 1939, FO 800/317/196–197.
40 Colville, The Fringes of Power, 29. October 1939, S. 45.
41 Nachlass Buccleuch, Chamberlain an Buccleuch, 12. Februar 1940.
42 Zitiert nach Gilbert, Gott, The Appeasers, S. 344.
43 David Dilks (Hrsg.), The Diaries of Sir Alexander Cadogan, OM, 1938–1945, London 1971, 23. September 1939, S. 219.
44 Lord Gladwyn, The Memoirs of Lord Gladwyn, London 1972, S. 96.
45 Self (Hrsg.), The Neville Chamberlain Diary Letters, Neville Chamberlain an Ida, 22. Oktober 1939, S. 460.
46 Ebenda, Neville Chamberlain an Ida, 5. November 1939, S. 467.
47 Ebenda, Neville Chamberlain an Ida, 3. Dezember 1939, S. 475.

KAPITEL 24

Chamberlains Sturz

1 Nachlass Waterhouse, Tagebuch, Eintrag vom 1. Mai 1940.
2 Gabriel Gorodetsky (Hrsg.), Die Maiski-Tagebücher, 1. Dezember 1939, S. 375.
3 Zitiert nach Max Hastings, All Hell Let Loose: The World at War 1939–1945, London 2011, S. 35.
4 Protokoll Sitzung des Kriegskabinetts vom 16. Dezember 1939, CAB 65/2/51.
5 Roderick Macleod, Denis Kelly (Hrsg.), The Ironside Diaries 1937–1940, London 1962, S. 176; Protokoll Sitzung des Kriegskabinetts vom 22. Dezember 1939, CAB 65/2/165.
6 Chef des Luftstreitkräftestabs Air Chief Marshal Cyril Newall, zitiert nach Nicholas Shakespeare, Six Minutes in May: How Churchill Unexpectedly Became Prime Minister, London 2017, S. 56.
7 Nachlass Chamberlain, JIC, Nachrichtendienstliche Informationen im Vorfeld der Invasion Norwegens, NC 8/35/64.
8 Martin Gilbert, Winston S. Churchill, Bd. 4, 1939–1941, London 1983, S. 197; Paul Reynaud, In the Thick of the Fight 1930–1945, London 1955, S. 270.
9 Bericht der Times, Ausgabe vom 5. April 1940.
10 Macleod, Kelly (Hrsg.), The Ironside Diaries, 9. April 1940, S. 249.
11 John Colville, The Fringes of Power: Downing Street Diaries 1939–1955, Bd. 1, September 1939– September 1941, London 1985, 9. April 1940, S. 100.
12 Für die anschaulichste Darstellung vgl. Shakespeare, Six Minutes in May.
13 Colville, The Fringes of Power, 3. Mai 1940, S. 116.
14 Leland Stowe, No Other Road to Freedom, London 1942, S. 110.
15 Kenneth Young (Hrsg.), The Diaries of Sir Robert Bruce Lockhart, Bd. 2, 1939–1965, London 1980, 2. Mai 1940, S. 52.
16 Nigel Nicolson (Hrsg.), Harold Nicolson: Diaries and Letters 1939–1945, London 1967, 30. April 1940, S. 74.
17 Colville, The Fringes of Power, 12. April 1940, S. 102.
18 Ben Pimlott (Hrsg.), The Political Diary of Hugh Dalton 1918–40, 1945–60, London 1986, 1. Mai 1940, S. 332.

19 Nachlass Waterhouse, Tagebuch, Eintrag vom 1. und 2. Mai 1940.

20 Ebenda.

21 Emanuel Shinwell, I've Lived through It All, London 1973, S. 157.

22 Young (Hrsg.), The Diaries of Sir Robert Bruce Lockhart, 3. Mai 1940, S. 53.

23 Robert Rhodes James (Hrsg.), ‹Chips›: The Diaries of Sir Henry Channon, London 1967, 2. und 3. Mai 1940, S. 244.

24 Harold Nicolson, Tagebücher 1930–1941, 7. Mai 1940, S. 379.

25 Parlamentsprotokoll, Unterhausdebatte vom 7. Mai 1940, Bd. 360, Spalten 1073–1086.

26 Sir Dingle Foot, British Political Crises, London 1976, S. 178.

27 Colville, The Fringes of Power, 7. Mai 1940, S. 92.

28 Parlamentsprotokoll, Unterhausdebatte vom 7. Mai 1940, Bd. 360, Spalten 1125–1130.

29 Ebenda, Spalten 1140–1150.

30 L. S. Amery, My Political Life, Bd. 3, The Unforgiving Years 1929–1940, London 1955, S. 365.

31 Parlamentsprotokoll, Unterhausdebatte vom 7. Mai 1940, Bd. 360, Spalte 1150.

32 Lord Home, The Way the Wind Blows: An Autobiography, London 1976, S. 74.

33 Pimlott (Hrsg.), The Political Diary of Hugh Dalton, 8. Mai 1940, S. 341.

34 Parlamentsprotokoll, Unterhausdebatte vom 8. Mai 1940, Bd. 360, Spalte 1266.

35 Mark Pottle (Hrsg.), Champion Redoubtable: The Diaries and Letters of Violet Bonham Carter 1914-1945, London 1998, 2. bis 14. Mai 1940, S. 210.

36 Parlamentsprotokoll, Unterhausdebatte vom 8. Mai 1940, Bd. 360, Spalte 1283.

37 Colville, The Fringes of Power, 8. Mai 1940, S. 119.

38 James (Hrsg.), ‹Chips›, 8. Mai 1940, S. 245.

39 Parlamentsprotokoll, Unterhausdebatte vom 8. Mai 1940, Bd. 360, Spalte 1283.

40 John Barnes, David Nicholson (Hrsg), The Leo Amery Diaries, Bd. 2, The Empire at Bay 1929-1945, London 1988, 8. Mai 1940, S. 610.

41 Shakespeare, Six Minutes in May, S. 297.

42 Pimlott (Hrsg.), The Political Diary of Hugh Dalton, 9. Mai 1940, S. 343.

43 Ebenda, 8. Mai 1940, S. 342.

44 James (Hrsg.), ‹Chips›, 8. Mai 1940, S. 246-247.

45 Major-General Sir Edward Spears, Assignment to Catastrophe, Bd. 1, Prelude to Dunkirk July 1939-May 1940, S. 129.

46 Pottle (Hrsg.), Champion Redoubtable, 2. bis 14. Mai 1940, S. 211.

47 Nachlass Waterhouse, Tagebuch, Eintrag vom 11. Mai 1940.

48 Spears, Assignment to Catastrophe, S. 130.

49 Nachlass Victor Cazalet, Cazalet an Tweedsmuir, 9. Mai 1939.

50 James (Hrsg.), ‹Chips›, 10. Mai 1940, S. 250.

51 Colville, The Fringes of Power, 10. Mai 1940, S. 122.

KAPITEL 25
Das letzte Gefecht

1 Parlamentsprotokoll, Unterhausdebatte vom 4. Juni 1940, Bd. 361, Spalte 796.

2 Anhänge zum Protokoll der Sitzung des Kriegskabinetts, Halifax an Sir Percy Loraine, 25. Mai 1940, CAB 65/13/159.

3 Protokoll Sitzung des Kriegskabinetts vom 26. Mai 1940, CAB 65/13/20/138–45; John Lukacs, Fünf Tage in London. England und Deutschland im Mai 1940, S. 102–103.
4 Nachlass Chamberlain, Tagebuch, Eintrag vom 26. Mai 1940, NC 2/24 A.
5 Professor John Lukacs hat überzeugend argumentiert, dass die Tage vom 24. bis 28. Mai 1940 die eigentlich schicksalshaften Tage des Zweiten Weltkriegs waren. Siehe Lukacs, Fünf Tage in London.
6 Protokoll Sitzung des Kriegskabinetts vom 27. Mai 1940, 16:30 Uhr, CAB 65/13/23/ 175–181.
7 Nachlass Hickleton, Halifax Tagebuch, Eintrag vom 27. Mai 1940, A7/8/4.
8 Protokoll Sitzung des Kriegskabinetts vom 28. Mai 1940, 16 Uhr, CAB 65/13/24/184– 190.
9 John Barnes, David Nicholson (Hrsg.), The Leo Amery Diaries, Bd. 2, The Empire at Bay 1929–1945, London 1988, 28. Mai 1940, S. 619.
10 Hugh Dalton, The Fateful Years: Memoirs 1931–1945, London 1957, S. 335–336.
11 Das Zitat in Hugh Daltons ursprünglichem Tagebucheintrag lautet: «... und wenn endlich die lange Geschichte zu Ende gehen soll, wäre es besser, wenn sie nicht durch Kapitulation enden würde, sondern erst, wenn wir bewusstlos am Boden liegen.» Später korrigierte er es jedoch auf den im Haupttext zitierten Wortlaut. Ben Pilmott (Hrsg.), The Second World War Diary of Hugh Dalton 1940–45, London 1986, 28. Mai 1940, S. 28; Dalton, The Fateful Years, S. 335–336.
12 Protokoll Sitzung des Kriegskabinetts vom 28. Mai 1940, 19 Uhr, CAB 65/13/24/189.
13 Lukacs, Fünf Tage in London, S. 186.
14 Martin Gilbert (Hrsg.), The Churchill War Papers, Vol. II: Never Surrender, May 1940–December 1940, London 1994, Churchill an Desmond Morton, 1. Juni 1940, S. 221.
15 Ebenda, Churchill Notiz, 1. Juni 1940, S. 221.
16 Parlamentsprotokoll, Unterhausdebatte vom 4. Juni 1940, Bd. 361, Spalten 795–796.

EPILOG
Schuldige Männer

1 Nachlass Emrys-Evans, Law an Emrys-Evans, 13. September 1939, MS 58239.
2 Zitiert nach Keith Feiling, The Life of Neville Chamberlain, London 1946, S. 464.
3 Kenneth Young (Hrsg.), The Diaries of Sir Robert Bruce Lockhart, Bd. 2, 1939–1965, London 1980, S. 42.
4 Michael Foot, Preface, in: ‹Cato›, Guilty Men, London [1940] 1998, S. V.
5 Robert Boothby, Europa vor der Entscheidung, S. 22.
6 Winston S. Churchill, Der Zweite Weltkrieg, Bd. 1: Der Sturm zieht auf, Erstes Buch, S. 15. L. B. Namier, Diplomatisches Vorspiel, S. 9.
7 Zitiert nach D. C. Watt, Personalities and Policies: Studies in the Formulation of British Foreign Policy in the Twentieth Century, London 1965, S. 105.
8 Vgl. Richard Overy, German Air Strength 1933 to 1939: A Note, Historical Journal, Bd. 27, Nr. 2 (1984), S. 465–471, S. 468–470.
9 Vgl. Niall Ferguson, Krieg der Welt, S. 464 sowie David Dutton, Neville Chamberlain, London 2001, S. 50.
10 Vgl. BBC Radiosendung vom 27. September 1938.

11 Ian Kershaw, Hitler, 1936–1945, S. 15.
12 Peter Neville, Appeasing Hitler: The Diplomacy of Sir Nevile Henderson 1937–1939, Basingstoke 2000, S. 60.
13 Robert Self (Hrsg.), The Neville Chamberlain Diary Letters, Bd. 4, The Downing Street Years 1934–1940, Aldershot 2005, Neville Chamberlain an Hilda, 30. Januar 1938, S. 300.
14 Nachlass Chamberlain, Neville Chamberlain an Hilda, NC/18/1/1057.
15 Watchman, What of the Night?, London 1940, S. 99.
16 Robert Self, Neville Chamberlain: A Political Life, Aldershot 2006, S. 4.
17 Nachlass Margesson, Duff Cooper, Chamberlain: ein intimes Portrait, MRGB 1/5.
18 Zitiert nach Feiling, The Life of Neville Chamberlain, S. 465.
19 John Colville, The Fringes of Power: Downing Street Diaries 1939–1955, Bd. 1, September 1939–September 1941, London 1985, 15. Februar 1940, S. 83.
20 Zitiert nach Martin Gilbert, ‹Horace Wilson: Man of Munich?›, in: History Today, Oktober 1982, S. 6.

Personenregister

593; zur Judenverfolgung in Deutschland **35,**
105; über die Peace Ballot **129;** bei den Olympischen Spielen 1936 **186;** über Lord Halifax
217; über Chamberlain als Premierminister
305; zur Krise in der Tschechoslowakei **351;**
über Chamberlains Besuch bei Hitler **381**
Beck, Józef **479–481, 508, 520, 539, 541, 543**
Beck, Ludwig **345, 348**
Bedford, Hastings Russell, 12. Duke of **484**
Beethoven, Ludwig van **198**
Belloc, Hilaire **293**
Beneš, Edvard: Präsident der Tschechoslowakei
309, 297, 323; Konflikt um das Sudetenland
309, 317, 335, 343–344; die Runciman-
Mission **339;** der «Vierte Plan» **353, 357;**
Übergabe des Sudetenlands **380–382;** Hitlers
Memorandum in Bad Godesberg **402;** Ausschluss von der Münchner Konferenz **413, 413**
[Fn], **419;** Reaktion auf Münchner Abkommen
426–427
Berard, Armand **131**
Bernays, Robert **57, 149;** besucht Deutschland
54, 107–109; beim Abendessen der Astors
in der «Nacht der langen Messer» **103;** Flottenparade zum silbernen Thronjubiläum
126; über Ramsay MacDonald **129;** über Lord
Halifax **217;** über Chamberlains versuchte
Annäherung an Italien **261;** zur Krise in der
Tschechoslowakei **355, 364–365;** über das
Münchner Abkommen **428;** Sonderkorrespondent **107–108**
Bevin, Ernest **164** [Fn]
Birkenhead, F. E. Smith, 1. Earl of **130, 423**
Bismarck, Otto von **102, 334, 414**
Bismarck, Fürst Otto Christian von **102**
Blomberg, Werner von **225, 230–231, 266** [Fn];
erzwungener Rücktritt **269–270**
Blücher, Gebhart Leberecht von **117**
Blum, Léon **194, 304**
Blunden, Edmund **39**
Bodenschatz, Karl-Heinrich **498**
Bonham Carter, Violet (später Baroness
Asquith of Yarnbury) **555, 577, 579**
Bonnet, Georges: Finanzminister **70;** Außenminister **304, 308;** Krise in der Tschechoslowakei **317, 364, 366, 368;** Chamberlains
Besuch bei Hitler **379, 395–396;** Übergabe
des Sudetenlands **379;** Münchner Abkommen **427;** Verhandlungen über Pakt mit der
Sowjetunion **513, 515, 517;** Mussolinis Einla-

dung zu einer zweiten Münchner Konferenz
542; Kriegsvorbereitungen, **529;** Kriegserklärung **545**
Bono, Emilio de **133**
Boothby, Robert ‹Bob› (später Baron Boothby)
27, 48–49, 57, 86 [Fn], **295–296, 319, 381, 399,
423 f., 480, 524, 594**
Bower, Robert **489**
Bracken, Brendan (später 1. Viscount Bracken)
27, 159, 320, 386
Braun, Eva **376**
Brocket, Ronald Nall-Cain, 2. Baron **363, 369,
411, 453, 485–487**
Bromfield, Louis, *England: Eine sterbende Oligarchie* **456**
Brooks, Collin **160**
Buccleuch, Mary, Duchess of **443**
Buccleuch, Walter Montagu Douglas Scott,
8. Duke of **286, 330, 336, 441, 484–487, 527,
539, 557–558, 560–561**
Burckhardt, Carl **525**
Burgin, Leslie **495**
Butler, Ewan **276** [Fn]
Butler, Rab (später Baron Butler of Saffron
Walden) **112–113** [Fn]; Unterstaatssekretär für
auswärtige Angelegenheiten **264, 284, 306,
474** Beschwichtigung Hitlers **388, 398, 484,
487;** über Lord Halifax **479;** und die polnische Frage **479;** und Hitlers letzte Vorschläge
gegenüber Großbritannien **533, 539;** beim
Kriegsausbruch **547;** Rücktritt Chamberlains **582**
Byron, Robert **362–363**
Bywater, Hector C. **126**

C

Cadogan, Sir Alexander: stellvertretender
Unterstaatssekretär für auswärtige Angelegenheiten **211;** Entwicklung von Chamberlains Außenpolitik der «sorgfältigen
Diplomatie» **212–213;** Ständiger Unterstaatssekretär **246, 337** [Fn], **461;** Chamberlains
Verständigungsinitiative mit Italien **261;**
der Anschluss Österreichs **277–278, 280,
286–287, 293;** über mögliches Engagement
zur Verteidigung der Tschechoslowakei **293,
298–299, 307;** Krise in der Tschechoslowakei
im Mai 1938 **313;** Geheimtreffen mit Fritz
Wiedemann (Juli 1938) **338;** erneute Krise

Berater **244, 288, 327–328**; erste Phase der
Entwicklung einer «sorgfältigen Diplomatie»
209–216; Reaktion auf die japanische Offensive in China **215**; Gespräche mit Henderson
über Rolle als Botschafter in Berlin **221**;
Halifax' Besuch in Berlin (November 1937)
217–218, 221–226, 230, 232–234, 236, 244;
Versuch der Annäherung an Italien **241–244,
246–264, 305**; Roosevelt-Initiative **239–241,
246–250, 248–250**; Konflikt mit Eden und
Rücktritt Edens als Außenminister **243–264,
327**; Plan einer Neuaufteilung der Kolonialgebiete für Deutschland **241, 268–269**; der
Anschluss Österreichs **277–279, 287–289,
291–292**; mögliches Engagement zur Verteidigung der Tschechoslowakei **293–302**;
Erklärung ans Parlament über die tschechoslowakische Frage (24. März 1938) **301–302,
305**; lehnt Litwinows Angebot zu Gesprächen
über ein Bündnis mit der Sowjetunion ab
302–304; Abschluss des britisch-italienischen
Abkommens **305, 339**; unterzeichnet britisch-
irischen Vertrag **305**; Daladiers Besuch in
London für Gespräche über die Tschechoslowakei (April 1938) **306–309**; die Sudetenfrage
306–309, 336–339, 344, 347, 363–364; Krise
in der Tschechoslowakei im Mai 1938 **307,
314, 336**; hält Rede auf Regierungsveranstaltung am Boughton House (Juli 1938) **337**;
Runciman-Mission in der Tschechoslowakei
339–340; auf der Jagd in Balmoral (August
1938) **347, 350**; Kleist-Schmenzins Besuch
bei Vansittart **348–350**; Krisensitzung des
Kabinetts über Krise in der Tschechoslowakei
(30. August 1938) **349–352**; Reaktion auf Ver-
schlimmerung der Situation im Sudetenland
356–360, 363–364, 366; Entwicklung von
«Plan Z» (persönlicher Besuch bei Hitler)
356–357, 359–360, 366; erstes Treffen mit
Hitler in Berchtesgaden **366–376**; berichtet
dem Kabinett über erstes Treffen **376–380**;
tschechoslowakische Übergabe des Sudetenlands **377–380**; zweites Treffen mit Hitler in
Bad Godesberg **383–386, 390–391**; Hitlers
Forderungen im Godesberger Memorandum **390–391, 395–396, 396–397, 399–403**;
Kabinettssitzungen nach der Rückkehr nach
London **391–394, 395–396, 401–402, 405**;
tschechoslowakische Mobilisierung für den
Krieg **368, 395**; schickt Horace Wilson alleine

zu Hitler **396–397**; hält Ansprache an die
Nation über Krise in der Tschechoslowakei
und Vorbereitungen zum Krieg (27. September 1938) **402–405**; erhält Hitlers Einladung
zur Münchner Konferenz während Rede vor
dem Unterhaus **406–409**; fährt nach München **411–413**; bei der Münchner Konferenz
413–422, 424 [Fn]; unterzeichnet Münchner
Abkommen **419–420**; Erklärung zur Zukunft
der deutsch-britischen Beziehungen **422**;
kehrt nach London zurück **424–426**; «Frieden für unsere Zeit»-Erklärung **426, 448**;
Unterhausdebatte über Abkommen **427–431,
448**; private Meinung über Abkommen **448**;
Reaktion der Öffentlichkeit auf Abkommen
424–425, 439–451; Reaktion auf Reichspogromnacht **457**; George Stewards Geheim-
verhandlungen mit Fritz Hesse **457–459**;
Parisbesuch mit Halifax (November 1938)
459–460; besucht Mussolini in Rom (Januar
1939) **463–466**; stimmt Forderungen nach
vollumfänglichem militärischem Engagement
auf dem Kontinent zu **468**; Rede in Birmingham (28. Januar 1939) **468**; bleibt optimistisch **468–471**; unterstützt weiter Besuche
von Amateurdiplomaten in Deutschland **471**;
Reaktion auf deutsche Invasion der Tschechoslowakei **475–476**; Rede in Birmingham
(17. März 1939) **475–476**; Garantie für Polen
476–481, 488–489, 507–508; Reaktion auf
italienische Invasion von Albanien **481–483**;
Garantien für Griechenland und Rumänien
482; Schaffung des Versorgungsministeriums
und Einführung der Wehrpflicht **482–483,
495**; Besuch vom Duke of Buccleuch und
Lord Brocket in Deutschland (April 1939)
484–488; britisch-türkische Verteidigungs-
erklärung **482**; Opposition zu einem Bündnis
mit der Sowjetunion **477–478, 489–493, 511**;
widersetzt sich «Churchill ins Kabinett»-
Kampagne **494–498**; Reaktion auf japanische
Blockade von Tjianjin (Juni 1939) **498**;
angeblicher Plan, Deutschland ein Darlehen
im Austausch für Abrüstung zu gewähren
501–503; Geheimplan schwedischer Vermittler mit Göring **493, 503–504, 533–535**;
Ernest Tennants «letzte Friedensmission» bei
Ribbentrop (Juli 1939) **503–504**; Debatte um
Danzig und Polnischen Korridor **507–508**;
schickt General Ironside auf Mission nach

Münchner Abkommen **429**; Reaktion der Öffentlichkeit auf Abkommen **429, 445**; angeblicher Plan, Deutschland ein Darlehen im Austausch für Abrüstung zu gewähren **501**; während des «Sitzkriegs» **551**
Cripps, Sir Stafford **129**
Croft, Sir Henry Page (später 1. Baron Croft) **101**
Cromwell, Oliver: mit Hitler verglichen **93, 101**; zitiert bei Norwegen-Debatte **573–575**
Crookshank, Harry (später 1. Viscount Crookshank) **411, 428**
Crossley, Anthony **407**
Crossman, Richard **180, 407**
Culverwell, Cyril **558**
Cunard, Lady Maud ‹Emerald› **177, 183**
Cunliffe-Lister, Sir Philip siehe Swinton, Philip Cunliffe-Lister, 1. Earl of
Curzon of Kedleston, George Curzon, 1. Marquess **40, 188**

D

Dahlerus, Birger **503–504, 532–537, 539, 542–544**
Daladier, Édouard: erste Amtszeit als Premierminister **32, 46**; kurze zweite Amtszeit **72**; dritte Amtszeit **304**; ernennt Bonnet zum Außenminister **304, 308**; Spitzname **308** [Fn]; Krise in der Tschechoslowakei **307–309, 360, 366**; Chamberlains Mission bei Hitler **368** [Fn], **379–380, 395**; tschechische Übergabe des Sudetenlands **379–380**; Münchner Konferenz und Abkommen **395, 414–416, 418–421, 427, 474**; Chamberlains Besuch in Paris (November 1938) **459**; Reise durch französische Besitztümer in Nordaftika und im Mittelmeerraum (Januar 1939) **464**; deutsche Besetzung der Tschechoslowakei **474**; Garantien für Polen und Rumänien **479, 482**; Verhandlungen über Bündnis mit der Sowjetunion **519, 527**; Reaktion auf Hitler-Stalin-Pakt **527–528**; Verzögerung der deutschen Invasion Polens **536**; Mussolinis letztes Angebot einer Friedenskonferenz **542, 545**; Kriegserklärung **545**; im Alliierten Obersten Kriegsrat **554**; Rücktritt als Premierminister **569** [Fn]
Dalton, Hugh (später Baron Dalton) **320, 430, 434** [Fn], **517, 549–550, 571, 578, 588**

Daly, Denis **277** [Fn]
Davidson, J.C.C. (später 1. Viscount Davidson) **158**
Davis, Norman **147**
Dawson, Geoffrey **181, 233–234, 283, 330, 335, 355–356, 593**
Dawson of Penn, Bertrand Dawson , 1. Viscount **188**
de Bono, Emilio **133–134**
De La Warr, Earl Herbrand Sackville **377–378, 380, 392, 394, 428, 449**
de Lacroix, Victor **382**
De Valera, Eamon **305–306**
Déat, Marcel **507**
Delbos, Yvon **286**
Derby, Edward Stanley, 17. Earl of **266, 562**
Dieckhoff, Hans-Heinrich **454**
Dietrich, Otto **362**
Digby, Kenelm **55**
Dingli, Adrian **251–252, 255, 259, 457, 481**
Dirksen, Herbert von **337** [Fn], **372, 500–501**
Disraeli, Benjamin , 1. Earl of Beaconsfield **377, 412, 425–426**
Dollfuß, Engelbert **104**
Dorman-Smith, Sir Reginald **27–28**
Douglas-Home, Sir Alec (vorher Lord Dunglass): Parlamentarischer Privatsekretär von Chamberlain **197, 408, 425, 576, 578, 581–582**; bei der Münchner Konferenz **412, 415, 422, 420–1**; über Chamberlain **197, 204–206, 604**
Doumenc, Aimé **515, 517, 519**
Drake, Sir Francis **466**
Drax, Sir Reginald, Mission in Moskau (August 1939) **516–520**
Dugdale, Blanche ‹Baffy› **380, 394**
Duncan-Jones, Arthur, Dekan der Chichester Cathedral **149**
Dunglass, Lord Alec siehe Douglas-Home, Sir Alec

E

Eden, Anthony (später 1. Earl of Avon): Aussehen und Charakter **81, 322**; früher Lebensweg und Karriere **81–82, 330–331**; Minister für den Völkerbund und Lordsiegelbewahrer **81**; über Ziele der Genfer Abrüstungskonferenz **88**; erster Besuch bei Hitler in Berlin (Februar 1934) **82–84**; beim Abendessen der

Astors in der «Nacht der langen Messer» **103**; besucht Berlin, Moskau, Warschau und Prag für Verhandlungen über neue Waffenabkommen (März 1935) **111, 113, 116–121**; Abessinien-Krise **130–131**; über Besuch britischer Militärangehöriger in Deutschland (Juli 1935) **177**; Außenminister **143–144, 189, 208–209, 270, 286**; Remilitarisierung des Rheinlands **143–144, 146–149, 153**; Ende der Sanktionen gegen Italien **208–209**; über Chamberlain als Premierminister **207, 239**; über Henderson als Botschafter in Berlin **220**; italienische U-Boot-Angriffe im Spanischen Bürgerkrieg **214–216**; bei der Konferenz von Nyon (September 1937) **214–215**; Halifax' Besuch in Berlin und Gespräch mit Hitler (November 1937) **217–218, 226, 244**; Halifax' Beeinflussungsversuche der britischen Berichterstattung über Deutschland **235–236**; Chamberlains Initiative für eine Annäherung an Italien **241–243, 246–264, 305**; Roosevelt-Initiative **240, 246–250, 252**; Zerrüttung der Beziehung mit Chamberlain **209, 243–258**; Rücktritt als Außenminister **246, 249, 259–264, 271, 320–321, 324, 327, 329**; zieht sich nach Frankreich zurück **321**; Unwille, Anführer der Anti-Appeaser zu werden **321–322, 365, 380**; Reaktion auf Krise in der Tschechoslowakei **358, 365**; im Unterhaus am Vorabend der Münchner Konferenz **408**; Reaktion auf Münchner Abkommen **423, 431**; Rede vor der Nationalen Herstellervereinigung (Dezember 1938) **454–456**; wirbt für Churchills Rückkehr in die Regierung **496**; Verhandlungen über ein britisch-sowjetisches Bündnis **510–511**; Wahl zur Vertagung des Unterhauses (August 1939) **524**; Kriegsausbruch **27, 548**

Eden, John **82**
Eden, Sir Timothy **82, 319, 321**
Eden, Sir William **82**
Eden, William **82**
Edward VIII., König siehe Windsor, Edward, Duke of
Einstein, Albert **35**
Elizabeth I., Königin **97**
Elizabeth, Gemahlin von König George VI. **441**
Ellington, Sir Edward **73**
Elliot, Walter **380, 394, 423, 428, 449**
Emrys-Evans, Paul **154, 554, 593, 598**

Eyres-Monsell, Sir Bolton siehe Monsell, Bolton Eyres-Monsell, 1. Viscount

F

Feiling, Keith, *The Life of Neville Chamberlain* **599** [Fn]
Fisher, H.A.L. **87**
Fisher, Sir William Wordsworth **135**
Fisher, Sir Warren **62, 67, 595**
Flandin, Pierre-Etienne **147–148, 151**
Flexner, Abraham **323**
Foot, Sir Dingle **573**
Foot, Michael **234**; *Guilty Men* **326, 594**
Forster, E.M. **439**
Fox, Charles James **582**
Franco, Francisco **193, 243**
François-Poncet, André: französischer Botschafter in Berlin **33**; über die Regierung Hitlers **33, 45**; über Olympische Spiele in Berlin **187**; macht Fluchtpläne für den Kriegsfall **271–272**; Krise in der Tschechoslowakei im Mai 1938 **313–314**; Münchner Konferenz und Abkommen **414, 416, 418, 421**
Frank, Karl Hermann **309**
Franz Ferdinand, Erzherzog von Österreich **104**
Friedrich der Große, König von Preußen **334**
Fritsch, Werner von **225**; erzwungener Rücktritt **269–270**
Fuller, J.F.C. **59**

G

Gallacher, William **267**
Gamelin, Maurice **144–145, 154, 308, 396, 545, 554, 562, 566**
Gandhi, Mahatma **52, 217, 218, 227**
Garvin, J.L. **40, 234, 341, 423, 474, 496**
Gascoyne-Cecil, Lady Gwendolen **329**
Gaulle, Charles de **71–72**
Gedye, G.E.R. **289–291**
George V., König **126, 132, 138**
George VI., König **184, 266, 325, 347, 404** [Fn], **424, 441, 465, 486, 580–581**; als Duke of York **370**; Krönung **194, 266**
Germains, V.W., *The Tragedy of Mr Churchill* **52** [Fn]
Gibbon, Edward, *Verfall und Untergang des römischen Imperiums* **94**
Gibbs, Sir Philip **557**

Jones, Thomas **161, 188, 218, 323, 330**; über Hitler **40, 81**; über Lord Lothian **90**; über Remilitarisierung des Rheinlands **146**; besucht Deutschland **152, 180**; über Baldwins letzte Monate als Premierminister **194**
Jouvenel, Henry de **125**

K

Keitel, Wilhelm **309–310, 344, 472, 532**
Kemsley, Gomer Berry **186, 186** [Fn]; Gespräch mit Hitler (Juli 1939) **503**
Kennard, Sir Howard **538–539**
Kennedy, A. L. **102**
Kennedy, Joseph **325, 454, 528, 530**
Kennedy, Leo **336**
Kent, Prince George, Duke of **325, 337, 407, 441**
Kent, Princess Marina, Duchess of **337**
Keyes, Sir Roger (1. Baron Keyes) **573–574**
Keynes, John Maynard **86, 86** [Fn], **106**; *Die wirtschaftlichen Folgen des Friedensvertrags* **86**
Kirkpatrick, Sir Ivone **223–223, 227, 384, 397, 412** [Fn], **415, 461**
Kleist-Schmenzin, Ewald von **348, 350**
Klemperer, Otto **35**
Knatchbull-Hugessen, Sir Hughe **215**
Kordt, Erich **354, 499**
Kordt, Theodor **354, 369**
Krofta, Kamil **426**

L

Lang, Cosmo, Erzbischof von Canterbury (später 1. Baron Lang of Lambeth) **128, 291, 407, 448, 451**
Lansbury, George **58, 88, 164, 164** [Fn], **180**
Laval, Pierre: Außenminister und Premierminister **109–110, 123**; Stresa-Front **123**; französisch-italienisches Abkommen (1935) **131**; Abessinien-Krise **133–134, 136–138**; Hoare-Laval-Pakt **136–138, 143, 158, 194**; erzwungener Rücktritt **145**
Law, Richard (später 1. Baron Coleraine) **424, 428, 443, 523, 554, 593**
Layton, Sir Walter (später 1. Baron Layton) **147, 233, 450**
Lebrun, Albert **478**
Léger, Alexis **421**
Lennox-Boyd, Alan (später 1. Viscount Boyd of Merton) **296**

Leopold III., König von Belgien **585**
Liddall, Sir Walter **408**
Liddell-Hart, Sir Basil **70** [Fn], **141, 446**
Lindbergh, Charles **366, 434, 434** [Fn]
Lindemann, Frederick (später 1. Viscount Cherwell) **160, 166, 423**
Lindley, Sir Francis **490**
Lindsay, A. D. ‹Sandie› (später 1. Baron Lindsay of Birker) **447–448**
Lindsay, Kenneth **186**
Lindsay, Sir Ronald **239–240, 250, 369**
Litwinow, Maxim **151, 302–303, 352, 398, 437, 480, 490–491**
Lipski, Józef **543**
Lloyd, George Lloyd, 1. Baron **111, 386**
Lloyd George, David: Premierminister **51, 199, 201, 577**; Verhandlung des Versailler Vertrags **37–38, 90**; spätere politische Karriere **79**; über den Versailler Vertrag und deutsche Wiederbewaffnung **79, 87–88**; über Hitler **101, 187**; über Sir John Simon **112**; besucht Hitler in Deutschland **187–188**; über Lord Runciman **341**; britische Garantie für Polen **480**; mögliches Bündnis mit Sowjetunion **491, 511**; Hitlers «Friedensangebot» **559**; Rede zu Norwegen (Mai 1940) **576–577**; über Chamberlain **603**; *War Memoirs* **54**
Lockhart, Sir Robert Bruce **88, 456–457, 570, 593**
Londonderry, Charles Vane-Tempest-Stewart, 7. Marquess of: Charakter und früher Lebensweg **177–178, 330**; Luftfahrtminister **76, 79, 177**; Entlassung **178**; besucht Deutschland **177–179**; Reaktion auf Edens Rücktritt als Außenminister **261**; lädt Göring nach London ein **266**; Chamberlains Mission bei Hitler **369**; über Verfolgung der Juden **107, 453**; Reaktion auf deutsche Invasion der Tschechoslowakei **483**; *England blickt auf Deutschland* **79**
Londonderry, Edith Vane-Tempest-Stewart, Marchioness of **177–178, 183**
Londonderry, Edward Vane-Tempest-Stewart, 8. Marquess of siehe Castlereagh, Viscount
Lothian, Lord Philip Kerr **103, 116, 120, 147, 234, 284, 330, 483**; Aussehen, Charakter und frühe Karriere **90–93**; besucht Deutschland und trifft Hitler **91–93, 99, 109, 179, 212**
Louis Ferdinand, von Preußen **105, 176**
Low, Sir David **231, 234**

Lytton, Victor Bulwer-Lytton, 2. Earl of **386, 559**

M

MacDonald, Malcolm **159–160, 159** [Fn], **269, 298, 559** [Fn], **604**
MacDonald, Ramsay: im Ersten Weltkrieg **330**; Premierminister **40, 52, 58, 177–178, 183, 203, 206, 329, 572** [Fn]; erhält Warnung zu Hitlers Außenpolitik **42**; Plan für kontinentale Rüstungsbeschränkung **46, 64**; Verkauf von Flugzeugmaterialien an Deutschland **64**; verbietet Benutzung des Begriff «Expeditionsstreitkräfte» **68**; erwägt Einladung Hitlers nach London **89**; und Simons und Edens Besuche in Europa 1935 **113**; bei der Stresa-Konferenz (April 1935) **122–123, 127**; Rücktritt als Premierminister **129–130**; verliert Abgeordnetensitz bei den Parlamentswahlen 1935 **159** [Fn]
McGowan, Harry McGowan, 1. Baron **361**
Macmillan, Harold: Militärdienst im Ersten Weltkrieg **330**; über Chamberlain **202, 205, 329**; über Bedrohung des Luftkriegs **78**; über «Nacht der langen Messer» **103**; über David Margesson **326**; bei Churchills Treffen von Anti-Appeasern **399**; Unterhausdebatte zum Münchner Abkommen **430**; Reaktion auf Abkommen **445, 447**; unterstützt Schaffung eines Versorgungsministeriums **320**; über Halifax' Reaktion auf italienische Invasion Albaniens **481** [Fn]; Abstimmung zur Vertagung des Parlaments (August 1939) **524**; Norwegen-Debatte (Mai 1940) **579**
Maginot, André **71**
Maiski, Iwan **111, 291, 480, 491, 510, 512, 517, 566**; Krise in der Tschechoslowakei **351–352, 355**
Malkin, Sir William **412, 533**
Mandel, Georges **147, 395**
Manstein, Erich von **435**
Margesson, David (später 1. Viscount Margesson) **326, 572, 579–580**
Markham, Violet **152, 205**
Marlborough, Alexandra, Duchess of **521**
Marlborough, John Spencer-Churchill, 10. Duke of **521**
Marquis, Sir Frederick (später 1. Earl of Woolton) **288**

Marshall-Cornwall, Sir James **497**
Martin, Kingsley **180**
Mary, Prinzessin **441**
Mary, Queen **407, 441**
Masařík, Hubert **420**
Masaryk, Jan **316, 333, 381, 413**
Masaryk, Tomáš **317**
Masefield, John, «Wie Priamos einst bei Achilles um den Sohn gebeten» **347, 383**
Mason-MacFarlane, Sir Noel **276–277, 342, 344, 401**
Mastný, Vojtěch **420**
Maugham, Frederic Maugham, 1. Viscount **377**
Mayhew, Christopher (später Baron Mayhew) **447**
Mendelssohn Bartholdy, Felix **35**
Mensdorff, Graf Albert von **177**
Metcalfe, Lady Alexandra «Baba» (geborene Curzon) **234**
Milch, Erhard **230**
Mitford, Diana (spätere Lady Mosley) **176** [Fn], **186**
Mitford, Nancy **362** [Fn]
Mitford, Unity **176, 176** [Fn], **186, 361, 361–362, 485**
Molotow, Wjatscheslaw **491, 509–513, 515–516**
Monsell, Bolton Eyres-Monsell, 1. Viscount **69, 186**
Moore, Sir Thomas **98, 188, 284**
Morell, Theodor **473**
Morrison, Herbert (später Baron Morrison of Lambeth) **267, 380, 576**
Morton, Sir Desmond **75, 165, 168**
Mosley, Sir Oswald **96, 176** [Fn], **188, 588**
Mottistone, J. E. B. Seeley, 1. Baron **557**
Mount Temple, Wilfrid Ashley, 1. Baron **183, 188, 284, 334, 453**
Mowrer, Edgar **86** [Fn]
Moyne, Walter Guinness, 1. Baron **359**
Muggeridge, Malcolm **206**
Murray, Gilbert **181**
Mussolini, Benito: anfängliche Unterstützung aus Großbritannien **95–96**; über britische «König und Land»-Debatte **55**; über britische Wahrnehmung von NS-Deutschland **100–101**; Reaktion auf Attentat auf Dollfuß in Österreich **105**; Stresa-Konferenz (April 1935) **122–123, 127**; Abessinien-Krieg und Besetzung **127–140, 208, 400**; Etablierung eines faschistischen Weltreiches **139**; Annäherung